물품으로 읽는 동유라시아 세계의 역동성

이 저서는 2020년 대한민국 교육부와 한국연구재단의 지원을 받아 수행된 연구임
(NRF-2020S1A6A3A01054082).
This work was supported by the Ministry of Education of the Republic of Korea and the National
Research Foundation of Korea (NRF-2020S1A6A3A01054082).

물품으로 읽는
동유라시아 세계의 역동성

동국대학교 문화학술원 엮음

경인문화사

한국의 동유라시아 물품학(物品學) 정립을 목표로

동국대학교 문화학술원은 "동유라시아 세계 물품의 문명·문화사"라는 연구 아젠다로 한국연구재단의 인문한국플러스(HK+)사업에 선정되어 2020년부터 연구 프로젝트를 수행하고 있다. 기존의 인간 중심의 연구에서 벗어나 물품이 중심이 되는 연구를 통해 물품이 인간 사회를 둘러싸고 생산, 유통, 소비되는 과정을 총체적으로 분석함으로써 한반도를 넘어 동유라시아 지역세계의 물품학을 학술적으로 정립하는 것이 목표이다.

본 사업단은 동유라시아의 지역 범위를 한국을 중심으로 놓고 동위도 선상에 있는 중국, 일본, 그리고 북으로는 몽골, 러시아의 우랄산맥 이동 지역과 몽골을, 서로는 중앙아시아 및 우즈베키스탄, 카자흐스탄, 키르기스스탄 지역, 남으로는 인도 이동지역인 태국, 캄보디아, 베트남, 인도네시아, 필리핀 등지를 설정하였다.

『총·균·쇠』(원제: *GUNS, GERMS, and STEEL-The Fates of Human Societies*)의 저자로 퓰리처상을 수상한 세계적 석학 제레드 다이아몬드(Jared Mason Diamond)는 동유라시아를 포함한 유라시아 대륙은 기후·식생(植生, 식물의 생육상태) 등의 유사한 생태환경을 가진 위도가 같은 지대가 동서로 길게 퍼져 있어, 이 지대(地帶)에 속한 각 지역은 생태환경이 유사하고, 식물·기술·지식·문화의 이전 및 적용이 용이하여, 그 결과 동서교통·교류가 촉진되었다고 분석하였다. 나아가 세계사에 관심을 가진 사람들은 동아시아 및 태평양 일대의 인류 사회를 통해 배울 점이 많은데 그것은 환경이 역사를 형성했던 수많은 사례들을 발견할 수 있기 때문이라고 명언하였다.

이러한 특별한 특성을 지닌 공간에 살았던 사람들의 물품 생산과 유통, 소비 과정을 통해 이 지역만의 Locality는 무엇이며, 그것이 글로벌 세계와 어떠한 연관성을 가지고 있는지를 밝혀내려는 시도에서 물품에 착안하였다. 인간이 살아가는데 있어 필수불가결한 물품은 한 민족이나 국가에서 생산되어 소비되기도 하지만, 주변 지역으로 전파되어 새로운 문화를 창출하기도 한다. 이런 점에서 인류의 역사를 추동해 온 원동력이 바로 물품에 대한 욕구였다고 해도 과언이 아니다.

본 사업단은 오랜 세월에 걸쳐 인류가 발명하고 생산한 다양한 수많은 물품을 지역별, 용도별로 구분하여 연구를 진행한다. 지역별 분류는 네 범위로 설정하였다. 첫째, 동유라시아 전 지역에 걸쳐 소비된 물품이다. 동유라시아 지역을 넘어 다른 문명세계에 전파된 물품의 대표적인 것이 초피, 견직물, 담배, 조총 그리고 16세기 이후 바다의 시대가 펼쳐지면서 사람들의 욕구를 배가시킨 후추, 육두구, 정향 등의 향신료이다. 한국의 인삼, 중국의 견직물, 일본의 은, 동남아시아의 향신료는 유럽이나 아메리카를 이어주는 물품이었던 것이다. 동유라시아 지역에서 생산된 물품의 교역은 최종적으로 유럽 등을 포함한 이른바 '세계경제' 형성에 연결되었다. 둘째, 첫 번째 지역보다는 범위가 제한된 동아시아 지역에서 사용된 물품이다. 소목, 청심환, 수우각, 화문석 등을 들 수 있다. 한국(당시는 조선)에서 생산된 호피, 표피는 중국에 진상된 것을 시작으로 일본 막부와 류큐 왕조에 증여, 나아가 일본을 통해 캄보디아까지 전파되었다. 셋째, 양국 간에 조공이나 증여 목적으로 사용된 물품이다. 저포 등이다. 넷째, 한 국가에서 생산되었지만 그 사회에 국한되어 커다란 영향을 끼친 물품이다. 이처럼 동유라시아 각 지역의 역사는 서로 영향을 끼지면서 전개되었다.

다음으로 생각해야 될 점은 물품 그 자체가 지닌 속성이다. 물품 자체가 지닌 고유한 특질을 넘어 물품이 지닌 다양한 속성이다. 다시 말하자면 상품으로서의 경제적 가치를 지닌 것에 그치는 것이 아니라 정치적, 군사적, 의학적, 문화적 측면에서 다양한 용도로 쓰였다는 것이다. 그것은 정치적으로는 조공품일 수도, 증여품일 수도, 사여품일 수도 있다. 해산물인 해삼·전복은 기본적으로는 음식재료이지만 동아시아에서는 화폐기능과 광택제로서, 후추·육두구 등 향신료는 16세기 이후 유럽 세계에 의약품으로서의 효능은 물론 음식을 상하지 않게 하는 성질을 가진 용도로도 소비되었다.

이처럼 지리적·기후적 환경 차이가 불러일으킨 동유라시아 세계 사람들이 만들어낸 물품은 다른 지역, 더 나아가 다른 문명 세계에 속한 사람들에게 크든 작든 영향을 끼쳐 그 사회의 문화를 변용시키기도 하였다. 다시 말하자면 기후, 생산 자원, 기술, 정치체제 등의 여러 환경 차이에 의해 생산되는 물품의 경우 그 자체로도 차이가 나타났고, 인간 삶의 차이도 유발시켰다.

인류의 문화적 특징들은 세계의 각 지역에 따라 크고 다르게 나타난다. 문화적 차이의 일부는 분명히 환경적 차이의 산물이기도 하다. 그러나 각 지역에서 환경과 무관하게 작용한 문화적 요인들의 의의를 확인해 보는 것도 중요한 일이다. 이러한 관점 하에서 본 총서가 기획, 간행되었다.

동유라시아의 대륙과 해역에서 생산된 물품이 지닌 다양한 속성을 면밀하게 들여다보는 것은 한국을 넘어선 동유라시아 지역의 문명·문화사의 특질을 밝혀내는 중요한 작업이다. 서로 다른 지역과 국가에서 지속적이고 직접적인 접촉을 통해 서로가 갖고 있는 문화에 다양한 변화를 일으켰을 것이다.

본 총서의 간행은 사업단의 아젠다 "동유라시아 세계 물품의 문명·문화사"를 다각적인 측면에서 접근, 분석하여 '한국의 동유라시아 물품학'

을 정립하는 작업의 첫걸음이기도 하다. 달리 표현하자면 새로운 인문학의 모색과 창출, 나아가 미래 통일 한국이 동유라시아의 각 지역과 국가 간 상호교류, 경쟁, 공생하는 역동적인 모습을 새로이 정립하고 창조하기 위한 첫 작업이라 할 수 있다. 다만 동유라시아의 물품이라는 주제는 공간적으로는 규모가 넓고 크며 시간적으로는 장시간을 요하는 소재들이라는 점에 유의할 필요가 있다. 본 사업의 궁극적인 목표는 중국의 돈황학(敦煌學), 휘주학(徽州學), 일본의 영파학(寧波學)에 뒤지지 않는 세계에 자랑할 수 있는 학문적 성과를 거두는 것이자, 한국이 미래 북방과 남방으로 뻗어나갈 때 인문학적 지침서 역할을 하는 것이다.

2022년 12월
동국대학교 문화학술원장
인문한국플러스(HK+)사업단장
서인범

본서는 동국대학교 문화학술원이 주관하는 인문한국플러스(HK+) 사업단의 두 번째 연구총서이다. 앞서 나온 『동유라시아 물품 교류와 지역』에 이어서, 이번에는 물품이 어떻게 동유라시아 여러 지역의 교류를 매개하며 정치·사회적 변화를 이끌어내는 '역동성'을 갖게 되는지에 대해 탐구하고자 한다. 본 사업단은 2년 차 세부 주제로 '동유라시아 물품학의 역동성'을 설정한 바 있는데, 본서는 그 공동 연구 성과를 모은 것이다. 본서에 실린 글 중 상당수는 2021년 12월 3일부터 4일까지 '물품으로 읽는 동유라시아 세계의 역동성'이라는 주제로 열린 국제학술대회를 통해 발표된 것이기도 하다.

인류의 지난 발자취를 되짚어보는 역사학은 물론이고 인간의 삶과 문화를 탐구하는 인문학 자체가 '인간'을 주인공으로 삼는 학문이다. 여기서 '물품'은 그저 인간 활동의 부산물이거나 인간관계를 매개하는 수단 정도로 다루어지기 쉽다. 하지만 어떤 물품은 인간의 삶을 근본적으로 바꾸어놓기도 한다. 역사적으로 철제 기구의 도입, 증기기관의 발명, 석유나 전기의 사용 등이 얼마나 인류사회에 지대한 영향을 끼쳤는지는 잘 알려진 사실이다. 인터넷을 활용한 정보통신기술이 휴대전화와 스마트폰이라는 새로운 물품의 등장에 힘입어 현대인의 일상생활과 인간관계의 양상을 얼마나 바꿔놓고 있는지는 오늘날을 살아가는 우리가 직접 체험하고 있다. 때로는 인간이 아닌 물품을 중심에 놓고 역사를 바라보아야 잘 보이는 현상이 있고, 그런 측면에서 물품학의 정립이 다양하고 심층적인 문명사 이해에 기여하는 바가 분명히 있을 것이다.

어쨌든 물품은 인간과 달리 스스로 사고하거나 행동하는 주체가 아니다. 그렇지만 물품의 생산은 그것을 필요로 하는 사회적 욕망을 반영한다. 그리고 물품이 생산자에게서 소비자로 전달되는 유통 과정에서 상이한 민족, 지역, 국가, 정치권력이 상호 교섭하면서 다채로운 역사상을 창출해 낸다. 마침내 물품은 최종 소비 단계에서 그것을 향유하는 사람들의 삶을 크게 변화시킨다. 이렇듯 물품의 생산·유통·소비로 이어지는 일련의 과정은 그에 얽혀 있는 인간의 역사 전개를 설명하는 데 필수불가결한 요소라고 볼 수 있다. 여기에 더하여 물품 생산과 소비에 영향을 준 자연조건과 환경 변화의 영향까지 감안한다면, 물품은 인간과 인간 사이의 관계뿐만 아니라 인간과 자연의 상호관계에 대한 환경사적 접근도 가능하게 하는 연구 소재인 셈이다.

본 사업단은 물품이 인류 사회의 역동적 변화를 이끌어내는 존재라는 사실에 주목하여, 동유라시아 세계에서 물품의 역동성이 어떻게 역사적으로 구현됐는지를 탐구한 다양한 연구 성과를 산출하고 있다. 본서는 학술대회 발표문과 학술지 투고 논문의 형태로 이미 발표된 14편의 원고를 모아서 엮었다. 사업단의 연구 인력 9명에 일본 학자 3명, 중국 학자 1명, 이탈리아 학자 1명이 집필하였고, 세부 주제에 따라 3부로 나누었다.

1부 '동유라시아 물품 연구의 지역 범위와 방법론'에서는 물품학의 역동성이 드러나는 지역적 범위를 바라보는 시각과 방법론, 그리고 지도를 통해 나타난 지역 인식의 실례를 다룬 글까지 총 3편을 모아 보았다. 먼저 스기야마 기요히코는 동유라시아라는 지역 범위와 개념에 대해서 고찰하면서, 기존에 널리 사용된 '동아시아 세계' 개념이 비판을 받게 된 이유를 돌아보고, 이를 대체하기 위해 등장한 '동부유라시아', '중앙유라시아' 등의 용어의 사용과 지역 설정의 방법론에 대한 여러 논의를 다각적으로 검토하였다. 동유라시아와 같은 거대하고 유연한 지역 개념에는 가변적이고 다양한 성격을 가진 '방법으로서의 지역'이라는 측면이 내포되어 있으며, 대부분의 논자가 전제로 하는 '중국 왕조' 개념이 지표로 하는 것이 중국 본토의 주민인 한인(漢人)인지, 아니면 그곳에 기반을 둔 정치제도나 문물인지 명확히 해야 한다고 하였다. 이러한 집필자의 지적은 향후 동유라시아의 역동성을 여러 각도에서 고찰하기 위해서 경청할 필요가 있다고 생각한다.

베트남 등 동남아시아 국가들을 중심으로 해역 아시아사를 전공한 모모키 시로는 동남아시아에서 생산된 주요 물품과 그 유통을 개관하고, 흔히 동아시아 또는 동북아시아로 불린 지역과 어떤 관계를 맺었는지를 검토하였다. 18세기를 전후하여 조선왕조와 일본은 대외 통교를 강력한 국가의 통제하에 두면서 무역 의존도가 낮은 국내 상품 경제가 발전하게 되었고, 그 결과로 동남아시아와 동북아시아의 역사적 관계도 연결 혹은 분기의 양상을 보였는데 이에 대해서 검토할 필요가 있음을 제언하였다. 동남아시아에서 생산된 물품이 동(북)아시아에서도 꾸준히 유통된 것을 감안하면, 동남아시아의 물품 교류를 검토하는 시각과 방법은 앞으로도 동유라시아 물품학 연구에서 결코 간과할 수 없는 중요한 과제가 될 것이다.

안젤로 카타네오의 연구 성과는 세계지도를 통해서 전근대 동아시아인이 인식한 세계와 물품 교류의 루트를 파악하고자 한 점에서 의미가 있다. 포르투갈, 네덜란드, 스페인, 영국 등에서 도래한 가톨릭 선교사나 상인을 의미하는 '남만인(南蠻人)'으로부터 제공받은 지리정보를 바탕으로 하여, 일본인들이 동아시아의 문화적 요소와 관점을 적용하여 어떤 새로운 지도 병풍들을 창안해냈는지를 여러 도판과 함께 설명하였다. 이번 논고는 동유라시아 물품학의 시각과 방법을 직접 제시하고자 하는 목적으로 작성된 것은 아니지만, 1590~1750년 당시에 살았던 동아시아인이 인식한 동유라시아 지역과 그 너머의 세계에 대한 인식을 파악할 수 있는 단초를 제공한다는 점에서 1부에 넣었다. 어떤 지역을 범주로 한 학문적 연구를 위해서는 오늘날 학자의 관점 못지않게 과거인이 인식했던 세계관이나 지리적 인식도 감안할 필요가 있는 만큼, 이 연구는 중요한 시사점을 제공한다.

2부 '동유라시아 사회와 물품의 역동성'에서는 동유라시아 지역 범위와 규모로 널리 유통된 물품의 교역과 소비 과정에서 나타나는 역동성에 대해서 총 5편의 논고를 통해 살펴보았다. 국가 또는 지역 사이의 정치 질서가 성립하고 전개되면서 물품의 교역에서는 어떤 변화가 나타나는지 고찰한 연구와 함께, 어떤 지역의 풍토병이나 자연적 조건이 물품의 생산과 소비에 끼친 영향을 다룬 논고도 있어서 더욱 다각화된 물품 연구의 시각과 방법을 적용할 가능성을 열어주고 있다. 한국 고대사 전공자인 이승호는 1~3세기 중국 동북 지역(만주)의 정세 변화와 초피 교역에 대해서 고찰하였다. 부여, 읍루, 고구려 등 여러 국가 및 정치 집단의 세력 향배에 따라 중계무역의 경로나 교역망의 양상이 시기적으로 변화해왔는지를 상세히 설명하였다. 담비 가죽이라는 물품의 교류가 고대 동아시아 정치 질서의 재편이라는 역동적 변화와 밀접히 관련되었음을 보여준 연구라 할 수 있다.

몽골사 전공자인 김장구는 칭기스 칸의 대몽골국 성립이라는 보다 큰 세계 질서의 변화 속에서 유통 물품의 변화를 조망하는 연구 성과를 내놓았다. 이 연구는 물품의 확보와 교환이 유목민의 정치적 통합에서 어떤 중요성이 있는지를 설명한 데 이어서, 대몽골국 성립 이전에는 초원과 삼림지대라는 몽골고원의 자연적 조건에 매여 있었던 점을 지적했다. 그러나 대외 원정과 정주(定住) 지역의 확보를 바탕으로 그러한 한계를 극복하고 다양한 물품과 재화가 유입되어 풍족한 경제 여건을 누리게 되었음을 여러 사료에 보이는 물품 관련 기록을 통해서 실증적으로 밝혀내었다.

티베트사 전공자인 최소영은 몽골제국 시기 티베트와의 물품 이동에 활용된 '역참(驛站)'을 중심으로 불교 이외의 기록이 빈약한 티베트 자료의 한계를 극복하고 몽골제국과 티베트 사꺄 정권의 관계, 그리고 티베트인 생활의 실상을 밝히고자 하였다. 몽골이 광활한 영토를 효율적으로 다스리기 위해 제국의 영역 곳곳을 연결하는 역참 네트워크를 구축하였음이 잘 알려져 있는데, 몽골의 지배층이 티베트 불교를 받아들이면서 이 네트워크는 티베트 승려가 규정 외의 보시 불품을 운송하는 경로로 전용되었다. 그 과정에서 인구는 희박하지만 땅은 넓은 티베트의 역참을 관리해야 하는 만호들은 무거운 부담을 지게 되었지만, 그럼에도 티베트의 지배자들은 역참 유지의 중요성만큼은 확실히 인식하고 있었다. 티베트 승려를 위한 보시 물품의 운송이라는 역사적 사실의 배후에 몽골제국의 유라시아 세계 지배와 교통망 유지를 위한 노력이라는 역동성이 내포되었음을 알 수 있는 연구이다.

한편 중국 질병사를 연구해온 김현선의 논고는 물품의 소비에 자연환경이 끼치는 영향력이라는 문제를 돌아보게 한다. 담배가 복건(福建)·광서(廣西)·광동(廣東) 등 무덥고 습한 중국 남방 지역에 만연했던 장기(瘴氣)에 효능이 있다는 이유로 특히 명말(明末) 군인들 사이에서 널리 확산된 현상을 집중적으로 검토하였다. 한편 북방의 군인들 사이에서도 한습(寒濕)한 기후로 인한 각종 질병을 막는다는 이유로 흡연 문화가 확산되었던 점도 지적했다. 실제 효능의 입증 여부와는 무관하게 각지의 기후 특성에 대응하고자 담배가 수용되는 양상을 통해서, 새로운 물품의 도입을 계기로 환경적 제약을 극복하려는 인간의 의지를 읽을 수 있다.

청대사를 전공하는 김선민의 연구도 자연환경과의 영향력 속에서 물품 생산과 유통을 바라보는 내용이다. 여기서는 청대 길림(吉林) 지역의 과도한 인삼 채취로 인해서 자연산 인삼이 고갈되는 상황을 타개하기 위해서 이미 관행화된 재배삼을 합법화하자고 제안한 길림장군 시오린(Siolin, 秀林)이 1802년(가경 7)에 사형을 당한 사건을 제시하고, 그 배경이라고 할 수 있는 인삼 정책에 얽힌 만주 지역의 변화를 인간과 자연의 관계 변화라는 관점에서 조명하였다. 집필자의 설명에 따르면, 중원의 농경문화와 대비되는 만주족의 수렵채집문화가 만주에 형성되고 있었던 것도 인간과 생태환경이 상호작용한 결과였다. 그런데 청대 봉금정책에도 불구하고 길림 지역에 꾸준히 이주한 한인(漢人)은 예전과 다른 방식으로 토지와 동식물을 이용하게 되었고 그러한 가운데 재배삼의 비중도 확대되었다. 그러나 청 황제는 만주 지역의 자연환경 변화가 지니는 의미를 제대로 이해하지 못하였고, 결국 이 문제를 자연삼의 채취를 만주족다움으로 인식하는 인간중심적 사고로 귀착하려 하였다. 인삼이라는 물품의 공납을 둘러싸고, 인구의 이동, 토지 활용 방식의 변화, 인간과 자연의 관계를 바라보는 관념, 소수 지배 민족의 정체성 유지 등의 다양한 문제가 복합적으로 상호작용하는 역동성을 읽어낼 수 있는 연구이다.

3부 '한국의 물품 교류사와 역동성'에서는 총 6편의 논고를 통해서 한국에 초점을 맞추어 물품 교류의 역동적 변화를 돌아보고자 하였다. 주변국인 중국·일본과의 교류에 관한 연구가 큰 비중을 차지하기는 하지만, 멀리 대식(大食)에서 온 상인의 역할도 다루었다. 또한 공인된 무역 이외에도 성행했던 밀무역에서 나타난 물품 교역, 그리고 전쟁 국면에서 유입된 새로운 물품에 대해서 논함으로써 더욱 확대된 시야를 갖춘 한국 물품학의 정립을 지향하고자 하였다.

마젠춘은 북송대 페르시아 및 아랍에서 유래한 대식 상인이 11세기 고려에 들어와 진헌한 기록을 집중해서 분석하였다. 대식 상인은 동남아시아 해역에서 나온 향약(香藥) 제품을 들여왔고, 송(宋)과 고려 양국이 요(遼)의 압력으로 잠시 교류를 중단하던 중에 양국의 외교적 왕래를 유지해주는 역할도 맡았던 것으로 추론하였다. 대식 상인의 물품 교류는 고려·송·요 3국의 각축이 이어지는 역동적 국제 정세의 틈바구니에서 이루어졌던 것이다.

근세 한일 관계사를 연구해온 사카이 마사요는 17~19세기 왜관과 조선·일본 사이의 해역을 중심으로 발선(拔船, 누케부네) 등의 형태로 이루어진 밀무역에 주목하면서, 국가가 외교와 무역 활동을 통제하는 상황에서도 동남아시아까지 이르는 물품의 교류가 변함없이 이어지면서 다양한 물품 거래의 양상으로 나타나고 있었음을 밝혔다. 흔히 밀무역을 이해할 때 '권력에 의한 통제'와 '자유 무역의 욕구'라는 이항대립 구조를 적용해 왔던 것과는 달리, 배후에서 국가가 주도적 역할을 하는 '반(半)합법적' 밀무역이 있었음을 지적했다. 또한 19세기 이후로는 정규 거래 과정에서의 대금 결제를 위해서 부탁받고 금제품[御禁制品]을 수령하는 경우도 보였는데, '인적 유대관계'에 기초한 밀무역이 발생하고 있었다는 점도 주목된다. 국가의 규제 아래에서도 외교와 무역의 장으로서 설정된 왜관 등을 바탕으로 물품 교류를 위한 역동적 활동이 다채롭게 이어지고 있었던 것이다.

이승민도 한일관계사에 대한 논고를 내놓으면서 조선산 황모필(黃毛筆)의 생산과 조선 후기 일본으로의 수출에 대해서 검토하였다. 족제비 털로 만든 황모필은 조선의 특산품이며, 조선후기 여러 가지 방법으로 일본 측에 꾸준히 수출되었다. 황모필이 일본으로 건너간 방식은 크게 네 가지였는데, 통신사와 문위행이 가져가는 예단품, 대마도 연례송사(年例送使)의 회사(回賜)·구청품(求請品), 각종 명목의 차왜(差倭)에 대한 지급품, 대

14

마도에서 구무(求貿) 명목으로 요청한 교역품으로 구분해 볼 수 있다. 이 밖에도 황모필은 사무역을 통해서도 거래되었고 일본뿐만 아니라 류큐와 중국에도 건너가고 있었으므로, 이번 연구에서는 조선을 중심으로 한 동아시아 황모필 유통망의 중요한 부분 중 하나를 규명한 것으로 볼 수 있다.

전쟁은 새로운 물품이 비교적 짧은 시간 내에 유입되는 계기가 되기도 한다는 점에서 물품 교류의 역동성을 설명하기에 적절한 주제라 할 수 있다. 임경준은 1592년 임진왜란 때에 명군이 조선에 가지고 온 중국산 면포인 '청포(靑布)'와 '남포(藍布)'에 대해서 그 용례를 분석하여 조선에서 기존에 통용되던 면포와는 구별된다는 점을 적시하고, 명군이 군량 수급을 위해서 이를 유용하게 활용할 수 있었던 특성이 무엇이었는지를 밝혔다. 이어서 조선에 유입된 이후의 용도에 대한 고찰을 통해서 포상 수단, 화폐 용도, 방한용 의복, 갑주라는 네 가지가 있었음을 살폈다. 이후 후금과 명이 대치하면서 조선과 삼각무역의 구조를 형성하는 국면에서 청포와 남포는 그 핵심을 이루는 국제 상품으로 변화하게 되는데, 이를 통해 어떤 계기로 인한 물품의 유입이 특정 국가를 국제적 교역망에 편입시키는 역동성을 발휘하기도 하였음을 알 수 있다.

남은 두 편의 글은 조선시대 물품의 국내 유통에 관한 연구이다. 미술사 전공자인 김병모는 조선시대 지리지에 나온 지역별 공납품을 활용하여 경상도 지역을 중심으로 어교(魚膠) 생산지와 산출된 어교의 종류에 대해서 고찰하였다. 경주부(慶州府), 진주목(晉州牧), 안동대도호부(安東大都護府), 상주목(尙州牧)을 대상으로 군현의 지리적 여건, 곧 바다의 인접 여부와 산출 어종을 분석하고 어떤 어교가 나왔을지 검토하였다. 어교는 활과 같은 도구뿐만 아니라, 부채, 가구, 채색 장식 등에서 접착제로서 용도가 넓었기 때문에 국가적인 생산과 수취체제에 입각한 기초적 연구가 절실히 필요한 물품이라 할 수 있다.

조선시대 계보 자료에 대한 연구를 꾸준히 진행해온 권기석은 조선 후기 족보의 보급에 기여한 물품으로서 전근대 동아시아 인쇄술에서 목판과 함께 중요한 인쇄 도구 중 하나였던 '목활자(木活字)'를 주목하였다. 규장각한국학연구원에 소장된 성씨별 족보에 대한 판종(版種) 분석 결과 18세기 후반 이후로 목활자본 족보가 널리 확산되기 시작했음을 알 수 있다. 족보 인쇄에 목활자가 적극적으로 사용된 이유는 기록물로서 족보의 특성과 인쇄 수단으로서 목활자의 이점이 잘 맞았기 때문이었다. 즉, 족보는 세대가 바뀔 때마다 계보 분량이 많이 늘어날 뿐만 아니라 계보도를 전체적으로 새로 조판하기 때문에, 보통의 문집류처럼 이전 판본의 목판을 보존하여 재인쇄에 활용할 여지가 적었고, 이는 목활자가 적극적으로 활용될 수 있는 중요한 조건이 되었다. 이러한 목활자의 효용성이 동유라시아의 영역에서도 보편적으로 통용되었는지를 파악하는 것이 차후의 과제가 될 것이다.

현재 문화학술원 인문한국플러스 사업단은 1단계 3년 차 사업을 진행하면서, 당초 사업 계획에 따른 여러 성과를 재정리하고 다음 단계로의 도약을 준비하려 하고 있다. 이제는 코로나19 대유행으로 인한 거리두기가 상당히 완화되어 대면 학술행사를 큰 부담 없이 치를 수 있게 되었고, 미뤄두었던 국내외 연구기관과의 교류나 자료조사를 위한 출장도 조심스럽게 시도하고 있다. 여기까지 오게 된 것은 서인범 단장님과 노대환 부단장님, 임경준 연구총괄센터장님을 비롯하여 연구와 행정에 힘써주신 모든 구성원 여러분이 이루어낸 결실이었다고 할 것이다. 원고 작성과 발표에 노고를 아끼지 않고 이번 총서 게재에도 흔쾌히 응해주신 국내외 집필자 선생님들께 감사의 말씀을 드린다. 아울러 동시다발로 진행되는 출간 일정에 맞추어 책을 내주신 경인문화사 한정희 대표님을 비롯한 관계자 여러분께도 사의를 표한다.

    본 사업단의 연구 아젠다인 "동유라시아 세계 물품의 문명·문화사"는 이제 한층 더 심화된 연구로 향하는 문턱을 넘고 있다. 모쪼록 본서의 출간을 계기로 본 사업단이 세계에 내놓을 수 있는 동유라시아 물품학 정립을 향해 나아갈 동력을 얻게 되기를 기대한다.

2022년 12월
동국대학교 문화학술원 인문한국플러스(HK+)사업단
HK교수   권기석

| 차 례 |

01

중앙유라시아와 동부유라시아
: 방법으로서의 지역, 무대로서의 지역

스기야마 기요히코(杉山淸彦, 도쿄대학[東京大學] 대학원 총합문화연구과 교수)

'물품으로 읽는 동유라시아 세계의 역동성'을 논의한다고 할 때, 그 무대에 해당하는 '동부유라시아'란 어떠한 범위를 가리키며 어떠한 개념이라 할 수 있을까.

근년 일본의 역사학계에서는 '유라시아'라는 용어가 널리 사용되고 있다. 대표적으로 1990년대에 이후 광범위하게 쓰이는 '중앙유라시아'를 들 수 있으며, 나아가 광대한 '아프로 유라시아'나 북방에 초점을 맞춘 '슬라브 유라시아' 등이 제창되고 있다. 근래 널리 쓰이게 된 '동부유라시아'도 그중 하나이다. 본고에서는 '중앙유라시아'와 '동부유라시아'에 초점을 맞춰 물품과 문화 유통·교류의 무대인 광역적 지역 개념이 어떻게 파악되고 있는지에 대하여 일본학계의 연구 상황을 정리·소개하겠다.

아래에서는 먼저 일본에서 널리 사용되는 '유라시아'를 내세운 지역 개념의 선례인 '중앙유라시아'에 대하여 개관하고,[1] 이어서 최근 일본학계

---

1 본고에서 다루는 중앙유라시아의 개념과 연구사는 杉山淸彦, 「中央ユーラシア世界——方法から地域へ——」, 羽田正編, 『地域史と世界史』(MINERVA世界史叢書), ミネルヴァ書房, 2016, pp.97~125에 근거하여 서술하겠다.

에서 쓰이는 '동부유라시아'란 어떠한 지역 개념이며, 어떠한 의도가 담겨 있는지 정리하고자 한다. 덧붙여 '동부유라시아'의 영어 표기는 일정하지 않지만, 일본에서는 Eastern Eurasia로 쓰이는 경우가 많다.

I. '중앙유라시아'의 정의와 의의: '유라시아'에 대한 주목

말할 것도 없이 '유라시아'란 'Euro'와 'Asia'의 합성어로서 동양사학자이자 고고학자인 에가미 나미오(江上波夫, 1906~2002)가 사용한 '유라시아 고대 북방문화'처럼 고고학, 지리학, 자연과학 등 여러 분야에서 사용되곤 하였다. 이 유라시아라는 용어가 일본의 역사학 분야에서 널리 쓰이게 된 계기는, 헝가리 출신의 알타이학자 데니스 시노르(Denis Sinor, 1916~2011)가 제창한 '중앙유라시아'라는 개념의 도입에 있었다.

'중앙유라시아'란 동쪽으로는 만주리아·몽골리아에서 서쪽으로는 러시아·동유럽에 걸쳐 있으며, 아프가니스탄·이란·코카서스의 여러 국가에 이르는 광대한 범위를 포함하는 용어이다. 이 술어는 1940년 당시 프랑스 체류 중이던 시노르가 창안하여 강의에서 사용하기 시작하였고 영국으로 건너간 뒤인 1954년에 발표한 「중앙유라시아」라는 제목의 논문에서 처음 사용하였다.[2] 미국 인디애나대학으로 옮긴 이듬해인 1963년에 출판한 프랑스어 저작 『중앙유라시아 연구 입문』에서 '중앙유라시아(Eurasie Centrale)'를 표제로 사용하여[3] 널리 알려지게 되었다.

한편 일본학계에서 '중앙유라시아'에 앞서 주로 쓰인 용어는, 종종 혼

---

2 Sinor, Denis, "Inner-Asia - Central Eurasia", in *Indo Asia*, Heft 3, 1974, pp.214~222.

3 Sinor, Denis, *Introduction à l'étude de l'Eurasie Centrale*, Wiesbaden: Otto Harrassowitz, 1963.

용되거나 혼동되곤 하는 '중앙아시아(Central Asia)'와 '내륙아시아(Inner Asia)'이다. 중앙아시아는 보통 동서 투르키스탄을 중심으로 하는 아시아의 중앙부를 가리키는데, 오아시스 사회를 중심으로 하는 동서 교섭사의 맥락에서 사용되는 경향이 강하다. 그런 까닭에 유목민의 세계까지 포함하여 유라시아의 내륙 지역을 포괄적으로 파악하기 위한 방편으로 '중앙아시아'의 상위 개념으로서 '내륙아시아'라는 개념이 도입되었다.

이러한 맥락에서 유럽과 아시아를 분리하지 않고 한몸으로 파악하려는 의도에서 주목받게 된 것이 '중앙유라시아'이다. '중앙유라시아'는 1960년대에 이미 소개되었지만, 널리 쓰이기 시작한 것은 1990년대이다. 1990년에 『중앙유라시아의 세계』[4]라는 제목의 개설서가 출판되었고, 1997년에는 권위 있는 '이와나미 강좌 세계 역사' 제2기의 한 권으로 『중앙유라시아의 통합』이 편성되었다. 또한 통사인 『중앙유라시아사』[5]와 역사 사전인 『중앙유라시아를 아는 사전』도 간행됨에 따라 단어로서 정착되었다고 할 수 있다.

그렇다면 '중앙유라시아'는 어떻게 설정되는 개념인가. 유라시아 대륙의 내륙부는 공통적으로 연 강수량이 적고 기온의 연교차·일교차가 큰 혹독한 기후로 오아시스 주변을 제외하면 농업에 적합하지 않다. 이 때문에 초원지대에서는 유목이 널리 행해지는 한편, 사막지대에서는 경작이 가능한 오아시스 인근의 토지에서 집중적으로 농목업이 행해졌으며 또 여기에 힘입어 상공업이 이루어졌다. 특히 대상(隊商, caravan)의 무역 활동이 대단히 중요한 위치를 차지하였다.

교역에는 지역과 지역을 넘나드는 장거리 중계무역에서부터 오아시스

---

4 護雅夫·岡田英弘 編, 『中央ユーラシアの世界』(民族の世界史4), 山川出版社, 1990. 杉山正明編, 『岩波講座世界歴史11 中央ユーラシアの統合』, 岩波書店, 1997.
5 小松久男 編, 『中央ユーラシア史』(新版世界各國史4), 山川出版社, 2000. 小松久男 編, 『中央ユーラシアを知る事典』, 平凡社, 2005.

도시 사이를 연결하는 정도의 단거리·중거리 무역, 나아가 오아시스 내부에서 이루어지는 것까지 다양한 수준이 있다. 오아시스 내부나 근거리 교역에서는 식량이나 일용물자 등이 운반되었지만, 가장 인기가 있던 물품은 대상에 의해 장거리 운반된 공예품·보석류·약품·모피와 같이 가벼우면서도 값비싼 사치품·기호품이었다. 부가가치가 높은 이러한 상품들은 오아시스 도시의 상인들에게 원격지 무역의 리스크를 감수할 정도의 이익을 가져다주었다. 그중에서도 중국에서 생산된 견직물이 가장 보편적인 가치를 지닌 물품으로 취급되었기 때문에 이 교역망은 실크로드, 즉 비단길이라고 불렸다. 육상 실크로드는 사막지대를 잇는 '오아시스 길'과 초원지대를 잇는 '초원길'을 대동맥으로 하면서 동서남북으로 그물코처럼 뻗어 있는 크고 작은 교역로를 통하여 '면(面)'으로서 네트워크를 이루었다.[6]

실크로드의 상업 활동에서 교통의 편익과 안전 확보의 면에서 불가결한 파트너는 유목민이었다. 오아시스 도시와 상인 집단은 북방의 유목세력과 제휴하거나 종속하여 군사·교통면의 보장을 받는 대신 이익을 제공받거나 대외교섭을 담당하는 것이 상례였다. 유라시아 대륙의 여러 지역에서는 다양한 환경에서 다양한 생활양식을 가진 주민들이 서로 보완하면서 공존하였는데, 이들 사이를 유목민과 대상의 활동이 연결하고 있었던 것이다.

이처럼 유라시아 대륙부는 초원과 오아시스라는 서로 대척점에 놓인 환경·생업이 병존하면서도 단일한 언어·문자·신앙으로 통합된 적이 없는, 실로 다양한 지역이었다. 그럼에도 불구하고 그 다양한 요소가 결합하여 하나의 역사적 틀을 구성하고 있었다. '중앙유라시아'란 이 역사적 틀을 하나의 거대한 지역으로서 설정하려는 개념이다.[7]

---

6 森安孝夫, 『興亡の世界史 05 -シルクロードと唐帝國-』(講談社學術文庫), 講談社, 2016 [初版 2007].

구체적으로 동쪽은 만주리아 평원에서 서쪽으로는 헝가리 평원까지, 북쪽은 남부 시베리아의 삼림 스텝에서 남쪽은 티베트·서 투르키스탄·코카서스에 걸쳐 있는 광대한 범위를 핵심부로 하면서 나아가 화북(華北)·인도 서북부·이란고원의 대부분이 그 외연부를 구성하는 '거대한 이중 구조'를 이루고 있다. 핵심부를 살펴보면, 동서로 뻗어 있는 초원지대에는 유목사회가, 그 남쪽으로 가로놓인 사막지대에는 오아시스 사회가 펼쳐져 있어 각각의 내부에서 유목 세력 간, 오아시스 도시 간의 관계가 전개되는 동시에 남북 간에는 유목 사회와 오아시스 사회가 교류와 충돌을 거듭하였다. 그리고 외연부에 해당하는 건조·농경지역은 유목 세력의 침입을 받거나 오아시스 도시와 교역을 행하는 등 늘 밀접한 영향을 받아 양속적·복합적인 성격을 지녔다. 예를 들어 동방에서는 몽골리아 남부[내몽골]~하서(河西) 지방이 중앙유라시아의 핵심부에 속하며, 그 바깥의 화북 일대는 중국의 북부인 동시에 중앙유라시아 외연의 동남부이기도 한 이중 지역으로 간주할 수 있다.

　　지역의 역사적 틀을 생각할 때에 지금까지는 한자문화와 같은 고유 지표로써 배타적으로 범위를 분리하려는 경향이 강했다. 그 때문에 여기에 중앙유라시아의 정치 세력이 영향을 미치는 경우 '이적(夷狄)의 침입'으로 파악하기 일쑤였다. 이와 달리 중앙유라시아의 핵심부를 독자적인 역사세계로 파악하려는 태도는 화북과 같은 지역을 중앙유라시아와 유사한 성격을 지닌 이중적인 영역으로 보는 것이다. 이 이중 지역은 중앙유라시아와 정주농경사회 어느 쪽의 지배하에도 들어갈 수 있으므로 이를 한쪽 세계의 확대 혹은 다른 쪽의 축소로 볼 필요는 없다. 이처럼 중층적이고 유연한 구조 이해는 중앙유라시아라는 지역 개념의 설정만이 아니라 이와 중

　7　杉山正明, 『遊牧民から見た世界史　民族も国境もこえて　増補版』(日経ビジネス人文庫), 日本経済新聞社, 2011(初版1997).

첩되면서도 서로 이웃하는 동아시아·남아시아·서아시아·동유럽을 새롭게 파악하는 시점을 제공한다는 방법적 의의가 있다.

'중앙유라시아'란 유목민의 세계만을 강조하거나 중국이나 유럽 등과 명확히 분리하여 대치시키는 것이 아니며, 유라시아 대륙에서 전개된 역사를 재구성하는 데에 실체와 방법 두 측면에서 모두 기여하는 역사적 지역 개념이라 할 수 있다.

II. '동아시아세계'론의 정의와 이에 대한 비판
: '아시아 속의 일본'을 둘러싸고

'유라시아'라는 용어를 쓰는 지역 개념으로서 또 하나 주목되는 것이 '동부유라시아'이다. 제2차 세계대전 후 일본 역사학계에서는 '동아시아'가 주로 사용됐으나, 2010년을 전후하여 점차 '동부유라시아'가 사용되는 빈도가 늘고 있다.

먼저 '동아시아'에 대하여 확인해 보자. 아시아의 동부 지역을 잘라 내어 '동아시아(East Asia)'라고 칭하는 것 자체가 본래부터 자명한 일은 아니었다. 동아시아라는 어휘는 일본에서 19세기 말에 등장하여 1930년대와 1940년대의 전시에 마침내 널리 확산하였다.[8] 구미에서도 오랫동안 '극동(Far East)'이라 부르는 것이 일반적이어서 'East Asia'가 널리 쓰이게 된 때는 1960~1970년대 이후로 여겨지고 있다. 동 시기 '동아시아의 기적(East Asia Miracle)'이라 불리던 경제 발전, 그리고 1990년을 전후하

---

8 荒野泰典, 「近世日本における「東アジア」の「發見」」, 『「東アジア」の時代性』, 渓水社, 2005, 21~52쪽 ; ラインハルト・ツェルナー, 『東アジアの歴史 -その構築-』, 明石書店, 2009 ; 羽田正, 「新しい世界史と地域史」, 『グローバルヒストリーと東アジア史』, 東京大學出版會, 2016, 19~33쪽 등.

여 냉전구조가 붕괴하면서 동서 진영의 구분이 소멸함에 따라 '동아시아(East Asia)'라는 지역 범위와 호칭이 일반화되었으니 비교적 새로운 지역 개념이라 할 수 있다.

'동아시아'라는 용어를 활용하여 학술적으로 개념화한 것이 '동아시아 세계'이다. 이는 도쿄대 교수를 지낸 니시지마 사다오(西嶋定生, 1919~1998)가 1960~1970년대에 발표한 일련의 논문을 통하여 제창한 개념으로 이후 널리 받아들여졌다. 니시지마의 '동아시아 세계'론이란 대체로 다음과 같이 정리할 수 있다.[9]

근대에 이르러 지구적 규모의 세계사가 성립되기 이전, 전근대 세계의 여러 지역에는 완결된 자율성을 지닌 '세계'가 복수 존재하였는데, 이 중 하나가 '동아시아 세계'였다. 이는 중국을 중심으로 하여 그 문화를 수용한 범위, 즉 하나의 문화권이며 지리적으로는 하서[감숙] 회랑의 동부 일대에 위치한 중국 본토와 한국, 일본, 베트남이 포함된다. 그 지표는 ①한자 문화, ②유교, ③율령제, ④한역 불교라는 공통의 문화지표인데, 단순히 문화가 파급된 것이 아니라 중국 황제가 주변 여러 세력의 수장과 맺은 군신관계, 즉 책봉관계를 매개로 하여 전파된 것이었다. 이렇게 정치적 행위에 의거하여 맺어진 국제적인 질서 구조를 책봉체제라고 하는데, '동아시아 세계'는 책봉체제라는 독자적 원리에 의해 정치권과 문화권이 일체가 된 자기 완결적인 '세계'였다.

니시지마는 수(隋)·당(唐) 시대 전반기에 해당하는 6~8세기의 국제 질

---

9 西嶋定生, 「六~八世紀の東アジア」, 『岩波講座日本歴史 2 -古代2-』, 岩波書店, 1962 (再録: 「東アジア世界と冊封体制」, 『中國古代國家と東アジア世界』, 東京大學出版會, 1983; 『古代東アジア世界と日本』, 岩波書店, 2000; 『西嶋定生東アジア史論集3 - 東アジア世界と冊封体制 -』, 岩波書店, 2002); 同, 「東アジア世界の形成」, 『岩波講座世界歴史 4 - 古代4 -』, 岩波書店, 1970(再録: 前掲『中国古代國家と東アジア世界』; 同, 『古代東アジア世界と日本』).

서를 책봉체제 논리로 설명하였으나, 후에 이를 확장하여 그 형성기를 한대(漢代)로까지 소급하는 한편, 정치적 책봉체제가 퇴조한 송대(宋代) 이후에도 재편되어 계속되었다고 보았으며, 명(明)·청(淸) 시대를 거쳐 19세기에 소멸하기까지 '동아시아 세계'는 자율적인 완결성을 지닌 역사 세계로서 존속하였다고 주장하였다.

니시지마가 이처럼 '동아시아 세계'를 제창한 것은 자국 중심적인 역사관을 극복하고 일본사를 상대화하기 위한 것이었다. 이를 위해 일본의 역사를 중국·한국·베트남과 같은 여러 나라와의 거대한 통합 속에서 파악하고자 하였다. 이는 일본의 역사를 특수한 것으로 간주하여 특별시하던 태평양 전쟁 이전의 역사관에 대한 반성에 기초하고 있다. 또한 미국과 동맹관계를 맺고 있을 뿐 주변의 아시아 국가들 속에서는 고립되어 있던 당시 일본의 국제 환경을 감안하여 '아시아 속의 일본'이라는 역사상을 모색한 결과이기도 하였다.

이처럼 '동아시아'라는 지역을 고유한 역사적 통합체를 지닌 존재로 제시하면서 일본의 역사를 그 속에 위치시킨 '동아시아 세계'론은 발표된 이래 일본 역사학계의 여러 분야에서 큰 영향을 주었지만, 이와 동시에 많은 비판도 이루어졌다.

특히 1990년대 이후 야마우치 신지(山內晋次), 다나카 후미오(田中史生), 히로세 노리오(廣瀬憲雄)를 비롯하여 그간 두드러진 진전을 보인 일본 대외관계사나 새롭게 발흥한 해역 아시아사 분야의 연구자들에게 다시 근본적인 비판이 제출되었다. 비판의 요점은 다음과 같다.[10]

---

10 山内晋次, 「日本古代史研究からみた東アジア世界論」, 『新しい歴史学のために』230·231, 1998, pp.11~21; 同, 「「東アジア史」再考——日本古代史研究の立場から——」, 『歴史評論』733, 2011, pp.40~56; 田中史生, 「越境する古代」, 『歴史評論』799, 2016, pp.6~16; 廣瀬憲雄, 「倭国·日本史と東部ユーラシア——6~13世紀における政治的連関再考——」, 『歴史學研究』872, 2010, pp.30~38; 同, 「東アジア世界論の現状と展望」,

첫째, 공간적 문제이다. 니시지마는 중국 왕조의 대외관계를 축으로 동아시아 세계를 파악하고 있음에도 불구하고 중국 왕조에 보다 중요한 의미가 있던 북방·서방 유목 세력과의 관계를 도외시하였다. 이 때문에 '동아시아 세계'의 범위도 하서 회랑 동부 일대의 중국 본토로 한정하고 있다. 이러한 구도로는 중국 왕조가 맺은 대외관계의 전체 상을 제대로 설명할 수 없을뿐더러, 그렇다고 한다면 국제 질서의 구조를 미처 다 파악하지 못했다는 이야기가 된다. 이를 비판한 호리 도시카즈[堀敏一, 1924~2007]는 몽골고원과 티베트고원을 포함하는 '동아시아 세계'를 독자적으로 정의하였다[11][이 때문에 니시지마의 학설과 호리의 학설은 같은 '동아시아 세계'라는 단어를 사용하면서도 범위와 정의·지표가 다르다]. 다만 호리의 경우 오히려 유목 사회를 중국사에 종속시켜 버리는 역설적인 문제가 발생한다.

둘째, 시간의 문제이다. 니시지마의 논의는 6~8세기의 상황에서 도출된 것임에도 불구하고 최종적으로는 한대에서 청대 말기까지 적용할 수 있는 것으로 최대한 확장되어 있다. 그러나 책봉관계가 존재했다고 해서 책봉체제라는 구조까지 존재했다고 할 수는 없을뿐더러 각 시대별 검증이 불가결하다. 더군다나 송대 이후 각 시대에 대한 이후의 연구는 오히려 책봉체제라고 불러야 할 구조의 존재를 부정하는 방향으로 나아가고 있다.

셋째, 역사상의 문제이다. 이는 몇 가지 문제를 더 포함한다. 하나는 책봉관계의 평가를 둘러싼 것이다. 니시지마의 학설은 책봉이라는 외교상의 절차로부터 도출되지만, 현실 속 여러 국가의 역학관계나 그 추이를 무시하고 있어 역사적 실체에 반드시 들어맞지 않는다는 점, 나아가 책봉

『歷史評論』 752, 2012, pp.4~13 등.

11 堀敏一, 『律令制と東アジア世界——私の中国史学(二)』, 汲古書院, 1994; 同, 『東アジア世界の歴史』(講談社学術文庫), 講談社, 2008 등.

은 중국 왕조가 전개한 다양한 대외관계의 형식 중 하나일 뿐 국제 질서의 전체 상을 설명할 수 없다는 점 등이 지적되고 있다.

또 하나의 문제는 중국 왕조가 주재하는 국제관계와 그 아래에서의 중국 문화권 확대라는 논리가 필연적으로 드러내는 중국 중심사관의 경향인데, 이에 대한 반동으로서 주변 각 지역의 자율성과 주체성이 경시된다는 뿌리 깊은 비판이 있다. '동아시아 세계'론이란 언뜻 보기에 '동아시아'의 특질을 연구하는 것처럼 보이지만, 실상은 본래 일본사를 설명하기 위해서 설정된 틀이었다. 이 때문에 정작 '동아시아'의 여러 국가와 지역의 주체성이 매몰되기에 십상이라는 문제를 배태하고 있었다.

더욱이 '국가'를 구성 단위로 구상되었다는 점이 현재에는 극복해야 할 한계로서 인식되고 있다. '동아시아 세계'론이 제창된 1960년대에는 일본을 비롯한 아시아 각국에서 국민사(國民史)의 구축 또는 재구축이 과제이자 목표였다. 그러나 1970년대 이후에는 그 배타성과 내향성을 반성하면서 고정된 틀로서 '국가'나 '민족'을 단위로 하지 않고, 반대로 인간·물품·문화가 교류되거나 뒤섞이는 측면을 발견하려는 접근 방식이 주류를 이루고 있다. 이는 국가의 총화로서 구축된 '동아시아'라는 틀 자체에 재고를 요청하고 있다.

이와 같이 '동아시아 세계'론과 여기에서 규정된 '동아시아'에 대하여 오늘날에는 다양한 각도에서 비판이 제시되고 있다.[12] 본래 '동아시아'라는 용어 자체는 아시아 동부를 가리키는 지리 명칭에 지나지 않았지만,

---

12 '동아시아세계'론을 둘러싼 논의에 대해서는 李成市, 「古代東アジア世界論再考——地域文化圏の形成を中心に」, 『歷史評論』 697, 2008, pp.38~52; 同, 「東アジア世界論と日本史」, 『岩波講座日本歷史22 歷史学の現在』, 岩波書店, 2016, pp.41~71(再錄: 同, 『闘争の場としての古代史——東アジア史のゆくえ』, 岩波書店, 2018); 廣瀬憲雄, 「「東アジア」と「世界」の変質」, 歷史学研究会編, 『第4次現代歷史学の成果と課題2 世界史像の再構成』, 續文堂出版, 2017, pp.18~31 등을 참조.

이 '동아시아 세계'론의 영향력이 강력했기 때문에 보다 넓은 영역을 파악하는 지역 개념으로서, '책봉체제'와 같은 특정한 정의나 지표의 인상이 뒤따르는 '동아시아'를 대체하는 술어를 모색하게 되었다.

III. '동부유라시아'·'동유라시아'·'유라시아 동방'
: '동아시아'를 뛰어넘기 위하여

이러한 가운데 최근 일본학계에서 사용되기 시작한 용어가 본서의 제목에도 언급되고 있는 '동유라시아'이다. 이와 함께 '동부유라시아'나 '유라시아 동방', '유라시아 대륙 동부'와 같은 다양한 어휘가 '동아시아'를 대신하여 제안되고 있다.

언뜻 보아도 알 수 있듯이 여기에서는 '유라시아'라고 하는 개념이 공통으로 쓰였다. '유라시아'가 선택된 데에는 제1절에서 소개한 것처럼 1990년대 '중앙유라시아'라는 단어의 보급을 지적할 수 있다. 실제로 중국 중심적 성격이 강한 '동아시아'를 기피하려는 움직임은 중앙유라시아사에서 첨예하게 일어났다. 몽골 시대사의 스기야마 마사아키(杉山正明, 1952~2020)는 1996년에 '아시아 동방', '유라시아 동방'이라는 호칭을 사용하였다.[13] 중국 도시사를 전문으로 하면서 중국이란 틀을 넘어 널리 아프로 유라시아사를 구상하고 있는 세오 다쓰히코(妹尾達彦) 역시 1999년에 '유라시아 대륙 동부'라는 표현을 사용하면서, 이를 "청조의 통치 공간에 더하여 동부 시베리아와 한반도·일본열도·베트남 북부를 포함하는 공간'으로서 '동아시아 공간'의 의의를 부여하였다.[14] 이러한 1990년대 후반

---

13 杉山正明, 『モンゴル帝國の興亡』(講談社現代新書) 上·下, 講談社, 1996.
14 妹尾達彦, 「中華の分裂と再生」, 『岩波講座世界歷史9 中華の分裂と再生』, 岩波書店, 1999,

기의 동향이 East/Eastern Eurasia라는 어휘·개념의 효시라 할 수 있다.

이에 따라 2000년대에 들어서면서 보다 다양한 어휘가 제안되었다. 먼저 제창된 것이 중국 근세사를 연구한 우에다 마코토(上田信)의 '동유라시아'이다.[15] 우에다는 "범위로서는 동해·발해·황해·동중국해·남중국해의 5개 바다, 그리고 이러한 바다에 접하는 육지와 도서 지역으로 구성된 공간"이라 정의한다. 육상에서의 공간 설정은 파미르고원 동쪽의 유라시아 대륙 동반부로 다른 정의와 가깝기는 하지만 해역 세계에 시점을 두고 있는 까닭에 비교적 남쪽에 중심축이 놓여 있다. 한편 요금사(遼金史)를 전공하는 후루마츠 다카시(古松崇志)는 스기야마 마사아키가 사용한 바 있는 '유라시아 동방'을 다시 개념적으로 규정하여 "대략 파미르고원 동쪽을 가리킨다"고 하며, "동아시아라고 불려온 지역뿐만 아니라 중앙유라시아의 동부 일대[즉 북아시아와 중앙아시아의 일부]나 동남아시아의 일부도 포함한다"고 정의하고 있다.[16]

거의 같은 범위를 가리키는 '동부유라시아'라는 용어도 이러한 흐름 속에서 쓰이게 되었다. 논문에서 이 단어를 최초로 이용한 것은 당대사(唐代史) 연구자인 스가누마 아이고(菅沼愛語)지만,[17] 2010년대에 들어서면서 오히려 일본 사학계로 확산되어 히로세 노리오, 야마우치 신지, 다나카 후미오 및 미나가와 마사키(皆川雅樹)·스즈키 야스타미(鈴木靖民)와 같은 일본 고대 대외관계사 연구자들이 사용하고 있다.[18] 이 때문에 중국사 측에

pp.3~82.

15 上田 信, 『中國の歷史09 海と帝國』(講談社學術文庫), 講談社, 2021[初版 2005] ; 上田 信, 『東ユーラシアの生態環境史』(世界史リブレット), 山川出版社, 2006.

16 古松崇志, 『シリーズ中國の歷史③ 草原の制覇』(岩波新書), 岩波書店, 2020.

17 菅沼愛語·菅沼秀夫, 「七世紀後半の「唐·吐蕃戰爭」と東部ユーラシア諸國の自立への動き ――新羅の朝鮮半島統一·突厥の復興·契丹の反乱·渤海の建國との関連性」, 『史窓』 66, 2009. → 『7世紀後半から8世紀の東ユーラシアの國際情勢とその推移』, 渓水社, 2013.

18 주10에서 제시한 논저 이외에 皆川雅樹, 「日本古代の対外貿易と「東部ユーラシア」」,

서는 일본 고대와 동 시기에 해당하는 수당(隋唐)이나 그 전후 시대의 연구에서 쓰이는 경우가 많다. 이에 비해 송원대 이후의 연구에서 사용되거나 통시적으로 사용되는 경우는 적다.[19]

이와 같이 '동아시아'를 대신하여 제창된 어휘는 다양하지만, 이들 새로운 술어의 정의나 용법은 아직 일정하지 않을 뿐더러 논자에 따라 제각각인 상황이라서 '동아시아'를 대신할 지역 개념과 그 어휘가 무엇인지에 대해서는 유감스럽게도 명쾌하게 소개할 수 없다. 그러나 2020년을 전후한 시점에서 일본학계에서는 '동아시아'가 더는 무비판적으로 사용할 수 있는 어휘나 개념이 아니라는 점은 분명해 보인다. 따라서 '동부유라시아'를 중심으로 이들 개념의 내실과 방향에 대해 정리하려 한다.

'동부유라시아'·'동유라시아'·'유라시아 동방'과 같은 지역 개념은 공간적으로 모두 파미르고원 동쪽의 유라시아 대륙 동반부를 널리 가리킨다는 점에서 공통적이다. 구체적으로 말하자면, 니시지마의 '동아시아 세계'에 만주리아·몽골고원·동투르키스탄·티베트고원을 덧붙인 것으로 청대의 영역과 한반도·일본열도·북부 베트남을 포괄하는 범위이며, 논자에 따라서는 다시 시베리아 남부나 인도차이나반도 등이 포함되기도 한다. 그러나 이러한 지역 개념들은 개별 논자의 사고 차이만이 아니라 지표나 방향성 자체도 상이하다.

첫째, '동아시아 세계'론의 중국 중심적 성격과 거리를 두면서도 어떠한 형태로든 중국의 정치·외교·문화의 영향력을 전제로 하여 설정하려는 경향이 있다. 즉 실체적으로 정의하려는 방향성을 여는 것이다. 이러한 경

『歷史学研究』 885, 2011, pp.35~43; 鈴木靖民, 「東部ユーラシア世界史と東アジア世界史──梁の国際関係·国際秩序·国際意識を中心に──」, 鈴木靖民·金子修一編, 『梁職貢図と東部ユーラシア世界』, 勉誠出版, 2014, pp.3~44 등.

19 佐川英治·杉山清彦, 『中國と東部ユーラシアの歴史』, 放送大學教育振興會, 2020은 통사에서 '동부유라시아'를 사용한 몇 안 되는 예이다.

향의 선례라 할 수 있는 스가누마 아이고는 "중화문명권을 중심부로 하면서 이와 역사적으로 밀접한 관계가 있으며 전쟁이나 외교와 같은 직접적인 교섭을 계속한 주변 여러 국가를 포함한 영역"이라고 정의한다는 점에서[20] 일찍이 호리 도시카즈가 제창한 '동아시아 세계'의 방향성에 가깝다고 할 수 있다.[21] 일본 고대사 측에서 '동부유라시아' 개념을 제창하는 히로세 노리오 역시 "복수의 국제 질서가 병존하는 다원적인 외교관계가 전개된 장"으로서 "정치권의 문제를 고려한 단위"라고 분명히 밝혔다.[22]

이러한 흐름에서 벗어나 있는 것은 '세계'라는 낱말을 덧붙임으로써 특정한 특질을 갖는 공간으로서 정의하고자 하는 스즈키 야스타미의 '동부유라시아 세계'론이다.[23] 스즈키는 인간·물품·문화의 교류와 유통을 지표로 하여 인도·이란까지도 포괄하는 초광역지대를 '동부유라시아 세계'라 하면서 '동아시아 세계'를 비롯한 복수의 '소세계[지역권]'를 그 아래에 두는 중심 - 주변 - 아주변이라는 삼중구조로 이루어진 '세계'라고 주장한다. '동부유라시아'를 비롯한 근래의 개념들은 대체로 '동아시아'의 범위나 정의를 확장하는 데에 특징이 있는데, '동아시아 세계'를 인정하면서도 그 상위 개념으로서 '동부유라시아 세계'를 설정하는 스즈키의 학설은 현재로서는 매우 특이하다고 할 수 있다. 한편으로 지표로서 인간이나 문

---

20 菅沼愛語·菅沼秀夫, 「七世紀後半の「唐·吐蕃戦争」と東部ユーラシア諸國の自立への動き -新羅の朝鮮半島統一·突厥の復興·契丹の反乱·渤海の建國との関連性-」, 『史窓』 66, 2009 ; 『7世紀後半から8世紀の東ユーラシアの國際情勢とその推移』, 渓水社, 2013.

21 주17에서 인용한 菅沼, 「七世紀後半の「唐·吐蕃戦争」と東部ユーラシア諸国の自立への動き」, 『7世紀後半から8世紀の東ユーラシアの国際情勢とその推移』, p.4. 스가누마의 정의는 호리와 겹친다고 생각되지만, 연구사를 인용하고 있지 않기 때문에 선행학설과의 같은 점과 다른 점이 무엇인지, 근사한 정의를 별도의 용어로 서술하는 이유를 알 수 없다는 점은 커다란 결함이라 할 수 있다.

22 廣瀬憲雄, 『古代日本と東部ユーラシアの國際関係』, 勉誠出版, 2018.

23 鈴木靖民, 「東部ユーラシア世界史と東アジア世界史」; 同, 「シルクロード·東ユーラシア世界の研究と古代日本」, 『史叢』 98, 2018, pp.1~31.

물의 이동·교류를 꼽는 점은 광역의 연관을 중시하는 야마우치 신지 등의 '동부유라시아'론과 통하는 지점이라 하겠다.[24]

이에 비해 둘째로 제기할 수 있는 점은, 특정 공간의 고유한 특성을 찾아내고자 하는 실체적인 정의를 가능한 한 배제하고 역사의 사상이 전개되는 필드로 파악하고자 하는 방향성이다. 이에 대해 가장 명확하게 서술한 이는 '유라시아 동방'을 제창하는 후루마츠라 할 수 있다. 후루마츠는 "이는 일찍이 동아시아 세계론에서 구상되었던 바와 같이 중국 문명의 구심력에 의해 형성된 세계가 아니라 다종다양한 언어·생업·종교·습속 등을 가진 여러 종족·인간 집단이 생활하는 다원적인 공간이다"라고 단언하면서, '유라시아 동방'이란 "중앙유라시아사와 동아시아사[또는 중국사] 중 한 쪽의 동향을 중심으로 간주하지 않고 쌍방을 널찍하고 평평하게 시야에 넣는 것을 목적으로 하는 공간 개념"이며 "단일한 문화권으로서 다른 지역과 따로 떼어내려고 하는 의도는 전혀 없으며 견고한 윤곽을 상정할 필요도 없다"고 서술하고 있다.[25]

'동부유라시아'로 대표되는 새로운 지역 개념은 '동아시아 세계'를 뛰어넘기 위하여 제창된 것이라 할 수 있는데, 이에 대해서도 비판이 제출된 상태이다. 하나는 '동부유라시아'론이 대부분 인간이나 문물의 이동·교류와 같은 광역적 '연결'에 착목하여 설정하려 한다는 점이다. 당연한 말이지만, 인간의 이동이나 물품의 유통은 역사적으로 다양하고 무수하게 존재하는데, '연결'에 착목한 것만으로는 특정 공간을 잘라낸 역사 개념으로서 충분하지 못하다는 것이다.[26] 더욱이 이 지표에서도 중국의 물산과 물

---

24 山内晋次, 「「東アジア史」再考 -日本古代史研究の立場から-」, 『歴史評論』 733, 2011, 40~56쪽.

25 주16 古松, 『シリーズ中国の歴史③ 草原の制覇』, pp.14~15.

26 李成市, 「東アジア世界論と日本史」, 『岩波講座日本歴史 22 -歴史學の現在-』, 岩波書店, 2016, 41~71쪽 ; 『闘争の場としての古代史』, 岩波書店, 2018.

품이 큰 비중을 차지하여 결국 중국을 축으로 한 교류사·연관사에서 벗어나지 못했다는 비판도 제기되었다.[27] 니시지마가 책봉이라는 정치적 행위를 과대평가했다는 '동부유라시아'론자들의 비판은 현재 대체로 받아들여지고 있지만, 이를 대신할 명확한 지표와 착안점은 여전히 모색 중이라고 할 수 있다.

다른 하나는 '동부유라시아'라는 개념이 공간 범위를 확대하여 다양한 문화·사회의 상호관계로 대상을 넓힌 결과, '동아시아 세계'론이 지향했던, 일본사를 아시아 속에 자리매김하겠다는 관점이 후퇴하게 되었다는 비판이다.[28] 이는 '동부유라시아'론자가 "'중국' 혹은 '중국사' 자체의 상대화"[29]를 지향하던 것과 표리관계이기 때문이지만, 일본사의 상대화와 중국사의 상대화를 어떻게 양립 혹은 지양할지에 대해서는 보다 폭넓은 논의가 요청된다고 하겠다.

이처럼 '동부유라시아'는 논자들 사이에서도 개념으로서 아직 합의를 이루지 못한 반면, 문제점이나 한계를 지적하는 견해도 제시되어 단련 과정에 있는 지역 개념이라 하지 않을 수 없다. 그러나 '동아시아 세계'론과 비교했을 때, 그 공간 범위를 확장하는 동시에 이를 특정 조건을 공유하는 일국사의 집합으로 정의하지 않고 다양한 생업·관습·문화를 지닌 신축성 있으면서도 서로 중첩되는 여러 사회의 연관과 상호 영향 속에서 파악하려고 지향한다는 점이 공통적이라고 해도 좋을 것이다.

---

27 村井章介, 『境界史の構想』(日本歷史 私の最新講義 12), 敬文舍, 2014.

28 黃東蘭, 「「東部ユーラシア」は「東アジア」に取って代わるのか -近年の「東アジア世界論」批判を踏まえて-」, 『愛知県立大學外國語學部紀要』52(地域研究·國際學編), 2020, 143~166쪽.

29 山内晋次, 「「東アジア史」再考 -日本古代史研究の立場から-」, 『歷史評論』733, 2011, 40~56쪽.

IV. '중앙유라시아'와 '동부유라시아' : 방법인가 지역인가

지금까지 살펴본 대로 최근 30년간 일본에서 '중앙유라시아'·'동부유라시아'와 같이 거대하면서도 유연한 지역 개념이 확산된 배경에는, 냉전체제가 동요·해체되기 시작한 1980~1990년대를 전기로 하여 '국가'에서 '지역'으로 시점이 전환된 역사학계 전체의 추세를 들 수 있다.[30]

여기에서 '지역'이라는 낱말에 담긴 것은 '특정한 토지의 역사'라는 의미가 아니라, '방법'으로서의 측면이다. 베트남 근현대사 연구자인 후루타 모토오(古田元夫)는 '방법으로서의 지역'이라 할 때의 '지역'을 "역사가의 과제 의식에 따라 설정되는, 가변적이고 다양한 성격을 띠는 어떤 것"이라 단적으로 서술하고 있다.[31] 즉 어느 특정 범위를 '지역'으로서 고정적으로 잘라내어 그 시계열의 역사를 축적해나가는 것이 아니라, 설정한 과제에 맞춰 다양한 크고 작은 범위를 '지역'으로 설정함으로써 그 중층적인 구조와 다중적인 속성, 끊임없이 변화하는 모습을 파악해가는 사고방식이다.

이러한 '방법으로서의 지역'에는 몇 개의 특징이 있다. 첫째는 가변적이고 중층적인 틀이라는 점이다. 여기서 말하는 '지역'이란, 어떤 통합체를 가진 일정한 공간을 가리키는데, 작게는 인보(隣保)·가구(街區)·집락과 같은 지역 커뮤니티부터 시작하여 지방 행정조직의 수준이나 국가의 하위 구분을 이루는 단위이며, 크게는 국가 그 자체, 나아가 국가를 초월한 광역적 범위까지 몇 개의 층을 의미할 수 있다. 여기에서는 복수의 속성이

---

30 濱下武志, 「歷史硏究と地域硏究 -歷史にあらわれた地域空間-」, 『地域の世界史 1 -地域史とは何か-』, 山川出版社, 1997, 17~52쪽 ; 古田元夫, 「地域區分論 -つくられる地域、こわされる地域-」, 『岩波講座世界歷史 1 -世界史へのアプローチ-』, 岩波書店, 1998, 37~53쪽.

31 古田元夫, 「地域區分論 -つくられる地域、こわされる地域-」, 37~53쪽.

중첩되어 있어도, 조건이나 추이에 맞추어 형태를 바꾸어도 무방하다.

둘째, '지역'의 사회나 주민의 주체성·내재성·자율성을 중시한다는 점이다. 과도하게 중시하다 보면 지역이 실체로 간주되어버리지만, '지역'을 잘라 내는 데는 거기에서 발견되는 고유한 특질이나 내재성에서 출발하여 과제를 설정하지 않으면 안 된다.

셋째, 시간축보다 공간축에 대한 주목을 들 수 있다.[32] '지역'에 대하여 특정 시점을 기준으로 공간을 잘라내어 그 시계열을 재현하려 한다면, 일국사나 각국사와 다를 바가 없다. 어떤 과제를 설정하면서 '지역'을 잘라 낼 때, 이는 상호 간의 관계·교섭이나 네트워크의 전개와 같이 동시대적인 가로축의 관계를 중시하게 될 것이다.

첫 번째 특징에 비추어 본다면, 다양성과 중층성을 중시하여 광역적 지역을 방법적으로 파악하려는 '중앙유라시아'나 '동부유라시아'는 그야말로 '방법으로서의 지역'이라는 조류에서 등장한 것이라 할 수 있다. 따라서 '중앙유라시아'와 '동부유라시아'의 대상 범위는 크게 중첩되어 있지만, 그렇다 하더라도 무방할 뿐더러 경계를 문제 삼을 필요도 없다.

다른 한편으로 두 번째 특징에 비추어 본다면, '중앙유라시아'를 가리켜 근현대의 투르크 이슬람 지역이라고 하는 정의나 '동부유라시아'를 중국 왕조의 대외관계를 핵심으로 정의하는 경우처럼 지역의 내재성이나 자율성에 큰 비중을 둔 실체적인 설정도 있어서 방법적 성격과 실체적 정의 사이에서 논리는 아직 정해지지 않은 상태라고 할 수 있다. 원래 '중앙유라시아'와 '동부유라시아'도 특정한 시공간의 범위를 설명하기 위하여 현대 일본의 연구자가 창안한 개념이라는 점을 유의해야만 한다. 거슬러 올라가면, '동아시아'라는 개념 자체가 결코 당사자들 사이에 공유되어온 지역 개념이 아니라, '대동아공영권'을 상기시키는 타율적·외재적 개념이라

---

32 羽田正, 『新しい世界史へ -地球市民のための構想-』(岩波新書新赤版), 岩波書店, 2011.

하여 한국과 중국의 학계에서는 경계했던 역사가 있다. 주체성·자율성의 존중과 방법적 관점에서의 설정을 어떻게 정합시킬지는 앞으로도 생각해야 하는 문제이다.

V. 맺음말을 대신하여: '중국'이란 무엇인가

마지막으로 한 가지 간과된 큰 논점을 제시함으로써 맺음말을 대신하려 한다. '중국이란 무엇인가'라는 큰 물음이다.

'동아시아 세계'론은 물론이고 그 중국 중심적 성격을 비판하는 '동부유라시아'론자들도 중국 본토(China Proper)에서 성립되어 그 땅을 통치하던 왕권을 '중국 왕조'라고 부르며 논지를 전개한다는 점은 공통적이다. 그러나 역대 왕조의 대부분이 지배의 중심을 둔 화북은 중앙유라시아 세력들의 영향력이 늘 미치던 지역이었으며, 중앙유라시아를 연원으로 하는 왕권과 지배층이 통치했던 시기가 훨씬 더 길었다. 이와 동시에 그 지배하에서 한인(漢人)·비한인(非漢人)을 불문하고 적용 가능한 높은 보편성을 지닌 제도나 문화가 창출되어 지역 바깥으로 수출되었던 것이다. 그럼에도 불구하고 이러한 국가들을 '중국 왕조'로 한데 묶어 버리면, 지배층이 한인임을 지표로 하고 있는지, 아니면 중국 본토에 기반을 둔 정치권력을 지표로 하고 있는지가 모호해져 버린다.

이 점에서 참고가 되리라 생각되는 것이 바로 '동부유라시아'와 병행하여 근년 제시되고 있는 고전국제(古典國制)라는 개념이다.[33] 고전국제는 한위(漢魏) 시대에 대성되어 이후 오랫동안 모범으로 참조되어온 정치·문화·사회의 모범을 말하는 것인데, 우리가 '중국 왕조'라고 부르는 것은 실

---

33 渡辺信一郎, 『シリーズ中國の歷史① -中華の成立-』(岩波新書), 岩波書店, 2019.

은 고전국제를 채택한 비한인 출신이 지배층인 왕권인 경우가 많다. 반대로 일본사 등에서 '중국 왕조'나 '중국의 제도나 문물'을 말할 때에도 고전국제를 채택한 비한인 왕조이거나 토착적 한인 사회의 산물이 아닌 추상적인 고전국제의 일부인 경우가 많다.

이처럼 중국 본토의 주민인 한인과 그 상부에 정립된 왕권을 구별함으로써 '동부유라시아'의 역동성을 또 다른 각도에서 정리할 수 있지 않을까. 지역 개념의 심화를 위하여 부언해 두고 싶다.

[부기] 2021년 12월 동국대학교 문화학술원 HK+사업단 국제학술대회 이후에 발표된 古畑徹,「東(部)ユーラシアという考え方──近年の日本における古代東アジア史研究の新動向──」, 同編,『高句麗・渤海史の射程──古代東北アジア史研究の新動向』, 汲古書院, 2022, pp.209 ~227에서도 본고와 밀접하게 관련된 내용이 정리되어 있다. 함께 참조해주시기를 부탁드린다.

참고문헌

皆川雅樹,「日本古代の対外貿易と「東部ユーラシア」」,『歴史學研究』885, 2011.

古松崇志·臼杵勲·藤原崇人·武田和哉 編,『金·女真の歴史とユーラシア東方』, 勉誠出版, 2019.

菅沼愛語·菅沼秀夫,「七世紀後半の「唐·吐蕃戦争」と東部ユーラシア諸國の自立への動き -新羅の朝鮮半島統一·突厥の復興·契丹の反乱·渤海の建國との関連性-」,『史窓』66, 2009.

廣瀬憲雄,「倭國·日本史と東部ユーラシア -6~13世紀における政治的連関再考-」,『歴史學研究』872, 2010.

_____,「東アジア世界論の現状と展望」,『歴史評論』752, 2012.

_____,『古代日本外交史 -東部ユーラシアの視点から読み直す-』(講談社選書メチエ), 講談社, 2014.

_____,「「東アジア」と「世界」の変質」,『第4次現代歴史學の成果と課題 2 -世界史像の再構成-』, 績文堂出版, 2017.

_____,『古代日本と東部ユーラシアの國際関係』, 勉誠出版, 2018.

菅沼愛語,『7世紀後半から8世紀の東ユーラシアの國際情勢とその推移』, 渓水社, 2013.

堀敏一,『律令制と東アジア世界 -私の中國史學(二)-』, 汲古書院, 1994.

_____,『東アジア世界の歴史』(講談社學術文庫), 講談社, 2008.

古松崇志,『シリーズ中國の歴史 ③ -草原の制覇-』(岩波新書), 岩波書店, 2020.

古田元夫,「地域區分論 -つくられる地域、こわされる地域-」,『岩波講座世界歴史 1 -世界史へのアプローチ-』, 岩波書店, 1998.

金子修一,『古代東アジア世界史論考 -隋唐の國際秩序と東アジア-』(改訂増補), 八木書店, 2019.

渡辺信一郎,『シリーズ中國の歴史① -中華の成立-』(岩波新書), 岩波書店, 2019.

ラインハルト・ツェルナー, 『東アジアの歴史 -その構築-』, 明石書店, 2009.

妹尾達彦, 「中華の分裂と再生」, 『岩波講座世界歴史 9 -中華の分裂と再生-』, 岩
　　　波書店, 1999.

_____, 『グローバル・ヒストリー』, 中央大學出版部, 2018.

濱下武志, 「歴史研究と地域研究 -歴史にあらわれた地域空間-」, 『地域の世界史 1
　　　-地域史とは何か-』, 山川出版社, 1997.

山内晋次, 「日本古代史研究からみた東アジア世界論」, 『新しい歴史學のために』230
　　　・231, 1998.

_____, 「「東アジア史」再考 -日本古代史研究の立場から-」, 『歴史評論』733, 2011.

杉山正明, 『モンゴル帝國の興亡』(講談社現代新書) 上・下, 講談社, 1996.

杉山正明 編, 『岩波講座世界歴史 11 -中央ユーラシアの統合-』, 岩波書店, 1997a.

杉山正明, 『遊牧民から見た世界史 -民族も國境もこえて-』(増補版)(日経ビジネス人
　　　文庫), 日本經濟新聞社, 2011[初版 1997b].

杉山清彦, 「中央ユーラシア世界 -方法から地域へ-」, 『地域史と世界史』(MINERVA
　　　世界史叢書)ミネルヴァ書房, 2016.

森安孝夫, 『興亡の世界史 05 -シルクロードと唐帝國-』(講談社學術文庫), 講談社,
　　　2016[初版 2007].

上田信, 『中國の歴史 09 -海と帝國-』(講談社學術文庫), 講談社, 2021[初版 2005].

_____, 『東ユーラシアの生態環境史』(世界史リブレット), 山川出版社, 2006.

西嶋定生, 「六~八世紀の東アジア」, 『岩波講座日本歴史 2 -古代2-』, 岩波書店, 1962.

_____, 「東アジア世界の形成」, 『岩波講座世界歴史 4 -古代4-』, 岩波書店, 1970.

_____, 「東アジア世界と冊封體制」, 『中國古代國家と東アジア世界』, 東京大學
　　　出版會, 1983.

_____, 『中國古代國家と東アジア世界』, 東京大學出版會, 1983.

_____, 『古代東アジア世界と日本』, 岩波書店, 2000.

西嶋定生 著・李成市 編, 『古代東アジア世界と日本』(岩波現代文庫), 岩波書店, 2000.

西嶋定生, 『西嶋定生東アジア史論集 3 -東アジア世界と冊封體制-』, 岩波書店, 2002.

小松久男 編, 『中央ユーラシア史』(新版世界各國史 4), 山川出版社, 2000.

_____,『中央ユーラシアを知る事典』, 平凡社, 2005.

羽田正,『新しい世界史へ -地球市民のための構想-』(岩波新書新赤版), 岩波書店, 2011.

_____,「新しい世界史と地域史」,『グローバルヒストリーと東アジア史』, 東京大學出版會, 2016.

鈴木靖民,「東アジア世界史と東部ユーラシア世界史 -梁の國際関係・國際秩序・國際意識を中心に-」,『専修大學東アジア世界史研究センター年報』5, 2012.

_____,「東部ユーラシア世界史と東アジア世界史 -梁の國際関係・國際秩序・國際意識を中心に-」,『梁職貢圖と東部ユーラシア世界』, 勉誠出版, 2014.

鈴木靖民・金子修一・田中史生・李成市 編,『日本古代交流史入門』, 勉誠出版, 2017.

鈴木靖民,「シルクロード・東ユーラシア世界の研究と古代日本」,『史叢』98, 2018.

李成市,『東アジア文化圏の形成』(世界史リブレット), 山川出版社, 2000.

_____,「古代東アジア世界論再考 -地域文化圏の形成を中心に-」,『歴史評論』697, 2008.

_____,「六—八世紀の東アジアと東アジア世界論」,『岩波講座日本歴史 2 -古代 2-』, 岩波書店, 2014.

_____,「東アジア世界論と日本史」,『岩波講座日本歴史 22 -歴史學の現在-』, 岩波書店, 2016.

_____,『闘争の場としての古代史』, 岩波書店, 2018.

田中史生,「越境する古代」,『歴史評論』799, 2016.

佐川英治・杉山清彦,『中國と東部ユーラシアの歴史』, 放送大學教育振興會, 2020.

村井章介,『境界史の構想』(日本歴史 私の最新講義 12), 敬文舎, 2014.

護雅夫・岡田英弘 編,『中央ユーラシアの世界』(民族の世界史 4), 山川出版社, 1990.

黄東蘭,「「東部ユーラシア」は「東アジア」に取って代わるのか -近年の「東アジア世界論」批判を踏まえて-」,『愛知県立大學外國語學部紀要』52(地域研究・國際學編), 2020.

荒野泰典,「近世日本における「東アジア」の「發見」」,『「東アジア」の時代性』, 渓水社, 2005.

Sinor, Denis, Introduction à l'étude de l'Eurasie Centrale, Wiesbaden: Otto Harrassowitz, 1963.

_____, "Inner-Asia - Central Eurasia", in Indo Asia, Heft 3, 1974.

02

물품으로 본 동남아시아사

: 동아시아/동북아시아와의 관계를 중심으로

모모키 시로(桃木至朗, 오사카대학[大阪大學] 대학원 문학연구과 명예교수)

Ⅰ. 본고의 목적과 구성

필자는 원래 베트남사가 전문이지만[대학·대학원에서 동양사학 및 동남아시아 지역 연구를 배웠다], 10~14세기를 중심으로 베트남 왕조의 정치와 왕권·젠더 등의 연구 이외에 베트남, 참파 등 동남아시아 국가들을 중심으로 하는 '해역 아시아사' 연구도 진행하였다.[1] 이 글에서는 먼저 동

---

1 필자의 베트남 역사 연구의 주요 부분은 교역의 역사를 포함하여 桃木至朗, 『中世大越國家の成立と變容』, 大阪大學出版會, 2011에서 정리하였다. 해역 아시아사에 대해서는 1980년대에 교토대학 동남아시아 연구센터에서 실시한 '한적을 읽는 모임'[중국 사료 중 동남아시아에 관한 기사를 윤독했다]에 참여했던 필자를 포함한 젊은 회원의 일부가 간사이 지역에 사는 일본 대외 관계사·류큐사, 기타 젊은 연구자들과 협력하여 1993년에 '해역 아시아사 연구회'를 설립한 때부터 지금까지 활동을 계속해왔다. 해역 아시아사의 초기의 성과는 桃木至朗·山内晋次·藤田加代子·蓮田隆志 共編著, 『海域アジア史研究入門』, 岩波書店, 2008에 정리되어 있는 외에, 羽田正 編·小島毅 監修, 『東アジア海域に漕ぎだす1 -海から見た歴史-』, 東京大學出版會, 2013 등 많은 출판물에 반영되어 있다. 桃木至朗 責任編集, 『ものがつなぐ世界史 -世界史叢書 5-』, ミネルヴァ書房, 2020은 석탄·철이나 석유, 우라늄 등 산업화 이후의 세계에 관한 물품을 포함하여 물품에서 본 세계사에 관한

남아시아의 '물품(goods)의 역사'와 일본이나 영어권 학계에서 이에 대한 연구를 개괄한 후, 그것을 동아시아 내지 동북아시아[필자의 한반도에 대한 지식은 너무 부족하지만]와의 관계에 주목하면서 새로운 해역 아시아사와 글로벌 히스토리의 연구안으로 자리 매김하기 위한 전망을 제시하고 싶다. 전체는 고대에서 현대까지를 시야에 넣도록 노력하겠지만, 동아시아/동북아시아와의 관계에 대해서는 '근세[초기 근대]'에 초점을 맞춘다. Ⅱ장에서는 동남아시아 역사상 주목받아온 물품과 이에 관한 연구사를 개관하고, Ⅲ장에서 필자가 특히 관심을 갖는 몇 가지 물품에 대한 연구 동향을 소개한 후, 동아시아/동북아시아와 동남아시아와의 관계가 근세 전기[장구한 16세기]와 근세 후기[장구한 18세기]에서 어떻게 변화했는지를, 이것 또한 물품에 주의하면서 생각해보고 싶다. 광역의 연관을 거시적으로 볼 뿐만 아니라 로컬 동향과 그에 관한 자료도 언급하고자 한다.

논문집이다[도자기, 화폐, 화약 원료, 경질 섬유, 고무의 각 장에 동남아시아 관련 기술을 다수 포함]. 필자 자신의 연구 성과로는 한적 정보원과 정보의 이해·기록의 방식을 논한 [桃木 1999], 송~명나라 남해 교역의 대월의 위치를 다룬 [桃木 2011 : 제3장], 한적에 그려진 참파(Champa)의 국가 구조와 무역을 다룬 [Momoki 2013] 등도 중요하다고 생각한다.

2 본고에서는 일본의 역사 학계의 관례에 따라 중국과 그 주변의 '한자 문화'를 가진 국가들을 '동아시아'로 통칭하지만, 베트남은 편의적으로 '동남아시아'에 포함한다. 또한 '동아시아' 중에서도 한반도·일본 열도와 중국 동북부를 가리키는 경우는 '동북아시아'라는 말을 사용한다.

II. 동남아시아사와 '바다의 길'

1. '천연자원과 농산물의 보고' 동남아시아

일본 고등학교 '세계사'에서 동남아시아사가 중시되고 있다고는 전혀 말할 수 없지만, '지리'에서는 일정한 비중을 차지한다. 동남아시아에서 생산되는 '물품'에 대한 일본 국민의 지식은 보로부두르(Borobudur)와 앙코르와트(Angkor Wat) 등 거대 종교 건축을 '물품'의 범주에 포함하지 않은 경우는 역사보다 지리에서 오는 것이 많다고 할 수 있다. 동남아시아의 바다가 고대부터 동서 교역의 '바다의 길' 위에서 인도양 서쪽과 중국해를 연결하는 중요한 위치였던 것은 '세계사'에서 배우는 것이지만, 구체적인 물품으로서 누구라도 기억하는 것은 16세기에 도래한 유럽인들이 찾던 동남아 향신료[후추, 정향(clove), 육두구(nutmeg), 시나몬(cinnamon) 등]뿐일지도 모른다. 그러나 대학이라면, 그 밖에도 침향, 백단 등 향나무를 포함한 다양한 향료[향약, 香藥]의 생산·무역에 대해 배울 수 있다.[3] 기타 밀랍(蜜蠟)과 상아·코뿔소 뿔 등 동물성의 물품,[4] 거기에 보석과 금 등 광물을 포함한 '임산물'은 고대부터 오랫동안 동남아시아를 대표하는 수출품이었다. 강이나 바다의 산물에서도 진주와 물총새 깃털 등 고급 상품이 알려져 있었다.

또한 일반 독자는 동남아시아의 산물이라고 하면 자연 산물밖에 떠올

---

3 山田憲太郎, 『東亜香料史研究』, 中央公論美術出版, 1976.

4 코끼리 등 살아있는 동물의 중국 조공도 옛날부터 행해졌으며, 근세에는 샴[태국]의 코끼리가 인구 증가와 반비례하여 코끼리가 감소한 인도에 대량으로 수출된 것이 알려졌다. 반대로 말은 대륙 북부의 산악지대를 제외하고는 대중적이지 않았다. 동남아 역내에서 농경에 대량의 물소나 소가 이용되고 있었는데 역내에서는 그 교역도 이루어졌다.

리지 않는 경우가 적지 않지만, 미술사의 세계에서는 베트남, 샴[태국] 등의 도자기와 자바 사라사(Java saraça) 등 동남아시아 수공업 제품의 일본 유입[면포는 중국을 대상으로 한 조공품, 무역품에서도 흔히 볼 수 있는]은 잘 알려진 사실이다. 전근대적 경제 속에서 왕권과 종교의 중요성을 생각할 때, 거기서 사용되는 왕후 귀족의 의복이나 장식품, 무기, 종이 등의 기록 매체, 경전과 서물, 법구와 법의, 신상(神像)과 불상 등의 물품[대부분 수공업 제품]도 지역 내외를 널리 이동하고 있었을 것이다. 또한 동남아시아에서는 원격지 교역뿐만 아니라 멀고 가까운 다양한 역내 교환·무역이 발달해 있었다[즉 '자급경제'는 거의 존재하지 않는다]. 예를 들어 산지가 한정된 소금[대륙에는 암염도 있다]은 물론이지만, 씹는 담배[betel chewing] 습관이 퍼져 있던 동남아시아에서는 역내 교역 상품이나 지배층의 증답품으로서 빈랑(檳榔) 등도 무시할 수 없다. 그리고 그 물품을 넣는 용기나 운반하는 선박·자동차 등도 물품으로서 경시할 수 없다는 것은 말할 필요도 없다. 예를 들어 도자기는 그 자체가 상품이 될 뿐만 아니라 저렴한 제품이 '컨테이너 도자기'로서 액체[음료수, 기름과 옻칠 등도]에 한하지 않는 다양한 물건을 나르는 역할을 수행하는 일이 종종 있었다.

근세의 무역품에 대해서는 다음 장에서 다시 언급하기로 하고, 19세기 이후 근대 식민지 지배하에서의 수출품도 개관해두자. 거기에서는 도서 지역에서 커피, 차와 설탕, 고무 및 담배, 경질 섬유[필리핀 군도의 아바카(abaka)가 유명], 주석[말레이반도, 인도네시아 서부에 자원이 집중되고 있다]이나 야금, 20세기에는 석유와 천연가스, 기름야자[세제·마가린 등 화학제품의 재료], 기타 세계시장을 대상으로 한 상품이 생산되고, 그 생산에 해당하는 농장이나 광산 노동자를 대상으로 한 대륙의 쌀[인도 면포 등 남아시아·동아시아 경공업 제품과 함께]이 제공되었다.[5] 대륙에서도

5 도서 지역의 수출품을 축으로 하는 이 아시아 간 무역의 연쇄에 대한 연구에는

그 외에 고무, 옥수수, 차, 설탕, 티크(teak)와 같은 목재, 보석, 황마[jute], 그리고 아편 등 많은 수출품이 생산되었다.

동남아시아의 물품이라고 하면 현대 동북아시아의 젊은이는 ASEAN 각국의 공산품보다 오히려 열대 과일과 민족 요리 등 동남아의 맛을 생각할지도 모른다. 동남아시아산 인스턴트 라면도 신기하지 않으며, 피시 소스와 새우젓[paste], 삼발(Sambal) 소스[칠리소스의 일종] 등의 조미료는 이제 세계적인 맛이 아닌가? 베트남의 아오자이 등 패션도 같을지 모른다. 현대 문화의 이해에는 문학, 예술과 예능, 서브 컬처뿐만 아니라 식문화와 패션의 연구도 빼놓을 수 없을 것이다.

마지막으로 '물품'과 '상품'은 완전히 동일하지 않지만 상품으로서의 '사람'에도 주의하고 싶다. 원래 인구가 적었던 전근대 동남아시아에서는 노동력이 귀중한 재산이었기 때문에 무역·선교 등의 목적으로 도래하는 다른 지역 사람들이 환영받을 뿐만 아니라 역내에서의 전쟁에 의한 사람의 약탈, 인신 매매 등이 일반적으로 행해졌다. 사원 등 종교시설에 기진(寄進, 물품을 기부하여 바치는 행위)한 기록에도 토지, 재보(財寶)와 함께 '노예'를 바쳤던 기록이 종종 보이며, 화폐경제의 발달도 있어서 채무 노예도 항상 발생했다. 근현대에는 −중국인, 인도인과 일본인의 유입과는 반대 방향으로− 전쟁이나 독재 정권에서 도망친 난민과 함께 '돈벌이', '이민' 등의 형식으로 동남아시아를 떠나는 대규모 국제 노동력 이동이 이어졌다. 식민지 시대에 일어난 종주국이나 다른 식민지[예를 들어 인도네시아에서 남미의 네덜란드령 수리남과 가이아나, 베트남에서 프랑스령 뉴칼레도니아]의 흐름은 독립 후에도 종종 이어졌는데, 20세기 말에는 그곳에 경제 성장을 이루었지만 농촌의 과소화와 사회의 고령화가 진행되는

20세기 말에 일본에서 번성한 '아시아 간 무역' 연구를 대표하는 스기하라 카오루[杉原薫, 『アジア間貿易の形成と構造』, ミネルヴァ書房, 1996]가 있다.

일본·한국·대만 등으로 향하는 저임금 근로자[간호·의료 등의 돌봄 근로자 포함] 및 농촌 신부의 큰 흐름이 더해졌다. 이 흐름은 신자유주의 경제 하에서 '인신 매매'의 한 형태로서 국제적으로 의심될 뿐만 아니라, 사회학 등의 새로운 분야인 '이민 연구', '공생/포섭(inclusion) 연구'의 중요한 테마가 되고 있다.

2. '동서교섭사'에서 '동남아시아사', '글로벌 히스토리'로

다음으로 이상과 같은 물품에 대한 역사학 연구사를 개관해 두자.[6]

동남아시아 전근대사는 식민지 시대에 연구의 토대가 구축되었다. 당시는 '인도화', '중국화'에 의한 문명화와 국가 형성의 논의가 보여주는 문명 중심 사관이 지배적이었고,[7] 현지 문자 사료의 부족 때문에 주로 동서교섭사의 관점에서 중국, 인도와 서아시아 등 외부의 사료에 쓰인 동남아시아의 지명이나 교통 노선, 산물 등을 확정하는 연구가 주류가 되었다. 동남아시아에 식민지를 보유한 유럽 각국에서의 '동양학자[orientalists]'들

---

6 이하의 기술은 桃木至朗, 『歴史世界としての東南アジア』, 山川出版社, 1996 ; 早瀬晋三·桃木至朗 編著, 『東南アジア史研究案内 -岩波講座東南アジア史別卷-』, 岩波書店, 2003 ; 東南アジア學會 監修, 『東南アジア史研究の展開』, 山川出版社, 2009 등에 의한다.

7 언어학·민족학 및 고고학에서는 제2차 세계대전 전부터 '동남아시아[유럽 언어에서는 남동아시아]'라는 지역 명칭이 존재했는데, 일반 사회에서 그것이 Hinter India나 '남양'으로 바뀌어 보급된 것은 제2차 세계대전 중에 연합국이 '동남아시아 사령부'를 설치한 것이나 전후의 냉전 등 국제 정치의 변동이 계기였다는 것은 잘 알려져 있다. 문명[문화권]이 아니면 국가의 영역마다 대상을 구분하는 당시의 역사학에도 동남아시아라는 통칭은 보기 어려웠다. 인도나 중국의 주변이 아닌 동남아시아 지역의 역사가 역사학 전체에서 시민권을 획득한 것은 일본에서도 서양에서도 지역 연구와 역사가 공동으로 성과를 올린 1970~1980년대 이후의 일이었다.

의 연구 이외에 일본과 중국에서도 한적(漢籍) 등을 이용한 연구가 일본의 '남방 발전사'나 중국에서의 화교사 연구와 함께 발전했다.[8] 고고학·미술사나 전화학(錢貨學)의 각도에서의 연구도 일찍부터 이루어지고 있었다. 한편, 유럽인 도래 이후 동남아시아사는 종종 유럽 측의 제국사나 식민지학의 대상이 되고, 제2차 세계대전 시기의 일본은 서양 열강이 남긴 식민지 경제나 물산의 연구를 열심히 이으려 했다. 그러한 유산은 전후에도 경제학이나 개발학으로 이어진 부분이 많다.

제2차 세계대전 후 미국에서 '지역 연구(area study)'가 탄생하여 냉전과 베트남전쟁을 배경으로 동남아시아 지역 연구가 특히 발전했다. 1970년대 이후에는 그것이 일본, 호주, 싱가포르 등의 국가에도 확대되어 미국의 정치, 경제 전략에 직접 봉사하는 연구 이외에, 역사나 문화[단순히 '인도화', '중국화', '이슬람화'한 존재가 아니라 '자율적인' 역사나 문화]로 나누어 들어가는 연구가 진행되었다. 거기에서는 막스 베버의 사회학을 이용한 국가 유형 연구로 농업이 아닌 해상 교역을 기반으로 하는 국가[항구 도시 국가]가 주목받은 것을 시작으로 다양한 국가론·왕권론의 전개와 병행하여 교역과 도시의 연구가 활발했다. 일본 학계는 지역 연구에서 벼농사 사회 등 농업 생태 연구에 강점을 발휘하는[9] 한편, 동양 사학

---

8 예를 들어 제2차 세계대전 전후에 향료사 연구를 이끈 야마다 겐타로[山田憲太郎]의 대표작인 山田憲太郎, 『東亜香料史研究』, 中央公論美術出版, 1976은 남송대의 천주(泉州)에서 편찬된 남해 국가들의 핸드북『제번지(諸蕃志)』[Hirth와 Rickhill에 의한 영어 번역이 유럽의 동서 교섭사 연구에서 널리 사용된 것으로도 유명. 일본어 역주 藤善真澄 譯注, 『諸蕃志』, 関西大學出版部, 1991도 유용하다]에 기재된 여러 종류의 향약(香藥)을 연구한 것이다. 또한 제2차 세계대전 전에는 한반도 출신으로 일본에서 교육받은 김영건(金永鍵)에 의한 일본·조선 왕조와 인도차이나의 역사적 관계를 다룬 저작 金永鍵, 『印度支那と日本との関係』, 冨山房, 1943도 출판되어 있다.
9 일본의 연구자는 평야·해안 지역 농경에 대해 많은 연구를 했을 뿐 아니라 전근대 동남아시아에게 평야 지역보다 중요한 수출품의 산지였던 산과 숲의 산물·사람이나 생업에 대해서도 [高谷 1985] 등 많은 연구 성과를 거뒀다.

측면에서의 한적[류큐 왕국의 외교 서간집『역대법안』도 다시 주목된다]
이나 유럽 사료를 활용한 해상 교역과 교역품 연구, 고고학 조사 연구 등
도 성과를 거뒀다.

1980년대 이후에는 ASEAN의 발전과 지역 통합 노력을 배경으로 '동
남아 지역의 독자적인 역사'가 더욱 추구되는 한편으로 '아시아 간 무역',
'해역 아시아사' 등, 보다 광역의 관계성이나 비교에 주목하는 연구가 등
장하여 오늘날 글로벌 히스토리의 융성에도 길을 열었다. 한편, 현지 조사
가 쉬워진 가운데 고고학[수중 고고학]이나 미술사·건축사 등이 새로운
단계에 들어간 것도 놓칠 수 없다. 페르낭 브로델(Fernand Braudel)의『지
중해 세계』를 본받아 15~17세기 동남아시아[『교역의 시대』]의 '전체사[종
합 히스토리]'를 그린 앤서니 리드(Anthony Reid)의 저작10은 그러한 연구
를 집성·통합한 출판물로서 동남아시아사 이외의 분야에서도 큰 주목을
받았다.11 거기에서는 물질문화나 무역 부분에서 많은 물품을 들고 있다.12
최근의 역사학, 아시아사가 아닌 '근세' 혹은 '초기근대[the early modern
era]'라는 시대 개념이 이용되지만, 동남아시아사에서도 리드의 저작 등을

---

10 Reid, Anthony. 1988. *Southeast Asia in the Age of Commerce 1450-1680, vol.
   1: The Land below the Wind*. New Haven: Yale University Press. ; Reid,
   Anthony. 1993. *Southeast Asia in the Age of Commerce 1450-1680, vol. 2:
   Expansion and Crysis*. New Haven: Yale University Press.
11 일본의 역사학계에서도 동남아시아사가 드디어 주목되어『이와나미강좌 일본역
   사[岩波講座 日本歷史]』등 권위 있는 학술 입문서[강좌]의 출판사인 이와나미
   서점[岩波書店]에서도 『이와나미강좌 동남아시아사[岩波講座 東南アジア史]』(전9
   권+別卷, 2001~2003년)가 간행되었다.
12 영어권에서는 이밖에 항구 도시에 대한 Kathirithamby-Wells, J. & John Villiers
   (eds.) 1990. *The Southeast Asian Port and Polity, Rise and Demise*, Singapore
   University Press와 같은 연구나, 15세기 이전의 역사에 대한 Hall, Kenneth R.
   2011. A *History of Early Southeast Asia, Maritime Trade and Social
   Development, 100-1500*, Lanham, Boulder, Toronto, Plymouth, UK, New York:
   Rowman & Little Field Publishing Inc 등의 연구도 중요하다.

계기로 이 개념의 사용이 일반화했다.[13] 근세/초기 근대는 유럽인이 도래한 16세기 이후만을 가리키는 경우도 있지만, 본고에서는 후술하는 원명 교체기의 변동하는 동남아 수공예품의 수출 등도 염두에 두면서 14세기 중반 이후를 근세라고 부른다.[14]

또한 문헌사학에서의 고대·중세 연구는 동남아 각국의 내셔널리즘과 미국식 지역 연구의 두 방향이 산스크리트어·한문 등 고전어의 소양[그 위에 '인도화', '중국화' 등의 차별적인 사관이 구축되었다]에 냉담한 경우도 있어서 실크로드사, 중앙 유라시아사와 같은 융성을 보지 못하고 21세기에는 부진에 빠졌다. 미국이나 호주에서는 원래 같은 시기에 지역 연구

---

13 고대·중세·근대 유럽식 삼분법이나 마르크스주의적 발전 단계론 등의 영향이 약했던 동남아시아사에서는 유럽인의 진출과 식민지까지를 '고대'로 하는 역사관이 통용되고 있었다. 반면 영어권에서는 리드나 미얀마를 중심으로 동남아시아·유라시아의 폭넓은 비교사를 다룬 리버먼(Lieberman, 대표작은 Lieberman, Victor. 2003. *Strange Parallels: Southeast Asia in Global Context, c.800-1830, volume 1: Integration on the Mainland*, Cambridge: Cambridge University Press. ; Lieberman, Victor. 2009. *Strange Parallels: Southeast Asia in Global Context, c.800-1830, volume 2: Mainland mirrors: Europe, Japan, China, South Asia, and the Islands*, Cambridge: Cambridge University Press.) 등이 적극적으로 'early modern'이라는 시대 호칭을 사용하였고, 일본의 동남아시아 학계에서도 1990년대부터 '근세'라는 말이 일반화되었다.

14 동남아시아의 '교역의 시대'를 논한 리드는 15세기 초 명나라 정화의 항해를 새로운 시대의 시작이라고 생각[Reid, Anthony. *Southeast Asia in the Age of Commerce 1450-1680, vol. 2: Expansion and Crysis*]한 것에 대해 기후변화 등으로 몽골제국이 해체된 '14세기의 위기' 전후에서의 시대차를 중시하는 리버먼은 early modern의 시작을 1350년 전후에 두고 있다. 또한 '해금(海禁)'을 포함 명대 초의 강력한 시스템의 동남아시아에 대한 임팩트에 관한 Wade, Geoff and Sun Laichen (eds.) 2010. *Southeast Asia in the 15th Century and the China Factor*, Singapore: NUS Press도 '정크(junk)'의 조신 기술, 도자기 등 물품에 대한 중요한 논고가 포함된다. 일국사로서의 일본사학에서는 16세기를 '중 근세 이행기'라는 시대 구분이 확립되어 있으며, 그 이전에는 '중세'밖에는 없었는데 본고에서는 그런 구분을 따르지 않는다.

가 스크랩의 대상이 되었다. 그렇지만 다음 장에서도 언급하는 것처럼 '근세' 이후의 역사 연구는 더 우세한 '역사의 기록한 쪽·말해진 쪽' 연구의 한편에서 글로벌 히스토리 등과 결합하면서 일정한 발전을 계속하고 있다.[15] 쇄국 하의 무역 상대를 연구하는 일본 대외 관계사 연구자나 식민지 지배 연구를 하는 인도네시아 연구자뿐만 아니라, 베트남사의 젊은 연구자가 잇달아 라이덴에 유학하는 등 VOC[네덜란드 동인도회사]의 역할과 그 기록에 폭넓은 관심이 모인 것이 이 새로운 상황을 상징하는 듯하다.[16] 거기에서는 제2차 세계대전 전후의 선구자들이 번역한 '대항해 시대' 유럽어 출판물[17]이 이용될 뿐만 아니라, 포르투갈어·스페인어나 라틴어를 포함한 여러 언어의 문서관 사료의 개척도 진행되고 있다. 이 근세사 연구 및 사료에 대해서는 다음 장에서 다시 소개한다.

---

15 세계 동남아시아 연구의 중심을 목표로 하는 싱가포르의 움직임, 개방 정책을 취한 베트남 학계에서 일월(日越)교류사 연구의 추진 등 동남아시아 국가 학계의 적극적인 움직임도 놓칠 수 없다. 예를 들어 후자에 관한 일월 협력의 성과를 모은 논문집 櫻井清彦·菊池誠一 編, 『近世日越交流史 -日本町·陶磁器-』, 柏書房, 2002에는 일본 측 각지의 베트남 도자의 출토 상황과 그 반대로 베트남 각지의 '히젠 도자기' 출토 상황 등 도자기에 관한 많은 유용한 정보가 게재되어 있다.

16 Hoang Anh Tuan 2007. *Silk for Silver: Dutch-Vietnamese Relations, 1637 -1700*, Leiden & Boston: Brill을 저술한 호앙 아인 투안(Hoang Anh Tuan)이 대표 격이다. 네덜란드 활동의 중요한 밑그림은 羽田正, 『東インド會社とアジアの海』(興亡の世界史 15), 講談社, 2007이 유용하다. 또한 永積洋子 編, 『唐船輸出入品数量一覧 1637~1833年 -復元 唐船貨物改帳·帰帆荷物買渡帳-』, 創文社, 1987은 일본 측 사료와 네덜란드 사료에서 쇄국 하의 나가사키에 '당선', 즉 중국 선박이 들여온 상품의 방대한 목록을 작성한 것인데, 일본의 일반 독자는 거기에서 네덜란드 동인도회사가 '상업상의 경쟁자[商賣敵]'에 대한 극명한 정보를 수집하였다는 것을 알고 있었던 것이다.

17 1965~1992년에 합계 42권이 간행된 『岩波書店 大航海時代叢書』가 가장 유명하다. 그 외에 일본에는 16세기의 가톨릭 선교사의 기록이나 에도시대의 네덜란드 상관 일지 등 일본과 해역 아시아를 잇는 방대한 유럽어 사료의 번역이 있다.

III. 물품에서 본 동남아시아와 동아시아

1. 새로운 해역 아시아사 연구와 물품의 생산·유통·소비

일본 열도와 한반도를 포함한 동아시아/동북아시아와 동남아시아 간의 교류와 교역은 중국 남부 등을 통해 고대부터 이루어졌다. 그러나 14세기 이후에는 더 직접적인 연결이 발전했다는 것이 잘 알려져 있다. 이하에서는 이러한 교류·교역의 역사에 대해 고대·중세를 포함하여 일본 열도에 관련한 움직임을 중심으로 논한다. 전반부에 몇 가지 물품을 들고 후반부에서 지역 간의 관계에 대해 기술한다.

첫 번째의 물품은 동남아시아의 이미지를 대표하는 향료, 향목이다. 중국이나 서방으로의 수출에 대한 방대한 연구는 여기에서 반복할 필요는 없지만 동아시아/동북아시아의 경우, 어느 지역에서나 남방산 향나무 등을 이용하여 '향을 피우는' 종교적 습관이 뿌리내렸고 귀족 세계에서도 다양한 향료가 이용되었다. 나라 시대의 일본에서 편찬된 정사 『일본서기』의 추고(推古) 3년(595) 4월에 아와지시마에 향목이 떠내려와 조정에 헌상했다는 기사는 일본의 정치권력에 향목이 큰 의미를 지닌다는 것을 말해주는 것이다.[18] 근세 이후를 봐도 일본의 도쿠가와 이에야스는 동남아시아 각국으로부터 침향을 손에 넣는 것을 '주인선(朱印船) 무역'의 중요한 목적으로 삼았고, 약의 세계에서는 후추, 정향과 계피[육계],[19] 그 외

---

18 오사카만에는 고대~근세에 일본 정권의 중심과 연결된 항구 도시가 존재했는데, 그중 하나인 사카이에는 동남아시아산 백단을 사용하여 만든 일본 최고의 불상 (7~8세기)이 현존한다[사카이시 박물관 홈페이지].

19 계피는 실론(Ceylon)섬과 베트남 북부가 양대 산지로 알려져 있는데, 에도시대의 일본에는 안남[베트남] 산 육계(肉桂)가 약재로 대량으로 수입되고 규슈 남부 등에서는 국산화도 시도되었다(岡田雅志, 「肉桂と德川期日本 -モノから見るグローカルヒストリー構築へ向けて-」, 『グローバルヒストリーから考える新しい大學歷史敎育 -日本史と世

'향약'이 불가피한 요소로 인식되어 대량으로 무역이 이어졌다. 이에 비해 식문화에서의 향신료 사용에는 지역 차이가 있었는데 일본 열도에서는 산초 같은 예외를 제외하고, 향신료와 고추를 요리에 사용하는 것이 그다지 퍼지지 않은 점은 흥미롭다. 또한 중세에 관한 여담이지만, 일본의 장기는 중국에서 발생한 장기의 '차(車)'에 해당하는 말(駒)이 '향차(香車)', '말[馬]'에 해당하는 말은 '계마(桂馬)'라 불린다. 중국에서 전해진 장기가 변화하여 일본 장기가 성립한 시기는 헤이안 후기~가마쿠라 시대(11~14세기)로 추측하는데, 그 말의 이름에 '향', '계[육계]'가 덧씌워진 배경에는 남중국의 항구도시 등 남해 교역과 관계가 깊은 세계와 연결되었으리라는 추측도 있다.[20]

다음으로 해역 아시아사 연구의 새로운 주역으로서의 도자기[21]를 들어보자. 대부분이 습한 온대 혹은 열대에 위치한 해역 아시아 세계는 종이나 천·나무 등의 물품이 육상에서는 장기간 보존되기 어렵다. 그중에서 전해진 물품뿐만 아니라 최근의 발굴이나 침몰선 인양에 의해 고대부터 근세까지의 장기간에 걸친 새로운 연구가 자극받아 계속되고 있는 것이 도자기이다. 우선 중국산 도자기는 고대부터 주변 지역에 반출되었는데 당말 이후에는 '무역 도자기'가 중국 각지에서 생산되어 이윽고 용천요(龍泉窯)와 경덕진(景德鎮) 등의 거대 산지도 출현한다. 중국 도자기는 일본 열도에서 이집트나 터키까지 광범위하게 수출된다[그러나 16세기 이전 유럽에는 왜인지

界史のあいだで-』, 大阪大學出版會, 2020). 에도시대에 다도의 보급에 따라 각지에서 만든 '화과자'에도 향료를 사용한 것은 적지만, 교토의 '야츠바시[八つ橋]'[메이지 초기에 팔리기 시작했지만, 원형이 에도시대 중기에 만들어졌다고 주장한다] 등 계피를 이용한 것이 일부 있다.

20 大内延介, 『將棋の來た道』, めこん, 1986.
21 桃木至朗·山内晋次·藤田加代子·蓮田隆志 編著, 『海域アジア史研究入門』, 岩波書店, 2008 ; 桃木至朗 責任編集, 『ものがつなぐ世界史 -世界史叢書 5-』, ミネルヴァ書房, 2020. 두 책에 사카이 타카시[坂井隆]에 의한 콤팩트한 소개가 있다.

거의 전해지지 않는다. 당나라 말 오대(五代) 시기는 또한 서아시아산 코발트 안료로 착색한 도자기가 중국 도자기에 섞여 헤이안 시대 초기 규슈에 수입되는 것처럼 중국 이외에서의 생산·유통이 활발했던 시기이기도 했다.[22] 그중에서도 가장 수준이 높았던 고려청자는 동 시기에 '앙코르 제국' 전성기의 캄보디아에서 생산된 흑유도와 마찬가지로 그다지 해외로 수출되지 않았는데, 14세기 이후가 되면, 지금의 북부 베트남[청자와 철 그림 iron-glazed ware, 청화(靑花), 16세기에는 오색 overglaze multi-colour enamel ware도]이나 태국[청자와 철 그림] 등에서 생산된 도자기가 동남아 역내뿐만 아니라 일본 열도에서 이집트, 터키까지 이르는 범위에 중국 도자기에 섞여 수출된다. 아마 원대의 교역 붐 등을 배경으로 중국에서의 기술 이전이 일어나 원나라 말의 혼란이나 명나라의 해금으로 중국 제품이 품귀된 상황을 이용하여 시장을 획득한 것으로 생각된다. 1980년대 혹은 1990년대에는 일찍부터 알려진 베트남산·태국산 등의 도자기에 대해서도 북부 베트남 쭈더우(Chu Đậu)요, 태국의 씨 사차날라이(Si Satchanalai)요 등 가마터의 조사와 침몰선의 인양이 진전되어 연대 측정이 정밀화되는 등 연구가 진전되었다. 그중에서도 독특한 발견으로서는 중부 베트남에서 고사인(Gò Sành)요 등 빈딘(Bình Định)성의 가마터군의 발굴 조사가 1990년대에 실현되어[청자나 갈유(褐釉), 무유(無釉) 도자기를 생산하였다] 결과적으로 일본의 다도에 사용된 '남만·도물(島物)' 등 산지가 명확하지 않던 고급이 아닌 도자기[무유(無釉)인 것도 많다]의 상당 부분이 중부 베트남산이었음

---

22 이 시기의 도자기 동서 교류를 둘러싼 또 다른 흥미로운 증거는 인도네시아 서쪽 Belitung섬 앞바다에서 발견된 9세기 전반의 침몰선[인도 서양식 봉합선]과 거기에서 서아시아를 대상으로 한 그림을 그린 장사요(長沙窯)의 도자기 외에 흰색 바탕에 코발트로 도안한 도자기[즉 몽골 시대에 성립하는 청화자기의 원형]가 인양되었다(Reginal Krahl et. al (eds.) 2010. *Shipwrecked. Tang Treasures and Monsoon Winds*, Washington D.C.: Arthur M. Sacker Gallery, Smithsonian Institution; National Heritage board, Singapore; Singapore Tourism Board).

이 확정된 건을 들 수 있다. 빈딘 가마터군의 생산은 14세기에 시작되었으며, 그 시기는 틀림없이 참파의 지배하에 있었겠지만, 생산의 하한은 18세기라고 생각된다.[23] 참파의 수도 비자야(Vijaya)와 여기에 이어지는 항구도시[베트남인이 Th ị Nai라고 부른다]가 있었던 빈딘 지역은 1471년에 대월(大越)의 레 왕조[黎朝]에 정복되던 것은 분명하다. 영어권에서는 이 참파의 정복, 그에 따르는 동남아시아 각지로 향하였던 참(Cham)인의 대량 망명으로 통킹만과 남중국해 중부를 연결하던 교역권이 파괴되자, 교역권이 다시 대월에 돌아와 16세기 북부 베트남에서의 레 왕조 멸망과 그 후의 내전으로 이어졌다는 이해가 있지만,[24] 대월 지배하에서도 도자기 생산·수출이 계속되었다는 사실은 그러한 이해를 의심하는 근거가 될지도 모른다. 16세기 후반 이후에 이 지역을 지배하는 완씨(阮氏) 정권하에 다수 잔류하던 참인의 역할, 베트남인[킨족]과의 관계에 대한 지역적(local)인 역사 연구가 기다리고 있는 곳이다.

그러나 이 동남아시아 도자기의 역외 수출은 17세기 중반에서 거의 끝난다. 명말 청초 이후 중국 도자기의 대량 수출 및 그것이 명·청 교체기의 동란에서 일단 멈춘 시기에 수출된 일본의 '이마리[伊万里] 야키'에 시장을 빼앗긴 것으로 보인다.[25] 그중 도요토미 히데요시의 조선 침략에 의한

---

23 Aoyagi, Yoji and Hasebe, Gakuji (eds.) 2002. *Champa Ceramics, Production and Trade -Excavation Report of the Go Sanh Kiln Sites in Central Vietnam*, The Study Group of the Go Sanh Kiln Sites in Central Vietnam, Japan/Vietnam.
24 16세기에 북부 베트남의 도자기 수출이 일단 거의 중지되고 수출항으로 번영한 번돈(雲屯, Vân Đồn) 지역도 쇠퇴한다. 북부 베트남 도자기는 번돈에서 티나이 등 참파의 항구도시를 중계하여 동남아시아 도서 지역이나 인도양 방면으로의 수출이 이루어졌다고 추측되는데, 후자의 파괴가 북부 베트남 경제에 타격을 주었다고 생각했다(Li Tana 2006. "A View from the Sea: Perspectives on the Northern and Central Vietnamese Coast", *Journal of Southeast Asian Studies* 37-1, pp.83~102). 그러나 1471년부터 16세기에 걸친 그 지역의 실정은 아무것도 모른다.

기술자 연행의 결과로 규슈 각지에서 시작된 도자기 생산을 대표하는 이 마리 도자기의 수출에 관해서는 지금까지 오로지 쇄국 후의 네덜란드 상 관을 통한 유럽 대상 수출만이 연구되어 왔다. 하지만 1980년대 이후에 동남아에서의 발굴 조사가 진전되자 네덜란드와 동맹을 맺고 있던 통킹 [북부 베트남]과 같은 장소뿐만 아니라 중부 베트남의 완씨[쇄국 전에 '일 본 마을'이 있었던 항구 도시 호이안(Hội An)]나 자바섬의 반텐 왕국 등 이 지배하던 지역에서 17세기 중반의 이마리 야키가 속속 발견되었다. 그 시기에 나가사키에서 도자기를 운반한 것은 네덜란드 외에는 '왜구'를 이 은 정성공(鄭成功, 아버지는 중국의 해상 왕 정지룡[鄭芝龍], 어머니는 히 라도의 무사 다가와[田川] 씨의 딸)으로 대표되는 '중국인' 해상 세력 밖에 는 생각할 수 없다.[26] 도자기라는 상품이 근세의 중국인 네트워크 다시 보 기에 공헌한 것이다.

또 하나, 유럽인 도래 후 동아시아/동북아시아와 동남아시아에서 물품 으로서 최근 완전히 대중화된 것이 일본 열도와 대륙에서 수출된 은이지 만, 동 시기에 일어난 유럽식 총포에 의한 '군사 혁명' 내지 '화약 혁명'에 대해서도 협의의 군사사 이외의 분야에서 새로이 주목되고 있으며, 유럽 식 총포를 수용하는 전제가 된 송·원대~명대 화포 등을 포함한 연구도 진 행되고 있다. 거기에서는 예를 들어, 규슈·오키나와 등의 화산에서 채취

---

25 북부 베트남의 하노이 근교에 현대의 도자기 산지로 관광객들에게 유명한 밧짱 (Bát Tràng, 鉢場)이 있다. 아마 14세기에 조정 직할의 도자기 생산지로 시작된 것으로 보이는데, 1990년대의 조사에서 당시의 유력 씨족 완씨의 가보에 림수 후완성장(林寿侯阮成璋)의 아내를 나타내는 법호요광(法号瑤光, 1671~1700)은 레 왕조의 관작을 가진 일본인 '리자에몽(理左衛門)'의 딸이었다고 한 것이 발견되 었다[ファン·ダイ·ゾアン 2002]. 이 리자에몽은 통킹의 일본인 두목으로 네덜란 드 사료 등에 기록된 和田利左右衛門(와다 리자에몽)을 지칭할 가능성이 있다[西 野 2004]. 일본의 도자기 무역이 이 결혼의 배경에 있다고 해도 이상하지 않을 것이다.

26 坂井隆, 『「伊万里」からアジアが見える -海の陶磁路と日本-』, 講談社, 1998.

되는 유황이 흑색 화약의 원료로 송대~명대의 중국과 조선왕조 시대의 한
국에 대량으로 수출된 것, 서아시아와 인도네시아산 유황도 거기에 이어
서 중국에 수출된 것이 야마우치 신지[山内晋次][27]나 가게 토시오[鹿毛敏
夫][28] 등의 연구로 밝혀졌다. 한편, 일본의 전국 다이묘가 사용한 '화승총'
은 총 자체는 사카이 등의 생산지에서 우수한 제품이 제조되었지만, 화약
과 탄약은 사실 동남아시아에서 수입한 원료가 필요했다. 우선 흑색 화약
은 목탄·질산칼륨과 유황을 혼합하여 제조한다. 목탄과 유황은 국내에서
충분히 생산할 수 있었는데 질산칼륨은 중국인이나 포르투갈인을 통해 동
남아시아에서 수입하고 있었던 것이 원래 문헌 사료로 알려져 있었다[에
도시대에 국내산이 이용 가능하게 된다]. 그리고 총탄은 납으로 만드는데
한반도에서 전해진 납을 이용하는 정제 기술[회취법]로 이와미[岩美] 은광
등에서 은의 대량 생산이 이루어진 결과 일본 국내산 납이 부족하여 해외
에서 수입하게 되었다. 일본 각지에 남아 있는 전국 시대의 탄환이나 연주
괴(鉛鑄塊, 사카이에서는 태국산 항아리와 함께 발견되어,[29] 무역 상품으
로 규격화·운반된 것을 알 수 있다)의 납 동위원소 분석 결과, 많은 납이
태국 서부의 송토(Song Tho) 광산의 납인 것이 밝혀졌다.[30] 납 산지의 확
정은 최근 학계에서 권장되는 '문리 융합'형 연구가 물품의 역사에 응용
되어 효과를 낸 좋은 예이다. 또한 이 당시는 동남아시아에도 미얀마의
타운구 왕조, 샴의 아유타야 왕조를 시작으로 하여 유럽식 총포를[포르투
갈인이나 일본인 용병 부대와 함께] 사용하는 '화약 제국'이 많았는데, 동

---

27 山内晋次,『日宋貿易と「硫黄の道」』, 山川出版社, 2009. 桃木至朗 責任編集,『ものが
つなぐ世界史 -世界史叢書 5-』에서 山内晋次가 쓴 '화약원료'의 장도 보라.

28 鹿毛敏夫,『アジアのなかの戰國大名 -西國の群雄と經營戰略-』, 吉川弘文館, 2015.

29 續紳一郎,「堺環濠都市遺跡から出土したタイ陶磁について」,『タイの古陶磁』, 堺市博物
館, 2015.

30 平尾良光·村井章介·飯沼賢司 編著,『大航海時代の日本と金屬交易』, 思文閣出版, 2014.

남아시아에서는 청동 대포도 많이 사용되었다. 일본으로부터 은과 함께 대량으로 수입된 동전은 농민의 산물 구입 등에 사용되는 외에 대포 주조 재료가 되었다는 설도 있다.

마지막으로 또 하나, 근세에도 후기의 해역 아시아에서 중요한 상품이 된 해삼에 대해 언급하고 싶다. 청나라 시대의 중국에서 해산물 수요가 늘면서 일본에서는 수출 능력이 떨어진 은을 대신하여 구리나 해산물의 중국 수출을 추진한 것이 잘 알려져 있다. 그 해산물에는 말린 상어 지느러미, 말린 전복 등 혼슈 서쪽에서 익숙한 물품[31] 외에 에조지[홋카이도]와 동북 지역에서 채집된 다시마와 해삼이 포함되어 있었다. 한편, 동남아해역에서도 말린 상어 지느러미, 제비집[바다제비의 둥지] 등의 수출이 증가했지만, 중국에서 일본산 해삼의 공급이 수요를 따라가지 못하게 된 18세기 말에는 필리핀 군도 남부 해역의 해삼이 대용품으로 주목받는다. 한때는 영국 동인도회사도 중국에서 차를 구입하는 대가로 필리핀 해삼을 대량으로 구매하려 했다. 그래서 필리핀 남부의 술루제도에 출현한 술탄 정권은 해상민을 노예로 삼아 해삼 등 해산물 채취를 강제하여 중국 상인이나 유럽인 등에 팔아넘기는 거래를 기반으로 성장했다고 한다.[32]

---

31 나가사키에서 중국으로 수출되던 해산물은 한반도 주변 해역에서 채취한 것이 있다. 그 어장에 메이지시대에 규슈·야마구치현 등의 어민들이 진출한 것이 일본의 한국 침략의 일부라는 주장은 이시카와 료타[石川亮太]의 저작 石川亮太, 『近代アジア市場と朝鮮 -開港·華商·帝國-』, 名古屋大學出版會, 2016에서 분명해졌다.

32 일본어에서는 현대 동남아시아 해역에서 현지 조사를 하면서 물품과 로컬 사회를 연구한 츠루미 요시유키[鶴見良行]의 저작(鶴見良行, 『ナマコ』(鶴見良行著作集 9), みすず書房, 1999)이 선구자적인 저작이다. 영어권에서는 항구도시에 대한 논집 Kathirithamby-Wells, J. & John Villiers (eds.) 1990. *The Southeast Asian Port and Polity, Rise and Demise*, Singapore University Press에서 James Francis Warren이 논문 "Trade, Slave Raiding and State Formation in the Sulu Sultanate in the Nineteenth Century"를 실었다.

2. 근세 동남아시아와 동아시아의 연결 및 분기

이 글의 마지막으로, 이상과 같은 물품의 움직임이 동남아시아와 동아시아/동북아시아의 지역 간 관계에 대해 무엇을 이야기하는가를 다시 생각해보고 싶다.[33] 이미 알려진 내용이지만, 14세기에 시작하는 '근세'는 동남아시아가 중국뿐만 아니라 한반도나 일본 열도 등 동북아시아와도 직접적으로 연결되기 시작한 시기였다.[34] 특히 '장구한 16세기'에 그 경향이

---

33 이하는 桃木至朗·山内晋次·藤田加代子·蓮田隆志 編著, 『海域アジア史研究入門』의 제 Ⅱ부[근세 전기]와 제Ⅲ부[근세 후기]의 각 장, 그리고 羽田正 編·小島毅 監修, 『海から見た歴史 -東アジア海域に漕ぎだす 1-』, 東京大學出版會, 2013 ; Momoki Shiro & Hasuda Takashi 2013. "The Periodization of Southeast Asian History, in Comparison with that of Northeast Asia", in *Offshore Asia, Maritime Interactions in Eastern Asia before Steamships*, Fujita Kayoko, Momoki Shiro and Anthony Reid eds.. Singapore: Institute of Southeast Asian Studies, pp.1~15의 논의를 근거로 하고 있다.

34 이는 물론 중국 등의 매개자의 존재가 사라졌다는 의미가 아니다. 오히려 교역 전체의 확대 속에서 류큐나 '동남아시아 화인(華人)' 등 매개자가 다양해지고, 그 역할도 전체적으로 틀림없이 증가했을 것이다. 예를 들어 14세기의 일본 사료에는 '남만선' 등의 기록이 나타나는데, 그 한편에서 홋카이도 남부를 포함한 15세기 이후 각지의 매장전(埋藏錢)에서 다수의 중국전(中國錢)에 섞여 개태원보(開泰元宝, 1320년대) 이후의 각 시대의 연호전(年号錢)을 포함하는 베트남전(錢)이 발견된다 [그 이전의 '베트남전'으로는 중국 역사상 최다의 동전(銅錢)이 주조된 북송과 같은 시기에 해당하는 10세기 말의 '전례왕조(前黎朝)'에 의한 천복진보(天福鎭宝) -중국 측의 논리로는 아직 '중원 왕조'에 따르지 않는 번진계(藩鎭系) 정권의 하나라고도 간주된 시기의 동전- 만이 발견]. 도자기와 동전의 역사에서는 이러한 중국산과 그 외의 나라에서 만들어진 소수의 물품이 섞여 유통되는 상황이 자주 보였다[그것을 운반한 것이 중국 상인이라고만 할 수는 없지만]. 동전에 대해서는 三宅俊彦, 「10-15世紀東ユーラシアにおける錢貨流通」, 『東洋史研究』77-2, 2019; 黒田明伸, 『貨幣システムの世界史 -〈非対称性〉をよむ-』(増補新版), 岩波書店, 2014[初出 2003] 등 중국을 중심으로 하는 동전 유통권의 독자성에 관한 연구가 성장하고 있는 점도 부기하고 싶다. 이와 관련하여 桃木至朗 責任編集, 『ものがつなぐ世界史 -世界史叢書 5-』에서 大田由起夫가 쓴 '화폐'의 장도 보라.

강해진 것은 말할 것도 없다. 그 배경에는 유럽인의 활동, 일본과 아메리카대륙으로부터의 은 유입 등이 교역을 발전시킨다는 일반적 사정뿐만 아니라, 일본 은의 수출 증대와는 정반대인 무로마치 막부 쇠퇴 이후 중일 간의 국가 간 무역 단절이 '후기 왜구'의 활동 범위의 확대나 동남아시아 각지[및 마카오, 타이완]에 거점을 둔 유럽인의 중재역으로서의 활동을 재촉했다는 사정이 있었다. 1570년대에 명나라가 해금(海禁)을 완화한 후에도, 히데요시의 조선 침략 실패 등으로 인해 중일 간 국교 회복이 절망적이게 된 사태에 대처하여 도쿠가와 막부가 동남아시아·타이완과의 '주인선(朱印船) 무역'을 추진했기 때문에 일본 선박과 중국 선박이 만나는 출회무역(出會貿易, 데아이보우에키)을 포함한 '동남아시아 항구도시를 매개로 한 중일 무역'[주요 상품은 중국의 생사와 일본의 은]이 대규모로 이루어졌다. 일본에서는 상인·해상 세력 외에 전국(戰國)의 난세가 끝나고 실업자가 된 무사나 추방된 천주교도 등도 도항하여, 동남아시아 각지에 '일본 마을[日本町]'이 출현했다. 한반도의 주민이 왜구에 납치되는 등의 경위로 동남아시아에 도항한 예도 일찍부터 알려져 있다. 동남아시아 항구도시에서는 중국 상품[명·청 교체기에 중국에서의 수출이 중지되었을 때에는 베트남이나 벵골의 생사 등의 대안품도]뿐만 아니라 동남아·인도양의 상품도 배에 실려 일본으로 갔다. 사슴 가죽(일본식 신발류[足袋, 타비]나 무사의 의복[陣羽織, 진바오리]로 가공되었다), 가오리 가죽[칼집이나 자루 등에 붙인다], 설탕, 또는 인도의 사라사[更紗] 등도 일본에서 붐이 일었다. 일본에 내항하는 '당선(唐船)'이나 '남만선(南蛮船)'에도 동남아시아·인도 각지의 승조원이 있었기 때문에 쇄국 후의 나가사키의 '당통사' 밑에도 '통킹', '샴', '루손', '모우류[인도의 무굴]'의 각 언어 통사가 설치되었다.

그러나 '17세기의 위기'[35] 이후, 동남아시아·동아시아/동북아시아를 포함한 세계의 원격지 교역은 쇠퇴했다. 일본은 쇄국 후에도 잠시 동안 대규모 대외 무역을 계속했다[자바섬의 바타비아에서 내항하는 네덜란드 선박 외에도 동남아시아 각지에서 내항하는 '당선'도 많았다]. 하지만 명·청 교체기의 동란이 종결되고 청이 전해령(展海令)을 발령하여 대규모의 해상 무역에 나선 1680년대 −'강희(康熙) 디플레이션'에 대처하여 주화를 증산하기 위해 일본 구리의 구입 등을 목표로 국교 회복을 보류한 채 나가사키에 상선 여행을 허가한− 이후 막부는 오히려 나가사키 무역의 축소에 나선다. 은 생산 비용 상승에 따른 구매력 저하가 큰 배경으로 지적된다. 그동안에 동남아시아의 일본 마을은 쇄국하에서 사람의 지속적 공급이 끊겨 소멸로 향했다. 이후의 '장구한 18세기'에 중국의 경제와 인구가 성장하면서 동남아시아에도 해역과 산지 양방향에 방대한 수의 중국인[모두 한족이라고 할 수 없다]이 이주하여 상업 및 개발에 종사했다. 그 시기에는 자바섬과 루손섬 등으로 유럽인의 지배[무역의 지배에서 중상주의 정책에 의한 상품 생산의 강제로 지배 목적이 전환되고 있다]도 확대했지만, 그것을 웃도는 기세로 중국인의 활동은 확대되었으며, 1730~1830년 무렵의 동남아시아를 '중국의 세기'라고 부르기도 한다.[36]

---

35 Reid, Anthony. *Southeast Asia in the Age of Commerce 1450-1680, vol. 2: Expansion and Crysis*에서 '약한 국가와 늦어진 자급 농민의 세계'라는, 근대의 식민지 지배를 합리화하기 위해 이용되어온 동남아시아의 이미지를 '17세기의 위기'의 결과 출현한 상태에 기초한 것으로 논한 것을 비롯해 동남아시아 역사에서도 기후 변동이나 감염증, 귀금속, 통화를 둘러싼 혼란에 주목한 사회 위기에 착목하는 논의가 왕성하다. 동아시아를 포함한 연구 동향 정리는 秋田茂 責任編集, 『グローバル化の世界史(世界史叢書 2)』, ミネルヴァ書房, 2019에 수록된 中島樂章, 「17世紀の全般的危機と東アジア」가 편리하다.

36 Reid, Anthony. (ed.) 1996. *Sojourners and Settlers, Histories of Southeast Asia and the Chinese*, St. Leonards (NSW): Allen & Unwin (Second edition from University of Hawaii Press, 2001) ; Reid, Anthony. (ed.) 1997. *The Last Stand of Asian Autonomies: Responses to Modernity in the Diverse States of Southeast Asia and Korea, 1750-1900*, NY: ST. Martin's Press.

한편, 대외 통교를 강력한 국가 관리 아래 둔 조선 왕조나 에도기의 일본에서는 동남아시아와의 연결은 다시 간접적인 것이 되어갔다. 조선 왕조에서는 '연행사'가 베이징에서 안남[베트남]이나 섬[暹羅]의 사자를 만날 수 있었고, 때로는 동남아시아에서 송환된 표류민도 있었다. 일본에서도 나가사키·류큐의 정보나 쇄국 이전의 기록·기억[37]을 조합하여 동남아시아·인도의 지리 정보를 포함한 출판물과 문예 작품이 계속해서 생산되었다. 교지(交趾, 중부 베트남 완씨 정권)에서 보내온 코끼리가 1728년에 나가사키에서 육로로 에도까지 걸어갔는데, 도로 곳곳에 그림과 기록을 남긴 '교호(享保)의 코끼리 행렬'과 같은 사건도 아직 있었다. 그러나 교토의 '교토 도자기[쿄야키]' 중에서 근세 후기에 출현한 '교지(交趾, 코우치)'라 불리는 디자인은 화려한 유약[노란색, 푸른색, 녹색 등]을 이용하여 다인(茶人)이 좋아했는데, 타이완에서 생산되는 것과 아주 비슷한 색채를 사용하는 '코우치(交趾) 도자기'는 광동에서 전해진 것으로 알려졌다. 쿄야키도 실제로 중부 베트남에서 전해졌다기보다는 당나라 선박이 가져온 '남방 이미지'의 그릇을 본뜬 것일지도 모른다. 역시 일반적으로는 동남아시아는 이미지 속에서만 존재하게 되었다고 봐야 할 것이다.

'장구한 18세기'에 대외 통교를 국가의 강력한 통제 아래에 둔 조선 왕조나 일본에서는 무역 의존도가 낮은 국내 상품 경제가 발전했다. 일본

---

37 주인선(朱印船) 무역 시대의 호상 차야가[茶屋家]에 전해지는 통칭 '다옥교지무역도해회도(茶屋交趾貿易渡海絵圖)'라는 두리마리 그림[에마키모노, 항구도시 호이안과 주변의 정경, 인접한 완씨의 '광남영(広南営)'의 관 등이 그려져 있다. 쇄국 이전 작품으로 막부에 헌상하는 그림의 밑그림으로 보인다]은 제2차 세계대전 전부터 유명했는데, 규슈 국립박물관이 그 별권의 '주인선교지도항도(朱印船交趾渡航圖)'[18세기에 작성된 다른 계통의 사본으로 보이며, 미술성이 높기 때문에 쇄국 후의 일본 사회에 이 두루마리 그림에 대한 관심이 지속된 것이 엿 보인다]를 발견하여 화제가 되었다(菊池誠一, 『朱印船貿易繪圖の研究』, 思文閣出版, 2014).

열도에서는 생사·견직물이나 설탕 등 대량 수입을 자급 가능하게 하는 '수입 대체 공업화'가 진전된 것, 일본 열도에서의 중국인 상업 네트워크의 확대를 억제할 수 있었던 것 등이 그 결과로서 중시된다.[38] 그것도 중국을 포함한 동아시아/동북아시아의 시장 경제의 발전은 근대화의 모델이 되어온 서북 유럽형 대규모 농업 소농 사회와 '농민층 분해', 도시화 등의 과정에 부합되지 않는 소농 경제를 중심으로 한 발전이며, 그에 적합한 세속주의·합리주의적인 이데올로기인 유교[특히 사대부뿐만이 아닌 민중의 주체적인 참여를 중시한 주자학]의 보급도 병행했다.[39] 영주나 지주가 아닌 강인한 소경영 농민[이나 마찬가지로 소규모 상공업자]을 주체로 하는 경제·사회의 확립 − 일본 학계에서는 '근면 혁명',[40] '근세화'[41] 등의 용어도 사용된다− 은 아편 전쟁이나 메이지유신 등으로 시작되는 동아

---

38 濱下武志·川勝平太 編, 『アジア交易圏と日本工業化1500-1900』, リブロポート, 1991.

39 李泰鎭 著·六反田豊 譯, 『朝鮮王朝社會と儒教』, 法政大學出版局, 2000 ; 宮嶋博史, 「東アジア小農社會の形成」, 『長期社會變動 -アジアから考える 6-』, 東京大學出版會, 1994.

40 계량 경제사와 역사 인구학의 성과를 바탕으로 하야미 아키라[速水融]와 스기하라 카오루[杉原薰] 등이 주장한 것으로 유럽의 '산업혁명(Industrial Revolution)', 즉 자원과 자본을 대량 투하하여 노동력을 절약하는 경제 발전 경로에 대해 동아시아에서는 풍부한 노동력을 이용하면서 자원·자본을 절약하면서 시장경제화를 추진하는 '근면혁명(Industrious Revolution)'이 일어났다는 논의이다. 이에 대해서는 杉原薰, 『世界史のなかの東アジアの奇跡』, 名古屋大學出版會, 2020을 보라. 다만 자본 축적이나 생활수준 향상 등의 의미에서의 근면혁명이 근세 후기~근대에 충분히 일어났다고 할 수 있는 것은 일본뿐이라는 견해도 뿌리 깊다.

41 역사학 연구회 등을 무대로 2006년경부터 논의가 이루어졌다. 미야지마 히로시[宮嶋博史]는 宮嶋博史, 「日本史認識のパラダイム転換のために -「韓國倂合」100年にあたって-」, 『思想』 1029, 2010 등의 논문에서 주자학화에 의해 생득적 신분 차가 사라지는 자본주의화나 사회, 생활의 근대화에 장애가 없어진 한중 양국은 일부러 서양화하지 않아도 근대 세계로 대응이 가능했다는 것에 대해 무사 정권하에서 전반적인 주자학화가 불가능했던 일본[신분제도 강고하다]만은 근대화를 위해 서양화가 불가피했으며, 거기에 일본이 제국주의화하는 조건이 있었다고 논하여 감정적 반발을 포함한 일본 학계에서의 논쟁을 일으켰다.

시아/동북아시아의 근대화·자본주의화의 양태를 결정하는 결정적인 전환이었다. 글로벌 경제사에 관한 장기적인 시각에서 보면 서구형 근대화 모델의 일방적인 이식이 아니라 그것과 소농형 경제 및 아시아 간 무역과의 결합이야말로 메이지~쇼와기 일본뿐만 아니라 20세기 말의 '동아시아의 기적'이라 불리는 동아시아/동북아시아에서 동남아시아에 이르는 광범위한 경제 성장과 근대화를 낳은 것은 인정해도 좋을 것이다.[42]

그러나 이 '근면 혁명론'은 서양 중심주의에 깊이 빠지면서 '아시아에서 유일 근대화에 성공한 일본'을 자부해온 것 같은, 일본인의 일그러진 자화상과 아시아 인식을 시정하는 데 공헌한 면이 있다고 해도, 역시 약간의 보류가 필요하다. 한반도와 타이완, 인도네시아 등에서의 '식민지 근대화' 인정 여부의 심각한 논쟁은 차치하고라도 첫째 그것은 젠더에 대한 관심이 결여하다.[43] 20세기 말에 '동아시아의 기적'을 실현한 국가·지역에서 그 직후에 현재화한 너무나 급속한 '저출산'과 그에 대한 유럽형 대책을 취하지 않는 현상의 배경에 경제 성장을 가능하게 한 주자학적인 남성 중심의 가족·젠더 구조[동남아시아 도서 지역에 퍼진 이슬람의 그것과의 비교도 필요하다고 생각된다]의 강렬한 어두운 측면이 드러나지 않은 것일까? 근세사로 돌아와도 일본이나 중국의 경우 화이의식[주자학에 국한되지 않는다]이 뿌리내린 상황에서 경제 발전과 다수 민족의 교육·문화 수준의 향상은 소수 민족의 희생과 세트로 되어 있는 경우가 적지 않았다. '장구한 18세기' 이후 네덜란드령 자바섬이나 스페인령 루손섬에서 주민들이 설탕 생산을 강제당하던 무렵에 사쓰마번 지배하의 류큐[특히 아마미 제도]의 농민도 역시 설탕 생산을 강제당하고 있었다. 필리핀 남부 술루제도에서 해상민의 노예가 해삼 채집을 강제당하고 있던 것은 에조지에

---

42 杉原薫, 『世界史のなかの東アジアの奇跡』, 名古屋大學出版會, 2020.

43 桃木至朗 責任編集, 『ものがつなぐ世界史 -世界史叢書 5-』.

서 아이누가 해산물이나 육상 동물 모피 등의 납입을 강제당하던 것과 같은 시기의 일이었다. 이 시기의 동남아시아 도서 지역에서 유럽의 중상주의적 식민지의 확대와 일본 열도에서의 '내국 식민지' 지배의 병행성[44]은 확실히 메이지 이후의 일본 제국주의적 근대화의 전제로서 중시해야 한다.

여담에 여담을 거듭하지만, 이렇게 근세 후기에 '동남아시아를 깨끗이 잊어버린' 한·일 양 국민은 그 후 대일본제국에 의한 남방 침략[한국인 일부도 강제적으로 거기에 휘말렸다]이나 동서 냉전과 베트남전쟁 시대에 동남아시아에 관여했던 일을 거쳐 20세기 말 이후에[또한 동남아 국가들과의 경제력의 차이는 크지만] 어떤 의미에서는 근세 전기에 가까운 형태로 만나지 않을까? 거기에서는 동북아시아의 생활에 동남아시아산의 물품이 불가결하다. 제1장에서 언급한 에스닉 요리 등 새로운 물품, 여기에 서브 컬처가 문화뿐만이 아니라 경제적으로도 큰 역할을 하고 있다. 쇄국 후의 일본에서는 짠 것은 있어도 향신료나 소스는 많이 이용하지 않는 '일식'이 에스닉 심볼로 여겨졌는데, 현재의 일본 젊은이는 '약한 맛으로 소재를 살린' 일식을 그다지 좋아하지 않고 오히려 한국·중국이나 서양·인도 음식, 그리고 향신료, 고추나 피시 소스를 많이 사용하는 동남아 요리도 당연하게 먹는대[슈퍼에서 재료를 사서 직접 만드는 것도 포함하여]. 요리나 연유가 들어간 커피, 동남아 각 나라의 맥주 등을 마시는 것도 어렵지 않다. 반대로 동남아 사람들은 김치와 불고기, 일본의 스시나 라면을 당연한 것처럼 먹으며, 일본의 만화·애니메이션과 한류 드라마, K팝을 즐긴다. 이러한 상황을 '글로벌화'라는 말로 안이하게 일반화하는 것이 아니라 근세 이래의 역사에 주의하면서 어느 지역에서 누가 무엇을 즐기고 있다거나,[45] 반대로 싫어진다거나 하는 것을 구체적으로 조사하는 것은 현대

---

44 桃木至朗,「海域史, 地域研究と近代東北アジア」,『近代東北アジアの誕生 -跨境史への試み-』, 北海道大學出版會, 2008.

사회사의 중요한 테마가 되었다. 그것은 이 글에서 몇 가지 소개한 오사카, 사카이의 사례 등의 고대·중세사에 대해서도 물품에 주목하면서 지역의 역사와 광역적인 역사를 넘나드는 방법이 역사 연구를 크게 활성화할 가능성이 있다고 믿게 하는 데 충분한 상황이 아닐까.

---

45 예를 들어 1993년경 필리핀산[코코넛 크림]의 나다데코코가 과자 업계에서 히트하고, 2016년경에는 향초의 일종인 코리앤더(coriander, 고수의 일종)가 태국어의 '바쿠차'라는 이름으로 큰 붐이 된 사례가 생각난다. 코리앤더는 중국 남부나 동남아시아 대륙 지역에서 늘 먹는 것인데, 독특한 냄새를 싫어하는 일본인이 많아, 예를 들어 일본에서 베트남 요리가 일반화된 후에도 잠시 다른 향초를 사용해도 이것을 쓰지 않는 레스토랑이 많았기 때문에, 2016년의 붐은 미각과 식습관의 큰 변화를 말해준다고 생각된다.

참고문헌

岡田雅志,「肉桂と德川期日本 -モノから見るグローカルヒストリー構築へ向けて-」,
『グローバルヒストリーから考える新しい大學歷史教育 -日本史と世界史のあ
いだで-』, 大阪大學出版會, 2020.

堺市博物館 Internet Homepage(https://www.city.sakai.lg.jp/smph/kanko/rekishi/
bunkazai/bunkazai/shokai/bunya/cyokoku/kannonbosatsu.html) (검색일
시 : 2021.9.19.)

高谷好一,『東南アジアの自然と土地利用』, 勁草書房, 1985.

菊池誠一,『朱印船貿易繪圖の研究』, 思文閣出版, 2014.

宮嶋博史,「東アジア小農社會の形成」,『長期社會變動 -アジアから考える 6-』, 東
京大學出版會, 1994.

＿＿＿＿＿,「日本史認識のパラダイム転換のために -「韓國併合」100年にあたって-」,
『思想』 1029, 2010.

金永鍵,『印度支那と日本との関係』, 冨山房, 1943.

大内延介,『將棋の來た道』, めこん, 1986.

桃木至朗,『歷史世界としての東南アジア』, 山川出版社, 1996.

＿＿＿＿＿,「南の海域世界 -中國における南海交易と南海情報-」,『中華の分裂と再
生 -岩波講座世界歷史 9-』, 岩波書店, 1999.

＿＿＿＿＿,「海域史, 地域研究と近代東北アジア」,『近代東北アジアの誕生 -跨境
史への試み-』, 北海道大學出版會, 2008.

＿＿＿＿＿,『中世大越國家の成立と變容』, 大阪大學出版會, 2011.

＿＿＿＿＿,「亞洲東部海域的「貿易時代」與「小農社會」: 以越南北部實例爲中心」,
『季風亞洲研究』 1卷1期, 2016.

桃木至朗 責任編集,『ものがつなぐ世界史 -世界史叢書 5-』, ミネルヴァ書房, 2020.

桃木至朗・山内晋次・藤田加代子・蓮田隆志 編著,『海域アジア史研究入門』, 岩波

書店, 2008.

東南アジア學會 監修, 『東南アジア史研究の展開』, 山川出版社, 2009.

藤善真澄 譯注, 『諸蕃志』, 関西大學出版部, 1991.

鹿毛敏夫, 『アジアのなかの戦國大名 -西國の群雄と經營戦略-』, 吉川弘文館, 2015.

濱下武志・川勝平太 編, 『アジア交易圏と日本工業化1500-1900』, リブロポート, 1991.

山内晋次, 『日宋貿易と「硫黄の道」』, 山川出版社, 2009.

山田憲太郎, 『東亜香料史研究』, 中央公論美術出版, 1976.

三宅俊彦, 「10-15世紀東ユーラシアにおける錢貨流通」, 『東洋史研究』 77-2, 2019.

杉原薫, 『アジア間貿易の形成と構造』, ミネルヴァ書房, 1996.

_____, 『世界史のなかの東アジアの奇跡』, 名古屋大學出版會, 2020.

西野範子, 「17世紀バッチャン社に嫁いだ日本人女性について」, 『東南アジア埋蔵
　　　文化財通信』 7・8, 2004.

石川亮太, 『近代アジア市場と朝鮮 -開港・華商・帝國-』, 名古屋大學出版會, 2016.

續紳一郎, 「堺環濠都市遺跡から出土したタイ陶磁について」, 『タイの古陶磁』, 堺
　　　市博物館, 2015.

羽田正, 『東インド會社とアジアの海』(興亡の世界史 15), 講談社, 2007.

羽田正 編・小島毅 監修, 『海から見た歴史 -東アジア海域に漕ぎだす 1-』, 東京
　　　大學出版會, 2013.

岩波書店, 『大航海時代叢書』(第Ⅰ期 11巻+別巻), 岩波書店, 1965~1970.

_____, 『大航海時代叢書』(第Ⅱ期 25巻), 岩波書店, 1979~1992.

_____, 『大航海時代叢書 エクストラ・シリーズ』(全5巻), 1985~1987.

_____, 『岩波講座 東南アジア史』(全9巻+別巻), 岩波書店, 2001~2003.

櫻井清彦・菊池誠一 編, 『近世日越交流史 -日本町・陶磁器-』, 柏書房, 2002.

永積洋子 編, 『唐船輸出入品数量一覧 1637~1833年 -復元 唐船貨物改帳・帰帆
　　　荷物買渡帳-』, 創文社, 1987.

李泰鎮 著・六反田豊 譯, 『朝鮮王朝社會と儒教』, 法政大學出版局, 2000.

早瀬晋二・桃木至朗 編著, 『東南アジア史研究案内 -岩波講座東南アジア史別巻-』,
　　　岩波書店, 2003.

秋田茂 責任編集, 『グローバル化の世界史(世界史叢書 2)』, ミネルヴァ書房, 2019.

Phan Đại Doãn 著·大西和彦 譯,「17世紀のあるベトナム -日本人家譜について- -バッチャンの『阮氏家譜』を通じて-」,『近世日越交流史 -日本町·陶磁器-』, 柏書房, 2002.

坂井隆,『「伊万里」からアジアが見える -海の陶磁路と日本-』, 講談社, 1998.

平尾良光·村井章介·飯沼賢司 編著,『大航海時代の日本と金属交易』, 思文閣出版, 2014.

豊岡康史·大橋厚子 共編著,『銀の流通と東アジア·東南アジア』, 山川出版社, 2019.

鶴見良行,『ナマコ』(鶴見良行著作集 9), みすず書房, 1999[初出 1990].

黒田明伸,『貨幣システムの世界史 -〈非対称性〉をよむ-』(増補新版), 岩波書店, 2014 [初出 2003].

Aoyagi, Yoji and Hasebe,Gakuji (eds.) 2002. *Champa Ceramics, Production and Trade —Excavation Report of the Go Sanh Kiln Sites in Central Vietnam*, The Study Group of the Go Sanh Kiln Sites in Central Vietnam, Japan/Vietnam.

Hall, Kenneth R. 2011. *A History of Early Southeast Asia, Maritime Trade and Social Development, 100-1500*, Lanham, Boulder, Toronto, Plymouth, UK, New York: Rowman & Little Field Publishing Inc.

Haneda Masashi & Oka Mihoko eds. 2019. A *Maritime History of East Asia*, Kyoto University Press; Melbourne: Trans PacificPress.

Hoang Anh Tuan 2007. *Silk for Silver: Dutch-Vietnamese Relations, 1637 -1700*, Leiden & Boston: Brill.

Kathirithamby-Wells, J. & John Villiers (eds.) 1990. *The Southeast Asian Port and Polity, Rise and Demise*, Singapore University Press.

Li Tana 2006. "A View from the Sea: Perspectives on the Northern and Central Vietnamese Coast", *Journal of Southeast Asian Studies* 37-1, pp.83~102.

Lieberman, Victor. 2003. *Strange Parallels: Southeast Asia in Global Context, c.800-1830, volume 1: Integration on the Mainland*, Cambridge: Cambridge University Press.

Lieberman, Victor. 2009. *Strange Parallels: Southeast Asia in Global Context, c.800-1830, volume 2: Mainland mirrors: Europe, Japan, China, South Asia, and the Islands*, Cambridge: Cambridge University Press.

Momoki Shiro 1994. "Japan and Vietnam in the Asian Trade System in the 17th-18th Centuries", *Vietnam Social Science*, 1993-2, pp.43~50. [Association of Vietnamese Historians, *Pho Hien, the Centre of International Commerce in the XVIth-XVIIth Centuries*, Hanoi: The Gioi publishers, 1994, pp.39~49.]

Momoki Shiro 2011. "'Mandala Champa' Seen from Chinese Sources", in *The Cham of Vietnam: History, Society and Art*, ed. Trần Kỳ Phương and Bruce M. Lockhart, Singapore: NUS Press, pp.120~137.

Momoki Shiro & Hasuda Takashi 2013. "The Periodization of Southeast Asian History, in Comparison with that of Northeast Asia", in *Offshore Asia, Maritime Interactions in Eastern Asia before Steamships*, Fujita Kayoko, Momoki Shiro and Anthony Reid eds.. Singapore: Institute of Southeast Asian Studies, pp.1~15.

Reginal Krahl et. al (eds.) 2010. *Shipwrecked. Tang Treasures and Monsoon Winds*, Washington D.C.: Arthur M. Sacker Gallery, Smithsonian Institution; National Heritage board, Singapore; Singapore Tourism Board.

Reid, Anthony. 1988. *Southeast Asia in the Age of Commerce 1450-1680, vol. 1: The Land below the Wind*. New Haven: Yale University Press.

Reid, Anthony. 1993. *Southeast Asia in the Age of Commerce 1450-1680, vol. 2: Expansion and Crysis*. New Haven: Yale University Press.

Reid, Anthony (ed.). 1993. *Southeast Asia in the Early Modern Era: Trade, Power, and Belief*, Ithaca: Cornell University Press.

Reid, Anthony. (ed.). 1996. *Sojourners and Settlers, Histories of Southeast Asia and the Chinese*, St. Leonards (NSW): Allen & Unwin (Second edition from University of Hawaii Press, 2001).

Reid, Anthony. (ed.). 1997. *The Last Stand of Asian Autonomies: Responses* to Modernity in the Diverse States of Southeast Asia and Korea, 1750-1900, NY: ST. Martin's Press.

Reid, Anthony 2015. A History of Southeast Asia, Critical Crossroads, Chichester: Wiley Blackwell.

Wade, Geoff and Sun Laichen (eds.) 2010. Southeast Asia in the 15th Century and the China Factor, Singapore: NUS Press.

03

1590~1650년대 남만세계지도병풍을 통해 본 일본, 중국, 한국의 세계지도 제작 비교문화 연구

안젤로 카타네오(Angelo Cattaneo, 이탈리아 국가연구위원회[CNR]
지중해유럽역사연구소[ISEM] 연구원)

Ⅰ. 머리말: '세계지도병풍(世界地圖屛風)'

유럽 에이전트 −일본에서는 처음 포르투갈 상인과 가톨릭 선교사[특히 예수회]를, 나중에는 네덜란드·스페인·영국 상인을 모두 '남만인(南蠻人)'이라고 일컬었다. 남(南)쪽에서 온 야만적인[蠻] 사람[人]인데, 이는 중국이 모든 이민족을 '오랑캐'라고 불렀던 관행을 따른 것이다. −1의 존재와 일본의 정치·종교·군사 엘리트와의 접촉 맥락에서 발전한 복잡한 상

---

1 Boscaro, Adriana "L'Altro visto attraverso le immagini", in Tanaka Kuniko (ed.), *Geografia e cosmografia dell'altro fra Asia ed Europa*, Rome: Bulzoni, 2011, p.62. 역사지리학에서 우리는 또한 "기독교의 세기[Christian century]" 혹은 포르투갈 말로 "크리스천(Christian)"을 뜻하는 "크리스타오스(christão)"에서 비롯한 "기리시탄(Kirishitan)의 세기"와 같은 용어들을 볼 수 있다. Boxer, Charles, *The Christian Century in Japan 1549-1650*, Berkeley: University of California Press, 1974. 그러나 이보다 "남만(南蠻)"이라는 용어가 더 선호되었던 것은 "'기리시탄'이 오직 기독교만을 엄격하게 지칭하는 용어였던 반면, "남만"은 대개 외부 세력과의 관계[교통, 상인, 방문객 등]를 반영하는 표현으로 의미상 더 넓은 지역을 아우를 수 있었기 때문"이다. Boscaro, p.64, note 12.

호작용의 한 결과는, 일본과 유럽이 세계적인 수준에서 각자의 대표로 새롭게 자리매김한 것이다. 상호 간의 자리매김 과정은 오다 노부나가·도요토미 히데요시·도쿠가와 이에야스가 일으킨 일본의 정치적 통일 과정과 함께 발달하였다.

이러한 틀에서 이 글은 일본에서 생산된 일본의 남만 병풍의 특정한 총체인 소위 '세계지도병풍(世界地圖屛風)'을 중심으로 일본인의 [서양인에 대한] 묘사를 다룬다. 세계지도병풍은 모모야마 시대(1573~1615)부터 에도 막부(1615~1868) 초기까지 생산되었는데, 처음에는 1583~1584년부터 약 1614년까지 예수회의 지오바니 니콜로(Giovanni Niccolò)가 규슈를 중심으로 설립한 순회 '미술학교(schola pictorum or seminario de pintrua)'와 관련이 있고, 예수회가 추방된 1614년 이후에는 일본인이 자체적으로 생산하였다.[2] 큰 면적과 밝은 색상의 모사품 형태로, 지도병풍은 세 개의 주요 지도 장르로 다시 세분되었다. 이 장르들은 도쿠가와 막부 시기 일본이 조선을 침공하려다 실패했던 일과 그 이후 연이은 외교 접촉을 포함하여, 아시아 내부의 역학관계뿐만 아니라 아시아를 향한 유럽 이베리아 세력과 네덜란드 해양 세력의 팽창 및 예수회 선교사의 국제 전략의 결과로,

---

2 Vlam, Grace, *Western-Style Secular Painting in Momoyama Japan*, 2 vols, PhD Dissertation, Ann Arbor, University of Michigan, 1976, I, pp.130~164; Unno Kazutaka "Cartography in Japan", in HARLEY, John Brian and WOODWARD, David (eds), *The History of Cartography*, Vol. 2, Book 2: *Cartography in the Traditional East and Southeast Asian Societies*, Chicago, The University of Chicago Press, 1994, pp.346~477 [in particular, pp.377~381] - open access URL(https://press.uchicago.edu/books/HOC/HOC_V2_B2/HOC_VOLUME2_Book2_chapter11.pdf); Loh, Joseph Faii, *When Worlds Collide. Art, Cartography, and Japanese Namban World Map Screens*, Ph.D. Diss., New York, Columbia University, 2013, pp.62~100; Raneri, Giovanni, *Folding Screens, Cartography, and the Jesuit Mission in Japan, 1580-1614*, A thesis submitted to the University of Manchester for the degree of Doctor of Philosophy in the Faculty of Humanities, 2015.

유럽이 물질문화와 지식을 지구적으로 유통하는 한 축으로서 존재하던 시기에 일본에 도달하였다.

이 장르들에는 ①서양의 세계지도, ㅡ특히 플랑드르와 네덜란드가 인쇄된 평면구형도[planispheres]. 가령 오르텔리우스(Ortelieus)의 『세계의 형상(Typus orbis terrarum, map of the entire world)』과 프란치우스(Plancius)와 블라우(Blaeu)의 평면구형도와 포르투갈 모사도가 있다. ㅡ②마테오 리치(Matteo Ricci)가 수학자 이지조(李之藻, Li Zhizao)·화가 장문도(張文燾, Zhang Wentao)와 같은 여러 중국 학자와 협력하여 중국에서 선교의 맥락에서 제작한 중국어로 작성된 평면구형도와 여러 판본, ㅡ1602년 베이징에서 초판이 인쇄된 『곤여만국전도(坤輿萬國全圖)』가 있다. ㅡ3 ③한중 지도 모사본 ㅡ특히 양자기(楊子器)의 『대명국지도(大明國地圖)』를 한국어로 번역한 것과 임진왜란 당시 세 명의 선봉장 중 하나인 가토 기요마사(1562~1611)가 최소한 하나 이상의 모사본을 일본으로 가져갔던 『혼일강리역대국도지도(混一疆理歷代國都之圖, c.1479~1485)』를 포함한다. ㅡ4 등이 있다.

---

3 『곤여만국전도(坤輿萬國全圖, Map of the Ten Thousand Kingdoms of the Earth)』. 1602년 베이징에서 마테오리치(Matteo Ricci)·이지조(李之藻, Li Zhizao)·장문도 (張文燾, Zhang Wentao)에 의해 제작되었다. 중국 종이로 제작된 6개의 판으로 이루어진 목판 인쇄물. 182×219cm. 미네소타대학[University of Minnesota] 제임스 포드 벨 도서관(James Ford Bell Library) 소장. - Open access URL (https://www.lib.umn.edu/bell/riccimap).

4 Cattaneo, Angelo, "Geographical Curiosities and Transformative Exchange in the Namban Century (c.1549-c.1647)", *Etudes Epistémè* 26 - URL(http://episteme.revues.org/ 329) [consulted 11 September 2022].

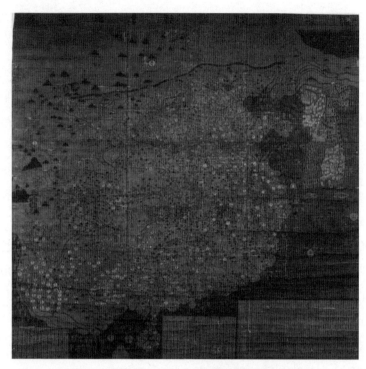

〈도 1〉『혼일강리역대국도지도(混一疆理歷代國都之圖, c.1479~1485)』

　세 가지 지도 제작 전통에서 비롯된 평면구형도 외에 현존한다고 알려진
30여 개의 지도병풍은 일반적으로 두 번째 화면[screen]에 큰 스케일로 다양
한 모습의 일본 지도를 표현하거나, ㅡ후쿠이현의 정덕사(浄德寺, Jotoku-ji)
병풍5처럼 교키[行基]식에서 더 현대적인 표현까지ㅡ 황제와 왕6 또는 세계

5　16세기 후반(1595?) 제작. 일본과 세계지도가 그려진 정덕사(浄德寺) 남만 병풍
　한 쌍. 종이에 채색. 148.6×364cm. 일본 후쿠이현[福井縣] 정덕사 소장.
6　모모야마~에도 막부 시기, 17세기 초 제작. 28개의 도시와 40여 개의 민족이 그
　려진 세계지도 8폭 남만병풍 한 쌍. 종이에 채색. 178.6×486.3cm. 일본 도쿄 궁
　내청(宮內廳) 소장. URL(http://www.kunaicho.go.jp/e-culture/sannomaru/syuzou-10.
　html) 참조.

의 다양한 사람들을7 함께 그린 서양 도시의 모습이나, 레판토 해전(1571)을
그린 일본 고세츠미술관(香雪美術館, Kosetsu Museum) 소장 유명 병풍과
같이 서양 역사 장면을 묘사하였다.8

〈도 2〉 고세츠미술관(Kosetsu Museum) 소장 레판토 해전(1571) 묘사 병풍

---

7 모모야마~에도 막부 시기, 17세기 초 제작. 세계지도와 세계 40여 개 민족이 그
려진 남만 병풍 한 쌍. 종이에 채색. 166.7×700cm. 일본 도쿄 이데미츠미술관
[出光美術館] 소장.

8 17세기 초 제작. 세계지도와 레판토 해전이 묘사된 남만 병풍 한 쌍. 종이에 채색.
각 153.5×370cm. 일본 고베[神戸] 고세츠미술관[香雪美術館, Kosetsu Museum of
Arts] 소장. 레판토 해전을 묘사한 병풍에 대한 흥미로운 분석에 대해서는 다음의
연구를 참조하라. Levenson, Jay A. and Raby, Julian, "A Papal Elephant in the
East: Carthaginians and Ottomans, Jesuits and Japan", in *New Studies on Old
Masters. Essays in Renaissance Art in Honour of Colin Eisler*, Toronto, Centre
for Reformation and Renaissance Studies, 2011, pp.49~67.

도상학적인 내용과 관계없이 '세계지도병풍'을 제작한 일본 화가들이 유럽, 중국, 한국의 지도와 도해를 수동적으로 재현하지 않았다는 점을 강조할 필요가 있다. '외국의' 시각 자료를 모방하여 나타난 예술·문화 현상은 주로 새로운 형식의 ―하지만 배타적이지 않은― 종교 이미지를 낳았다. 이는 예술 면에서, 지도 제작 면에서, 그리고 도상학적인 면에서 유럽·일본·한국·중국의 테마를 새롭게 조합한 참신한 이미지를 만들어냈다. 이 글에서는 지도병풍 ―유럽이나 일본의 지도 제작과 관련하여 일종의 호기심으로 쉽게, 그리고 아마 잘못 간주되어 왔던― 에 담겨 있는 남만 작품 전체의 이미지를 분석함으로써, 이것이 문화 동화와 지식 전수라는 복잡한 양상의 총체로서 당대인에게 재인식되었음을 확인할 것이다. 당시 이러한 재인식의 과정은 예술과 지도 제작 교육, 그리고 모사본의 제작과 재합성을 통해 추구되었다.[9]

II. 간신지[觀心寺] 세계지도병풍

이러한 점에서 오사카[大阪]에서 남쪽으로 약 50km 떨어진 오사카부[大阪府] 가와치나가노[河内長野]의 언덕에 있는 진언종 사찰인 간신지[觀心寺] 소장 병풍을 간략하게나마 볼 가치가 있다. 이 사찰은 7세기 대의 것이며, 몇몇 '중요문화재'를 소장하고 있다. 이 병풍은 17세기 초 일본 종이로 제작하였는데, 두 판[패널]이 접히게 마주 보도록 연접한 것이 3쌍으로 구성되어 있다. 즉 지도는 총 6개의 판에 묘사되어 있으며, 두 판을 연

---

9 Curvelo, Alexandra, "Copy to Convert. Jesuit's Missionary Artistic Practice in Japan" in Rupert COX (ed.), *The Culture of Copying in Japan. Critical and historical perspectives*. London; New York: Routledge, 2008, pp.111~127.

접한 한 雙의 크기는 139×54cm(총 크기는 354×139cm)이다. 패널 1과 2는 중국, 패널 3은 한국, 패널 4는 북미와 남미를 표현하였다. 패널 5는 서양의 배와 아리스토텔리스의 달밑세계[Sub-lunar world]의 천문도를 나타낸다. 마지막으로 패널 6은 프톨레마이오스의 지구중심체계의 큰 도해와 함께 또 다른 서양의 배를 표현하였다.10

패널 1·2·3의 중국과 한국 지도 묘사는 중국-한국의 지도에서 유래한 것으로, 즉 『대명국지도』로도 알려진 *Integrated Map of the Historic Boundaries of Nations and Capitals*에서 비롯되었다. 이 지도는 유교적이고 중화 중심적인 지도 제작 시각이 반영된 것으로, 14세기 말 명대(明代)에 제작되었으며, 이후 한국에 들어와 거대한 한반도 지도가 추가되어 오늘날과 같은 제목이 붙여졌다. 16세기 후반 ─임진왜란으로 히데요시의 조선 침략 시도가 실패하고 몇십 년 후─ 도쿠가와 막부와 조선의 외교 맥락에서 하나 이상의 지도 사본이 일본으로 유입되었다.

교토에서 가장 큰 사찰 단지 중 하나인 묘신지[妙心寺]의 하위 사찰인 린쇼인[麟祥院]에서 현재 보관하고 있는 것과 같이, 『대명국지도』는 그 구성 면에서 중국의 천체도와 한 쌍을 이루었다는 점이 중요하다. 교토대 교수 이노우에 미츠유키[井上充幸]에 따르면, "[성도(星圖)와 짝을 이루는] 지리도는 하늘의 명령으로 땅을 통치할 권한을 받은 [중국] 황제가 다스리는 세계 전체를 나타낸다"11고 한다.

---

10 Sakamoto Mitsuru (ed.), *Namban byōbu shūsei (A Catalogue Raisonné of the Namban Screens)*, Tokyo: Chūōkōron Bijutsu Shuppan, 2008, p.191.

11 Inoue Mitsuyuki (trad. Michael Jamentz), "The Develoment of the Map of Yang Ziqi in East Asia", in FUJII Jōji, SUGIYAMA Masaaki, KINDA Akihiro (eds), 絵図, 地図から見た世界像 - *Ezu, chizu kara mita sekaizō* - Images, Maps and Visions of the World, Report of the research project "The Creation of Fifteenth-, Sixteenth-, and Seventeenth-Century Maps. Maps and Visions of the World", Kyoto: Kyoto University, 2004, pp.190~217 (for the quotation, p.193).

간신지 병풍을 제작한 알려지지 않은 작가와 화가들은 한국과 중국 외에도 화면에 신대륙[아메리카]을 추가로 묘사하였다. 이 패널에는 약 25개의 지명이 히라가나로 표시되어 있다. 필자의 연구 프로젝트 '세계지도병풍'의 파트너인 아쿠네 스스무[阿久根晉, 일본 교토대]는 현재 지명을 분석하고 지도 제작의 출처 자료를 식별하면서 이 지도를 연구하고 있다. 간신지 소장 병풍 지도에 묘사된 아메리카 부분의 출처에 대해 그것이 직접적이든 간접적이든, 우리는 마테오리치와 이지조가 중국어로 표현한 평면구형도인 『곤여만국전도』 —원래 1602년에 제작되었으나 후에 일본에서 '세계지도병풍'의 형태로 광범위하게 복제되었음— 를 바탕으로 묘사한 지도병풍이라고 이해하고 있다. 패널 5와 6의 천문도 또한 같은 유형의 출처에서 비롯되었을 것이다. 패널 5에서는 두 척의 남만 배와 함께 달밑과 천체를 아우르는 아리스토텔레스-프톨레마이오스 세계를 묘사하였다. 이 도상들은 두루 항해할 수 있는 둥근 지구라는 생각을 전달하는 것을 목적으로 한다.[12] 여기에는 유럽·아프리카·아시아·브라질 —토르데시야스 조약(1492)과 사라고사 조약(1529)으로 포르투갈의 영토가 되었다.— 을 반구에 표현하였는데, 이는 병풍에서 유럽·아프리카·중앙아시아를 확인할 수 있는 유일한 부분이다. 이 지도는 마테오리치와 이지조의 『곤여만국전도』의 영향을 받아 1650년경에 제작되었는데, 현재 캘리포니아대학교 버클리캠퍼스 동아시아 도서관(East Asian Library)에서 소장 중인 남만세계지도 화면 내 도상과 비교했을 때 매우 유사하다. 매우 세밀하게 묘사된 두 척의 대형 서양 선박은 1600년경부터 일본 화가들이 남만

---

12 Cattaneo, Angelo, "Spatial and linguistic patterns in early modern global history. Iberian and Dutch merchants, Jesuit missionaries, Buddhist monks and Neo-Confucian scholars and their interactions in Japan", in Curvelo, Alexandra; Cattaneo, Angelo (eds). *Interactions Between Rivals: The Christian Mission and Buddhist Sects in Japan (c.1549-c.1647)*, Berlin: Peter Lang Verlag, 2021, pp.277 ~318 [in particular, pp.308~310].

병풍에 묘사한 '흑선'인 포르투갈 선박 구로후네(Kurofune)를 표현한 데서 비롯되었다. 특히 화가들은 해진 돛을 달고 일본 항구를 방문하는 서양 및 포르투갈 선박과 펄럭이는 돛이 가상의 '외국 땅'에 있는 항구에서 일본 항구도시로 출발하는 순간의 내러티브를 선택적으로 묘사한다.

이러한 남만 천문도와 선박은 모두 바다를 항해하여 지구를 일주하는 가능성을 직접적으로 함축한 구형(球形)의 지구와 구형의 우주에 대한 아이디어를 전달하는 것을 목적으로 한다. 이러한 생각은 불교의 우주론적 [cosmological] 시각, 예수회 서신에서 드러나는 토포스(topos), 불교 승려들과의 상호작용을 묘사하는 보고서 및 저작과 대조되는 부분이다.

그렇다면 간신지 병풍의 상징적 공간 분석에서는 어떠한 문화지리를 파악할 수 있을까. 간신지 병풍에는 몇 가지 주요한 우주구조학적[cosmographic] 시각, 지도 제작과 시각적 문법이 나란히 놓여 있는데, 어떠한 전통이 그들이 표현하는 세계의 부분들에 더 적합한지 선택되고 결합되었다. 따라서 이러한 남만 병풍의 내용을 분석함으로써, 1640년경 가톨릭 선교사와 이베리아 상인들이 일본에서 추방된 직후로부터 근대 초기 일본에 이르기까지 일본의 시선에서 지도 제작·우주구조학·우주론적 지식의 순환과 변환의 명확한 패턴을 확인할 수 있다.

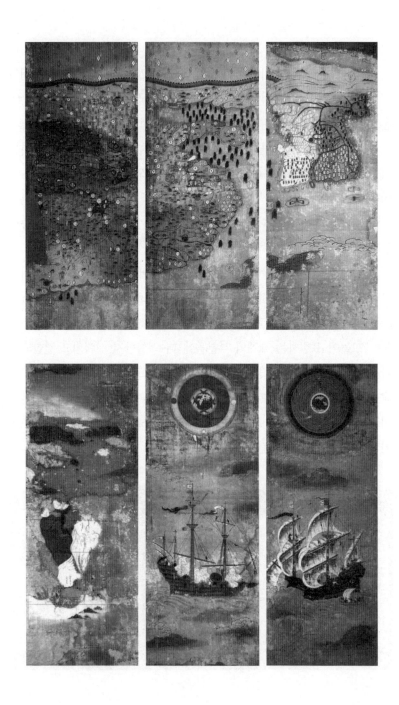

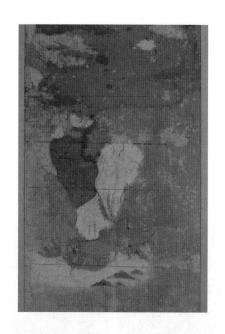

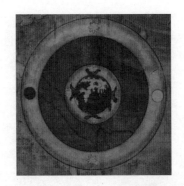

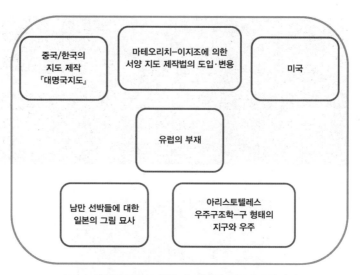

<도 3> 간신지[観心寺] 병풍 속 상징적 공간의 문화지리

이 놀라운 우주구조학적 통합을 이룩한 작가는[혹은 작가들은] 두 개의 주요한 세계 우주 구조에 관한 전통을 나란히 놓았고, 그러므로 판단에 따라 그들이 표현하는 세계의 각 부분에 어떤 전통이 더 적절하고 발전적인지를 선택할 수 있었다. 동시에 거대한 천문도를 통해 작가들은 아리스토텔레스-프톨레마이오스 우주 맥락에서 지구의 구형성과 일주가능성[circumnavigability]을 지적하였는데, 이는 4개의 요소로 이루어져 있다. 모두 유교와 불교의 우주구조학적 개념과 대조되는 사상이다. 이 개념은 예수회가 일본에 있던 때와 추방된 이후 시기에 큰 논쟁을 일으켰다. 가령 아리스토텔레스 우주론과 우주구조학에 관한 논문이자, 전 포르투갈 예수회 크리스토방 페레이라(Christovão Ferreira, 1580~1650, 배교하고 사와노 추안[沢野忠庵]이라는 일본 이름을 사용하였음)가 1643년에 번역한 『건곤변설(乾坤弁說, 지구와 하늘에 대한 논문과 비평)』을 예로 들 수 있다. 『건곤변설』은 이교도, 즉 가톨릭을 상대한 감찰관 이노우에 마사시게[井上正

重, 1584~1661]의 명령에 따라 번역한 글로, 나가사키의 저명한 유학자이
자 아리스토텔레스 이론을 유교의 관점에서 논하고 비교하였던 무카이 겐
쇼[向井元升, 1609~1677]가 주를 달았다.[13]

III. '세계병풍지도'의 문화적 기능

지도병풍의 용도는 다양했다. 시선을 사로잡는 측면을 고려하면, 지도
병풍은 틀림없이 장식적 도구를 의도한 것이었다. 이러한 병풍들은 모모
야마 시대(1573~1615)와 에도시대 초기(1615~1868)에 제작되었고, 그 일
부는 가노파[狩野派, Kanō school of painting] 화가에 의해 그려져서 더
유명하고 잘 알려진 남만 병풍들이 포함되어 있다. 남만 병풍의 주요 주제
는 상상 속 중국 항구도시에서 출발하여 도착하는 −가즈타카 우노[海野
一隆]에 따르면 나가사키− 것과 일본에 들어온 포르투갈 상인과 거대한
배[naus], 다민족 선원들, 그리고 중국과 인도에서 일본으로 온 이국적인
동물들을 포함한 호화로운 물질문화뿐만 아니라 예수회를 강조한 가톨릭
종교 질서의 구성원 및 일본인과의 상호작용이었다. 사카모토 미쓰루의
카탈로그 레조네(Catalogue raisonné)에 따르면 남만 병풍의 주된 내러티
브는 공간적·지리적 구성을 기반으로 하였는데, 외국에서 흑선에 탑승한
남만인의 출발 장면, 일본에 도착하고 출항하는 장면, 일본 사회에서 남만

---

13 Hiraoka Ryuji, "The Transmission of Western Cosmology to Sixteenth-Century
Century Japan", in Luís SARAIVA and Catherine JAMI (eds), *The Jesuits, The
Padroado and East Asian Science (1552-1773)*, Singapore, World Scientific
Publishing, 2008, pp.81~98. 처음 유럽어로 번역된 『건곤변설(乾坤弁說, Kenkon
Bensetsu)』에 대해서는 다음의 연구를 참조하라. Pinto dos Santos, José Miguel,
*A Study in Cross-Cultural Transmission of Natural Philosophy: the Kenkon
Bensetsu*, Ph.D Dissertation. Lisbon, Universidade Nova de Lisboa, 2012.

인의 일상 장면을 자세히 묘사한다.[14] 빅토리아 웨스턴(Victoria Weston)이 강조한 것처럼,[15] 화면에서 나타나는 외국 문물의 부·거대한 포르투갈 선박·키가 큰 예수회와 상인 형상·독특하고 고급스러운 옷·흑인 노예와 하인·동물(아라비아 말·공작·코끼리·원숭이·사자·유럽 개)은 일본 화가들의 끈질긴 호기심이라는 렌즈를 통해 남만 국제무역의 지리와 지도로 만들어졌다.

이와 함께 지도병풍이 우주구조학적 개념, 예를 들어 구 형태의 지구와 일본과 세계의 다른 모든 지역을 지리적으로 지도 제작하는 것에 관하여 본질적인 교육 기능을 수행했음을 간과해서는 안 된다. 오늘날 후자의 사실은 [아마] 당연하게 여겨질 수도 있지만, 이미 언급했듯이 16·17세기에는 결코 당연하지 않았다. 지도병풍은 중국 예수회 선교단의 맥락에서 제작된 수많은 인쇄지도의 경우와 같이 원래 시계, 아스트롤라베(astrolabes), 과학논문과 같은 다양한 도구 중 하나였는데, 이 도구들은 서양 문화와 문명의 우월한 성취를 보여줌으로써 기독교 메시지의 진실함과 신뢰를 확인하여 복음 전도 과정을 도왔다고 합리적으로 추측할 수 있다.[16]

---

14 91개의 남만 병풍에 대한 가장 최근의 체계적인 카탈로그와 관련하여서는 컬러판으로 훌륭하게 복원한 다음의 성과를 참고하라. Sakamoto Mitsuru (ed.), *Namban byōbu shūsei (A Catalogue Raisonné of the Namban Screens)*, Tokyo: Chūōkōron Bijutsu Shuppan, 2008 (In Japanese; summary and list of screens also in English). 남만 병풍 각 화면에 대한 비교 분석에 대해서는 다음의 연구를 참고하라. Curvelo, Alexandra, *Namban Folding Screen Masterpieces: Japan-Portugal XVIIth Century*, Paris: Chandeigne, 2015.

15 Weston, Victoria, "Unfolding the Screen: Depicting the Foreign in Japanese Namban byōbu", in WESTON, Victoria (ed.), *Portugal, Jesuits and Japan: Spiritual Beliefs and Earthly Goods*, Boston, McMullen Museum of Art, Boston College [Distributed by the University of Chicago Press], 2013, pp.79~89 [p.80].

16 줄리오 알레니(Giulio Aleni)가 중국어로 작성한 마테오리치 전기에 대한 기록을 보려면 다음을 참고하라. Aleni, Giulio (1582-1649), *Daxi Xitai Li Xiansheng Xingji / Vita del Maestro Ricci, Xitai del Grande Occidente*, edited by Gianni

하지만 특히 남만 지도는 도쿠가와 시대의 해외 해상무역[슈인센, 朱印船]과 같은 매우 중요한 세속적인 활동에서도 높이 평가되었다. 이러한 점에서 포르투갈인들이 전수한 서양의 해도와 항해기술의 영향은 결정적이었다. 이는 선과 풍배도(風配圖)로 이루어진 일본의 해도 속 지도의 축척과 이베리아 해도[roteiros]와 도표(道標)에서 파생된 것이 분명한 용어들에서도 보인다. 일본의 역사학자 우노는 18세기 일본의 설명서 −1717년 호소이 고타쿠[細井廣澤, 1658~1735]의 『비전지역도법대전서(秘傳地域圖法大全書, 측량과 디자인의 비밀에 대한 백과사전)』이나 1729년 마츠미야 간잔[松宮觀山, 1686~1780]의 책 『분도여술(分度余術)』(각도를 나누는 기술) −에서 사용된 기술적인 어휘들이 포르투갈 단어에서 유래했음을 보여주었다. 예를 들어 사분면[quadrant]을 "*watarante*" 또는 "*kuwadarante*"라고 하고, 아스트롤라베(astrolabe)를 "*asutarabiyo*", "*isutarabiyo*" 또는 "*isutarahi*"라고 하며, 나침반[compass]을 "*kompansu*" 또는 "*kompasu*"라고 하는 등의 사례를 들 수 있다.[17]

Ⅳ. 맺음말: 유럽 중심의 패러다임에서 벗어나기

이 글의 결론으로, 지도병풍의 분류체계와 지적 이해에 관한 하나의 주요한 방법론적 문제를 다루고자 한다. 이어지는 논의는 1994년 우노가 자신의

CRIVELLER. Brescia, Fondazione Civiltà bresciana, Centro Giulio Aleni, 2010, p.55; Cattaneo, Angelo, "Shores of Matteo Ricci. Circularity of visual and textual sources and the Interrelation of the missionary experiences in Europe, Japan and China. Preliminary considerations", Bulletin of Portuguese-Japanese Studies, II Series, 2 (2016) - URL(https://cham.fcsh.unl.pt/bpjs/files/BPJS%202_Cattaneo.pdf).

17 Unno, "Cartography in Japan", pp.393~394 (Appendix 11.4).

연구에서 제시한 분류체계인 [추정한] 지도투영법[cartographic projections]에 따른 병풍 분류를 비판적으로 재검토하는 것을 목표로 한다. 이 병풍 분류안은 널리 받아들여지는 분류체계이다. 우노의 포괄적인 [병풍] 목록은 여전히 타당성이 있으나,[18] 그의 병풍 분류체계의 기반이 되는 추정된 '지도투영법'은 오해의 소지가 없더라도 이 자료 더미를 분류하는 데에는 시대착오적이며 부적절한 것으로 보인다. 우노는 병풍을 "해도인지 아닌지에 따라, 타원형·정방형·메르카토르 도법인지 아닌지에 따라" 신중하게 분류하였다. 그리고 다음과 같이 덧붙였다. "해도로 나열된 것과 정방형B 도법으로 분류된 것들의 흥미로운 특징은 동반구를 왼쪽에, 서반구를 오른쪽에 둠으로써 일본을 세계의 중심 가까이에 위치시키려고 시도하는 것이다."

예수회 "회화학교"에서 수학하였든, 아니면 그와 별개로 훈련을 받았든 지도병풍을 그린 일본 화가들은 [서양의] 지도투영법에 따라 지도를 재생산하지 않았다. 그들은 다른 형태와 다른 원형을 가진 세계에 대한 이미지를 [일본에] 이용 가능한 것으로 다시 변형하여 모사하였다. 지도병풍의 원형은 —네덜란드와 포르투갈에서 주로 고안되고 인쇄됨— 유럽에서 마카오로 전해진 것이거나, 마테오리치와 다른 중국학자·판화가·화가들이 여러 기념비적인 평면구형도를 제작했던 중국의 선교회나 아니면 서양과는 직접 관계가 없었던 한국의 지도였다.[19] 흑선을 통해 유럽의 지도

---

18 1994년까지 업데이트된 현존하는 28개의 세계지도 병풍 목록에 대해서는 다음을 보라. Unno, "Cartography in Japan", pp.461~462. 그럼에도 불구하고 최소한 문서의 망실이나 위치 변경의 가능성을 고려하면 몇몇 부분에서 수정이 불가피하다.

19 1584년 12월 로렌수 멕시아 신부(Father Laurenço Mexia S.J., 1582~1584)가 쓴, 마카오에서 보낸 편지에서 가장 흥미로운 후기 글은 다음을 참조. "Desta casa de Maquao de la Compañía de Jesus 8. de Deziembre de 1584. Despues desta scrita uino el padre francisco Cabral de Xanquin, y conto como le mostraron los Chinas amor, y el regidor de la tierra le embio una pieça de seda con dos mapas, que el padre Mattheus Riçio hizo estampar. Baptizo a 2. Personas principales, que ya auia meses que se catequizauan, espera se que per

와 소위 "리치의 평면구형도[Ricci's planispheres]"라고 불리는 것들이 나가사키에 도착하였고, 처음에는 예수회 선교로 전해졌지만 이후로는 이와 별개로 일본에서 유통되었다. 오사카의 남만문화관이나 캘리포니아대학교 버클리캠퍼스의 동아시아 도서관 [현재 일본에서 소장하지 않은 유일한 지도병풍][20]에서 소장하는 것과 같은 남만지도병풍은 우노가 "정방형 B형 지도"로 분류한 것이며 "동반구를 왼쪽, 서반구를 오른쪽으로 둠으로써 일본을 세계의 중심 가까이에 위치시키려는 시도"가 매우 흥미로운 것으로 여겨진다.[21] 그런데 이러한 병풍의 세계지도 화면은 마테오리치와 그의 중국인 동료인 이지조와 장문도가 디자인한 『곤여만국전도』(1602)나 이로부터 파생된 다른 병풍에서 비롯된 것이었다.

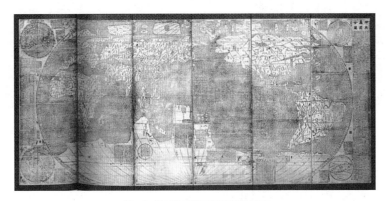

〈도 4〉 곤여만국전도(坤輿萬國全圖)

---

su medio ha nuestro señor de conuertir a otros", Rome, Archivum Romanum Societatis Iesu, Jap.Sin 9-II, ff, 322-324v [f. 324v].

20 1640년 제작. 캘리포니아대학교 버클리캠퍼스 동아시아 도서관 소장. 유물번호: Byobu 1 SPEC‑Map. 6폭의 남만 병풍 한 쌍. 첫 번째 폭: 소위 "정덕사 형식"의 일본 지도, 두 번째 폭: 마테오리치기 1602년 제작한 평면구형도를 원형으로 한 세계지도. 그 왼편도 도카이도(Tōkaidō, 동해 항로)를 묘사한 장식이 있다, 종이에 먹으로 채색. 금박. 71×230cm.

21 Unno, "Cartography in Japan", p.377.

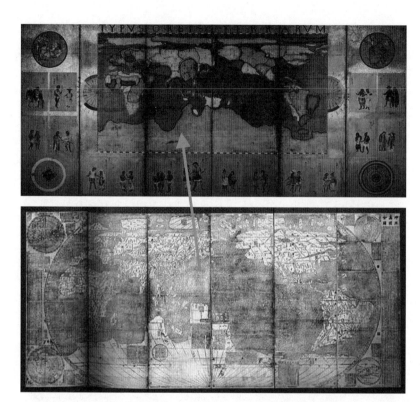

〈도 5〉 곤여만국전도(坤輿萬國全圖)에서 파생된 병풍 작품

　다시 말해 병풍의 서로 다른 형태에는 특정한 과학적 또는 기술적 특징
이 반영되었기보다는 관심사 병풍의 사례에서도 분명히 보았듯이 단순히
그 출처의 특징이 반영된 것이다. 이러한 관점으로 관찰하면, 병풍의 시각
적 특징은 초기 근대사회에서 지구적인 규모로 세계에 대한 이미지의 순환
[유통]을 추적하는 핵심적인 요소가 된다. 유통 경로는 다음과 같다. 앤트
워프·로마·리스본에서 고아·말라카·마카오·나가사키에 이르는 유통, 그리
고 베이징과 중국의 예수회 선교회와 접촉한 다른 도시들에서 마카오로,
그리고 나가사키로의 유통, 마지막으로 이미 언급했듯이 간신지 병풍으로

증명한 바와 같이 도요토미 히데요시가 1592년에서 1598년까지 조선을 침공하였다가 실패한 시기와 1630년대 도쿠가와 막부와의 외교 교류가 이루어졌던 시기에 조선에서 일본으로의 직접적인 유통 등을 들 수 있다.

이처럼 지도투영법에 근거한 분류가 아닌 지도 제작의 출처와 유통을 강조하는 분류를 따름으로써 나타나는 두 가지 주요한 의의가 있다. 첫째는 서양-동양 관계와 같이 지식·사람·사상의 유통에 대한 선형의 유럽 중심 모델에서 탈피할 수 있다. 이 모델은 여전히 매우 대중적이며 유행하는 모델이기는 하지만, 이것은 유럽으로부터 고아·말라카·마카오·광저우·난창·난징·베이징·나가사키·규슈 그리고 마닐라와 뉴스페인(New Spain)까지 연결하였던 길고 다면적인 해양·육상 교통로 체계에서 나타나는 복잡한 시나리오와 에이전시의 복잡성, 물질문화·사상의 교환과 변환의 장소를 명확히 하는 데에는 부적절하다.[22] 남만지도병풍의 분석은 서양-동양 유통에 기반한 선형의 진자(振子) 모델 대신에 중요한 거점이었던 마카오의 항구도시를 중심으로 출발하고 도착하는 벡터(Vector)의 복잡한 방사형 체계를 보다 주목할 수 있게 해준다.

1557년 이래로 포르투갈인들은 중국 당국으로부터 안정적으로 정착할 수 있도록 허가받았다. 포르투갈인들은 일본 엘리트들이 구하는 중국의 비단·도자기 그리고 다른 사치품을 광둥의 시장에서 구해 일본의 은과 교환함으로써 수익성 있는 무역을 할 수 있었다. 마카오는 포르투갈·말레이시아·중국·일본 상인들의 에이전시와 예수회 선교단의 에이전시를 수용하고 결합하여, 고아로부터 나가사키와 마닐라에 이르는 거대한 공간에 그 영향력을 떨쳤다.[23]

---

22 Tremml-Werner, Birgit, *Spain, China and Japan in Manila, 1571-1644: Local Comparisons and Global Connections*, Amsterdam: Amsterdam University Press, 2015.

23 Curvelo, Alexandra, *Nuvens douradas e paisagens habitadas. A arte nanban e*

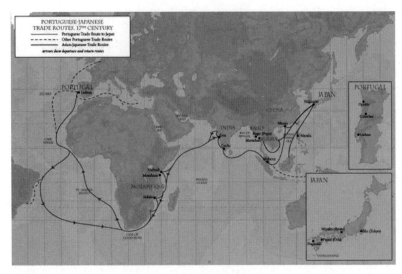

〈도 6〉 17세기 포르투갈 - 일본 간 교역 루트

동시에 규슈는 마카오-나가사키 루트를 통해 세계적인 규모에서 분명하게 표현될 수 있는 무역 네트워크 중 한 축으로 필수적인 부분이 되었다. 규슈 지역은 일본과 아시아 모두에서 주변부에 위치하였지만, 간신지 병풍에서도 뚜렷이 나타나듯 1600년경에 세 개의 주요 우주구조적 시각이 수렴하고, 더 중요하게는 폭 넓게 상호작용하였던 세계에서 몇 안 되는 핵심 공간 중 하나가 되었다. 이와 관련하여, 가장 훌륭한 일본 언어·문화 전문가 중 한 명인 주앙 호드리게스 추쭈(João Rodrigues Tçuzzu, 통

a sua circulação entre a Ásia e a América: Japão, China e Nova-Espanha (c.1550-c.1700), Ph.D. Dissertation, Lisbon, Faculdade de Ciências Sociais e Humanas, Universidade Nova de Lisboa, 2008; Curvelo, Alexandra, 'Introduction', in *Encomendas Namban. Os Portugueses no Japão na Idade Moderna / Namban Commissions. The Portuguese in Modern Age Japan*, Lisbon: Fundação Oriente Museu, 2010, pp.11~27; Cattaneo, Angelo, "Geographical Curiosities and Transformative Exchange in the Namban Century (c.1549-c.1647)", *Etudes Epistémè* 26 - URL(http://episteme.revues.org/329)[consulted 11 September 2022].

역사)가 1614년 예수회 추방 이후 마카오에서 작성한 『일본 교회의 역사 (*História da Igreja do Japão*)』의 다음과 같은 서술을 주목할 수 있다. "일본 열도는 두 대륙과 아시아, 뉴스페인, 아메리카 또는 신대륙 사이의 바다에 있는데, 마치 자연이 일부러 [바다의 한가운데에] 둔 것처럼 보인다."[24]

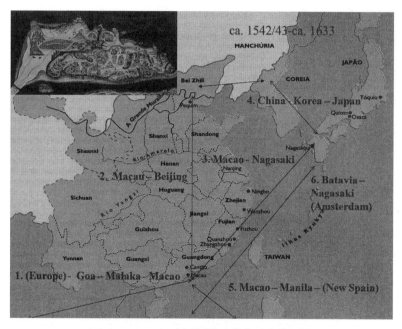

〈도 7〉 1542/43~1633년 동아시아 국제 교역 네트워크

24 Rodrigues, João Tçuzzu, *História da Igreja do Japão*, ed. by João Amaral Abranches Pinto. Tokyo, 1953, pp.64~65.

참고문헌

Aleni, Giulio (1582-1649), *Daxi Xitai Li Xiansheng Xingji / Vita del Maestro Ricci, Xitai del Grande Occidente*, edited by Gianni CRIVELLER. Brescia, Fondazione Civiltà bresciana, Centro Giulio Aleni, 2010.

Boscaro, Adriana "L'*Altro* visto attraverso le immagini", in Tanaka Kuniko (ed.), *Geografia e cosmografia dell'altro fra Asia ed Europa*, Rome: Bulzoni, 2011.

Cattaneo, Angelo, "Shores of Matteo Ricci. Circularity of visual and textual sources and the Interrelation of the missionary experiences in Europe, Japan and China. Preliminary considerations", Bulletin of Portuguese-Japanese Studies, II Series, 2, 2016 - URL(https://cham.fcsh.unl.pt/bpjs/files/BPJS% 202_Cattaneo.pdf).

_____, "Spatial and linguistic patterns in early modern global history. Iberian and Dutch merchants, Jesuit missionaries, Buddhist monks and Neo-Confucian scholars and their interactions in Japan", in Curvelo, Alexandra; Cattaneo, Angelo (eds). *Interactions Between Rivals: The Christian Mission and Buddhist Sects in Japan (c.1549 -c.1647)*, Berlin: Peter Lang Verlag, 2021.

_____, "Geographical Curiosities and Transformative Exchange in the Namban Century (c.1549-c.1647)", *Etudes Epistémè* 26 - URL (http://episteme.revues.org/329) [consulted 11 September 2022].

Curvelo, Alexandra, "Copy to Convert. Jesuit's Missionary Artistic Practice in Japan" in Rupert COX (ed.), *The Culture of Copying in Japan. Critical and historical perspectives*. London; New York: Routledge, 2008.

_____, *Nuvens douradas e paisagens habitadas. A arte nanban e a sua circulação entre a Ásia e a América: Japão, China e Nova-Espanha (c.1550-c.1700)*, Ph.D. Dissertation, Lisbon, Faculdade de Ciências Sociais e Humanas, Universidade Nova de Lisboa, 2008.

_____, 'Introduction', in *Encomendas Namban. Os Portugueses no Japão na Idade Moderna / Namban Commissions. The Portuguese in Modern Age Japan*, Lisbon: Fundação Oriente Museu, 2010.

_____, *Namban Folding Screen Masterpieces: Japan-Portugal XVIIth Century*, Paris: Chandeigne, 2015.

Hiraoka Ryuji, "The Transmission of Western Cosmology to Sixteenth-Century Century Japan", in Luís SARAIVA and Catherine JAMI (eds), *The Jesuits, The Padroado and East Asian Science (1552-1773)*, Singapore, World Scientific Publishing, 2008.

Inoue Mitsuyuki (trad. Michael Jamentz), "The Develoment of the Map of Yang Ziqi in East Asia", in FUJII Jōji, SUGIYAMA Masaaki, KINDA Akihiro (eds), 絵図,地図から見た世界像 - *Ezu, chizu kara mita sekaizō - Images, Maps and Visions of the World*, Report of the research project "The Creation of Fifteenth-, Sixteenth-, and Seven teenth-Century Maps. Maps and Visions of the World", Kyoto: Kyoto University, 2004

Loh, Joseph Faii, *When Worlds Collide. Art, Cartography, and Japanese Namban World Map Screens*, Ph.D. Diss., New York, Columbia University, 2013.

Levenson, Jay A. and Raby, Julian, "A Papal Elephant in the East: Carthaginians and Ottomans, Jesuits and Japan", in *New Studies on Old Masters. Essays in Renaissance Art in Honour of Colin Eisler*, Toronto, Centre for Reformation and Renaissance Studies, 2011.

Pinto dos Santos, José Miguel, *A Study in Cross‐Cultural Transmission of Natural Philosophy: the Kenkon Bensetsu*, Ph.D Dissertation. Lisbon, Universidade Nova de Lisboa, 2012.

Raneri, Giovanni, *Folding Screens, Cartography, and the Jesuit Mission in Japan, 1580-1614*, A thesis submitted to the University of Manchester for the degree of Doctor of Philosophy in the Faculty of Humanities, 2015.

Rodrigues, João Tçuzzu, *História da Igreja do Japão*, ed. by João Amaral Abranches Pinto. Tokyo, 1953.

Sakamoto Mitsuru (ed.), *Namban byōbu shūsei (A Catalogue Raisonné of the Namban Screens)*, Tokyo: Chūōkōron Bijutsu Shuppan, 2008.

Tremml-Werner, Birgit, *Spain, China and Japan in Manila, 1571-1644: Local Comparisons and Global Connections*, Amsterdam: Amsterdam University Press, 2015.

Unno Kazutaka "Cartography in Japan", in HARLEY, John Brian and WOODWARD, David (eds), *The History of Cartography*, Vol. 2, Book 2: *Cartography in the Traditional East and Southeast Asian Societies*, Chicago, The University of Chicago Press, 1994.

Vlam, Grace, *Western-Style Secular Painting in Momoyama Japan*, 2 vols, PhD Dissertation, Ann Arbor, University of Michigan, 1976, I.

Weston, Victoria, "Unfolding the Screen: Depicting the Foreign in Japanese Namban byōbu", in WESTON, Victoria (ed.), *Portugal, Jesuits and Japan: Spiritual Beliefs and Earthly Goods*, Boston, McMullen Museum of Art, Boston College [Distributed by the University of Chicago Press], 2013.

1~3세기 중국 동북지역 정세 변화와 초피(貂皮) 교역

이승호(李丞鎬, 동국대학교 문화학술원 HK교수)

I. 머리말

『삼국지(三國志)』 위서(魏書) 동이전(東夷傳)에서는 부여의 지배층이 국외로 나갈 때 비단옷을 차려입고 그 위에 여우나 살쾡이 혹은 담비가 죽[貂皮]으로 만든 옷을 덧입었으며, 금·은으로 모자를 장식하여 자신의 신분과 위세를 드러내었다고 전한다.[1] 여기서 부여 지배층이 입었다는 가죽옷, 즉 모피로 제작된 의복은 고대 동아시아 사회에서 지배층의 권위를 상징하는 사치품이자 위세품으로 애용되었다.[2] 특히 부여와 고구려가 위치하였던 중국 동북 지역을 둘러싼 유목지대와 삼림지대는 모피의 주요 생산지로서 이곳에서 생산된 모피는 중원 지역으로 유통·소비되기도 하였다.[3]

---

1 『三國志』 卷30, 魏書 30, 東夷傳 夫餘 條, "出國則尚繒·繡錦·罽, 大人加狐·狸·狖·白 黑貂之裘, 以金銀飾帽."

2 강인욱, 「古朝鮮의 毛皮貿易과 明刀錢」, 『한국고대사연구』 64, 2011, 246쪽.

3 정석배, 「발해의 북방-서역루트 '담비길' 연구」, 『고구려발해연구』 63, 2019, 13~16쪽.

비단 부여뿐만 아니라 고조선에서 발해에 이르기까지 이른바 '만주' 지역 일대에서 번성하였던 세력은 모두 고대 동북아시아 모피 교역의 한 축을 담당해왔다. 고조선은 '문피(文皮)' 교역을 통해 중원 세력과 교류를 이어나갔고,[4] 발해가 당(唐) 및 일본과 교류할 때 '담비가죽'은 핵심 교역품 중 하나였다.[5] 이러한 점에서 모피는 고대 동아시아 교역사의 실체를 확인하는 데에 있어 매우 유용한 소재라 할 수 있다.

이 글에서는 1~3세기 중국 동북 지역의 정세 변화를 주시하면서 해당 지역 모피 교역의 전개 양상에 대하여 살펴보고자 한다. 특히 당시 '읍루담비[挹婁貂]'로 상징되는 고대 동북 지역 담비가죽 생산과 유통·교역에 주목함으로써 당시 동북 지역 교역체계의 한 단면을 검토해볼 것이다. 담비가죽을 주요 분석 대상으로 선택한 이유는 고대 동아시아 사회에서 담비가죽이 여러 모피 제품 가운데서도 가장 최고급 재료로서 취급되었기 때문이다.[6] 물론 사료의 제약으로 여기서의 논의가 다소 시론적 접근에 그칠 가능성이 크지만, 3세기 무렵 부여에서 고구려로 무게중심이 옮겨지는 동북 지역의 정세 변동에 주목하고, 이를 당시의 담비가죽 교역을 둘러싼

---

4 강인욱, 「古朝鮮의 毛皮貿易과 明刀錢」.

5 윤재운, 「발해의 지방지배와 중개무역」, 『한국사학보』 75, 2019.

6 西村三郎, 『毛皮と人間の歷史』, 紀伊國屋書店, 2003, 87~89쪽. 한편, 이와 관련하여 다음의 사료는 1~3세기 중원 사회에서 貂皮의 가치를 이해하는 데에 참고가 된다. 『晉書』 卷25, 志 15, 輿服, "天子元服亦先加大冠, 左右侍臣及諸將軍武官通服之. 侍中·常侍則加金璫, 附蟬爲飾, 插以貂毛, 黃金爲竿, 侍中揷左, 常侍揷右. 胡廣曰, 昔趙武靈王爲胡服, 以金貂飾首. 秦滅趙, 以其君冠賜侍臣. 應劭漢官云, 說者以爲金取剛强, 百鍊不耗. 蟬居高飮淸, 口在掖下. 貂內勁悍而外柔縟. 又以蟬取淸高飮露而不食, 貂則紫蔚柔潤而毛采不彰灼, 金則貴其寶瑩, 於義亦有所取. 或以爲北土多寒, 胡人常以貂皮溫額, 後世效此, 遂以附冠. 漢貂用赤黑色, 王莽用黃貂, 各附服色所尚也." 또한 연구에 따르면 '읍루담비[挹婁貂]'는 7~10세기에도 수요가 대단하였는데, 중앙아시아와 이란 상인들이 중국을 통하지 않고 직접 만주와 아무르·연해주 지역의 종족들에게서 貂皮를 구입하려 하면서 북방지역으로 교역 교통로 '담비길'이 형성되었다고 한다(정석배, 「발해의 북방-서역루트 '담비길' 연구」, 11~12쪽).

국제 정세에 대한 검토로 치환할 수 있다면 '읍루담비'의 생산과 유통에 대한 유의미한 접근이 이루어질 수도 있다고 생각한다.

일단 기록을 통해 1~3세기 고대 동북 지역에서 담비가죽을 생산하거나 혹은 중원 국가에 제공한 사실이 확인되는 세력은 크게 세 집단으로 구분된다. 첫째, 오환(烏桓)[7]·선비(鮮卑)[8] 등 동북방 유목 세력이다. 둘째, 읍루(挹婁)[9]로 대변되는 동북방 삼림수렵 세력이다. 셋째, 정주 세력으로서 부여[10]와 고구려[11] 및 요동(遼東) 공손씨(公孫氏)[12] 세력 또한 동북 지역 담비가죽의 생산과 유통에 관계하고 있었다. 즉 부여의 경우 담비가죽이 특산품 중 하나로 기록되어 있으며, 고구려 및 공손씨의 경우는 모두 담비가죽을 조공품(朝貢品)으로 활용한 사실이 확인된다. 뒤에서 검토하겠지만, 부여나 고구려, 공손씨의 경우는 이를 자체적으로 획득하였다기보다는 주변 유목·수렵 세력으로부터 담비가죽을 확보하였을 가능성이 크다.

---

7 『後漢書』卷90, 烏桓鮮卑列傳 80, 烏桓 條, "(建武) 二十二年, 匈奴國亂, 烏桓乘弱擊破之, 匈奴轉北徙數千里, 漠南地空, 帝乃以幣帛賂烏桓. 二十五年, 遼西烏桓大人郝旦等九百二十二人率衆向化, 詣闕朝貢, 獻奴婢牛馬及弓虎豹**貂皮**."

8 『後漢書』卷90, 烏桓鮮卑列傳 80, 鮮卑 條, "鮮卑者, 亦東胡之支也. (…中略…) 又有**貂**·豽·鼲子, 皮毛柔蝡, 故天下以爲名裘."

9 『三國志』卷30, 魏書 30, 東夷傳 挹婁 條, "出赤玉·**好貂**, 今所謂挹婁貂是也."

10 『三國志』卷30, 魏書 30, 東夷傳 夫餘 條, "其國善養牲, 出名馬·赤玉·**貂**·狖·美珠, 珠大者如酸棗."

11 『後漢書』卷20, 列傳 10, 祭肜傳, "二十五年, 乃使招呼鮮卑, 示以財利, 其大都護偏何遣使奉獻, 願得歸化, 肜慰納賞賜, 稍復親附. 其異種滿離·高句驪之屬, 遂駱驛款塞, 上**貂**裘好馬, 帝輒倍其賞賜."

12 『三國志』卷47, 吳書 2 吳主 孫權傳 嘉禾元年 10月 條, "(嘉禾元年) 冬十月, 魏遼東太守公孫淵遣校尉宿舒, 閬中令孫綜稱藩於權, 并獻**貂**馬. 權大悅, 加淵爵位."

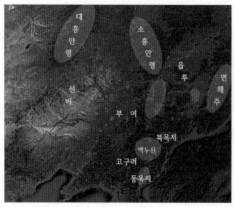

〈도 1〉 고대 동북지역 담비가죽[貂皮] 생산국과 산출지(좌) 및 검은담비 주요 서식지(우)[13]

II. 1~2세기 담비가죽의 생산·유통과 읍루담비[挹婁貂]

앞에서도 언급하였듯이 고대 동북아시아 지역의 모피 생산은 오환·선비 등 동북방 유목 세력 및 숙신(肅愼)·읍루(挹婁)·말갈(靺鞨)로 이어지는

---

13 여기에 제시한 왼쪽 지도는 구글어스를 베이스로 필자가 편집한 것이며, 오른쪽 도판은 Wikipedia에서 부분 인용한 것이다(https://en.wikipedia.org/wiki/Sable#cite_note-martens-2). 고대 동북 지역에서 생산된 담비가죽은 담비 분포로 볼 때 검은담비(Sable, Martes zibellina)의 것으로 추정된다고 한다. 이 검은담비는 유라시아대륙 아한대 지역에 널리 분포하는데, 추운 겨울에 적응하여 촘촘하고 부드러우며 광택 있는 가죽을 가지고 있어 주요한 모피 자원으로 활용되었다. 오늘날 중국 동북 지역 검은담비 주요 서식지는 大興安嶺과 小興安嶺 및 백두산 일대이며, 한반도의 양강도·함경도 일대에도 서식하는데 이 지역이 검은담비 분포의 남방 한계가 된다고 한다(우동걸, 「한반도 산림에 서식하는 담비의 생태 특성과 보전방안」, 서울대학교 환경대학원 박사학위논문, 2014, 12~14쪽 참조). 고대 동북지역 貂皮 생산은 烏桓·鮮卑 등의 동북방 유목 세력과 挹婁·室韋·靺鞨 등 수렵 세력이 주도하였는데, 지리적 위치상 烏桓·鮮卑·室韋 등은 주로 大興安嶺 일대에서 挹婁는 小興安嶺 및 연해주 일대에서 담비를 획득하였을 것으로 추정된다.

삼림수렵 세력이 담당하였는데, 이들이 생산한 모피 가죽 중에서도 가장 최고로 치는 상품은 담비가죽[貂皮]이었다.

사료 (가)-1

[읍루에서는] 적옥(赤玉)과 좋은 담비가 나는데, 지금 소위 읍루담비[挹婁貂]가 이것이다.[14]

(『삼국지』 권30, 위서 30, 동이전 읍루 조)

사료 (가)-2

[읍루에서는] 오곡(五穀)과 마포(麻布)가 있으며, 적옥(赤玉)과 좋은 담비가 난다.[15]

(『후한서』 卷85, 동이열전 75, 읍루 조)

위의 사료 (가)를 보면 3세기 무렵 읍루가 생산한 담비가죽은 소위 '읍루담비[挹婁貂]'로 불리며 그 상품 가치가 높아 중원 지역에도 널리 알려져 있었음을 알 수 있다. 즉, 사료 (가)-2에서 보듯 당시 중원 지역으로 유통되던 담비가죽 중에는 읍루에서 생산된 것이 특히 선호되었던 것으로 보인다. 하지만 당시 읍루 세력이 위치했던 삼강평원(三江平原) 및 연해주 일대에서 획득한 담비가죽이 다시 중원 지역까지 유통되기 위해서는 몇 차례에 걸친 중계교역이 이루어져야만 했다.

사료 (나)

읍루(挹婁)는 부여(夫餘) 동북 천 여리에 있는데, 큰 바다에 닿아 있으며, 남쪽으로는 북옥저(北沃沮)와 접하며, 그 북쪽은 끝을 알 수 없다. …(중략)… 한(漢) 이래로 부여에 신속(臣屬)하였는데, 부여가 그 조부

---

14 『三國志』 卷30, 魏書 30, 東夷傳 挹婁 條, "出赤玉·好貂, 今所謂挹婁貂是也."
15 『後漢書』 卷85, 東夷列傳 75, 挹婁 條, "有五穀·麻布, 出赤玉·好貂."

(租賦)를 무겁게 물리자, 황초(黃初) 연간(220~226)에 이반하였다. 부여에서 여러 번 토벌하였으나, 그 사람들은 무리가 비록 적으나 산세가 험한 곳에 있으며, 이웃 나라 사람들이 그들의 활과 화살을 두려워하여, 끝내 복속시키지 못하였다.[16]

(『삼국지』 권30, 위서 30, 동이전 읍루 조)

위의 사료 (나)에서처럼 3세기 초까지 읍루는 부여에 '신속(臣屬)'하였다고 한다. 그렇다면 당시 읍루에서 생산된 담비가죽이 중원 지역까지 유통되는 데에 있어 부여의 역할에 주목할 필요가 있다. 관련 사료가 전무한 관계로 읍루가 부여에 신속하였을 당시 양자의 구체적인 교류 양상을 명확히 알 방도는 없지만, 중국 문헌에 기재된 부여의 특산물을 보다 보면 흥미로운 부분을 발견할 수 있다.

사료 (다)-1

그 나라[부여]는 가축을 잘 기르며, 명마·적옥(赤玉)·담비와 원숭이·아름다운 구슬이 나는데, 구슬이 큰 것은 대추[酸棗] 만하다.[17]

(『삼국지』 권30, 위서 30, 동이전 부여 조)

사료 (다)-2

나라를 나갈 때는 곧 비단옷·수놓은 옷·모직 옷[繒繡錦罽]을 숭상하고, 대인(大人)은 여우·살쾡이·원숭이·희고 검은 담비로 만든 가죽옷[狐狸狖白黑貂之裘]을 더하며, 금·은으로 모자를 장식하였다.[18]

---

16 『三國志』 卷30, 魏書 30, 東夷傳 挹婁 條, "挹婁在夫餘東北千餘里, 濱大海, 南與北沃沮接, 未知其北所極. …(中略)… 自漢已來 臣屬夫餘, 夫餘責其租賦重, 以黃初中叛之. 夫餘數伐之, 其人衆雖少 所在山險 鄰國人畏其弓矢 卒不能服也"

17 『三國志』 卷30, 魏書 30, 東夷傳 夫餘 條, "其國善養牲, 出名馬·赤玉·貂·狖·美珠, 珠大者如酸棗."

18 『三國志』 卷30, 魏書 30, 東夷傳 夫餘 條, "出國則尙繒·繡錦·罽, 大人加狐·狸·狖·白黑貂之裘, 以金銀飾帽."

(『삼국지』 권30, 위서 30, 동이전 부여 조)

위의 사료 (다)-1을 앞서의 사료 (가)-1과 비교해 보면, 부여와 읍루에서 나는 특산물 중에 적옥(赤玉)과 담비가 겹치고 있음을 알 수 있다. 여기서 담비는 곧 담비가죽을 말하는 것으로 사료 (가)-2에 따르면 부여의 지배층[大人]은 담비가죽으로 옷을 해 입기도 하였다. 그런데 이 담비가죽은 앞서 언급한 대로 당시 중원에서 '읍루담비'라고 불렸을 만큼 읍루에서 생산된 제품이 널리 알려져 있었다. 한편, 읍루가 위치한 동북 삼림지대와 비교할 때 상대적으로 평탄한 송화강(松花江) 연안의 부여 지역에서는 수렵을 통한 대량의 담비가죽 확보가 쉽지 않았을 것으로 보인다. 따라서 기록에 등장하는 부여의 담비가죽은 대체로 읍루의 특산품으로서 이를 부여가 수입하여 사용하는 한편 중원 지역에 수출하였던 것일 가능성이 크다고 생각한다.

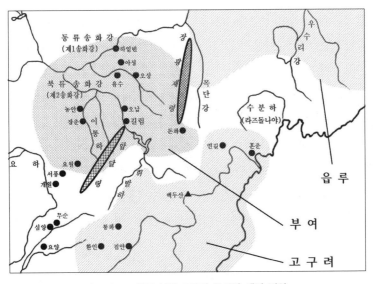

〈도 2〉 2-3세기 부여·고구려·읍루의 세력 범위

곧 부여는 중원 지역과 읍루 사이에 이루어진 담비가죽 교역을 중계하였다고 생각되는데, 특히 사료 (다)-2에서 보듯 부여의 지배층이 담비가죽으로 옷을 해 입었다는 기록에 주목해보면, 부여는 읍루에서 생산된 모피 원자재를 들여와 가공하여 의복을 제작하였음을 알 수 있다. 원자재의 주 획득처[생산처]가 한대(寒帶) 지역의 산간오지라는 특성상 모피의 획득→ 가공→ 유통→ 소비의 과정은 모두 별도의 공간에서 이루어지며 상대적으로 원거리에서 이루어질 수밖에 없었다.[19] 이러한 점을 고려할 때, 부여는 읍루에서 생산된 모피 원자재를 들여와 곧 의복이나 옷감 형태로 1·2차 가공 과정을 거친 후 부여 지배층의 위신재로 활용하거나 주변 지역에 유통하였을 것으로 추측된다.

주지하듯이 동아시아 북방 유목민의 경제체제는 자급자족에 한계가 있을 수밖에 없었고 따라서 정주농경사회에 대한 의존이 불가피했다. 결국 그들은 호혜적 교역의 형태로든 아니면 적대적 약탈의 형태로든 정주사회와 지속해서 관계를 맺으며 생활용구·곡식·사치품 등의 물자를 획득해야 했던 것이다.[20] 읍루와 같은 삼림수렵민족의 처지 또한 이러한 유목민족의 상황과 기본적으로 다르지 않았다고 생각한다. 사실 읍루가 거주하던 동북방의 삼림지대나 목단강(牡丹江)·연해주 일대의 척박한 자연환경을 고려할 때, 읍루 또한 부여와의 교류를 통해 담비와 적옥 등의 특산물을 제공하고 그에 상당하는 물자를 공급받았을 것으로 추측된다.

특히 읍루가 생산한 담비가죽의 상대 교환품으로는 철기가 주로 거래되었을 것으로 보이는데, 다음 절에서 후술하듯이 고구려의 경우 읍루(挹婁)나 실위(室韋)로부터 담비가죽을 제공받는 대신 그들에게 철기를 공급하던 정황이 확인되기 때문이다. 또 이와 관련하여 중국 산동(山東)·하남

---

19 강인욱, 「古朝鮮의 毛皮貿易과 明刀錢」, 248~250쪽.
20 김호동, 「古代遊牧國家의 構造」, 『講座 中國史』, 知識産業社, 1989, 261~263쪽.

(河南) 등지에서 제작된 철제품이 요동군(遼東郡)·현도군(玄菟郡) 등 중국 군현에서 부여로 유입되어 다시 읍루 세력이 있던 흑룡강 중하류 유역으로 유통되었다는 지적도 부여 −읍루 사이에 전개된 담비가죽− 철기 교역 양상을 이해하는 데 참고가 된다.[21]

한편, 앞서 사료 (나)에서는 한대(漢代) 이래로 부여에 신속되어 있던 읍루가 부여가 조부를 무겁게 물리자 이반하였다고 하는데, 당시 읍루에게 강요되었던 '조부'에도 담비나 적옥 등 지역특산물이 다수 포함되어 있었다고 추측된다. 이와 가까운 사례로 『후한서(後漢書)』 동이열전(東夷列傳) 동옥저(東沃沮) 조(條)를 보면 3세기 무렵 고구려가 옥저로부터 수취하였던 공납물 중에 '담비[貂]'가 확인된다.[22] 마찬가지로 부여 또한 읍루를 신속시켰을 당시 읍루의 대표적 특산품이라 할 수 있는 '읍루담비'를 공납물로 요구하였을 것이다.

이러한 읍루에 대한 부여의 공납제적 지배 방식은 공납을 근간으로 한 중앙의 재분배가 이루어지는 방식이기도 했다. 즉 공납은 부여와 같은 '초기국가'의 물자 재분배 및 유통체계의 근간이었으며, 중앙 세력이 행사하는 대내외적 교섭권 내지 네트워크의 경제적 기반이었다.[23] 부여는 이처럼 공납을 통해 확보한 각 지방의 토산물을 중앙 권력의 통제하에 다른 지역으로 재분배함으로써 중앙 권력의 구심력을 극대화해나갔을 것으로 보인다.

---

21 유은식, 「동북아시아 초기철기문화의 병행관계와 교류양상」, 『한국상고사학보』 96, 2017, 106~107쪽 ; 박경신, 「二條凸帶鑄造鐵斧의 編年과 展開樣相」, 『韓國考古學報』 98, 2016, 33쪽.

22 『後漢書』 卷85, 東夷列傳 75, 東沃沮 條, "其土迫小, 介於大國之間, 遂臣屬句驪. 句驪復置其中大人爲使者, 以相監領, 責其租稅, 貂·布·魚·鹽·海中食物, 發美女爲婢妾焉."

23 박대재, 「국가형성기의 복합사회와 초기국가」, 『先史와 古代』 38, 2013, 265~266쪽.

사료 (라)

주(周) 무왕(武王) 시절, 그 호시(楛矢)와 석노(石砮)를 헌상하였다. 주공(周公)이 성왕(成王)을 보좌하던 때 이르러, 다시 사신을 보내 입하(入賀)하였다. 이후 천여 년 동안, 비록 진(秦)과 한(漢)이 강성하였지만, [그들을] 오게 하지 못하였다. 문제(文帝)가 [위나라] 승상이 되었던 위(魏) 경원(景元, 260~263) 말에 이르러 호시(楛矢)·석노(石砮)·궁갑(弓甲)·담비가죽[貂皮] 따위를 가지고 와서 바쳤다. 위제(魏帝)는 조(詔)를 내려 [바친 물건을] 승상부(丞相府)에 보내도록 하고, 그 왕에게 녹계(褥雞)·금계(錦罽)·면백(緜帛)을 하사하였다. 무제(武帝) 원강(元康) 초에 이르러 다시 와서 공헌(貢獻)하였다.[24]

(『진서』 권97, 열전 67, 사이 동이 숙신 조)

위의 사료 (라)를 보면, 주대(周代)에 중원으로 조공 사절을 보냈던 숙신이 그 이후로 진(秦)·한(漢) 시기에 이르기까지 조공을 오지 않았다고 전한다. 이처럼 숙신의 조공이 끊긴 이유는 기원전 2세기부터 북류 송화강 중류 지역을 중심으로 부여가 세력을 확대해나가면서 중원으로 가는 숙신의 교통로가 차단되었기 때문이라 생각된다.[25] 물론 여기서의 숙신을 곧바로 읍루와 등치시켜 이해할 수 있을지에 대해서는 좀 더 검토가 필요하겠지만, 적어도 1~2세기에 걸쳐 읍루 세력의 동향이 중원 측에 포착되지 않았던 사실만큼은 부여의 영향력 확장과 관계되어 있을 가능성이 크다. 즉 위의 기록 대로 숙신의 조공이 위(魏) 경원(景元, 260~263) 말에 이르러서야 재개되었음을 볼 때, 한대(漢代) 이래로 읍루가 부여의 세력권

---

24 『晉書』 卷97, 列傳 67, 四夷 東夷 肅愼 條, "周武王時, 獻其楛矢·石砮. 逮於周公輔成王, 復遣使入賀. 爾後千餘年, 雖秦漢之盛, 莫之致也. 及文帝作相, 魏景元末, 來貢楛矢·石砮·弓甲·貂皮之屬. 魏帝詔歸于相府, 賜其王褥雞·錦罽·緜帛. 至武帝元康初, 復來貢獻."

25 王綿厚, 「東北古代夫餘部的興衰及王城變遷」, 『遼海文物學刊』 1990-02에서는 읍루·숙신이 漢代에 중원과 왕래가 없었던 것은 이 무렵 읍루가 부여에 복속되었거나 그 통제를 받았기 때문으로 보았다.

내에 신속되어 있는 동안 부여는 중원으로 가는 읍루의 교섭을 철저하게 통제하였던 것이다. 바꾸어 말하면 읍루[숙신]는 부여의 영향력에서 벗어나는 3세기 초 이전까지 중원으로의 교통이 부여에 의해 차단당했던 것으로 볼 수 있다.

이처럼 당시 부여는 읍루를 신속시킴으로써 그들의 대외 교류 및 교역의 창구로서 역할을 맡았고, 이러한 배경 속에서 3세기 초까지 읍루는 부여로부터 부락민의 생존과 직결된 물자를 공급받으며 그러한 예속 관계를 받아들일 수밖에 없었던 것으로 보인다. 또 이러한 양자의 관계를 고려하였을 때, 당시 읍루에서 생산된 '읍루담비'는 부여에서 한 차례 가공을 거친 다음 주변 지역으로 유통되었을 가능성이 크다고 하겠다.

길림시(吉林市) 일대에 중심을 두었던 부여의 세력권 내에는 유목·수렵·농경 등 여러 계통의 문화와 집단이 혼재되어 있었다.[26] 부여 왕권은 이와 같은 다양한 생산체계를 통합하고 사출도(四出道)에 근간하는 유통망[교역망]을 장악하면서 넓은 영역을 확보하고 부여만의 독특한 다문화적 성격을 유지해나갔다.[27] 당시 부여의 중심지였던 길림시 일대의 대형 성지를 제외하면 부여의 영역 내에서 주요 거점 및 성지 유적을 확인하기 어려운 이유 또한 이러한 부여의 다문화적 성격에 기인한 측면이 있다고 생각된다.[28] 부여 왕권은 길림시에 구축된 왕도를 중심으로 하여 영역 내의 유목·수렵·농경 등 서로 상이한 생산 물자의 유통망을 구축·장악하고 이를 기반으로 영역 내에 지배력을 관철시키는 한편 세력을 확대해나갈 수 있었던 것으로 보인다.

그렇다면 이렇게 확보한 담비가죽 물자를 부여는 어떤 경로를 통해 중

---

26 李鍾洙, 『夫餘文化硏究』, 吉林大學文學院 博士學位論文, 2004, 90쪽.

27 이승호, 「夫餘 政治史 硏究」, 동국대학교 박사학위논문, 2018, 190~194쪽.

28 강인욱, 「鞋鞴文化의 形成과 2~4세기 挹婁·鮮卑·夫餘系文化의 관계」, 『高句麗渤海硏究』 33, 2009, 29~30쪽.

원 지역으로 유통시켰을까. 아래의 사료는 이러한 궁금증에 대한 약간의 힌트를 제공한다.

사료 (마)

한(漢)나라 때 부여왕(夫餘王) 장례에 옥갑(玉匣)을 사용하였는데, 항상 미리 현도군(玄菟郡)에 부탁하였다가 왕이 죽으면 곧 [군에] 나아가 [옥갑을] 가져다 장사지냈다. 공손연(公孫淵)이 주살하니 현도(玄菟)의 창고에는 옥갑 1구가 그대로 있었다. 지금 부여 창고에는 옥벽(玉璧)·규(珪)·찬(瓚) 등 수대에 걸쳐 전해진 물건들이 있고 대대로 보물로 여겼는데, 기로(耆老)가 말하기를 "선대(先代)에 하사받은 것이다"라고 하였다.[29]

(『삼국지』 권30, 위서 30, 동이전 부여 조)

부여는 전한(前漢) - 후한(後漢) 시대에 걸쳐 대체로 한조(漢朝) 및 그 동북 군현과 호혜적 관계를 유지하였는데,[30] 특히 위의 사료 (마)에서처럼 현도군과는 직접 인원이 오가며 긴밀한 관계를 맺고 있었다. 그렇다면 아마도 부여는 현도군과 교섭을 통해 한조(漢朝)에 담비가죽을 공급하였을 가능성이 크다고 생각된다. 잘 알려져 있듯이 고구려와 한의 교류도 현도군을 통해 이루어졌고, 이후에는 현도군이 그 동쪽 경계에 이른바 '책구루(幘溝婁)'를 설치하면서 양자의 교섭 장소가 변화하게 된다.[31] 그리고 이 현도군과 책구루에서 당시 한과 고구려의 교역도 이루어졌다.[32] 즉 부여와

---

29 『三國志』卷30, 魏書 30, 東夷傳 夫餘 條, "漢時, 夫餘王葬用玉匣, 常豫以付玄菟郡, 王死則迎取以葬. 公孫淵伏誅, 玄菟庫猶有玉匣一具. 今夫餘庫有玉璧·珪·瓚數代之物, 傳世以爲寶, 耆老言先代之所賜也."

30 이승호, 「夫餘 政治史 研究」, 101~121쪽.

31 『三國志』卷30, 魏書30, 東夷傳 高句麗 條, "漢時賜鼓吹技人, 常從玄菟郡受朝服衣幘, 高句麗令主其名籍. 後稍驕恣, 不復詣郡, 于東界築小城, 置朝服衣幘其中, 歲時來取之, 今胡猶名此城爲幘溝漊."

32 김창석, 「高句麗 초·중기 對中교섭과 교역」, 『신라문화』 24, 2004, 10~15쪽.

고구려의 대중(對中) 교섭과 교역은 일차적으로 모두 현도군에서 이루어
졌던 것으로 추정된다. 그러다가 고구려는 차츰 현도군의 통제에서 이탈
하며 태조왕대(太祖王代)를 기점으로 현도군에 대한 공세로 대외정책을
전환하였고, 양자의 관계는 이후로 오랫동안 전쟁으로 점철되었다.[33] 반
면, 부여는 1~2세기에 걸쳐 현도군·요동군과 대체로 우호적 관계를 유지
해나갔다.

이때 부여와 현도군을 이어주는 교통로는 대략 요원(遼源)·서풍(西豊)
일대를 최전방 거점으로 하여 오늘날 무순시(撫順市) 일대에 위치해 있던
현도군으로 남하하는 경로였을 것으로 추정된다(〈도 3〉 참조).[34] 그렇다면
읍루에서 확보한 담비가죽을 중원으로 수출하였던 부여는 이를 통해 군
현(郡縣)으로부터 무엇을 얻었을까. 관련 기록이 전무하여 명확히 알 방
도는 없지만, 당시 부여 왕도(王都)가 자리하고 있던 오늘날 길림시 일대
에서 발견되는 오수전(五銖錢)을 비롯하여 동경(銅鏡)과 칠기 등 다량의
한식(漢式) 유물[35]은 양자의 교역 물품에 대한 대략의 상황을 추측케 한

---

33 『三國志』卷30, 魏書30, 東夷傳 高句麗 條, "至殤安之間, 句麗王宮數寇遼東, 更屬玄
菟. 遼東太守蔡風·玄菟太守姚光以宮爲二郡害, 興師伐之. 宮詐降請和, 二郡不進. 宮密
遣軍攻玄菟, 焚燒候城, 入遼隧, 殺吏民. 後宮復犯遼東, 蔡風輕將吏士追討之, 軍敗沒. 宮
死, 子伯固立. 順桓之間, 復犯遼東, 寇新安·居鄕, 又攻西安平, 于道上殺帶方令, 略得樂
浪太守妻子."

34 이승호, 「夫餘 政治史 硏究」, 186~188쪽 ; 이승호, 「부여의 국가구조와 四出道」,
『한국고대사연구』 96, 2019, 233~235쪽. 이밖에 부여와 요동을 잇는 교통로로서
輝發河 - 柳河 - 渾河로 이어지는 강들의 연안로를 상정하기도 한다(여호규, 『고구
려 초기 정치사 연구』, 신서원, 2014, 501쪽). 견해처럼 분명 이 경로 또한 부여
와 요동 및 고구려를 연결하는 주요 교통로서 주목할 필요가 있다. 다만 고구려
와 적대 관계를 지속하던 부여에 있어 당시 輝發河 이남에서 세력을 확장하던
고구려의 존재는 부여가 이 교통로를 적극적으로 활용하기 어렵게 민들었을 것
으로 생각된다.

35 董學增, 『夫餘史迹硏究』, 吉林出版集團 吉林文史出版社, 2011, 330~331쪽 ; 이종수,
「고고자료를 통해 본 부여의 대외교류 관계 검토」, 『선사와 고대』 30, 2009,

다. 즉 부여는 군현에 담비가죽 등의 모피 물자를 제공하는 대신 그로부터 다량의 사치품 혹은 위신재를 확보하였던 것이 아닌가 한다.[36]

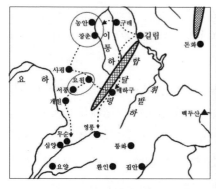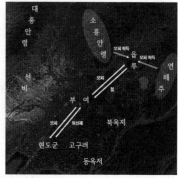

〈도 3〉 부여 - 현도군 교통로와 담비가죽[貂皮] 교역 양상

한편, 이 시기 부여와 남북으로 공존하며 경쟁하던 고구려 역시 일찍부터 담비가죽 교역의 일익을 담당했던 것으로 보인다.

사료 (바)

[건무(建武)] 25년(49), 곧 사신을 보내 선비(鮮卑)를 불러들여 재리(財利)를 보이니, 그 대도호(大都護) 편하(偏何)가 사신을 보내 봉헌(奉獻)하며 귀화(歸化)하기를 원하였다. [제(祭)]융(肜)은 위로하며 거두고 상을 내리니[賞賜] 점점 다시 친부(親附)하였다. 그 이종(異種)인 만리(滿離)와 고구려(高句驪)의 무리도 마침내 끊임없이 왕래하고[遂駱] 새문(塞門)을 두드리며[款塞] 담비가죽으로 만든 옷[貂裘]과 좋은 말[好馬]을 바치니, 황제는 번번이 그 상사(賞賜)를 배로 하였다."[37]

217~219쪽.

36 한편, 고구려의 경우에는 교역을 통해 중원 지역에 담비가죽을 공급하고 그에 대한 교환 물자로서 비단을 제공받았을 것으로 지적된 바 있다(이정빈, 「5~6세기 고구려의 농목교역과 요서정책」, 『역사와 현실』 91, 2014, 156~157쪽).

사료 (바)에서는 1세기 중엽 요동태수(遼東太守) 제융(祭肜)이 재리(財利), 즉 경제적 이익을 보장하며 주변 세력을 초무(招撫)하자, 선비·만리(滿離)·고구려 등은 요동군 장새(障塞)로 가서 담비가죽으로 지은 옷과 좋은 말을 바치고 그에 상응하는 물자를 하사받는 이른바 '조공무역'을 진행하였음을 전한다. 그런데 이러한 조공무역에 고구려가 참여했다는 점에 좀 더 주의를 기울여 볼 필요가 있다. 앞서 언급하였듯 당시 오환·선비 등 동북방 유목민족의 경우 담비가 특산물 중 하나라는 기록을 확인할 수 있지만, 『삼국지』 동이전이나 『후한서』 동이열전에는 고구려의 특산품과 관련하여 담비가죽이 언급되지 않기 때문이다.

물론 당시 고구려가 위치한 압록강 중상류 일대의 자연 지리적 환경에 비추어 보아 고구려가 담비가죽을 직접 획득하여 초구(貂裘, 담비가죽으로 만든 옷)를 제작하였을 가능성도 배제할 수는 없다. 특히 백두산 자락 일대는 일찍부터 담비가죽의 주요 생산지로서 꼽혀 왔으며, 초기 고구려 중심지와 인접한 통화시(通化市) 금창향(金廠鄉) 동창구(東昌區) 약진촌(躍進村)·강남촌(江南村)에 위치한 만발발자(萬發撥子)[옛 왕팔발자(王八脖子)] 유적에서는 기원전 시기부터 담비를 비롯한 모피동물 뼈가 다량 확인되었다.[38] 기원전 1세기 무렵이면 환인(桓仁) 일대 원(原)고구려 문화가 만

---

37 『後漢書』 卷20, 列傳 10, 祭肜傳, "二十五年, 乃使招呼鮮卑, 示以財利, 其大都護偏何遣使奉獻, 願得歸化, 肜慰納賞賜, 稍復親附. 其異種滿離·高句驪之屬, 遂駱驛款塞, 上貂裘好馬, 帝輒倍其賞賜."

38 강인욱, 「古朝鮮의 毛皮貿易과 明刀錢」, 255쪽 및 276쪽 〈표-1〉 참조. 한편, 강인욱은 최근 萬發撥子 유적 주민집단의 성격에 대해 백두산 및 동북 삼림 지역에서 포획한 모피 동물로부터 원피를 취합-1차 가공하였던 '모피 가공 집단'으로 파악하는 견해를 제시한 바 있다(강인욱, 「통화지역 모피 생산 집단의 흥망으로 본 고조선에서 고구려로의 전환 과정」, 『고조선과 고구려의 만남 길림성 통화

발발자 유적에 출현하였음을 볼 때,[39] 일찍이 이 지역은 고구려의 영역 내로 편입되었음이 분명하다. 즉 고구려 역시 일찍부터 자체적인 모피 생산·유통망을 확보하였다고 볼 수 있다.

하지만 초기 고구려의 경제적 기반이 소위 '약탈적 경제'에 기초하였음을 고려할 때, 외부로부터 담비를 확보하였을 가능성은 얼마든지 존재한다.

사료 (사)-1

[동옥저는] 그 땅이 좁고 작으며 큰 나라[大國] 사이에 끼어 있어 마침내 구려(句驪)에 신속(臣屬)하게 되었다. 구려는 다시 그 가운데 대인(大人)을 두어 사자(使者)로 삼아 서로 감시하며 다스리게 하였으며 그 조세(租稅)로서 초(貂)·포(布)·어(魚)·염(鹽)·해산물을 책임지우고 미녀(美女)를 뽑아 비첩(婢妾)으로 삼았다.[40]

(『후한서』 권85, 동이열전 75, 동옥저 조)

사료 (사)-2

[동옥저는] 나라가 작고 큰 나라[大國]의 틈바구니에서 핍박받다가 마침내 구려(句驪)에 신속(臣屬)하게 되었다. 구려는 다시 그 가운데 대인(大人)을 두어 사자(使者)로 삼아 함께 주령(主領)하게 하였다. 또 대가(大加)로 하여금 그 조세(租稅)를 통책(統責)하게 하여, 맥(貊)·포(布)·어(魚)·

만발발자 유적-』, 동북아역사재단, 2021, 74~80쪽). 모피 동물의 서식지[획득지]와 모피 소비지[국내성] 사이에 위치한 通化 지역에서 모피 자원의 취합과 1차 가공이 이루어졌다는 것은 중간 물류 기착지로서 通化의 지정학적 위치를 보여줄 뿐만 아니라 생산된 모피 물자가 王都인 국내성으로 유통되기 이전 중간 단계를 보여준다고 할 수 있다

39 오강원, 「萬發撥子를 통하여 본 通化地域先原史文化의 展開와 初期高句麗文化의 形成過程」, 『북방사논총』 창간호, 2004, 169쪽.

40 『後漢書』 卷85, 東夷列傳 75, 東沃沮 條, "其土迫小, 介於大國之間, 遂臣屬句驪. 句驪復置其中大人爲使者, 以相監領, 責其租稅, 貂·布·魚·鹽·海中食物, 發美女爲婢妾焉."

염(鹽)·해산물을 천리를 지고 오게 하였다. 또 그 미녀를 보내게 하여 비첩(婢妾)으로 삼고 노복(奴僕)과 같이 대우하였다.[41]

(『삼국지』 권30, 위서 30, 동이전 동옥저 조)

위의 사료 (사)-1을 보면 3세기 무렵 고구려는 동옥저로부터 담비[貂]를 수취하였음을 전한다. 이에 대해 사료 (사)-2를 보면 "초(貂)"를 "맥(貊)"이라 달리 적었는데, 아무래도 이는 초(貂)의 잘못이라 여겨진다. 연구자에 따라 이를 "맥포(貊布)"로 붙여 읽기도 하는데, 주민집단 대부분이 예족(濊族)이었을 것으로 믿어지는 동옥저에서 생산된 포(布)를 "맥포"라 불렀다는 것은 선뜻 납득이 가지 않는다. 또 '초(貂)'와 '맥(貊)'은 서로 글자꼴이 유사하여 필사 과정에서 오기(誤記)할 가능성도 크다고 생각되기 때문에, 『후한서』 해당 구절에서는 "초(貂)·포(布)"로 『삼국지』 해당 구절에서는 맥(貊)·포(布)로 구분하여 읽되, 후자의 "맥(貊)"은 "초(貂)"의 오기로 보는 것이 타당하다. 아무튼 당시 고구려가 외부 세력과의 교류에 활용한 담비가죽은 그들이 자체적으로 획득·가공한 것과 함께 옥저 등으로부터 공납받은 물자 또한 활용하였을 것으로 추측된다. 즉 고구려 역시 자체적으로 담비가죽의 생산·유통망을 운영하고 있었을 뿐만 아니라 외부로부터의 담비[貂] 수급도 이루어지고 있었다.[42]

하지만 당시까지 담비가죽을 매개로 한 고구려의 교역 역량은 부여에 비해 열세를 면치 못했을 것으로 생각된다. 특히 3세기 초까지 읍루를 신속시킴으로써 '읍루담비'의 수급을 독점하고 이를 중원으로 공급하였던

---

41 『三國志』 卷30, 魏書 30, 東夷傳 東沃沮 條, "國小, 迫于大國之間, 遂臣屬句麗. 句麗復置其中大人爲使者, 使相主領. 又使大加統責其租稅, 貊·布·魚·鹽·海中食物, 千里擔負致之. 又送其美女, 以爲婢妾, 遇之如奴僕."

42 이정빈, 「5~6세기 고구려의 농목교역과 요서정책」, 155쪽에서도 고구려와 중원 왕조의 교역에 사용된 담비가죽이 유목·수렵사회로부터 획득한 다음 가공 내지 유통의 단계를 거쳤을 가능성이 높다고 보았다.

부여의 교역망을 고려할 때, 당시 동북 지역 담비가죽 생산과 교역은 부여가 주도하였을 가능성이 크다. 더구나 요동 일대 중국 군현과 대체로 호혜적 관계를 지속해왔던 부여와 달리 고구려는 1~2세기에 걸쳐 줄곧 현도군을 비롯한 주변 군현과 투쟁과 반목을 지속해왔다. 이러한 고구려의 강경한 대외정책은 중원 지역으로 공급하는 담비가죽의 교역 루트를 다양화시키는 데에 일정한 한계로 작용할 수밖에 없었다. 특히 현도군과의 잦은 군사적 충돌은 중원 세력과 담비가죽 교역을 원활히 지속하기 어렵게 만들었을 것이다.

III. 동북 지역의 정세 변동과 교역망의 변화

앞에서 살펴보았듯이 1~2세기 무렵 부여는 읍루(挹婁)를 신속(臣屬)시키며 목단강(牡丹江)과 연해주 일대로 세력을 확장해나갔고, 그들에게 부세(賦稅)를 무겁게 거두었다고 한다. 특히 부여는 읍루 지역에서 산출되는 적옥(赤玉)과 담비가죽을 부세로 거두어 중원 지역에 수출하는 중계교역을 수행하였음을 앞에서 확인하였다. 이러한 교역 체계는 부여에 상당한 부를 가져다주었을 것이며, 읍루 또한 부여와의 교역을 통해 철기를 비롯한 다양한 산물을 공급받으며 척박한 자연환경에서의 삶을 개선해나갔을 것이다.

그러나 목단강 유역과 북옥저 일대를 아울렀던 부여의 영향력[43]은 3세기 초부터 붕괴하기 시작했다. 그 결정적인 사건은 황초(黃初) 연간(220~226)에 발생한 읍루의 이반이었다. 앞서의 사료 (나)에서처럼 부여는 이반한 읍루를 여러 차례 군사적으로 제압하려 하였지만, 끝내 실패하였다

---

43 이승호, 「夫餘 政治史 研究」, 74~78쪽.

고 한다. 그리고 한 번 부여의 통제력에서 벗어나자 읍루의 기세는 더욱 사나워지기 시작했다.

사료 (아)-1

그 나라는 배를 타고 다니면서 노략질을 잘하므로, 이웃 나라들은 이를 걱정하였다.[44]

(『삼국지』 권30, 위서 30, 동이전 읍루 조)

사료 (아)-2

배를 잘 타고 노략질을 좋아하니, 이웃 나라들이 두려워하고 근심하였는데, 끝내 굴복시키지 못하였다.[45]

(『후한서』 권85, 동이열전 75, 읍루 조)

사료 (아)-3

북옥저(北沃沮)는 일명 치구루(置溝婁)라고도 하는데, 남옥저(南沃沮)와 8백여 리 떨어져 있다. 그 풍속은 남북이 모두 같으며, 읍루(挹婁)와 접해 있다. 읍루가 배를 타고 다니며 노략질하기를 좋아하니, 북옥저는 이를 두려워하여, 여름철에는 늘 산 바위 깊은 동굴에서 수비하고, 겨울철에는 얼음이 얼어 뱃길이 통하지 않으니 [산에서] 내려와 촌락에 거주한다.[46]

(『삼국지』 권30, 위서 30, 동이전 옥저 조)

사료 (아)-4

[서천왕] 11년(280) 겨울 10월, 숙신(肅愼)이 내침(來侵)하여 변민(邊民)

---

44 『三國志』 卷30, 魏書 30, 東夷傳 挹婁 條, "其國便乘船寇盜, 鄰國患之."

45 『後漢書』 卷85, 東夷列傳 75, 挹婁 條, "便乘船, 好寇盜, 鄰國畏患, 而卒不能服."

46 『三國志』 卷30, 魏書 30, 東夷傳 沃沮 條, "北沃沮一名置溝婁, 去南沃沮八百餘里. 其俗南北皆同, 與挹婁接. 挹婁喜乘船寇鈔, 北沃沮畏之, 夏月恆在山巖深穴中爲守備, 冬月冰凍, 船道不通, 乃下居村落."

을 도해(屠害)하였다. 왕이 군신에게 일러 말하길, "과인이 작고 보잘것 없는[眇末] 몸으로 외람되게 기업[邦基]을 이어받았으나, 덕은 [백성을] 편케 할 수 없고, 위엄은 떨치지 못하여, 지금에 이르러 이웃한 적[鄰敵] 이 우리 강역을 어지럽히고 있다. 생각건대 재모 있는 신하[謀臣]와 맹 장을 얻어 [적을] 꺾고 멀리 찌르고자 너희 군공(群公)에게 물으니, 각 기 기모이략(奇謀異略)의 재주로 장수감이 될 만한 자를 천거하라"라고 하였다. 군신이 모두 말하기를, "왕제(王弟) 달가(達賈)는 용맹스럽고 지 략이 있으니 대장이 될 만합니다"라 하였다. 왕은 이에 달가를 보내 [숙신을] 치게 하였다. 달가는 나아가 [숙신을] 기습 공격하여 단로성 (檀盧城)을 함락하고 추장을 죽였으며, 주민 600여 가를 부여(扶餘) 남쪽 오천(烏川)으로 옮기고, 6·7개소의 부락을 항복시켜 부용(附庸)으로 삼 았다. 왕이 크게 기뻐하며 달가를 배(拜)하여 안국군(安國君)으로 삼고, 내외병마사(內外兵馬事)를 맡게 하고 겸하여 양맥(梁貊)·숙신의 여러 부 락을 통솔케 하였다.47

(『삼국사기』 권17, 고구려본기 5, 서천왕 11년 조)

사료 (아)-5

[봉상왕] 원년(元年, 292) 봄 3월, [왕이] 안국군(安國君) 달가(達賈)를 죽 였다. 왕은 [달]가가 제부(諸父)의 항렬이며 큰 공업(功業)이 있어 백성 의 첨망(瞻望)을 받으므로 이 때문에 그를 의심하여 모살(謀殺)하였다. 국인(國人)이 말하길 "안국군이 아니면 백성은 양맥(梁貊)과 숙신(肅愼) 의 환난을 면하지 못할 것인데, 이제 그가 죽었으니 그것을[양맥과 숙 신 문제를] 장차 어디에 맡길 것인가"라 하며 백성들이 눈물을 뿌리며 서로 조문하지 않는 자가 없었다.48

---

47 『三國史記』 卷17, 高句麗本紀 5, 西川王 11年 條, "十一年, 冬十月, 肅愼來侵, 屠害邊 民. 王謂群臣曰, 寡人以眇末之軀, 謬襲邦基, 德不能綏, 威不能震, 致此鄰敵, 猾我疆域. 思得謀臣猛將, 以折遐衝, 咨爾群公, 各擧奇謀異略才堪將帥者. 群臣皆曰, 王弟達賈勇而 有智略, 堪爲大將. 王於是, 遣達賈往伐之. 達賈出奇掩擊, 拔檀盧城, 殺酋長, 遷六百餘家 於扶餘南烏川. 降部落六七所. 以爲附庸. 王大悅, 拜達賈爲安國君, 知內外兵馬事, 兼統 梁貊肅愼諸部落."

48 『三國史記』 卷17, 高句麗本紀 5, 烽上王 元年 條, "元年, 春三月 殺安國君達賈. 王以

주지하듯이 『삼국지』 위서 동이전에서 전하는 대외 정세는 대체로 3
세기 중엽의 상황을 반영하는 것으로, 그렇다면 사료 (아)-1·3의 형세 또
한 3세기 중반 시점과 연결하여 볼 수 있다. 사료에서 보듯 읍루는 부여의
통제력에서 벗어나면서부터 주변 국가에 위협적인 세력으로 성장하기 시
작하였다. 이는 곧 그동안 부여와의 교역을 통해 물자를 공급받았던 읍루
가 부여와 관계가 차단되자 주변 지역을 약탈하면서 필요 물자를 조달하
기 시작했음을 말해주는 것이라 판단된다. 특히 사료 (아)-1·3에서 보듯
읍루와 지리적으로 인접한 북옥저 일대가 가장 큰 피해를 보고 있었다.
황초(黃初) 연간(220~226) 이전, 즉 읍루가 부여에 신속해 있었을 당시 양
자를 이어주었던 교통로는 오늘날의 돈화(敦化) 일대를 중심으로 펼쳐진
교통로였을 가능성이 크며, 부여는 이 교통로를 기반으로 돈화에서 다시
읍루 혹은 북옥저 일대로 진출하였을 것으로 추정된다.[49] 그런데 3세기 초
반을 기점으로 부여의 영향력으로부터 이탈한 읍루가 북옥저 일대를 노략
질하였음을 볼 때, 이때 부여는 목단강과 북옥저 일대에까지 확장하였던
그들의 영향력과 교역망을 대부분 상실했던 것으로 판단된다.

賈在諸父之行, 有大功業, 爲百姓所瞻望, 故疑之謀殺. 國人曰, 微安國君, 民不能免梁貊
肅愼之難, 今其死矣, 其將焉託, 無不揮涕相弔. 秋九月, 地震."
49 이승호, 「夫餘 政治史 硏究」, 71쪽 ; 이승호, 「부여의 국가구조와 四出道」, 236
~237쪽.

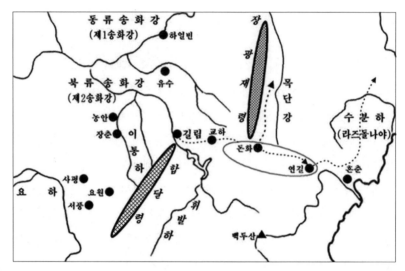

〈도 4〉 부여의 읍루·북옥저 방면 교통로

한편 사료 (아)-4에서 보듯 읍루의 일부 집단은 북옥저 일대를 넘어 고구려 변경까지 침입을 감행했던 것으로 보인다. 기록에서는 '숙신'으로 적었지만, 이는 당시 부여의 통제력에서 벗어나 대외적으로 세력을 팽창해 가던 읍루계 집단으로 추정된다. 이때 고구려는 숙신의 침입을 막아냈을 뿐만 아니라 그 일부 집단을 복속시켰다고 한다. 그렇다면 당시 동북 지역 교역체계의 변화를 살피는 데에 있어 고구려의 동향에도 주의를 기울일 필요가 있다.

고구려는 이미 2세기 초 무렵부터 혼춘(渾春) 일대에 책성(柵城)을 구축하고, 이를 거점으로 태조왕 시대부터 서서히 북옥저 지역 일대를 잠식해 들어가고 있었다.[50] 당시 부여의 읍루·북옥저 방면 교통로의 위치를 고려하였을 때, 이러한 고구려의 세력 확장은 부여가 이 지역에 영향력을

---

50 이승호, 「夫餘 政治史 硏究」, 114~116쪽.

행사하는 데에 큰 장애로 작용하였을 것으로 판단된다. 즉 부여가 읍루에 대한 영향력을 상실하게 된 배경에는 당시 북옥저 지방 진출에 박차를 가하던 고구려의 존재도 한 요인이 되었을 것이다.

한편, 3세기 초반 무렵 부여의 영향력에서 벗어난 읍루는 점진적으로 정치적 결집을 이루기 시작했다. 『삼국지』 단계에서는 "대군장(大君長)은 없고, 읍락(邑落)마다 각각 대인(大人)이 있다"[51]라고 하였으나, 『진서(晉書)』에서는 "부자(父子)가 대대로 군장(君長)이 된다"[52]라고 하여 지배층에 변화가 나타나고 있는 것이다. 그리고 앞서의 사료 (라)에서는 주대(周代) 이후로 숙신의 조공이 끊겼다가 3세기 중엽인 위(魏) 경원(景元) 연간 (260~263)에 이르러 다시 조공을 왔다고 기록하였다.[53] 이는 곧 그간 부여에 신속된 상태로 주체적인 대외활동이 자유롭지 못했던 읍루 세력이 다시 중원 세력과 독자적인 교섭을 진행하게 되었음을 말해준다.[54] 특히 이때 읍루의 지배층 가운데 왕을 칭하는 자가 있음을 볼 때[앞의 사료 (라) 참조], 읍루 일대의 정치적 통합이 가속화되고 있음도 확인할 수 있다.[55]

사료 (자)

칼[刀子]과 담비가죽[貂皮]을 교환하다. 담비는 구려국(句麗國)에서 나는데, 항상 어떤 한 생물[一物]과 굴에서 함께 산다. 혹 그것을 보면, 모습이 사람과 유사하고, 길이는 3척으로 담비[가죽]을 잘 다루며, 칼을 좋아한다. 그 습속에 사람이 담비가죽을 얻고자 하면, 칼을 동굴 입구에

---

51 『三國志』 卷30, 魏書 30, 東夷傳 挹婁 條, "無大君長, 邑落各有大人."

52 『晉書』 卷97, 列傳 67, 四夷 東夷 肅愼 條, "父子世爲君長"

53 실제 이는 景元 3년인 262년의 일이다. 『三國志』 卷4, 魏書 4, 景元 3年 夏4月 條 및 『晉書』 卷2, 魏書 4, 景元 3年 夏4月 條.

54 王綿厚, 「東北古代夫餘部的興衰及王城變遷」.

55 이정빈, 「3世紀 肅愼의 動向과 高句麗」, 『제1회 한중 고구려 소장학자 학술교류회의 자료집』, 2016, 171~173쪽.

던진다. 그 생물이 밤에 동굴에서 나와서 가죽을 칼 주변에 놓아두면, 기다리던 사람이 가죽을 가져가고, 곧 [그 생물이] 그 칼을 취한다.[56]

(『이원(異苑)』 권3, 칼과 담비가죽을 교환하다[刀子換貂皮])

위의 사료 (자)는 유송인(劉宋人) 유경숙(劉敬叔)이 찬한 『이원(異苑)』 에 실려 있는 이야기로서 『이원』은 진(晉)·송(宋) 시대의 괴이한 이야기를 모아 놓은 일종의 지괴서(志怪書) 형식의 설화집이다.[57] 여기서 주목되는 점은 당시 중원 지역에 유통되던 담비가죽의 생산지를 고구려로 전하고 있다는 점이다. 따라서 사료 (자)의 기록은 진·송 시대에 중원 지역에서 담비가죽의 생산지를 고구려로 인식하였음을 보여준다.

하지만 앞서 언급하였듯이 현전하는 중국 정사에 기록된 고구려의 특산품 중에 담비는 보이지 않는다. 중국의 동북 방면에서 산출되는 담비가 죽은 줄곧 부여[58] 혹은 읍루[59] 관련 기사에서만 확인되며, 『위서(魏書)』와 『북사(北史)』 단계에 와서는 그 생산지가 물길(勿吉)[60] 혹은 실위(室韋)[61] 로 바뀌게 된다. 즉 여기서 말하는 담비는 고구려 자체 특산품이었다기보

---

56 『異苑』 卷3, 刀子換貂皮 "刀子換貂皮. 貂出句麗國, 常有一物共居穴. 或見之, 形貌類人, 長三尺, 能製貂, 愛樂刀子. 其俗, 人欲得貂皮, 以刀投穴口. 此物夜出穴, 置皮刀邊, 須人 持皮去, 乃敢取刀."

57 神田信夫·山根幸夫 編, 『中國史籍解題辭典』 燎原書店, 1989, 3쪽.

58 『三國志』 卷30, 魏書 30, 東夷傳 夫餘 條, "其國善養牲, 出名馬·赤玉·貂·狖·美珠, 珠 大者如酸棗."

59 『三國志』 卷30, 魏書 30, 東夷傳 挹婁 條, "出赤玉·好貂, 今所謂挹婁貂是也."

60 『魏書』 卷100, 列傳 88, 勿吉國 條, "勿吉國, 在高句麗北, 舊肅慎國也. (…中略…) 若 秋冬, 以其屍捕貂, 貂食其肉, 多得之."

61 『魏書』 卷100, 列傳 88, 失韋國 條, "失韋國, 在勿吉北千里, 去洛六千里. (…中略…) 國土下濕. 語與庫莫奚·契丹·豆莫婁國同. 頗有粟麥及穄, 唯食猪魚, 養牛馬, 俗又無羊. 夏則城居, 冬逐水草. 亦多貂皮." ; 『北史』 94, 列傳 82, 室韋國 條, "室韋國在勿吉北 千里, 去洛陽六千里. (…中略…) 國土下濕, 語與庫莫奚·契丹·豆莫婁國同. 頗有粟·麥 及穄. 夏則城居, 冬逐水草, 多略貂皮."

다 당시 읍루 혹은 물길 지역에서 산출되던 이른바 '읍루담비'를 고구려
가 들여와 다시 중원 지역에 수출하였던 것으로 이해된다.[62] 또 담비가죽
과 거래되었다는 '칼[刀子]'은 곧 고구려가 읍루에게 담비가죽의 교환 대
상으로 제공하였던 철기를 상징하는 것으로 추측된다.[63] 요컨대, 읍루 지
역에 대한 부여의 영향력이 배제된 이후 담비 교역의 중계자로서의 역할
을 점차 고구려가 대신하게 되었음을 알 수 있다.

사료 (차)

그 해[233]에 궁(宮, 고구려 태조왕)이 조의(皂衣) 25인을 보내어 [진
(秦)]단(旦) 등을 돌려보내고 표(表)를 올려 칭신(稱臣)하며 담비가죽[貂
皮] 1,000매(枚)와 갈계피(鶡雞皮) 10구(具)를 조공하였다. [진]단 등이
[손(孫)]권(權)을 알현하니 비희(悲喜)를 스스로 제어하지 못하였다. [손]
권은 이를 의롭다 하여 모두 교위(校尉)에 배(拜)하였다. 1년이 지난 뒤
사자(使者) 사굉(謝宏)과 중서(中書) 진순(陳恂)을 보내 궁을 배하여 선우
(單于)로 삼고 더하여 의물(衣物)과 진보(珍寶)를 하사하였다.[64]

(『삼국지』 권47, 오서 2, 오주 손권전 가화 2년 조)

이와 관련하여 위의 사료 (차)의 기록이 주목된다. 여기서 고구려는
233년 손오(孫吳)에 담비가죽 1,000매와 갈계피(鶡雞皮) 10구를 보냈다고
한다. 이처럼 1,000매에 달하는 담비가죽 물량을 단기간에 확보하여 손오
에 보내는 과정은 당시 고구려가 장악하고 있던 담비가죽 유통망의 규모

---

62 이처럼 『異苑』에 전하는 칼[刀子]과 담비가죽[貂皮]을 교환하는 교역 방식은 당
   시 고구려와 읍루 사이에 이루어진 일종의 '침묵교역(silent tarde)'을 반영하는
   것으로 이해된다(김창석, 「高句麗 초·중기 對中교섭과 교역」, 3쪽 ; 이정빈, 「5~6
   세기 고구려의 농목교역과 요서정책」, 152쪽).
63 이정빈, 「5~6세기 고구려의 농목교역과 요서정책」, 153쪽
64 『三國志』卷47, 吳書 2 吳主 孫權傳 嘉禾 2年 條(所引 『吳書』逸文), "其年, 宮遣皂
   衣二十五人送旦等還, 奉表稱臣, 貢貂皮千枚·鶡雞皮十具. 旦等見權, 悲喜不能自勝. 權
   義之, 皆拜校尉. 間一年, 遣使者謝宏·中書陳恂拜宮爲單于, 加賜衣物珍寶."

를 여실히 보여주고 있다. 이를 통해 볼 때, 이 무렵 고구려가 동북 지역의 담비가죽 유통망을 상당 부분 장악하고 있었음을 추측할 수 있다. 특히 이처럼 해로를 통한 외부와의 교섭은 대외교역에 있어 북방 내륙에 치우쳐 있는 부여가 갖지 못한 고구려의 강점을 보여준다. 즉 고구려는 부여와 달리 해로를 통한 교역망의 확장이 가능했고, 담비 교역에 있어서도 부여에 비해 상대적 우위에 섰던 것으로 보인다.

한편, 3세기 중후반을 지나는 시점부터 요서(遼西)와 요동(遼東) 일대에서 선비가 세력을 확장하면서 동북 지역의 정세는 급격히 불안정해지기 시작하였다. 이에 따라 부여에서 중원으로 가는 교통로도 자주 차단 내지는 방해를 받았을 가능성이 큰데, 특히 이러한 상황은 중원과 동북방 삼림 수렵민족을 이어주던 부여의 중계 교역망의 붕괴를 가속화했을 것으로 보인다. 반면, 바다를 통해 중원과의 교역로를 확보한 고구려는 이를 기회로 동북 지역 담비 교역을 주도하는 세력으로 부상하였을 것으로 생각된다. 이후 285년에 부여가 모용선비의 침공을 받아 일시 붕괴하면서 그 세력이 크게 꺾였고, 동북 지역 일대의 패권은 완전히 고구려로 넘어가게 된다. 급기야 4세기 초 무렵 부여의 강력한 후원 세력이었던 서진(西晉)이 무너지면서 대외적으로 부여는 고립무원의 상황에 빠지게 되었고, 중원 지역으로 나아가는 교통로도 함께 차단되면서 이에 기반하여 구축하였던 교역망도 완전히 붕괴하였을 것으로 보인다.

사료 (카)-1

[경원(景元)] 3년(262) …(중략)… 여름 4월, 요동군(遼東郡)에서 말하기를 숙신국(肅愼國)이 사신을 보내 중역(重譯)을 통해 입공(入貢)하여 그 나라 활[弓] 30장(張)을 바쳤는데 길이가 3척(尺) 5촌(寸)이었으며 호시(楛矢)는 길이가 1척 8촌이었고, 석노(石弩) 300매(枚)와 피골철잡개(皮骨鐵雜鎧) 20령(領), 담비가죽[貂皮] 400매를 바쳤다.[65]

(『삼국지』 권4, 위서 4, 삼소제기 진류왕환 경원 3년 조)

사료 (카)-2
건평(建平) 원년(330) 이때에 고구려와 숙신이 그 호시(楛矢)를 보내왔으며, 우문옥고(宇文屋孤)가 나란히 [석(石)]륵(勒)에게 명마(名馬)를 바쳤다.[66]
(『진서』 권105, 재기 5, 석륵재기 하, 건평 원년 조)

사료 (카)-3
후조(後趙) 석륵(石勒)에게 사신을 파견하여 호시(楛矢)를 보냈다.[67]
(『삼국사기』 권17, 고구려본기 5, 미천왕 31년 조)

위의 사료 (카)-1에서는 경원(景元) 3년(262)에 숙신의 사신이 중역(重譯)을 통하여 요동군에 입공(入貢)하였다고 전한다. 그리고 여기서도 담비 가죽은 중요한 조공 물품으로 확인되고 있다. 또 앞서 사료 (라)에서는 이 경원 3년 이후로 원강(元康, 291~299) 초에 숙신이 다시 조공을 하였다고 전한다. 그러나 원강 연간 이전인 함녕(咸寧) 5년(279)에도 숙신의 조공이 한 번 진행되었음이 기록을 통해 확인된다.[68] 이후 동진(東晉)이 세워지고 얼마 지나지 않은 태흥(太興) 2년(319)에도 숙신의 조공 기록이 확인된다.[69] 그런데 당시 숙신이 동진에게 조공하려면 육로가 아닌 해로를 이용

---

65 『三國志』卷4, 魏書 4, 三少帝紀 陳留王奐 景元 3年 條, "三年 …(中略)… 夏四月, 遼東郡言肅愼國遺使重譯入貢, 獻其國弓三十張, 長三尺五寸, 楛矢長一尺八寸, 石砮三百枚, 皮骨鐵雜鎧二十領, 貂皮四百枚." 같은 기록이 『晉書』에도 전한다. 『晉書』卷2, 帝紀 2, 太祖文帝 司馬昭 景元 3年 條, "(景元) 三年夏四月, 肅愼來獻楛矢・石砮・弓甲・貂皮等, 天子命歸於大將軍府."

66 『晉書』卷105, 載記 5, 石勒載記 下, 建平 元年 條, "(建平 元年) 時高句麗・肅愼致其楛矢, 宇文屋孤並獻名馬於勒."

67 『三國史記』卷17, 高句麗本紀5, 美川王 31年 條, "遺使後趙石勒, 致其楛矢."

68 『晉書』卷3, 帝紀 3, 世祖武帝 司馬炎 咸寧 5年 條, "(咸寧 5年) 十二月 … 肅愼來獻楛矢石砮."

해야만 했다. 그리고 이러한 사행길은 당시 낙랑군·대방군 방면 진출에 성공한 고구려의 도움 없이는 불가능하였다.

그러고 보면 사료 (카)-1에서 숙신의 사신이 요동군에 입공하는 과정 또한 중역을 비롯하여 전반적으로 고구려의 도움을 받았을 가능성이 크다고 생각된다. 또 사료 (카)-2에서는 고구려와 숙신이 함께 후조(後趙) 석륵(石勒)에게 호시(楛矢)를 보냈다고 전하는데, 사료 (카)-3의『삼국사기』에서는 이때 후조와의 교섭을 고구려가 단독으로 진행한 것처럼 기록하였다. 이를 통해 당시 숙신의 대외교류는 고구려의 통제 아래에 이루어지고 있음을 추측할 수 있다. 즉 이상은 모두 '숙신'으로 표현된 일부 읍루계 집단에 대한 고구려의 영향력을 반영하는 기록들이라 판단된다. 그리고 고구려와 읍루계 집단의 관계는 5세기 이후로도 지속되었음이 아래의 사료들을 통해 확인된다.

사료 (타)-1

세조(世祖) 효건(孝建) 2년(455) 련(璉, 고구려 장수왕)이 장사(長史) 동등(董騰)을 보내 표문을 올리고 국애(國哀) 재주(再周)를 조문하며 아울러 방물(方物)을 바쳤다. 대명(大明) 3년(459) 또 숙신씨(肅愼氏)의 호시(楛矢)와 석노(石砮)를 바쳤다.[70]

(『송서』 권97, 이만열전 57, 고구려 조)

사료 (타)-2

[대명(大明) 3년] 11월 기사(己巳)에 고려국(高麗國)이 사신을 보내 방물(方物)을 바쳤다. 숙신국(肅愼國)은 중역(重譯)을 통해 호시(楛矢)와 석노(石砮)를 바쳤다. 서역(西域)은 무마(舞馬)를 바쳤다.[71]

---

69 『晉書』卷6, 帝紀 6, 中宗元帝 司馬睿 太興 2年 條, "(太興 2年) 八月, 肅愼獻楛矢石砮."
70 『宋書』卷97, 夷蠻列傳 57, 高句麗 條, "世祖 孝建 2년(455), 璉遣長史董騰奉表慰國哀再周, 幷獻方物. 大明三年, 又獻肅愼氏楛矢石砮."

(『송서』권6, 본기 6, 효무제 유준 대명 3년 조)

사료 (타)-3

효무제(孝武帝) 대명(大明) 3년 11월 기사(己巳)에 숙신씨(肅愼氏)가 호시(楛
矢)와 석노(石砮)를 바쳤는데, 고려국(高麗國)이 통역[譯]하여 이르렀다.[72]

(『송서』권29, 지 19, 부서 하)

사료 (타)-1에서는 대명 3년(459)에 고구려가 송(宋)에 숙신씨(肅愼氏)
의 호시와 석노를 바쳤다고 전하는데, 이는 사료 (타)-2와 (타)-3에서 보듯
고구려 사신이 숙신의 사신을 대동하여 송에 간 것이다. 그리고 역시 여기
서도 숙신의 사신은 고구려의 중역을 통해 송에 조공하고 있음이 확인된
다. 즉 3세기 중반 이후로 5세기 중엽에 이르기까지 고구려는 '숙신'으로
표현된 연해주 일대 읍루계 집단의 대외적 창구로서의 역할을 수행하였던
것으로 보인다. 그렇다면 이 시기 담비가죽을 중심으로 전개된 동북 지역
의 모피 교역 또한 고구려가 주도하게 되었을 가능성이 크다. 특히 고구려
는 4세기 초반부터 서안평(西安平) - 낙랑군(樂浪郡) - 대방군(帶方郡)을 차
례로 장악하고 서해 연안의 항구를 확보함으로써 육로와 해로를 통한 중원
과의 교역을 주도할 수 있게 되었다. 5호 16국 시기를 거쳐 남북조 시대로
이어지는 이 시기 동아시아에서는 이른바 '조공·책봉체제' 속에서 조공
(朝貢)과 회사(回賜)의 형식을 빌린 국가무역이 활발하게 전개되었다.[73] 그
리고 주지하듯이 이 시기 고구려는 남북조와 활발한 교류를 이어나갔다.

---

71 『宋書』卷6, 本紀 6, 孝武帝 劉駿 大明 3年 條, "(大明 三年) 十一月己巳, 高麗國遣使
  獻方物. 肅愼國重譯獻楛矢·石砮. 西域獻舞馬."

72 『宋書』卷29, 志 19, 符瑞 下, "孝武帝大明三年(459)十一月己巳, 肅愼氏獻楛矢石砮,
  高麗國譯而至."

73 김한규, 『한중관계사』 1권, 아르케, 1999, 214~216쪽.

사료 (파)-1

남실위(南室韋)는 거란(契丹) 북쪽 3,000리에 있다. 토지가 낮고 습하여 여름이 되면 곧 북쪽으로 이동한다. …(중략)… 그 나라에는 철(鐵)이 없어 고려(高麗)로부터 공급받아 취한다. 담비가 많다.[74]

(『北史』 권94, 列傳 82, 室韋國)

사료 (파)-2

나라[고구려]에 은산(銀山)이 있어 채굴해 화폐(貨幣)로 삼는다. 또한 인삼(人蔘)과 담비가죽[貂皮]이 있다. 중국의 비단을 귀중히 여겨서 장부(丈夫)는 이로써 옷을 해 입는다. 또한 호피(虎皮)를 귀중히 여긴다.[75]

(『건강실록』 권16, 동남이 고려 조)

사료 (파)-1의 남실위(南室韋)는 대체로 지금의 눈강 중하류 일대에 거주하며 유목·수렵 생활을 영위하던 세력이었다. 기록에 따르면 이들에게서는 철이 생산되지 않아 고구려로부터 공급받았다고 하는데, 거기에 바로 이어서 담비가 많이 난다는 구절이 이어진다. 이로 보아 남실위는 고구려로부터 철을 수입하는 과정에서 그들의 대표적 특산품이라 할 수 있는 담비가죽을 고구려에 제공하였을 가능성이 크다고 판단된다.[76] 또 사료 (파)-2의 『건강실록(健康實錄)』은 당(唐) 허숭(許嵩)이 편찬한 육조(六朝) 시기 사료집으로서 위에 인용한 고구려 관련 기사는 『남제서(南齊書)』 고려전의 일문(逸文)으로 여겨지고 있다. 그리고 여기서도 고구려의 특산물

---

74 『北史』 권94, 列傳 82, 室韋國 條, "南室韋在契丹北三千里, 土地卑濕, 至夏則移向北. …(中略)… 其國無鐵, 取給於高麗. 多貂."

75 『建康實錄』 卷16, 東南夷 高麗 條, "國有銀山, 採爲貨. 並·人參 貂皮, 重中國綵繡, 丈夫衣之, 亦重虎皮."

76 이정빈, 「5~6세기 고구려의 농목교역과 요서정책」, 151~153쪽. 16세기 함경도에서도 여진인에게 철제농기구를 팔고 담비가죽[貂皮]을 공급받았던 사례를 찾을 수 있다(김순남, 「16세기 조선과 野人 사이의 모피 교역의 전개」, 『한국사연구』 152, 2011, 94~97쪽).

로서 인삼과 함께 담비가죽이 거론되었음이 확인된다. 즉 3세기 전반 동북 지역의 정세 변동 속에서 담비가죽을 둘러싼 교역체계에도 변화가 나타났으며, 이후로 4~5세기에 걸쳐 동북 지역에서 생산된 담비가죽의 유통과 교역은 모두 고구려에 의해 장악되었던 것으로 이해된다.

Ⅳ. 맺음말

이 글은 1~3세기 중국 동북 지역의 정세 변화 속에서 해당 지역 교역 양상이 어떻게 바뀌어 가는지 살펴보고자 한 것이다. 특히 당시 읍루담비[挹婁貂]로 상징되는 고대 동북 지역 담비가죽[貂皮] 생산과 유통·교역에 주목함으로써 논의를 풀어나가고자 하였다. 그러나 사료의 제약으로 논의가 시론적 접근을 벗어나지 못하였으며 무리한 추론도 많았음을 인정할 수밖에 없다.

본론에서 살펴본 바, 3세기 전반을 기점으로 동북 지역의 담비가죽 교역체계는 한 차례 큰 변동을 겪었음을 알 수 있다. 부여는 3세기 초까지 읍루를 신속(臣屬)시키고 이들이 생산한 담비가죽을 중원 지역으로 유통하는 중계교역을 전개하였다. 하지만 이와 같은 부여의 교역 방식은 황초 (黃初) 연간(220~226)을 기점으로 쇠퇴하였던 것으로 보이는데, 그 주된 요인은 고구려의 성장과 읍루의 이탈·자립이었던 것으로 이해된다. 2세기 초 고구려가 두만강 하류 유역을 확보하고 북옥저 방면으로 세력을 확장해나가면서 해당 지역에서 부여의 영향력을 일소해나갔고, 자체적으로 정치적 결집을 이루어 나가던 읍루 또한 3세기 초에 부여의 세력권으로부터 이탈하면서 당시까지 부여가 장악하고 있던 담비가죽 교역망은 쇠퇴하게 되었다.

이후 동북 지역의 담비가죽 유통망과 교역의 주도권은 부여를 대신하여 고구려가 차지하였던 것으로 보인다. 특히 233년에 손오(孫吳)와의 교섭 과정에서 고구려는 1,000매에 달하는 담비가죽을 보내기도 하였는데, 이는 당시 고구려가 장악하고 있던 담비가죽 유통망의 규모를 짐작케 한다. 이후로 고구려는 -아마도 연해주 읍루계 집단으로 추정되는- '숙신' 세력을 부용시키고 이들의 대외교섭을 간섭·통제하였는데, 이러한 '숙신'과 고구려의 관계는 4~5세기에 걸쳐 지속되었음이 기록을 통해 확인된다. 이러한 양자의 관계를 바탕으로 고구려는 3세기 초까지 부여가 수행하였던 '읍루담비'의 중계교역을 대신할 수 있었던 것으로 이해된다.

참고문헌

1. 단행본

김창석, 『한국 고대 대외교역의 형성과 전개』, 서울대학교출판문화원, 2013.
김한규, 『한중관계사』 1권, 아르케, 1999.
송호정, 『처음 읽는 부여사』, 사계절, 2015.
여호규, 『고구려 초기 정치사 연구』, 신서원, 2014.

董學增, 『夫餘史迹研究』, 吉林出版集團 吉林文史出版社, 2011.

西村三郎, 『毛皮と人間の歷史』, 紀伊國屋書店, 2003.
神田信夫·山根幸夫 編, 『中國史籍解題辭典』, 燎原書店, 1989.

2. 연구논문

강인욱, 「鞦鞬文化의 形成과 2~4세기 挹婁·鮮卑·夫餘系文化의 관계」, 『高句麗渤海研究』 33, 2009.
_____, 「古朝鮮의 毛皮貿易과 明刀錢」, 『한국고대사연구』 64, 2011.
_____, 「통화지역 모피 생산 집단의 흥망으로 본 고조선에서 고구려로의 전환 과정」, 『고조선과 고구려의 만남 길림성 통화 만발발자 유적-』, 동북아역사재단, 2021.
김순남, 「16세기 조선과 野人 사이의 모피 교역의 전개」, 『한국사연구』 152, 2011.
김창석, 「高句麗 초·중기 對中교섭과 교역」, 『신라문화』 24, 2004.
김호동, 「古代遊牧國家의 構造」, 『講座 中國史』, 知識産業社, 1989.
박대재, 「국가형성기의 복합사회와 초기국가」, 『先史와 古代』 38, 2013.

오강원, 「萬發撥子를 통하여 본 通化地域先原史文化의 展開와 初期高句麗文化의 形成過程」, 『북방사논총』 창간호, 2004.

우동걸, 「한반도 산림에 서식하는 담비의 생태특성과 보전방안」, 서울대학교 환경대학원 박사학위논문, 2014.

유은식, 「동북아시아 초기철기문화의 병행관계와 교류양상」, 『한국상고사학보』 96, 2017.

윤재운, 「발해의 지방지배와 중개무역」, 『한국사학보』 75, 2019.

이승호, 「夫餘 政治史 研究」, 동국대학교 사학과 박사학위논문, 2018.

_____, 「3세기 挹婁의 이탈과 夫餘의 쇠퇴」, 『동국사학』 64, 2018.

_____, 「부여의 국가구조와 四出道」, 『한국고대사연구』 96, 2019

이정빈, 「5~6세기 고구려의 농목교역과 요서정책」, 『역사와 현실』 91, 2014.

_____, 「3世紀 肅愼의 動向과 高句麗」, 『제1회 한중 고구려 소장학자 학술교류 회의 자료집』, 2016.

이종수, 「고고자료를 통해 본 부여의 대외교류 관계 검토」, 『선사와 고대』 30, 2009.

정석배, 「발해의 북방-서역루트 '담비길' 연구」, 『고구려발해연구』 63, 2019.

王綿厚, 「東北古代夫餘部的興衰及王城變遷」, 『遼海文物學刊』 1990-02.

李鍾洙, 『夫餘文化研究』, 吉林大學文學院 博士學位論文, 2004.

3. 인터넷 자료

Wikipedia(https://en.wikipedia.org/wiki/Sable#cite_note-martens-2)

02

대몽골국 성립 전후
유목경제의 실상과 유통물품의 변화

김장구(金壯求, 동국대학교 문화학술원 HK연구교수)

I. 머리말

칭기스 칸이 몽골고원의 유목민들을 통합하여 대몽골국을 성립할 수 있었던 근본적인 요인은 무엇인가? 이 질문에 대해서 이미 오래전부터 국내외의 많은 연구자가 다양한 의견을 제시하였다. 예를 들면 칭기스 칸의 인간적 친화력, 지칠 줄 모르는 강인한 정신력, 역경에 처할 때마다 반복되는 행운의 연속, 어머니와 부인의 현명한 충고, 목숨을 걸고 충성을 바친 부하들, 뛰어난 전술과 강력한 군사력 등 일일이 헤아릴 수 없을 정도이다.[1]

이 글에서는 칭기스 칸이 성공할 수 있었던 요인 중 하나로, 그가 주변 세력과의 안정적인 교류를 통해 몽골고원의 정치 통합과 경제 발전을 추

---

1 라츠네프스키 저·김호동 옮김, 『칭기스 칸』, 지식산업사, 1992, 127~150쪽; 스기야마 마사아키 저·임대희 외 옮심, 『몽골 세계제국』, 신서원, 1999, 37~39쪽; 김호동, 『몽골제국과 세계사의 탄생』, 돌베개, 2010, 93~114쪽; 모건 저·권용철 옮김, 『몽골족의 역사』, 모노그래프, 2012, 96~99쪽; 성백용 외, 『사료로 보는 몽골 평화시대 동서문화 교류사』, 이화여자대학교출판문화원, 2021, 19~34쪽.

구했던 점에 초점을 맞추어보려고 한다.[2] 특히 동시대 사료에 보이는 다양한 물품의 유통 양상과 그 변화를 통해 몽골 초원의 유목 세계와 외부 정주 세계와의 교류의 중요성을 살펴보도록 하겠다.

먼저, II장에서는 몽골고원에서 생산되어 주변 지역과 교환하였던 물품과 함께 주변에서 몽골고원으로 유입되었던 외래 물품에 대해 간략하게 살펴보도록 하겠다. III장에서는 사료에 보이는 대몽골국 성립 이전에 몽골고원에서 유통되었던 물품을 분석하여 당시 경제 상황을 개략적이나마 그려보도록 하겠다. IV장에서는 대몽골국 성립 이후 칭기스 칸이 수행한 대외 원정 과정과 결과로 인해 다양한 외래 물품이 몽골고원으로 유입되면서 변화하는 경제상을 살펴보고자 한다.

이 글만으로 당시 몽골고원에서 유통된 모든 물품과 변화하는 역사상을 온전하게 그려내는 데는 분명히 한계가 있겠지만, 추후 지속적인 사료 수집과 다양한 분석을 통해 보충하려고 한다.[3] 이에 관심 있는 많은 연구자의 도움과 비판적 조언을 부탁하고자 한다.

II. 몽골고원과 주변 지역 사이에서 유통된 물품

9세기 중반에 초원의 위구르 제국이 멸망한 이후 몽골고원의 유목민은 내부 분열과 주변 세력의 간섭과 견제로 오랫동안 통일을 이루지 못했다.[4]

---

2 라츠네프스키, 『칭기스 칸』, 145~146쪽.
3 칭기스 칸의 후계자들 시기에 대해서는 다음 논문을 보시오. 김장구, 「대몽골국 초기 몽골고원으로 유입된 외래물품의 변화상 -우구데이~뭉케 카안 시기(1229~1259년)를 중심으로-」, 『몽골학』 68, 2022, 101~137쪽.
4 정재훈, 『위구르 유목제국사(744~840)』, 문학과지성사, 2005; 김호동, 『아틀라스 중앙유라시아사』, 사계절, 2016, 126~129쪽.

또한 경제적으로도 내부 유목경제가 피폐화되고 주변 정주 지역과의 정상적인 교류도 이루어지지 않았기 때문에 자연경제 수준을 벗어나지 못했던 것으로 보인다.[5]

특히 거란[遼]은 몽골고원의 중서부까지 직접 통제하면서 유목민의 발흥을 억제하였으며, 뒤를 이은 여진[金]은 타타르부를 통해 직간접적으로 유목민의 통합을 방해하였고, 바로 이 과정에서 새롭게 성장하던 몽골부의 수장인 이수게이 바아투르가 살해되었던 것이다.

이에 따라 주변 지역과의 교류를 통해 유목민에게 필요한 외부 물자를 구입할 수 없게 되면서 몽골고원의 경제 상황은 더욱 악화되었다. 이런 상황은 대몽골국이 성립되고 주변 정주 지역을 공격하여 약탈과 공납을 통해 풍부한 재화를 획득할 때까지 변화하지 않았다.[6] 칭기스 칸은 이런 몽골고원의 어려운 상황을 타개하기 위해 주변 지역과의 교환을 통해 유목민에게 필요한 물품을 지속해서 확보해야만 했고, 그러기 위해서 유목민의 통합이 최우선임을 잘 알고 있었다.[7]

당시 몽골고원에서 산출되는 물품으로는 주로 삼림지대에서 나는 최고가인 검은담비[黑貂鼠, qara bulaɣa], 흰 송골매(白鷹, čaɣan šongqur)와 사슴[buɣu], 토끼[taulai], 날다람쥐[청설모, 靑鼠, keremü] 등 동물들과 강과 호수 주변에서 잡히는 다양한 물고기[jiɣasu] 등이 있었다.[8] 아울러 초원지

5 김호동, 「蒙古帝國의 形成과 展開」, 『강좌 중국사』 Ⅲ, 지식산업사, 1989, 249~251쪽; 블라디미르초프 저·주채혁 譯, 『몽골사회제도사』, 대한교과서주식회사, 1990, 55쪽.

6 蕭啓慶, 「北亞遊牧民族南侵各種原因的檢討」, 『元代史新探』, 新文豊出版公司, 1983, 303~322쪽; 札奇斯欽, 『蒙古文化與社會』, 臺灣商務印書館, 1987, 17~35쪽.

7 김호동, 「'변방사'로 세계사 읽기: 중앙유라시아를 위한 변명」, 『역사학보』 228, 2015, 55~80쪽. 특히 62~68쪽; 티모시 메이 저·권용철 옮김, 『칭기스의 교환』, 사계절, 2020, 164쪽.

8 물고기의 몽골어 명칭에 대해서는 최형원, 「18세기 몽골어 魚名 고찰(1)」, 『알타

대에는 오종가축인 말[mori], 양[qoni], 염소[imaɣa], 소[üker], 낙타[temeg e][9]와 타르바가[土拔鼠, tarbaɣa] 등이 있었다.

유목민들은 예로부터 이처럼 다양한 가축과 사냥으로 잡은 야생동물을 이용해 의식주와 유목 생활에 필요한 기본적인 물품을 만들어 사용했다. 예를 들면, 모피로 만든 의복, 신발, 펠트[양탄자], 가죽끈, [털]새끼줄, 게르 등은 가축과 야생동물의 가죽과 털을 이용해 만들었다. 나무와 금속으로는 마차, 가구, 요람, 소도구, 주방 용구 등과[10] 활과 화살, 갑옷과 투구, 칼과 창 등[11] 무기류를 만들었다.[12]

몽골고원에서 농경은 고대로부터 일부 지역에서만 이루어졌으며 경제적으로도 보조적인 수준을 넘어서지 못했음은 분명하다.[13] 사료에는 대몽골국 성립 이후 정주 지역에서 포로로 잡혀온 농경민들이 카라코룸 부근 오르콘강 유역, 칭카이성[鎭海城], 셀렝게강 하류, 자브한강 유역의 올리야

이학보』 23, 2013 참조. 몽골제국의 어로(漁撈)에 대해서는 설배환, 「몽골제국 (1206~1368)에서 수산자원(魚貨)의 이용」, 『STRATEGY 21』 24, 한국해양전략 연구소, 2009, 특히 132~138쪽 참조.

9 동물의 몽골어 명칭에 대해서는 최형원, 「〈蒙語類解〉에 나타난 동물 관련 어휘 검토」, 『몽골학』 32, 2012 참조. 몽골고원의 낙타가 급격하게 증가한 것은 칭기스 칸의 탕구트 원정 이후이다. 저자 미상·유원수 역주, 『몽골비사(元朝秘史)』, 사계절, 2004, 249, 250절; 블라디미르초프, 『몽골사회제도사』, 55쪽.

10 『몽골비사』 124, 233절, 『長春眞人西遊記』[수록: 王國維, 『蒙古史料四種本』, 正中書局, 1962], 261쪽.

11 『몽골비사』 97절.

12 추후 몽골문 사료에 보이는 몽골고원의 가축, 야생동물, 물고기 등의 명칭과 생산, 교환된 물품명에 대한 종합적인 고찰이 필요할 것으로 보인다.

13 몽골고원의 수렵과 유목경제 일반에 대해서는 岩村忍, 『モンゴル社會經濟史の硏究』, 京都大學人文科學硏究所, 1968; 吉田順一, 「モンゴル族の遊牧と狩獵: 十一世紀~十三世紀の時代」, 『東洋史研究』 40-3, 1981과 伊藤幸一, 『モンゴル經濟史を考える』, 法律文化社, 1985, 146~163쪽을 참조. 몽골고원에서 곡물 소비와 생산에 대해서는 설배환, 「13-14세기 몽골초원의 물적 기반과 유목경제의 지속성 고찰」, 『중앙아시아연구』 20-2, 2015, 195~201쪽을 참조.

소타이, 톨라강과 케룰렌강 부근 등에서 소규모 농경을 했음을 보여준다.[14]

그러나 몽골고원에서 산출되는 이런 물품은 유목민의 자급자족과 일부 물물교환의 형태로 유통되었으며, 주변 정주 지역과 교환되는 상품으로서의 가치는 그리 높지 않았던 것으로 보인다.[15] 주변 정주 지역에서 몽골고원으로 유입된 물품들은 대부분 몽골고원에서 생산되지 않거나 소량만 생산되어 지극히 부족한 것이었다. 예를 들면, 밀가루를 비롯한 곡물류와 비단 등 직물류이다. 그리고 귀금속류와 무기류도 중요한 수입품이었고, 심지어 자연재해나 전쟁으로 부족해진 가축도 외부에서 구입하거나 혹은 약탈해야 할 필요가 있었다. 그리고 전쟁을 통해 포로가 된 장인(匠人)과 농민, 공녀 또한 주요한 약탈 대상이었다.[16]

이 글을 통해 칭기스 칸이 몽골고원의 유목민을 통합하고 대몽골국을 건립한 가장 중요한 목적이 바로 주변 정주 지역에서 생산되는 재화와 물품을 획득하여 유목 사회의 안정과 발전을 이루고자 했던 것임을 밝힐 수 있으면 다행이겠다.

---

14 『長春眞人西遊記』[수록: 王國維, 『蒙古史料四種本』, 正中書局, 1962], 282~286쪽 및 366~367쪽; 블라디미르초프, 『몽골사회제도사』, 70쪽. 이보다 조금 늦은 1247~1248년경의 기록인 張德輝의 「[嶺北]紀行」[수록: 王惲, 『秋澗先生大全文集』 卷100, 「玉堂嘉話」 卷8, 7a~7b ; 姚從吾 校注本, 『姚從吾先生全集』 第7集, 正中書局, 1982, 291~292쪽]에도 이에 대해 기록하였다.

15 이개석, 「몽고帝國 성립기 商業에 대한 一考」, 『慶北史學』 9, 1986; 박환영, 「『몽골비사』에 반영된 몽골유목민들의 물질문화 연구」, 『東아시아古代學』 29, 2012.

16 하자노프 저·김호동 역, 『유목사회의 구조: 역사인류학적 접근』, 지식산업사, 1990, 279~290쪽; Allsen, Th. T., *Commodity and Exchange in the Mongol Empire: A cultural history of Islamic textiles*, Cambridge: Cambridge University Press, 1997.

Ⅲ. 대몽골국 성립 이전 몽골고원의 물품과 경제 상황

1. 삼림과 초원에서 산출된 물품

대몽골국 성립 이전의 몽골고원에서 유통된 물품들은 금·은 등 극히 일부 귀금속 제품을 제외하면 대부분 동물의 모피나 가죽 같은 자연 생산품이 주종을 이루고 있음을 다음과 같은 사료를 통해 살펴볼 수 있다.

먼저 『몽골비사』 9절에는 "코릴라르타이 메르겐[명궁]은 **담비**와 **다람쥐** 같은 **사냥감**이 있는 자신의 코리 토마드 땅에서 사냥을 금하는 바람에 그곳 사람들과 사이가 나빠지자, 코릴라르씨가 되어, '보르칸 성산이 **사냥감**이 풍부하고 땅이 좋다'며 보르칸 성산의 주인들, 즉 보르칸을 일으킨 신치 바얀의 오리앙카이족의 땅으로 옮겨 오고 있었다"[17]는 기록이 보인다. 이 기록은 몽골인의 계보를 서술하는 중에 언급된 사항으로 초기 몽골인의 모습을 서술한 것이기 때문에, 아마도 9~10세기경의 모습으로 보인다. 바이칼호 근처 코리 토마드 지역에 담비와 다람쥐 같은 사냥감이 많음을 알 수 있다. 또한 이동해 간 몽골고원 동부 지역의 보르칸 칼돈[성산]에도 사냥감이 풍부했음을 알 수 있다.

『몽골비사』 12~13절에는 "그 뒤 하루는 도본 메르겐[명궁]이 토코착 고지로 사냥을 나갔다. 숲 속에서 오리앙카다이족 사람이 **세 살 난 사슴**을 죽여 그 갈비와 창자를 굽고 있는 것을 보고, 도본 메르겐이 '동무여, 나눕

---

17 이하 『몽골비사』의 몽골문 전사는 기본적으로 유원수 역주본[사계절, 2004]을 바탕으로 하였으며, 일부는 필자가 수정한 부분도 있음을 밝힌다. 『몽골비사』 9절: Qorilartai mergen Qori tumad-un ɣaǰar-tur-iyan **buluɣan, keremün, görügetei** ɣaǰar-iyan qorilalduǰu maɣulalduǰu, Qorilar oboɣtu bolǰu, "Burqan qaldun-nu **görögesün görügüli** sayitu ɣaǰar sayin." kemen Burqan qaldun-nu eǰed, Burqan bosqaɣsan Šinči-bayan Uriangqai-dur negüǰü ayisun aǰuɣu.

시다!' 하고 말했다. 그러자 '주리다!' 하고는 허파가 붙은 질두와 가죽은 자기가 갖고 세 살 난 사슴고기 전부를 도본 메르겐에게 주었다"[18]는 기록이 보인다. 이 기록도 9~10세기경의 일을 적은 것으로 보이며, 사슴도 몽골 선조들에게 중요한 사냥감이었음을 알 수 있다.

『몽골비사』 89절에는 "거기서 함께 나아가 보르칸 칼돈의 남쪽, 쿠렐쿠 안에 있는 셍구르 개울의 카라 지루켄의 쿠쿠 노르에서 살고 있을 때는 **타르바가, 들쥐** 등을 잡아 연명했다"[19]는 기록이 보이는데, 이것은 1170년대 중반 무렵 테무진의 아버지 이수게이 바아투르가 사망한 후 타이치오드 사람들이 어린 테무진을 사로잡으려던 시기의 상황이다.

이어서 『몽골비사』 90절에는 "벨구테이는 꼬리가 짧은 공골말을 타고 **타르바가 사냥**을 나가고 없었다. 저녁에 해가 진 뒤에야 벨구테이는 꼬리가 짧은 공골말에 **타르바가**를 싣고, 자신은 몸을 흔들며 걸어왔다"[20]는 기록이 보이는데, 이 또한 1170년대 말, 테무진 집안의 전 재산인 말 여덟 마리를 강도들이 훔쳐갔을 때의 상황이다. 당시 테무진과 그의 가족들은 경제적으로 아주 빈곤한 상황이었고, 따라서 타르바가는 그들에게 중요한 식량이었기 때문에 이복동생 벨구테이가 공골말을 타고 타르바가 사냥을 다녔음을 알 수 있다.

---

18 『몽골비사』 12절: Tegün-ü qoyina nigen üdür Dobun-mergen Toqočaɣ ündür degere görögelere ɣarba. Hoi dotura Uriangqadai kümün **čöke buɣu** alaǰu qabirɣar inu abid inu širaǰu bükü-yi ǰoluɣaǰu 13절: Dobun-mergen ügülerün, "Nökör, širolɣa-da!" kemeǰüküi "Ögsü!" kemeǰü, aɣušigitu ǰildü arasun inu abču čöke buɣu-yin miqa kübčin-i Dobun mergen-ne ögbe.

19 『몽골비사』 89절: Tende neyileldüǰü odču Burqan qaldun-u ebür-e, Kürelkü dotura Senggür ɣoruqan-u Qara ǰiriken-ü Kökö naɣur nuntuɣlaǰu aqui-dur **tarbaɣad, küčügür** alaǰu iden bülege.

20 『몽골비사』 90절: Belgütei oɣotur dargi qongɣor-i unuǰu **tarbaɣačilara** odču bülege. Üdeši naran šinggegsen-nü qoyina Belgütei dargi oɣotur Qongɣor-tur **tarbaɣad** ačiǰu niɣsaɣalǰatala yabuɣan kötülǰü irebe.

『몽골비사』 96절에는 "셍구르 개울에서 이동하여 켈루렌 강의 발원 지역인 부르기 기슭에서 목영할 때 '초탄 어머니의 예물'이라고 처가에서 검은담비 외투를 보내왔다. 그 외투를 들고 테무진과 카사르와 벨구테이 가 "옛날 예수게이 칸 아버지와 케레이드 사람들의 옹 칸이 의형제가 되기로 했다. 우리 아버지와 의형제를 맺은 분도 우리 아버지나 같다"고 하며 옹 칸이 토올라 강의 카라 툰에 있다는 것을 알고 갔다. 테무진이 옹 칸에게 가서, "일찍이 저희 아버지와 의형제를 맺은 바 있습니다. 아버지 와 같다고 생각하여 아내를 얻은 기념으로 예복을 가져왔습니다"고 하며 담비 외투를 주었다. 옹 칸은 매우 기뻐하며 이르기를, "검은담비 외투의 답례로 흩어진 너의 백성을 모아 주마! 담비 외투의 보답으로 헤어진 너의 나라를 합쳐 주마! 콩팥이 있는 허리 밑에, 흉추 뼈 있는 가슴에 있도록 하라!"고 했다"[21]는 기록이 보인다.

이 기록은 1183년경, 결혼 예물로 받은 검은담비 외투를 아버지 이수 게이의 의형제였던 옹 칸에게 선물함으로써, 테무진이 훗날 몽골부를 통일하고 대몽골국을 건설할 기반을 마련했다는 점에서 역사적으로 아주 중요한 판단이었음을 알 수 있다.

---

21 『몽골비사』 96절: Senggür ɣoruqan-ača negüjü Kelüren-müren-ü terigün Burgi ergi-de nuntuɣlan baɣuju, Čotan eke-yin šidkün kemen **qara buluɣan daqu** abčiraju bülege. **Tere daqu**-yi Temüjin, Qasar, Belgütei ɣurban abču odču erte üdür Yesügei qan ečige-lüge Kereyid irgen-ü Ong qan anda kemeldügsen ajuɣ u. "Ečige-lüge minu anda kemeldügsen ečige metü bui je." kemen "Ong-qan-i Tuula-yin Qara tün-ne buyu" kemen medejü odba. Ong qan-dur Temüjin kürčü ügülerün, "Erte üdür ečige-lüge minu anda kemeldügsen ajuɣu. Ečige kü metü buyu je kemejü gergei baɣulju **emüsgel** čima-da abčiraba." kemen **buluɣan daqu** ögbe. Ong-qan maši bayasču ügülerün,
Qara buluɣan daqu-yin qariɣu, Qaɣačaɣsan ulus-i činu, Qamtudqaju ögsü!
Buluɣan daqu-yin qariɣu, Butaraɣsan ulus-i činu, Bügüdkeldüjü ögsü!
Bököre-yin bögse-dür, Čekere-yin čegeji-dür atuɣai!" kemebe.

이 내용은 『몽골비사』 104절에 거의 그대로 반복되어 나온다. 이때는 1184년경, 옛날에 예수게이가 메르키드의 칠레두의 부인이던 후엘룬을 빼앗아 온 것에 대한 복수로 삼성 메르키드[오도이드, 오와스, 카아드 메르키드]가 테무진을 습격해 부인 부르테와 벨구테이의 어머니, 자식들을 강탈당한 상황이었다. 어쩔 수 없이 테무진은 작년(1183년)에 '검은담비 외투'를 선물했던 옹 칸을 찾아가 도움을 청했고, 이에 옹 칸은 자신과 자신의 의형제인 자모카와 함께 테무진을 돕기로 결심하는 상황이다.

『몽골비사』 97절에는 "거기서 돌아와 부르기 기슭에 있을 때 보르칸 성산에서 오리앙카이 사람 자르치오다이 노인이 풀무를 지고 젤메라는 이름의 아들을 데리고 와서, '오난 강의 델리운 동산에서 테무진이 태어났을 때 나는 **담비가죽 배내옷**을 주면서 나의 이 아들 젤메도 주었다' …"[22]는 기록이 보인다. 이 기록은 1180년대 초, 오리앙카이 사람 자르치오다이 노인이 자신의 아들 젤메를 테무진에게 종사(從士)로 주는 상황에서, 옛날 테무진이 태어날 때 담비가죽으로 만든 배내옷을 선물했던 일을 이야기하는 중이다. 이 기록은 『몽골비사』 211절에 칭기스 칸이 젤메에게 포상하는 상황에서 다시 반복된다.

『몽골비사』 114절에는 "오도이드 메르키드가 도망할 때 **담비가죽 모자**를 쓰고, **암사슴의 종아리 가죽으로 만든 구두**를 신고, **털을 없애고 무두질한 수달피 가죽을 이어 만든 옷**을 입은 다섯 살 난 쿠추라는 이름의, 눈에는 불이 있는 소년이 목영지에 떨어진 것을 우리 군대가 발견하고 데려다가 후엘룬 어머니께 선물로 드렸다"[23]는 기록이 나온다. 이 기록은

---

22 『몽골비사』 97절: Tende-če qariju Burgi ergi-de büküi-dür Burqan qaldun-ača Uriangqadai kümün Jarčiɣudai ebügen kügürge-ben ügürčü Jelme neretü köbegün-iyen uduridču irejü Jarčiɣudai ügülerün, "Onan-nu Deligün boldaɣ-a büküi-dür, Temüjin-i törüküi-dür, **buluɣan nelkei** ögülebe, bi. Ene köü-ben J elme-yi ögülebe kü, bi.

1184년 경 테무진이 옹 칸과 자모카와 함께 삼성(三姓) 메르키드를 섬멸하고 나서 '쿠추(Küčü)'라는 다섯 살 난 아이를 데리고 와서 후엘룬 어머니께 드리게 되는 상황이다. 쿠추의 차림새를 보면 부유한 귀족 집안의 자식이며, '눈에 불이 있다'는 표현을 보아 총명한 소년이었음을 알 수 있다.

『집사』「부족지」에는 삼림 우량카트 종족에 대해 "그들은 결코 천막을 소유하지 않았고, **의복은 동물의 가죽**으로 되어 있었다. 그들에게는 소나 양이 없었고, **산우(山牛)나 산양**, 혹은 산양과 비슷한 **주르[느렁이=야생암노루]**를 소나 양 대신 키웠다. … 그들의 지역에는 산과 삼림이 매우 많고 눈이 많이 내리기 때문에 겨울에는 눈 위에서 **사냥감**을 많이 잡는다. '차나(châna, 스키)'라고 부르는 판자를 만들어 그 위에 서서, 가죽끈으로 고삐를 만들고 나무 하나를 손에 잡고는 그 나무를 눈 위에서 땅으로 누르면 마치 배가 물 위를 가듯이 달린다. 초원과 평원 위로 오르락내리락하면서 **산우와 다른 짐승들**에게 다가가 죽인다"[24]고 기록하고 있어, 초원의 유목민과는 다른 수렵민인 삼림 우량카트 종족의 삶을 보여준다. 즉, 펠트로 만든 게르도 없고 소나 양도 없으며, 의복은 동물 가죽으로 만들어 입으며, 키우거나 사냥하는 동물은 산우와 산양, 암노루 등임을 알 수 있다.

『몽골비사』 117절에는 "… '이제 다시 의형제를 맺어 앞으로도 계속 사랑하자!'고들 다짐하며, 테무진은 메르키드의 톡토아를 노략질해 약탈한 **금 허리띠**를 자모카 형제가 매게 했다. 요 몇 해 동안 망아지를 낳지 않은, 톡토아의 **가리온 말**을 자모카 형제가 타게 했다. 자모카는 오와스 메르키드의 다이르 오손을 노략질해 약탈한 **금 허리띠**를 테무진 형제에게

---

23 『몽골비사』 114절: Uduyid Merkid dürberün, **buluɣan maɣalaitu**, **maral-un ɣodun ɣudustu**, **ilkin ǰarqay üsün-ü buluɣan ǰalɣaɣsan degeltü**, tabun nasutu, Küčü neretü, nidün-dür-iyen ɣaltu keüken-i bidan-u čerigüd nuntuɣ-tur qočuruɣsan-i olǰu abčiraǰu, Höʼelün eke-de sauɣa abču odču ögbei.

24 라시드 앗 딘 저·김호동 역주, 『집사』, 「부족지」, 사계절, 2002, 190~191쪽.

매게 했다. …"25는 기록이 보인다. 이 기록은 1184년경, 테무진이 옹 칸, 자모카와 함께 삼성 메르키드를 섬멸하고 나서, 테무진과 자모카가 세 번째로 의형제 관계를 맺는 상황이다. 첫 번째는 테무진이 열한 살 때(1172년 경), 두 번째는 그 다음해 봄(1173년 경)에 각각 의형제를 맺었다. 이번에 교환한 선물은 각각 금 허리띠였는데, 모두 메르키드를 섬멸하고 약탈해온 것으로 메르키드 지도자들의 부와 권력을 잘 보여주는 물품이다.

『몽골비사』133절에는 "칭기스 칸과 토고릴 칸은 그렇게 요새를 구축한 [타타르부의] 메구진 세울투를 그의 요새에서 잡아 그 자리에서 죽이고, 그의 **은제 요람**과 **진주 담요**를 칭기스 칸이 가졌다"26는 기록이 보이며, 이 내용은 『집사』「부족지」에도 "잘 알려져 있는 이야기지만 그(칭기스 칸)는 이 전투에서 **은으로 만든 요람**과 **금실로 꿰맨 담요**, 그리고 **기타 여러 재물**을 약탈물로 빼앗았는데, 이는 그 당시 타타르 종족들이 모든 유목민 가운데 가장 부유하고 풍부했기 때문이다"27라고 거의 그대로 기록되었다.

그리고 같은 내용이 『집사』「칭기스 칸 기」에도 반복되고 있다.

"칭기스 칸은 쿠리엔으로 이루어진 휘하 소수의 군대를 이끌고 진군했다. 그를 붙잡아 죽이고, 그들이 갖고 있던 모든 **말 떼**와 **가축**과 **물자**를 노략했다. 그렇게 약탈하는 도중에 **은으로 만든 요람**과 **금실로 짠 이불**

---

25 『몽골비사』117절: … "Edüge basa anda tungqulduju amaraya!" kemeldüjü, Temüjin Merkid-ün Toγtoγa-yi arbilaju abuγsan **altan büse** Jamuqa anda-da büselegülbei. Toγtoγa-yin **esgel qali'un**-i Jamuqa anda-da unuγulbai. Jamuqa Uwas Merkid-ün Dayir usun-i arbilaju abuγsan **altan büse** Temüjin anda-da büsegülbei. …

26 『몽골비사』133절: Činggis qahan, Toγoril qan qoyar teyin qorγalaγsad-i, Megüjin segültü-yi, qorγan-ača inu bariju Megüjin segültü-yi tende alaju **münggün ölegei**, **tanatu könjile** inu Činggis qahan tende abulabai.

27 『집사』「부족지」, 156쪽.

을 빼앗았는데, 그 당시 몽골인들 사이에서 그 같은 사치품은 매우 드물었기 때문에, 이 성과는 대단한 것으로 여겨져 널리 알려졌다. 이 같은 일이 알탄 칸과 그의 아미르들의 희망에 들어맞는 것이었기 때문에, 앞서 말한 칭상은 매우 기분이 좋아서 칭기스 칸을 칭찬하고 그에게 '자우우트 쿠리'라는 칭호-키타이 말로 대아미르라는 뜻-를 주었다. 그와 동시에 칭상은 케레이트의 군주인 토그릴에게 '옹 칸'-한 나라의 군주라는 뜻-이라는 칭호를 주었다."[28]

이들 기록은 칭기스 칸의 아버지 예수게이를 독살했던, 타타르부의 수장인 메구진 세굴투가 금나라에 복종하지 않자 1196년 옹깅 승상[完顔襄]에게 군대를 주어 타타르를 공격하는 상황을 서술하고 있다. 이에 칭기스와 토그릴이 연합하여 타타르부를 공격하여 메구진 세굴투를 죽이고 그가 소유하고 있던 '은제 요람'과 '진주 이불'을 빼앗아 가진 상황을 서술한다. 옹깅 승상은 이 일을 알고 칭기스에게 '자고드 코리[百戶長]'를, 토고릴에게는 '옹[王]'이라는 칭호를 주어 이후 '옹 칸'이라고 알려지게 되었다.

『몽골비사』135절에는 "타타르족이 요새화한 나라토 시투겐의 목영지를 약탈할 때 우리 군인들이 목영지에 버려진 한 어린 소년을 발견했다. **금귀걸이, 코걸이**를 하고 **금박 물린 비단과 담비가죽으로 안감을 댄 조끼**를 입은 소년이었다. 데려다가 칭기스 칸이 후엘룬 어머니께 '선물입니다' 하고 드렸다. 후엘룬 어머니가 '훌륭한 사람의 아이였음에 틀림 없다. 근본이 훌륭한 사람의 후손임에 틀림 없다'고 하며 자신의 다섯 아들들의 아우, 자신의 여섯 번째 아들로 삼아 시키겐 코도코(시기 코토코)라고 이름 지어 돌보았다"[29]는 기록이 있다. 이 기록은 칭기스 칸이 1196년에 타

---

28 라시드 앗 딘 저·김호동 역주, 『집사』, 「칭기스 칸 기」, 사계절, 2003, 153쪽.
29 『몽골비사』135절: Tatar-un qoryalaysan Naratu šitügen-e bayuysan nuntuy-tur talaqui-dur nigen üčügen kö'üken-i gegsen-i bidan-u čerigüd nuntuy-ača oljuqui. **Altan egemeg dörebčitü, daji toryan buluyan-iyar doturlaysan heligebčitü**

타르를 섬멸하고 그 목영지에 버려진 아이를 데려와 후엘룬 어머니께 선물로 드려 '시키겐 코도코'라는 이름을 주어 여섯 번째 아들로 길렀다는 내용이다. 어릴 때 그가 금귀걸이, 코걸이를 하고 금박 물린 비단과 담비 가죽으로 안감을 댄 조끼를 입은 것으로 보아 타타르부의 귀족 가문 출신임을 알 수 있다.

『집사』「부족지」에는 시기 쿠투쿠가 15세 되던 해에 일어난 일을 기록하기를, "당시 베수트 종족의 구추구르 노얀이 오르두를 주관하고 있었는데, 갑자기 **한 무리의 사슴**이 눈밭 위로 달려갔다. 쿠투쿠는 구추구르에게 '이 사슴들을 쫓아가겠다. …'고 말하자 [구추구르는] '괜찮다'고 말했다. 그는 사슴을 쫓아 달려갔다. … 잠들 시간에 쿠투쿠가 도착했고, 칭기스 칸이 그에게 '무엇을 했느냐?'고 물으니, 그는 '**30마리의 사슴 떼** 가운데 세 마리 이상은 도망치지 못했습니다. 나머지는 모두 내가 때려잡아 눈 속에 던져두었습니다'라고 말했다"[30]고 했다. 이 기록을 통해 칭기스 칸이 타타르부를 섬멸할 때 목영지에 버려진 어린 시기 쿠투쿠[『몽골비사』의 코도코]를 데려다가 후엘룬 어머니에게 드렸으며, 후엘룬이 자신의 여섯 번째 아들로 삼아 키웠다는 사실을 알 수 있다.

그리고 『집사』「칭기스 칸 기」에는 "1202년 '노카이 일', 즉 개해 봄에 칭기스 칸은 알치 타타르와 차간 타타르를 치기 위해 올쿠이 실지울지트라는 강가에 출정하면서 명령을 내리기를, '어느 누구도 **약탈물**을 취하느라 정신을 팔아서는 안 된다. 전투가 끝나고 적을 없앤 뒤에 약탈물을 거두어 모든 것을 공평하게 각자에게 나눌 것이다'라고 했고, 모두 이에 대

üčügen kö'üken-i abčiraju Činggis qahan Hö'elün eke-de sauɣa kemen ögbei. Hö'elün eke ügülerün, "Sayin kü'ün-ü kö'ün ajuɣu je. Huja'ur sayitu kü'ün-ü uruɣ buyu je. Tabun kö'üd-iyen de'ü, jirɣuduɣar kö'ün bolɣan Šiki quduɣu kemen nereyidčü eke asaraba.

30 『집사』「부족지」, 160쪽.

해 합의했다"[31]는 기록이 나오는데, 여기에는 물품이 열거되지는 않았지만, 대몽골국의 군사 조직이 기존의 원심력이 강한 유목 부족적 성격에서 칭기스 칸을 중심으로 하는 구심력이 강한 중앙집권적인 국가로 나아가게 되는 가장 중요한 원칙이 제시된 기록이다.[32]

『몽골비사』182절에 "옹구드 족의 알라코시 디기드 코리에서 온 사르탁 사람 아산[Asan ← Hasan Hājjī]이 **흰 낙타**를 타고, **일천 마리의 거세양**을 몰고 **담비**, **다람쥐**와 바꾸러 에르구네강을 따라 내려오는 것을 가축에게 물을 먹이러 발조나 호수로 들어가다가 만났다"[33]는 기록이 나온다. 이 기록은 1203년경 칭기스 칸이 케레이드의 옹 칸의 습격을 받아 발조나 호수로 피신해 있을 때, 사르탁[호레즘] 상인인 아산이 그곳을 지나다가 칭기스와 만났을 때이다. 이 상황은 아산이 칭기스에게 명운을 걸고 몽골 고원으로 왔음을 보여주는 장면이고, 아산의 속마음은 추후 칭기스 칸이 승리했을 때 자신의 상업적 이익을 미리 염두에 둔 계산된 행동이었다. 또한 칭기스 칸은 아산을 통해 호레즘 왕국 등 서아시아의 정보를 얻기 위한 계산이었다.[34] 이 장면에서도 역시 담비가죽[貂皮]과 다람쥐가죽이 중요한 물품으로 등장한다.

---

31 『집사』「칭기스 칸 기」, 199~200쪽.

32 라츠네프스키, 『칭기스 칸』, 67~68쪽.

33 『몽골비사』182절: Önggüd-ün Alaquši digid quri-dača Asan Sartaɣtai **čaɣa'an teme'etü minɣan irges** daɣulǰu Ergüne müren hürüɣü **buluɣad keremün** qudalduǰu abura ayisurun, Balǰuna usulan oroqui-dur učiraba.

34 Allsen Th. T., Mongolian Princes and Their Merchant Partners, 1200-1260, *Asia Major*, 3rd series, vol. 2, pt. 2, 1989, p. 87; 티모시 메이, 『칭기스의 교환』, 163~164쪽. 아산과 함께 자파르 호자(Jafar Khawja, 札八兒火者)도 무슬림이었다. 자파르 호자에 대해서는 김장구, 「대몽골국 초기 異文化와 宮廷의 外交典禮」, 『한국과 동부 유라시아 교류사』, 학연문화사, 2015, 310~311쪽[초출: 『동국사학』 53, 2012]; 邱軼皓, 「자파르 화자」[미할 비란 외 편저·이재황 옮김, 『몽골제국, 실크로드의 개척자들』, 책과함께, 2021, 223~247쪽] 참조.

소결(小結)

여기서 대몽골국 성립 이전에 몽골고원에서 생산, 약탈, 교환된 물품을 초원과 삼림의 생산 물품과 외부에서 유입되었을 가능성이 있는 귀중품으로 나누어 정리해 보겠다.

먼저, 초원과 삼림에서 생산되어 유통된 물품으로는,『비사』9절의 **담비와 다람쥐** 등 사냥감, 12~13절의 **세 살 난 사슴**, 89절의 **타르바가와 들쥐**, 90절의 **타르바가들**, 96절과 104절의 **검은담비 외투**, 97절과 211절의 **담비가죽 배내옷**, 114절의 **담비가죽 모자, 암사슴의 종아리 가죽으로 만든 구두, 털을 없애고 무두질한 수달피 가죽을 이어 만든 옷** 등 다섯 살 난 쿠추의 의복, 117절과 133절의 **가리온 말**, 182절의 **흰 낙타**와 **1,000마리의 거세 양, 담비와 다람쥐**,『집사』「부족지」의 삼림 우량카트 종족의 **동물 가죽 의복, 산우, 산양, 야생 암노루, 사슴 떼** 등이다.

사료에 언급된 것은 모두 가축과 사냥한 동물, 또는 그 모피나 가죽으로 만든 물품임을 알 수 있다. 종류별로 살펴보면, 담비[검은담비], 다람쥐, 암노루, 타르바가, 들쥐, 수달, 말, 산우(山牛), 산양, 낙타, 거세 양 등이다. 그리고 외부에서 유입되었을 가능성이 있는 물품으로는『비사』117절의 **금 허리띠**, 133절과 135절의 **금귀걸이**, **코걸이**, **금박 물린 비단**과 **담비가죽으로 안감을 댄 조끼**,『집사』「부족지」의 **은제 요람**과 [금실로 꿰맨] **진주 담요**[35] 등이다. 여기서 언급된 금 허리띠, 은제 요람, [금실] 진주 담요, 금귀걸이와 코걸이, 금박 물린 비단과 담비가죽으로 안감을 댄 조끼 등은 분명히 몽골고원 북부의 메르키드와 동부의 타타르를 공격하여 약탈한 물품이지만, 그 전에 외부 정주 지역으로부터 유입되었을 가능성이 크다.

---

35 『집사』「칭기스 칸 기」에는 **금실로 짠 이불**로 나온다.

2. 외부 정주 지역에서 유입된 물품

금나라가 타타르부를 앞세워 몽골 초원을 감시하고 괴롭히기 전, 금나라 건국 초기에는 몽골[蒙古斯]이 금나라를 괴롭혔는데, 1221년 몽골을 방문했던 조공(趙珙)은 "옛날에 있던 몽고스[蒙古斯]국은 금나라의 위천회(僞天會) 연간(1123~1134)에 자주 금나라를 침략하여 괴롭혔는데, 금나라는 싸우다가 후에는 **많은 금과 비단**을 주어 화친하였다"[36]는 기록을 남겼다. 이를 통해 당시 몽골 유목민들 역시 주변 정주 지역에서 금과 비단 등 몽골고원에서 생산되지 않는 필요한 재화를 획득했음을 알 수 있다.

이런 상황은 1140년대 무렵, 전(全) 몽골국[Qamuɣ Mongɣul Ulus]의 카불 칸에 대한 『집사』 「칭기스 칸 기」의 기록에도 비슷하게 보인다.

"카불 칸에 관해서는 일화들이 무척 많다. … 그 뒤 하루는 술이 잔뜩 취해 손뼉을 치고 발을 구르면서 알탄 칸 앞으로 가서는 그의 수염을 잡는 등 [칸을] 곤혹스럽게 만들었다. … 알탄 칸은 참을성 있고 현명한 군주였다. … 그래서 그것[=카불 칸의 행동]을 장난과 익살로 여기고 분노를 삭인 채 그의 목숨을 살려 주었다. 그리고 그에게 하사할, 그의 키만큼 될 **금과 보석과 의복**을 창고에서 가져오도록 하여 모두 그에게 준 뒤, 최대한으로 그를 깍듯하게 대하여 돌려보냈다."[37]

『집사』 「칭기스 칸 기」에는 1199년경에 "전하는 바에 따르면 그 뒤 어느 하루는 옹 칸이 보오르추에게 은사를 내리려고 그를 찾았다. [마침] 그는 시위(侍衛)에 들어 있었고 칭기스 칸의 활통을 차고 있었다. 그가 "옹 칸이 저를 찾았습니다"라고 말하자 [칭기스 칸은] "가보라!"고 말했

---

36 『蒙韃備錄箋證』[『蒙古史料四種本』], 434쪽. 舊有蒙古斯國, 在金人僞天會間, 亦嘗擾金虜爲患, 金虜嘗與之戰, 後乃**多與金帛**和之.

37 『집사』 「칭기스 칸 기」, 56~57쪽.

다. 그는 활통을 풀고 그것을 다른 사람에게 주고는 갔다. 옹 칸은 그에게 옷을 입혀 주고 **황금으로 된 '뭉쿠르' 10개**를 하사했다. **'뭉쿠르'는** 원래 그들이 **매우 큰 잔**을 가리킬 때 쓰는 용어로 '질페'보다도 더 큰 잔이었는데, 요즈음 우리는 그 용어의 본래 뜻을 알지 못하기 때문에 '뭉쿠르'를 작은 잔이라고 말한다"[38]는 기록이 보인다. 이 기록은 옹 칸이 보오르추에게 황금으로 된 큰 잔인 '뭉쿠르' 10개를 은사로 내린 사실을 보여주고 있다.

『집사』「칭기스 칸 기」에는 1203년경에 "[칭기스 칸은] 또 이렇게 말했다. "토그릴에게 전하라. … 우리 중에서 [아침에] 먼저 일어나는 사람이 칸 아버지가 마시던 **푸른 술잔**으로 마시곤 했는데, 너희가 늦었기 때문에 내가 너희보다 일찍 일어나 [그 잔으로] 또 마시니 너희가 모두 [나를] 질투했었다. 너희는 이제 **푸른 술잔**을 전부 차지했으니 [얼마든지] 마시거라. 나의 동생인 너 토그릴이여. [그래 봐야] 얼마나 마시겠는가?" …"[39]라는 기록이 보인다. 이 기록은 칭기스 칸이 토그릴과의 권력 투쟁에서 아버지(예수게이)의 '푸른 술잔'을 차지한 그를 '나의 동생'이라며 무시하는 말투로 이미 승기를 잡았음을 보여준다.

『몽골비사』188질에는 "… '그의 **금잔**이라도 주어라! 물이라도 떠 마시게 해라!'고 했다. 그러자 거세마 관리자 쿠쿠추가 셍굼의 금잔을 '받아라!' 하고 뒤로 던지고는 말을 달렸다"[40]는 기록이 나온다. 케레이드의 옹 칸과 그의 동생 닐카 셍굼이 도망치다가, 옹 칸은 도중에 죽고 셍굼은 자신의 거세마를 관리하던 쿠쿠추와 그의 아내와 같이 있었다. 이때 쿠쿠추

---

38 『집사』「칭기스 칸 기」, 189~190쪽.
39 『집사』「칭기스 칸 기」, 217~218쪽.
40 『몽골비사』188절: **Altan ǰantau** ber inu ög! Usun ber udquǰu uɣutuɣai!" kemeǰüküi. Tende-če Köködü aɣtači, "**Altan ǰantau** inu ab!" kemen qoyinaɣši oru'ad qataraǰu'u.

가 도망가는 과정에서 가지고 있던 '셍굼의 금잔'을 던져버리고 칭기스에게 갔다가, 주군인 셍굼을 배신했다고 하여 죽임을 당하게 된다.

『집사』「부족지」에는 "처음에 칭기스 칸이 메르키트 종족을 대부분 장악하고, 소의 해 즉 601년[=1205 을축(乙丑)]에 그 지방[탕구트]을 정벌하러 갔다. 그 지역에 크고 견고한 성채가 하나 있었는데 그 이름은 리키(Lîkî)였고, 큰 도시가 있었는데 그 이름은 아사 킹로스(Asâ Kînglôs)였다. 그것을 취하고 파괴하였으며, 그 지방을 유린하고 그곳에 있던 **많은 낙타**를 몰고 왔다"[41]는 기록이 있다. 이 기록을 통해 칭기스 칸이 탕구트를 공격한 주요 목적이 '많은 낙타'였음을 알 수 있다.

소결

대몽골국 성립 이전에 외부 정주 지역에서 몽골고원으로 유입된 것으로 볼 수 있는 물품으로는, 『몽달비록』의 **많은 금과 비단**, 『집사』「칭기스 칸 기」의 **금과 보석과 의복, 큰 황금 잔 '몽쿠르', 푸른 술잔**[玉杯?], 『비사』188절의 **금잔**, 『집사』「부족지」의 **많은 낙타** 등이다. 이렇게 살펴본 결과, 대몽골국 성립 이전에 몽골고원에는 주로 초원과 삼림지대에서 산출된 물품들이 대다수를 차지하였음을 알 수 있다. 아울러 외부 정주 지역에서 유입되었거나 유입되었을 가능성이 있는 물품으로는 금은보석, 비단, 의복 등과 황금 잔, 푸른 술잔 등 그리 다양하지 않았던 것으로 파악된다.

---

41 『집사』「부족지」, 234쪽.

Ⅳ. 대몽골국 성립 이후 몽골고원의 경제 상황의 변화

블라디미르초프는 대몽골국 성립 이후 몽골고원의 경제상의 변화에 대해 다음과 같이 서술하고 있다.

"강대한 칭기스 칸의 제국이 형성되고 몇 차례의 대규모 원정을 치른 다음에 몽골 지역과 몽골인의 경제가 일변하게 되었다. 사방에서 각종 귀중품이 몽골로 흘러들어 오고 화폐가 출현하였으며, 무슬림 상인의 활동이 대규모로 전개되고 원방(遠方)의 여러 문명국가에서 온 각종 공장(工匠)의 거류지가 출현하였다. 몽골에서는 건축물과 성시(城市)가 나타났는데 몽골인 자신도 그 일부분은 성시에 거주하기 시작하였다. 오르콘 하반(河畔)의 카라코룸은 대통상로의 교차점에 자리잡고 있었다.[42]

아래에서는 차례로 대몽골국 성립 이후 영향력이 확대되면서 몽골고원으로 유입되는 새로운 물품을 중심으로 살펴보겠다.[43]

1. 삼림과 초원에서 산출된 물품

『집사』「부족지」에는 "칭기스 칸이 나이만 군대를 패배시키고 타양 칸을 죽였을 때, 즉 호랑이의 해[=1206년]에 오난 강의 하원(河源)에 아홉 개의 다리를 지닌 흰 깃발을 세웠다. 거대한 집회와 대연회가 열렸고 칭기스 칸이라는 이름이 그에게 부여되었다. 그 뒤 타양 칸의 형제인 부이룩

---

42 블라디미르초프, 『몽골사회제도사』, 68쪽.
43 대몽골국의 수도 카라코룸의 역사와 동서 교류에 대해서는 이개석, 「元代의 카라코룸, 그 興起와 盛衰」, 『몽골학』 4, 1996; 김경나, 「몽골제국의 카라코룸 유물로 본 초원길의 동서교역」, 『아시아리뷰』 8-2, 2019를 참고하시오.

칸을 잡을 목적으로 출정하였는데, **매사냥**으로 정신이 없던 그를 사냥터에서 급습하여 죽여버렸다. 그의 휘하에 있던 쿠쉴룩과 그의 형제, 둘 다 도주하여 에르디쉬 강으로 갔다"[44]는 기록이 있다. 이 기록은 칭기스 칸이 나이만을 정복하고 타양 칸을 죽인 뒤 대몽골국을 성립하고 타양 칸의 형제인 부이룩 칸을 잡으러 갔을 때, 부이룩 칸은 여전히 위험을 감지하지 못하고 '매사냥'에 빠져 있다가 급습을 당해 죽게 되는 상황을 묘사하고 있다. 이 기록을 통해 당시 나이만을 비롯해 몽골고원의 유목 귀족들이 매사냥을 즐겼다는 사실을 파악할 수 있다.

『집사』「부족지」에 "칭기스 칸은 토끼의 해인 '타울라이 일', 즉 603년(1206~1207)에 [키르기스의] 이 두 군주에게 알탄이라는 사람과 부쿠라라는 사람을 사신으로 보내어 귀순할 것을 종용했다. 그들은 휘하의 세 아미르를 **흰 송골매[songqôr]**를 들려 배알하러 보내고 귀순해 왔다"[45]는 기록을 통해 몽골고원의 서북쪽에 살던 키르기스인들이 토산품인 '흰 송골매', 즉 '명응(名鷹)'을 칭기스 칸에게 조공품으로 바친 사실을 알 수 있다.

또한 『몽골비사』 239절에는 "[조치가] 투멘 키르기수드에 이르자 키르기수드의 노얀들인 예디 이날, 알 디에르, 우레벡 디긴 등이 **흰 송골매, 흰 거세마, 검은담비** 등을 갖고 귀순해 와서 조치를 알현했다. 시비르, 케스디임, 바이드, 토카스, 텐렉[텔렝구드], 투엘레스, 타스, 바지기드[바시키르]에서 이쪽으로 숲의 백성들을 귀순시키고 조치가 키르기수드의 만호, 천호들을, 숲의 사람들의 노얀들을 데려다 칭기스 칸에게 **흰 송골매, 흰**

---

44 『집사』「부족지」, 222쪽.
45 『집사』「부족지」, 246~247쪽. 이 내용은 『집사』「칭기스 칸 기」와 『元史』에도 나온다. 『집사』「칭기스 칸 기」, 253~254쪽; 『元史』 本紀 第一 太祖 二年 丁卯條 (北京: 中華書局 標點校勘本, 1999, 14쪽). '是歲, 遣**按彈**, **不兀剌**二人使**乞力吉思**. 旣而**野牒亦納里**部, **阿里替也兒**部, 皆遣使來獻**名鷹**.'

거세마, 검은담비 등을 바치며 알현케 했다"[46]는 기록이 있다. 이 기록들은 칭기스 칸의 맏아들인 조치가 북쪽의 '삼림민[hoi-yin irgen]'들을 정복하고, 그 지방의 특산물인 흰 송골매[čaɣa'anuɣud šingqod], 흰 거세마[čaɣa'anuɣud aɣtas], 검은담비[qaranuɣud buluɣad] 등 복속을 청하는 조공품으로 바친 것을 칭기스 칸에게 가지고 온 상황이다.

『집사』「칭기스 칸 기」에는 "[1208년] 겨울에는 톡타이 베키와 쿠쉴룩을 치기 위해 상서롭게 출정했다. ··· 그들은 메르키트의 군주 톡타이 베키와 [나이만의] 타양 칸의 아들 쿠쉴룩 칸을 급습하여 두 사람을 모두 격파하고, 그의 **재산**과 **말 떼**와 **가축**을 모두 약탈했다"[47]는 기록이 보이는데, 이는 당시 몽골고원의 유목민 사이에 벌어진 전쟁의 목적이 상대방의 재산과 가축 등을 약탈하기 위한 것이었음을 보여준다.

칭기스 칸이 중앙아시아 원정 중에 초청한 장춘진인(長春眞人)의 여정을 기록한 여행기인 『서유기(西遊記)』에는 다음과 같은 기록이 보인다.

"[신사년(辛巳年, 1221) 음력 5월 하순(27일) 하지]여기에서 서쪽으로는 점점 산과 언덕이 보였고, 사람들이 제법 많이 있었다. 또한 그들은 모두 **검은 수레**와 **흰 장막**을 **집**으로 삼아 살며, **가축**을 방목하고 **사냥**을 하는 것이 그 풍속이다. **옷은 무두질한 가죽이나 모피**로 만들어 입고, **짐승의 고기와 젖을 음식**으로 먹는다. 남자들은 머리를 땋아서 양쪽 귀 뒤로 늘어뜨린다. 부인들은 **자작나무 껍질로 된 모자**를 머리에 쓰는데,

---

46 『몽골비사』239절: (Joči-yi) Tümen Kirgisüd-tür kürügesü Kirgisüd-ün noyad Yedi, Inal, Al-di'er, Örebeg digin Kirgisüd-ün noyad elsen oroju **čaɣa'anuɣud šingqod**, **čaɣa'anuɣud aɣtas**, **qaranuɣud buluɣad** abuɣad irejü, Joči-da aɣuljaba. Šibir Kesdiyim, Bayid, Tuqas, Tenleg, Tö'eles, Tas, Bajigid-ača inaɣši hoi-yin irgen-i Joči oroɣulju Kirgisüd-ün tümed-ün, minɣad-un noyad-i, hoi-yin irgen-ü noyad-i abuɣad irejü Činggis qahan-dur **čaɣa'anuɣud šingqod**-iyar, **čaɣa'anuɣud aɣtas**-iyar, **qaranuɣud buluɣad**-iyar aɣuljaɣulbai.

47 『집사』「칭기스 칸 기」, 254쪽.

어떤 것은 높이가 2척이 넘는다. 대부분은 **검은 모직물**로 둘러싸는데, 부유한 사람들은 **붉은색 비단**을 쓰기도 하며 모자 끝이 거위나 오리같이 생겨서 **고고(故故)**라고 부른다. 사람들과 접촉하는 것을 아주 싫어하며 장막(廬帳)을 출입할 때는 주변을 배회한다."[48]

이 기록은 몽골고원 서부를 지나며, 그 지역의 주거, 음식 생활과 두발 양식 등에 대해 서술한 내용이다. 특히 부인들의 '고고관(故故冠, boɣtaɣ)'에 대한 자세한 설명이 눈에 띈다.

"[신사년(辛巳年, 1221) 음력 6월 하순(下旬)] 28일, 오르도의 동쪽에 도착했으며, … 진영에 들어갔고, 남쪽 연안에 **수레**를 놓아두었다. **수레**와 **천막**이 많았고, 날마다 **제호(醍醐, 버터)**와 **동락(湩酪, 응유)**이 제공되었다. 한(漢, 금나라)과 하(夏, 탕구트)의 공주가 모두 **방한 도구 등**과 **식량**을 보내왔다. **기장쌀** 1두(斗)는 백금 10냥이며, 백금 50냥이면 밀가루 80근(斤)과 바꿀 수 있다. 대개 밀가루는 음산(陰山, 천산산맥) 너머 2,000여 리 떨어진 서역에서 [서역]상인들이 낙타에 실어서 가지고 온 것이다."[49]

이 내용은, 아마도 대칸의 부인인 한 카툰의 오르도에 도착해서 며칠 동안 쉬고 있을 때의 상황으로 보이는데, 특히 수레와 천막[게르], 유제품과 곡물에 대해 기록하였다.

---

48 『長春眞人西遊記』[『蒙古史料四種本』], 268~269쪽. 從此以西, 漸有山阜, 人烟頗衆, 亦皆以**黑車白帳**爲家. 其俗**牧**且**獵**, **衣**以**韋毳**, **食**以**肉酪**, 男子結髮垂兩耳, 婦人**冠**以**樺皮**, 高二尺許, 往往以卓**褐**籠之. 富者以**紅綃**, 其末如鵝鴨, 名曰故故. 大忌人觸, 出入盧帳須低佪.

49 『長春眞人西遊記』[『蒙古史料四種本』], 280~282쪽. 二十八日, 泊窩里朶之東, … 入營, 駐**車**南岸, **車帳**千百, 日以**醍醐湩酪**爲供, 漢夏公主皆送**寒具等食**, **黎米**斗白金十兩, 滿五十兩可易麵八十斤, 蓋麵出陰山之後二千餘里, 西域賈胡以橐駝負至也.

"[신사년(辛巳年, 1221) 음력 7월 중하순(中下旬)] 북쪽에는 갈랄초(曷剌肖, 올리야소타이)라 불리는 옛 도시가 남아 있었다. … 처음으로 회흘(回紇) 사람을 보았는데, 수로를 파서 **보리[밭]**에 물을 대고 있었다. 또 5~6일을 고개를 넘어서 남쪽으로 이동하여 몽골 진영에 이르렀다. … 역참지기가 말하기를 이 설산(雪山)의 북쪽에 **진해(鎭海, 칭카이) 팔랄갈손(八剌喝孫, balɣasun)**이 있다. 팔랄갈손은 중국어로 성(城)을 일컫는 것이다. 그 안에는 **창고**가 있어 창두(倉頭)라고 부르기도 한다. … [7월 26일] 다음날 아불한산(阿不罕山)의 북쪽에서 칭카이[鎭海]가 선생을 찾아왔다. 선생이 그와 이야기하기를, '… 사막에는 농사를 짓는 사람들이 거의 없었는데, 여기에서는 추수가 이루어진 것을 기쁘게 보았습니다. 나는 여기에서 겨울을 나면서 황제께서 돌아오는 것을 기다리려고 하는데, 어떻습니까?' …"[50]

이 기록은 자브한 강변의 올리야소타이라는 옛 도시에 들러 보리농사를 짓는 것을 보았고, 칭카이 성(城)에 대해 서술한 내용이다. 이 지역은 몽골고원에서 소규모 농사가 가능한 지역 중 한 곳이다.

"[계미년(癸未年, 1223) 음력 4월] 서북쪽 1,000여 리에 있는 검검주(儉儉州)에서는 **좋은 철**이 산출되고. **청서(靑鼠)**가 많으며 또한 **기장**과 **보리**도 수확한다. **한인(漢人) 장인(匠人)**들이 거기에 많이 살며, **각종 비단을 직조**하고 있다. 도원(道院)의 서남쪽으로는 금산(金山, 알타이)이 보이는데, 그 산에는 비와 우박이 많이 내린다."[51]

---

50 『長春眞人西遊記』[『蒙古史料四種本』], 282~286쪽. 北有故城曰曷剌肖, … 始見回紇決渠灌麥. 又五六日,踰嶺而南, 至蒙古營, … 郵人告曰, 此雪山北, 是田鎭海八剌喝孫也. 八剌喝孫, 漢語爲城, 中有倉廩, 故又呼曰倉頭. … 翌日, 阿不罕山北鎭海來謁, 師與之語曰, "… 沙漠中多不以耕耘爲務, 喜見此間秋稼已成, 余欲於此過冬, 以待鑾輿之回, 何如?"

51 『長春眞人西遊記』[『蒙古史料四種本』], 366~367쪽. 西北千餘里儉儉州, 出良鐵多靑鼠, 亦收床麥, 漢匠千百人居之織綾羅錦綺.

이 기록은 오늘날 투바공화국에 속하는 검검주(儉儉州~謙謙州, 켐켐치우트) 지역의 산출을 설명하고 있는데, 좋은 철과 청설모[靑鼠]가 나며, 기장과 보리도 수확하는 것으로 보아 일부 농경도 이루어지고 있음을 알 수 있다. 특히 한인 장인[漢匠]들이 많이 거주하며 각종 비단을 직조하는 것으로 보아, 아마도 전쟁 포로로 이주된 농민과 기술자들인 것으로 볼 수 있다.

소결

대몽골국 성립 이후 몽골고원에서 유통된 물품을 살펴보면, 먼저 『집사』 「부족지」의 **매사냥, 흰 송골매**, 『비사』 239절의 **흰 송골매 흰 거세마 검은담비**, 『집사』 「칭기스 칸 기」의 1208년 겨울 메르키트의 **재산**과 **말 떼**와 **가축** 약탈 등 기사에 보이는 매, 흰 송골매, 흰 거세마, 검은담비 등이 있다.

장춘진인(長春眞人)의 『서유기(西遊記)』에는 **검은 수레**와 **흰 장막, 가축**과 **사냥, 무두질한 가죽옷, 모피, 짐승의 고기**와 **젖, 검은 모직물**이나 **붉은색 비단**으로 싼 **자작나무 껍질로 된 부인들의 모자[고고(故故)], 제호(醍醐, 버터)**와 **동락(湩酪, 응유), 방한 도구** 등과 **식량, 기장쌀, 보리(밥), 추수** 등이 언급되고 있는데, 대부분 초원과 삼림지대에서 생산되는 것들이다. 그렇지만 고고관[boɣtaɣ]을 감싸는 붉은색 비단은 외부에서 유입되었을 것이다.

특히, 켐켐치우트[儉儉州]에서 나는 **좋은 철**과 **청서[靑鼠], 기장**과 **보리**가 언급되었으며, 많은 **한인(漢人) 장인(匠人)**들이 **각종 비단**을 직조하는 것으로 보아, 전쟁 포로가 된 자들로 보인다.

2. 외부 정주 지역에서 유입된 물품

『집사』「부족지」에는 "칭기스 칸이 무서운 꿈에서 깨어나 등불을 찾았는데, 오르두 안에는 자아 감보의 딸인 이바카 베키라는 이름의 한 카툰이 있었다. … 그리고 '밖에 누가 있느냐?'고 소리쳤다. 케식을 서던 [주르체데이의 아들인] 케흐티 노얀은 '접니다'라고 대답했다. 그를 불러들여 '이 카툰을 너에게 주노라! 그녀를 취하라!'라고 말했다. 케흐티가 이 일로 크게 두려워하자 그를 달래면서 '두려워하지 말라! 내가 한 이 말은 진실이다'라고 하고, 카툰에게는 '내게는 기념으로 이름이 [아식 테무르]인 바우르치 한 명과 내가 쿠미즈를 마시던 **황금 술잔**을 남겨놓으라!'고 말한 뒤, 오르두와 가복들과 가인들과 재물과 가축 등 나머지 모든 것을 카툰에게 주었고, 그녀를 케흐티 노얀에게 주었다"[52]는 기록이 있다. 여기서 칭기스 칸이 쿠미즈[아이락]를 마시던 잔이 '황금 술잔'이었음을 알 수 있다. 이 내용은『몽골비사』208절에 "[1206년 분봉 시] 칭기스 칸이 이바카 베키를 주르체데이에게 상으로 주며, '너를 성품이 나쁘고 자태가 초라하다고 안 했다' …"[53]라고 나온다.

『몽골비사』238절에는 "[오이고드[위구르]의 이도오드가] '그대의 다섯째 아들이 되어 힘을 바치겠습니다!' 하고 아뢰어 왔다. 그 말에 칭기스 칸이 허락하여 답을 보내기를, '딸도 주마! 다섯째 아들이 되도록 하라! **금**, **은**, **진주**, **자개**, **금단(金緞)**, **혼금단(渾金緞)**, **비단**을 갖고 이도오드가 오도록 하라!'고 하여 보내자, 이도오드가 '허락받았다'고 기뻐하며 **금**, **은**, **진주**, **자개**, **비단**, **금단**, **혼금단**, **피륙**을 갖고 와서 칭기스 칸을 알현했

---

52 『집사』「부족지」, 320쪽;『집사』「칭기스 칸 기」, 117쪽.

53 『몽골비사』208절: Činggis-qahan Ibaγa beki-yi Jürčedei-ye soyurqaǰu ögürün, Ibaγa-da ügülerün, "Čima-yi Ülige če'eǰi činu üge'üi, Üǰesgüleng tala mau'ui ese ke'ebe ǰe, bi.

다. 칭기스 칸이 이도오드에게 알 알톤을 주었다"[54]는 기록이 있다.

『집사』「칭기스 칸 기」에도 "[1209년 봄] 앞에서 말한 두 사람의 사신이 칭기스 칸의 사신들과 함께 도착해 그 말을 아뢰자, 칭기스 칸은 은사를 내려 '만일 이디쿠트가 진실로 힘을 다 바칠 마음이 있다면, 그가 **창고 안에 가지고 있는 것**을 자신이 직접 갖고 오도록 하라!'는 칙령을 내렸다. … 그들이 그곳에 도착하자 이디쿠트는 창고의 문을 열고 **화폐와 물품** 가운데 적당하다고 생각되는 것들을 골라서 칭기스 칸의 어전으로 향했다"[55]고 같은 내용이 보인다.

이 기록들은 칭기스 칸이 '대몽골국'을 건설하고 공신들에게 상훈을 내릴 때, 위구르의 이도오드[이드쿠드, 亦都護]가 복속을 청하는 상황이다. 위구르가 바친 물품으로는 금[altan], 은[münggü], 진주[subud], 자개[tanas], 금단(金緞, načid), 혼금단(渾金緞, dardas), 비단[toryad], 피륙[ayurasun] 등이 있는 것으로 보아 실크로드 상에 있던 오아시스 정주 국가인 위구르 왕국의 재화를 엿볼 수 있다.

이어서 "[칭기스 칸의] 어전에 위구르인들의 군주가 와서 배알하고, '만일 은사를 내리셔서 이 종을 높여주신다면, 멀리서 듣고 가까이 온 것을 [치하하여] **붉은 색의 외투**와 **황금 혁대 고리**를 제가 갖도록 해주십시오. 또한 칭기스 칸의 네 아들 다음에 저를 다섯째 아들이 되게 해주십시오'라고 청원했다"[56]는 기록에서 위구르 군주가 1209년에 사신을 보내 복

---

54 『몽골비사』 238절: Tere üge-dür Činggis qahan soyurqaǰu qariɣu ügüleǰü ilerün, "Öki ber ögüye! Tabduɣar kö'ün boltuɣai! **Altan, münggü, subud, tanas, načid, dardas, toryad** abuɣad Iduɣud iretügei!" kegeǰü ilegesü, Idu'ud "Soyurɣaɣdaba." kemen baysču **altan, münggü, subud, tanas, toryad, načid, dardas, ayurasun** abuɣad Iduɣud ireǰü Činggis-qahan-dur aɣulǰaba. Činggis qahan Iduɣud-i soyurqaǰu Al altun-i ögbe.

55 『집사』「칭기스 칸 기」, 253~257쪽.

56 『집사』「칭기스 칸 기」, 272쪽.

속을 청한 후, 1211년 봄에는 직접 몽골고원으로 가서 칭기스 칸에게 아들이 되겠다고 청원하는 상황을 알 수 있다.

『몽골비사』 248절에는 "… '(알탄) 칸(금나라 황제, 宣宗)이 허락하신다면, 몽골의 칸에게 지금은 귀순하여 화의합시다! 화의에 들어 몽골이 물러가면, 물러간 뒤에 다시 다른 생각을 우리가 해봅시다! 몽골의 사람도, 군마도 땅이 맞지 않아 병들어간다고 얘기들 합니다. 그들의 칸에게 **딸**을 줍시다! **금, 은, 피륙, 재화**를 군인들에게 무겁게 내어줍시다! 우리의 이 화의를 받아들일 수도 있을 것입니다' 하고 제안하였다. 알탄 칸이 옹깅 승상[完顏承暉]의 이 말을 옳게 여겨, '그렇게 되도록 하라!'며 귀순하여 칭기스 칸에게 **공주 이름의 딸[岐國公主]**을 바치고, **금, 은, 피륙, 물화**를 군인들의 힘이 감당할 수 있을 때까지 중도[中都]에서 내어 옹깅 승상을 칭기스 칸에게 보내왔다. 귀순해 오자 칭기스 칸이 그들의 화의를 받아들여 도시마다 공격하고 있던 부대들을 돌아오게 하여 철군했다. 옹깅 승상은 모죄[莫州], 후쥐[撫州]라는 이름의 멧부리까지 칭기스 칸을 배웅하고 돌아갔다. **피륙, 물화**를 우리의 군인들이 실을 수 있는 데까지 싣고, 짐을 **깁**으로 묶고 행군했다"[57]는 기록이 있다.

---

57 『몽골비사』 248절: Altan-qan-i soyurqabasu Mongɣul-un qan-dur edöged-tür elsen
eyetüye! Eye-dür oruǰu Mongɣul-i ičuɣasu, ičuɣaɣsan-u qoyina basa busu sedkil
bida tende eyetüldüd ǰe. Mongɣul-un ba ere aɣta ɣaǰar hegüšiyeǰü kölčirgemüi
kemegdemüi. Qan-a inu **öki** ögüye! **Altan müngün aɣurasud ed** čerig-ün kü'ün-e
kündüte ɣarɣaǰu ögüye! Ene eye-dür man-u oroqu ülü-'ü-yi ker medegdekü?"
kemen duradqabasu Altan-qan Ongging čingsang-un ene üge ǰöbšiyeǰü, "Eyin
böged boltuɣai!" kemen elsen Činggis qa'an-a **Güngǰü neretei öki** ɣarɣaǰu **altan**,
müngün, aɣurasun ed tabar čerig-ün kü'ün-e küčün-e medegülün daɣaqui-ača
Jungdu-ača ɣarɣaǰu Činggis-qahan-dur Ongging čingsang kürgeǰü irebei. Elsen
iregdeǰü Činggis-qahan eye-dür anu oroǰu, qotad qotad-tur egered baɣuɣsad
čerigüd-i qariɣulǰu ičubai. Ongging čingsang Muǰu, Fuǰu neretü qoši'un-a kürtele
Činggis qa'an-i hüdeǰü qariba. **Aɣurasun ed** bidan-u čerigüd daɣaqui-ača ačiǰu,
kibud-iyar ačiɣa-ban tataǰu yabubai.

이 기록은 1208~1209년[1214~1215년의 원정과 혼동되어 서술]의 일을 서술하면서, 칭기스 칸이 금나라를 공격하자 금나라가 화의를 청하는 과정을 보여주는 장면이다. 금나라 측에서 황제의 딸[岐國公主]과 함께 대량의 금, 은, 피륙, 재화를 보냈는데, 심지어 '비단 깁'을 재화를 묶는데 사용할 정도로 질과 양이 엄청났다는 의미이다.[58]

『몽골비사』 249절에 "그 출정한 김에 카신[河西] 사람들[=탕구트]에게 갔다. 향하여 가니 카신 사람들의 보르칸[국왕]이 귀부하여, '그대의 오른 팔이 되어 힘을 바치겠습니다' 하고 아뢰면서 **차카 이름의 딸**을 칭기스 칸에게 내주었다. … '칭기스 칸이 허락하신다면, 우리 탕오드 사람들은 키 큰 데레순 풀[deresün]을 가리개로 하여 기른 **많은 낙타**를 내어 **공물**로 드리겠습니다. 털을 짜서 **피륙**을 만들어 바치겠습니다. 놓는 **매**를 조련하고, 수집하여 그중에 좋은 것으로 골라 보내며 살겠습니다!' 하고 아뢰었다. 아뢰고 나서 약속을 지켜 탕오드 사람들로부터 **낙타**를 징발하여 이루다 몰고 갈 수 없도록 가져다주었다"[59]는 기록이 나온다. 여기서는 1209년 칭기스 칸의 제1차 탕구트[西夏] 원정에 대한 서술 과정에서, 탕구트의 보르칸[국왕]이 자신의 딸 차카를 바치고, 많은 낙타, 털을 짠 피륙, 훈련시킨 매 등을 공납품으로 바친 것을 기록하고 있다. 이 서술을 통해 탕구트 지방에 낙타와 피륙, 매 등이 많이 산출되고 있음을 알 수 있다.

그 결과로, 이어서 『몽골비사』 250절에는 "칭기스 칸은 그 출정에서

---

58 『元史』本紀 第一 太祖 九年 甲戌條(北京: 中華書局 標點校勘本), 17쪽.

59 『몽골비사』 249절: Tere morilaɣsaɣar Qašin irge-dür yorčiba. Joriǰu kürü'esü Qašin irgen-ü Burqan elsen, "Baraɣun ɣar činu bolǰu küčü ögsü!" kemen **Čaɣa neretei öki** Činggis qa'an-a ɣarɣaǰu ögbe. … Činggis qa'an-i soyurqabasu, ba Tangɣud irgen ündür deresün-ü nemürete ösgeǰü **olon temeged** ɣarɣaǰu qa bolɣaǰu ögsü! **Örmege nekeǰü, aɣurasun** bolɣaǰu ögsü! **Oɣorqu šibaɣun surɣaǰu quraɣulǰu sayid-i inu kürgegülün** asuɣai!" kemen öčibei. Ügüleǰü üge-dür-iyen kürün Tangɣud irgen-eče-iyen **temeged ɣubčiǰu** tuɣun yadatala abčiraǰu ögbei.

키타드 사람들의 알탄 칸[금 황제]을 귀부시켜 **많은 피륙**을 취하고, 카신 사람들의 보르칸을 귀부시켜 **많은 낙타**를 취하였고, 칭기스 칸은 양의 해(1211년)의 그 출정에서 키타드 사람들의 아코타이라는 이름의 알탄 칸을 귀부시키고 탕오드 사람들의 일로코 보르칸을 귀부시키고, 돌아와 사아리 초원에 설영했다"60는 기록이 보인다.

『몽골비사』 252절에 "알탄 칸은 종도에서 나올 때 종도 안에 카다를 료쇼[留守]로 삼아 맡기고 갔다. 칭기스 칸이 종도의 **금, 은, 재화**와 **피륙**을 점검시키러 웅구르 집사장, 아르카이 카사르, 시기 코토코를 보냈다. 이들 셋이 온다고 카다가 **금을 섞어 짜고 무늬를 넣은 피륙**을 갖고 종도에서 나와 마중했다"61는 기록이 보인다.

또한 『집사』「칭기스 칸 기」에도 "그때 칭기스 칸은 쿤쥐[Qûnjîû, 桓州]라는 곳에 있었는데, 타타르 종족 출신의 [시기]쿠투쿠 노얀과 웅구르 바우르치와 하르카이 카사르 등 세 사람을 보내서 중두시 안에 있던 **알탄 칸의 재고와 재물**을 갖고 오도록 했다. 알탄 칸이 그 도시에서 떠날 때 카일류와 쿠이라는 두 아미르를 신뢰하는 대리인으로 **재산과 재고와 물자**를 관리하도록 남겨 두었다. 이 관직은 키타이 언어로 '류슈[留守]'라고 불린다. 이 두 사람과 다른 아미르들은 **금실로 짠 의복**과 **보물들**을 갖고 상술한 아미르들을 배알했다. 웅구르 바우르치와 하르카이 카사르는 [그것

---

60 『몽골비사』 250절: Činggis-qahan tere morilaɣsan-dur Kitad irgen-ü Altan qa'an-i elsegüljü **olon aɣurasun** abču, Qašin irgen-ü Burqan-ni elsegüljü **olon temeged** abču Činggis-qahan qonin jil tere morilaɣsan-dur Kitad irgen-ü Aqutai neretü Altan qan-i elsegüljü Tangɣud irgen-ü Iluɣu burqan-ni elsegüljü qariju Saɣari-keger-i baɣubai.

61 『몽골비사』 252절: Altan qan Jungdu-dača ɣarurun Jungdu dotura Qada-yi liušiu bolɣan tüšijü oduɣsan ajuɣu. Činggis qahan Jungdu-yin **altan, müngün, ed, aɣ urasun** ya'uke inu toɣolaɣulurun, Önggür baɣurči, Arqai qasar, Šigi-qutuɣu ɣurban-i ilebei. Ede ɣurban-i ayisai kemen Qada esergü uɣdun **altatai hartai aɣ urasu** bariɣad Jungdu dotor-ača ɣarču esergü irebe.

을] 받아들였지만, 쿠투쿠 노얀은 거절했다. … 칭기스 칸은 '쿠투쿠는 큰 도리를 알고 있다'고 하면서 그것의 배로 은사를 내려 주고, 웅구르 바우르치와 하르카이 카사르를 질책했다'[62]는 기록이 나온다.

이 기록들은 1215년경, 칭기스 칸이 중도(中都)를 공격하자 알탄 칸[금 황제]이 도망가면서 카다에게 유수(留守)직을 주어 맡겼는데, 칭기스 칸이 부하들을 시켜 중도의 재화를 점검하려고 보낸 상황이다. 당시 금나라 수도인 중도에는 금, 은, 재화, 피륙이 많이 쌓여 있었음을 알 수 있다.

『집사』「칭기스 칸 기」에는 "… 호라즘 샤의 치세 말년에 사람들은 비할 바 없는 평안과 복락을 누렸고, 반란의 불길은 소멸되었다. 도로에는 도적과 강도가 사라져, 상인들은 왕국의 어느 곳이라도 이익을 낼 것 같은 지방이 있다면 그 같은 이익을 얻기 위해 그쪽으로 갔다. 몽골 종족들은 도시들에서는 멀리 떨어진 초원민이었기 때문에 **여러 종류의 직물**과 **의복**과 **카펫** 등은 그들에게 특히 귀했고, 그들과의 교역이 가져다주는 이익에 대한 소문은 매우 널리 퍼졌다. 그런 까닭에 부하라에서 세 명의 상인이 **금사직물**(金絲織物), **잔다니치**, **면포** 등을 비롯해 그 밖에도 그 종족들에게 필요하고 알맞다고 보이는 **각종 물품**을 갖고 그 지방으로 향했다. … 그들이 그곳에 도착했을 때 그중 한 사람이 자신[이 갖고 온] 옷들을 보이면서, 그 가격이 10디나르나 20디나르인 것들을 모두 2발리시나 3발리시로 불렀다. 칭기스 칸은 터무니없는 그 말을 듣고 … 그의 옷들을 목록으로 적어 빼앗고 그를 억류했다. … [칭기스 칸이] 아무리 말해도 그들은 옷의 가격을 부르지 않고 '우리는 이 직물들을 군주의 이름으로 가지고 왔습니다'라고 말했다. 칭기스 칸은 그들의 말에 기분이 좋아져 '**금실로 짠 옷**들은 모두 금 1발리시를 주고, **잔다니치**[와] **면포** 두 벌에 은 1발리시를 주라'고 했다. … 그들이 돌아갈 때 [칭기스 칸은] '카툰·왕자·아미르들은

---

62 『집사』「칭기스 칸 기」, 288~289쪽.

각자 자기 휘하에서 두세 사람을 [선발하여] 금·은 발리시를 주고, 그들과 함께 술탄 지방으로 가서 교역을 하여 그 지방의 보배들과 진귀품들을 구해 오도록 하라!'고 지시했다. 그 명령에 따라 각자 자기 종족에서 한두 사람을 임명하여 450명의 무슬림이 모였다. 칭기스 칸은 마흐무드 호라즈미와 알리 호자이 부하리와 유수프 칸카 오트라리를 사신으로 그 상인들과 동행케 해서 호라즘 샤에게로 보내, 다음과 같은 전갈을 주었다. … "63 는 기록이 있다. 이 기록을 보면, 칭기스 칸이 실크로드를 통한 오아시스 도시와의 통상교역에 얼마나 큰 관심을 기울였는지 알 수 있다.64 즉, 몽골고원에서 생산되지 않는 재화들을 무슬림 상인을 통해 지속해서 공급받아 몽골 유목민들의 생활을 윤택하게 하는 것이 자신의 통치권을 강화할 지름길임을 명확하게 인식했다고 볼 수 있다.65

『몽골비사』 260절의 "해가 지는 곳에서 뜨는 곳에 이르기까지 적의 백성이 있습니다. 저희 투부드[티베트] 개들을 부추겨 보내시면, 저희에게 천지가 힘을 보태주시면, 저희가 **적의 백성**을, **금**, **은**, **피륙**, **물화**, **백성**과 **속민**을 그대에게 가져오겠습니다"66는 기록이 보인다. 이 기록은, 1218년부터 시작된 칭기스 칸의 중앙아시아 사르타올[호레즘 왕국] 원정 과정 중의 상황을 서술한 것으로, 몽골군의 목적이 재화와 사람을 약탈하는 것이었음을 보여준다.

---

63 『집사』 「칭기스 칸 기」, 308~310쪽; 티모시 메이, 『칭기스의 교환』, 165~167쪽.

64 Allsen, *Commodity and Exchange in the Mongol Empire*, 1997; 설배환, 『蒙·元 제국 쿠릴타이 硏究』, 서울대학교대학원 동양사학과 박사학위논문, 2016, 139~161쪽.

65 Allsen, Mongolian Princes and Their Merchant Partners, 1200-1260, pp.83~94.

66 『몽골비사』 260절: Naran šinggekü-eče uruqu-da kürtele dai-yin irgen bui. Man-i Töbödüd noqod-iyan tukirču ilegesü, **daiyin irgen**-i ba tenggeri yajar-a küčü nemegdejü, **altan**, **münggü**, **ayurasun**, **tabar**, **irgen**, **oryan** čima-da abčirasuyai!

"[신사년(辛巳年, 1221) 음력 6월 하순(下旬)] 28일, 오르도의 동쪽에 도착했으며, … 기장쌀 1두(斗)는 백금 10냥이며, 백금 50냥이면 **밀가루 80근(斤)과 바꿀 수 있다. 대개 밀가루는 음산(陰山, 천산산맥) 너머 2,000여 리 떨어진 서역에서 [서역]상인들이 낙타에 실어서 가지고 온 것이다.**"[67]

이 기록은 몽골고원에 유입된 밀가루가 서역(西域, 중앙아시아) 상인들이 낙타로 실어왔다는 것과 그 가격까지 기록한 중요한 사료이다.

『몽골비사』 264절에는 "힌두스의 중부에 이르도록 추격하였으나 찾지 못하고, 회군하면서 힌두스의 변방 백성들을 약탈하고 수많은 **낙타**, 수많은 **거세 염소**를 가져왔다"[68]는 기록이 있는데, 이는 호레즘 왕의 아들 잘랄 앗 딘이 인더스 강을 건너 도망치자, 몽골군이 회군하면서 그 지방 백성들을 약탈하고 낙타와 거세 염소들을 빼앗아 오는 과정을 서술한 것이다.

『몽골비사』 265절에는 "아샤 감보가 나서며, '모욕하는 말들은 내가 했다. 이제라도 너희 몽골이 싸움을 배웠으니, 싸우고자 한다면 나는 알라샤이[賀蘭山]에서 목영하며, **모직 장막**이 있고, **낙타 짐**을 갖고 있다. 알라샤이를 행해 내게 오라! 거기서 싸우자! **금, 은, 피륙, 재화**가 필요하면 에리 카야[寧夏], 에리 제우[西涼]를 목표로 해라!' 하고 말을 전해 보냈다"[69]는 기록이 보인다. 이 기록은 칭기스 칸이 호레즘을 비롯한 중앙아시아

---

67 『長春眞人西遊記』[『蒙古史料四種本』], 280~282쪽. 二十八日, 泊窩里朶之東, … 黎米斗白金十兩, 滿五十兩可易麵八十斤, 蓋麵出陰山之後二千餘里, 西域賈胡以橐駝負至也.

68 『몽골비사』 264절: Šindus-un dunda kürtele eriǰü yadaǰu qariǰu, Šindus-un kiǰiɣ ar irgen-i daɣuli'ad olon **temeged** olon **serkes**-i abuɣad ireǰüküi.

69 『몽골비사』 265절: Aša-gambu ügülerün, "Daɣaringqu üges bi ügülelüge. Edöge ber bögesü ta Mongɣol qadqulduɣa surču qadquldusu kemebesü, bi bürün Alašai nuntuɣtu, **terme gertü**, **temege-iyen ačiɣatu** buyu. Alašai ǰoriǰu na-dur iredkün! Tende qadqulduya! **Altan münggün aɣurasun tabar** keregtü bögesü, Eri-qaya, Eri-ǰe'ü-yi ǰoridqun!" kemeǰü ileǰüküi.

원정에서 되돌아오자마자, 중앙아시아 원정에 군대를 내지 않은 탕구트를 1226~1227년에 응징하러 갔다가 병에 걸린 상황에서, 아샤 감보가 항복하지 않고 싸움을 청하는 장면이다. 당시 탕구트가 많이 갖고 있던 재화의 종류들이 열거되어 있다.

『집사』「칭기스 칸 기」에는, "칭기스 칸은 유언을 모두 마치고 아들들을 보낸 뒤 낭기야스 방면으로 향했는데, 그 도시의 군주들이 차례로 찾아와 복속했다. 주르체와 낭기야스와 탕구트 지방들의 경계 중간에 있는 류판샨[六盤山]에 도착했을 때, 주르체의 군주가 '칭기스 칸이 왔다'는 소식을 듣고 사신들에게 선물을 들려 파견해서 ―그 가운데에는 호화스런 **큰 진주들**이 담긴 접시도 하나 포함되어 있었다― '우리는 복속하겠습니다'라고 말했다. 칭기스 칸은 '귀에 구멍을 뚫은 사람에게는 모두 **진주**를 주라'고 명령했다"[70]라고 나온다. 이 기록은 칭기스 칸이 다시 원정길에 올라 금나라 근처에 오자, 금나라 황제가 칭기스에게 '호화스런 큰 진주들이 담긴 접시'를 보내 복속을 청해왔고, 칭기스는 이 진주를 부하들과 군사들에게 모두 사여한 내용이다. 이 기록을 통해 칭기스 칸은 전리품이나 공납품을 자신보다도 부하들에게 사여함으로써 충성심을 확보했음을 알 수 있다.

『몽골비사』 266절에는 "칭기스 칸이 차소토산 위에서 여름을 나고, 아샤 감보와산에 올라 저항하던, **모직 장막**과 **낙타 짐**을 가진 탕오드들을 군대를 보내 의도한 바대로 절멸할 때까지 약탈했다. 거기서 보오르초와 모칼리에게 '힘이 자라는 데까지 갖도록 하라!'고 상을 내렸다"[71]는 기록이 나온다. 이 기록은 결국 칭기스 칸이 1227년에 저항하는 탕구트의 아

---

70 『집사』「칭기스 칸 기」, 385쪽.
71 『몽골비사』 266절: Činggis-qahan Časutu degere ǰusaǰu Aša-gambu-luγa Aγ ulalaγsad, dayiǰiγsad **Terme gerten**, **Temege-iyen ačiγatan** Tangγudud-i čerigüd ileǰü onoγsaγar üridtele talaγulbai. Tende-če Boγorču, Muqali qoyar-a soyurqarun, "Küčün-e medetele abtuγai!" kemen ǰarliγ bolba.

샤 감보를 섬멸하고 재화를 약탈하고, 부하 장수인 보오르초와 모칼리에게 전리품을 취하도록 명령을 내리는 장면이다.

이어서 『몽골비사』 267절에는 "칭기스 칸이 차소토에서 이동하여 오라카이성에서 묵고, 오라카이성에서 이동하여 두르메게이성[靈州城]을 깨뜨리고 있을 때 보르칸이 칭기스 칸을 알현하러 왔다. 보르칸은 **황금 불상**을 비롯한 **금은 기명**을 아홉 가지로 아홉 벌씩, **동남동녀** 각 아홉 명, **거세마**와 **낙타** 각 아홉 마리 등 온갖 것을 아홉 가지씩 아홉 색으로 갖추어 알현하였다. 보르칸을 문을 닫은 채 알현케 했다"[72]는 기록이 이어진다. 이 기록은 탕구트의 군주였던 보르칸이, 1227년 칭기스 칸에게 항복을 청하는 과정에 그가 가져온 공납품이 열거되어 있다.

소결

『집사』「부족지」에 칭기스 칸이 쿠미즈를 마시던 **황금 술잔**이 보이는데, 이것은 아마도 오래 전에 외부에서 유입되었을 것으로 보인다.

위구르가 칭기스 칸에게 복속을 청할 때 바친 물품으로 『비사』 238절에는 금, 은, **진주**, **자개**, **금단(金緞)**, **혼금단(渾金緞)**, **비단**, **피륙**이 나오며, 『집사』「칭기스 칸 기」에는 **화폐**와 **물품들**, 그리고 이득 쿠트[亦都護]가 상으로 하사해달라고 청한 **붉은 색 외투**와 **황금 혁대 고리** 등이 보인다. 이 물품들을 보면, 실크로드 상의 정주 국가인 위구르 왕국의 재화가 아주 풍부했음을 알 수 있다.

---

72 『몽골비사』 267절: Činggis qahan Časutu-ača ködöljü Uraqai-balaɣasu baɣuju, Uraqai balaɣasun-ača ködöljü Dörmegei-balaɣasu ebden büküi-dür Burqan Činggis qahan-na aɣuljara irebe. Tende Burqan aɣuljarun, **altan sümes** terigülen **altan münggün ayaɣa saba** yesün yesüd, **nuɣud ökid** yesün yesüd, **aɣtas temeged** yesün yesüd eldeb-iyer yesün yesüd jisüleju aɣuljaqui-dur Burqan-i egüden bütegün-e aɣuljaɣulba.

금나라 역시 몽골에 항복을 청하며 다양한 것을 바쳤는데, 『비사』248절에는 **기국공주(岐國公主), 금, 은, 피륙, 물화** 등이, 252절에는 **금, 은, 재화와 피륙, 금을 섞어 짠 피륙, 무늬를 넣은 피륙** 등이, 『집사』「칭기스 칸 기」에는 **알탄 칸[金]의 재고와 재물, 금실로 짠 의복, 보물들,** 그리고 **호화스런 큰 진주들이 담긴 접시**가 보인다.

탕구트[西夏]가 몽골에 복속을 거부하다가 결국 멸망하는 과정에서도 다양한 물품들이 언급되는데, 『비사』249절에는 탕구트가 보낸 **차카 공주, 많은 낙타, 피륙, 매,** 265절에는 **모직 장막, 낙타 짐, 금, 은, 피륙, 재화,** 266절에는 **모직 장막, 낙타 짐,** 267절에는 탕구트 국왕 보르칸이 칭기스 칸에게 **황금 불상**을 비롯한 **금은 기명, 동남동녀, 거세마 낙타** 등을 바치며 알현했다고 기록하였다.

장춘진인의 『서유기』에 언급된 **서역 상인들**이 **낙타**에 실어 몽골고원으로 가져온 **밀가루**는 그 가격이 아주 높아 80근(斤)을 사는데 백금(白金) 50냥(兩)이 들었다고 한다.

호레즘과 몽골 사이에 이루어진 교역과 전쟁 등에 대한 기록에서도 수많은 물품이 열거되어 있다. 예를 들면, 『집사』「칭기스 칸 기」에는 몽골 초원민에게는 귀한 **여러 종류의 직물**과 **의복**과 **카펫** 등이, 칭기스 칸에게 터무니없이 높은 가격으로 물건을 팔려고 부하라 상인이 가져온 **금사직물(金絲織物), 잔다니치, 면포, 각종 물품들, 금실로 짠 옷, 금·은 발리시[鋌], 보배들**과 **진귀품들,** 그리고 『비사』260절에 **적의 백성, 금, 은, 피륙, 물화, 백성과 속민** 등이 보인다. 그리고 264절에는 힌두스의 **변방 백성들,** 수많은 **낙타,** 수많은 **거세 염소**를 약탈해왔다는 기록이 있다.

이상에서 살펴본 것처럼, 대몽골국 성립 이후에는 몽골고원으로 아주 다양한 물품과 재화들이 유입되었음을 확인할 수 있다.[73] 특히 귀금속·보

---

73 몽골고원과 주변 정주지역 사이에 물품이 유통된 대몽골국 시기 역참로에 대해

석류를 비롯한 사치품이 증가한 것을 알 수 있다. 예를 들면, 황금 술잔, 황금 혁대 고리, 황금 불상, 금, 은, 금·은 발리시[鋌], 금은 기명, 진주와 접시, 자개, 화폐, 보배와 진귀품들이 있다. 직물류 또한 값비싸고 화려한 금단(金緞), 혼금단(渾金緞), 금사직물, 잔다니치, 비단, 금실로 짠 의복, 금을 섞어 짠 피륙, 무늬를 넣은 피륙, 붉은 색 외투, 모직 장막, 면포 등이 몽골고원으로 유입되었다.

아울러 금나라의 기국공주(岐國公主)와 탕구트의 차카 공주, 동남동녀와 적의 백성, 농민과 장인(匠人) 등을 포함한 수많은 속민도 몽골고원으로 끌려왔다.

한편 대몽골국 성립 이전 사료에서 많이 언급되었던 가축과 동물들은 현저히 줄어들었으며, 겨우 탕구트와 힌두스에서 약탈한 낙타와 거세마, 거세 염소, 매 정도이다. 곡물류에 대한 언급은 거의 보이지 않고 『서유기』에 언급된 기장쌀[黎米]과 밀가루[麵] 밖에 보이지 않는다.

V. 맺음말

이상으로 칭기스 칸이 대몽골국을 성립할 수 있었던 요인 중 하나로, 주변 세력과의 안정적인 교류를 통해 몽골고원의 정치 통합과 경제 발전을 추구했던 점에 초점을 맞추어 살펴보았다. 특히 동시대 사료에 보이는 다양한 물품의 유통 양상과 그 변화를 통해 몽골 초원의 유목 세계와 외부 정주 세계와의 교류의 모습을 살펴보았다. 칭기스 칸은 이런 몽골고원

서는 김성수, 「몽골제국 시기 유라시아 광역 교통망 잠치(Jamči)」, 『몽골학』 25, 2008, 236~245쪽; 심호성, 「몽골帝國期 東部 중앙아시아 驛站 교통로의 변천」, 『동양사학연구』 118, 2012, 90~97쪽을 참조하시오.

의 어려운 상황을 타개하기 위해 주변 지역과의 교환을 통해 유목민에게 필요한 물품을 지속해서 확보해야만 했고, 그러기 위해서 유목민의 통합이 최우선임을 잘 알고 있었다.

먼저 Ⅱ장에서는 몽골고원에서 생산되고 주변 지역으로 교환되었던 물품과 함께 주변에서 몽골고원으로 유입되었던 외래 물품에 대해 간략하게 살펴보았다. 이어서 Ⅲ장에서는 사료에 보이는 대몽골국 성립 이전에 몽골고원에서 유통되었던 물품을 분석하여 당시 몽골고원의 경제 상황을 그려보았다. 그 결과, 대몽골국 성립 이전에 몽골고원에는 주로 초원과 삼림 지대에서 산출된 물품이 대다수를 차지했음을 알 수 있다. 아울러 외부 정주 지역에서 유입되었거나 유입되었을 가능성이 있는 물품으로는 금은보석, 비단, 의복 등과 황금 잔, 푸른 술잔 등 그리 다양하지 않았던 것으로 파악된다.

그리고 Ⅳ장에서는 대몽골국 성립 이후 칭기스 칸이 수행한 대외 원정의 과정과 결과로 인해 다양한 외래 물품이 몽골고원으로 유입되면서 변화하는 몽골고원의 경제상을 살펴보았다. 그 결과 대몽골국 성립 이후에는 몽골고원으로 아주 다양한 물품과 재화가 유입되었음을 확인할 수 있다. 특히 대몽골국 성립 이전 사료에서 많이 보이던 가축과 동물들은 현저히 줄어들있으며, 귀금속·보석류를 비롯한 사치품이 증가한 것을 알 수 있다.

결국, 칭기스 칸은 몽골고원의 유목민들을 통합하여 대몽골국을 세우고 주변 정주 지역과의 교류를 통해 유목민들에게 필요한 물품들을 안정적으로 획득할 수 있게 되었다. 이에 따라 장거리 무역 상인들이 안전을 보장받고 몽골고원으로 몰려들어 커다란 경제적 이득을 노리게 되었다. 뒤를 이은 우구데이 카안 시기에는 다양한 이방인이 새로 정비한 '역참(驛站, jamči)'망을 통해 새로운 제국의 수도 카라코룸으로 몰려들었다. 그 대표적인 인물들이 카르피니(John of Flano Carpini)와 루브룩(William Rubruck) 등이다.[74]

---

74 플라노 드 카르피니·윌리엄 루브룩 저·김호동 역주, 『몽골제국 기행』, 까치, 2015.

참고문헌

1. 사료

라시드 앗 딘 저·김호동 역주, 『집사·1』 「부족지」, 사계절, 2002.
_____, 『집사·2』 「칭기스 칸 기」, 사계절, 2003.
宋濂 等 撰, 『元史』, 中華書局, 1997.
李志常, 『長春眞人西遊記』[수록: 王國維, 『蒙古史料四種本』], 正中書局, 1962.
張德輝의 「[嶺北]紀行」[수록: 王惲, 『秋澗先生大全文集』 卷100, 「玉堂嘉話」 卷
    8 ; 姚從吾 校注本, 『姚從吾先生全集』 第7集, 正中書局, 1982]
저자 미상·유원수 역주, 『몽골비사(元朝秘史)』, 사계절, 2004.
趙珙, 『蒙韃備錄』[王國維, 『蒙古史料四種本』], 正中書局, 1962.
彭大雅·徐霆, 『黑韃事略』[王國維, 『蒙古史料四種本』], 正中書局, 1962.
플라노 드 카르피니·윌리엄 루브룩 저·김호동 역주, 『몽골제국 기행』, 까치,
    2015.

2. 연구서

김호동, 『몽골제국과 세계사의 탄생』, 돌베개, 2010.
_____, 『아틀라스 중앙유라시아사』, 사계절, 2016.
라츠네프스키 저·김호동 옮김, 『칭기스 칸』, 지식산업사, 1992.
모건 저·권용철 옮김, 『몽골족의 역사』, 모노그래프, 2012.
미할 비란 외 편저, 이재황 옮김, 『몽골제국, 실크로드의 개척자들』, 책과함
    께, 2021.
블라디미르초프 저·주채혁 譯, 『몽골사회제도사』, 대한교과서주식회사, 1990.
설배환, 『蒙·元제국 쿠릴타이 硏究』, 서울대학교대학원 동양사학과 박사학위
    논문, 2016.

성백용 외, 『사료로 보는 몽골평화시대 동서문화교류사』, 이화여자대학교출 판문화원, 2021.

스기야마 마사아키 저·임대희 외 옮김, 『몽골 세계제국』, 신서원, 1999.

정재훈, 『위구르 유목제국사(744~840)』, 문학과지성사, 2005.

티모시 메이 저·권용철 옮김, 『칭기스의 교환』, 사계절, 2020.

하자노프 저·김호동 역, 『유목사회의 구조: 역사인류학적 접근』, 지식산업사, 1990.

札奇斯欽, 『蒙古文化與社會』, 臺灣商務印書館, 1987.

岩村忍, 『モンゴル社會經濟史の研究』, 京都大學人文科學硏究所, 1968.

伊藤幸一, 『モンゴル經濟史を考える』, 法律文化社, 1985.

Allsen, Thomas T., *Commodity and Exchange in the Mongol Empire: A cultural history of Islamic textiles*, Cambridge: Cambridge University Press, 1997.

3. 논문

김경나, 「몽골제국의 카라코룸 유물로 본 초원길의 동서교역」, 『아시아리뷰』 8-2, 2019.

김성수, 「몽골제국 시기 유라시아 광역 교통망 잠치(jamči)」, 『몽골학』 25, 2008.

김장구, 「대몽골국 초기 異文化와 宮廷의 外交典禮」, 『한국과 동부 유라시아 교류사』, 학연문화사, 2015. [原載 『동국사학』 53, 2012]

김호동, 「蒙古帝國의 形成과 展開」, 『강좌 중국사』 Ⅲ, 지식산업사, 1989.

_____, 「몽골帝國 君主들의 兩都巡幸과 遊牧的 習俗」, 『중앙아시아연구』 7, 2002.

_____, 「'변방사'로 세계사 읽기: 중앙유라시아를 위한 변명」, 『역사학보』 228, 2015.

박환영, 「『몽골비사』에 반영된 몽골유목민들의 물질문화 연구」, 『東아시아古 代學』 29, 2012.

설배환, 「몽골제국(1206~1368)에서 수산자원(魚貨)의 이용」, 『STRATEGY 21』 24, 2009.

_____, 「13-14세기 몽골초원의 물적 기반과 유목경제의 지속성 고찰」, 『중앙아시아연구』 20-2, 2015.

심호성, 「몽골帝國期 東部 중앙아시아 驛站 교통로의 변천」, 『동양사학연구』 118, 2012.

이개석, 「몽고帝國 성립기 商業에 대한 一考」, 『慶北史學』 9, 1986.

_____, 「元代의 카라코룸, 그 興起와 盛衰」, 『몽골학』 4, 1996.

최형원, 「〈蒙語類解〉에 나타난 동물 관련 어휘 검토」, 『몽골학』 32, 2012.

_____, 「18세기 몽골어 魚名 고찰(1)」, 『알타이학보』 23, 2013.

蕭啓慶, 「北亞遊牧民族南侵各種原因的檢討」, 『元代史新探』, 新文豊出版公司, 1983.

吉田順一, 「モンゴル族の遊牧と狩獵; 十一世紀~十三世紀の時代」, 『東洋史研究』 40-3, 1981.

Allsen, Thomas T., Mongolian Princes and Their Merchant Partners, 1200 -1260, *Asia Major*, 3rd series, vol. 2, pt. 2, 1989.

03

몽골제국 시기
티베트의 역참 운용 연구

최소영(崔素暎, 동국대학교 문화학술원 HK연구교수)

I. 머리말

13세기 중반, 몽골제국 제2대 대칸 우구데이(Ögödei, 1186~1241) 재위기에 중앙티베트[1]는 당시 유라시아의 대부분 집단과 마찬가지로 몽골의 군사적 침략을 받고 복속되었다. 이후 5대 대칸 쿠빌라이(1215~1294)는 티베트 불교 교파 중 사꺄파(sa skya pa)를 통치의 대리인으로 삼았고, 몽골-사꺄 지배는 14세기 중반까지 계속되었다. 몽골과 사꺄파는 중앙티베트 전체를 13개의 만호로 나누어 관리하였으며 티베트 정치에 관여한 기구는 뾘첸(dpon chen)[2]을 필두로 한 사꺄파 정권과 13만호의 각 만호장

---

1 위짱, 아리, 장탕을 포함하는 지역이며 현대의 西藏自治區와 대체로 일치하는 강역. 위와 짱을 묶어서 위짱이라고 하며 위(dbus)는 라싸(lha sa)를 중심으로 한 지역이고 몽골제국 시기 한문 사료에 오사(烏思)로 음사되었다. 짱(gtsang)은 현재 티베트 제2의 도시인 시까쩨(gzhis ka rtse)를 중심으로 한 지역이고 몽골제국 시기와 그 이후에도 藏으로 음사되었다. 위짱에 짱 서부의 아리(mnga' ris)와 위짱 북부의 장탕(byang thang)을 합친 것이 중앙티베트이다.
2 "수령-큰." 사꺄파의 세속 우두머리

외에 제사(帝師), 선위사사(宣慰使司), 출진종왕(出鎭宗王), 사까파 퀸씨 출시 백란왕(白蘭王) 등 다양했다.[3] 이들이 각각 중앙티베트의 티베트인들에 대해 무엇을 하였는지, 몽골 조정에 대하여는 어떤 의무가 있었는지 분명하지 않다. 각 기관의 관할 업무 자체가 모호하고 때로 중첩되는 것으로 보이기도 한다.

이때의 중앙티베트의 정치적·사회적 정황이 구체적으로 밝혀진 것이 적은 것은 첫째, 티베트 저작들이 불교 관련 기록 외에 세속적인 일을 거의 적지 않았기 때문이며, 티베트를 관할한 카안 울루스 즉 원조(元朝)의 사료들 역시 티베트에 대한 기록을 거의 남기지 않고 있기 때문이다. 두 번째는 몽골 지배층이 점차 티베트 불교에 크게 기울고 깊이 숭상하게 되면서 몽골-티베트 간의 종교적 측면이 강조되었고 양측의 관계가 처음부터 종교적이고 평화로웠던 것처럼 여겨졌기 때문이기도 하다.

그간의 연구는 몽골의 침략과 지배에 대한 티베트인의 견해가 개인의 입장에 따라 혹은 교파에 따라 대단히 부정적이거나 혹은 동조하는 등 서로 상이하였고 시간의 흐름에 따라 변하기도 하였음을 밝혀내기도 했다.[4] 그러나 몽골이 티베트인들에게 요구한 것은 무엇이었고 티베트인을 대표한 사까 정권은 이를 위해 구체적으로 무엇을 했는가, 그리고 결과적으로

---

3 몽골은 중앙티베트에 위짱선위사사(烏思藏宣慰使司)를 설치하였다(후에 烏思藏宣慰使司都元帥府). 사까파 승려 팍빠를 國師, 후에 帝師로 임명하여, 티베트와 카안 울루스 내 불교를 총괄하는 총제원(후에 宣政院)의 장에 임명하였다. 군사적으로는 자신의 아들 중 최뺄(Chos dpal)과 그 후손들을 西平王, 후에 鎭西武靖王의 칭호를 주어 도매 지역에 주둔하면서 중앙티베트를 관리하게 하였다. 이는 出鎭宗王 제도의 일부였다.

4 몽골에 대한 티베트인들의 인식에 대하여는 최소영, 「13~14세기 몽골의 침입과 지배에 대한 티베트인들의 인식」, 『중앙아시아연구』 23-1, 2018, 67~99쪽; Soyoung Choi, "From Brutes to Bodhisattvas: The Mongols in Tibetan Sources", ed. by Timothy May and Michael Hope. *The Mongol World*, Routledge Publishing. 2022, pp.799~813.

몽골 지배하의 일반 티베트인은 무엇을 하여야 했는가 하는 문제, 즉 몽골의 티베트 지배의 구체적인 모습에 대하여는 여전히 밝혀진 것이 거의 없어서, 13~14세기 티베트의 모습을 파악하는 데에 어려움을 주고 있다.

그런데 흥미로운 것은 티베트를 거의 언급하지 않은 원(元)의 사료들이 "역참"에 관한 기록에서는 중앙티베트와 원의 수도 대도(大都) 사이를 오간 티베트 승려와 물자 이동에 대하여 다수의 기록을 남긴 점이다. 이는 『영락대전(永樂大典)』「참적(站赤)」이나 『원사(元史)』 등에 공히 나타나는 모습이다. 또한 주목할 것은 티베트 사료들 역시 몽골 세력 아래에서의 사회적, 행정적 문제에 대하여 침묵하면서도 몽골이 티베트인에게 요구한 의무 중 역참[Tib. 'ja' mo, 'jam, 'jams, 'byams]과 "역참의 말[驛馬]"을 뜻하는 투르크어 기원의 "울락('u lag)" 제도에 대하여는 빈번히 기록하고 있는 점이다. 이는 역참 문제가 어떤 형태로든 몽골 시기 티베트에서 의미가 있었음을 보여주는 방증이다.

몽골은 광활한 제국을 효율적으로 다스리기 위해 대칸이 있는 수도와 제국 구석구석을 연결하는 역참을 설치했고 역참 네트워크는 제국의 동맥이 되어 빠른 속도로 정보와 사람과 물자를 실어 날랐다. 이 제도는 카안 울루스뿐 아니라 주치 울루스, 훌레구 울루스 등 제국 전체에서 유사한 방식으로 시행되었고 세계제국 몽골을 지탱한 가장 중요한 제도 중 하나였다고 할 수 있다. 승려들이 빈번히 몽골의 수도 대도를 오갔던 티베트에도 역시 역참이 설치되었으며 한문 사료와 티베트 사료의 기록들은 이 제도가 티베트 땅과 티베트인들에게 중요한 제도였을 것을 예측하게 해 주고 있다. 몽골의 역참 일반에 대하여는 지금까지 몇 가지 연구가 있었고[5] 그 외에 서아시아의 훌레구 울루스의 역참 연구[6]나 중앙아시아의 역참 연

---

5 대표적인 것으로 党寶海, 『蒙元驛站交通研究』, 崑崙出版社, 2006이 있다.

6 김호동, 「몽골支配期 西아시아의 驛站制와 가잔 칸(Ghazan Khan)의 改革」, 『역사

구,[7] 그리고 투르키스탄 지역의 역참 연구[8] 등이 있었다. 티베트 역참에 관한 연구에는 일본 학자 야마모토 메이시[山本明志]가 몽골의 역참 설치에 대한 기록을 모아 분석한 것,[9] 같은 저자가 티베트와 한지 사이를 오간 승려와 물자에 대한 한문 기록들을 분석하여 대략적인 규모와 횟수를 제시한 것이 있고[10] 이들 연구는 한지(漢地)의 변경에서 중앙티베트까지 설치된 역참에 대한 이해를 크게 높였다. 또한, 군사적으로 점령한 지역에 대해 몽골이 공통적으로 요구한 이른바 "6(事)"에 역참 설치가 포함되어 있어 6사 요구를 중심으로 티베트와 고려에 대한 몽골 지배의 유사성을 분석한 연구도 있었다.[11] 그러나 티베트인들에게 그리고 몽골 조정에도 티베트 역참이 중요했다고 생각됨에도 불구하고 티베트 내에서 역참이 실제로 어떻게 운영되었는지에 대한 연구는 사실상 전무하다고 해도 과언이

문화연구』 35, 2010, pp.391~444.

7 Hosung Shim, "The Postal Roads of the Great Khans in Central Asia under the Mongol-Yuan Empire." *Journal of Sung-Yuan Studies*. 44.1, 2014, pp.405 ~469.

8 Márton Vér, "The Postal System of the Mongol Empire in Northeastern Turkestan", PhD Dissertation, University of Szeged, 2016.

9 山本明志,「モンゴル時代におけるチベット・漢地間の交通と站赤」,『東洋史研究』67-2, 2008, pp.95~120.

10 山本 明志,「チベットにおけるジャムチの設置」,『日本西蔵学会会報』55, 2009, pp.3 ~13.

11 乙坂智子,「元朝の対外政策-高麗・チベットの君長への処遇に見る「内附」体制」,『史境』 38·39合併号, 1999, pp.30~53. 이른바 "6事"란 '납질', '조군', '수량', '설역', '공호수적', '치다루가치'를 말한다. 그러나 이른바 "6事"가 몽골제국이 피정복지에 요구한 일반적인 체제였는지에 대하여는 異論이 있다. 모리히라 마사히코는 이는 안남과 고려에 대한 요구 항목 수가 우연히 일치한 것에서 빚어진 오해이며, 6이라는 수에 제도로서의 의미는 없다고 보았다. 몽골이 실제로 그 무엇을 어느 시점에 요구하는가는 상대에 따라 그리고 시기에 따라 그때그때 달랐다는 것이다. 관련 내용은 森平雅彦,「事元期高麗における在來王朝體制の保全問題」,『北東アジア研究』別冊第1號, 2008, pp.1~50 참고.

아니다.

본 연구는 티베트의 사서(史書)와 칙령, 그리고 한문 사료의 관련 기록을 최대한 찾아서 몽골제국 시기 티베트인들이 이행한 역참 제도의 구체적인 모습을 제시해 보고자 한다. 이를 통해 몽골과 사꺄 정권의 관계, 그리고 이 시기 티베트인들의 생활 모습의 일부를 밝힐 수 있기를 바라며 또한 당시 티베트가 몽골제국에서 차지했던 위상을 이해하는 데에도 작은 기여가 되기를 기대한다.

II. 참호(站戶)와 울락('u lag)

1. 티베트 역참의 설치와 참호

1240년 대칸 우구데이의 아들 쿠텐(Köten, 1206~1251)은 중앙티베트로 군대를 보내 사원을 파괴하고 승려들을 살해했다. 당시 중앙집권 세력이 없던 티베트에 대해 몽골은 대표로 사꺄파의 사꺄 빤디따(sa skya paN+Dita, 1182~1251)를 소환했고 사꺄 빤디따는 조카 둘을 데리고 쿠텐이 있는 양주(凉州)로 갔다.[12] 그곳에서 쿠텐과 만나고 난 뒤 그는 티베트 승속 수령들에게 서신을 보냈다. 이 서신에서 그는 몽골에 대해 확실한 복속 의지를 보여야 하고 이를 위해 공물을 바쳐야 하며, 그렇지 않으면 몽골군이 티베트를 다시 침략할 것임을 역설했다. 그리고 "사람들은 몽골인들 자신의 울락('u lag)과 군역[dmag]과 조세[khral]는 가볍고 다른 지역

---

12 사꺄파가 대표로 뽑히고 소환된 과정에 대하여는 최소영, 「13~14세기 몽골의 침입과 지배에 대한 티베트인들의 인식」, 『중앙아시아연구』 23-1, 2018, 75~76쪽 참고.

의 요역과 군역과 조세는 무겁다고 생각하는데 그들[몽골]과 비교하면 다른 지역이 더 가볍다"고 강조했다.[13] 이는 몽골 - 티베트 관계 초기부터 울락·군역·조세가, 실상은 알기 어려우나, 이론적으로는 부과되기 시작하였고 그중에서도 울락이 중요했던 것을 보여준다. 다른 교파인 팍모두파 (phag mo gru pa) 측의 14세기 기록은 1240년 티베트를 처음 공격한 몽골 장군 도르따 낙뽀(dor ta nag po)가 곧 역참['jam mo]을 설치했다고 적고 있다.[14] 이 시기 이미 도르따가 티베트의 호구가 기록된 책자를 넘겨받았다고 하니[15] 역참 제도를 시행하고 티베트 민호에 그 의무를 부과하는 것은 가능한 일이었을 것이다. 그러나 체제가 완비된 것은 아니고 아마도 비정기적으로 사신들이 오갈 때 이동에 필요한 가축과 물자를 그때그때 징발할 수 있게 하는 조치가 취해졌던 정도가 아닌가 생각된다. 티베트에는 역참을 뜻하는 몽골어 잠(jam)이 그대로 유입되어 쓰였고 'jam, 'ja' mo, 'jam mo, byams 등으로 표기되었다.

중앙티베트 전역에 체계적으로 역참이 설치된 것은 쿠빌라이 즉위 이후다. 15세기 사까파에 속하는 뺄조르 상뽀(dpal 'byor bzang po)의 저작 『한지와 티베트의 문서들의 모음[rgya bod kyi yig tshang chen mo]』에 의하면 쿠빌라이가 몽골 관료 다스만(das sman, Ch. 答失蠻, ?~1304)[16]에

13 관련 내용은 최소영, 「13~14세기 몽골의 침입과 지배에 대한 티베트인들의 인식」, 82~93쪽을 참고. 이 서신 전체의 원문과 번역, 주석으로는 최소영, 『보시, 티베트와 몽골을 잇다: 티베트 승려에 대한 몽골 황실의 보시 연구』, 경인문화사, 2022, 26~47쪽을 참고.

14 Byang chub rgyal mtshan, *Ta si byang chub rgyal mtshan gyi bka' chems*, Bod ljong mi dmangs skrun khang, 1989, p.69.

15 최소영, 「13~14세기 몽골의 침입과 지배에 대한 티베트인들의 인식」, 73~74쪽.

16 쿠빌라이 시기 케레이트 출신의 고관. 『集史』에도 그는 쿠빌라이 시기 승상 네 명 중 하나로 언급되어 있다. 高昌에서 살았다. 쿠빌라이 즉위 이전부터 그의 케식 비틱치로 복무하였으며 후에 泉府司를 관할하고 이 글의 뒤에 나올 桑哥와 함께 宣政院使를 지냈다. 1304년 사망 후 고창 충혜왕에 추봉되었다. 姚遂 『牧庵

게 티베트로 가서 역참을 설치할 것을 명하면서 "사까까지 대참·소참['ja' mo che chung]에 맞게, 땅의 험한 정도와 민호의 빈부[dar rgud]를 [고려하여] 한지(漢地)의 역참을 본보기로 하여 확정하라! 팍빼('phags pa, Ch. 八思巴, 1235~1280) 라마가 올라갈 때 여정이 평안해야 한다"[17]라고 했다고 한다.

이에 다스만은 쿠빌라이가 준 많은 물자와 인력을 이끌고 티베트로 갔으며, 티베트 측 기록에 의하면 그는 명령을 선포하여 한지(漢地)와 티베트 경계부터 사까까지 "대참(大站)" 총 27곳을 세웠다. 티베트 지역의 역참은 대참['jam chen, 잠첸]과 소참(小站, 'jam chung, 잠충)으로 구분되어 있는데 이는 제국 내 다른 지역에서는 보이지 않는 현상이며, 명칭만으로 보면 잠첸과 잠충은 일단 그 규모가 달랐을 것을 예측할 수 있다. 다스만이 티베트에 설치한 대참 기록을 보면,

"명령을 선포하여 한지(漢地)와 티베트 경계부터 사까까지 총 27곳을 세웠다. 나누어 보면, 도매(mdo smad)[18]는 땅이 평탄하므로 역참 일곱

集』권13 「皇元高昌忠惠王神道碑銘并序」 참고. 이름 자체는 '有識者'를 의미하는 페르시아어 다니쉬만드(dāishmand)에서 비롯되었으며 원대 이슬람 종교인들을 지칭하는 말이었다. 라시드 앗 딘의 페르시아어 사료에도 이 이름(호칭)이 다스만에 가깝게 쓰여 있다. 이와 관련한 내용은 김호동, 『칸의 후예들』, 사계절, 2005, 415~417쪽 참고. 티베트에 역참을 설치한 다스만에 대하여는 최소영, 「15세기 티베트 저작 漢藏史集rgya bod yig tshang 譯註와 연구」, 서울대학교 동양사학과 박사학위 논문, 2019, 316~317쪽 참고.

17 "sa skya man la/ 'ja' mo che chung du 'os/ sa 'jam rtsub/ mi sde dar rgud/ rgya 'jam la dpes las tshugs shog/ bla ma 'phags pa yar phebs -392- dus 'byon lam bde dgos pa yin/ Dpal 'byor bzang po, G.yas ru Stag tshang pa, Rgya Bod kyi Yig tshang mkhas pa dga' byed chen mo 'dzam gling gsal ba'i me long (Kunsang Topgyel and Mani Dorji ed.) Thim-phu, Bhutan. vol.1, 1454/1979, pp.391~392.

18 암도(a mdo)라고도 한다. 현 칭하이와 샨시성 일부.

곳, 도뙤(mdo stod)[19]에 역참 아홉 곳, 위짱(dbus gtsang)에는 열한 곳이
었다. 그중에서도 위(dbus)[20] 지역의 사람들이 관할해야 했던 역참은 속
(sog), 샥(shag), 찌와르(rtsi bar), 샤포(sha pho), 깡(rkang), 괸사르(dgon
sar), 잠갸와(byam gya ba) 등 일곱 곳이었고, 짱(gtsang)[21] 사람들이 관
할해야 했던 곳은 딱(stag), 총뒤(tshong 'dus), 다르룽(dar lungs), 돔빠
사꺄 랑(grom pa sa skya rang) 등 네 곳이었다."[22]

즉 위(dbus)에 할당된 대참은 총 7곳, 짱(gtsang)은 네 곳이었다. 곧이
어 저자는 "만호(萬戶) 각각이 관할할 역참의 범위를 정해 주었다"라고 덧
붙이고 있어서 역참 관할 단위는 만호이고 각 책임자는 만호장이었음을
예상하게 해준다.[23]

---

19 캄(khams) 혹은 도캄(mdo khams)이라고도 한다. 현 쓰촨과 윈난 일부.
20 라싸(lha sa)를 중심으로 한 지역. 중앙티베트 동쪽.
21 쉬까쩨(shi ka rtse)를 중심으로 한 지역. 중앙티베트 서쪽. 더 서쪽의 아리
   (mnga' ris)를 포함하기도 한다.
22 "lung rnams bsgrags shing/ rgya bod kyi so 'tshams nas/sa skya man la/ kun
   dril nyi shu rtsa bdun gtsugs/ so sor phye na/ mdo smad pa 'jam pas/ 'ja'mo
   bdun/ mdo stod la/ 'ja' mo dgu/ dbus gtsang la 'ja' mo bcu gcig/ de'i naskyang/
   dbus pa 'ja' mja' mo 'dzin dgos pa la/ sog/ shag/ rtsi bar/ sha pho/ rkong/ dgon
   gsar/ bya ba dang bdun/ gtsang pas 'dzin dgos la/ ltag/ tshong 'dus/ dar lungs/
   grom mda' rang dang bzhi btsugs/" G.yas ru Stag tshang pa, p.393. 티베트 사
   료에 보기 드물게 이러한 구체적인 제도에 대한 기록이 남을 수 있었던 것은
   저자 뺄조르 상뽀가 속한 사꺄파가 몽골제국 시기 티베트를 지배하는 교파였기
   때문에 티베트 관할 면에서 중요한 문서를 다수 보관하고 있었던 점과 더불어,
   저자가 바로 이것을 관리하는 문서지기였기에 가능한 일이었다. 뺄조르 상뽀와
   그의 저작에 대하여는 최소영, 「15세기 티베트 저작 漢藏史集rgya bod yig
   tshang 譯註와 연구」, 1~31쪽 참고.
23 몽골이 중앙티베트의 만호 제도를 처음 시행한 것이 언제인지, 13개 만호가 확
   정된 것이 언제인지는 분명하지 않다. 티베트 만호에 대한 기록은 『元史』와 『한
   지와 티베트의 문서들 모음』에 각각 남아 있고 두 기록에서 각각 일치하는 이
   름도 있으나 한쪽에는 있고 한쪽에는 없는 만호 명도 보인다. 구체적인 목록과
   소속 호구 수에 대하여는 최소영, 「15세기 티베트 저작 漢藏史集rgya bod yig

중앙티베트의 역참 관리가 만호 단위로 할당된 것은 샬루(zha lu) 사원에 남아 있는, 14세기 초 제사(帝師) 뀐가 갤챈 빨상뽀(kun dga' rgyal mtshan dpal bzang po, 1310~1358)가 샬루의 만호장을 임명하며 보낸 법지(法旨)를 통해서도 알 수 있다. 이 법지에서 제사는 새 만호장 예셰 뀐가(ye shes kun dga')에게 "그대는 지체 없이 군역, 울락('u lag), 지세와 상세와 관련된 일을 처리하라!"고 명하고 있는 것이다.[24] 만호 단위로 역참을 관할하게 한 것은 초기 서아시아의 몽골 역참에서도 역시 보이는 모습이다. 다만 주베이니('Ata Malik Juvaynī, 1226~1283)의 『세계정복자사[Tārīkh-i Jahān-gushāī]』에 의하면 그 지역은 두 개의 만호가 한 개의 참(站)에 배속되었다.[25]

앞에서 본 대로 쿠빌라이는 1264년 계승 전쟁에서 승리한 후, 자신의 곁에 있던 사꺄 빤디따의 조카 팍빠를 중앙티베트에 보냈다. 팍빠는 1265년, 20년 만에 티베트로 돌아왔고 몽골-사꺄 지배를 공고히 하게 하였으

tshang 譯註와 연구」, 355쪽 참고.

24 관련 내용은 『西藏歷史檔案薈粹: A Collection of Historical Archives of Tibet』 Volume 1·2, 文物出版社, 1995, 12~13쪽.

25 세계정복자사의 기록은 다음과 같다. "그들의 왕국의 범위가 넓고 광범위해지고 긴급한 사건들이 발생하게 되자, 적들의 동향을 파악하거나 물자들을 서쪽에서 동쪽으로 또 동쪽에서 서쪽으로 수송해야 할 필요가 생겨났다. 그래서 나라의 전역에 걸쳐 站(yām)들을 설치하고, 각 站에 필요한 物資(maṣāiḥ)와 經費(ikhrāā)를 준비시켰다. 人口(mard)와 家畜(chahā-pāī, 食糧(mā'kū)과 飮料(mashrū)와 다른 裝備들(āā)을 萬戶들에게 分配하여, 2개의 萬戶마다 1개의 站을 配屬케 하였다. 그래서 人口調査(shumā)에 따라서 分割하고 科斂하여, 使臣들의 經路가 驛馬를 구하기 위해 먼 곳으로 가지 않도록 하고 아울러 百姓(ra'iyat)과 軍隊(lashkar)가 계속해서 고통을 받지 않도록 하였다." (김호동, 「몽골支配期 西아시아의 驛站制와 가잔 칸(Ghazan Khan)의 改革」, 6쪽) 이 방식은 훌레구의 원정이 시작되면서 바뀌었고, 후에 가잔 칸의 개혁 때 다시 국고에서 사신들의 여비를 지불하는 것으로 바뀌었다. 관련 내용은 모두 김호동, 「몽골支配期 西아시아의 驛站制와 가잔 칸(Ghazan Khan)의 改革」을 참조.

며 티베트에서 13만호의 경계와 민호의 구분을 확실히 하는 등 여러 업무를 처리했다. 이때 한 티베트인이 팍빠를 비난하다가 곧 깨달음을 얻고 "사람을 죽이는 것이나 세금, 울락('u lag) 등은 우리 자신의 업(業, las)에 의해 확실하게 일어나게 되는 것이구나"라고 했다는 사꺄파 측 기록이 남아 있다.[26] 즉 팍빠의 티베트 귀환에 맞추어 몽골에 의해 체계적으로 역참 제도가 시행되었고 이를 위해 노역을 바치고 말을 제공해야 했던 티베트인들이 팍빠에게 불만을 터뜨린 것이라고 할 수 있다.

그러나 사꺄 정권은 몽골이 자신들에게 어떤 의무를 요구하였는지에 대하여 함구하고 있어서, 만호 단위로 부과된 의무인 울락이 구체적으로 어떤 방식으로 이루어졌는지 여전히 알 수 없다. 다음 장에서는 역참의 실제 시행 방식을 알아보고 울락의 의미가 무엇이었는지 살펴보도록 하겠다.

2. 참호(站戶) 배정과 울락('u lag)

티베트에서 역참은 실제로 어떤 방식으로 운영되었을까. 『한지와 티베트의 문서들의 모음』은 역참 관할 만호에 대해 두 종류의 목록을 제시하는데 야마모토 메이시[山本明志]는 두 종류의 목록 중 전자는 이 책에 기록된 1268년 인구 조사 이후에, 후자는 1287년 있었던 인구조사 후에 시행된 것이라고 보고 있다(〈표 1〉 참고. 표에서 각각 A, B로 표기).[27]

26 최소영, 「13~14세기 몽골의 침입과 지배에 대한 티베트인들의 인식」, 86쪽.
27 山本明志, 「チベットにおけるジャムチの設置」, 3~7쪽.

〈표 1〉 티베트 역참 기록

[『한지와 티베트의 문서들의 모음(rgya bod kyi yig tshang chen mo)』 수록]

번호	역참 명 A-1	A-2	역참 명 B	관할 만호 명	할당 참호 수	총 참호 수
1			4대 역참	짱/ 아리	각 100호	100
2			사꺄 대참 grom mda' sa skya rang28	남북 아리 mnga' ris		
3			마를라탕 소참 mar lathang	남 아리 mgna' ris		
4			샵카르 소참 zhab khar	아리 mgna' ris		
5			걈링 소참 gyam rings	아리 mgna' ris		
6			뽕렌 소참 spong len	아리 mgna' ris		
7	짱(gtsang), 아리 (mnga'ris) 의 역참		마팡 소참 ma phang	뿌랑 pu rangs		
8			남북 구게 gu ge 소참	메똑 세루르 me tog se rur		
9		다를룽 dar lungs	다를룽 대참 dar lungs	추믹 만호 chu mig	3003호	3003
10		총뒤 tshong 'dus	총뒤 tshong 'dus	샬루 zha lu	3060호	3060
11		딱 stag	딱 stag	얀독 ya 'brog	16부29	
				자록창 bya rog tshang	28 rta mgo30	
				샹 shang	11 rta mgo	
12			야르십 소참 yar srib			
13	위(dbus)의 역참		고뻬 go pe	다궁 'bri gung	3000호	3000
14			가라 ga ra	자월 bya yul	2650호	3000
				첼 'tshal	350호	
15	속	속	속	갸마	2650호	3000

번호	역참 명 A-1	A-2	역참 명 B	관할 만호 명	할당 참호 수	총 참호 수
	sog	srog	sog	rgya ma 챌 'tshal	350호	
16	찌와르 rtsi bar	찌와르 rtsi bar	찌와르 rtsi dbar	팍두 phag gru	2438호	3538
				딱룽 stag lung	500호	
				라 lha	600호	
17	샤뽀 sha po	샤포 sha pho	샤포 sha pho	다마탕 gra ma thang	200호	204
				월카 'ol kha	4호	
18	꽁 rkong	꽁 rkong	꽁 rkong	야샹 g.ya' bzang	3000호	3000
19	샥 shag	샥 shag				
20	괸사르 dgon gsar	괸사르 dgon gsar				
21	갸와 gya ba	갸와 rgya ba				

※ 山本明志, 「チベットにおけるジャムチの設置」, 『日本西蔵学会会報』 55, 2009, 7쪽 약간 변형.
※ 회색 바탕이 大站('jam chen)

주목할 것은 표의 가장 우측에 있는, 각 대참['jams chen]에 할당된 만호의 역참 관리 호, 즉 참호(站戸)의 수이다. 짱 지역의 다르룽(dar lungs)

---

28 야마모토 메이시[山本明志]는 사꺄(sa skya)와 돔다랑(grom mda' rang)을 둘로 나누었으나 짱 지역 대참이 네 곳이라는 설명에 따라 "돔다사꺄랑"이라는 하나의 역참으로 보아야 한다.

29 『한지와 티베트의 문서들의 모음(rgya bod kyi yig tshang chen mo)』의 저자는 여기에 "안독ya 'brog 만호는 특이하게 열 여섯 부(leb)라고 여겨진다"라고 적었다. leb은 어떤 것 전체. 하나의 덩어리 등을 의미하는데 여기서의 의미는 정확하지 않다.

30 50호를 하나로 묶은 단위이다.

역참은 추믹(chu mig) 만호가 책임졌는데 추믹 전체 호수가 3,003호인데 참호 수 역시 3,003호로 기록되어 있는 점이다. 총뒤(tshong 'dus) 역참은 샬루(zha lu) 만호가 책임지게 되었는데 샬루 전체 3,892호 중 역참에 할당된 수는 3,060호이다. 위(dbus) 지역의 고뻬 역참은 디궁 만호가 맡았고 만호 내 호구 총 3,630호 중 3,000호가 참호로 할당되었다. 가라(ga ra) 역참은 자월(bya yul) 만호와 챌('tshal) 만호의 일부가 책임졌고 각각 2,650호와 350호의 참호가 할당되어 총 3,000호의 참호가 관리했다. 속(sog) 만호도 가마 만호와 챌('tshal) 만호가 맡았고 참호 수는 2,650호와 350호로 총 3,000호였다. 찌와르(rtsi dbar/rtsi bar) 참은 팍모두 2,438호, 딱룽(stag lung) 500호, 라빠(lha pa) 600호가 관할하니 총 3,538호였다.

이를 통해 알 수 있는 것은 첫째, 티베트의 경우 주요 만호 소속 민호의 절대다수가 역참에 동원된 점이다.[31] 이는 티베트 역참의 매우 특이한 면이며, 한지(漢地) 역참의 경우 경제 상황을 파악하여 대체로 중상(中上) 등급 이상의 호에서 참호를 뽑았고, 이에 따라 전체 민호 중 참호의 비율이 약 6% 정도였던 것과 크게 대조된다. 또한, 제국 내에서 지역·시기에 따라 차이는 있었으나, 일반적으로 역참을 담당하는 참호는 역마를 제공하고 사양(飼養)하는 일과 음식을 제공하는 일 등 역참 관리 임무에만 임하고 나머지 노역이나 과세는 면제를 받았다. 티베트의 경우 역참 시설을 처음 체계적으로 세울 때는 앞에서 본대로 쿠빌라이가 다스만에게 "땅의 험한 정도, 민호(民戶)의 빈부(貧富)를 [고려하고] 한지(漢地)의 역참을 본보기로 하여 확정하라!"고 명했으나 시행 과정에서는 재산의 다과(多寡)가 고려되지 않고 한 만호 내의 대다수가 거의 그대로 참호로 확정되었다. 그 외에도 2,950호의 가마 만호, 2,438호의 팍모두 만호 등도 역시 소속

---

31 최소영, 「13세기 후반 티베트와 훌레구 울루스」, 서울대학교 석사학위 논문, 2010, 28쪽; 山本明志, 「チベットにおけるジャムチの設置」, 6쪽.

호 거의 전부가 역참에 복무하고 있다.[32] 이렇게 압도적 다수의 호가 역참에 복무하는 것은, 티베트 승려를 초빙하러 몽골 사절단이 빈번하게 왔다가 돌아가고, 초대에 응해 승려 집단이 자신의 근거지를 떠나 티베트 역참들을 지나 한지로 갔다가 다시 돌아오며, 속인(俗人)인 만호장 같은 관료들도 제사의 추천을 받아 몽골 조정으로 가서 임명 승인을 받아야 했으므로 빈번히 몽골 수도를 오갔기 때문에 왕래하며 역참을 이용하는 횟수가 대단히 많았기 때문이다. 그런데 티베트는 그 영토는 넓고 인구는 대단히 적었기 때문에 높은 비율의 인구가 역참에 복무해야 했다. 『원사(元史)』에는 봉원로(奉元路) 역참을 티베트 승려들이 빈번히 이용하는 것에 대한 다음과 같은 보고가 실려 있다.

"봉원로(奉元路)는 정월에서 7월까지 오가는 자가 185회였고 말을 이용한 것이 840여 필이었습니다. 제왕(諸王), 행성(行省)의 사신과 비교하면 많게는 10의 6, 7입니다. … 국가가 원부(圓符)를 만든 것은 본래 변방에 경보를 알릴 일을 위한 것인데 승려가 무슨 일로 그것을 차고 다닙니까?"[33]

역참의 설립은 본래 카안의 명령이 제국 곳곳에, 제국 변방의 소식이 카안에게 신속하게 전해지게 하려는 목적이 컸다. 그런데 행성이나 제왕들의 사신보다 멀리 티베트에서 오는 승려들의 역참 이용 횟수가 더 많다는 것이다. 『참적(站赤)』과 같은 사료에는 "티베트 승려에게 급역(給驛)을 남발하여 백성에게 해를 끼치는 것을 금하며 이제부터 성지(聖旨)가 없으면 그들에게 급역하지 말라"[34]와 같은, 티베트 승려들의 역참 이용 남발에

32 최소영, 「13세기 후반 티베트와 훌레구 울루스」.

33 "奉元一路, 自正月至七月, 往返者百八十五次, 用馬至八百四十餘匹, 較之諸王、行省之使, 十多六七. … 且國家之製圓符, 本爲邊防警報之虞, 僧人何事而輒佩之?"

34 『元史』卷12, 本紀 第13, 世祖 9, 世祖 19年, "禁吐蕃僧給驛太繁, 擾害於民, 自今非奉

대한 문장이 다수 등장한다. 이는 대칸을 비롯한 카툰, 제왕, 공주들이 너도 나도 이들을 초대하면서 문서를 제대로 갖춰주지 않았기 때문이기도 했다.

봉원로(奉元路)는 현대의 서안(西安)과 대체로 일치하는 지역이며, 정확한 조사 연도는 알 수 없으나 『원사』에 의하면 전체 호수(戶數)는 33,935호였고 인구는 271,399명이었다. 이 승려들은 티베트의 한 지역에서 출발하여 한지로 왔고 그 과정에서 장탕 등 티베트 역참들도 단계별로 지나 왔을 것이니 한지 참호와 마찬가지로 티베트 참호들도 이들에게 역마와 음식을 제공하느라 고생하였을 것이다. 중앙티베트 전체의 호수가 32,879호였는데 이는 봉원로 하나보다도 적은 숫자이다. 중국 지역의 역참들이 티베트 승려들의 대규모·빈번한 대도(大都) 방문에 고통받았다면 티베트인들은 한지의 한 도시보다 훨씬 적은 인구를 가지고 다시 열세 개 만호로 나누어 역참을 관할해야 했으므로 그 고통은 더욱 컸다.

둘째, 결과적으로 티베트에서는 각 주요 대참에 참호의 수를 거의 "3,000호" 할당한 경우가 많다. 이는 티베트 13개 만호 각각이 총 호수가 3,000호 내외이기 때문일 수도 있으나 위의 가라 역참이나 고삐 역참의 경우처럼 두 만호를 합쳐서 정확히 3,000호를 배치시키기도 한 기록이 있어서 이 지역 역참 하나 당 참호 수를 3,000호로 맞추려 했을 가능성을 보여준다. 이 수는 한 역참에 배치된 참호 수로는 다른 지역보다 역시 대

旨勿給." 티베트 승려들이 역참에서 포마를 발급받을 때의 문서는 元朝의 일반적인 규칙과 유사했을 것이라고 생각된다. 원사 武宗 本紀는 "서번 승려가 璽書와 驛券을 받지 않고 서번 선위사의 문첩도 없으면 京師로 마음대로 오지 못하게 할 것을 명했다(命西番僧非奉璽書驛券及無西蕃宣慰司文牒者, 勿輒至京師, 仍戒黃河津吏驗問禁止)"고 적고 있어서, 티베트 방면에서는 서번 선위사의 문서가 필요했던 것으로 보인다. 시까쩨의 따쉬륀뽀 사원에는 元代의 牌子가 보관되어 있고 파스파 문자로 "영원한 하늘의 힘으로, 황제 성지, 누구든 따르지 않으면 問罪할 것이다"라고 쓰여 있다(『西藏歷史檔案薈粹』, 1995, pp.7~8). 따쉬륀뽀 사원은 짱 지역에 있고 사꺄 사원에 가까워서, 사꺄를 오가던 사신이나 승려가 발급받아 지니고 있던 牌子일 것으로 생각된다.

단히 많다. 각 참호의 임무가 어느 정도 빈번히 돌아왔는지 알 수 없으나 중앙티베트 대참 11개 각각에 3,000호씩 배정이 된 것은 매우 특징적이다.

또한, "대참" 즉 "잠첸"과 "소참" 즉 "잠충"의 구분이 있는 것도 다른 지역과 구별되는 특징인데, 이름에서 알 수 있는 규모의 차이 외에, 운영 내용상의 차이도 있는 것으로 보여 살펴볼 필요가 있다.

III. 역참 업무의 실제

1. 대참['jams chen, 잠첸]

역참이 구체적으로 어떻게 운용되었는지에 대한 기사는 매우 드물지만, 당시 시행되던 제도의 일부 개선이 이루어진 기사가 있어 역참제도의 일말을 엿볼 수 있게 해준다. 먼저, 위(dbus) 지역 참호들은 한지와의 경계인 북쪽의 장탕(byang thang)[35]의 역참으로 가서 그곳을 지키면서 역참을 관할해야 했는데, 거리가 멀고 라싸를 비롯한 위(dbus) 지역보다 춥고 건조하여 기후가 맞지 않는 것도 문제였다. 이에 대해『한지와 티베트의 문서들의 모음』은『원사』간신전(姦臣傳)에 입전되어 있는 티베트계 관료 상가(Tib. sang gha/sam gha; Ch. 桑哥, ?~1291)가 티베트에 왔을 때 다음과 같이 이 문제를 개선했다고 적고 있다.

　"북쪽의 역참['ja' mo]인 삭(swAg),[36] 삭(shag),[37] 찌마르(rtsi dmar),[38] 샤

---

35 "북쪽 고원" 혹은 "북쪽 초원".
36 본 인용은『한지와 티베트의 문서들의 모음』의 일본 東洋文庫 소장 덴사빠(Densapa) 본의 텍스트를 옮겼다. 이 역참명들은 1979년 팀푸(Thimphu) 편집본에는 다르게 적힌 것이 많다. 삭(swAg)은 팀푸본에 속(srog)이라고 표기되어 있다.

포(sha pho), 꽁(skong),[39] 꾄사르(dgon gsar),[40] 갸와(gya ba)[41] 등의 "대참['jams chen]"은 유지하는 사람['dzin mkhan]으로 티베트 위짱의 만호인들이 [가서] 일 년 내내 머물러야 했으므로 고충이 지극히 컸다. 티베트인들이 북쪽[byang]에 적응하지 못해 도망쳤기 때문에 역참이 추워서 운영이 되지 않았고 몽골 - 티베트 사신이나 여행자들에게 단계별로 오게르가(o ger ga)[42]의 울락(u' lag)을 그들 자신이 구비해야 했는데 이에 대한 모든 것을 보고하였다. 대신(大臣) 상가(桑哥)가 푸르와 바락 등지의 군인 중 장탕에 있는 자들을 역참에 별도로 배치하니 … 위(dbus) 지역 사람들은 북쪽에 머물 필요가 없게 되었고 몽골 군사들에게 티베트 물자로 역참에 지응 물품들이 매년 오게 되니 여행객들에게 역참의 역마(驛馬)가 비지 않게 되었고 모두에게 이익이 되었다."[43]

속, 샥 등 참(站)은 장탕(byang thang), 즉 라싸를 중심으로 한 위(dbus) 지역보다 멀리 북쪽에 있는 황량한 고원에 위치해 있다[추정 위치는 〈도 1〉 참죄]. 장탕은 춥고 건조하여 사람이 거의 살지 않으나 한지로 가려면 반드시 지나야 하는 지역이라 대참들이 그곳에 정해졌다. 주요 길목이니 역참은 필요하나 참호들이 고통받으니 상가가 그것을 개선하여, 당시 파견된 몽골 군대의 일부를 그곳에 주둔하며 역참 업무를 하게 하고 티베트

---

37 팀푸본 동일.

38 rtsi dbar 혹은 rtsi bar라고도 기록되어 있다. 팀푸본 rtsi bar.

39 팀푸본 rkong.

40 팀푸본 dgon sar.

41 "쟘갸와(byam gya ba)" 등으로도 표기된다. 다만 이때 쟘(byam)은 단순히 "역참"의 뜻이다. 어째서 갸와 참에만 "역참(byam)"이라는 단어가 부가되어 있는 것인지 알 수 없다. 팀푸본에는 "쟘"이 따로 나와 있지 않다.

42 몽골어인 것으로 보이나 그 의미를 알 수 없다.

43 Dpal 'byor bzang po, G.yas ru Stag tshang pa (1454/1979), *Rgya Bod kyi Yig tshang mkhas pa dga' byed chen mo 'dzam gling gsal ba'i me long* (Kunsang Topgyel and Mani Dorji ed.) Thim-phu, Bhutan. pp.417~418; 최소영, 「15세기 티베트 저작 漢藏史集rgya bod yig tshang 譯註와 연구」, 341~342쪽.

참호들은 물자만 보내게 한 것이다.[44] 앞의 표에서 속, 샥 등에 배치되어 있는 팍모두, 가마, 챌 만호 등은 그 부담이 가벼워졌을 것이다. 어쨌든 대참[잠첸]은 기본적으로 참호가 일 년 내내 역참에 상주하면서 음식은 물론 텐트에 이르기까지 모든 것을 대야 하는 것이었다고 할 수 있다.

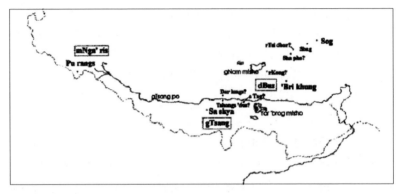

〈도 1〉 티베트 역참 지도[山本明志, 「チベットにおけるジャムチの設置」, 13쪽]

그렇다면 티베트 참호들은 역참에 무엇을 제공해야 했을까. 이 역시 뺄조르 상뽀의 『한지와 티베트의 문서들의 모음』에서 그 일부를 엿볼 수

---

44 상가가 이때 중앙티베트에 군대와 함께 파견된 것은 쿠빌라이의 帝師 팍빠와 대립하던 사꺄파 뾴첸 뀐가 상뽀(kun dga' bzang po)를 처벌하기 위해서였다. 뀐가 상뽀는 팍빠가 2차 귀환하면서 이미 그를 해임하였다. 쟝춥 걜챈은 그가 팍빠를 身語意 모든 방면에서 비난하였다고 적었다. 팍빠는 중앙티베트에 돌아와서 얼마 되지 않아 사망했다. 死因은 타살이 아니나 帝師와 대립한 것에 대해 쿠빌라이는 분노하였고 이에 대군을 이끌고 파견된 상가는 뀐가 상뽀는 물론 그와 관련 있는 인물들을 모두 잡아서 심문했다. 이때 챌파 만호의 만호장 가데 뺄(dga' bde dpal)이라는 인물도 뀐가 상뽀와 가까웠다는 이유로 잡혀서 심문을 당했으며 상가에 대해 앙심을 품고 있었다. 몽골 조정으로 돌아간 지 얼마 되지 않아 상가는 부패 등의 혐의로 쿠빌라이의 명으로 처형되었고 가데 뺄은 노래를 부르며 처형을 지켜보았다. 관련 내용은 최소영, 『보시, 티베트와 몽골을 잇다: 티베트 승려에 대한 몽골 황실의 보시 연구』, 266~280쪽 참고.

있다.

"위(dbus) 지방 만호들이 각 호와 50호[rta mgo, 땅고]로부터 짐 실을 말[rta khal]과 탈 말[(rta) bzhon ma],[45] 양고기, 역참에 공급할 청보리 [nas], 모직 천[phya ther] 야크털 천막[sbra], 안장, 매트리스, 짐 묶는 끈 [zhags], 화덕, 방석, 의약비[sman rin], 민호(民戶, dud mi) 등을 [징발하여] 몽골에 주는 것을 법으로 하였다."[46]

즉 먼저, 만호 내의 각 호와 50호 단위(rta mgo, 땅고)에서 말과 고기, 짬빠(rtsam pa)[47]를 위한 청보리 등을 제공하는 것인데 이는 대략 역마(驛馬)와 음식을 제공하는 몽골제국의 여타 지역의 역참과 유사하다. 그런데 그에 더해 이 지역 참호들은 야크털 천막, 매트리스, 방석 등을 제공하였는데, 이는 티베트에서만 보이는 특징이다. 유라시아 초원의 유목 집단들은 대부분 모전으로 된 흰색의 동그란 게르[유르트]에 거주하는데 티베트 유목민들은 야크털로 만든 검은 텐트에 거주한다. 참호가 준비해야 하는 물품에 거주용 천막이 들어가 있는 것은, 장탕 지역의 역참으로 고정 건물이 아니라 유목민 천막을 사용했던 것을 보여준다. 반면 도시 지역에 배정된 역참은 아마도 건물이었을 가능성이 높다. 매트리스는 바닥에 깔고 또한 그 위에 방석을 두었을 것이며 화덕은 물이나 차를 끓이는 것이었다고 생각된다.

---

45 bzhon ma는 젖소의 의미도 있으나 여기서는 "짐 싣는 말" 뒤에서, "乘用 말"을 뜻하는 것으로 보았다.

46 dbus pa khri bskor rnams kyis/ dud rta mgo'i steng nas/ rta khal pa bzhon ma/ shas lug/ 'jams brgyags kyi nas/ phya ther/ sbra/ sga/ gdan/ khal zhags/ thab cha/ gdan chas/ sman rin/ dud mi dang bcas pa/ hor la ster ba'i khrims bcas Dpal 'byor bzang po, G.yas ru Stag tshang pa, p.418

47 볶은 보리 가루에 차나 우유 등을 붓고 반죽하여 경단 형태로 만들어 먹는 티베트 전통 음식.

티베트인의 주식은 평소에는 볶은 보리를 빻은 보릿가루에 찻물을 개어 그 자리에서 빚어 먹는 짬빠이고 야크 고기, 양고기 같은 고기도 중요한 음식이었다. 참호들이 짬빠를 위한 보릿가루를 제공해야 했다는 기록으로 고기와 함께 짬빠가 외부 사신들에게도 주식으로 제공되었음을 알수 있다.[48] 한편 "phya ther"의 테르(ther)는 티베트의 모직천인 남부(snam bu)의 일종이고 양의 목, 배, 앞다리 부분에서 채취한 매우 가는 모를 사용한다.[49] 티베트의 모직물 제작 기술은 대단히 발달하여, 팍빠 등 승려들

---

48 역참 이용자에 대한 음식 접대는 카안 울루스 즉 元朝의 경우, 시기 별, 지역 별로 차이는 있으나 『元典章』에 실린 中統 4년(1263)의 한 규정을 보면 다음과 같다. "사신 등의 음식 접대는 咨를 받은 대로 시행한다. 鋪馬를 타는 사신: 換馬만 하는 곳에서는 正 사신은 밥과 해갈할 술을 주고 從馬者는 죽을 준다. 숙박할 곳에서는 正 사신은 본 부에서 논의한 대로 마땅히 백미 1승, 밀가루 한 근, 고기 한 근, 술 한 되와 유염잡지초(일종의 용돈) 10문을 준다. 겨울에는 하루에 다섯 근의 석탄을 주는데 10월 초하루에서 시작하여 정월 20일까지 준다. 따라 다니는 종마자는 술과 고기. 유염잡지초를 주지 않고 백미 한 되와 밀가루 한 근을 준다. 長行馬를 타는 사신: 만약 聖旨, 영지와 성부의 문서가 있고 관중의 공사를 맡았다면 한두 사람의 우두머리는 숙박하는 곳에서 분례를 지급하라. 그 다음 사람들은 밥을 주는 외에 마필의 사료는 본 2부에서 논의한 바대로 말한필 당 하루에 초 열두 근과 료 다섯 되를 주라. 10월에서 시작하여 3월까지 주어라. 본 2부가 원래 올렸던 정을 보니 長行馬 사신은 타고 있는 포마에 따라 분례를 지급한다. 정을 가진 도둑 잡는 이와 압송차역자는 본부가 의논한 분례에 따라 숙박처에서는 백미 한 되, 밀가루 한 근, 잡지초 1분을 지급한다(『元典章』, 戶部卷2, 典章16, 〈使臣〉, [定下使臣分例], "使臣人等祗應分例, 仰依奉施行 起鋪馬使臣 換馬處, 正使臣支粥食解渴酒. 闊端赤支粥. 宿頓處, 正使臣依本部所擬, 合支白米一升, 麵一斤, 肉一斤, 酒一升, 油鹽雜支鈔一十文. 冬月一行日支炭五斤, 自十月初一日爲始, 至正月二十日住支. 隨從闊端赤, 不支酒肉·油鹽雜支鈔. 白米一升·麵一斤. 長行馬使臣, 如有賚[賣]把聖旨令旨并省部文面, 勾當官中公事, 一兩個爲頭人員, 頓宿處依分例支者. 下次人員與粥飯者.』 外據馬疋草料, 亦依本部所擬支遣, 馬一疋日支草一十二斤, 料五升. 自十月爲頭, 至三月終住支. 照得本部元呈, 長行馬使依騎鋪馬分例支遣, 呈下係官文字曳剌解子, 依本部所擬分例, 係宿頓處批支白米一升, 麵一斤, 雜支鈔一升")."
49 최소영, 『보시, 티베트와 몽골을 잇다: 티베트 승려에 대한 몽골 황실의 보시 연구』, 205~206쪽. 다만 여기서 phya의 의미는 알 수 없다.

이 보시를 받고 그에 대한 회사(回賜)로 모직물을 나눠 준 경우가 많다.[50] 장탕의 추위를 막을 다용도 덮개로 사용되었을 것이라고 짐작된다. "sman rin"은 약품 자체일 수도 있고 약을 구할 비용이나 교환하는 물품일 가능성도 있다.[51] 아마도 먼 길을 온 여행자들이 건강이 악화되었거나 티베트의 고도가 높으니 산소 부족으로 고산병 증세에 시달리거나 하는 경우에 대비한 것이었을 가능성이 있다. 어쨌든 약품이 역참 상비품으로 나열되어 있는 것 역시 티베트 지역 역참의 특징이라고 할 수 있다. 대참에서의 울락은 단순히 역마를 키우고 제공하는 것뿐 아니라 음식과 물품과 숙사(宿舍)로 쓸 거주용 천막까지 제공하는 것이었다고 할 수 있다.

이 물품들도 가짓수와 양이 적지 않으나 그들이 직접 가서 역참을 지키며 상주하지 않고 이것을 몽골인들에게 넘겨주면 되는 것으로 상가(桑哥)가 개선하였으니 중앙티베트인들의 부담은 상당히 줄었을 것이다. 사꺄 측 기록은 이를 대단히 강조하며 상가를 예찬하고 있다.

2. 소참['jams chung, 잠충]

한편 1348년 사꺄파를 비롯한 교파들을 압도하고 중앙티베트에서 정권을 잡은 팍모두파의 장춥 갤챈(byang chub rgyal mtshan, 1302~1364)은 역참 업무 중 "잠충"에 대하여 다음과 같이 적었다.

"왕실 성원과 사도(司徒), 원수(元帥), 몽골과 티베트의 수령들, 도원수 [du dben sha], 왕[dbang]과 공주 등이 산, 계곡 할 것 없이 가득히 와서는 울락을 보기만 하면 요구하여 받는다. "잠충('byams chung)", 울락

---

50 최소영, 『보시, 티베트와 몽골을 잇다: 티베트 승려에 대한 몽골 황실의 보시 연구』, 47쪽.
51 랑중 예셰(Rangjung Yeshe) 사전은 "medical fees"라고 풀이했다.

각 두 가지를 백 번씩 주어도 부족하며, 대징발 세 번과 음식, 재화들 모두를 하나로 묶어도 그때 "잠충" 세(稅)가 더 무거웠다. … 빻은 보릿 가루를 제공하는 일[rngod thag chen mo]은 잠첸('byams chen, 大站)보다 도 부담이다. 짬빠를 운송할 때 라데(lha sde)[52]와 미데(mi sde)[53] 사람들 의 허리가 부러진다."[54]

"잠충"은 번역하면 "역참-작은" 즉 소참(小站)의 뜻인데 아마도 상설 역참이 아니라 사신이나 승려 등이 그 지역을 지나게 되면 그때그때 해당 역참의 참호들이 자신의 역으로 보릿가루를 운송해야 하는 시스템이었던 것으로 보인다. "지키는 사람['dzin mkhan]"이 일 년 내내 역참에 머물러 있어야 했고 화덕에 텐트까지 모든 것을 제공해야 했던 "잠첸"과 비교하 면 음식만을 제공하는 것으로 보이는 잠충은 훨씬 부담이 덜했을 것이다. 그러나 한지와의 경계에 위치해 있어서 외부로 나가거나 나갔다가 들어오 는 이들만 이용했을 잠첸에 비해, 잠충은 중앙티베트 내부에서 고위 관료 나 승려들이 이동할 때도 계속 이용했던 것으로 보이며, 따라서 그 부담은 결코 작지 않았던 듯하다. 잠충의 참호들이 느끼기에는 위의 표현대로 몽 골, 티베트 관료들과 귀족들이 들판을 가득 채우고 끝없이 밀려드는 듯했 을 것이며, 이를 알고 있는 장춥 갤챈은 잠충 의무 때문에 쉼 없이 보릿가 루를 나르느라 참호들이 허리가 부러질 정도라고 적고 있는 것이다.

---

52 사원에 속하는 호.

53 일반 萬戶에 속하는 호.

54 "rgyal brgyud si tu dbon shri dang// hor bod dpon chen du dben sha// dbang dang sras mo la sogs pa// ri klung med par bkang nas yong// 'u lag mthong len byed pa yod// 'byams ⟨lung⟩ [chung] 'u lag gnyis re la// rgya re sprad kyang mi rdzong par// ldud chen gsum dang zas nor rnams// thams cad gcig tu dril ba las// de dus 'byams chung khral de lci// … rngod thag chen mo zhes bya ba// 'byams chen las kyang lji ba yod// rtsam pa rab btsun skyel ba 'bab// lha sde mi sde'i sked gcog pa//" (Byang cub rgyal mtshan, pp.304~305)

서아시아의 훌레구 울루스의 경우에도 사신들의 이동 노선에 있는 지방의 역참에서 그들에게 필요한 역마와 음식을 제공하는 것이 여러 가지 문제가 커지자, 가잔(Ghazan, 1271~1304) 칸의 개혁 때에 그 비용을 국고에서 제공하는 것으로 개선한 것을 보면[55] 국내의 다양한 이동자들에게 계속 음식을 제공해야 하는 임무는 생각보다 쉽지 않았던 것으로 보인다. 한편, 장춥 걜챈은 참호들이 한 해에 이러한 역마(驛馬), 음식 등을 몇 번 제공해야 하는지 예전에는 불분명하였으나 자신이 일 년에 한 번씩만 의무를 이행하도록 하였다고 썼다.[56]

3. 보시 물품의 이동

티베트 역참 관련 기록에서 또 하나 눈에 띄는 것은 언제나 "타기 위한 말"과 나란히 "짐 싣는 말[rta khal pa]" 혹은 "짐 싣는 가축들[khal rnams]"과 같은 표현이 적혀 있는 것이다. 앞의 잠첸 기록에서도 타기 위한 말 앞에 "짐 싣는 말[rta khal pa]"이 별도로 기록되어 있는 것을 볼 수 있다. 단순히 "짐 싣는 [가축]들[khal rnams]"이라고 적힌 경우에는 야크나 소, 나귀 같은 동물이었을 것으로 보인다. 어쨌든 티베트에서는 승용뿐 아니라 짐을 싣기 위한 말이나 야크 등을 거의 언제나 같이 징발하는 것을 알 수 있는데, 이는 티베트 승려들이 몽골 수도로 갈 때는 법회에 필요한 종교 물품이나 몽골 지배층에게 주는 선물 등을 가져갔기 때문이며, 또한 특히 몽골 수도에서 돌아올 때는 대칸을 비롯한 몽골 황실 성원들로부터 대규모 보시를 받아서 왔기 때문이었다. 이들의 보시는 규모가

---

55 김호동, 「몽골支配期 西아시아의 驛站制와 가잔 칸(Ghazan Khan)의 改革」, 18 ~19쪽.
56 Byang cub rgyal mtshan, p.304.

대단히 커서, 당시의 한 학자는 심지어 "천하의 경비를 셋으로 나누면 승려가 그중 둘을 차지한다"고 탄식할 정도였다.[57] 티베트 승려들의 "짐" 문제는 『영락대전(永樂大典)』「참적(站赤)」이나 『원전장(元典章)』「참적(站赤)」에 반복해서 보고되며 이에 원(元) 조정은 말 한 필에 싣는 짐 무게에 제한을 두었다.

> "서번승(西蕃僧)과 그 사신이 짐을 싣는 것이, 무거운 때는 200~300근이고 가벼워도 150근 아래로 내려가지 않습니다. 또한 울락치 말의 등에도 물건을 더 실어 계속 달리게 합니다. 금후로는 토드카순과 참관(站官)이 말 한 필 당 100근까지만 실을 수 있도록 양을 정하게 하고, 급한 용무가 아니면 역마로 달리지 않게 하기를 청하며 역참이 조금이라도 회복되게 하기를 바랍니다." 중서성이 받아서 의견을 보내 관할 관청에 두루 보내 위대로 시행하게 했다.[58]

그러나 티베트 승려들은 계속해서 규정을 어기고 말 한 필에 200~300근씩의 물품을 실을 수밖에 없었다. 그들이 돌아갈 때 대칸 등 지배층이 막대한 양의 보시를 주어 돌려보냈으므로 징발하는 포마 수 자체를 늘려주지 않는 이상 그들이 말에 규정에 맞게 짐을 적당히 싣는 것은 불가능했다. 또한 그것을 몽골 수도 근처에서 가볍고 부피가 작은 물건으로 바꾸어 티베트로 돌아가는 것도 어려웠던 듯하다. 그러므로 이후 티베트 승려들은 무게 제한 규정을 어겨 처벌을 받을 상황에 처할 수밖에 없었고, 한

---

57 張養浩, 『上時政書』. 관련 내용은 최소영, 『보시, 티베트와 몽골을 잇다: 티베트 승려에 대한 몽골 황실의 보시 연구』, 6쪽.

58 『永樂大典』 卷19424, 「站赤」 9, "至大元年九月內, 御位下西番僧使駝馱, 重者二三百斤, 輕者不下百五十斤. 又兀剌赤馬後附物 常行馳驟. 今後 乞從脫脫禾孫及站官. 量定每馬許載百斤. 非急務不得馳走. 庶望站赤少甦. 都省準擬, 遍行合屬, 依上施行."; 최소영, 「몽골제국 시기 티베트 승려에 대한 보시와 그 운송 문제 고찰」, 『중앙아시아연구』 26-2, 2021. 울락치는 역마 관리자를 말한다.

기록은 선정원(宣政院) 관리들은 대칸이 주신 보시품이니 용서하고 그대로 포마(鋪馬)를 더 주어 돌아가게 할 것을 요구하였고 대칸은 이를 허락했다고 적고 있다.[59] 대칸을 비롯한 황실과 관계 있는 문제였기 때문에 규정이 제대로 지켜지기는 어려웠던 것이다. 그뿐 아니라 몽골 귀족들은 티베트 사원과 승려에 한 번에 수레 수십 대 분량의 보시 물품을 따로 보내는 경우도 있었다.『영락대전』「참적」에는 다음과 같은 기사가 실려 있다.

대덕(大德) 5년(1301) 11월, 보정로(保定路) 정흥역(定興驛)이 말하기를 "본 참은 현재 수레를 15량 비치해 두고 돌아가면서 운용하는데 조금도 쉬지 못하고 있습니다. … 서번(西番)에 보내는 보시가 있어 75량에 싣고 보내야 하는데, 탁주(涿州)에서 계속해서 서번으로 보내는 보시 수레 50여 량을 보내 왔습니다. 즉시 응부(應付)해도 부족하며 비단 일을 그르치는 것 뿐 아니라 참호(站戶)들이 도망가고 역운이 폐쇄될까 진실로 두렵습니다."[60]

---

59 참적에는 다음과 같은 기사가 있다. "황제가 파견한 서번(西番) 승려 사신 닥빠뺄(Grags pa dpal, 乞剌思八班) 등 6인이 처음에 포마 11필을 타고 대도로 왔다가 지금 돌아가려 하는데 그 수가 3인 뿐인데도 원래의 포마 수를 또 요구하였으나 병부(兵部)가 8필만 주었습니다. [그러자] 과중하게 짐을 싣고 갔고 탁주(涿州)에 이르러 감찰에 걸려 조사를 받으니 각 말마다 170근씩을 싣고 있었습니다. 이 일을 형부(刑部)에 보내 보고하여 [승려들이] 67대를 맞게 되었는데 선정원 관리 암보(俺普)가 황제에게 "이 승려들은 멀리서 왔으며 실은 물건들은 바로 폐하가 내리신 물건입니다. 그 때문에 과중한 것이니 청컨대 포마 3필을 늘려주시어 속히 돌아가게 해 주십시오"라고 하였습니다. 이를 허락하는 성지를 받았습니다(『永樂大典』卷19424, 「站赤」9, "至大元年九月內, 御位下西番僧使駝馱, 重者二三百斤, 輕者不下百五十斤. 又兀剌赤馬後附物 常行馳驟. 今後 乞從脫脫禾孫及站官 量定每馬許載百斤. 非急務不得馳走. 庶望站赤少甦. 都省準擬, 遍行合屬, 依上施行"). 암보(俺普)는 악명 높은 楊璉眞伽의 자식이다. 관련 내용은 최소영, 「몽골제국 시기 티베트 승려에 대한 보시와 그 운송 문제 고찰」, 213쪽 참조.

60 『永樂大典』「站赤」4, "十一月保定路定興驛言: 本站見設車一十五輛, 輪流遞運, 不曾少休. … 有西番送布施回車七十五輛, 涿州續運方去西番送布施車五十餘輛, 即令應付不敷 非徒悞事. 誠恐站戶逃亡." 山本明志, 「モンゴル時代におけるチベット·漢地間の交通と

이 기사의 보정로(保定路) 정흥역(定興驛)은 비치해둔 수레를 다 동원해도 모자라 주변의 민호에게서 수레를 빌려 보시를 운송했다. 티베트로 보내야 하는 보시가 수레 75량분이 있어서 정흥역이 티베트 방향의 다음 역까지 이 많은 양의 보시를 모두 운송해야 하는데 이전 역참에서 티베트로 보내는 보시를 수레 50여 량에 싣고 또 가져온 것이다. 이전 역참의 수레는 가져온 자들이 가져가야 하니 정흥역에서는 새로 전달받은 보시 물품 때문에 50여 량의 수레를 또 동원할 방도를 찾아야 했다. 한지(漢地)의 역참에서 이러한 문제를 겪고 힘겹게 중앙티베트 변경에 도착한 보시 물품들은 장탕의 잠첸을 통해 중앙티베트 내부로 운송이 되어야 했다. 티베트는 지형상 수레가 안정적으로 다니지 못하니 말, 야크, 소 등을 부려서 옮겨야 했을 것이고 원래 이를 맡았던 위(dbus)의 여러 만호에서 때에 맞추어 짐을 옮길 수 있는 말, 야크 등을 대규모로 장탕으로 보내야 했을 것이다.

승려나 사신단 등 사람이 빈번히 오가는 것도 문제였지만 이렇게 대규모로 보시 물품이 전달되는 경우가 역참의 참호들에게 더 큰 부담이었을 것은 분명하다. 최근의 연구는 보시의 품목이 몽골제국 초기에는 고급 의상, 불교 용품 등이었다면 대략 쿠빌라이 시기부터는 제왕, 공주, 후비, 부마들에게 주는 것과 같은 비단, 금, 은 등이 주를 이루었던 것을 밝혔다. 특히 비단은 한 승려에게 수백 필에서 수천 필까지 한 번에 바쳐지기도 했다. 몽골제국 시기 기록상 가장 많은 보시를 받은 것은 팍빠이다. 그는 한 번에 비단 5만 9,000필을 받은 기록도 있다.[61] 세계제국 몽골이 쌓은 부의 일부는 이렇게 티베트 승려들의 기도, 그리고 설법과 바꾸어져 중앙

站赤」, 266~267쪽.

61 관련 내용은 최소영, 『보시, 티베트와 몽골을 잇다: 티베트 승려에 대한 몽골 황실의 보시 연구』 참고.

티베트로 옮겨졌다. 다만 그 이송 과정을 책임진 티베트 백성들에게는 고통이 컸다. 원의 한문 사료들과 달리 티베트 사료들은 보시 물품들을 어떻게 이송했는지 언급하지 않지만, 이러한 상황을 고려할 때, "짐 싣는 가축"이 티베트의 역참 업무에 대한 기록에 반드시 등장하는 것은, 이 정황을 반영하고 있다고 할 수 있다.

IV. 역참, 사꺄 정권 그리고 몽골 조정

지금까지 살펴본 기록들에 의하면, 티베트인들이 사꺄 정권과 몽골에 대해 어떤 경제적, 사회적 의무를 지고 있었는지 전체가 분명하지는 않음에도, 역참에 물자와 동물, 음식 등을 제공하여 몽골 조정과 티베트의 교통을 유지하는 일은 대다수의 티베트인에게 주어진 의무였고 가장 무거운 짐이었다고 말할 수 있다. 앞에서 보았다시피 14세기 중반 중앙티베트를 석권하고 지배자가 된 장춥 갤챈은 티베트인들이 지불해야 하는 이러저러한 징수를 다 합쳐도 "잠충"의 의무가 더 무겁고 힘들다고 말했다. 이는 저명한 승려들을 초대하러 사신들이 쉬지 않고 도착하고, 승려들이 초대를 수락하여 무리를 이끌고 다녀오며 일반 관료들도 억울한 일을 호소를 하거나 여러 승인을 얻으러 대도(大都)에 가는 것을 반복한 상황 때문이다.[62] 그리고 무엇보다도 문제가 된 것은 앞에서 본 대로 몽골 지배층이 한지의 역참도 감당하지 못할 보시품들이 대규모로 쉬지 않고 중앙티베트

---

62 親朝를 통해 세력 아래의 군장들과의 문제를 해결하려는 몽골의 특징 때문이기도 하며 권력의 중심지로 가서 자신들 내부의 갈등을 해결하려는 피정복민들의 의지 때문이기도 할 것이다. 예를 들면 고려도 몽골제국 시기 역참 이용과 그에 관련된 백성들의 여러 부담이 크게 증가하였다. 관련 내용은 정요근, 「원간섭기 驛 이용 수요의 급증과 그 대책」, 『한국사학보』 32, 2008, 61~93쪽을 참고.

로 유입되었기 때문이다.

몽골은 티베트에서 만호장의 관할하에 만호 내에서 참호로 배정된 민호들이 역참을 담당하게 했지만 티베트 역참의 이송 문제 전체를 총괄하는 것은 사꺄파의 영수인 사꺄 뾘첸(dpon chen), 그리고 14세기 중반 이후에는 팍모두파의 만호장이었다. 사꺄파는 자신들이 어떤 의무를 지고 있었는지 기록하지 않았지만, 『원사(元史)』세조(世祖) 25년(1288) 기사에는 다음과 같은 기록이 있다.

> "위짱 선위사[烏思藏宣慰使] 쇤누 왕축[軟奴汪朮, gzhon nu dbang phyugs] 이 자신이 관할하는 병참(兵站)의 굶주리는 호(戶)를 진제하니 상가(桑哥)가 그를 상 줄 것을 청하여 은 2,500량을 하사했다."[63]

여기서 말하는 위짱의 병참(兵站)은 군대가 주둔하며 관할하는 역참, 즉 위에서 본 장탕의 잠첸을 가리킨다. 쇤누 왕축은 사꺄 뾘첸을 겸했던 인물로, 몽골에서 파견된 관료와 함께 그 전에 티베트 인구조사를 주도하기도 했다. 기아에 시달리는 장탕 역참의 군사들을 그가 구제한 것은 중앙 티베트의 수령으로서의 측은지심의 발로일 수도 있으나 무엇보다 역참이 끊기지 않게 하는 것이 중요했기 때문이었다고 할 수 있다. 이를 몽골 조정이 보상해준 것 역시 몽골도 티베트 - 대도(大都) 간의 역참 유지를 무엇보다 중요하게 생각해서인데 이 사실은 다음의 기사들에서도 확인할 수 있다.

> "연우(延祐) 원년(元年) 정월 10일 선정원사(宣政院使) 울룩 테무르, 발라도인, 다르마쉬리 등의 주(奏): 위짱 아리꼬르숨 선위사[烏思藏 納憐速古

---

63 『元史』卷15, 「本紀」第15, 世祖 12, "烏思藏宣慰使軟奴汪朮嘗賑其管內兵站饑戶, 桑哥請賞之, 賜銀二千五百兩"

兒〈赤〉[孫]宣慰司]가 말하기를: 예전에 위짱 등 역참이 빈핍하여 주를 올리니 황제께서 각 참에 말 120필 값을 돈으로 주라고 명하셨었습니다. 지금 각 역의 소핍함이 더욱 심하니 비록 부유한 집안과 논의하여 마필을 추분(抽分)하여 역참에 응부한다고 해도 [위짱의 참호를] 진제하지 못할 듯합니다. 바라건대 물자를 진제하여 주십시오. 또한 제사(帝師)의 법지를 받았습니다: 위짱의 사꺄(sa skya, 撒思加), 다를룽(dar lugs, 答籠), 총뒤(tshong dus, 宋都思), 딱(stag, 亦思答)⁶⁴ 4참에 군영이 없고 수년간 곡식을 거두지 못했으며 가축이 죽고 빈핍함이 더 심해졌습니다. 상뽀뻴(bzang po dpal, 藏卜八) 국사(國師) 등과 선위사(宣慰司)가 수차례 글을 올렸습니다. 전에 세조(世祖) 황제, 성종(成宗) 황제 때에 이 몇 참이 소핍하니 일찍이 관(官)에 명하여 물자를 주게 하였었습니다. 이제 마땅히 이전의 체례(體例)에 따라 진제해야 할 것입니다. 신(臣) 등이 생각건대 만약 지금 진제하지 않으면 [역로가] 바로 끊길 것입니다. … 네 참에 각각 50필의 마필을 돈으로 쳐서 매 필당 6정을 주십시오. 황제가 이에 따랐다. 흠차(欽差).

총액은, 위짱의 샤꺄 등 4참(站)에 대해 각 참에 말 50필을 주되 그 값으로 중통초(中統鈔) 300정을 주니 계 1,200정을 사꺄, 다를룽, 총뒤, 딱에 준 것이다."⁶⁵

"위짱의 사꺄(sa skya, 撒思加), 다를룽(dar lugs, 答籠), 총뒤(tshong dus, 宋都思), 딱(stag, 亦思答)"은 앞에서 본 짱(gtsang) 지역의 4개 대참['jams

---

64 짱(gtsang) 지방의 4개 대참.
65 『永樂大典』卷19421,「站赤」6, "六年 正月十日. 宣政院使 月魯帖木兒 八剌脫因 苔兒麻失里等奏: 烏思藏 納憐速古兒〈赤〉[孫]宣慰司言: 往者烏思藏等 站赤消乏, 嘗奉上命 每站與馬一百二十匹, 準支價錢. 今來各驛消乏尤甚, 雖議於魯瓦富民之家, 抽分馬匹應副 恐不能濟. 乞津濟物力. 又奉帝師法旨: 烏思藏 撒思加·答籠·宋都思·亦思答 四站 無營盤, 數年田禾不收, 頭匹倒死, 至甚消乏. 藏卜八國師等幷宣慰司 數次移文上言, 在先世祖 皇帝 成宗皇帝時, 以此數站消乏, 曾令官給物力. 今宜依先例濟之. 臣等議今不賑濟, 直至斷絕, 卻行創立, 愈見費力. 乞依先例賑給. 奉旨準. 欽此. 本院具呈都省, 於三月四日奏, 四站各與五十匹馬價, 每匹六錠, 上從之. 總計烏思藏 撒思加等四站, 每站馬五十匹, 該價錢中統鈔三百錠, 計一千二百錠整, 撒思加 答籠 宋都思 亦思答."

chen]이며, 이 기사에서 선정원사(宣政院使)와 위짱아리꼬르숨선위사[烏思藏納憐速古兒孫宣慰司] 등은 매우 다급하게, 그냥 두면 위짱의 역참이 끊긴다고 위협 투로 인종(仁宗) 아유르바르와다(Ayurbarwada, 1285~1320)에게 상주(上奏)하고 있다. 이에 몽골 조정은 즉시 각 참에 말 50필씩을 주기로 하고 그것을 환산하여 중통초(中統鈔) 300정씩 총 1,200정을 위(dbus) 지역의 대참(大站)에 주고 있다. 또한 『원사(元史)』 지원 29년(1292)에 다음과 같은 기사가 있다.

"위짱 선위사[烏思藏宣慰司]가 말하기를 "디궁('bri gung, 必里公)의 난[66] 이후 위짱의 역참이 끊어지고 백성들은 빈핍하여 공억(供億)하지 못 합니다"라고 하니 짱 지역의 5개 역참에 각각 말 100필, 소 200두, 양 500두의 값을 은(銀)으로 주게 했고 군(軍) 736호(戶)에도 은을 내렸다."[67]

여기서 말[馬]은 승용(乘用)이고 소는 짐을 싣기 위한 것이며 양은 고기와 털 등을 위한 것으로 보인다. 군은 군참 즉 장탕의 역참 수비군일 가능성이 있다. 다만 앞에서 본 대로 짱 지역의 대참은 네 곳이어서 여기서 말하는 짱 5개 역 중 하나는 소참일텐데 어느 것인지 알 수 없다. 몽골 조정은 먼 중앙티베트의 백성들의 생활까지 관심을 두지는 않았지만 그 지역의 역참에는 대단히 신경을 썼던 것이다. 『원사(元史)』에 몽골 조정이 중앙티베트의 기아나 빈핍함을 구제하는 기록 몇 개가 있는 것이 모두 역

---

66 몽골-사꺄 시대 이전에 중앙티베트에서 가장 강했던 디궁파가 이 정권에 반대하여 일으킨 난. 1285년 시작되어 1290년 완전히 진압되었다. 디궁은 서부 몽골[stod hor]이라는 몽골 세력을 끌어 들여 몽골-사꺄 세력에 맞서고자 했으나 패배했다. 이후 디궁파는 세력이 크게 약해졌다. 관련 내용은 최소영, 「13세기 후반 티베트와 훌레구 울루스」 참고.
67 『元史』 卷14, "烏思藏宣慰司言:「由必里公反後, 站驛遂絕, 民貧無可供億.」命給烏思藏五驛各馬百、牛二百、羊五百, 皆以銀 ; 軍七百三十六戶, 戶銀百五十兩."

참 구제 기사이며[68] 티베트 현지의 사꺄 정권뿐 아니라 몽골 조정에게도 중앙티베트와 몽골 조정의 교통 유지는 중요했던 것이다.

14세기 중반 새 지배자가 된 팍모두파의 쟝춥 걜챈은, 이전에 사꺄 뾘 챈이 라마 담빠 쇠남 걜챈(bla ma dam pa bsod nams rgyal mtshan, 1312~1375)[69]의 대도(大都) 행(行)을 안배하지 않아 그가 초청에 응하지 못하게 된 것을 강력하게 비난했다. 또한 사꺄파와 기타 교파에 승리하고 중앙티베트의 패자가 된 후부터 짧은 기간에 대도로 가는 무리와 대도에 서 제사의 유해(遺骸)를 호송하여 오는 이들 등 다섯 번의 왕래가 있었는 데 그들에게 짐 싣는 말[khal rta]을 보내야 하는 것 등을 모두 자신이 잘 안배하여 제공하였음을 자랑했다.[70] 무엇보다 쟝춥 걜챈이 중앙티베트의 내전을 종식시키고 나서 몽골 조정에 대사도(大司徒) 칭호를 요청하며 자 신의 권위를 인정해줄 것을 청하는 사절단을 보내면서 내전 후 안정을 위 해 티베트인들의 여러 노역과 세금을 반감해줄 것을 몽골에 요청하면서도 역참 관련 의무는 그대로 계속 이행하겠노라고 말한 것은[71] 중앙티베트에

---

68 토번, 서번의 일반 민호를 구제하는 기사에서 말하는 토번과 서번은 대부분 암 도[청해성과 감숙성 일부] 혹은 캄[사천성과 운남 일부]를 말한다. "宣政院에 명 하여 西番 諸驛을 진제하게 하였다(『元史』 卷26, 本紀 第26, 仁宗 3, 6年, "丙午, 命宣政院賑給西番諸驛")."

69 일반적으로 『王統明鑑』 혹은 『왕통을 비추는 밝은 거울』이라고 불리는 Rgyal rab gsal ba'i me long을 지은 학자이다.

70 Byang chub rgyal mtshan, p.310. 이 문장에서는 乘用이 아닌 "짐을 싣기 위한 말"만 등장하고 있다.

71 14세기 중반 쟝춥 걜챈의 승리로 중앙티베트에서 사꺄 - 몽골 지배는 끝이 났다. 元 조정은 당시 해상 세력을 비롯한 반란 세력 진압으로 혼란스러웠고 이를 저 지할 수 없었다. 쟝춥은 이를 보고하면서 티베트인들의 세금을 당분간 반감할 것을 요청했고 그럼에도 역참은 그대로 이행하겠다고 한 것이다. 대칸 토곤 테 무르는 쟝춥 걜챈에게 大司徒 칭호와 선정원 차부, 그리고 예품을 주어 그의 집 권을 인정했다. 한편 쟝춥 걜챈의 집권과 그의 정권의 성격에 대하여는 이승종, 「14세기 초·중반 중앙티베트의 정치적 전개와 몽골제국-팍모두(phag mo gru)

서의 역참 유지의 중요성을 보여주고 있다.

V. 맺음말

중앙티베트인들은 몽골의 침입을 받고 공포에 사로잡혔다. 몽골은 첫 침입에서 승려 500명을 살해하고 대표를 소환했다. 평균 고도 4,000미터 이상의 고원에 사는 티베트인들로서는 처음 받는 외침(外侵)이었다. 티베트인들 대표하여 몽골 왕자에게 간 사꺄 빤디따는, 티베트인들에게 서신을 보내 확실한 복속을 표하지 않으면 몽골이 티베트를 대대적으로 침략할 것이니 요행을 바라지 말 것을 경고했다.

그러나 곧 사정은 바뀌어, 몽골 지배층은 여러 다양한 종교 중에 티베트 불교를 자신들의 종교로 받아들이고 티베트 승려들을 스승으로 받들었다. 사꺄파를 비롯한 여러 교파의 승려를 초대하는 사절단이 쉬지 않고 티베트로 밀려오고, 승려들은 여러 무리를 이끌고 카라코룸, 이후 대도로 가서 그들을 위해 설법하고 기도하며 그에 대한 감사로 대단한 양의 보시를 받아 몽골 수도를 떠났다. 7~9세기 토번 제국 시기 불교를 배우기 위해 인도와 네팔, 카쉬미르 등지에서 많은 금을 주고 "스승님"을 모셔 와야 했던 티베트 불교는 이제 세계제국 군주와 그 가문의 스승이 되어 금과 은, 비단 등을 손에 넣었다.[72] 몽골인들의 네트워크인 역참을 이용해 이

萬戶長 장춥 겔챈(Byang chub rgyal mtshan, 1302~1364)의 행적을 중심으로」, 서울대학교 석사학위논문, 2022 참고.

72 몽골에 대한 티베트인의 인식변화에 대하여는 최소영, 「13~14세기 몽골의 침입과 지배에 대한 티베트인들의 인식」 외에 Choi, Soyoung, "From Brutes to Bodhisattvas: The Mongols in Tibetan Sources", ed. by May. Timothy and Hope. Michael. *The Mongol World*, Routledge Publishing. 2022, pp.799~813 참고.

물품들을 티베트로 가져오는 길은 험난했고, 한인들은 티베트 승려와 보시 물자 이송 때문에 참호(站戶)들이 도망가고 역전 체제가 무너진다고 한탄했다.

그런데 이 문제는 티베트에서도 마찬가지였다. 몽골은 티베트에도 역참을 세워 몽골 조정과 연결시켰고, 만호 단위로 각 참을 관리하게 했다. 인구가 많고 마을과 도시가 조밀한 한지(漢地)에 비해 티베트는 인구는 적고 땅은 넓었기 때문에 다수의 티베트 만호에서 내부의 거의 대부분의 호가 참호가 되어 역참을 유지하는 데에 동원되었다. 티베트 역참 문제에 대해 "도캄 위짱 등 역참은 … 중서성이 역시 일찍이 말과 소를 살 보초(寶鈔)를 내렸고 관리를 파견하여 구제하였습니다. 지금 위짱 등은 소참(小站) 7곳은 물론 대참(大站) 28곳도 서번(西蕃)의 보시를 운송하고 파견되는 사신을 운송하는 것이 실로 잦으며 인호(人戶) 수는 적고 역 간 거리는 아무리 가까워도 300리, 500리 이상입니다"라는 『원사(元史)』의 분석은 정확한 것이었다. 14세기 중반 몽골의 초청을 받은 4대 까르마빠 뢸뻬 도르제(rol pa'i rdo rje, 1340~1383)가 샤포 참에서 출발하면서 역참 이용을 거부하고 자신을 초대하러 온 이들에게도 역마를 타지 말 것을 청한 일화는 바로 이러한 티베트인들의 고통 속에서 나온 것이다. 뢸뻬 도르제의 말에 참호들은 모두 기뻐하면서 가축들을 몰고 집으로 돌아갔다.[73]

---

73 "샤포(sha pho) 지역부터 금자사신이 역마('u lags)를 타실 것을 청하자 [뢸뻬 도르제는] "유정(有情) 들에게 해를 끼칠 수 없습니다. 당신들도 역마['u lag]를 타지 마십시오"라고 말씀하셨다. 그러므로 그들이 사람들로 하여금 짐 싣는 짐승[馱畜]과 타는 짐승[乘畜]을 끌고 집으로 돌아가게 하였으며 站戶['ja' mo ba]들은 매우 기뻐하였다.
sha pho nas gser yig pas 'u lags chibs pa zhus pas/ sems can la gnod 'tshe mi byed/ khyod rang tsho'ang 'u lag ma zhon gsung nas/ khal bzhon rnams nang nas btang nas khrid/ 'ja' mo ba rnams shin tu dga'/ (Tshal pa Kun dga' rdo rje, *Deb ther dmar po*(*Hu lan deb ther*), Mi rigs dpe skrun khang, Beijing, 1981, p.112. 관련 내용은 최소영, 『보시, 티베트와 몽골을 잇다: 티베트 승려에

각 만호들의 역참 관리는 만호장이 책임을 졌고 티베트 전체에 대하여 는 사까파의 영수가 책임을 졌다. 참호들이 궁핍하여 역참이 유지가 되지 않으면 사까파는 직접 구제해 가며 역참 유지에 힘을 썼다. 몽골 조정 역 시 반란 문제가 아닌 이상 티베트 내부의 문제에는 큰 관심이 없었으나 티베트와 몽골 수도 간의 역참은 절대 끊기지 않게 노력했다. 역참에 대한 물자 공급과 노역은 티베트인들에게 어떤 의무보다 무거운 부담이었고 새 로 티베트의 패자가 된 쟝춥 걜챈은 역참에 사신들 먹을 보릿가루 실어 나르느라 참호들의 허리가 부러질 정도라고 한탄했지만, 몽골 조정에 선 언하기를, 티베트 내란 종식 후의 혼란 속에서도 역참은 그대로 유지시키 겠노라고 한 것이다. 지금까지 티베트 사료와 한문 사료 구석구석에서 인 용하여 살펴본 내용이 몽골제국 시기 티베트인의 생활을 일별할 수 있는 하나의 계기가 되기를 바란다.

대한 몽골 황실의 보시 연구』, 135~136쪽 참고.

참고문헌

1. 사료와 번역

라시드 앗 딘 저·김호동 역주, 『칸의 후예들』, 사계절, 2005.

최소영, 「15세기 티베트 저작 漢藏史集rgya bod yig tshang 譯註와 연구」, 서울대학교 동양사학과 박사학위 논문, 2019.

_____, 『보시, 티베트와 몽골을 잇다: 티베트 승려에 대한 몽골 황실의 보시 연구』, 경인문화사, 2022.

『西藏歷史檔案薈粹: A Collection of Historical Archives of Tibet』 Volume 1·2, 文物出版社, 1995.

『元典章』.

『永樂大典』 「站赤」.

Byang cub rgyal mtshan, Ta si byang chub rgyal mtshan gyi bka' chems, Bod ljong mi dmangs skrun khang, 1989

Dpal 'byor bzang po, G.yas ru Stag tshang pa (1454/1979) Rgya Bod kyi Yig tshang mkhas pa dga' byed chen mo 'dzam gling gsal ba'i me long (Kunsang Topgyel and Mani Dorji ed.) Thim-phu, Bhutan. Two volumes.

Tshal pa Kun dga' rdo rje, Deb ther dmar po(Hu lan deb ther), Mi rigs dpe skrun khang, Beijing, 1981

2. 연구 논문과 저서

김호동, 「몽골支配期 西아시아의 驛站制와 가잔 칸(Ghazan Khan)의 改革」,

『역사문화연구』 35, 2010.

정요근, 「원간섭기 驛 이용 수요의 급증과 그 대책」, 『한국사학보』 32, 2008.

최소영, 「13세기 후반 티베트와 홀레구 울루스」, 서울대학교 석사학위 논문, 2010.

_____, 「13~14세기 몽골의 침입과 지배에 대한 티베트인들의 인식」, 『중앙 아시아연구』 23-1, 2018.

_____, 「몽골제국 시기 티베트 승려에 대한 보시와 그 운송 문제 고찰」, 『중 앙아시아연구』 26-2, 2021.

党寶海, 『蒙元驛站交通研究』, 崑崙出版社, 2006.

山本明志, 「モンゴル時代におけるチベット・漢地間の交通と站赤」, 『東洋史研究』 67-2, 2008.

_____, 「チベットにおけるジャムチの設置」, 『日本西蔵学会会報』 55, 2009.

森平雅彦, 「事元期高麗における在來王朝體制の保全問題」, 『北東アジア研究』 別 冊第1號, 2008.

乙坂智子, 「元朝の対外政策-高麗・チベットの君長への処遇に見る「内附」体制」, 『史 境』 38・39合併号, 1999.

荒川正晴, 「トゥルファン出土漢文文書に見えるulaɣについて」, 『内陸アジア言語の 研究』 9, 1994a.

_____, 「唐代コータン地域のulaɣについて-マザル=ターク出土、ulaɣ関係文書 の分析を中心にして-」, 『龍谷史壇』 103-104, 1994b.

Choi, Soyoung, "From Brutes to Bodhisattvas: The Mongols in Tibetan Sources", ed. by May. Timothy and Hope. Michael. *The Mongol World*, Routledge Publishing. 2022, pp.799~813.

Shim, Hosung. "The Postal Roads of the Great Khans in Central Asia under the Mongol-Yuan Empire." *Journal of Sung-Yuan Studies*. 44.1 (2014):

405-469.

Vér, Márton, "The Postal System of the Mongol Empire in Northeastern Turkestan", PhD Dissertation, University of Szeged, 2016.

04

명대(明代) 군인의 장병(瘴病) 감염과 담배

김현선(金賢善, 동국대학교 문화학술원 HK연구교수)

Ⅰ. 머리말

명(明) 중기 중국에 도입된 담배는 명말(明末)에 이르러 사람들의 기호
품으로 자리 잡기 시작하였다. 담배는 중국에서 술, 차와 더불어 3대 기호
품의 하나로 인식되었으며, 담배의 도입과 확산은 중국사에서 획기적인
사건으로 평가된다. 따라서 중국 역사상 담배와 관련하여 담배의 유입과
경로, 흡연문화의 확산, 명말청초(明末淸初) 연금령(烟禁令), 담배 재배와
생산 등 많은 연구가 축적되어 있다. 다만, 자세한 연구사는 기왕의 연구
에서 여러 차례 정리된 바 있으므로, 상세한 연구사 정리는 각주에 제시된
선행 연구를 참조 바란다.[1] 여기서는 본고와 직접 관련한 핵심 성과를 위

---

1 吳晗,「談烟草」,『吳晗史學論著選集』, 人民出版社, 1988; 王達,「我國烟草的引進傳播和
發展」,『農史研究』4, 1984; 陳樹平,「烟草在中國的傳播和發展」,『農史研究』5, 1985;
鄭超雄,「從廣西合浦明代窯址內發現瓷烟斗談及烟草傳入我國的時期問題」,『農業考古』
2, 1986; 陶衛寧,「明淸時期我國烟草生産迅速發展的原因探析」,『農業考古』1, 1999;
「論烟草傳入我國的時間及其路線」,『中國歷史地理論叢』3, 1998;「明末淸初吸烟之風及
烟草在國內的傳播方式與途徑研究」,『中國歷史地理論叢』2, 2002;「明淸之際烟草在國
內的傳播和引種」,『農業考古』1, 2006; 汪銀生・張翔,「明淸時期福建烟草的傳入與發展」,
『農業考古』1, 2006; 吳啓綱,「明淸時期烟草在中國快速傳播的外在歷史動因」,『學習月

주로 그 연구사적 의의와 한계를 간단히 짚어본 다음, 이를 바탕으로 필자의 논의를 개진하고자 한다.

담배가 기호품으로 자리 잡기 이전에, 담배가 확산되는 데에 명말 군인의 이동과 담배의 약용적 기능이 중요하게 작용하였다. 담배의 약용적 기능과 관련하여 당시 많은 의서에 담배의 '벽장(辟瘴)' 기능이 상세하게 기록되어 있다. 장(瘴)은 소위 장기(瘴氣)를 의미하며, 복건(福建), 광서(廣西), 광동(廣東), 강서(江西), 호광(湖廣, 호북, 호남), 귀주(貴州), 사천(四川) 등 남방 지역에 넓게 분포하고 있었다.

장기가 만연한 곳에서 수많은 사람이 장병(瘴病)에 걸려 목숨을 잃었으며, 그로 인해 이들 지역은 소위 '사망지향(死亡之鄉)'으로 불리었다. 장기는 중국 역사상 사람들의 건강과 생명을 심각하게 위협했으며, 사람들의 심리에도 심대한 영향을 미쳤다. 그뿐만 아니라 장기가 발생하는 지역의 사회 발전에도 매우 큰 영향을 끼쳤으며, 중앙정부가 남부, 서남부, 서부 변경 지역을 경영하는 과정에서도 큰 영향을 미쳤다.[2]

刊』 5, 2010; 李晓方, 「烟草生産在清代贛南區域經濟中的地位和作用」, 『農業考古』 1, 2006; 최근에는 담배 가공업, 외래종인 담배가 중국 풍토에 적응하는 과정을 다루는 연구 등 다양한 측면에서 연구가 진행되고 있다. 劉煜澤, 「明清時期中國烟草加工業研究」, 『農業考古』 3, 2017; 鄧啟剛·朱宏斌, 「明清時期烟草的本土化改造與适應」, 『農業考古』 3, 2013. 한국의 경우 원정식의 연구가 대표적이다. 원정식, 「명청시대 담배의 정치·사회경제사적 의의」, 『明清史研究』 23, 2005; 「18세기 中國社會의 吸煙文化 研究: 담배의 사회문화적 영향과 吸煙禮俗의 형성을 중심으로」, 『明清史研究』 29, 2008; 「전근대 중국 경제의 성장 동력과 새로운 작물」, 『東洋史學研究』 106, 2009. 임경준, 「담배 태우는 만주인들 -清初 만주인의 담배문화와 烟禁令-」, 『明清史研究』 55, 2021은 홍타이지의 정치적 의도에 착안하여 만주인 사이에서 담배의 용도를 검토했으며, 동시에 烟禁令의 실시와 그 정치적 의도를 밝혔다. 이후 재인용한 연구나 논문은 吳晗, 1988 방식으로 표기함.

2 趙桅, 「明代烟瘴對廣西土司區經略的影響」, 『廣西民族研究』 2, 2015는 명대 廣西 土司 지역에 극심했던 烟瘴의 영향을 살펴보았다. 더하여 명 정부가 廣西 土司 지역에 취한 '以土治土' 정책을 탐구하였으며, 烟瘴이 廣西 土司 제도와 밀접한 관

청말(清末)까지 장기로 인해 발생한 장병은 효과적인 예방법과 치료법이 존재하지 않았으며, 오랫동안 사람들을 고통 속에 몰아넣었다. 하지만 담배가 유입된 후 많은 의사와 사람들은 담배를 '한(寒)을 피하고 장(瘴)을 예방'할 수 있는 영험한 약물로 인식하였다. 특히 명말 전란으로 징병된 군인들이 남방에서 장병을 예방하기 위해 담배를 피웠다. 이후 남방에서 징병된 군인들이 북방을 수비하며 한(寒)을 피하고자 담배를 흡연하였다. 담배의 약용적 효능에 대한 인식과 사회적 불안정, 빈번한 군대의 이동은 흡연 풍조가 중국 사회에 확산되는 데에 중요한 배경이 되었다.[3]

본고에서는 명대 장기 분포와 장병 감염, 그리고 당시 담배의 약용적 기능에 대한 인식과 군인의 흡연에 주목하여 살펴보고자 한다. 이를 위해 먼저 명대 장기 분포 지역과 장병 감염에 대해 살펴본 후, 특히 장기에

련이 있다는 사실을 밝혔다. 蒼銘, 「清前期烟瘴對廣西土司區漢官選派的影響」, 『中國邊疆史地研究』 3, 2015는 廣西 土司 지역에 재직한 한족 관원들이 종종 瘴에 감염되어 사망한 사실을 밝히고, 청 정부가 광서 지역을 통치하고자 관원들의 보직 기한, 선발 방법, 심사 절차 등의 방면에서 취한 정책을 탐구하였다. 徐艷, 「古代廣西瘴氣與謫官對廣西的開發」, 『文物鑒定與鑒賞』 3, 2019는 廣西 지역으로 좌천된 관원들에 의한 지역 개발과 瘴氣 변천 사이의 관계를 탐구하였다. 馬亞輝, 「瘴氣與邊疆安全:環境史視閾下清朝西南邊境管理的困境及應對」, 『昆明學院學報』 1, 2021은 清代 瘴氣는 西南 변경 지역을 관리하는 데에 장애로 작용했으며, 西南 변강의 안전을 위협했다는 사실을 지적하였다. 그리고 청 정부가 이 지역을 통제하기 위해 軍事, 官吏 선발과 배치, 土司의 存廢 등에서 취한 조치를 탐구하였다. 郗玉松·覃娜娜, 「日漸消散的瘴氣: 土司制度, 改土歸流與環境變遷」, 『淸史論叢』, 2020은 明清時代 土司가 관할하는 지역과 瘴氣 발생 지역이 거의 일치하며, 改土歸流가 진행되면서 土司가 관할하는 지역이 날로 축소되었다고 지적하였다.

3 담배가 광범위하게 유행하고 보급될 수 있었던 원인으로 ①담배의 약용적 효능 ②선물로서 기능 ③흡연자의 흡연 정취 선전 ④중독 등이 있다. 이와 관련하여 楊國安 編著, 『中國烟草文化集林』 西北大學出版社, 1990, 17~20쪽 참조. 원정식, 「명청시대 담배의 정치·사회경제사적 의의」는 명말 흡연 풍조가 빠르게 중국 사회에 확산된 계기로 16세기 중반 이후 北虜南倭에서 明清交替로 이어지는 戰亂의 연속이 초래한 사회질서의 불안정을 지적하였다.

취약했던 군인의 감염 상황을 검토해 보도록 하겠다. 다음으로 군인들 사이에 담배 흡연이 확산한 원인을 담배의 장기 예방이라는 약용적 효능의 측면에서 살펴보고, 이후 한질(寒疾) 예방의 목적에서 널리 이용된 원인을 추적해 보고자 한다.[4]

II. 명대(明代) 장기(瘴氣) 분포와 군인의 장병(瘴病) 감염

1. 명대(明代) 장기(瘴氣) 분포 지역

중국 남방 지역에는 소위 장기라 불리는 독기(毒氣)가 널리 분포하고 있었는데, 역사상 사람들의 생명과 건강을 위협하는 매우 두려운 존재였다. 장기는 중국 고대 문헌에서 빈번하게 등장하지만, 그 설명은 매우 추상적이며 함의 역시 광범위하다. 더하여 장기와 그로 인해 발생하는 장병을 실존하는 독기와 질병이 아닌 문화와 정치적 관념에서 분석하는 경우도 있어, 그 실체에 접근하는 것은 다소 어려움이 있다.[5] 다만 장기를 문화

---

4 담배 유행의 원인으로 지적된 담배의 약용적 효능과 관련하여 의학사적 측면에서 연구가 다소 축적되어 있다. 杜勇, 「明清時期中國對吸烟與健康關係的認識」, 『中華醫史雜志』, 2000; 宋軍令, 「明清時期對烟草藥用價值的認識和利用」, 『農業考古』 1, 2009; 鞠舒雨·徐晓铭·戴建國, 「烟草的中醫藥功效考究」, 『臨床醫藥文獻電子雜志』 31, 2020은 '避寒辟瘴'과 같은 담배의 효능에 대해 기록한 문헌을 정리하였다. 다만 사람들이 담배의 약용적 효능을 신뢰한 원인에 대해서는 언급되어 있지 않다; Carol Benedict, *Golden-Silk Smoke: A History of Tobacco in China, 1550-2010*, Berkeley: University of California Press, 2011, pp.88~109. 저자는 500년 동안 담배 소비의 의미가 어떻게 변했는지를 밝히고 있으며, 중국의 의료 사상과 관행이 어떻게 담배 소비를 계속 이끌었는지 미묘하게 보여주고 있다. 이를 통해 담배의 세계적 확산에서 중국 특유의 것이 무엇인지를 설명해 주고 있다.
5 張文, 「地域偏見和族群歧視:中國古代瘴氣與瘴病的文化解讀」, 『民族研究』 3, 2005는

와 정치적 관념에서 분석하는 연구자 역시 장기에 대한 이미지와 관념이 대체로 질병에서 시작되었다는 사실을 지적하고 있으며, 본고에서는 장기와 장병을 실존하는 독기와 그로 인해 발생하는 질병으로 보고, 질병 기록에 한하여 살펴보도록 하겠다.[6]

장기는 일반적으로 중국 남방 지역의 무덥고 습한 날씨에서 발생하는 안개 같기도 하고 구름 같기도 한 독기 혹은 사기(邪氣)를 가리킨다.[7] 그런데 장기가 분포하는 지역은 고정되어 있지 않으며, 중국 역사상 점차 축소되는 경향이 있다. 전국시대(戰國時代)부터 서한시대(西漢時代)까지는 진령(秦嶺)과 회하(淮河)를 경계로 하여 그 남쪽 지역에 장기가 분포했으나, 수당시대(隋唐時代)에 이르러서는 대파산(大巴山)과 장강(長江)이 그 경계가 되었다. 그리고 명청시대에는 영남(嶺南)을 경계로 하여 남쪽에 장기가

瘴氣를 문화적·정치적 관점에서 분석하였다. 瘴氣와 瘴病은 남방 특히나 서남 지역에 대한 지역 편견과 민족 차별의 "이미지"가 있다고 지적하였다. 또한 瘴氣와 瘴病 관념의 탄생과 발전 그리고 소멸은 어떤 질병의 탄생·발전·소멸이 아니며, 변경 지역 문화에 대한 편견의 탄생과 발전, 소멸의 과정이라고 인식하였다.

6 徐時儀, 「說"瘴癘"」, 『江西中醫藥』 2, 2005는 瘴을 중국 남부와 서부 지역 산림에서 발생하는 덥고 습한 증기이며, 병을 일으키는 毒氣로 인식하였다. 瘴癘는 북방 사람들이 남방에 도달하여 덥고 습한 水土에 적응하지 못하고 걸리는 병이라고 지적하였다. 이후에 瘴과 瘴癘는 사람들의 심리와 연관되었으며, 이후 문화지리적 이미지를 갖게 되었다고 지적하고 있다. 馬强, 「地理體驗與唐宋"蠻夷"文化觀念的轉變-以西南與嶺南民族地區爲考察中心」, 『西南師範大學學報』 5, 2005는 瘴이 남방의 무덥고 습한 暑氣가 쌓여 생기는 毒이 야기한 남방의 지방병이며, 북방의 傷寒과 유사한 질병이라고 지적하였다. 이후 瘴의 개념은 이미 질병을 넘어서 중원의 전통적인 지리문화 관념까지 지니게 되었다고 인식하였다.

7 안개 같은 형태와 무덥고 습한 환경에서 발생하는 특징으로 인해 장기는 瘴毒, 烟瘴, 瘴雾, 炎瘴 등으로도 불린다. 다만 蔡永敏·王梦婷, 「"瘴氣"名稱考証及規範」, 『中華中醫藥雜志』 10, 2017, 4530쪽에 의하면 瘴氣와 瘴毒은 모두 疾病을 일으키는 邪氣를 의미한다고 언급하였다. 다만 疾病을 일으키는 邪氣가 반드시 "毒"이 있는 것은 아니며, "瘴毒"은 본 단어의 개념을 확실하게 반영하고 개괄하기 어렵다고 지적하였다.

분포하였다.[8]

장기 분포 지역의 변천과 관련하여 명말 청초 저명한 학자인 굴대균(屈
大均)은 "당송(唐宋) 시기에 영남 지역을 '장향(瘴鄉)'이라고 불렀으며, 이
곳에서 폄객(貶客)이 자주 병에 걸려 목숨을 잃었다"고 언급하였다. 하지
만 명대까지 계속해서 사람들이 이곳으로 들어와 토지를 개발하기 시작하
였으며, 굴대균은 "영남(嶺南) 지역의 험준한 지역이 모두 평탄해졌으며,
산천(山川)이 트이면서 중주(中州)의 맑은 기(氣)가 통하여"라고 하며 개발
로 인해 장기가 감소하는 상황을 묘사하였다.[9] 즉 지리 및 기후 환경과 관
련이 깊은 장기는 북인(北人)의 남부로의 이동, 인구 증가와 토지 개간, 경
제 발전으로 인해 발생 지역이 계속해서 남쪽으로 이동하였다.[10]

더하여 기후변화 역시 장기 분포 지역의 변천에 영향을 미쳤다. 앞서
언급하였듯 장기는 주로 기후가 덥고 습한 지역에서 발생하는데, 기후가
한랭해지면 장기 분포 지역 역시 축소되었다. 중국 역사상 기후는 몇 차례
온난기와 한랭기를 반복했는데 명대 기후는 대체로 한랭건조하였다. 기후
가 한랭해지면서 장기 분포 지역 역시 점차 축소되었다.[11] 명대의 장기 분
포 지역을 대략적으로 살펴보면 주로 운남(雲南), 광서(廣西), 귀주(貴州),
광동(廣東), 호남(湖南), 사천(四川), 복건(福建) 등 지역에 분포하였다.[12]

---

8 역사지리학의 각도에서 瘴氣 분포 지역의 변화, 장기와 자연환경, 사회와의 관계
　를 탐구한 연구들이 있다. 龔勝生, 「2000年來中國瘴病分布變遷的初步研究」, 『地理學
　報』 4, 1993은 瘴病과 南方 지역 개발 사이의 관계를 탐구했으며, 2000년 동안
　인간의 활동과 기후변화로 瘴氣의 분포 지역이 점차 남으로 축소되었다고 지적하
　였다. 梅莉・晏昌貴・龔勝生, 「明清時期中國瘴病的分布與變遷」, 『中國歷史地理論叢』 1,
　2000은 기후와 人地 관계 변화로 인해 惡性瘴疾 분포 범위가 점차 축소되고 남으
　로 이동하는 추세에 대해 탐구하였다.

9 龔勝生, 「2000年來中國瘴病分布變遷的初步研究」, 314쪽.

10 梅莉・晏昌貴・龔勝生, 「明清時期中國瘴病分布與變遷」, 41쪽.

11 龔勝生, 「2000年來中國瘴病分布變遷的初步研究」, 314쪽.

12 梅莉・晏昌貴・龔勝生, 「明清時期中國瘴病分布與變遷」.

그중에서도 운남 지역이 심각했으며, 운남성 남부와 서부 지역은 특히 심각하였다. 이곳에는 "어떤 [지역의] 패(壩)에 가려면, 먼저 아내를 시집 보내고 다시 관목을 집에 사놓아야 한다"는 가사의 민요가 널리 알려져 있다. 이는 운남에 들어간 사람은 장기 때문에 죽어서 그곳에 묻힐 뿐 절 대 집으로 돌아갈 수 없다는 의미이다.[13] 즉 장기로 인해 많은 사람이 목 숨을 잃었는데, 고대 문헌에서 장기는 때로는 병인(病因)을 때로는 병증 (病証)을 가리키고 있어 그 의미가 명확하지 않다.

2006년 선포한 『중의기초이론술어(中醫基础理論術語)』에 의하면 장기 는 병인을 의미하며, 질병을 가리키지 않도록 규정하였다.[14] 즉 장기는 병 을 일으키는 요소이며, 장기로 인해 병이 나면 그것을 장병이라 한다.[15] 앞서 언급하였듯 장기는 무덥고 습한 환경에서 발생하며, 장병 역시 덥고 비가 많이 내리는 여름과 가을에 발생하는 특징이 있다.[16] 따라서 현대 많 은 연구자는 장기로 인해 발생하는 질병을 일종의 열대성 질병이라 인식 하였으며, 특히 악성학질(惡性瘧疾, Pernicious malaria)을 의미한다고 하였 다.[17] 하지만 장기로 인해 발생한 질병의 실체에 대해 연구자들의 의견은

---

13 吳春明, 『百越研究』 第4輯, 廈門大學出版社, 2015, 156쪽.

14 『中華人民共和國國家标准·中醫基础理論術語(GB/T20348-2006)』, 中國标准出版社, 2006, 49쪽.

15 金强·陳文源, 「瘴設」, 『東南亞縱橫』 7, 2003은 瘴의 발병 메커니즘과 防治에 대해 탐구했으며, 瘴을 瘴病과 瘴氣로 분리하였다. 可中, 「瘴癘爲何物」, 『百科知識』 1, 1994는 瘴氣와 관련하여 일종의 病邪를 가리키며, 중국에서 말하는 소위 自然疫 源과 유사한 성질을 지니고 있다고 지적하였다.

16 龔勝生, 「2000年來中國瘴病分布變遷的初步研究」, 305쪽.

17 『外臺秘要方』을 살펴보면 "무릇 瘴과 瘧은 나누어 두 개의 이름이나 실은 하나 이다. …… 嶺南 지역은 瘴이라 하고, 江北은 瘧이라 부른다. 이는 방언이 달라 서이며, 다른 병이 아니다"라고 언급되어 있다. 즉 瘴病과 瘧疾이 동일한 질병이 었을 가능성이 높으며, 고대 문헌에서는 瘴病을 '瘴瘧'이라 부르는 경우가 빈번 하였다. 더하여 중국 현대 의학에서도 瘴病을 대체로 瘧疾로 인식하고 있다. 이 와 관련하여 龔勝生, 「2000年來中國瘴病分布變遷的初步研究」는 비록 瘴氣는 脚氣

분분하며, 일부 연구자들은 학질 외에 남방에서 발생하는 질병을 총칭하여 장병이라 인식하고 있다.[18]

한편 고대 문헌에서 장(瘴)은 전염병을 의미하는 "려(癘)" 혹은 "역(疫)"과 결합하여 장려(瘴癘) 혹은 장역(瘴疫)으로 기록된 경우가 많다.[19] 예를 들어 운남 동남 지역에 위치한 광남부(廣南府)에는 "산이 많고 남무(嵐霧)가 자욱하며 봄·여름·가을에 장려(瘴癘)가 유행하고, 겨울에 이르러 비로소 사라진다"고 기록되어 있다.[20] 실제 장려와 장역은 전염병과 마찬가지로 다른 사람에게 전파되어 집단적으로 유행하는 특징이 있었다. 예를 들어 홍치 14년(1501) 광서(廣西) 융현(融縣; 融水縣, 融安縣)에서 "낮은

처럼 전염성이 없는 풍토병이 그 안에 포함되는 경우도 있지만, 주로 전염성을 지닌 유행성 질병인 惡性瘧疾을 지칭한다고 강조하였다. 可中, 1994 역시 의약위생의 관점에서 瘴氣를 해석했으며, 일반적으로 瘧疾, 특히 惡性瘧疾을 가리킨다고 지적하였다. 蒼銘, 「瘧疾對西南邊疆民族構成和分布的影響」, 『中央民族大學學報』 2, 2004는 소수민족이 거주하는 西南 지역에 대한 개발과 통제에 瘧疾이 미치는 영향을 탐구했는데, 이때 漢族이 瘧疾을 瘴氣라고 칭한다는 사실을 밝혔다.

18 『嶺外代答』을 살펴보면 "南方의 病을 모두 瘴이라고 하는데, 실제로 中洲(河南)의 傷寒과 유사하다"고 지적하였다. 이는 瘴病과 瘧疾 동일한 질병이 아닐 가능성과 瘴病이라는 病名이 남방 지역에서 매우 광범위하게 사용되었다는 사실을 보여준다. 이와 관련하여 鄭洪·陳朝暉·何嵐, 「"瘴氣"病因學特點源流考」, 『中醫藥學刊』 11, 2004 역시 瘴氣가 惡性瘧疾 외에 다른 질병일 가능성을 언급하였다. 馮漢鏞, 「瘴氣的文獻研究」, 『中華醫史雜志』 1, 1981은 瘴病을 황달, 소갈증, 츠츠가무시병, 크레틴병, 고산병, 꽃가루 알레르기, 매독, 기생충병, 셀렌중독, 유황중독, 수은중독, 일산화탄소중독, 수질오염이나 대기오염으로 야기된 질병 전체로 인식하였다. 金强·陳文源, 「瘴說」, 『東南亞縱橫』 7, 2003 역시 瘴病은 남방에서 발생하는 각종 질병의 총칭이라고 인식하였다.

19 현대 문헌 및 사전을 살펴보면, "瘴氣"와 "瘴癘", 이 두 가지 개념이 같다고 기록되어 있다. 이와 관련하여 李振吉, 『中醫藥常用名詞術語辭典』, 中國中醫藥出版社, 2001, 439쪽 참조. 하지만 경우에 따라 "瘴氣"는 외부에서 병을 일으키는 요소로 보며, "瘴癘"은 유행성 질병으로 인식하고 있다. 鄭洪·羅啓盛, 「嶺南醫學的瘴氣病因和瘴濕病機理論」, 『中醫雜志』 12, 2014, 995~998쪽 참조.

20 [淸]黃懋林, 『酉車酉日記』 卷2. 梅莉·晏昌貴·龔勝生, 1997, 34쪽에서 재인용.

불처럼 덥고, 밤은 겨울처럼 추운 이상기후 현상이 나타났다. 이때 역장 (疫瘴)이 발생하여 인근 마을에 전파되었으며, 심지어 일가가 모두 사망하는 경우도 있었다'고 한다.[21] 또한 가정 40년(1561) 강서성 영녕현(永寧縣, 현 寧岡縣)에서 "가을에 장(瘴)이 일어나 역(疫)으로 1,000여 명이 죽어, 촌락이 조용해졌다"고 기록되어 있다.[22]

즉 수많은 사람이 장기로 인해 사망했으며, 장기 발생 지역은 '사망지향(死亡之鄕)'의 대명사가 되었다. 더하여 많은 사람이 사망하여, "생치불번(生齒不繁)", "토광인희(土曠人稀)" 상태에 놓여 있었으며 늘 노동 가능한 인구가 부족하였다. 설령 목숨을 잃지 않는다 해도 체력이 허약해지면서 힘든 노동을 할 수 없었으며, 이는 결국 지역사회 발전에도 큰 영향을 미쳤다.[23]

2. 군인의 장병(瘴病) 감염

장기와 그로 인해 발생한 장병은 장기가 분포하는 지역에 거주하는 사람들의 건강과 생명을 위협하였다. 하지만 장기는 토착민보다 처음 그곳에 도달한 사람들에게 더 가혹하였다. 이와 관련하여 『경악전서(景岳全書)』에서는 『위생방(衛生方)』을 인용해 북방에 거주하는 사람이 장병에

---

21 龔勝生 編著, 『中國三千年疫災史料滙編』 1卷, 齊魯書社, 2019, 241쪽.

22 龔勝生 編著, 『中國三千年疫災史料滙編』 1卷, 324쪽.

23 이외에 기존 연구에 의하면 瘴氣는 인구의 자연 증가와 남녀 비율에도 영향을 미쳤다고 한다. 瘴氣가 분포하는 지역의 인구 자연증가율은 다른 지역에 비해 낮았으며, 남녀 비율 역시 불균등하였다. 남녀 비율에서 남성보다 여성의 비율이 훨씬 높았으며, 이와 관련하여 송대 周去非는 "南方의 盛热은 男子에게 적합하지 않고, 특별히 婦人에게 적합하다"고 지적하였다. 이는 장기가 작용한 결과이며, 남성은 장기로 인해 발생한 질병에 대해 저항력이 낮다는 것을 의미한다. 龔勝生, 「2000年來中國瘴病分布變遷的初步硏究」, 313쪽 참조.

더 쉽게 감염되는 상황을 다음과 같이 지적하였다.

광동에 사는 북인(北人)이나 혹 광동을 왕래하는 도자(途者)는 모두 음양이 서로 다투는 질환이 있는데, [이곳에] 거주하는 사람은 열 명 가운데 두세 명이 병에 들고, 도자는 열 명 가운데 여덟아홉 명이 병에 걸린다.[24]

단여림(段汝霖)의 『초남묘지(楚南苗志)』 역시 장기가 분포하는 지역에 처음 도달한 사람들이 더 쉽게 장병에 감염되는 상황을 다음과 같이 언급하였다.

묘지(苗地)는 산봉우리가 중첩되고, 남무(嵐霧)가 증발하여 오르니 [자욱하고], 사시(四時) 맑은 날이 적고 비가 많이 오며, 늘 조습(潮濕)하여 괴롭고, 장려(瘴癘)의 기(氣)가 쌓이면 묘학(苗瘧)이 된다. 거민은 쉽게 이 증상에 전염되며 처음 이른 자는 더욱 심하다.[25]

즉 장기가 발생하는 지역으로 들어가는 것은 당시 사람들에게 커다란 위험을 감수해야 하는 매우 두려운 일이었다. 따라서 진한시대(秦漢時代) 이래 관료들은 장기가 발생하는 지역에 부임하는 것을 기피하였으며, 이곳에 보내지는 것은 그들에게 좌천을 의미하였다.[26] 또한 장기가 발생하는

---

24 張介賓, 『景岳全書』 卷14, 「性集·雜草證謨」.

25 [淸]段汝霖 『楚南苗志』 卷5. 김현선, 「明淸時代 兩湖 山岳地域 人口 移動과 疫病」, 『明淸史硏究』 52, 2019, 228쪽에서 재인용.

26 徐時儀, 「說"瘴癘"」, 『江西中醫藥』 2期, 2005는 "瘴癘"라는 말은 북방의 사람들이 덥고 습하며, 삼림이 빽빽한 남방에 도달하여 그 지역 水土에 적응하지 못하고 병에 감염되는 것과 관련이 있다고 지적하였다. 과거 관리들이 남방 지역으로 좌천되었을 때, 그들은 정치적으로 실패했다고 생각했을 것이며, 또한 이민족 사이에 머물며 심한 외로움을 느꼈을 것이다. 더하여 그곳의 수토에 적응하지 못하고 질병에 감염되면, 그들은 살아있지만 죽은 것과 같은 감정을 느꼈을 것

지역에 부임하여 장병에 걸려 사망했다는 기사를 정사(正史)는 물론이고 지방지, 문집 등에서 어렵지 않게 볼 수 있다. 일례로 선덕 6년(1431) 광서 도독(都督) 산운(山雲)이 올린 상소를 살펴보면, 광서 지역에 부임했던 많은 관료가 장기로 인해 사망했다는 사실을 확인할 수 있다.

> 광서 좌우양강(左·右兩江, 郁江, 黔江)에 토관아문(土官衙門) 49처(處)를 설립하였으나, 만(蠻)의 성(性)은 무상(無常)하고, 원한으로 인한 살인과 쟁탈이 끊이질 않습니다. 조정에서는 늘 신(臣; 廣西 都督 山雲)과 순안어사삼사(巡按御史三司)가 함께 관리하여 끊어내라 명하였습니다. 곳곳이 모두 장향(瘴鄕)이며 아울러 고독(蠱毒)이 있어 3년 동안 관리를 파견하여 그곳으로 갔는데, 죽은 사람이 모두 17명이나 됩니다.[27]

장기로 많은 관료가 사망하자 명대 관료이자 인문지리학자인 왕사성(王士性)은 "[운남 지역의] 광남(廣南)을 지키던 농지고(儂智高) 이후 그 땅은 독(毒)과 장(瘴)이 많아 유관(流官)이 감히 들어갈 수 없으며, 또한 얻을 수 없다"고 언급하였다.[28]

한편 장기가 분포하는 서남 지역은 소수민족이 거주하고 있었으며, 반란이 빈번하게 발생하였다. 소수민족에 대한 통치는 중앙정부의 입장에서 매우 중요한 문제였으며, 반란을 진압하기 위해 군인들을 징집해야만 하였다. 비교적 좋은 환경에서 생활했을 관료의 형편이 그러했다면, 열악한 군영에서 집단생활을 해야 하는 군인들의 경우 그 피해가 더욱 심각했을 것이라 짐작할 수 있다.[29]

이다. 그들은 종종 이러한 답답하고 처량한 마음을 瘴病과 연결시켰다. 결국 "瘴癘"라는 단어는 사람들의 심리와 연관되기 시작하였다.

27 『明史』 卷317, 「列傳」 205, 廣西土司, 趙梡, 2014, p.16.

28 [明]王士性 『廣志繹』 卷5, 「西南諸省」.

29 장기 발생 지역으로 처음 온 군인들은 먼 길을 오느라 이미 체력이 매우 허약해

이곳으로 징집되어 온 군인들은 쉽게 장기에 노출되었으며, 장병에 걸린 사례를 어렵지 않게 발견할 수 있다. 예를 들어 홍무 28년(1395) 7월 3일 광서 도지휘사(都指揮使) 한관(韓觀)은 병사들을 통솔하여 의산(宜山) 등 현(縣)의 만구(蠻寇) 2,800여 명을 포획했으며, 반란군인 위대왕(僞大王) 위소(韋召), 위만호(僞萬戶) 조성수(趙成秀), 위공왕(韋公旺) 등을 처형하였다. 그런데 이때 영남 지역은 매우 더웠으며, 관군(官軍) 대부분 장병에 걸리고 말았다. 이에 홍무제는 한관(韓觀)에게 군대를 철수하여 광서로 환군하라고 명령하였다.[30]

또 다른 사례로 정통 14년(1449) 8월 중앙정부는 광서 욱림주(郁林州) 등 지역을 수비하는 154명의 기병(旗兵)을 파견하였다. 그 다음해 경태 원년(1450)에서 경태 2년(1451) 8월 사이에 병사들이 장역(瘴疫)에 감염되어 60명이 사망하였다.[31] 또 홍치 2년(1489)에 중앙정부는 호광(湖廣; 湖北, 湖南) 지역의 관군 1만여 명을 파견하여 심주(潯州), 류주(柳州), 단등협(斷藤峽) 등 지역에 주둔시켰다. 당시 많은 군인이 장려(瘴癘)에 감염되어 사망하였다.[32]

이렇듯 장기는 수많은 군인의 생명을 앗아갔으며, 명조의 통치에 커다란 위협이 되었다. 심지어 전쟁을 시작하기도 전에 철수하는 경우 역시 빈번하였다. 예를 들어 가정 22년(1543) 귀주의 동인(銅仁)과 평두(平頭)

진 상태이며, 또 덥고 습한 기후에 적응하지 못하여 그 피해가 더 컸을 것으로 보인다. 더하여 많은 연구자가 지적한 바와 같이 瘴病을 瘧疾로 본다면 군인들은 토착민에 비해 瘧疾 즉 말라리아에 대한 면역력이 낮았을 것이다. 말라리아에 감염된 후에는 사람들은 어느 정도의 면역력을 획득할 수 있다. 그러나 말라리아가 발생하지 않는 지역의 사람들이 말라리아*발생 지역에 가면 면역력이 없어 쉽게 감염되고 임상증상 역시 비교적 심각한 경향이 있다.

30 趙梡, 『明實錄·淸實錄 -煙瘴史料輯編-』, 中央民族大學出版社, 2014, 6쪽.
31 龔勝生 編著, 『中國三千年疫災史料滙編』 1卷, 207쪽.
32 趙梡, 『明實錄·淸實錄 -煙瘴史料輯編-』, 34쪽.

지역에서 용자현(龍子賢)과 용과상(龍科桑)이 반란을 일으킨 후 호광의 마양(麻陽) 등 지역을 전전하며 방화와 약탈을 자행하였다.[33] 이에 명 조정에서는 부도어사(副都御史) 만당(萬鐺)을 파견하여 토벌을 명령하였다. 하지만 무더운 날씨에 계속해서 비가 내려 군량을 운송하는 데에 어려움을 겪었다. 또한 초목이 우거지고 장독(瘴毒)이 가득하여 관군은 오래 머물지 못하고 중도에 귀환해야만 하였다.[34]

더하여 명대 중후기 왜구 등 침입이 빈번해졌으며, 왜구가 침입한 후에 장병이 빈번하게 유행하였다. 가정 38년(1559) 4월 복건의 복안현(福安縣)에 왜구(倭寇)가 침입하여 현성(縣城)이 함락되었으며, 왜구가 침입한 후 많은 사람이 목숨을 잃었다. 길거리에는 시체가 가득했으며, 계속하여 장학(瘴瘧)이 유행하여 거의 2,000여 명이 사망하였다.[35] 또 만력 4년(1576) 광동 나정주(羅定州) 함구(函口)에서 주둔하던 참장(參將) 양조(楊照)의 부대에 대역(大疫)이 유행했는데, 이때 장역(瘴疫)으로 사망한 사졸(士卒)이 반이나 되었다.[36]

이렇게 장기는 그곳에서 생활하는 사람들의 생명과 건강에 영향을 미쳤으며, 그곳에 처음 도달한 관료와 군인의 생명을 더욱 크게 위협하였다. 반란 진압 등을 위해 관병으로 징집되었을 때 전쟁을 치르기도 전에 장병에 걸려 수많은 군인이 타지에서 목숨을 잃어야만 하였다. 장기로 인한 군인들의 사망은 통치자에게 서남 변경 지역을 효율적 관리하고 다스리는 데에 커다란 어려움을 주었다.[37] 또한 이들 지역에 대한 개발과 경영 여부

---

33 高文德, 『中國少数民族史大辭典』, 吉林教育出版社, 1995, 495쪽.

34 段汝霖, 『楚南苗地』 卷6, 「土志」. 김현선, 「明淸時代 兩湖 山岳地域 人口 移動과 疫病」, 229쪽에서 재인용.

35 龔勝生 編著, 『中國三千年疫災史料滙編』 1卷, 320~321쪽.

36 龔勝生 編著, 『中國三千年疫災史料滙編』 1卷, 334쪽.

37 정철웅, 『明·淸 시대 湖廣 소수민족 지역의 土司와 국가 권력, 1368~1735』, 아카넷, 2021, 47~57쪽은 湖廣 소수민족 지역에 국가 권력을 침투시키는 데 瘴氣로

를 결정하는 중요한 요소로 작용하였다.[38]

이에 중앙정부는 장려(瘴癘)의 위험을 피하고자 군인을 징병할 때 토병(土兵)을 징병했으며, "이이제이(以夷制夷)"와 "이만공만(以蠻攻蠻)"의 방법을 사용하였다.[39] 혹은 남방 지역에서 반란이 발생하여 토벌해야 할 때 중앙 정부는 빠르게 소수민족을 토벌하여 장려를 피하고자 하였다. 일례로 양광총독(兩廣總督) 곽응빙(郭應聘)은 "염황장려(炎荒瘴癘) 지역에 수만 군중을 투입하여 오래 머무는 것은 좋지 않으며, 그 소굴을 빨리 파괴해야 한다"며 속전속결로 토벌을 진행해야 한다고 강조하였다.[40]

Ⅲ. 담배의 장병(瘴病) 예방과 군인의 흡연

1. 장병(瘴病) 예방을 위한 신비의 약초 '담배'

군인들의 장기 감염 사례와 민요는 군인들이 운남으로 들어갔을 때 장기에 의한 피해를 어렵지 않게 상상할 수 있게 해준다. 그런데 명말 운남 장기 지역에 있던 관군이 무사한 사건이 발생하였다. 당시 관군은 장기가 심각한 운남 서부 지역으로 진군하고 있었다.[41] 대부분 군인은 전쟁이 시

인한 어려움을 매우 상세하게 설명하고 있다.

38 馬亚輝, 「瘴氣與邊疆安全: 環境史視閾下清朝西南邊境管理的困境及應對」, 『昆明學院學報』 1期, 2021, 20쪽.

39 範宏貴, 『華南與東南亞論稿』, 民族出版社, 2014, 97쪽.

40 『明史』 卷317, 「郭應聘傳」.

41 陳樹平, 「煙草在中國的傳播和發展」, 郭聲波, 『四川歷史農業地理』, 四川人民出版社, 1993, 210쪽에서는 張介賓이 언급한 "征滇之役"은 천계 연간 운남 永寧土司 奢崇明 반란을 진압한 것을 말한다고 지적하였다. 王懿之 主編, 『玉煙之光 -雲南玉溪卷 煙廠發展史-』, 雲南人民出版社, 1992, 45쪽에서는 정통 6년에서 14년(1441~1449)

작되지도 않았는데, 죽거나 병에 걸리고 말았다. 이때 오직 한 병영의 군인들만 무사하였으며, 이는 부대 지도자의 주의를 끌었다. 그리고 조사를 통해 이 병영의 군인들이 담배를 피우고 있다는 사실을 발견하였다. 이와 관련하여 장개빈(張介賓)은 군부대 안에서 담배를 피우며 장기를 예방했던 상황을 다음과 같이 묘사하고 있다.

> 담배는 옛날에는 들어보지 못한 것이다. 최근 명 만력 연간부터 복건, 광동에서 시작해 후에는 오(吳)와 초(楚) 지역에 널리 심었다. …… 습관적으로 복용하기 시작한 것은 정전지역(征滇之役)으로 병사들이 장지(瘴地)로 깊이 들어갔으므로 병에 걸리지 않은 사람이 없었으나 오직 한 영(營)만이 무사하였다. 그 원인을 알아보니 그 영의 병사들이 모두 담배를 복용하기 때문이라고 하였다. 그 후 이 소문이 널리 퍼지면서 지금 서남에서는 노소를 불문하고 하루 종일 담배를 피우고 있다.[42]

군인들 사이에 담배를 피우며 장기를 예방했다는 소문이 퍼지고, 담배가 널리 확산되기 시작하였다. 당시 군인들이 믿었던 것처럼 담배가 정말 장기를 예방하는 데 효과가 있었을까? 만일 담배가 장기 예방에 효과가 있었다면, 이후에 장병에 의한 피해는 예전처럼 심각하지 않을 것이다. 그러나 장기에 의한 피해와 그에 대한 염려는 청대 이르러서도 계속되었으며, 사람들은 여전히 적절한 예방법과 치료법을 찾지 못하였다.

옹정 원년(1723) 운남 원강(元江)에서 "노괴산의 난(魯魁山之亂)"이 발생했는데, 청 정부는 이를 진압하기 위해 군대를 파견하였다. 그런데 관병

兵部尚書 王驥가 운남 서부 변경의 麓川[현 隴川, 瑞麗 등 지역]土司 반란을 토벌한 전쟁이라고 인급하였다. 담배의 유입 시기를 고려하였을 때 천게 연간의 永寧土司 奢崇明 반란을 진압하기 위한 것으로 보인다.

42 張介賓, 『景岳全書』 卷48, 「草正·隰草」, 楊國安 編著, 『中國煙業史匯典』, 光明日報出版社, 2002, 638~639쪽.

가운데 약 20명 정도가 장병에 감염되었고, 결국 원강(元江)으로 돌아갈 수밖에 없었다. 옹정 2년(1724) 운남 위원(威遠)에서 개토귀류(改土歸流)를 진행할 때도 장기의 영향을 피할 수 없었으며, 장병에 걸려 사망한 병정만 189명이었다.[43] 즉, 청대 이르러 담배는 더는 장기를 예방하는 약초로 사용되지 않았으며, 이는 담배가 장기 예방에 효과가 없다는 것을 방증한다.[44]

이다만 명대 서남 지역은 지속으로 토지 개발이 이루어졌으며, 명대 기후가 매우 한랭하여 장병 발생률이 줄어들었을 것이다. 앞서 언급하였듯 장기 분포 지역은 역사적으로 변화했으며, 이는 인구이동, 토지 개발, 기후변화가 중요하게 작용하였다. 이와 관련하여 청대 염주(廉州, 현 광서 合浦 지역)의 사례는 토지 개발로 인해 장려(瘴癘) 즉 장병이 감소하는 상황을 다음과 같이 생생하게 보여주고 있다.

> 염군(廉郡)은 깊은 계곡과 우거진 수풀 때문에 옛날부터 장려(瘴癘) 발생 지역으로 알려져 있다. 인구가 드물고 음양의 기운이 부적당한 곳이다. 게다가 독사와 독충, 괴조와 이수(異獸)들이 숲과 계곡 사이를 지나다닌다. 한번 비가 내리면 계곡으로 급류가 흐르며, 산은 폭기(暴氣)를 토해내고, 그것이 상승작용을 일으켜 모든 생물이 질병에 걸린다. …… 현재 숲이 줄어들고 급류가 잦아들었다. 햇빛이 대지를 비추니 인구가 늘어나고 울창한 숲이 날마다 개간되고 있다. 합포(合浦)와 영산(靈山)에 오랫동안 질병이 발생하지 않았으며, 흠주(欽州) 역시 발병이 거의 나타나지 않았다. 오직 왕광(王光), 십만(十萬), 그리고 교지(交趾)와 맞닿아 있는 사동(四峒) 지역만 산천이 아직 개발되지 않아 병이 종종 발

---

43 馬亞輝, 「瘴氣與邊疆安全: 環境史視閾下清朝西南邊境管理的困境及應對」, 21쪽.

44 다만 일부 연구자는 담배가 瘧疾의 병원체인 모기나 다른 毒蟲을 쫓아내는 데에 어느 정도 효과가 있었을 것이라 추측하였다. 당시 군인들이 피우던 담배는 잎을 말아서 만들었으며, 이는 오늘날 사용하는 시가와 비슷하게 냄새가 매우 강렬하였다. 즉 매운 담배 연기로 인해 모기가 가까이 올 수 없었을 것이라 지적하고 있다. 範宏貴, 『華南與東南亞論稿』, 97쪽 참조.

생하고 있다. 위생에 철저한 사람들은 그 지역을 여행했음에도 질병에 걸렸다는 소리는 듣지 못하였다.[45]

즉 명대 토지 개발과 한랭한 기후로 인해 장기 발생 지역은 점차 감소했으며, 이로 인해 장병 발생률도 감소하였을 것이다.[46] 하지만 당시 군인들은 이러한 환경적 변화로 인해 장기가 감소했다는 사실을 알지 못한 채장병이 발생하지 않은 원인을 담배 때문이라고 여겼을 것이다. 그리고 이러한 믿음에는 예전부터 전해져 내려오는 담배에 대한 신비한 이미지가크게 작용했을 것이다.

225년 제갈량(諸葛亮)이 남정(南征)을 위해 사병들을 이끌고 운남의 매우 무더운 지역으로 들어갔다. 이때 사병 대부분이 장기와 열독(热毒)에 감염되었고, 이에 제갈량은 병을 치료할 수 있는 처방을 수소문하였다. 그때 그곳의 토착민은 그에게 "구엽운향초(九葉雲香草)"를 주었고, 제갈량은 그것을 태워서 사병들에게 연기를 빨아들이도록 하였다. 마침내 장독(瘴

---

45 道光 『廉州府志』, 마크엘빈 지음·정철웅 옮김, 『코끼리의 후퇴』, 사계절출판사, 2011, 86~87쪽에서 재인용.

46 明清時代 雲南 및 廣西 지역의 瘴氣 감소와 관련하여 많은 연구가 축적되어 있다. 周琼, 『清代雲南瘴氣與生變遷研究』, 中國社會科學出版社, 2007은 운남의 瘴氣 발생 원인, 종류, 분포 및 변천 상황, 그리고 장기가 운남 사회에 미친 영향을 체계적이고 심도 있게 연구하였다. 周琼·李梅, 「清代雲南生態環境與瘴氣區域變遷初探」, 『史學集刊』 3, 2008은 청대 운남 지역이 개발되면서 장기 분포 지역이 내지에서 구릉과 깊은 산과 골짜기가 있는 지역으로 축소되었다는 사실을 지적하였다. 張陳呂, 「明清時期瘴氣在廣西消減的原因探析」, 『南寧師範高等專科學校學報』 2, 2007은 명청시대 광서 이민의 유입과 인구 증가, 토지 개간과 경제발전, 토사제도와 개토귀류, 기후변화로 장기 분포 지역이 감소했으며, 장기가 광서 사회에 미치는 영향 역시 약화되었다고 지적하였다. 徐艷, 「古代廣西瘴氣與謫官對廣西的開發」, 62~63쪽은 明清時代 廣西 지역의 장기 분포 지역을 제시하여 청대 장기 분포 지역이 명대보다 줄어들었다는 사실을 보여준다. 그 원인으로 정부의 광서 개발 및 개척, 광서로 이민 온 인구, 耐旱과 耐鹽鹼에 강한 고구마와 옥수수 등 새로운 종의 재배와 보급을 언급하였다.

毒)이 제거되었으며, 이것이 담배의 시작이다.[47] 삼국시대 제갈량으로부터 담배가 이용되기 시작되었다는 이 전설은 안휘, 운남, 귀주, 사천, 섬서 등 지역에서 널리 전해진다. 제갈량은 중국 사회에서 지혜의 화신으로 여겨지며, 또한 신으로 떠받들어지고 있다.[48] 제갈량이 담배를 이용해 사병들의 장기 감염을 치료했다는 전설로 인해 군인들은 담배가 장기를 치료할 수 있는 신비로운 약초라고 인식했을 것이다.

또한 담배는 죽은 사람도 살릴 수 있는 신비한 이미지가 부여되었는데, 이와 관련하여 『식물본초(食物本草)』에 다음과 같이 기록되어 있다.

> 해외에 귀국(鬼國)이 있는데, 그곳의 풍속은 사람이 병에 걸려 죽을 때가 되면 심산(深山)에 버린다. 예전에 국왕의 딸이 병에 걸렸는데, 엄격하게 버리고 가버렸다. 정신이 혼미한 중에 짙은 향기가 나고 있어, 보니 누워있는 곳 가까이에 풀이 있었다. 이내 나아가 그 냄새를 맡으니, 곧 깨어나 온몸이 청량해지고, 갑자기 일어나게 되어 궁(宮) 안으로 뛰어 들어갔다. 사람들이 기이하게 여기고, 이 풀을 얻어서 일명 반혼연(返魂煙)이라 하였다.[49]

더하여 당시 의사들은 담배의 약용적 가치에 대해 언급했으며, 담배는 약초로서의 지위를 확보하게 되었다.[50] 특히나 장개빈은 반복해서 담배를 복용하는 임상실험을 통해 담배의 약용적 효과를 입증하려 하였다. 결국

---

47 王懿之 主編, 『玉煙之光 -雲南玉溪卷煙廠發展史-』, 44쪽.

48 梁從寬 主編, 『河南烟草志』第3卷(評審稿), 河南烟草志編纂委員會, 2011, 1737쪽.

49 陳琮 『烟草譜』, 「嗅煙返生」, 楊國安 編著, 2002, 59쪽.

50 Carol Benedict, *Golden-Silk Smoke: A History of Tobacco in China, 1550 -2010*, p.90. Carol Benedict은 명말 儒醫들은 새로운 약물과 치료법에 대체로 개방적 태도를 보였으며, 일부 학파는 새로운 본초 약물과 대체 치료 방법을 적극적으로 시험했다고 지적하였다. 특히 溫補學派는 담배를 일종의 약물로 받아들이는 데에 매우 열정적이었다는 사실을 언급하였다.

그는 담배를 '신제(神劑)'라고 불렀으며, 담배의 성질과 효능에 대해 다음과 같이 언급하고 있다.

연초(烟草)의 미(味)는 신(辛)하고, 기(氣)는 온(溫)하며, 성(性)은 미열(微熱)하고, 승(升)하며 양(陽)이다. …… [담배를] 들이마실 때 반드시 인후를 열고 길게 흡입하여 하초(下焦)에 곧바로 내려가게 해야 한다. 그 기(氣)가 상행(上行)하면 심폐(心肺)를 따뜻하게 할 수 있고, 하행(下行)하는 즉 간(肝), 비(脾), 신(腎)을 따뜻하게 할 수 있다. 복용 후에 온몸이 따뜻해져 약간의 땀이 나고, 원양(元陽)이 갑자기 왕성해진다. 표증(表證) 치료에 사용하면, 일체의 음사(陰邪와) 한독(寒毒), 산람(山嵐), 장기(瘴氣), 풍습(風湿)의 사(邪)가 주리(腠理)를 막아 생긴 근골동통(筋骨疼痛)을 쫓아내는데, 짧은 시간에 효과를 볼 수 있는 신제(神劑)이다.[51]

장개빈 외에 많은 의사가 담배의 약용적 효능, 특히 장기 예방과 치료에 대해 끊임없이 언급하였다. 1694년『본초비요(本草備要)』를 저술한 왕앙(汪昂) 역시 "풍한(風寒)과 습비(湿痹), 막힌 기(氣)와 멈춘 담(痰)을 치료하고, 산람(山嵐)과 장무(瘴霧)를 치료한다"고 언급하였다.[52] 또한 진종(陳琮)은『연초보(烟草譜)』에서『독외여언(牘外余言)』을 인용하여 "담배의 효능은 차(茶)·주(酒)와 같다. 차(茶)는 갈(渴)을 멈출 수 있고, 주(酒)는 한(寒)을 막을 수 있다. 담배는 즉 풍한(風寒)을 치료하고, 장예(瘴秽)를 피할 수 있다. [담배를] 삼키고 토하는 사이 온몸에 거의 미친다"고 설명하였다.[53] 의사들이 언급한 담배의 효능은 사실 실제 담배의 효능과 거의 부합하지 않는다. 그러나 의사들의 이러한 언급은 담배가 그동안 사람들을 괴롭히던 장기를 예방해준다는 믿음을 확고하게 하였을 것이다.

---

51 張介賓,『景岳全書』卷48,「草正·隰草」, 楊國安 編著, 2002, 638~639쪽.
52 [清]汪昂, 鄭金生 整理,『本草備要』, 中國醫藥科技出版社, 2019, 66쪽.
53 陳琮,『烟草譜』,「性味」, 楊國安 編著, 2002, 55쪽.

반면 담배의 유해성에 대해 언급한 의사 역시 적지 않았다. 명말 방이지(方以智)는 『물리소식(物理小識)』에서 "흡연이 폐부(肺部) 질병을 야기한다"고 지적하였다. 심지어 담천(談遷, 1593~1656)은 『조림잡조(棗林雜俎)』에서 담배의 "성(性)이 조(燥)하고 독(毒)이 있으며, 사람을 죽일 수 있다"고 경고하였다. 그러나 본문에 짧게 언급된 이러한 경고는 크게 관심을 끌지 못했으며, 사람들은 시장에서 어렵지 않게 담배를 구입하여 피웠다.[54] 더하여 담배를 판매하기 위한 상인들은 자신들이 판매하는 담배의 독특한 효과와 건강상의 이점을 강조하였으며, 담배가 건강에 도움이 된다는 기대 속에 담배 흡연이 널리 퍼져나가게 되었다.[55]

2. 담배의 약용적 효능에 대한 인식 확대
: 한질(寒疾)과 역병(疫病) 예방

중국 남방에 유입된 담배는 장기를 예방하기 위해 군인들 사이에 널리 퍼졌으며, 이내 북방으로 전파되었다. 이와 관련하여 방이지(方以智)는 "만력 말, 장천(漳泉)에서 담파고(淡巴菰, 烟草)를 가진 마씨(馬氏)가 [담배]를 만들어 담과육(淡果肉)이라 하였으며, 점차 구변(九邊)으로 전파되었다"고 하였다.[56] 장천(漳泉)은 복건(福建) 장주(漳州)와 천주(泉州)를 의미하며, 구변은 요동(遼東), 계주(薊州), 선부(宣府), 대동(大同), 산서(山西), 연수(延

---

54 鞏斌, 「明淸時期的烟草業與烟草廣告」, 『美術敎育硏究』 6, 2012에 의하면 명말 담배 시장은 경쟁이 매우 심화되었으며, 심지어 담배를 판매하기 위한 문자, 간판, 인쇄, 시연 등 형식의 광고가 등장하였다.

55 Carol Benedict, *Golden-Silk Smoke: A History of Tobacco in China, 1550-2010*, pp.89~90. Carol Benedict는 17세기 초 中醫는 담배에 대해 긍정적인 관점과 부정적 관점이 동시에 유지했으며, 이는 유럽에서 담배를 긍정적으로 평가했다가 이후 부정적으로 평가했던 것과 다른 점이라고 지적하였다.

56 傅立民·賀名侖 主編, 『中國商業文化大辭典』, 中國發展出版社, 1994, 328쪽.

綏), 영하(寧夏), 고원(固原), 감숙(甘肅)에 설치한 9곳의 군사 요충지이다.

즉 만력 연간 담배는 복건에서 점차 북방의 군사 요충지로 전파되었다.[57]

북방으로 전파된 담배는 남방에서와 마찬가지로 다시 군인들 사이에 이용되었다. 유정변(俞正變)의 『계사존고(癸巳存稿)』 권11, 「흘연사술(吃煙事述)」을 보면, "처음에는 오직 남병(南兵)이 북방을 수비하며 그것을 피웠다"고 기록되어 있다.[58] 즉 북방에서는 남방에서 징집된 군인이 담배를 피우기 시작했던 것을 확인할 수 있다. 더하여 청초 장로(張璐)의 『본경봉원(本經逢原)』에서는 담배 흡연의 목적을 다음과 같이 언급하였다.

> 복건 지역의 사람들이 [담배를] 흡입하여 장(瘴)을 없애는 것에서 시작되어, 향후 북인이 그것에 기대어 한(寒)을 피하였으며, 오늘날에는 천하에 두루 유행하고 있다.[59]

즉 남방 지역에서 군인들이 장기 예방을 위해 이용했던 담배는 점차 북방에서 한(寒)을 피하는 것으로 그 기능이 확대되었다. 왕로(王露)의 『무계란(無稽讕)』에 실린 「연통전찬(烟筒傳贊)」 역시 변경의 군인들이 장(瘴)과 한(寒)을 예방하기 위해 담배를 피우기 시작했던 정황을 다음과 같이 언급하였다.

---

57 담배의 동북 지역으로 유입 경로와 시기와 관련하여 1621년 조선과의 전투와 조선에서 잡혀 온 군인에 의한 유입, 1629년 이후 후금에 잡혀간 명의 북방 군민에 의한 유입, 천계 연간 후금에 귀순한 몽골 부족에 의한 유입이 제기되고 있다. 그리고 만력 연간 징집된 南兵의 담배 흡연으로 인한 유입이 지목되고 있다. 당시 南兵이 담배를 흡입하면서, 남부 연안의 한인이 후금과 사적으로 교역하였고, 담배가 후금 지역으로 유입될 조건을 제공하였다. 叢佩远 主編, 『中國東北史』 第4卷, 吉林文史出版社, 2006, 1059~1062쪽 참조.

58 楊國安 編著, 『中國煙業史匯典』, 173쪽.

59 [淸]張璐, 『本經逢原』, 中醫古籍出版社, 2017, 4쪽.

담파고(淡巴菰)는 여송(呂宋)에서 생산되었는데, 앞서 명대 중국에 들어오기 시작하였다. 처음에는 오직 수변(戍邊)의 군사(軍士)들이 장(瘴)을 피하고 한(寒)을 몰아내기 위해 사용하였다. [이후] 계속하여 점차 넓은 지역으로 퍼지기 시작하였다.[60]

명말 담배는 북방 지역에서 수비하는 군인들이 한습(寒濕)을 막는 데에 이용했으며, 이내 중국 각지로 퍼져나가 농민반란군 역시 한습을 피하고자 담배를 피우기 시작하였다. 이와 관련하여 청초 엽몽주(葉夢珠)의 『열세편(閱世編)』은 이자성(李自成)과 장헌충(張獻忠) 부대가 담배를 통해 한습(寒濕)을 방치(防治)한 사실을 다음과 같이 기록하고 있다.

연초(煙草)는 처음 복건에서 나왔다. 내가 어렸을 때 돌아가신 조부가 말하길 "복건에 연(煙)이 있는데, 그것을 흡입하면 취할 수 있어 건주(乾酒)라고 일컫는다. 그러나 이곳에는 절대 없었다. 숭정 연간, 읍성(邑城)에 팽성(彭姓)을 가진 자가 있었는데, 그 종자(從者)가 그것을 알지 못하고 본지(本地)에 심고 그 잎을 캐어 말리었다. 유구(流寇; 李自成과 張獻忠의 군대)가 그것을 먹으며, 한습(寒濕)을 피하는 데 이용하였다.[61]

여기서 언급된 한습(寒濕)이 단순한 추위를 언급하는 것인지 아니면 질병을 말하는 것인지 명확하지 않다. 다만 『인암쇄어(蚓庵瑣語)』에서 기록된 "연엽(煙葉)은 민중(閩中)에서 나왔다. 변상인(邊上人)이 한질(寒疾)에 걸리는데, 이는 치료할 수 없는 것이 아니다"라는 언급을 통해 북방에서 한질에 걸렸을 때 담배를 이용한 사실을 확인할 수 있다.[62]

---

60 王露, 「烟筒傳贊」, 楊國安 編著, 『中國烟草文化集林』, 西北大学出版社, 1990, 222쪽.

61 [淸]葉夢珠, 來新夏点校, 『閱世編』, 上海古籍出版社, 1981, 167쪽.

62 王逋 『蚓庵瑣語』, 謝國楨 著, 謝小彬·楊璐 主編, 『謝國楨全集』 第4册, 北京出版社, 2013, 304쪽.

한질의 사전적 의미는 한습(寒湿)의 사(邪)가 일으키는 질병을 말한다.[63] 그렇다면 한질 예방을 위해 담배가 이용된 원인은 무엇일까? 당시 상황을 살펴보면, 만력 46년(1618)에서 천계 2년(1622)까지 내지에서 약 230만의 군인이 징집되어 요동(遼東) 지역으로 들어갔다.[64] 징집된 군인 가운데 남병이 매우 많았으며, 이들은 북방의 추위를 피하고 한습과 한질을 예방하기 위해 담배를 흡입하였다.[65] 이와 관련하여 예주모(倪朱謨)의 『본초회언(本草匯言)』, 엽몽주(葉夢珠)의 『열세편(閱世編)』 등은 담배가 장기뿐 아니라 한질 예방에도 효과적이라고 언급하였으며, 의사와 지식인의 이러한 설명은 사람들의 기대를 더욱 부추겼을 것이다.

더하여 명말 기후가 매우 한랭해졌으며, 중국 많은 지역에서 한재(旱災)와 황재(蝗災)가 매우 심각하였다.[66] 또한 하북(河北), 하남(河南), 절강

---

63 韓成仁·黄启金·王德全, 『中醫証病名大辭典』, 中醫古籍出版社, 2000, 450쪽. Carol Benedict, *Golden-Silk Smoke: A History of Tobacco in China, 1550-2010*, p.94 는 담배가 인삼 등과 유사하게 傷寒을 치료하는 溫性藥物로 사용되었다고 판단하였다. 담배 관련 문헌을 살펴보면, 『煙草譜』·『本草備要』·『怡曝堂集』·『樊樹山房集』에서는 '寒'이라고 기록되어 있으며, 『食物本草』·『馮氏錦囊秘錄』·『食物本草會纂』에서는 '風寒湿痹', 『本草匯言』은 '霜露風雨之寒', 『閱世編』은 '寒湿', 『景嶽全書』는 '寒毒', 『本草綱目拾遺』는 '寒癖', 『梅谷偶筆』에는 '寒邪'라고 기록되어 있으며, 『蚓庵瑣語』에서는 '寒疾'이라는 병명을 언급하였다. 이를 통해 북방에서 담배를 피운 목적은 傷寒이 아닌 寒 즉 추위를 막거나 추위로 인해 발생한 모든 질병을 예방하기 위한 것으로 판단된다.
64 명대 요동 지역 방어와 관련하여 많은 연구가 축적되어 있다. 김경록, 「明 洪武年間 遼東認識과 軍政體制」, 『明清史硏究』 51, 2019; 남의현, 「明代 遼東邊墻의 形成과 性格」, 『중국학보』 54, 2006; 「遼東都司 對外膨脹의 限界에 대한 考察 -山東에 대한 依存性과 對外進出의 限界性을 중심으로-」, 『明清史硏究』 27, 2007; 서인범, 「명대의 遼東都司와 東寧衛」, 『明清史硏究』 23, 2005는 요동지역에 설치한 遼東都司와 東寧衛 사이에 존재했던 상호 인식을 통해 명대의 요동도사를 새롭게 조망하였다.
65 叢佩远 主編, 『中國東北史』 第4卷, 1059쪽.
66 1500~1700년 사이는 '소빙기(Little Ice Age)'에 해당하며, 명대 중후기 한랭화 현상이 매우 심각하였다. 기후사와 관련하여 많은 연구가 축적되어 있다. 대표

(浙江), 강소(江蘇), 산동(山東), 강서(江西), 호북(湖北), 호남(湖南) 등 여러 지역에서 역병이 유행하여 많이 사람이 목숨을 잃었다.[67] 당시 하남성(河南省) 획가현(獲嘉縣)의 상황을 살펴보면 숭정 9년에서 13년(1640) 동안 한재와 황재가 계속해서 발생하였다. 오랜 기근으로 병사와 도적이 약탈을 자행했으며, 아울러 역병이 횡행하였다. 이로 인해 많은 사람이 사망했으며, 100명 가운데 한두 명도 살아남지 못하였다.[68]

극심한 추위과 기근, 더하여 난생처음 보는 역병이 사회를 휩쓸었지만, 마땅한 치료책은 없었으며 많은 사람이 목숨을 잃어 가고 있었다.[69] 그런데『매곡우필(梅谷偶筆)』을 보면, "그 기(氣)는 방향(芳香)하며 신랄(辛辣)하고, 그 효능은 온역을 피하고, 장려(瘴癘)를 내쫓고 한사(寒邪)를 흩어지게 한다"고 하여 담배가 온역(瘟疫)을 피하는 데도 효과가 있다고 설명하고 있다. 왕사정(王士禎)의『향조필기(香祖筆記)』역시 "근래 경사(京師)에서 또 비연(鼻煙)을 만드니, 목(目)을 밝게 할 수 있으며, 더욱이 역(疫)을 피하는 공(功)이 있다"고 하며, 담배의 역병 예방 기능을 언급하였다.[70]

<hr />

적으로 쓰可楨,「中國近五千年來氣候變遷的初步硏究」,『中國科學』2, 1973은 17세기가 매우 한랭했던 시기이며 1620년에서 1720년 사이가 가장 한랭했다고 지적하였다. 한국의 경우 김문기의 연구가 대표적이다. 김문기,「明末 江南의 氣候와 崇禎 14년의 奇荒」,『중국사연구』37, 2005;「17세기 江南의 小氷期 氣候」,『明淸史硏究』27, 2007;「17세기 中國과 朝鮮의 小氷期 氣候變動」,『역사와 경계』77, 2010 참조.

67 龔勝生,「中國疫災的時空分布變遷規律」을 보면 중국 역사상 한랭한 기후와 疫病은 매우 긴밀한 관계에 놓여 있으며, 한랭기에는 역병이 빈번하게 발생하며, 온난기에는 역병이 비교적 적게 발생한다고 하였다. 17세기 한랭한 기후 환경에서 역병이 대유행하였다. 명청시대 기후와 역병 발생의 관계는 김현선,「明末 兩湖지역 기후변동과 疫病」,『中國史研究』130, 2021 참조.

68 龔勝生,『中國三千年疫災史料滙編』1卷, 449쪽.

69 1640년대에는 중국 전역에서 명대 역사상 가장 심각한 역병이 유행하였다. 당시 京師 및 江南 지역에서는 이 역병을 '疙瘩瘟', '疙疽瘟'이라고 불렀는데, 이 역병의 증상은 현대의학에서 말하는 페스트와 유사하다.

장기와 한질을 피하고자 이용된 담배는 시간이 지나면서 '백질(百疾)'은 물론이고 '역병'까지 예방할 만병통치약처럼 인식되었다. 명말 청초 역병으로 사방에서 사람들이 죽어 나가지만 아무런 치료책도 없던 상황에서 사람들은 당시에 신비한 약물로 여겨진 담배에 희망을 걸고 역병을 예방하고자 하였다. 그리고 담배의 약용적 효능에 대한 인식과 기대는 담배가 확산되어 기호품으로 뿌리내리는 데까지 중요한 역할을 하였을 것이다.

담배가 확산되면서 1638년 숭정제는 연금령(烟禁令)을 하령하였으며, 청의 태종(太宗) 역시 연금령을 내렸다.[71] 다음해 숭정제는 더욱 엄격한 연금령을 반포했으며, "기연자사(嗜煙者死)"의 규정을 반포하여 엄격하게 단속하고자 하였다.[72] 이와 관련하여 왕포(王逋)의 『인암쇄어(蚓庵瑣語)』는 연금령이 실시된 상황에 대해 다음과 같이 언급하였다.

> 숭정(崇禎) 계미(癸未, 1643) 금연(禁煙)의 령(令)이 내려졌으나, 민간에서 담배를 재배하면 문도(問徒)에 처해졌는데, 법은 가볍고 이(利)는 중하니, 범자(犯者)가 전과 같았다. 이윽고 범자를 참(斬)하라는 하령(下令)이 내려졌다. 오래지 않아 군중(軍中)에 병한(病寒)이 치료되지 않아 마침내 그 금(禁)이 느슨해졌다.[73]

당시 연금령이 내려졌으나 여전히 담배로 한(寒)을 치료할 수 있다는 인식이 팽배하였다. 이에 병부상서(兵部尙書) 겸 계요총독(薊遼總督) 홍승주(洪承疇)는 연금(煙禁)을 해제할 것을 요청했으며, 숭정 말년 연금의 일

---

70 楊國安 編著, 『中國煙業史匯典』, 55쪽.

71 청대 烟禁令과 관련하여 임경준, 「담배 태우는 만주인들 -淸初 만주인의 담배문화와 烟禁令-」 참조.

72 國家烟草專賣局 主編, 『中國烟草年鉴: 1991-1995』, 1996, 391쪽.

73 王逋, 『蚓庵瑣語』, 謝國楨 著, 謝小彬·楊璐 主編, 『謝國楨全集』 第4冊, 北京出版社, 2013, 304쪽.

은 점차 중간에서 흐지부지 끝나게 되었다.[74]

Ⅳ. 맺음말

본고에서는 담배와 흡연문화의 확산을 명대 장기(瘴氣) 분포와 담배의 약용적 기능에 주목하여 살펴보고자 하였다. 중국 남방 지역에는 소위 장기라 불리는 독기(毒氣)가 널리 분포하고 있었으며, 사람들의 생명과 건강을 크게 위협하였다. 수많은 사람이 장기로 인해 사망했으며, 장기 발생 지역은 '사망지향(死亡之鄉)'의 대명사가 되었다. 장기는 대체로 무덥고 비가 많이 내려 습한 지역에서 발생하는데, 명대에는 주로 운남(雲南), 광서(廣西), 귀주(貴州), 광동(廣東), 호남(湖南), 사천(四川), 복건(福建) 등 지역에 만연하였다.

장기는 사람들의 건강과 생명을 위협하였으며, 특히 처음 그곳에 도달한 사람들에게 더욱 가혹하였다. 그런데 장기가 주로 분포하는 서남 지역은 소수민족이 거주하였으며, 반란이 빈번하게 발생하였다. 또한 명대 중후기 왜구 등 침입이 빈번해졌으며, 중앙정부는 반란을 진압하거나 혹은 왜구의 침입을 막기 위해 군인들을 징집하였다. 하지만 이곳에 처음 온 군인들은 쉽게 장병(瘴病)에 걸렸으며, 많은 군인이 장병으로 타지에서 목숨을 잃었다. 심지어 전쟁을 시작하기도 전에 많은 군인이 목숨을 잃어 철수하는 경우 역시 빈번하였다.

그런데 명말 장기가 만연한 운남 지역에 있던 관군이 무사한 사건이 발생하였다. 당시 관군은 장기가 심각한 운남 서부 지역으로 진군하였는데, 대부분 군인은 전쟁을 시작하기도 전에 장병에 감염되어 사망하였다.

---

74 中國煙草通志編纂委員會, 『中國煙草通志』第五卷, 中華書局, 2006, 1871쪽.

이때 오직 한 병영의 군인들만 무사하였으며, 이는 관군 통솔자의 주의를 끌었다. 통솔자는 조사를 통해 이 병영의 군인들이 담배를 피우고 있다는 사실을 발견하였다. 이내 군인들 사이에 담배를 피워서 장기를 예방했다는 소문이 퍼지기 시작했으며, 남방에 주둔해 있던 군인들은 장기를 예방하기 위해 담배를 피우기 시작하였다.

장기를 예방한다는 담배의 효능은 입증할 수 없으며, 당시 장병 발생이 감소했다면 이는 한랭한 기후와 지속적인 환경 개발로 인한 것이었다. 명대 지속적인 환경 개발과 기후변화로 장기의 분포 범위는 점차 축소되었으며, 장병에 의한 피해 역시 점차 감소했을 것이다. 하지만 이러한 사실을 알지 못했던 당시 사람들은 장병에 걸리지 않은 원인이 담배라고 믿었을 것이다. 더하여 담배에 대한 신비로운 이미지와 의사들의 담배 효능에 대한 설명, 상인들의 선전으로 당시 사람들은 담배가 장기를 예방할 수 있다고 믿었을 것이다.

곧이어 담배는 북방으로 전파되었으며, 북방을 수비하던 군인들은 추위를 피하고 한습(寒濕)과 한질(寒疾)을 막기 위해 담배를 이용하였다. 명말 기후는 매우 한랭해졌으며, 중국 많은 지역에서 한재와 황재가 매우 심각하였다. 또한 하북, 하남, 절강, 강소, 산동, 강서, 호북, 호남 등 많은 지역에서 역병이 유행하고 있었다. 극심한 추위와 기근, 더하여 난생처음 보는 역병이 사회를 휩쓸었지만, 마땅한 치료책이 없어 많은 사람이 목숨을 잃어 가고 있었다. 이러한 상황에서 의사들은 담배가 한습과 한질에 효과적이라고 인식했으며, 심지어 백병(百病)과 온역(瘟疫)까지 없앨 수 있다고 언급하였다. 마땅한 치료책이 없는 상황에서 사람들은 담배가 온역을 막아줄 것이라 기대하며 담배를 피웠다. 담배의 약용적 효능에 대한 인식은 기호품으로서 지위를 확보하기 이전에 담배가 확산되는 데에 중요한 역할을 하였다.

참고문헌

1. 사료 및 사료집

[淸]葉夢珠, 來新夏点校, 『閲世編』, 上海古籍出版社, 1981.
[淸]汪昂, 鄭金生 整理, 『本草備要』, 中國醫藥科技出版社, 2019.
[淸]張璐, 『本經逢原』, 中醫古籍出版社, 2017.

龔勝生 編著, 『中國三千年疫災史料滙編』 1卷, 齊魯書社, 2019.
楊國安 編著, 『中國烟草文化集林』, 西北大學出版社, 1990.
楊國安 編著, 『中國煙業史匯典』, 光明日報出版社, 2002.
趙桅, 『明實錄·淸實錄 -煙瘴史料輯編-』, 中央民族大學出版社, 2014.
中國煙草通志編纂委員會, 『中國煙草通志』 第五卷, 中華書局, 2006.

2. 연구서

정철웅, 『明·淸 시대 湖廣 소수민족 지역의 土司와 국가 권력, 1368~1735』,
　　　아카넷, 2021.
마크엘빈 지음·정철웅 옮김, 『코끼리의 후퇴』, 사계절출판사, 2011.

郭聲波, 『四川歷史農業地理』, 四川人民出版社, 1993.
範宏貴, 『華南與東南亞論稿』, 民族出版社, 2014.
謝小彬·楊璐 主編, 『謝國楨全集』 第4册, 北京出版社, 2013.
吳春明, 『百越研究』 第4輯, 廈門大學出版社, 2015.
王懿之 主編, 『玉煙之光 -雲南玉溪卷煙廠發展史-』, 雲南人民出版社, 1992.
梁從寬 主編, 『河南烟草志』 第3卷(評審稿), 河南烟草志編纂委員會, 2011.
李良品·彭福荣·王希輝 主編, 『二十五史西南地區土司史料輯錄』, 中國文史出版社, 2006.

趙椵, 『明實錄·淸實錄 -煙瘴史料輯編-』, 中央民族大學出版社, 2014.

周琼, 『淸代雲南瘴氣與生變遷研究』, 中國社會科學出版社, 2007.

叢佩远 主編, 『中國東北史』 第4卷, 吉林文史出版社, 2006.

韓成仁·黄启金·王德全, 『中醫証病名大辭典』, 中醫古籍出版社, 2000.

Carol Benedict, *Golden-Silk Smoke: A History of Tobacco in China, 1550 -2010*, Berkeley: University of California Press, 2011.

3. 논문

김경록, 「明 洪武年間 遼東認識과 軍政體制」, 『明淸史硏究』 51, 2019.

김문기, 「明末 江南의 氣候와 崇禎 14년의 奇荒」, 『중국사연구』 37, 2005.

_____, 「17세기 江南의 小氷期 氣候」, 『明淸史硏究』 27, 2007.

_____, 「17세기 中國과 朝鮮의 小氷期 氣候變動」, 『역사와 경계』 77, 2010.

김현선, 「明淸時代 兩湖 山岳地域 人口 移動과 疫病」, 『明淸史硏究』 52, 2019.

_____, 「明末 兩湖지역 기후변동과 疫病」, 『中國史硏究』 130, 2021.

남의현, 「明代 遼東邊墻의 形成과 性格」, 『중국학보』 54, 2006.

서인범, 「명대의 遼東都司와 東寧衛」, 『明淸史硏究』 23, 2005.

원정식, 「명청시대 담배의 정치·사회경제사적 의의」, 『明淸史硏究』 23, 2005.

_____, 「18세기 中國社會의 吸煙文化 硏究 -담배의 사회문화적 영향과 吸煙 禮俗의 형성을 중심으로-」, 『明淸史硏究』 29, 2008.

임경준, 「담배 태우는 만주인들 -淸初 만주인의 담배문화와 烟禁令-」, 『明淸 史硏究』 55, 2021.

可中, 「瘴癘爲何物」, 『百科知識』 1, 1994.

鞏斌, 「明淸時期的烟草業與烟草廣告」, 『美術敎育研究』 6, 2012.

龔勝生, 「2000年來中國瘴病分布變遷的初步研究」, 『地理學報』 4, 1993.

_____, 「中國疫災的時空分布變遷規律」, 『地理學報』 6, 2003.

鞠舒雨·徐晓銘·戴建國, 「烟草的中醫藥功效考究」, 『臨床醫藥文獻電子雜志』 31, 2020.

金强·陳文源, 「瘴設」, 『東南亞縱橫』 7, 2003.

杜勇, 「明清時期中國對吸烟與健康關係的認識」, 『中華醫史雜志』, 2000.

馬强, 「地理體驗與唐宋"蠻夷"文化觀念的轉變-以西南與嶺南民族地區爲考察中心」, 『西南師範大學學報』 5, 2005.

馬亚輝, 「瘴氣與邊疆安全: 環境史視閾下清朝西南邊境管理的困境及應對」, 『昆明學院學報』 1, 2021.

梅莉·晏昌貴·龔勝生, 「明清時期中國瘴病分布與變遷」, 『中國歷史地理論叢』 2, 1997.

徐時儀, 「說"瘴癘"」, 『江西中醫藥』 2, 2005.

徐艷, 「古代廣西瘴氣與謫官對廣西的開發」, 『文物鑒定與鑒賞』 3, 2019.

宋軍令, 「明清時期對烟草藥用價值的認識和利用」, 『農業考古』 1, 2009.

張文, 「地域偏見和族群歧視: 中國古代瘴氣與瘴病的文化學解讀」, 『民族研究』 3, 2005.

周琼·李梅, 「清代雲南生態環境與瘴氣區域變遷初探」, 『史學集刊』 3, 2008.

蔡永敏·王梦婷, 「"瘴氣"名称考証及規範」, 『中華中醫藥雜志』 10, 2017.

鄭洪·陳朝暉·何嵐, 「"瘴氣"病因學特點源流考」, 『中醫藥學刊』 11, 2004.

趙桅, 「明代烟瘴對廣西土司區經略的影響」, 『廣西民族研究』 2, 2015.

蒼銘, 「瘧疾對西南邊疆民族構成和分布的影響」, 『中央民族大學學報』 2, 2004.

____, 「清前期烟瘴對廣西土司區漢官選派的影響」, 『中國邊疆史地研究』 3, 2015.

竺可楨, 「中國近五千年來氣候變遷的初步研究」, 『中國科學』 2, 1973.

05

청대 길림의 재배삼과 자연 환경

김선민(金宣旼, 고려대학교 민족문화연구원 교수)

I. 머리말

가경 7년(1802) 정월 10일 길림장군 시오린(Siolin, 秀林)은 길림의 인삼 채취와 공납 상황에 대해 황제에게 보고했다. 이 상주문에서 시오린은 만주의 인삼이 점점 귀해져서 채삼인들이 더 멀리 떨어진 산으로 캐러 가야하고 관에 납부해야 할 인삼을 제대로 확보하기가 어렵다고 설명했다. 이에 대한 해결책으로 시오린이 제안한 것은 재배삼을 허용하는 것이었다. 사실 길림의 채삼인들은 이미 인삼을 재배하고 있었다. 캐낸 인삼이 너무 작고 가늘면 1~2년간 산에서 길렀다가 관삼으로 납부하는 관행이 채삼인 사이에 널리 퍼져 있었다. 시오린의 판단으로는 "이전의 규정에 얽매여 인삼의 재배를 허락하지 않으면 이듬해 관삼의 액수를 채울 수 없을 것"이 분명했다.[1] 따라서 이미 확산된 인삼 재배의 관행을 합법화하는 것이 황실이 인삼 공납액을 안정적으로 확보할 수 있는 길이었다.

당시 시오린의 제안을 받아들여지지 않았다. 그리고 8년이 지난 가경

---

1 〈吉林將軍秀林爲請旨歇山並准攬頭存留蔘苗在園栽養事奏摺〉(가경 7년 1.10), 中國第一歷史檔案館編, 「嘉慶朝蔘務檔案選編」上, 『歷史檔案』 2002-3, 51~52쪽.

15년(1810)에 황제는 시오린에게 사형을 내렸다. 죄목은 황제의 은혜를 저버리고 인삼 정책을 문란하게 한 것이었다. "시오린은 삼정(蔘政)을 처리하면서 사사로이 상인에게 은량을 부과하여 침탈한 것이 3만여 량에 달하고 길림의 대소(大小) 관리들 역시 이러한 부정을 모방하여 국고를 침탈했다. 또한 길림의 카룬 초소를 멋대로 철폐하여 진삼(眞蔘)은 유출되고 채삼인들이 사사로이 재배한 인삼을 섞어 넣어 관삼의 액수를 채우게 했다. 시오린은 이를 모르는 척하며 마음대로 속이게 하였으니 모든 폐단이 모두 시오린에서 비롯되었다. …(중략)… 그가 법을 어긴 것이 매우 심하니 참형에 처해야 하나, 특별히 은혜를 베풀어 자살을 명한다."[2]

가경제가 말하듯이 시오린은 과연 무능하고 부패한 관리였을까? 건륭 59년(1793)에 장군에 제수되어 가경 14년(1809)까지 무려 15년간 길림을 관할한 시오린은 건륭 58년(1792)에 길림부도통으로 재직할 당시에 이미 인삼 행정에 깊이 관여하고 있었다. 당시 건륭제는 바오린(Baolin, 寶琳)을 신임 길림장군으로 임명하면서 "시오린이 길림의 인삼 업무를 모두 잘 알고 있으니 앞으로 삼무(蔘務)와 관련된 일은 시오린과 회동하여 처리하라"고 지시할 정도였다.[3] 얼마 후 바오린이 병으로 죽자 건륭제는 시오린을 곧 길림장군에 임명했다. 가경제가 즉위한 후에도 시오린은 계속 길림장군으로 재직하다가 가경 14년(1809)에 공부상서에 임명되었고 이듬해에는 이부상서로 전임했다.

사실 가경제는 오랫동안 시오린을 신임했으며 그에게 만주족의 정체성을 지키는 수호자의 역할을 맡겼다. 가경 5년(1800) 황제는 만주어도 알아듣지 못하고 말타기와 활쏘기 실력도 평범하다고 비난받는 정황기 만주 기인을 길림으로 보내게 하고 "길림 지방은 청어(淸語)와 기사(騎射)가 모

---

2 『清仁宗實錄』 권236, 가경 15년 11.11.
3 『高宗純皇帝實錄』 권1448, 건륭 59년 3.2.

두 좋은 곳이니 시오린에게 맡겨 학습하게 하라"고 지시했다.[4] 가경제에게 길림장군 시오린은 기인에게 "만주의 근본" 즉 만주어와 활쏘기와 말타기를 가르치고 지키게 하는 신하였다. 시오린은 황제의 기대에 부응하기 위해 부단히 노력했다. 길림장군으로 재임하는 동안 그는 여러 차례 호랑이, 표범, 곰 등 각종 야생동물을 산 채로 잡아서 황제에게 바쳤다. 황실의 발상지에서 자라는 동물을 황실의 근간인 팔기 관병이 사냥하여 황제에게 바치는 것이야말로 만주족이 자신들의 고토인 만주의 자연을 조상의 구법(舊法)에 따라 지키고 있음을 상징적으로 보여주는 일이었다.[5] 시오린은 자신이 관할하는 길림과 그곳의 팔기 병사들이 청제국에서 어떤 의미를 지니는지를 정확히 알고 있었다. 시오린은 청 황제가 기대할 수 있는 최고의 만주족 관리였다.

이처럼 황제의 신임을 받던 시오린이 자살 명령을 받게 된 것은 그가 재배삼을 방치하고 심지어 허용하자고 제안했기 때문이었다. 청대에 걸쳐 인삼의 재배는 엄격하게 금지되었다. 가경제는 특히 "인삼 재배는 거짓된 것으로 참된 것을 어지럽히는 알"이라고 여겼다.[6] 가경 15년(1810)에 만주에서 진공한 관삼에 재배삼이 포함되어 있음이 알려지자 당시 이부상서였던 시오린은 과거에 인삼 재배를 옹호했던 일로 황제의 심문을 받았고 마침내 삼정을 어지럽힌 주범으로 탄핵되기에 이르렀다. 그의 본뜻은 충분한 관삼을 징수하여 황실 재정을 확보하겠다는 것이지만, 황제에 대한 충심도 인삼 재배라는 금기를 넘을 수는 없었다. 인삼은 만주의 자연에서 자란 것을 만주족의 전통 방식에 따라 채취해야 할 것이지 사람이 기르는 것이 아니었다. 만주와 만주족을 지켜야 할 길림장군이 인간과 자연의 올

---

4 『淸仁宗實錄』 권64, 가경 5년 4.16.

5 김선민, 「청대 길림의 팔기 관병과 호랑이 진공」, 『史叢』 102, 2021.

6 『淸仁宗實錄』 권226, 가경 15년 2.27.

바른 관계를 어지럽혔다는 점에서 시오린은 처벌되어야 마땅했다.

청대 삼정(蔘政)에 대한 무수한 연구 성과에 비해 재배삼에 대한 전론은 상대적으로 많지 않다. 최근 요효청(廖曉晴)과 장죽산(蔣竹山)은 건륭 59년(1794)과 가경 15년(1810)에 발생한 길림삼무안(吉林蔘務案) 관련 자료를 분석하고, 건륭 연간부터 만주의 삼정이 상인의 활동과 불가분하게 결합되었으며 가경 연간에 이르러 재배삼이 본격적으로 확산되었음을 소개했다. 요효청은 길림삼무안의 근본적인 원인이 인삼의 고갈에 있었으며 길림의 관리들이 이를 해결하는 과정에서 각종 폐단과 문제가 발생했음을 설명했다. 청 황실이 만주의 인삼을 독점하여 이익을 얻는 데에만 골몰하여 인삼을 보호하려는 장기적인 관점이 부족했음을 비판한다는 점에서 요효청의 연구는 국가의 이해나 관리들의 대응에 초점을 두는 전통적인 청대 삼정 연구의 시각을 따르고 있다.[7] 한편 장죽산은 청대 삼정의 추이에 주목하고 시기별 변화를 분석했다는 면에서는 기존의 연구 경향을 따르고 있지만, 결론에서 인삼을 둘러싼 생태환경을 언급했다는 점에서 요효청과는 다른 새로운 시각을 제시한다. 장죽산에 따르면 "동북의 인삼, 특히 재배삼은 생태환경과 국가권력의 상호관계를 파악할 수 있는 흥미로운 사례"이다. "길림장군이 제안한대로 재배삼으로 관삼을 대체하는 것은 생태환경의 측면에서 볼 때 인위적인 파괴를 줄이고 야생 산삼이 지속해서 성장할 수 있는 기회를 주는 것이었다. 그러나 시오린의 주장은 생태환경에 대한 고찰에서 비롯된 것이 아니라 인삼 생산량을 늘리려는 목적에서 나온 것이었다."[8]

---

7 中國第一歷史檔案館,「乾隆五十九年吉林蔘務案」,『歷史檔案』 2000-1; 中國第一歷史檔案館編,「嘉慶朝蔘務檔案選編」上,『歷史檔案』 2002-3; 中國第一歷史檔案館編,「嘉慶朝蔘務檔案選編」下,『歷史檔案』 2002-4; 廖曉晴,「乾隆五十九年蔘務案」,『滿族研究』 2013-4;「論淸朝查禁秩蔘政策」,『淸史研究』 2018-5.

8 蔣竹山,『人蔘帝國: 淸代人蔘的生産消費與醫療』, 浙江大學出版社, 2015, 141~143쪽.

장죽산이 시사한대로 19세기 만주의 재배삼 문제는 황실의 인삼 독점이나 관리의 부정부패를 지적하는 기존의 시각으로는 충분히 설명되지 않는다. 만주에서 인삼이 재배되기 시작한 것은 이곳에 새로운 사람들이 거주하게 되었고 그 결과 인간이 자연을 대하고 관계 맺는 방식이 달라지면서 나타난 현상으로 이해할 필요가 있다. 재배삼의 등장은 18세기 후반부터 한인이 만주로 대거 이주한 흐름과 무관하지 않았다. 만주는 원래 토착 부족민들이 이곳의 삼림에 서식하는 동식물 등 자연 자원을 수렵 채집하여 살아가는 곳이었고, 농경을 주된 생활방식으로 삼는 한인들의 거주 공간이 아니었다. 청말까지 만주는 만주족 황실이 흥기한 신성한 땅으로 여겨져서 이곳에 주둔한 팔기 관병을 제외하고 한인의 출입이 원칙적으로 금지되었다. 그러나 러시아의 침입을 저지하기 위해 팔기 관병이 추가로 배치되고, 주둔한 군사들의 식량 공급을 위해 토지를 경작할 한인 노동력이 투입되면서 민인의 만주 이주는 꾸준히 증가했다.[9] 황실의 발상지를 보호하고 군사 요충지를 방어한다는 청대 만주 통치의 기본 원칙은 실제로 주둔 병사를 부양하는 한인의 노동력을 전제로 한 것이었다. 따라서 한인의 출입 통제는 사실 청대 만주 통치의 기본 원칙과 모순되는 것이었다.

한인의 이주는 청대 만주의 삼정에 지대한 영향을 끼쳤다. 청 황실은 입관 직후부터 만주에서 인삼 채취를 독점해갔다. 만주 지역에 주둔한 팔

蔣竹山의 이러한 지적은 그가 인삼 문제에서 환경사의 중요성을 의식하고 있음을 보여주지만, 위의 간단한 언급 이상의 구체적인 연구 방법이나 분석 내용은 보이지 않는다.

9 18세기 후반 이래 한인의 만주이주에 대한 대표적인 연구로는 林士鉉, 『淸季東北移民實邊政策之硏究』, 國立政治大學歷史學系, 2001; 荒武達朗, 『近代滿洲の開發と移民: 渤海を渡つた人びと』, 汲古書院, 2008; Robert H. G. Lee, *The Manchurian Frontier in Ch'ing History*. Cambridge, MA: Harvard University Press, 1970; James Reardon-Anderson, *Reluctant Pioneers: China's Expansion Northward, 1644-1937*, Stanford University Press, 2005 등이 있다.

기 관병은 정해진 액수의 인삼을 채취하여 황실에 납부해야 했고, 황실은 만주에서 보내온 인삼을 내무부 창고에 저장하여 황실의 약재로 쓰고 나머지는 시가로 판매하여 막대한 이익을 얻었다.[10] 그러나 청대 인삼 정책은 점차 한인들에게로 개방되어갔다. 옹정 연간에 국가가 한인 상인들에게 인삼 업무를 위탁하고 기인과 민인 모두에게 인삼 채취를 허락하면서 한인들은 점차 인삼의 채취·유통·판매의 모든 과정에 개입하게 되었다. 국가가 주도하는 대규모의 조직적인 채삼 활동에 민인들의 불법적인 채삼 활동이 더해지면서 만주의 자연삼은 빠르게 고갈되어갔다. 그 결과 자연삼을 확보하지 못한 채삼인들은 재배삼을 몰래 섞어서 납부하기 시작했고, 이러한 불법적인 관행은 현지 관리들의 묵인하에 확산되어갔다. 재배삼 허용을 제안한 시오린에게 자살을 명령한 지 불과 1년 후에 가경제는 인삼 채취를 끝낸 채삼인들이 산에 머무르며 겨울을 보내는 것을 허용했다. 이것은 사실상 인삼 재배를 가능하게 하는 조치였다. 만주에서 사람과 자연의 관계가 변화하는 추세는 황제의 힘으로도 돌이킬 수 없는 것이었다.

본고는 만주에서 인간과 자연의 관계가 변화하는 과정을 한인의 이주와 재배삼의 등장을 통해 살펴본다. Ⅱ장은 먼저 건륭 연간과 가경 연간의 『혼춘부도통아문당(琿春副都統衙門檔)』 기록을 통해 한인의 만주 이주 상황을 구체적으로 검토한다. 건륭 - 가경 시기 훈춘협령의 보고문은 만주에 주둔하는 팔기 관병과 그들의 가족이 늘어나면서 이들을 위해 토지를 경작하고 상품을 판매하는 민인도 함께 증가했음을 보여준다. Ⅲ장은 「건륭오십구년길림삼무안(乾隆五十九年吉林蔘務案)」의 자료를 분석하여 19세기 초에 이르러 만주의 인삼 행정이 사실상 한인들의 참여와 협조로 유지

---

10 청대 삼정에 대한 대표적인 연구로는 今村鞆, 『人蔘史』 1-7, 朝鮮總督府, 1939; 王佩環, 「淸代東北采參業的興衰」, 『社會科學戰線』 1982-4; 叢佩遠, 『東北三寶經濟簡史』, 農業出版社, 1987; 宋抵·王秀華 編著, 『淸代東北蔘務』[李樹田 主編, 長白叢書 第五集], 吉林文史出版社, 1991; 佟永功, 「淸代盛京蔘務活動述略」, 『淸史硏究』, 2000-1.

되었음을 살펴본다. 또한 채삼인의 경비를 지원하는 보조금 지급과 상인의 기부금 납부가 제도적으로 정착하는 과정을 통해 청대 삼정이 상업과 불가분하게 결합되어 있었음을 설명한다. Ⅳ장은 「가경조삼무당안선편(嘉慶朝蔘務檔案選編)」의 자료를 바탕으로 재배삼의 등장 과정을 살펴보고 만주에서 인간과 자연의 관계가 근본적으로 변화했음을 지적한다. 또한 『청실록』에 수록된 가경제의 유지(諭旨)를 분석하여 만주의 자연환경에 대한 북경 황실의 인식이 길림 현지의 인식과 달랐음을 드러낸다. 맺음말에서는 광서 7년(1881)에 길림장군의 주청에 따라 길림의 재배삼이 합법화되는 과정을 간단히 소개한다.

Ⅱ. 길림의 민인 이주

1. 청의 만주 통치

데이비드 벨로(David Bello)가 지적하듯이 만주족과 한인을 구별하는 여러 가지 특징은 사실 그들이 거주한 자연환경의 차이가 만들어낸 것이었다. 중국 내지의 한인은 주로 밀·보리·쌀 등 곡물을 생산하는 농경민이었다. 이들은 단위면적당 곡물 생산량을 최대로 끌어올리기 위해 오랜 세월에 걸쳐 노력해왔고 이 과정에서 한인이라는 특정 민족의 고유한 정체성이 형성되었다. 한곳에 정착하여 주어진 토지를 경작하여 곡물을 생산하고, 국가의 지배에 복종하며 정해진 액수의 세금을 납부하여 중앙집권적인 국가체제를 유지하는 기반이 되는 사람들, 즉 온순하고 선량한 백성을 뜻하는 양민(良民)이 바로 그들이었다. 중원에 정착한 온순한 농경민의 모습은 가축 떼와 함께 이동하며 위협을 가하는 북방의 유목민과 대비되어 한인의 민족적 특징으로 강조되었다. 결국 한인의 특징으로 여겨지는 농경문화와 중앙집권적 국가체제는 중원의 농경지에서 인간과 생태환경이 상호작용하여 만들어낸 결과물이었다.[11]

인간과 생태환경의 상호작용이 중원에서 한인의 농경문화를 만들었다면, 만주에서는 만주족의 수렵 채집 문화를 만들어냈다. 명대 여진족이 거주했던 만주는 지리적으로 광활하고 환경적으로 다양했다. 요하 이남의 평원지대는 토지가 비옥하여 농경에 적합했기 때문에 한인 거주민을 중심으로 일찍부터 중국 문화가 발달했다. 반면 요하 서쪽, 대흥안령 산맥의 북쪽과 남쪽 일대, 그리고 현재 길림성과 요녕성 서부의 초원지대는 일년 평균 강수량이 30cm 정도의 반건조 지역으로 목축이 발달했다. 한편 동쪽으로 장백산 일대에서 우수리강과 흑룡강에 이르는 넓은 삼림지역에서는 수렵과 어렵이 발달했다.[12] 만주에서 면화와 같은 한인의 작물을 재배할 수 있는 곳은 요하 이남의 평원지대에 불과했고 나머지 지역의 토질은 농경에 이상적이지 않았다.[13] 그 결과 여진족의 전통적인 경제활동은 동북의 삼림지역에서 동식물을 사냥하거나 채집하여 판매하는 것을 중심으로 발

---

11 David Bello, *Across Forest, Steppe, and Mountain: Environment, Identity, and Empire in Qing China's Borderlands*, Cambridge University Press, 2016, pp.21~31.

12 Lee, *The Manchurian Frontier in Ch'ing History*, pp.3~4; 李治亭 主編, 『東北通史』, 中州古籍出版社, 2003, 6~11쪽.

13 성경에서는 강희 초년부터 면화를 대량으로 재배했지만 길림에서는 면화가 생산되지 않았다. 서리가 내리지 않는 날이 180일 이상 되어야 면화 재배가 가능했는데, 길림에서는 이런 날씨가 120~160일에 불과했기 때문이다. 이 때문에 성경의 기인과 달리 길림의 기인은 의복을 자급자족하지 못하고 다른 지역에서 공급받았다. 옹정 7년(1729)와 옹정 13년(1735)에 길림에서 면화 재배를 시도했으나 실패했다. 이후 도광 1년(1821)에 吉林將軍 푸준(Fujun, 富俊)이 쌍성보에서 면화 재배를 시작한 것으로 알려져 있으나, 실제로 얼마나 효과를 거두었는지에 대한 기록은 없다. 高志超, 「淸代吉林地區的棉花試種」, 『淸史硏究』, 2020-7.

전하게 되었다.[14] 이후 청대에 걸쳐 만주족의 민족적 정체성은 수렵 채집에서 발전한 기마 궁술과 불가분한 것으로 널리 강조되었다.

만주족이 입관한 후 만주는 청 황실의 발상지이자 만주족의 고토로 보호되었다. 청은 만주를 중국 내지와는 다른 방식으로 통치했는데, 무엇보다 팔기 병사, 즉 기인을 우대하고 보호하기 위해 노력했다. 기적(旗籍)에 등록된 기인 이외의 사람들은 민인이라 불렸고 기인과 별도의 집단으로 분류되었다.[15] 청대 민인은 원칙적으로 만주로 이주하여 정착하는 것이 금지되어 있었다. 청 황실이 북경으로 천도한 직후에는 민인의 이주를 장려하기도 했으나 강희 말년부터 점차 민인의 출입을 통제하기 시작했고 건륭 5년(1740)에 이르러 청대 만주의 봉금은 마침내 공식화되었다.[16] 그러나 실제로 청의 만주 봉금은 일관된 정책이 아니었다. 만주의 발상지와 만주족의 특권을 보호해야 한다는 원칙과 제국의 변경을 수비해야 한다는 현실 사이에서 청 황실은 상황에 따라 만주 이민을 허용하기도 하고 때로 통제하기도 하는 등 이중적인 태도를 보였다.[17]

청대 길림에서는 길림장군의 관할하에 기린, 닝구타, 버두너, 일란 할

---

14 유소맹 저·이훈 외 역, 『여진부락에서 만주국가로』, 푸른역사, 2012, 93쪽.

15 塚瀨進, 「中國東北統治の變容: 1860-80年代の吉林を中心に」, 『近代東北アジアの誕生: 跨境史への試み』, 北海道大學出版會, 2008, 271쪽.

16 청대 만주 봉금에 대해서는 王景澤, 「對淸代封禁東北政策的再認識」, 『東北師大學報』 166, 1997; 張杰, 「柳條邊印票與淸朝東北封禁新論」, 『中國邊疆史地研究』 1999-1; 張杰, 「淸代鴨綠江流域的封禁與開發」, 『中國邊疆史地研究』, 1994-4.

17 청의 봉금정책에 대한 학자들의 평가도 다소 엇갈린다. 제임스 리어던 엔더슨 (James Reardon-Anderson)은 청의 정책이 모순적이었으며 "청은 자신들이 무엇을 원하는지 분명하게 결정하지 못했고 결정한다 해도 이를 실행하지 못했다" 고 지적한다. James Reardon-Anderson, *Reluctant Pioneers*, p.69. 반면 아라타 게 다츠로[荒武達朗]는 건륭 5년의 봉금이 민인의 이주를 전면 금지하는 것이라 기보다 만주로 이동하는 인구의 흐름을 통제하고 관리하려는 시도였다고 평가하고 청의 만주 정책에 목표와 지향점이 있었음을 강조한다. 荒武達朗, 『近代滿洲の開發と移民: 渤海を渡つた人びと』, 汲古書院, 2008, 38~46쪽.

라, 알추카 등 5개 지역의 부도통을 중심으로 군정이 실시되었다.[18] 부도통의 주둔지는 주방팔기가 주둔하는 군사거점이었고, 병사들에게 공급할 식량을 생산하기 위해 주변에 관장(官莊)이 설치되었다. 이러한 군사거점 외에는 황무지와 삼림이었고 인구는 대체로 희박했다.[19] 18세기에 이르러 민인 이주민이 증가하자 옹정 4년(1726)에 기린 인근에 영길주(永吉州), 닝구타 인근에 태녕현(泰寧縣), 버두너 인근에 장녕현(長寧縣) 등을 설치하여 민인의 사무를 처리했다. 그러나 민정기구를 유지하기에는 민인의 수가 적었기 때문에 태녕현은 옹정 7년(1729)에 폐지되었고, 장녕현은 건륭 원년(1736)에 폐지되어 영길주로 통합되었다. 건륭 12년(1747)에 다시 영길주를 영길직례청(永吉直隸廳)으로 만들고 이사동지(理事同知)를 설치하여 길림장군의 관할 아래 민인의 사무를 처리하게 했다.[20]

청의 봉금정책에도 민인의 만주 이주는 그치지 않았다. 18세기 후반이 되자 성경에서는 민인의 증가가 둔화된 반면 길림으로의 인구 유입이 급격히 증가했다. 19세기 전후에 길림 지역으로 유입되는 민인이 크게 증가하자 가경 5년(1800)에 장춘청, 가경 15년(1810)에 버두너 직예청이 설치되었다. 그 결과 길림에는 기린, 장춘, 버두너 세 곳에 민정기구가 설치되었고, 한인 이주민, 즉 유민(流民)은 쫓아내지 않고 호적에 편입하여 조세를 납부하고 계속 거주하게 했다.[21] 아라타케 타츠로[荒武達朗]의 표현대

18 라린은 건륭 9년(1744)에 처음 부도통이 설치되었다가 건륭 34년(1769)에 철폐하고 알추카 부도통에서 함께 관할하게 했다. 훈춘은 강희 53년(1712)에 협령이 설치되었고 광서 7년(1881)에 부도통으로 승격되었다. 任玉雪, 『淸代東北地方行政制度硏究』, 復旦大學 博士學位論文, 2003, 33~41쪽; 黃松筠·欒凡, 『吉林通史』 2권, 吉林人民出版社, 2008, 219~225쪽.

19 塚瀨進, 「中國東北統治の變容: 1860-80年代の吉林を中心に」, 273쪽.

20 「寧古塔副都統衙門為飭查報有無藏匿民人事致琿春協領札文」(건륭 42년 3.10), 『琿春副都統衙門檔』 10:135.

21 塚瀨進, 「中國東北統治の變容: 1860-80年代の吉林を中心に」, 274쪽.

로 "길림은 가경 연간 한인 이민의 프론티어"가 되었다. 19세기 만주의 한인 인구 증가는 수보(守堡)·향약(鄕約)·보장(保長) 등 향촌공동체의 업무를 담당하는 향직(鄕職)이 이 시기에 널리 설치된 사실을 통해서도 확인된다. 실제로 가경 연간에 이르러 만주 각지에는 향약제도가 널리 보급되었고 조세 징수와 치안 유지를 담당하면서 지방관과 민간 사이에서 강력한 권한을 행사했다.[22]

2. 훈춘의 민인 이주

민인 인구가 증가하는 현실에도 이들의 만주 이주는 여전히 불법이었다. 건륭 연간과 가경 연간에 걸쳐 길림의 민인 유입을 단속하라는 황제의 지시는 『훈춘부도통아문당(琿春副都統衙門檔)』을 통해서 여러 차례 확인된다. 건륭 42년(1777) 황제는 길림장군 푸춘(Fucun, 富椿)에게 다음과 같이 유시했다.

성경과 길림은 우리나라가 처음으로 대업(大業)을 연 땅이다. 민인들이 함께 뒤섞여 거주하면 만주인들의 옛 법도를 잃어버리게 될 것이다. 관계된 일이 많으므로 일찍부터 민인들의 거주를 금지해왔다. 그러나 국가가 태평한 지 100년이 넘었고, 또한 성경은 해안을 따라 산동·직예와 경계를 마주하고 있으므로 유민이 점차 모여든 것이 매우 오래되었다. 이들을 한 번에 쫓아내면 생계를 잃게 될 것이므로 성경 지역에 주현관을 설치하여 관리하게 했다. 길림은 성경처럼 민인들이 있는 땅과 경계를 접하지 않는다. 결코 민인을 거주하게 해서는 안 되므로 주현관들을 철폐하고 엄히 조사하여 다스리게 했다. 그러나 지금 유민이 점차 많아진다고 한다. …(중략)… 이 일은 만주인들의 옛 법도와 관련된 사안이

---

22 荒武達朗, 「嘉慶年間南滿洲の鄕村役: 近代前夜の地域社會と鄕村統治」, 『德島大學總合
科學部人間社會文化研究』 23, 2015.

다. 처음부터 엄하게 방비하지 않으면 안 된다. …(중략)… 유민을 철저히 금지해서 경계를 들어오지 못하게 하라. 길림 지역으로 가는 유민은 모두 성경을 지나므로 지금 이후로 여러 관문과 해상으로 길림 지역으로 가는 민인들을 엄히 금하라.[23]

그러나 길림장군 푸춘은 민인을 단속하는 것이 실제로 불가능하다는 것을 잘 알고 있었다. 그는 황제에게 길림의 상황을 다음과 같이 보고했다. "기린 울라, 버두너, 닝구타, 일란 할라, 알추카, 라린 등지의 산은 모두 관삼을 캐는 [자들의 통행증인] 조표(照票)를 발행하는 곳입니다. 매년 만 여장의 조표가 발행되면 곧 만여 명의 사람이 산으로 가는 데다가, 인부를 고용하는 상인이 수만 명에 이릅니다. 사람이 사는 산과 골짜기, 외진 곳이 많아서 처자식을 데리고 친척과 만나서 몰래 사는 무리들을 모두 제거할 수가 없습니다."[24] 길림은 인삼이 자라는 산이 많기 때문에 이를 노리고 산으로 숨어들어오는 사람들이 많다는 설명이었다.

민인의 유입을 막는 것이 현실적으로 가능한지와 무관하게 황제의 단속 지시는 길림장군을 통해 길림 각지의 부도통에게, 그리고 닝구타부도통을 통해 다시 훈춘협령에게 전달되었다. 닝구타 부도통은 가을에 추수가 끝나면 토지를 경작한 민인들을 훈춘에서 모두 쫓아내라고 지시했다. 훈춘협령은 기인의 토지를 경작하기 위해 고용된 민인의 이름과 출신뿐 아니라 이들을 고용한 팔기 관원의 구사, 니루, 이름도 장부를 만들어 부도통아문에 제출해야 했다. 또한 매달 팔기 관병을 파견해서 고용된 민인들과 장부에 적힌 이름을 대조하여 조사하고, 가을에 추수가 끝난 후 이들

---

23 「寧古塔副都統衙門為飭查報有無藏匿民人事致琿春協領札文」(건륭 42년 3.10), 『琿春副都統衙門檔』 10:134-135.

24 「寧古塔副都統衙門為飭查報有無藏匿民人事致琿春協領札文」(건륭 42년 3.10), 『琿春副都統衙門檔』 10:136-137.

을 쫓아낸 다음, 장부에 있는 이름에 원을 그려 표시하고 이를 다시 부도통아문에 보고해야 했다. 닝구타 부도통은 "당책에 이름이 없는 유민은 한명도 남기지 말라"고 강조했다. 훈춘협령은 그때마다 민인을 모두 쫓아냈다고 보고했다.[25]

고용된 민인을 모두 쫓아냈다는 훈춘협령의 보고와 달리 건륭 연간에 훈춘의 민인은 꾸준히 증가했다. 건륭 55년(1790)에 훈춘협령은 건륭 26~54년(1761~1789)에 훈춘의 기인에게 고용되어 토지를 경작하는 민인의 수를 길림장군에게 보고했다.[26] 아래 〈표 1〉에서 보이듯이 건륭 26년에 471명이던 훈춘 민인의 수는 건륭 54년에 1,116명으로 두 배 이상 증가했다.

〈표 1〉 건륭연간 훈춘 거주 민인의 수

연도	민인의 수	연도	민인의 수
건륭 26년	471	건륭 45년	991
건륭 27년	411	건륭 46년	809
건륭 28년	435	건륭 47년	831
건륭 29년	531	건륭 48년	825

---

25 가을 추수가 끝난 후에 고용된 민인을 쫓아내라는 지시는 건륭 연간 『琿春副都統衙門檔』에서 빈번하게 등장한다. 「暫署琿春協領關防佐領特興額為報雇傭民人種地情形事致寧古塔副都統衙門呈文」(건륭 33년 2.29), 7:55-56; 「琿春協領扎穆拉為派員核查商人匠役旗人等雇傭民人並出具保結事致寧古塔副都統衙門呈文」(건륭 40년 9.6), 9:406-410; 「寧古塔副都統衙門為派員解送雇用種田民人事致琿春協領札文」(건륭 42년 3.8), 10:119-121; 「寧古塔副都統衙門為將多餘墾民查明驅逐等情事致琿春協領札文」(건륭 42년 8.8), 10:365-366; 「琿春協領扎穆拉為查報琿春三佐領雇傭民人耕地情形事致寧古塔副都統衙門呈文」(건륭 42년 5.4), 11:102-104; 「琿春協領扎穆拉為報派員解送琿春額外雇耕民人事致寧古塔副都統衙門呈文」(건륭 42년 7.11), 11:174-175; 「琿春協領扎穆拉為委員解送二隊額外雇耕民人赴寧古塔事致寧古塔副都統衙門呈文」(건륭 42년 8.15), 11: 215-216; 「琿春協領巴延圖為造送旗人及商人雇用民人花名冊事致寧古塔副都統衙門呈文」(건륭 51년 4.26), 14:498-499.

26 「琿春協領巴延圖為查報本地旗人雇傭民人數目事致寧古塔副都統衙門呈文」(건륭 55년 6.1), 『琿春副都統衙門檔』 18:189-190.

연도	민인의 수	연도	민인의 수
건륭 30년	535	건륭 49년	833
건륭 31~40년	415	건륭 50년	895
건륭 41년	698	건륭 51년	993
건륭 42년	644	건륭 52년	1074
건륭 43년	833	건륭 53년	957
건륭 44년	721	건륭 54년	1,116

민인이 증가하면서 이들이 개간하는 토지도 함께 늘어났다. 건륭 54년 (1789) 훈춘의 기인들이 소유한 토지는 1만 1,800상(晌)이었는데, 이듬해 에는 그 액수가 1만 3,179상으로 증가했다. 닝구타 부도통이 지적한대로 몇 달 사이에 경작 토지가 1,300여 상이나 갑자기 증가하는 것은 불가능 했기 때문에 이러한 변화는 아마도 민인이 개간한 토지를 추가로 찾아냈 기 때문에 나타난 결과였을 것이다.[27] 이러한 수치는 훈춘에 유입된 민인 들이 토지를 개간하여 경작지가 계속 확대되었음을 보여준다.

훈춘에 들어온 민인들은 여러 가지 잡일을 하며 생계를 꾸렸고 이 과 정에서 많은 사건과 사고를 일으켰다.[28] 건륭 40년(1775) 기인에게 고용되 어 농사를 짓다가 가을 추수가 끝난 후 훈춘에서 쫓겨난 민인 린구왕셩 (Žin guwang šeng)은 관병의 단속을 피해 인근의 강가에서 물고기를 잡아 먹으며 지내다가 봉천부 출신 민인 시더셩(Si de šeng)을 마주쳤다. 시더 셩은 닝구타에서 발행한 허가증을 가지고 인삼을 채취하고 있었는데, 그 의 일행 중에는 허가증에 이름을 등록하지 않은 흑인(黑人), 즉 불법 채삼

---

27 「署琿春協領關防佐領巴扎爾為報琿春旗人田畝及所雇民人數目事致寧古塔副都統衙門呈文」 (건륭 55년 7.23), 『琿春副都統衙門檔』 18:244-247.

28 『琿春副都統衙門檔』의 자료를 바탕으로 훈춘의 민인 사회를 분석한 최근 연구로 는 馬金柱, 「清代東北封禁政策下的旗民交往關系 -以乾隆朝吉林琿春爲例-」, 『歷史檔案』 2020-1; 張心雨, 「邊禁之下: 朝鮮金仁述越境殺人案探究」, 『清史研究』 2020-5 등이 있다.

인도 포함되어 있었다. 시더성은 린구왕성에게 은을 빌리고 아직 갚지 못한 상태였는데, 두 사람은 말다툼 끝에 린광성이 시더성의 칼에 찔려 죽고 말았다.[29] 민인의 거주가 금지된 훈춘 일대에서 고용 노동자와 인삼 채취인이 서로 어울리다가 살인까지 벌인 것이었다. 한편 가경 원년(1796)에 영길주 출신의 민인 조오린(Joo rin)은 훈춘에 들어와 고용 노동으로 기인의 토지를 경작했는데, 가경 11년(1806)에 이르러는 기인에게 돈을 빌려줄 정도의 여력을 갖게 되었다. 그는 훈춘에 들어오는 채삼인들에게 곡식과 술을 팔면서 같은 마을에 사는 기인과 동업을 하기도 했다.[30] 훈춘협령의 보고에 등장하는 민인들의 이주 과정, 노동, 기인과의 관계는 대체로 합법과 불법의 경계에 느슨하게 걸쳐 있었다. 훈춘의 상황은 건륭 연간과 가경 연간에 걸쳐 길림에서 민인의 유입과 토지 개간이 꾸준히 증가하는 추세를 압축해서 보여주는 것이기도 했다.

민인이 계속 증가하는 상황을 목격한 길림장군 시오린은 길림에 들어온 민인을 당책에 등록시켜 지역을 안정시키고 조세 수입원을 확보하는 것이 바람직하다고 판단했다. 가경 5년(1800)에 시오린은 고를로스 지방에서 토지를 개간하는 민인들에게 세금을 징수하자고 상주했다. 기린 울라, 버두너, 닝구타에서는 옹정 4년(1726) 이래 민인에게 세금을 징수해오고 있으므로[31] 몽고 지방에서도 이곳에 정착한 민인들에게 세금을 징수하자는 것이었다. 당시에 이 제안은 받아들여지지 않았다.[32] 그러나 가경 13년(1808)에 시오린은 또다시 유민이 개간한 토지를 민인의 당책에 포함시

---

29 「琿春協領扎穆拉為報審理民人持刀傷人致死一案事致寧古塔副都統衙門呈文」(건륭 40년 11.30), 『琿春副都統衙門檔』 10:2-16.

30 「琿春協領扎呼伤為拘審滋事民人趙仁並送寧查辦事致寧古塔副都統衙門呈文」(가경 11년 6.28), 『琿春副都統衙門檔』 24:481-488.

31 「寧古塔副都統衙門為飭查報有無藏匿民人事致琿春協領札文」(건륭 42년 3.5), 『琿春副都統衙門檔』 10:135-136.

32 『淸仁宗實錄』 권71, 가경 5년 7.8.

켜 이들을 정착시키자고 상주했다. 이번에는 장춘청 일대의 민인들이 대상이었는데, 당시 시오린이 찾아낸 유민은 모두 3,110호에 달했다. 황제는 이들을 쫓아내면 갈 곳이 없다는 이유로 시오린의 제안을 받아들였다. 그러나 "이미 개간한 것 외에는 1무(畝)의 토지나 1호(戶)의 유민도 늘어나지 않게 하라. 만약 다시 유민이 경계에 들어오면 엄히 처리하라"고 강조했다.[33] 길림에 정착하는 민인이 계속 증가해도 황제의 유시 속에서 유민은 언제나 단속의 대상이었다. 길림에 있는 시오린의 상황 파악과 달리 북경에 있는 가경제는 여전히 만주를 한인이 아닌 만주족의 땅으로 주장하고 있었다.

기인과 민인의 잡거를 금지하고 팔기와 기지(旗地)를 유지한다는 만주 통치의 기본 원칙은 청말까지 계속 유지되었다. 그러나 기지를 경작하여 기인을 부양하기 위해서는 민인의 노동력이 필요했고, 그 노동력의 원천은 내지에서 이주해 오는 한인들이었다. 토지를 경작할 노동력을 저가로 확보해야 하는 지주(地主)의 입장에서는 한인의 이주를 전면 금지하는 것은 결코 바람직하지 않았다. 또한 팔기 관병의 봉록을 모두 중앙에 의지하는 지방관의 입장에서는 민인에게 거두는 세금으로 재정수입을 보충할 필요도 있었다.[34] 건륭 말년과 가경 연간에 화북 지역에서 자연재해가 발생하자 황실은 만주에 대한 봉금을 일시적으로 해제하고 민인의 이주를 허락했다. 이에 따라 국가의 묵인 아래 수십만 명의 이재민들이 만주로 이주하여 토지를 개간했다.[35] 중국 내지와 만주의 상황에 따라 인구의 이동을 통제하고 관리함으로써 만주에 주둔한 팔기를 보호하려는 국가의 노력은 청말까지 계속되었다.

---

33 『淸仁宗實錄』 권196, 가경 13년 윤5.17.

34 Lee, The Manchurian Frontier in Ch'ing History, pp.112~113.

35 荒武達朗, 『近代滿洲の開發と移民』, 58~65쪽.

III. 건륭 연간 민인과 인삼

1. 청대 삼정의 추이

청 황실은 만주에서 만주족 고유의 수렵과 채집의 전통을 유지하기 위해 부단히 노력했다. 만주의 다양한 자연 자원 가운데 청 황실이 특히 관심을 기울였던 것은 인삼이었다. 만주의 인삼은 만주족의 전통과 문화를 상징하는 자연 산품이자 황실 재정의 중요 부분을 담당하는 상품으로 엄격하게 관리되었다. 북경의 황실은 멀리 떨어진 만주에서 생산되는 인삼의 채취와 유통을 독점하고 채삼인의 출입과 인삼 거래를 통제하기 위해 다양한 제도를 만들고 이를 끊임없이 보완하고 수정했다. 중국의 오랜 역사에서 인삼과 관련된 규정이 청대에 비로소 처음으로 체계화되었다는 사실은 만주족과 인삼의 관계를 상징적으로 보여준다.

청대 삼정에 관한 연구가 공통으로 지적하듯이 청대 만주에서 인삼 채취의 권한은 중앙에 고도로 집중되어 있었다. 입관 전까지 인삼이 생산되는 삼산(蔘山)은 사유재산으로 간주되어 왕공 귀족에게 나누어 지급되었고 서로 경계를 넘지 못하게 하는 정도로만 통제되었다. 그러나 강희 40년(1701)에 "삼산(蔘山)을 열어 인삼을 채취하는 일은 내무부에 맡겨 처리"하게 하고, 강희 48년(1709)에는 "닝구타 등지에서 생산되는 인삼은 모두 황제의 사용에 대비하게 하고 평소에 사람들이 채취하는 것을 금지" 함으로써 인삼을 황실 소유의 재산으로 명시했다.[36] 이후 시간이 지나면서 불법 채삼에 대한 금령이나 단속에 실패한 관리들에 대한 처벌은 더욱 세세하게 규정되었다.[37] 만주 인삼에 대한 이러한 상세한 규정은 청 황실이

---

36 光緒 『欽定大淸會典事例』 권232, 「戶部, 蔘務, 山場」 722下; 권232, 「戶部, 蔘務, 額課」 724上.

인삼의 경제적 가치를 명확하게 인식하였음을 보여주는 증거이기도 하다.

청대 만주는 중국 내지와 달리 팔기가 주둔하여 다스리는 곳이었기 때문에 처음에는 인삼 업무도 팔기에서 담당했다. 17세기 말까지 만주의 인삼 채취는 대체로 부트하 울라[打牲烏拉] 총관아문과 성경(盛京) 상삼기(上三旗) 보오이 좌령을 중심으로 이루어졌다.[38] 부트하 울라 총관에 소속되어 인삼을 캐고 사냥을 하는 사람들은 부트하 병정(兵丁)이었다. 병정이라는 이름에서 보이듯이 이들은 팔기 조직에 따라 편제되어 각자에게 할당된 수렵과 채취 업무를 담당했다.[39] 부트하 울라 총관이 인삼 공납에서 면제된 것은 건륭 15년(1750)의 일로, 부트하 병정이 채취하는 인삼량이 점점 감소해서 이들에게 공납의 의무를 부과하는 것이 유명무실해졌기 때문에 내려진 결정이었다.[40] 부트하 울라 총관 외에 성경에 주둔한 팔기도 인삼을 채취했다. 성경 상삼기는 황제에 직속된 조직으로 만주에 흩어져 있는 황실 재산을 관리하는 업무를 담당했는데, 청초기에 각 50명씩 매년 총 150명을 파견하여 인삼을 채취했다.[41] 성경 상삼기는 황제의 요구가 있을 때마다 수시로 인삼을 바쳐야 했다. 강희 15년(1676) 황제가 살아있는 인삼을 뿌리에 딸린 흙과 함께 파내어 북경으로 보내라고 명령하자 성경 상삼기는 뿌리가 상하지 않도록 인삼을 채취하고 이를 조심스럽게 포장하

---

37 光緒『欽定大淸會典事例』권233,「戶部, 蔘務, 考成」742上~743上.

38 만주어 "부트하(butha)"는 수렵과 채취를 가리키는 단어로, 육지의 동식물을 사냥하고 하천의 어류를 잡는 모든 활동에 사용되었다. "울라"는 길림 인근의 地名이다. 부트하 울라 총관아문은 울라에 주둔하며 수렵과 채집 업무를 총괄하는 기구였다. 王雪梅,「淸代打牲烏拉總管衙門硏究」, 中央民族大學 博士學位論文, 2012, 3~4쪽; 김선민,「청대 만주족 황실과 만주의 자연자원」,『명청사연구』46, 2016.

39 부트하 병정이 팔기 단위로 편제되었다는 것은 생산활동과 군사활동이 결합된 팔기의 초기 전통을 보여주는 것이기도 했다. 蔣竹山,『人蔘帝國』, 60~62쪽.

40 叢佩遠,『中國東北史』4, 吉林文史出版社, 1998, 1590~1594쪽 및 1599~1600쪽.

41 佟永功,「淸代盛京蔘務活動述略」,『淸史硏究』2000-1, 43쪽; 王佩環,「淸代東北采蔘業的興衰」,『社會科學戰線』1982-4, 189쪽.

여 역참의 병정을 시켜 밤낮없이 서둘러 북경으로 보냈다.[42]

만주에서 북경의 황실로 공납된 인삼은 내무부와 호부의 심사를 거친 후 일부는 황실에서 사용되고 나머지는 시가로 판매되었는데, 황실 저장고에 비축되었다가 나온 것이라 하여 "고저삼(庫底蔘)"이라고 불렸다. 황실은 만주에서 보낸 인삼을 판매하여 막대한 이익을 얻었기 때문에 인삼은 황실 재정의 중요한 수입원으로 여겨졌다. 한편 내무부를 거치지 않고 상인이 직접 만주에서 구입하여 내지로 가져와 판매하는 인삼은 관삼을 공납하고 남은 것이라 하여 "여삼(餘蔘)" 혹은 "상삼(商蔘)"이라고 불렸다.[43] 고저삼이든 여삼이든 인삼 수요가 워낙 많았기 때문에 인삼을 채취하거나 거래하면 큰 이익을 거둘 수 있었다. 국가의 단속을 피해 불법 채삼이 끊임없이 행해지는 이유는 바로 이 때문이었다.

17세기 말부터 만주의 불법 채삼인에 대한 보고가 빈번해지고 이와 동시에 팔기의 인삼 채취도 아울러 부진해졌다. 자연에서 생산되는 물품에는 한계가 있는데 이를 얻으려는 인간의 욕망에는 끝이 없었다. 황실은 우선 만주 인삼에 대한 통제를 강화하기 위해 불법 채삼인을 단속하여 처벌하라고 거듭 지시했다.[44] 자연 자원의 고갈에 직면했을 때 인간중심적인 시각에서 나태, 무능, 부패를 지적하고 인간 노동력을 더욱 과도하게 투입하여 해결하려는 것은 청대 내내 만주뿐만 아니라 제국의 거의 모든 지역에서 공통으로 나타난 대응방식이었다.[45] 채취할 인삼이 부족해지면 더 많

---

42 遼寧省檔案館 編譯, 『盛京蔘務檔案史料』, 遼海出版社, 2003, 10쪽.

43 蔣竹山, 『人蔘帝國』, 15~17쪽.

44 『盛京蔘務檔案史料』, 84~107쪽(강희 42년 8.30, 42년 9.12, 42년 9.21, 42년 10.17, 42년 11.21, 43년 4.9, 52년 7.3).

45 Bello, *Across Forest, Steppe, and Mountain*, pp.103~104. 한편 18세기 말에 이르러 청대 경세학자들을 중심으로 인구 증가에 따른 토지 부족을 해결하고 국가의 재부를 증진시키기 위해 자연 자원의 이익을 적극적으로 개발해야 한다는 "인간중심주의적[anthropocentric]" 의견이 널리 공유되었다. 上田信, 「封禁·開採·弛禁: 淸

은 병력을 투입하여 접근을 통제함으로써 제한된 자원을 국가가 독점하고
자 했다. 이러한 대응방식은 청대 인삼 정책의 궁극적인 목표가 만주의
자연 자원을 보호하는 것이 아니라, 그 자원을 국가가 최대한 개발하여
이용하는 데에 있음을 보여주는 것이기도 했다.

그러나 팔기 병력을 더 투입하는 것만으로는 만주에서 자연환경의 변
화, 구체적으로 인삼의 고갈에 대처할 수 없었다. 옹정 연간에 이르러 청
은 인삼의 채취와 유통에 민인의 참여를 부분적으로 허용하기 시작했다.
옹정 원년(1723)에 황제는 "채삼을 엄금한다 해도 불법행위를 근절할 수
없으니 사람들이 함부로 인삼을 훔치게 하는 것보다 차라리 제도를 정비
해서 세금을 징수하는 것이 낫다"고 판단했다. 이에 따라 "스스로 비용을
마련하여 채삼하고자 하는 자는 기인과 민인을 불문하고" 삼표(蔘票)를
받아서 인삼을 채취할 수 있게 허용했다.[46] 삼표란 황실과 호부(戶部)에서
인삼 세수를 확보하기 위해 고안한 채삼 허가증으로, 일정한 수량의 허가
증을 발행하여 만주의 각 지역에 할당하고 허가증을 수령한 채삼인에게
인삼을 징수하는 제도였다. 강희 48년(1709)에 이미 강남의 염정(鹽政)에
서 이용되는 염인(鹽引)을 모방하여 삼인(蔘引)을 발행했는데, 옹정 연간
에 시작된 삼표는 강희 연간의 삼인에서 발전한 것으로 보인다.[47] 이것은

代中期江西における山地開發」, 『東洋史硏究』 61-4, 2003; William Rowe, *Speaking
of Profit: Bao Shichen and Reform in Nineteenth-Century China*, Harvard
University Asia Center, 2018; Peter B. Lavelle, *The Profits of Nature: Colonial
Development and the Quest for Resources in Nineteenth-Century China*, Columbia
University Press, 2020.

46 光緒 『欽定大淸會典事例』 卷232 「戶部·蔘務·山場」, 725上. 蔣竹山에 따르면 옹정
연간에 민인의 채삼이 허용된 것은 "인삼의 민간 채취 개방"으로 볼 수 있으며
이후 청의 인삼 행정에 상인의 참여가 확대되는 계기가 되었다. 蔣竹山, 『人蔘帝
國』, 83쪽.

47 光緒 『欽定大淸會典事例』 권232, 「戶部, 蔘務, 額課」 724下; 今村鞆, 『人蔘史』 2,
207쪽. 光緒 『欽定大淸會典事例』에는 건륭연간까지 蔘票와 引票가 혼용되어 등장

곧 만주의 인삼을 팔기라는 만주족의 방식으로 충분히 장악할 수 없게 되자 삼표라는 한인의 방식을 도입한 것이었다. 만주족 황실이 만주의 인삼을 독점하기 위해서는 이제 한인의 방식이 필요했다.

삼표는 원칙적으로 원하는 사람은 누구든 받을 수 있었지만, 실제로 삼표를 받는 사람은 자금력이 있는 상인들이었다. 실제로 옹정 8년(1730)에 우수리나 수이푼의 삼산은 상인을 모집하여 채삼하게 하고, 삼표 1장마다 인삼 16량을 징수하여 10량은 국가에 납부하고 6량은 상인에게 지급했다.[48] 상인이 삼표를 수령하여 채삼을 책임지겠다고 하면 국가는 먼저 그들의 재정 상태를 조사했다. 상인이 소유한 점포·토지·건물의 문서를 호부에 보내 이들이 삼표를 감당할 만큼 재산이 넉넉한지를 확인하는 것이었다.[49] 상인에게 인삼 채취를 위탁하는 방법은 한동안 효과를 발휘했다. 그러나 얼마 후 삼표를 수령하려는 상인의 숫자가 줄어들었고 이들에게 발행하는 삼표의 액수도 감소했다. 국가가 거두어들이는 인삼의 액수도 함께 줄어들었다.[50]

건륭 연간에 이르러 인삼 행정은 다시 국가의 직접 관리로 전환되었다. 건륭 원년(1736) 성경장군과 길림장군은 상인을 모집하여 인삼을 채취하게 하는 것보다 국가가 삼표를 철저하게 관리하는 것이 더 낫다고 지적하고 성경과 길림 두 장군아문에서 채삼인을 모집하고 보증인을 두어 삼표를 발행하자고 황제에게 상주했다. 만약 삼표를 수령한 채삼인이 산에서 돌아오지 않거나 지정된 액수만큼 인삼을 납부하지 못하면 보증인에게 대신 배상하게 하고, 삼산(蔘山)의 입구에 관병을 배치하여 순찰을 강화함으로써 불법채삼을 단속하자고 제안했다.[51] 이에 따라 국가의 인삼 관리를

한다.

48 光緒 『欽定大淸會典事例』 권232, 「戶部, 蔘務, 額課」 725下.
49 蔣竹山, 『人蔘帝國』, 96~97쪽.
50 『盛京蔘務檔案史料』, 173쪽.

위한 전담기구인 관삼국이 설치되었다. 관삼국은 북경의 호부가 만주에 설치한 일종의 출장소로, 인삼의 채취와 징수를 중앙에서 직접 관리하기 위해 만든 기구였다. 관삼국의 정확한 설치 시기에 대해서는 이견이 존재하는데, 요효청(廖曉晴)에 따르면 성경의 관삼국은 건륭 2년(1737) 이전에 임시 기구로 설립되었다가 건륭 9년(1744) 무렵에 상설기구가 되었다. 길림과 닝구타의 관삼국도 이 무렵에 설치되었다.[52] 관삼국은 해당 지역 장군이 관할하고 팔기 관병이 파견되어 업무를 처리했다.[53] 길림 관삼국의 운영은 길림장군의 책임 하에 관방협령(關防協領)과 여러 명의 방판협령(幇辦協領)이 인삼 수합, 삼표 발행, 전량(錢糧) 징수 등을 담당했다.[54]

건륭 연간에 만주의 관삼국은 다량의 인삼을 황실로 바쳤다. 섭지여(葉志如)는 만주에서 공납된 인삼이 보관되었던 황실 내무부 광저사(廣儲司) 다고(茶庫)의 자료를 바탕으로 건륭-가경 연간 황실이 징수하고 보관한 인삼의 액수를 정리하여 소개했다. 그의 분석에 따르면 건륭 12년(1747)에 새로 징수된 인삼은 1,901근 15량이었고 이듬해 황실은 여러 가지 용

---

51 葉志如, 「從人蔘專采專賣看淸宮廷的特供保障」, 71쪽. 한편 光緒 『欽定大淸會典事例』에 따르면 삼표 발행이 官辦으로 바뀐 것은 건륭 9년(1744)이었다. 光緒 『欽定大淸會典事例』 권232, 「戶部, 蔘務, 額課」 726上.

52 廖曉晴, 「論淸朝査禁秋蔘政策」, 84쪽. 蔣竹山은 『黑圖檔』의 기록을 바탕으로 "관삼국"이라는 용어가 건륭 원년에 이미 등장했다고 지적한다. 蔣竹山, 『人蔘帝國』, 95쪽.

53 길림장군의 삼정 관리 책임에 대해 건륭 55년에 군기처는 다음과 같이 분명하게 말했다. "길림장군은 채삼을 총괄하는 사람이다(girin ulai jiyanggiyūn orhoda gurure baita be uherileme icihiyara niyalma)." 「琿春協領巴延圈為査報本地旗人雇傭民人數目事致寧古塔副都統衙門呈文」(건륭 55년 6.1), 『琿春副都統衙門檔』 18:185.

54 〈欽差大臣福康安等爲訊明協領永保事片〉(건륭 59년 2.7), 「乾隆五十九年吉林蔘務案」, 11쪽. 光緒 『大淸會典事例』의 가경 15년 기록에 따르면 성경 관삼국에는 협령 외에도 좌령이 설치되었는데, 협령은 3년마다, 좌령은 2년마다 교체되었다. 관삼국에 배치되는 협령과 좌령의 숫자에는 따로 제한이 없었다. 光緒 『欽定大淸會典事例』 卷233 「戶部·蔘務·考成」, 744下.

도로 2,082근 9량에 달하는 인삼을 사용했다. 건륭 14년(1749)에 이르러 황실 창고에 저장된 인삼의 수는 1,562근 13량에 달했다. 이처럼 건륭 초년은 황실이 인삼을 대량으로 징수해서 풍족하게 사용하던 시기였다. 그러나 황실이 징수하는 인삼의 수량은 점차 감소했다. 건륭 12년에 1,900여 근을 징수하던 것에 비해 가경 연간에 황실로 보내진 인삼의 액수는 100근을 넘지 못했다.[55]

2. 건륭 59년(1794) 삼무안

청대 삼정은 팔기 병정을 파견하여 채취하는 방식, 부트하 울라 병정에게 의무로 부과하는 방식, 상인을 모집하여 삼표를 발행하는 방식, 그리고 국가가 삼표를 직접 관리하는 방식 등으로 다양하게 변화했지만 그 일관된 목표는 국가가 인삼을 최대한 많이 확보하는 것이었다. 관삼국의 설치에 대해 장죽산(蔣竹山)은 "삼무(蔘務) 관리의 지방화"라고 평가했고 슐레징거는 "삼정(蔘政)의 영역화와 관료화"라고 묘사했다.[56] 이들의 지적대로 관삼국은 만주에 주둔한 팔기 관원이 운영하는 기구였다. 흥미로운 것은 관삼국의 설치로 인삼 행정에서 기인의 역할이 강화되고 민인의 역할이 축소된 것이 아니라, 반대로 민인의 참여가 더 확대되었다는 사실이다. 인삼 행정에서 관삼국의 역할이 커지면서 여기에 종사하는 팔기 관원의 권한도 함께 확대되었는데, 이 과정에서 관삼국 관원과 민간 상인의 관계가 점점 긴밀해지면서 삼정의 운영이 상인의 자본에 크게 의존하게 된 것이었다.

인삼의 생산량은 제한되어 있고 황실과 시장의 수요는 증가하는 상황

---

55 葉志如, 「從人蔘專采專賣看清宮廷的特供保障」, 72쪽.
56 蔣竹山, 『人蔘帝國』, 102쪽; Schlesinger, *Trimmed with Fur*, p.82.

에서 국가가 우선 취할 수 있는 방법은 새로운 삼산(蔘山)을 개발하는 것이었다. 강희 연간에 성경 인근에 위치한 얼민과 할민의 삼산이 고갈되자 청은 우수리강과 수이푼강 일대를 채삼 지역으로 개방했다. 멀리 떨어져 있어서 그동안 개방되지 않았던 산에는 인삼이 많이 자라고 있었지만 대신 채삼인들이 감당해야 할 부담도 커졌다. 채삼인들은 산에서 필요한 물건과 경비를 스스로 준비해야 했는데, 삼산 지역이 멀어지면서 필요한 경비도 함께 늘어나게 되었던 것이다. 채삼 경비를 감당할 능력이 없는 사람은 삼표를 받을 수가 없었다. 삼표를 받으려는 사람이 줄어든다는 것은 국가가 징수할 수 있는 인삼의 액수가 줄어든다는 것을 의미했다.

많은 사람이 삼표를 적극적으로 수령하여 인삼을 채취할 수 있도록 독려하기 위해 청은 채삼인들에게 보조금을 지원하기 시작했다. 강희 연간에 이미 성경과 길림의 팔기 병정들에게 인삼을 채취하게 하면서 경비를 지급한 적이 있었지만, 건륭 연간에 이르자 보조금의 지원 대상이 민인 채삼인에게까지 확대되었다. 성경, 길림, 닝구타의 관삼국은 기인과 민인을 막론하고 채삼을 원하는 자에게 삼표를 발행했는데, 이때 만약 입산 경비를 준비할 능력이 없으면 비축하고 있는 은량을 빌려주었다. 채삼인들은 산에서 내려와 삼표에 지정된 액수대로 관삼국에 인삼을 바치고, 남은 인삼을 팔아서 국가에서 받은 보조금을 상환하는 것이 원칙이었다.[57] 만주에서 인삼을 더 많이 징수하기 위해 청은 민인에게 보조금을 지급하여 인삼을 채취하게 했던 것이다.

경비를 마련할 능력이 없는 채삼인에게 관삼국이 지급하는 보조금은 "접제은(接濟銀)"이라고 불렸다. 길림에서는 건륭 14년(1749)부터 접제은이 지급되었는데, 당시에는 인삼의 생산량이 비교적 풍부했기 때문에 매년 채삼들에게 빌려준 보조금을 회수할 수 있었다. 그러나 건륭 51년

<hr />

57 葉志如, 「從人蔘專采專賣看淸宮廷的特供保障」, 70쪽.

(1786)이 되자 지급한 보조금 가운데 30%는 회수하지 못했다.[58] 채삼인들이 접제은을 상환하려면 인삼을 넉넉히 채취해서 납부해야 할 관삼 외에 남은 인삼, 즉 여삼(餘蔘)을 충분히 확보하고 이를 상인에게 팔아서 은을 확보해야 했다. 그러나 인삼이 고갈되는 상황에서 여삼을 많이 채취하는 것은 쉬운 일이 아니었다. 건륭 59년(1794) 당시 관삼국이 지급한 접제은의 액수는 1만~3만 량에 달했지만, 입산한 채삼인 가운데 30~ 40%는 인삼을 충분히 채취하지 못하거나 사고를 당하여 산에서 돌아오지 못했다. 삼표를 수령하고 접제은을 받은 채삼인들이 인삼을 제대로 납부하지 못하면 그 부담은 고스란히 관삼국에 남았다. 길림 관삼국은 삼표에 할당된 액수대로 인삼도 징수하지 못했고 빌려준 접제은도 회수하지 못했다. 인삼 채취를 장려하기 위해 실시한 접제은 제도가 관삼국의 재정을 악화시키는 결과를 초래한 것이었다.[59]

이러한 문제를 해결하기 위해 길림장군과 관삼국 관리들이 고안해낸 방법이 바로 인삼 상인들로부터 기부금을 받는 것이었다.[60] 상인들에게 기부금 명목으로 징수하는 은량은 "여삼은(餘蔘銀)"이라고 불렸는데, 이러한 관행은 건륭 50년(1785) 길림장군 두르기야(Durgiya, 都爾嘉)에 의해 처음 시작되었다. 당시 채삼인들로부터 접제은을 회수하지 못하고 북경에 보낼 인삼의 액수도 채우지 못하게 되자 다급해진 두르기야는 여삼을 거래하는 상인들에게 인삼 1량에 은 8~23량씩을 납부하게 했다.[61] 관삼국은 상인들

---

58 〈欽差大臣福康安等爲遵旨重擬蔘務章程事奏摺〉(건륭 59년 2.17), 「乾隆五十九年吉林蔘務案」, 16쪽.

59 廖曉晴, 「乾隆五十九年蔘務案」, 28쪽; 蔣竹山, 『人蔘帝國』, 105~106쪽.

60 사실 상인들은 채삼인들에게 여삼을 매입할 때 이미 紅票銀兩 혹은 引票銀이라는 이름의 세금을 납부하고 있었다. 건륭 23년(1758)에 상인들은 인삼 1근을 매입할 때 은 2량을 납부해야 했다. 光緒 『欽定大淸會典事例』 권232, 「戶部, 蔘務, 額課」 727下.

61 〈欽差大臣福康安等爲嚴訊承辦蔘務協領諾穆三等並查明庫項事奏摺〉(건륭 59년 2.1),

에게 기부금으로 거둔 은으로 인삼을 사서 북경에 바쳤다. 문제는 상인의 기부금으로 관삼을 충당하고 관삼국의 경비를 보충하는 일이 일회성으로 끝나지 않았다는 사실이었다. 두르기야의 후임 길림장군들은 계속해서 상인들의 기부에 의존했다. 건륭 56~57년(1791~1792)에 길림에서는 두 차례 화재가 발생하여 채삼인들의 물건이 불에 타버리고 큰 피해를 입는 사고가 발생했다. 관삼국은 이들에게 보조금을 지급하지 않을 수 없었고 그 결과 관삼국의 경비는 더욱 부족해졌다. 이때부터 길림 관삼국은 매년 상인들로부터 3만~4만량에 달하는 여삼은을 징수하여 관삼의 부족액을 보충했다.[62] 이제 상인들이 없이는 관삼국의 운영이 불가능한 지경에 이르렀다. 관삼국의 관리들은 팔기 관원이었지만 관삼국을 운영하는 것은 상인들의 자금이었다. 만주의 인삼 행정이 사실상 상인의 자본으로 운영되고 있었던 것이다.

만주에서 인삼이 고갈되어 채취량이 부족해지고, 채삼인들에게 보조금을 지급해도 삼표의 액수를 채울 수 없는 상황이 되었음에도 불구하고 북경의 황실은 계속 인삼을 바칠 것을 요구했다. 건륭 42년(1777)에 길림에는 삼표 2,000장이 할당되었는데, 만약 이 액수를 모두 발행하지 못하면 관리들은 처벌을 받아야 했다.[63] 건륭 55년(1790)에 길림 관삼국은 길림에 할당된 삼표 200장을 모두 발행하지 못하여 황실에 바쳐야 할 인삼의 액수를 채우지 못하고 말았다. 이에 북경의 군기처는 길림 관삼국의 관리들

「乾隆五十九年吉林蔘務案」, 7쪽.

62 〈欽差大臣福康安等爲詢問吉林將軍恒秀供情並請旨革職事奏摺〉(건륭 59년 1.21), 「乾隆五十九年吉林蔘務案」, 5쪽.

63 그러나 만주에서 실제로 삼표를 발행한 액수는 호부의 할당액에 미치지 못했다. 건륭 52년(1787)에 호부가 성경과 길림에 할당한 삼표 5,000장 가운데 실제로 발행된 것은 2,330장에 불과했다. 이후 할당액은 점차 감소하여 건륭 59년(1794)에 길림에 할당된 액수는 500장이었다. 光緒 『欽定大淸會典事例』 권232, 「戶部, 蔘務, 額課」 728上~下.

을 모두 혁직 유임시키는 처벌을 내렸다. 건륭 56년(1791) 새로 길림장군에 부임한 헝시오(Hengsio, 恒秀)는 또다시 길림에 할당된 삼표를 모두 발행하지 못할 상황이 되자, 황제에게 무능하다는 지적을 받고 망신을 당하는 것을 피하기 위해 삼표를 많이 발행했다고 거짓 보고를 올렸다. 그러나 발행했다고 보고한 삼표의 액수만큼 인삼을 바쳐야 했고 그 비용은 고스란히 관삼국의 적자로 남겨졌다.[64] 황실의 인삼 징수 요구는 만주의 인삼 생산 상황을 고려하지 않았다. 북경의 황실과 만주의 자연은 점점 유리되고 있었다.

황실의 계속되는 요구와 고갈되어가는 인삼 사이에서 길림 관리들의 어려움은 점점 커져갔다. 건륭 58년(1793) 길림 관삼국은 북경으로부터 삼표 800장을 발행하라는 명령을 받았지만 결국 200장 밖에 발행하지 못했다. 인삼 채취가 어려워지면서 삼표를 수령하려는 사람이 줄어들었기 때문이다. 삼표 600장을 발행하지 못했다는 것은 그에 해당하는 인삼을 징수할 수 없다는 뜻이었고, 이것은 결국 관삼국의 경비를 사용해서 삼표 600장에 해당하는 액수의 인삼을 구입해서 보내야 한다는 것을 의미했다. 관삼국의 고질적인 적자를 더는 감당하지 못하게 된 길림장군 헝시오는 삼표를 강제로 발행하기로 했다. 그는 민호(民戶)에게 삼표 400여 장, 포호(鋪戶)에게 100여 장을 부과하고 각자 채삼인을 고용하거나 직접 채취하여 인삼을 납부하게 했다. 인삼을 채취하지 못하면 삼표 1장당 은 200량을 납부해야 했다. 삼표를 수령할 의무가 없는데도 이러한 부담을 떠맡은 민호와 포호는 크게 반발하여 새로 부임한 길림 부도통 시오린에게 이 사실을 고소했다. 미래의 길림장군이 될 시오린은 사안의 심각성을 깨닫고 이를 황제에게 보고했다.[65]

---

64 〈欽差大臣福康安等爲嚴訊承辦蔘務協領諾穆三等並查明庫項事奏摺〉(건륭 59년 2.1), 「乾隆五十九年吉林蔘務案」, 7쪽.

이른바 건륭 59년 길림 삼무안은 건륭제가 사천 총독 푸캉안(Fukangan, 福康安), 형부상서 호계당(胡季堂), 호부시랑 송균(松筠)을 흠차대신으로 길림에 파견하여 사건을 조사하게 하면서 본격적으로 시작되었다. 흠차대신들의 조사에서 길림 관삼국의 업무를 맡고 있던 협령 낙목삼(諾穆三)은 당시 길림의 인삼 채취 상황을 다음과 같이 설명했다.

삼산(蔘山)은 광활하여 수천 리에 이르는데 최근 입산 경로가 매우 멀어져서 [필요한] 양식과 의복의 비용이 전보다 배나 많아졌습니다. 숲속에서 한번 길을 잃으면 빠져나오기 어렵고 들짐승이 도처에 있기 때문에 익숙하지 않은 사람은 감히 산에 들어가지 못하고 반드시 경험이 많아야 합니다. 채삼인은 길을 잘 알고 인삼을 식별할 수 있어야 하며 인삼을 채취하고 찌는 방법도 잘 알아야 합니다. 채삼인 가운데 여유가 있어서 관에 빚지지 않은 사람도 있지만 최근에는 인삼을 많이 캐지 못하여 이익이 없어지니 점차 흩어지고 있습니다. 지금 빚진 채삼인에게 만약 빚을 차압하여 회수하려 하면 인삼을 캐려는 자가 부족해질 것이며 다른 사람들도 산에 들어가기를 꺼리게 되어 삼표를 수령하는 자가 없어질 것입니다. 이에 부득이 빚진 채삼인들에게 예전대로 접제은을 지급하여 산에 들어가게 했습니다. 이전에 여삼은(餘蔘銀)이 많을 때는 1만 수천 량에 달했습니다. 저희는 1~2년 사이에 여삼은이 예전의 액수를 회복하고 채삼인들이 모두 빚을 갚으면 [관삼국의] 관고(官庫)를 모두 채울 수 있으리라 생각했습니다만 뜻밖에 최근 여삼은의 액수가 예전처럼 많지 않았습니다.[66]

그러나 길림 관삼국의 협령 낙목삼(諾穆三)과 탁몽아(托蒙阿)가 각각 80~90칸에 이르는 가옥을 소유하고 세내어주는 자산가들이라는 사실을

65 〈欽差大臣福康安等爲詢問吉林將軍恒秀供情並請旨革職事奏摺〉(건륭 59년 1.21), 「乾隆五十九年吉林蔘務案」, 6쪽.

66 〈欽差大臣福康安等爲遵旨重擬蔘務章程事奏摺〉(건륭 59년 2.17), 「乾隆五十九年吉林蔘務案」, 13쪽.

보고받은 건륭제는 부정한 관리들이 인삼에서 얻은 이익을 빼돌리고 국고를 침탈했다고 의심했다.[67] 이어서 황제는 길림의 관리들이 채삼인에게 빌려준 접제은을 제대로 회수하지 못한 이유를 따져 물으며 관삼국 협령의 잘못을 바로잡지 못한 것은 길림장군의 무능 탓이라고 질책했다.[68] 건륭제는 길림 관삼국의 적자가 인삼 행정에 관여하는 관리들의 무능과 부패에서 비롯된 것이라고 판단했던 것이다. 건륭제의 이러한 반응은 제국 각지에서 발생하고 있던 자연환경의 변화에 대해 그가 일관되게 보인 모습이기도 했다. 길림에서 인삼 징수가 어려워진 것은 만주의 자연 자원을 과도하게 개발하여 나타난 결과였지만, 황제는 이것을 오히려 인간의 관리와 통제가 부족하여 빚어진 결과로 이해했다. 건륭제에게 길림 삼정을 해결하는 방법은 자연을 더 철저하게 관리하는 것이었다.

길림에 파견된 흠차대신 푸캉안의 보고는 황제의 판단과는 달랐다. 그는 건륭 42년(1777)부터 이듬해까지 길림장군을 역임했기 때문에 황제보다 현지의 사정을 잘 알고 있었다. 그의 조사에 따르면 우선 채삼인의 부채 문제는 입산 경비가 증가하여 관삼국의 보조금 없이는 채삼이 불가능했기 때문에 비롯된 일이었다. 관삼국의 적자 문제는 할당된 삼표를 모두 발행하지 못한 일로 전임장군이 비난과 처벌을 받는 것을 목격한 후임 장군이 삼표 발행액을 거짓으로 보고하면서 촉발된 사안이었다. 발행하지 못한 삼표의 부족액을 보충하고 동시에 채삼인의 입산 경비를 지원하는

---

67 실제로 건륭 32년(1767)에 이미 관삼국의 관리들이 사적으로 인삼 거래에 종사하다가 발각된 일이 있었다. 당시 성경 관삼국에 근무하던 佐領 王睿와 韓朝鳳 및 驍騎校, 舒汝安 등은 자금을 공동 투자하여 蔘鋪를 개설하고 자신들의 친척을 내세워 경영했다. 이들은 채삼인들의 餘蔘을 싸게 사서 비싸게 파는 방식으로 이익을 취했다. 이 사건으로 전임 성경장군과 부윤들까지 조사를 받았다. 『高宗純皇帝實錄』 권789, 건륭 32년 7.27; 권790, 건륭 32년 閏7.2; 권790, 건륭 32년 閏7.13; 권792, 건륭 32년 8.11.

68 『高宗純皇帝實錄』 권1445, 건륭 59년 1.22.

과정에서 관삼국의 적자가 심해진 것이었다. 푸캉안은 길림장군 헝시오와 관삼국 관리들이 부정에 연루된 것은 아니었다고 옹호했다. 그러나 10만 량에 달하는 관삼국의 적자는 누군가 책임져야 했다. 이에 푸캉안은 관삼국 협령 낙목삼을 참후(斬候)에 처하고 탁몽아는 신강으로 발견(發遣)하고 낙목삼의 형제와 친족에게 채삼인들에게 빌려준 접제은 3만 량을 대신 납부하게 하자고 상주했다.[69]

건륭제는 길림의 삼무안에 연루된 길림장군뿐 아니라 조사를 위해 파견된 흠차대신들까지 질책했다. 황제에 따르면 길림장군 헝시오는 관삼국의 적자 액수를 사실대로 보고하지 않고 오히려 상관없는 민호에게 부담을 전가한 죄가 있었고, 흠차대신 푸캉안은 헝시오와 고종사촌이기 때문에 서로 죄를 숨겨주었을 가능성이 있었다. 그와 동행한 한인 대신 호계당(胡季堂)은 길림의 관리들이 사용하는 만주어를 알아듣지도 못하고 인삼 행정도 잘 알지 못하는 인물이었다.[70] 하지만 사건은 결국 푸캉안의 제안대로 처리되었다. 우선 농사에 힘써야 할 민호에게 삼표를 강제로 부과하는 일을 금지하고, 대신 길림의 삼표 할당액을 800장에서 500장으로 줄여서 관삼국이 무리하게 발행하지 않게 했다. 무엇보다 중요한 변화는 접제은 보조와 삼여은 징수의 관행이 제도적으로 인정되었다는 점이었다. 채삼인의 경비가 부족하므로 이전대로 보조금 3만 량을 지급하고, 이들이 산에서 나오면 관삼을 제출하고 남은 여삼에서 보조금의 액수대로 공제하게 했다. 만약 채삼인들이 상환한 액수가 부족하면 상인의 기부금으로 보충하게 하고 이를 삼여은(蔘餘銀)으로 고쳐 부르게 했다. 인삼 1량에 부과

---

69 〈欽差大臣福康安等爲審明吉林蔘務案並定擬事奏摺〉(건륭 59년 2.17), 「乾隆五十九年吉林蔘務案」, 11~14쪽.

70 반면 황제 자신은 길림 관삼국의 협령들이 관삼국의 이익을 탐하고 있음을 금방 파악했다고 강조하며 "짐은 올해 84세이나 정신이 분명하므로 모든 일을 처리할 수 있다"고 말했다. 『淸高宗實錄』 권1447, 건륭 59년 2.26.

하는 삼여은은 20량을 넘지 않게 했다. 이로써 관삼의 납부액이 부족하거나 채삼인이 배상할 능력이 없을 때 상인의 삼여은으로 보조하게 함으로써 길림 관삼국의 운영을 상인이 지원하는 관행을 국가가 공식적으로 인정한 것이었다.[71]

18세기 초 강희 연간까지 만주족 황실의 근본지지에서 자라는 인삼은 민인이 접근하여 채취할 수 없는 신성한 물품이었지만, 18세기 말 건륭 말년에 이르자 민인의 자금과 노동력으로 생산되는 세속적인 물품이 되었다. 그러나 건륭제는 만주 인삼의 성격이 근본적으로 달라진 것에 대해서는 언급하지 않고 대신 채삼인의 의무를 강조했다. "길림의 인삼은 채삼인이 산에서 나올 때 관에 납부하는 것 외에 획득한 나머지 여삼을 판매하여 호구지책으로 삼았다. 채삼인들이 여삼을 팔아서 혜택을 얻는데 어찌 번번이 관에서 돈을 빌리고 계속 갚지 못하는 것인가?" 그러나 황제는 특별한 은혜를 베풀어 채삼인들이 빚진 관은을 모두 탕감한다고 선언했다. "앞으로 산에 들어가 힘써 인삼을 채취하여 길이 멀다는 것을 핑계로 관삼을 체납해서는 안된다. 만약 이전처럼 게으름을 피우면 중죄로 처벌할 것이다."[72]

건륭제에게 길림의 인삼 부족 문제는 채삼인들과 관리들의 나태함이 초래한 결과였다. 황제는 인간과 자연의 관계를 인간중심적인 시각으로 파악하고 있었다. 만주의 자연에서 인삼이 고갈되고 있는 상황은 인간이 더 주의를 기울이고 노력하면 해결할 수 있는 문제라고 여겼던 것이다. 북경의 황제가 만주의 자연에서 벌어지고 있는 변화를 이해하지 못하는 한, 혹은 이해하려 하지 않은 한, 만주의 인삼 문제는 해결될 수가 없었다.

---

71 건륭59년 푸강안의 吉林蔘務章程은 "欽差大臣福康安等爲遵旨重擬蔘務章程事奏摺"
    (건륭 59년 2.17), 「乾隆五十九年吉林蔘務案」, 15~18쪽; 光緒 『欽定大淸會典事例』
    권233, 「戶部, 蔘務, 公用」 740下.
72 『淸高宗實錄』 권1448, 건륭 59년 3.2.

건륭제의 사후 길림에서 다시 삼무안이 발생한 것은 너무도 당연했다.

IV. 가경 연간 재배삼의 등장

1. 인삼의 채취와 재배

인삼은 생장(生長)이 느린 식물이다. 성장 속도가 늦고 생산량이 제한된 자원을 국가 주도로 매년 대량으로 채취한 결과 만주의 인삼은 점차 고갈되어갔다. 이에 대한 대응책으로 청이 시도한 것은 멀리 떨어진 곳의 삼산을 추가로 개발하는 것 외에 삼산에 휴식제도를 도입하여 인삼이 자랄 수 있게 기다리는 것이었다. 옹정 연간에 이르러 우수리나 수이푼 등지의 삼산에서는 2년간 인삼을 채취한 후 1년간 삼표 발행을 중지하고 산을 휴식시키는 방법이 도입되었다.[73] 그러나 불법 채삼이 행해지는 한 삼산의 휴식제도는 유명무실했다. 국가가 삼표를 발행하지 않는다고 해서 몰래 산에 들어가 인삼을 캐는 사람들이 사라지는 것은 아니었기 때문이었다. 결국 건륭 48년(1783)에 이르러 "불법 채삼으로 인해 산을 휴식하는 것은 실로 무익"하므로 이전대로 삼표를 발행하게 했다. 가경 연간에도 산의 휴식제도는 시행되지 않았다.[74]

생산은 부족하고 수요는 늘어나는 상황에서 현실적인 대응책은 인삼을 재배하는 것이었다. 물론 인삼의 재배는 국가에서 엄격하게 금지하는 것이었고 인삼을 재배한 사람들은 불법 채삼과 같은 처벌을 받았다.[75] 그러

---

73 光緒 『欽定大淸會典事例』 卷232 「戶部·蔘務·山場」, 722下.

74 光緒 『欽定大淸會典事例』 권232, 「戶部, 蔘務, 山場」 723下.

75 건륭 42년(1777)의 규정에 따르면 재배한 인삼을 팔거나 사는 일은 모두 일률적으로 처벌되었다. 光緒 『欽定大淸會典事例』 卷233 「戶部·蔘務·禁令」, 753下.

나 가경 연간에 인삼 가격은 건륭 초기에 비해 열 배 이상 상승했고 치솟는 인삼의 가격 앞에서 국가의 금령은 무력했다.[76] 사람들은 인삼을 빠르고 안전하게 확보하기 위해 이를 재배하기 시작했다. 가경 15년(1810)에 발생한 길림 삼무안은 바로 이 재배삼에서 비롯된 것이었다. 성경과 길림에서 북경으로 보내오는 관삼에 앙삼(秧蔘), 즉 재배삼이 포함되어 있을 뿐 아니라 관삼국의 관리들이 이를 묵인해왔다는 사실이 황제에게 발각되면서 인삼 재배의 관행이 전면에 드러나게 되었다. 재배삼의 등장은 단순히 관리의 부정부패 때문이 아니었다. 이것은 만주의 자연에 대한 인간의 인식이 달라지고 있음을 상징하는 것으로, 인삼은 이리저리 찾아다니며 채취하는 것이 아니라 한 곳에서 재배하는 물품으로 변화하고 있었다. 가경 15년의 길림 삼무안은 만주에서 인간과 자연의 관계가 근본적으로 달라지고 있음을 드러낸 사건이었다.

사실 만주에서 인삼을 재배하고 있다는 사실은 가경 8년(1803)부터 이미 북경에 알려지고 있었다. 당시 호부의 조사에 따르면 삼표 1장을 수령한 채삼인은 관삼국에서 접제은 200량을 받았는데, 이것으로도 부족하여 200~300량을 더 준비해야 산에 들어갈 수 있었다. 채삼인들은 채취한 인삼이 뿌리가 비어 있거나 너무 작으면 땅에 옮겨 심어서 길렀다가 가을이 지난 후에 관삼으로 납부했다. 채삼인들의 입장에서 이러한 인공적인 재배 과정은 불가피했다. 인삼을 재배하지 못하면 삼표에 지정된 액수만큼 관삼을 납부할 수 없을 뿐 아니라 여삼을 거래하여 채삼 경비를 회수하는 것도 불가능해지기 때문이었다.[77]

---

76 건륭 2년(1737)에 인삼 1량에 은 20량이던 가격이 가경 12년(1807)에는 은 140량으로 뛰어올랐다. 가경 15년(1810)에 강남의 양회 지역에서 四等蔘은 1량에 250~260량, 五等蔘은 200량에 거래되었다. 廖曉晴, 「論淸朝査禁秧蔘政策」, 87쪽; 蔣竹山, 『人蔘帝國』, 131쪽.

77 〈戶部爲議駁吉林將軍秀林擬蔘票加夫並准栽養秧蔘事奏摺〉(가경8),「嘉慶朝蔘務檔案選

봄과 여름에 풀이 자라기 전에는 인삼을 비교적 쉽게 찾을 수 있었지만 가을에 초목이 무성해지면 인삼을 구별하기가 어려워졌다. 하지만 여름과 가을 사이에 채취한 인삼은 뿌리가 단단하지 않고 물렀기 때문에 관삼으로 납부할 수도 없고 시장에 팔 수도 없었다. 채삼인들은 인삼을 키우는 움막인 앙자방(秧子房)을 지어 채취한 인삼을 옮겨 심고 자라기를 기다렸다. 옮겨 심은 인삼이 모두 제대로 자라는 것은 아니었지만 성공하면 앙삼(秧蔘)을 많이 얻을 수 있었다. 한 채삼인은 앙삼을 재배한 첫 해에는 모두 썩어버렸지만 이듬해에는 8~9량, 그 다음해에는 11량을 얻었다. 그는 삼표에 지정된 액수대로 관삼을 납부하고 또 남은 여삼을 팔아서 은 300여 량을 벌었다.[78]

인삼 재배는 채삼인들의 우두머리로 자본이 있고 부유한 난두(欄頭)와 포문인(包門人)이 주도했다.[79] 난두가 관삼국에서 삼표를 직접 수령하는 사람들이라면 포문인은 소주 제조업자들의 삼표를 대신 수령하는 사람들이었다. 건륭 말년에 삼표를 수령하려는 사람들이 감소하자 청은 부유한 소주 제조업자, 즉 소과포호(燒鍋鋪戶)들에게 삼표를 수령하여 채삼인의 관삼 납부를 보증하게 하는 제도를 도입했다.[80] 소과포호들은 직접 채삼을

編」上, 55쪽.

78 〈欽差大臣文寧等爲訊得秧蔘情弊令人犯戴罪辦蔘事奏摺〉(가경 15년 8.7), 「嘉慶朝蔘務檔案選編」下, 25~26쪽.

79 〈吉林將軍秀林爲請旨歇山並准攬頭存留蔘苗在園栽養事奏摺〉(가경 7년 1.10), 「嘉慶朝蔘務檔案選編」上, 51쪽.

80 건륭말년에 이르러 청조는 삼표를 수령한 채삼인이 도망하면 관삼을 징수하지 못하게 되는 문제를 해결하기 위해 보증인 제도를 도입했다. 채삼인이 삼표를 수령할 때 보증인을 세우게 하고 이들이 도망하면 보증인이 인삼을 대신 납부하게 하는 것이었다. 이때 보증인으로 참여한 사람들이 소주제조업자들이었다. 이 제도는 처음에는 관삼국, 채삼인, 소과표호 모두에게 이익이 되었으나 인삼 채취량이 감소하면서 소과표호는 점차 삼표 수령을 회피하게 되었다. 소과표호의 채삼에 대해서는 川久保悌郎, 「淸代滿洲における燒鍋の簇生について」, 『和田博

하지 않고 대신 포문인을 고용하여 이들에게 삼표를 대신 수령(包攬)하고 채삼인을 모집하게 했다. 삼표를 수령하여 입산 채취한다는 점에서 포문인은 난두와 역할이 비슷했고, 이 때문에 난두라고 불리기도 했다. 결국 난두와 포문인들은 채삼인의 관삼 납부를 보증할 수 있는 세력가들이었다.[81]

채삼인을 모집하고 입산하여 인삼을 채취하는 일련의 과정은 모두 난두나 포문인들이 관리했다. 건륭 42년(1777)의 규정에 따르면 관삼국에서 발행한 삼표는 1장당 채삼인 4명이 입산하여 관삼 2량을 납부하게 되어 있었다. 그러나 앞서 2장에서 소개한 훈춘 민인 시더셩(Si de šeng)의 사례에서 보이듯이 이러한 규정은 지켜지지 않았다. 난두와 포문인들은 삼표에 허용된 숫자보다 더 많은 사람을 추가 인력[餘夫]이라는 이름으로 데리고 들어갔고 이들은 흑인(黑人) 혹은 사인(私人)이라 불렸다. 입산하는 사람들의 숫자를 모두 보고하면 그만큼 납부해야 하는 관삼의 액수가 늘어나기 때문에 채삼인의 숫자를 정확하게 밝히지 않았던 것이다. 산에 들어간 채삼인들은 일부는 인삼을 채취하고 일부는 삼원(蔘園), 즉 인삼 재배지를 관리했다. 가경 8년(1803)에는 삼표 1장에 채삼인 18명이 입산하는 일도 있었다.[82] 나중에 길림장군 시오린이 밝히듯이, 난두들이 사사로이 채삼인들을 추가로 데리고 들어가는 일은 공공연한 관행이었지만 관삼국은 이러한 위법 행동을 묵인했다. 난두가 삼표를 수령하고 채삼인의 관삼 납부를 보증하는 한 이들에게 의존할 수밖에 없었던 것이다.[83]

만주에서 인삼 채취가 소과포호, 난두, 포문인, 채삼인들 사이에 복잡

士古稀記念東洋史論叢』, 講談社, 1960; 蔣竹山, 『人蔘帝國』, 133~144쪽; 김선민, 「17-18세기 청대 인삼정책의 변화」, 『중국학보』 74, 2015, 420~421쪽.

81 廖曉晴, 「論淸朝査禁秋蔘政策」, 90쪽; 蔣竹山, 『人蔘帝國』, 136쪽.

82 〈欽差大臣文寧等為讯得秋参情弊令人犯戴罪办参事奏摺〉(가경 15년 8.7), 「嘉慶朝蔘務檔案選編」 下, 26쪽.

83 〈吉林將軍秀林爲請旨歇山並准攬頭存留蔘苗在園栽養事奏摺〉(가경 7년 1.10), 「嘉慶朝蔘務檔案選編」 上, 51쪽.

하게 분업화되면서 재배삼이 점차 관삼 속에 섞여 들어오기 시작했다. 난두와 포문인들이 재배삼을 몰래 관삼으로 납부해도 관삼국의 관리들은 그대로 수령할 수밖에 없었다. 재배삼은 자연삼과 모양이 똑같을 뿐 아니라 크기와 빛깔이 더 좋았기 때문에 양질의 자연삼과 쉽게 혼동되었다. 실제로 재배삼을 관삼에 섞어 넣어도 관리들은 크고 굵은 것을 좋게 여기고 그 질의 좋고 나쁨을 구별할 능력이 없었다. 가경 15년(1810) 당시 길림 관삼국의 협령 전보(錢保)는 좋은 자연삼과 재배삼을 구별할 수 있느냐는 질문에 대해 "붉은 빛이 돌며 큰 것은 재배삼이고 껍질이 거친 것이 좋은 삼"이라고 대답했다. 그러나 그는 얼마 후 "나는 북경에서 나고 자라서 인삼의 좋고 나쁨은 구별할 줄 모른다"고 실토했다.[84]

가경 연간에 이르러 재배삼은 관삼으로 납부되었을 뿐만 아니라 민간에서도 유통되었다. 인삼 상인들은 재배삼으로 큰 이익을 얻었다. 사실 이들이 관삼국에 납부하는 삼여은도 재배삼을 거래하여 얻은 이익에서 나온 것이었다. 관삼국의 협령들 역시 이 사실을 알고 있었다. 그들은 가경 15년(1810)의 조사에서 "상인들은 재배삼을 매매하여 큰 이익을 얻고 있기 때문에 기꺼이 다량의 삼여은을 납부했다"고 진술했다.[85] 가경 13년(1808)에 닝구타 관삼국의 협령들이 상인들에게 징수한 삼여은의 사용 내역을 보면, 관삼국의 운영이 사실상 상인의 기부로 유지되고 있었음을 알 수 있다. 당시 닝구타의 채삼인들은 일란 할라 지방으로 가다가 타고 가던 배가 부서지자 일란 할라 부도통아문에서 은 1,100량을 빌려 배를 수리했는데, 이들이 돈을 갚지 못하자 일란 할라 부도통은 닝구타 관삼국에 상환을 독촉했다. 이에 닝구타 관삼국과 닝구타 부도통은 상인들에게 삼여은

---

84 蔣竹山, 『人蔘帝國』, 129쪽.

85 〈欽差大臣文寧等爲嚴訊薩音保等員侵吞商幫銀兩事片〉(가경 15년 8.14), 「嘉慶朝蔘務檔案選編」, 34쪽.

을 추가로 징수하여 일을 처리했다. 이때 상인들에게 징수한 은 1,600여 량 가운데 일란 할라의 선박 수선비 1,100량을 갚고 남은 것은 닝구타 관삼국 아문의 지붕을 수리하는 데 200량, 닝구타의 문묘 전각을 수리하는 데 300량이 사용되었다.[86]

당시 닝구타 부도통은 상인들에게 삼여은을 징수하여 채삼인들의 빚을 대신 갚고 관아의 건물을 수리했다는 사실을 길림장군에게 보고했다. 그러나 북경의 호부에게는 상인들이 낸 돈의 액수를 사실대로 보고하지 않았다.[87] 이 때문에 가경제는 이 일을 관삼국 관리와 상인이 결탁하여 부정을 저지른 사건으로 이해했다. 그러나 이것은 또한 만주의 삼정이 상인이나 재배삼과 불가분하게 결합되고 있었음을 보여주는 사건이기도 했다. 만주에서 인삼을 채취하고 관리하고 거래하는 주체는 만주족이 아니라 한인 민인이었고, 이들은 더 나아가 인삼을 재배하여 민간에 유통시키고 있었다. 만주의 자연은 이제 민인에 의해 민인의 방식으로 다루어지고 있었다. 흥미롭게도 이러한 변화를 주도한 것은 다름 아닌 제국의 만주족 관리들이었다. 만주의 팔기 관원들은 만주족의 방식과 한인의 방식을 나누는 것보다 청 제국의 이해, 즉 더 많은 관삼을 확보하는 것을 더 중요하게 생각했다. 재배삼을 허용하자는 길림장군의 제안은 바로 그런 처지에서 나온 것이었다.

2. 시오린의 상주

가경 7년(1802) 정월 10일에 길림장군 시오린이 황제에게 재배삼을 허

---

86 〈欽差大臣文寧等爲審明寧古塔局員違例多收蔘餘銀兩事奏摺〉(가경 15년 8.20), 「嘉慶朝蔘務檔案選編」 下, 36~37쪽.

87 〈欽差大臣文寧等爲審明寧古塔局員違例多收蔘餘銀兩事奏摺〉(가경 15년 8.20), 中國第一歷史檔案館編, 「嘉慶朝蔘務檔案選編」 下, 37쪽.

용하자고 제안한 것은 북경에 바치는 관삼과 민간에서 유통되는 인삼에 이미 재배삼이 널리 퍼져 있는 상황에서 나온 것이었다. 시오린은 먼저 길림에서 인삼 채취가 불법적으로 행해지는 상황을 설명했다. 관삼의 납부를 책임진 난두들이 지정된 숫자보다 더 많은 채삼인을 데리고 들어가게 된 것은 "입산 경로는 멀어지고 인삼은 귀해졌기 때문"이었다. 관삼국의 관리들은 이러한 불법 행위를 알면서도 관삼을 징수하기 위해 이를 묵인할 수밖에 없었다. 이러한 불법 채삼을 단속하기 위해 시오린은 우선 산을 휴식시키고 나아가 인삼 재배를 허용하여 관삼을 확보하자고 제안했다. 매년 관병을 파견하여 재배하는 인삼의 수량을 파악하고 이듬해 관삼을 징수할 때 채삼인들을 지명하여 그들이 재배한 인삼을 납부하게 하자는 것이었다. 난두가 인삼을 재배하도록 허용하면 이듬해 삼표를 발행하고 관삼을 징수하는 일이 훨씬 수월하다는 주장이었다.[88]

시오린의 상주는 북경으로부터 거센 비난을 받았다. 호부는 시오린이 불법 채삼이 많다는 것을 핑계로 산을 휴식시키자고 제안했지만 그가 최선을 다해 방지했다면 이러한 불법행위가 만연해지지 않았을 것이라고 비판하고, 산을 쉬게 한 후에도 불법 채삼이 근절되지 않으면 휴식제도는 결국 소용이 없다고 지적했다. 호부에 따르면 건륭 42년(1777)의 삼무장정은 채삼인 4인이 삼표 1장을 수령해서 관삼 2량을 납부하게 했고, 인삼 재배는 불법 채삼과 같은 죄로 처벌하도록 규정되어 있었다. 시오린이 말한 내용, 즉 채삼인이 추가 인원을 불법으로 데리고 입산하는 일이나 난두가 채취한 인삼을 재배하는 일은 모두 불법행위였다. 호부의 관리들은 "시오린은 단속을 소홀히 하고 오히려 갑자기 사리를 따지지 않고 곧바로 직언하니 그의 상주는 매우 교활하다"고 비판했다.[89] 황제 역시 인삼 재배

---

88 〈吉林將軍秀林爲請旨歇山並准攬頭存留蔘苗在園栽養事奏摺〉(가경 7년 1.10),「嘉慶朝蔘務檔案選編」上, 52쪽.

와 같은 불법적인 일을 공공연히 상주에 넣어서 자신의 허물을 가리려 한 것이 교활하다고 시오린을 질책했다.[90]

길림의 삼정에 대해 다시 보고하라는 황제의 지시에 따라 같은 해 가경 7년(1802) 4월 20일 시오린은 두 번째 상주를 올렸다. 시오린은 먼저 불법 채삼을 단속하는 일이 경비는 많이 들고 효과는 없었음을 자세히 설명했다. 건륭 30년(1765) 이후 매년 팔기 관병을 파견하여 산에 들어가 겨울을 보내고 이듬해에 불법 채삼인들이 산에서 나오는 것을 체포하게 했으나 관병들에게 지급해야 할 봉향(俸餉)의 액수가 매년 수천 량에 달했기 때문에, 건륭 37년(1772)에 관병의 파견을 중지하고 대신 카룬에서의 단속을 강화하기로 결정했다. 그러나 삼표에 이름을 올리지 않은 자들이 입산하는 일은 근절되지 않았다. 길림의 삼산은 넓고 길이 복잡하여 요충지에 카룬을 설치해도 출입을 단속하기 어려웠고, 산길에 익숙한 채삼인들은 지정된 경로를 벗어나 몰래 산에 들어가는 일이 많았다. 또한 관삼국에 빚을 진 채삼인들은 채취한 여삼을 공제당하는 것을 피하기 위해 다른 채삼인들에게 인삼을 맡겨서 산을 빠져나가게 했다. 이러한 폐단을 모두 제거하기란 불가능했다. 호부의 질책에도 불구하고 시오린은 삼표 1장에 허용된 채삼인의 숫자를 늘려야 불법 채삼인을 막을 수 있다고 강조했다.[91]

시오린은 재배삼이 관삼에 포함되게 된 배경에 대해서도 설명했다. 건

---

89 〈吉林將軍秀林爲請旨歇山並准攬頭存留蔘苗在園栽養事奏摺〉(가경 7년 1.10),「嘉慶朝
蔘務檔案選編」上, 52쪽.

90 『淸仁宗實錄』권93, 가경 7년 1.21.

91 시오린에 따르면 삼표 1장에 입산이 허용되는 채삼인의 숫자는 건륭 연간에 여러 번 조정되었다. 건륭 32년 이전에는 삼표 1장에 5명이 입산하여 인삼 12량을 납부하게 했다. 이후 건륭 33년에는 삼표 1장에 1명이 입산하고 인삼 5전을 납부하게 했다. 건륭 42년에는 다시 삼표 1장에 4명이 입산하고 인삼 2량을 납부하게 했다. 〈吉林將軍秀林爲查報歷年刨夫夾帶私人及栽養蔘苗事奏摺〉(가경 7년 4.20),「嘉慶朝蔘務檔案選編」上, 53쪽.

룽 42년(1777) 이전에는 길림에서 대지삼(大支蔘)이나 사등삼(四等蔘)을 황실에 진공한 예가 없었다. 그러나 이해 신임 길림장군 푸캉안이 처음으로 진공한 이후 대지삼이나 사등삼과 같이 원숙(圓熟)한 인삼을 관삼으로 선택하기 시작했다. 그러나 채삼인들이 채취하는 인삼은 대부분 작고 가늘어서 둥글고 큰 인삼은 구하기가 매우 어려웠다. 인삼 재배는 불법이었지만 사등삼을 납부해야 하는 채삼인들은 재배삼을 관삼으로 바치기 시작했다. 시오린은 "건륭 43년(1778)에 채삼인들이 인삼을 재배하여 진공하는 일이 끊이지 않았다"라고 사실대로 인정했다.[92]

시오린의 보충 설명에도 불구하고 재배삼 허용은 받아들여지지 않았다. 가경 8년(1803) 정월 24일 황제는 다음과 같이 유시했다.

> 인삼은 지령(地靈)으로 생산되는 것이니 만약 산에서 큰 인삼을 얻으면 규례에 따라 진공하고, 만약 큰 인삼을 얻지 못해도 사실대로 보고하면 무방하다. 어찌 인력을 써서 재배하여 거짓에 가깝게 하겠는가. 하물며 짐은 인삼을 복용하지 않고 다만 사물의 이치를 헤아릴 뿐이다. 산속에서 자라는 큰 인삼은 그 효력이 크겠지만 재배한 인삼은 복용해도 효과가 없다. 시오린이 누차 인삼의 재배를 요청하나 이는 실로 무의미하다.[93]

사실 황제가 시오린의 상주를 거절한 것은 이번이 처음은 아니었다. 앞서 1장에서 소개했듯이 가경 5년(1800) 시오린은 고를로스 지방의 민인들에게 세금을 징수하자고 제안했었다. 그의 취지는 유민을 단속하고 세금을 징수하여 국가 재정에 보탬이 되자는 것이었지만 황제에게 몽고의 민인 문제는 세금 징수원을 확보하는 것과는 다른 차원의 일이었다. "몽

---

92 〈吉林將軍秀林爲查報曆年刨夫夾帶私人及栽養蔘苗事奏摺〉(가경 7년 4.20), 「嘉慶朝蔘務檔案選編」 上, 53쪽.

93 「嘉慶道光兩朝上諭檔」 제8책, 가경 8년 1.24; 蔣竹山, 『人蔘帝國』, 124쪽에서 재인용.

고가 유목하는 땅은 전례에 따라 내지의 민인이 경계를 넘어 들어가 개간하는 것을 금지했다. 다만 유목이 불편한 몽고인들이 민인을 초무하여 개간하게 하는 일이 오래되었다. 또한 몽고인들이 매년 소작료를 징수하여 생계에 도움이 되었다. 이에 예전대로 토지를 경작하여 소작료를 납부하게 한 것은 짐이 몽고인들을 아끼는 마음에서 비롯된 것이다." 몽고의 유목지에서 토지를 개간하는 민인에게 세금을 부과하는 것은 "그 세금의 수입을 탐하는 것과 같으니 어찌 짐이 몽고를 아끼는 마음이 되겠는가"라며 황제는 시오린의 상주가 매우 잘못되었으며 그가 일을 잘 알지 못한다고 지적했다.[94]

민인에게 세금을 부과하여 국고를 확충하고 인삼 재배를 허용하여 관삼을 확보하자고 제안하는 시오린은 분명 능력 있고 충성스러운 신하였다. 재배삼 허용을 불허한 후에도 시오린에 대한 황제의 신임은 계속 이어졌다. 가경 8년(1803)에 닝구타의 방어(防禦)가 황제를 알현할 때 만주어를 제대로 사용하지 못하자 가경제는 "동삼성(東三省) 사람인 그가 평소에 한인이 많이 거주하는 마을에 거주하여 만주어를 익히지 못했다"고 질책했다. 그러나 황제는 그를 처벌하는 대신 시오린에게 보내 가르치게 했다. "동삼성은 우리나라의 근본지지이고 만주어는 고향의 언어[鄕談]이니, 배우지 않아도 할 수 있어야 마땅한데도 만주어를 모르는 자가 있다. 동삼성에 이러한 자들이 적지 않으니 서로 따라서 습관이 된 것이다. 힘써 학습하지 않으면 기예(技藝)가 해이해지게 되니 관계됨이 매우 중하고 힘써 깨우치지 않으면 안된다."[95] 가경 11년(1806)에도 공부(工部)의 관리가 황제를 알현할 때 만주어를 알아듣지 못하자 황제는 그를 길림으로 보내 시오린에게 만주어와 말타기 활쏘기를 가르치게 했다.[96] 황제에게 길림장군 시

---

94 『淸仁宗實錄』 권71, 가경 5년 7.8.
95 『淸仁宗實錄』 권113, 가경 8년 5.9.

오린은 기인에게 만주어와 기사(騎射)를 익히게 할 적임자였다.

그러나 가경 15년(1810)에 이르러 시오린에 대한 황제의 신임은 흔들리기 시작했다. 이해 2월 가경제는 만주의 모든 지역에서 보내온 관삼에 재배삼이 포함되어 있음을 알게 되었다.

> 장백산을 에워싸고 있는 성경·길림·닝구타 지역은 우리나라의 발상지이며 인삼과 같은 상서로운 풀이 자라는 곳이다. 200여 년간 부근의 산지에서 인삼을 다수 채취했기 때문에 점차 깊은 산 속으로 들어가야 양질의 인삼을 얻을 수 있게 되었다. 해당 지역의 장군들은 마땅히 실제 사정을 수시로 상주해야 하고 스스로 방법을 강구해야 한다. 인삼을 재배하는 일은 거짓된 것으로 참된 것을 어지럽히는 것이니 특히 금령에 위배되는 일이다. 최근 각지에서 보낸 관삼 가운데 재배삼이 섞여 있는 일이 발생하고 있다. 재배삼은 모양은 크고 좋지만 품질은 실로 빈약하다.[97]

당시 만주에서 공납한 인삼의 질은 심각한 수준이었다. 성경, 길림, 닝구타에서 보낸 인삼 중에는 사용할만한 좋은 것이 매우 적었고 심지어 무게를 늘리기 위해 납을 넣은 것도 있었다. 성경의 인삼 가운데 좋은 것은 60%, 길림은 1%에도 미치지 못했다. 또한 성경에서 바친 사등급 이상 인삼 6근 가운데 2근은 재배삼이었고 길림에서 바친 사등급 이상 인삼은 모두 재배삼이었다.[98] 상황이 심각함을 인식한 황제는 만주의 삼정에 대한

---

96 『清仁宗實錄』 권169, 가경 11년 10.22.

97 『清仁宗實錄』 권226, 가경 15년 2.27.

98 성경에서 납부한 48근 12량 가운데 사용할 수 있는 것은 인삼 13근 4량과 人蔘膏(泡丁) 15근 8량에 불과했다. 이외에 재배삼 18근 12량과 무게를 늘리기 위해 납[鉛]을 녹여 넣은 인삼고 1근 4량이 발견되었다. 길림의 인삼 59근 7량 5전 가운데 사용할 수 있는 인삼 1근 12량과 인삼고 18근 15량 3전을 제외하고 재배삼 37근 3량 2전, 연이 들어간 인삼고 15량이 발견되었다. 닝구타의 인삼은 17근 12량 8전으로 이 가운데 사용할 수 있는 인삼 8근 12량과 인삼고 6근 12량 9전을 제외하고 재배삼 1근 14량 9전과 납이 들어간 인삼고 15량이 발견되

철저한 조사를 명령했다. 이로써 가경 15년의 길림삼무안이 시작되었다.

황제는 먼저 관할장군들에게 책임을 묻고 특히 시오린이 인삼 재배를 허용하자고 제안했던 사실을 거론했다. 황제는 시오린을 직접 만나 그가 길림의 인삼 재배에 대해 알고 있었으며 심지어 북경의 상인들조차 재배삼의 유통을 알고 있었음을 확인하고 분노했다. 시오린은 황제의 지시를 따르지 않고 채삼인들이 거짓 인삼을 만들어 이익을 도모하는 사정을 방치한 것이었다. "근래 산에서 인삼의 생산이 감소하여 이전과 같이 큰 인삼을 구할 수 없으면 그 획득한 진삼을 진공하여 사용하면 된다. 이번에 선별해낸 진삼(眞蔘)의 수량이 적지 않아서 사용에 대비할 수 있는데, 반드시 꾸며 만들어내고 옥석(玉石)을 뒤섞는 것은 무슨 뜻인지 알 수 없다. 이러한 폐단은 성경, 길림, 닝구타에 모두 있으나 길림이 특히 심하다. 이는 시오린이 전에 상주한대로 인삼의 재배를 허용하고자 했기 때문에 매년 인삼 재배를 찾아내지 못한 것이 아닌가."[99]

시오린의 잘못은 단순히 인삼 재배를 단속하지 못한 것에 그치지 않았다. 길림에 파견되어 사건을 조사한 문녕(文寧) 등 흠차대신들은 길림의 장군과 부도통들이 상인들에게 징수한 삼여은을 빼돌린 정황을 보고했다. 시오린은 길림에서 가장 오랫동안 장군을 역임했고 국고를 침탈한 액수도 가장 많아서 3만 량에 달했다. 시오린 본인뿐만 아니라 그의 아들과 가인(家人)들도 이익을 나누어 가졌음이 드러났다.[100] 한편 시오린이 삼정에서 얻은 삼여은을 빼돌려 이를 길림에 유배된 관리들과 교류하는 데 활용한 사실도 드러났다. 가경 연간에는 종실의 일원으로 봉은장군(奉恩將軍)을 세습한 붕무포(繃武布)[101] 외에 여러 고관이 죄를 짓고 길림으로 유배되었

었다. 『清仁宗實錄』 권226, 가경 15년 2.27. 여기에서 人蔘膏는 인삼을 찌고 남은 人蔘水를 달여서 진하게 만든 것을 말한다.

99 『清仁宗實錄』 권230, 가경 15년 6.11.
100 『清仁宗實錄』 권232, 가경 15년 7.21.

는데, 시오린은 이들에게 식사를 대접하고 집을 지어주고 여행 경비를 보조해주었으며 명절에는 선물을 보내주기도 했다. 황제에게 죄를 짓고 유배된 범인들을 길림장군이 접대했다는 것은 "형금(刑禁)이 해이해지고 국법이 무너진 알"이니 용서받을 수 없었다.[102]

길림에 파견된 흠차대신 문녕은 현지의 인삼 재배 상황에 대해서도 보고했다. 당시 길림장군 사이충가(Saicungga, 賽沖阿)는 인삼을 재배하는 움막을 불태우고 재배삼을 뽑아서 제거했지만 정작 범인들은 잡지 못했다고 말했다. 그러나 문녕은 사이충가의 말이 거짓임을 밝혀내고 16명의 범인과 17곳의 삼원(蔘園)을 찾아냈다. 인삼을 재배한 범인들은 액수에 따라 장형이나 유배형에 처해지는 것이 원칙이었다. 그러나 흠차대신은 이들을 처벌할 수 없었다. 그들 대부분이 삼표를 수령한 자들이어서 이들을 처벌하면 관삼을 삼표의 액수대로 징수할 수 없었기 때문이었다. 결국 문녕은 체포된 범인들을 보석으로 석방하여 속죄의 기회를 주자고 황제에게 상주하고, 다른 인삼 재배인들도 반드시 체포할 필요가 없다고 설명했다. 황제는 이를 허락했다.[103] 인삼 재배를 금지하라고 하면서도 정작 인삼 재배범들을 처벌하지 못하는 것이 당시의 사정이었다. 하지만 황제는 여전히 재배삼 단속을 강조하라고 유시했다. "이후로 관에서나 민간에서나 모두 재배삼을 사용하지 못하게 하라. 만약 인삼을 재배하는 자가 있으면 반드시 처벌하라. 길림에서 좋은 인삼을 유출하는 경로를 반드시 차단하라. 그러면 삼정은 저절로 처리될 것이다."[104] 재배삼은 북경에 있는 황제의 유지

---

101 綳武布은 종실의 일원으로 봉은장군을 세습했으며 건륭 연간에 길림장군, 성경장군, 흑룡강장군 직을 모두 역임했다. 가경 연간에는 哈密辦事, 烏什辦事大臣, 巴里坤領隊大臣, 西寧辦事大臣을 두루 역임했다.

102 『淸仁宗實錄』 권232, 가경 15년 7.21; 『淸仁宗實錄』 권232, 가경 15년 7.24.

103 〈欽差大臣文寧等爲訊得秧蔘情弊令人犯戴罪辦蔘事奏摺〉(가경 15년 8.7), 「嘉慶朝蔘務檔案選編」 下, 26쪽; 廖曉晴, 「論淸朝査禁秧蔘政策」, 89쪽.

104 『淸仁宗實錄』 권233, 가경 15년 8.14.

에서만 금지되었고 만주의 산속에서는 이미 널리 퍼져 있었다.

가경제는 인삼을 재배한 난두들은 용서했지만 인삼 재배를 묵인한 전임 길림장군은 용서하지 않았다. 건륭제와 가경제 두 황제의 시기에 걸쳐 15년간 길림장군에 제수되는 영예를 입었음에도 시오린은 세 가지 죄를 저질렀다. 첫째, 그는 인삼 상인들에게 사사로이 은량을 부과하여 3만 량을 침탈했고 길림의 관리들이 그의 부정을 모방하여 국고를 훔치게 만들었다. 둘째, 그는 길림의 카룬을 멋대로 철폐하여 진삼은 유출되고 재배삼이 섞여 들어와 관삼을 채우게 방치했다. 셋째, 길림으로 유배된 관리들에게 힘든 노역을 부과하라는 황제의 명령을 어기고 상인에게서 빼앗은 은으로 사사로이 그들을 접대하고 편하게 살게 했다. 황제는 그의 죄가 참형에 해당하나 특별히 은혜를 베풀어 자살을 명했다.[105]

시오린의 세 가지 죄 중에 어느 것이 결정적이었는지는 분명하지 않다. 시오린은 길림부도통으로 재직하면서 당시 길림장군이 연루된 삼무안을 처리한 공로로 길림장군에 제수되었지만 결국 본인도 상인들에게 뇌물을 받아왔음이 드러났다. 즉위 초부터 관료사회의 기강을 단속하고자 노력했던 가경제에게 오랫동안 신임해온 시오린의 독직은 용서할 수 없는 일이었을 것이다. 그뿐만 아니라 자신에게 죄를 짓고 유배된 범인들을 고관으로 우대했다는 사실이 가경제의 분노를 가중시켰는지도 모른다.[106] 그러나 분명한 것은 시오린이 인삼 재배를 허용하자고 제안했고 재배삼을 관삼으로 진공했다는 사실이었다. 설령 상인들에게 뇌물을 받고 황제에게 죄를

---

105 『淸仁宗實錄』 권236, 가경 15년 11.11.
106 가경연간의 정치 개혁에 대해서는 關文發, 『嘉慶帝』 吉林文史出版社, 1993; Wen-sheng Wang, *White Lotus Rebels and South China Pirates. Crisis and Reform in the Qing Empire*, Harvard University Press, 2014; 孟繁勇, 「淸仁宗與吉林將軍秀林蔘務案」, 『學理論』, 2015; 송미령, 「淸 嘉慶帝의 親政 시작과 人事」, 『이화사학연구』 61, 2020.

지은 자들을 우대한 것이 시오린을 죽음으로 몰고 간 진짜 이유였다해도, 재배삼을 황제에게 진공하여 만주와 만주족의 근간을 위협했다는 사실만으로도 그는 처벌을 피할 수 없었다.[107]

　길림을 오랫동안 다스린 시오린은 만주에 거주하는 한인 이주민이 증가하고 사람들이 이곳의 토지와 동물과 식물을 이해하고 이용하는 방식이 달라져가고 있음을 목격했다. 고를로스의 몽고 유목지에는 민인이 정착하여 토지를 경작하고, 길림의 인삼 산지에는 민인 채삼인들이 들어가 인삼을 재배하고 있었다. 길림장군은 만주에서 벌어지고 있는 자연환경의 변화를 이해하고, 인삼 정책 역시 그에 맞추어 자연삼 채취가 아니라 재배삼 징수로 바뀌어야 함을 역설했다. 그러나 북경의 황제는 이를 받아들이지 않았다. 실제로 가경 연간에 만주의 기인들은 대부분 토지를 경작하여 생계를 유지하고 있었지만, 황제의 이념 속에서 만주의 자연은 여전히 사냥과 채집의 공간이었다. 특히 인삼은 만주에서 인간과 자연의 관계가 어떤 방식으로 맺어져야 하는지를 보여주는 이상적인 사례로 보호되어야 했다. 인삼은 만주족의 고토인 만주에서 만주족의 전통적인 방식으로 채취되어야 할 자연의 산물이지, 한인들이 개입하여 재배하고 길러서 만들어낸 인공물이어서는 안 되었다. 만주에서 인간과 자연의 관계는 이미 변하고 있

---

107 가경제는 만주의 기인과 자연에 대해서는 만주족다움을 강조했지만 제국 내의 모든 지역에 대해서 반드시 그런 것은 아니었다. 村上信明에 따르면 중앙 유라시아를 티베트 불교를 매개로 통치했던 옹정제나 건륭제와 달리 가경제는 달라이 라마를 그다지 존중하지 않았다. 가경연간의 만문당안에서 청 황제와 달라이 라마의 관계가 화이질서 하의 군신관계로 묘사되었고 황제가 몽고나 티베트 관련 사무를 만주어가 아닌 한어로 보고하게 했다는 사실은 이때부터 청이 스스로 중화제국으로 변화하기 시작했음을 보여준다. 村上信明,「乾隆帝の時代の終わりと清朝の変容: 清朝·チベット関係を中心に」,『史境』73, 2017. Wensheng Wang 역시 和珅이 제거된 후 가경연간에 청조에서 한인 관료들의 정치적 영향력이 확대되어 가는 과정을 자세히 설명했다. Wang, *White Lotus Rebels and South China Pirates*.

었고 그러한 변화가 재배삼의 등장으로 나타나고 있었지만 황제는 이를 인정하지 않았다. 재배삼의 합법화를 제안한 길림장군이 탄핵된 이유는 만주의 자연을 지키기 위해 노력해야 할 만주족 관리가 공개적으로 만주족의 만주족다움을 포기하고 한인의 역할을 인정하자고 제안했기 때문에 빚어진 결과였다고 볼 수 있을 것이다.

V. 맺음말

가경 15년(1810) 황제가 시오린에게 자살 명령을 내리기 몇 달 전에 길림장군 사이충가는 재배삼 단속에 따른 길림 삼정의 어려움을 상주했다.[108] 그에 따르면 난두들은 관삼을 납부할 때 이전보다 더 엄격한 검사를 받아야 했을 뿐 아니라 재배삼 거래로 이익도 얻지 못하게 되자 삼표를 수령하려 하지 않았다. 자연삼의 고갈과 채삼 비용의 증가라는 고질적인 문제에 재배삼 단속까지 더해지면서 삼표 발행과 관삼 확보는 더욱 어려워져갔다. 재배삼을 거래하지 못하게 되자 상인들도 삼여은을 감당할 수 없게 되었다. 상인이 납부하는 삼여은으로 발행하지 못한 삼표의 부족분을 충당해온 관삼국의 운영도 함께 어려워졌다. 재배삼의 생산과 유통으로 유지되어 온 만주의 삼정, 즉 관삼국의 삼표 발행, 채삼인의 삼표 수령과 관삼 납부, 상인의 여삼 거래와 삼여은 납부, 관삼국의 접제은 지급과 관삼 확보라는 일련의 과정이 모두 흔들리고 있었다.[109]

시오린의 자살 이후 길림에서 인삼 재배는 과연 사라졌을까? 가경 15

---

108 〈吉林將軍賽沖阿等爲酌擬蔘務章程十二款請旨允行事奏摺〉(가경 15년 6.21), 「嘉慶朝蔘務檔案選編」 上, 68쪽.

109 廖曉晴, 「論淸朝査禁秧蔘政策」, 93쪽.

년 길림삼무안 이후 황제는 재배삼의 재배를 엄금하고 지방관의 관리 책임을 강화하는 일련의 조치를 발표했다. 장군과 부도통에게 매년 봄과 여름에 관병을 파견하여 산에 들어가 재배삼이 있는지 조사하게 하고, 인삼 재배가 발각되면 장군을 포함한 관할 지방관과 순찰 관원을 강등시켰다. 길림의 관삼국에서 관삼에 재배삼이 섞여 있는 것을 발견하면 해당 지역의 지방관을 처벌하고, 북경으로 운송된 후에 재배삼이 발각되면 해당 지역의 지방관과 관삼국 관원뿐만 아니라 장군·부도통·부윤·시랑을 모두 강등시켰다.[110] 산에 들어간 채삼인들에 대한 단속과 순찰도 강화되었다. 우수리와 수이푼 일대에서는 채삼인들이 돌아오기 전에 부도통이 관병 200명을 데리고 산에 들어가 수색하고 채삼인들과 함께 산에서 내려오게 했다. 이 가운데 관병 100명은 산에 남아 주둔하면서 채삼인들이 인삼 재배를 위해 지어놓은 움막을 부수고, 나머지 100명은 연도의 카룬에 주둔하여 불법 채삼인들을 체포하는 일을 하게 했다.[111]

그러나 이러한 강화된 조치는 현실에서 반영되지 않았다. 가경 16년 (1811) 길림장군 사이충가의 상주에 따르면 길림의 수이푼과 우수리 등지의 삼산은 거리가 만여 리나 떨어져 있어서 4월에 산에 들어갔다가 9월까지 나오려면 왕래에만 반년이 걸렸다. 상등품의 자연삼을 구하려면 깊은 산속으로 들어가야 했지만 길이 멀고 경비가 많이 들었다. 사이충가는 채삼인들이 왕래에 많은 시간과 비용을 낭비하지 않고 겨울에 산에 머무를 수 있도록 허용해달라고 황제에게 요청했다. "산에 남아 있는 채삼인들이 여러 곳에 나누어 머무르는 것을 조사하고 그들에게 인삼을 길러 관삼으로 공급하게 하는 것이 더 낫습니다." 산에서 겨울을 보낸 채삼인들에게

110 光緒『欽定大淸會典事例』권232,「戶部, 蔘務, 額課」730上;『欽定大淸會典事例』권 233,「戶部, 蔘務, 考成」745上.
111 『欽定大淸會典事例』권233,「戶部, 蔘務, 禁令」756上.

는 반드시 상등(上等)의 정삼(正蔘)을 바치게 하고 나머지 여삼은 전례에 따라 팔아서 이윤을 얻게 하되, 삼표에 허용된 인원 외에 추가로 숨어 있는 자들은 불법 채삼인으로 간주하여 처벌하자는 제안했다. 황제는 사이충가의 상주를 받아들였다.[112]

가경제는 재배삼을 허용하자고 제안했다는 이유로 시오린에게 자살을 명령했지만, 그로부터 불과 1년이 지나지 않아 채삼인들에게 인삼을 재배할 수 있는 환경을 합법적으로 제공해준 것이었다. 봄에 입산하면 가을에 반드시 산에서 나와야 한다는 금령이 해지됨에 따라 채삼인들은 해를 넘겨 산에 머무르며 인삼을 재배할 수 있게 되었다. 시오린과 마찬가지로 사이충가 역시 "인삼을 길러 관삼으로 공급하게 하는 것이 더 낫다"고 판단한 것이었다. 가경 15년의 길림삼무안을 거치면서 황제는 재배삼을 단속하라는 유지를 반복해서 내렸지만 실제로는 재배삼을 묵인할 수밖에 없었다. 재배삼 없이는 관삼도 없기 때문이었다. 만주의 인삼으로 황실의 재정을 채우기 위해서는 이제 재배삼을 받아들이지 않을 수 없었다. 가경제가 아무리 막아보려 해도 19세기에 만주에서 인간과 자연의 관계는 이미 근본적으로 달라져 있었다.

그러나 재배삼이 공식적으로 허용되기까지는 상당한 시간이 걸렸다.

---

112 이후 군기처는 사이충가의 제안에 보완 의견을 제출하여 매년 산에 남아 있는 채삼인의 숫자는 삼표에 허용된 인원수의 절반을 넘지 못하게 했다. 팔기 관병들은 수시로 이들을 조사하여 腰票가 없는 黑人이나 인삼을 은닉하는 채삼인을 체포하고 처벌하게 했다. 「寧古塔副都統衙門為鈔綠官蔘局妥議稽查産蔘大山章程移付遵辦事致琿春協領札文」(가경 17년 3.10), 『琿春副都統衙門檔』 26: 87-92. 한편 光緒 『欽定大淸會典事例』에 따르면 채삼인이 산에서 겨울을 보내는 관행이 정식으로 허용한 것은 도광 4년(1824)이었다. "길림의 난두와 채삼인이 실로 수고가 심하여 스스로 헤아려 처리하게 하니, 모든 수이푼과 우수리의 삼산에서 산에서 겨울을 나는 채삼인들은 이전의 관례대로 처리하게 한다. …(중략)… 매해 산에 머무르는 채삼인은 삼표에 등록된 자의 절반을 넘기지 못하게 한다." 光緒 『欽定大淸會典事例』 권233, 「戶部, 蔘務, 禁令」 756下.

그때까지 만주의 삼정은 끊임없이 부침했다. 삼표 발행은 점점 더 어려워 졌고 북경으로 공납하는 관삼의 액수도 계속 줄어들었다. 북경의 황실 내 무부에 저장된 인삼이 감소하자 이를 팔아서 얻는 은의 액수도 줄어들었 다. 가경제는 인삼 세수가 감소하는 것을 만회하기 위해 성경의 항구에서 출항하는 선박에 "선규은(船規銀)"을 부과했다. 선박마다 출항세로 은 20 량을 부과하고 이 가운데 17량을 부족한 삼표를 보조하는 비용으로 사용 하게 했다.[113] 또한 각지의 해관에 "삼근가가은(蔘斤加價銀)"이라는 명목의 세금이 부과되었다. 팔 수 있는 인삼은 없어도 은은 계속 필요했기 때문에 인삼 명목으로 계속 세금을 징수한 것이었다.[114] 이것은 황실 재정의 수입 원이 만주의 숲에서 항구로 옮겨졌음을 보여주는 것이기도 했다. 도광 연 간에 이르자 만주의 관삼국에서 발행하는 삼표를 수령하여 관삼을 바치는 사람은 더욱 줄어들었다. 함풍 3년(1853)에 이르러 청은 마침내 삼표 발행 을 중단했다. 인삼의 채취를 국가가 관리하는 방식을 폐지함으로써 청초 부터 유지되어온 황실의 인삼 독점이 마침내 사라지게 되었다.

삼표 발행이 중단되자 인삼의 재배는 더욱 성행하였다. 처음에는 산에 서 채취한 작은 인삼 뿌리를 옮겨 심어 기르던 것이 점차 대규모 삼원(蔘 園)을 설치하여 재배하는 것으로 발전했다. 함풍 9년(1859) 길림장군과 흑 룡강장군이 러시아의 침입을 저지하기 위해 채삼인을 모집하고 각지에서 벌목을 실시하자 산에 머무르며 인삼을 재배하는 것이 더욱 쉬워졌다. 그 러나 아직 재배삼이 합법화되지 않은 단계였기 때문에 인삼 재배인들은 관리들의 침탈로부터 자신의 이익을 보호해야 했고, 이 과정에서 비적들 이 점차 인삼 재배에 참여하여 문제를 일으키기 시작했다.[115] 광서 7년

---

113 佟永功,「淸代盛京蔘務活動述略」, 47~48쪽; 今村鞆,『人蔘史』 2, 211~212쪽.

114 葉志如,「從人蔘專采專賣看淸宮廷的特供保障」, 75쪽.

115 蔣竹山,『人蔘帝國』, 144~145쪽.

(1881)에 이르러 길림장군 밍안(Mingan, 銘安)은 재배삼에 대한 금령을 해제하자고 상주했다. "경비(經費) 문제를 처리하고 유민을 정착시키는 일"을 위해 밍안은 길림에서 재배삼과 약재류에 대한 거래 금지를 해제하고 대신 세금을 징수하여 지방정부의 수입을 늘리자고 제안했다. 광서제는 밍안의 제안을 수용했다. 길림 일대의 비적들이 인삼을 재배하여 이익을 얻고 있으니 차라리 재배삼 거래를 합법화하여 비적의 수입원을 차단하고 동시에 국가의 세수를 증대하는 것이 바람직하다는 판단이었다. 마침내 북경과 길림 모두 재배삼의 합법화에 동의하게 되었다.[116]

황제의 지시에 따라 밍안은 협령을 파견하고 삼세국(蔘稅局)을 설치하여 재배삼에 대한 세금 징수를 시작했다. 길림에서 생산되는 재배삼과 약재는 매우 다양했기 때문에 약재의 귀천에 따라 세금의 비율을 다르게 적용했다.[117] 밍안은 또한 길림 각성의 산장에서 인삼을 재배하는 호(戶)의 수를 조사하여 이들을 인삼 재배호로 편제하고 삼세국에 와서 재배 허가증[執照]을 받게 했다. 인삼의 재배를 허용하는 대신 야생삼의 불법 채취나 약재의 은닉은 금지했다. 인삼 상인은 몰래 산삼을 채취하는 것이 아니라 국가의 허가를 받고 인삼을 재배하여 세금을 납부한다는 점에서 산속에 숨어 사는 비적과 구별되었다.[118]

19세기 후반에 이르러 만주에서 인삼은 채취하는 자연물이 아니라 재배하는 상품이 되었다. 내지의 한인들이 곡식과 면화를 재배하여 세금을

---

116 『吉林通志』 권43, 「經制志」 권8, 『東北史志』 제4부 7권, 3010쪽.
117 재배삼은 이익이 높은 상품이었기 때문에 시가로 1吊(동전 1,000文)의 인삼을 거래하면 가격의 10%인 동전 100文을 징수했다. 반면 黃耆나 黨蔘 등 22종의 약재에 대해서는 시가의 2%만 세금으로 징수했다. 또한 재배삼이나 약재를 100량 이상 거래할 경우에만 세금을 징수하고 100량 이하 소규모 거래에 대해서는 세금을 면제했다. 『吉林通志』 권43, 「經制志」 권8, 『東北史志』 第四部 10卷, 全國圖書館文獻縮微復制中心, 2004, 3011쪽 및 3013쪽.
118 『吉林通志』 권43, 「經制志」 권8, 3011~3012쪽.

납부하듯이, 만주의 한인들도 인삼을 재배하여 세금을 납부했다. 한인의 공간이 만주로 확대되면서 이곳의 자연환경을 이해하고 이용하는 방식이 근본적으로 달라졌다. 만주에서 인간은 이제 새로운 방식으로 자연과 관계를 맺고 있었다.

참고문헌

1. 사료

中國第一歷史檔案館,「乾隆五十九年吉林蔘務案」,『歷史檔案』2000-1.

中國第一歷史檔案館編,「嘉慶朝蔘務檔案選編」上,『歷史檔案』2002-3.

中國第一歷史檔案館編,「嘉慶朝蔘務檔案選編」下,『歷史檔案』2002-4.

遼寧省檔案館 編譯,『盛京蔘務檔案史料』, 遼海出版社, 2003.

光緒『欽定大淸會典事例』, 上海古籍出版社, 1995.

『吉林通志』,『東北史志』第四部 10卷, 全國圖書館文獻縮微復制中心, 2004.

2. 연구서 및 논문

김선민,「17-18세기 청대 인삼정책의 변화」,『중국학보』74, 2015.

_____,「청대 만주족 황실과 만주의 자연자원」,『명청사연구』46, 2016.

_____,「청대 길림의 팔기 관병과 호랑이 진공」,『史叢』102, 2021.

송미령,「淸 嘉慶帝의 親政 시작과 人事」,『이화사학연구』61, 2020.

유소맹 저·이훈 외 역,『여진부락에서 만주국가로』, 푸른역사, 2012.

高志超,「淸代吉林地區的棉花試種」,『淸史研究』, 2020-7.

關文發,『嘉慶帝』吉林文史出版社, 1993.

佟永功,「淸代盛京蔘務活動述略」,『淸史研究』, 2000-1.

馬金柱,「淸代東北封禁政策下的旗民交往關系 -以乾隆朝吉林琿春爲例-」,『歷史檔案』2020-1.

孟繁勇,「淸仁宗與吉林將軍秀林蔘務案」,『學理論』, 2015.

宋抵·王秀華 編著,『淸代東北蔘務』[李樹田 主編, 長白叢書 第五集], 吉林文史出版社, 1991.

王景澤, 「對淸代封禁東北政策的再認識」, 『東北師大學報』 166, 1997.

王雪梅, 「淸代打牲烏拉總管衙門硏究」, 中央民族大學 博士學位論文, 2012.

王佩環, 「淸代東北采蔘業的興衰」, 『社會科學戰線』 1982-4.

李治亨 主編, 『東北通史』, 中州古籍出版社, 2003.

任玉雪, 「淸代東北地方行政制度硏究」, 復旦大學 博士學位論文, 2003.

葉志如, 「從人蔘專采專賣看淸宮廷的特供保障」, 『故宮博物院院刊』, 1990.

林士鉉, 『淸季東北移民實邊政策之硏究』, 國立政治大學歷史學系, 2001.

廖晓晴, 「乾隆五十九年参参案」, 『満族研究』 2013-4.

_____, 「论清朝查禁秩参政策」, 『清史研究』 2018-5.

張傑, 「柳條邊印票與淸朝東北封禁新論」, 『中國邊疆史地研究』 1999-1.

____, 「淸代鴨綠江流域的封禁與開發」, 『中國邊疆史地研究』, 1994-4.

張心雨, 「邊禁之下: 朝鮮金仁述越境殺人案探究」, 『清史研究』 2020-5.

蔣竹山, 『人蔘帝國: 淸代人蔘的生産消費與醫療』, 浙江大學出版社, 2015.

叢佩遠, 『東北三寶經濟簡史』, 農業出版社, 1987.

_____, 『中國東北史』 4, 吉林文史出版社, 1998.

黃松筠·欒凡, 『吉林通史』, 吉林人民出版社, 2008.

今村鞆, 『人蔘史』 1-7, 朝鮮總督府, 1939.

上田信, 「封禁·開採·弛禁: 淸代中期江西における山地開發」, 『東洋史研究』 61-4, 2003.

村上信明, 「乾隆帝の時代の終わりと清朝の変容: 清朝·チベット関係を中心に」, 『史境』 73, 2017.

川久保悌郎, 「淸代滿洲における燒鍋の簇生について」, 『和田博士古稀記念東洋史論叢』, 講談社, 1960.

塚瀬進, 「中國東北統治の變容: 1860-80年代の吉林を中心に」, 『近代東北アジアの誕生: 跨境史への試み』, 北海道大學出版會, 2008.

荒武達朗, 『近代滿洲の開發と移民: 渤海を渡つた人びと』, 汲古書院, 2008.

_____, 「嘉慶年間南滿洲の郷村役: 近代前夜の地域社会と郷村統治」, 『德島大学総合科学部人間社会文化研究』 23, 2015.

Bello, David. *Across Forest, Steppe, and Mountain: Environment, Identity, and Empire in Qing China's Borderlands*. Cambridge University Press, 2016.

Lavelle, Peter B. *The Profits of Nature: Colonial Development and the Quest for Resources in Nineteenth-Century China*, Columbia University Press, 2020.

Lee, Robert H. G. *The Manchurian Frontier in Ch'ing History*. Harvard University Press, 1970.

Reardon-Anderson, James. *Reluctant Pioneers: China's Expansion Northward, 1644-1937*, Stanford University Press, 2005.

Rowe, *Speaking of Profit: Bao Shichen and Reform in Nineteenth-Century China*, Harvard University Asia Center, 2018.

Wang, Wensheng. *White Lotus Rebels and South China Pirates: Crisis and Reform in the Qing Empire*, Harvard University Press, 2014.

제3부

한국의 물품 교류사와 역동성

01

북송 대식 상인의 고려에 진헌 고증

마젠춘(馬建春, 지난대학[暨南大學] 중외관계연구소 교수)

당(唐)나라 때 페르시아만에서 광주(廣州)로의 항로가 전면 개통되면서 많은 페르시아 및 아랍 상인이 동쪽으로 남중국해까지 항해하면서 광범위한 상업 무역 활동에 종사했다. 이후 대식 선박은 점차 광주에서 북쪽으로 향하여 복주(福州), 양주(揚州) 등의 지역까지 진출했다. 아울러 일부 상인은 양주 등의 지역에서 신라 상인과 접촉함으로써 한반도 상황을 알게 되었고, 그들의 무역 활동을 동북아시아 지역에 있는 '신라' 항구까지 넓혔다. 9세기 아랍 문헌인 『술라이만의 여행기(Akhbār al-Ṣīn wa 'l-Hind, 蘇萊曼遊記)』 (『중국인도견문록(中國印度見聞錄)』이라고도 함)에는 이미 신라에 관한 기록이 나타나며, 그 후 이븐 후르다드베(Ibn Khordadbeh)의 『도로들과 왕국들의 책(Kitāb al-Masālik wa'l-Mamālik, 道裏邦國志)』, 알 마수디(Al-Masʿūdī)의 『황금초원(Murūj aḍ-Ḍahab wa-Maʿādin al-Jawhar, 黃金草原)』, 그리고 알 카즈비니(Zakariya al-Qazwini)의 『The Wonders of Creation and the Oddities of Existence(ʿAjāʾib al-makhlūqāt wa gharāʾib al-mawjūdāt, 世界奇異物與珍品志)』 등 무슬림 학자들의 저술에는 모두 신라국(668~935)이라는 명칭을 출현시키며 한반도에 관한 내용을 기록하고 있다.

서양 학계에서도 아랍 문헌에 기초하여 중동 무슬림 상인과 한반도의 무역 관계가 대개 9세기 신라시대에 시작된 것으로 보고 있다. 1950년대에 티베츠(G.R.Tibbetts)는 「초기의 동남아시아 무슬림 상인(Journal of the Malayan Branch of the Royal Asiatic Society)」에서 9~13세기 중엽에 "아랍 사람의 무역 활동 범위가 아시아 대륙의 해안까지 확장되었고 북쪽으로 고려에 이르렀다"고 언급하였다.[1] 조지 올래니(George F. Hourani)도 그의 저서인 『고대와 중세 초기 인도양에서의 아랍인의 항해 활동』에서 9세기 이후 아랍인의 인도양에서의 항해 활동이 전성기에 접어들었다고 지적하고 있다. 인도양 해안을 따라 실론(錫蘭, 스리랑카의 옛 이름), 동인도군도(東印度群島), 중국, 심지어 한반도 등의 지역에서 활발한 상업 활동을 전개한 것으로 본 것이다. 특히 극동 지역(the Far East)에서의 아랍인의 무역 활동에 대해 "일부 무슬림이 육로나 해로를 통해 고려(신라)에 도착한 것은 확실하다"라고 기술하고 있다.[2] 한국의 김원룡, 정수일, 이희수, 김강식 등도 한국에서 출토된 신라시대의 이슬람식 문화재와 아랍 문헌 중 신라에 대한 기록, 그리고 일본 쇼소인(正倉院) 소장 기록물 중 신라가 일본으로 아랍 물건을 보내는 기록 등을 통해 이 문제에 관해 논의를 전개했다. 중국에서는 왕암(王岩)·지원(之遠)의 「중고 아랍 동양 문헌 중의 신라국(中古阿拉伯東方文獻中的新羅國)」과 양이평(梁二平)의 「신라, 해상 실크로드의 끝(新羅, 海上絲綢之路的天盡頭)」에서 고대 아랍 문헌 중 한반도 관련 기록을 간략히 소개하고 분석하는 성과를 제시했다. 유흠화(劉欽花)의 「당나라 때의 조선과 서역(唐代的朝鮮與西域)」과 손홍(孫泓)의 「고고 자료를 통해 서역 문화가 신라에서의 전파를 본다(從考古資料看西域文化

---

1 G.R.Tibbetts, 「Early Muslim Traders in South-East Asia(초기의 동남아시아 무슬림 상인)」, *Journal of the Malayan Branch of the Royal Asiatic Society*, vol.30, no.1(177), 1957, p.36.

2 George F. Hourani, 『Arab Seafaring in the Indian Ocean(In Ancient and Early Medieval Times)(고대와 중세 초기 인도양에서의 아랍인의 항해 활동)』 Princeton: Princeton University Press, 1995, p.72.

在新羅的傳播)」등의 논문에서도 고대 아랍과 한반도의 관계에 관해 언급을 하고 있다.[3]

11세기 고려 한문 사료에서도 대식인이 한반도에 들어와 방물을 바치는 기록이 등장하는데, 이를 통해 학계에서는 동아시아 해역에서의 무슬림 상인의 행적을 한층 더 깊게 이해할 기회를 얻게 되었고, 중국과 한국의 학자들 역시 자주 『고려사』 중의 관련 기록을 소개하고 있다. 본 논문은 아랍, 중국, 고려 등의 문헌에 나타나는 관련 기록의 광범위한 수집과 정리, 고증, 그리고 『고려사』에 나타나는 세 차례의 대식 진헌 기록 등을 기초 자료로 삼아 동아시아 지역에서의 다자 관계에 관해 대식 번상의 활동을 중심으로 종합적인 비교, 분석을 진행하고자 한다.

I. 『고려사』 중 세 차례의 대식 진헌 기록

966년 예루살렘 출신의 마끄디시(Mutahhar ibn Tahir al-Maqdisi)라고 하는 아랍인은 사만 왕조의 어느 신하의 요청에 따라 당시 역사에 대한 개론을 편찬해 『창세와 역사』라는 이름을 붙였다. 이 책에는 또한 신라에

---

3 김원룡, 「고대한국과 서역」, 『미술자료』 제34호, 1984; 정수일, 『신라·서역 교류사』, 단국대학교 출판부, 1992; Lee Hee-Soo, 「Early Korea-Arabic maritime relations based on Muslim sources」, *Korea Journal* 31(2), 1991; Lee Hee-Soo, 「The Maritime Spread of Islam In Korea and its Growth」, 『海上絲綢之路研究』 1(海上絲綢之路與伊斯蘭文化), 福建教育出版社, 1997년, pp.155~174; 이희수, 「이슬람과 한국문화」, 청아출판사, 2013; 王岩·之遠, 「中古阿拉伯東方文獻中的新羅國」, 『東北史地』 2011년 제1기; 梁二平, 「新羅, 海上絲綢之路的天盡頭」, 『絲綢之路』 2015년 제7기; 劉欽花, 「唐代的朝鮮與西域」, 『中韓曆歷史文化交流論文集』 제3집, 延邊人民出版社, 2007, pp.110~124; 孫泓, 「從考古資料看西域文化在新羅的傳播」, 『朝鮮·韓國曆史研究』 제10집, 延邊大學出版社, 2009, pp.65~78.

관련된 내용이 들어있다. 저자는 마수디의 글을 읽어보지 않았을 수도 있지만 이븐 후르다드베(Ibn Khordadbeh)의 기록을 잘 알고 있었다. 그의 저서에는 "『도리군국지(道裏郡國志)』라는 책에는 이와 같은 내용이 보인다. 중국 동쪽에는 이러한 곳이 있다. 기후가 쾌적하고 일조량이 풍부하며, 토지가 깨끗하고 식수가 달달하며, 현지 사람의 성격이 부드럽다. 그 지역의 가옥은 명주나 비단으로 장식되어 있다. 사람들이 금 그릇을 사용한다. 그래서 대개 거기에 도착한 사람은 모두 떠나지 않는다. 그러나 오직 하느님만이 진실을 안다"라는 내용이 있다.[4] 이 기록은 여전히 기존 학설을 따르고 있지만, '신라'는 중국 동쪽에 있는 나라로서 아랍인의 관심을 받았고, 당시에도 이미 대식 상인이 와서 무역했음을 알 수 있다. 한반도 문헌 중 최초의 대식 방문 기록은 1024년이었고 고려 현종(顯宗) 시기였다. 『고려사』에 따르면, 현종 15년(1024) 9월에 "대식국 열나자(悅羅慈) 등 100명이 와서 방물을 바쳤다. 대식국은 서역에 있다"라고 한다.[5] 이 문헌의 간략한 기록을 분석해 보면, 대식국 사람이 진헌하는 사유에 대한 소개도 없고 대식국의 일반적인 상황에 대한 설명도 없으며, 단지 "대식국이 서역에 있다"라고 한다. 그리고 한 번에 진헌하는 사람이 100명이나 되다 보니 이번 대식인의 고려 방문은 처음이 아닐 것이다. 그전에 대식 상인이 이미 이 나라에 와서 무역했을 것이고 어느 정도의 경제 관계를 맺었을 것이다. 그렇지 않았으면 100명이나 된 상인 집단이 고려에 도착한 일은 필연적으로 왕의 큰 관심을 불러일으켰을 것이다.

이 시기 송나라와 고려의 상선 왕래 자료에 따르면, 고려에 진입한 송나라 상인단 규모는 수십 명으로 제한되어 있었고 100명 이상의 경우는 상대적으로 드물었다. 같은 시기에 100명 상인단에 관련된 기록은 현종

---

4 費瑯 편, 耿昇·穆根來 역, 『阿拉伯波斯突厥人東方文獻輯注』(상), p.133.

5 鄭麟趾 저, 孫曉 외 교정, 『高麗史』 권5 「顯宗二」, p.124.

10년(1019) "가을 7월 기사(己巳)에 송나라 천주의 진문궤(陳文軌) 등 100 명이 와서 토산물을 바쳤다", 같은 달 "임신(壬申)에 송나라 복주의 우선(虞瑄) 등 100여 명이 와서 향약(香藥)을 바쳤다"[6] 등을 제외하면, 『고려사』에 기록된 송나라 상인 인원수는 대체로 적었다. 문종(文宗) 8년(1054) "가을 7월 경오(庚午)에, 송나라 상인 조수(趙受) 등 69명이 와서 서각(犀角), 상아(象牙)를 바쳤다", 14년 8월 "을해(乙亥)에 송나라 상인 황원재(黃元載) 등 49명이 와서 토산물을 바쳤다", 31년 "9월 신해(辛亥)에, 송나라 상인 양종성(楊從盛) 등 49명이 와서 토산물을 바쳤다",[7] 숙종(肅宗) 3년(1098) "11월 경술(庚戌)에, 송나라 상인 홍보(洪保) 등 20명이 왔다", 7년 "6월 무술(戊戌)에 송나라 상인 황주(黃朱) 등 52명이 왔다",[8] 인종(仁宗) 2년(1124) 5월 "경자(庚子)에 송나라 상인 류성(柳誠) 등 49명이 왔다", 16년 3월 "송나라 상인 오적(吳迪) 등 63명이 송나라 명주의 공문서를 가져와 휘종(徽宗)과 영덕황후(寧德皇后) 정씨(鄭氏)가 금나라에서 승하하였다고 알렸다."[9] 이 중 조수 등 69명과 오적 등 63명으로 된 송나라 해상 상인단을 제외하면, 나머지 고려에 도착한 송나라 상인단 규모는 모두 50명 정도였다. 『고려사』에는 문종 8년 "9월 경오(庚午)에, 송나라 상인 황조(黃助) 등 48명이 왔다", 이듬해 봄 2월 "무신(戊申)에 송나라 상인 섭덕총(葉德寵) 등 87명이 오빈관(娛賓館)에서, 황증(黃拯) 등 150명이 영빈관(迎賓館), 황조(黃助) 등 48명이 청하관(淸河館)에서 한식(寒食) 연회를 하였다"[10] 등 기록이 있다. 여기에 섭덕총(葉德寵) 등 87명, 황증 등 105명은 한식날에 고려가 열은 연회에서 집중적으로 초대한 송나라 각 상인단의

6 鄭麟趾 저, 孫曉 외 교정, 『高麗史』 권4 「顯宗一」, p.111, p.112.
7 鄭麟趾 저, 孫曉 외 교정, 『高麗史』 권7 「文宗 」, p.202, p.222, p.253.
8 鄭麟趾 저, 孫曉 외 교정, 『高麗史』 권11 「肅宗一」, p.316, p.331.
9 鄭麟趾 저, 孫曉 외 교정, 『高麗史』 권15 「仁宗一」, p.439, p.501.
10 鄭麟趾 저, 孫曉 외 교정, 『高麗史』 권7 「文宗一」, p.202, p.203.

인원수 자료일 것이다. 즉 이번에 고려에 도착한 송나라 상인은 각각 오빈관, 영빈관, 청하관 3곳으로 나뉘어 대접되었는데, 그 숫자는 고려에 몇 차례로 도착한 송나라 상인의 총 인원수였다. 예를 들어 섭덕총의 경우,『고려사』에 따르면 그가 11년 8월에 다시 도착했을 때 25명에 불과했다.[11] 그리고 황증이 10년 11월에 다시 도착했을 때 인원수는 29명이었다.[12]

이에 따라 대식 상인은 그전에 이미 고려와 무역 관계를 맺었다. 이번에 100명 상선의 진헌은 양측 간 기존 교류를 기반으로 한 규모가 큰 상업 활동이었을 것이다.

대식 상인의 이번 진헌은 이원익(李源益)의 『기년동사약(紀年東史約)』에서도 보인다. 그중에 송나라 인종 천성(天聖) 2년(1024)에 "대식인이 와서 방물을 바쳤다"라고 한다.[13] 그러나『고려사』의 기록에 따르면, 이듬해(1025)에 "9월 신사(辛巳)에 대식의 만하(蠻夏), 선라자(詵羅慈) 등 100명이 와서 방물을 바쳤다",[14] 1년 후 또 100명으로 된 대식인이 와서 방물을 바쳤다. 이는 당시 대식과 고려의 무역 관계가 매우 가까웠음을 알 수 있다. 또한 2년 동안 대식이 빈번히 고려에 진입했다는 내용에 따르면, 그 항로는 광주나 천주 등 지역에서 출발해 절강(浙江)을 거쳐 북쪽으로 올라가서 고려에 도착했던 것으로 볼 수 있다. 모두 잘 아는 사실로는 동아시아 해역에서 아랍 지역을 오가는 데에 2년이나 걸린다는 것이다.『고려사·정종세가(高麗史·靖宗世家)』에 따르면, 15년 후, 즉 정종(靖宗) 6년(1040)에 "11월 병인(丙寅)에 대식국 객상 보나합(保那盍) 등이 수은(水銀),

---

11 "八月丁未, 宋商葉德寵等二十五人來獻土物." 鄭麟趾 저, 孫曉 외 교정, 『高麗史』 권8 「文宗二」, p.215.

12 "十一月辛巳, 宋商黃拯等二十九人來獻土物." 鄭麟趾 저, 孫曉 외 교정, 『高麗史』 권7 「文宗一」, p.210. (참고)

13 李源益, 『東史約』 권4 『高麗紀』 "甲子十五年"조, 韓國國史編纂委員會 편, 『韓國史料叢書』 제33집, 1990, p.163.

14 鄭麟趾 저, 孫曉 외 교정, 『高麗史』 권5 「顯宗二」, p.125.

용치(龍齒), 점성향(占城香), 몰약(沒藥), 대소목(大蘇木) 등 물품을 바쳤다. 유사에게 명하여 관(館)에서 잘 대우하게 하고 돌아갈 때 금과 비단을 후하게 내려주었다."[15] 그들이 가져온 물품을 살펴보면 이번에 대식 객상이 무역하는 물품은 대부분 동남아시아 해역에서 나온 향약 제품들이다. 따라서 이들은 주로 동아시아와 남중국해 일대에서 해상무역을 하던 대식 상인일 것이다.

II. 고려·요·송의 관계에서 본 대식의 고려에 대한 진헌

분명히 해야 할 것은 당시 대식(상인)이 광주, 복주, 천주, 양주 등 항구에 도착한 지 이미 이삼백 년이나 되었으며, 그동안 고려와 자주 접촉했음에도 불구하고 문헌에 이와 관련된 기록은 매우 드물다. 그러나 모두 잘 알고 있듯 대식(국)은 송나라와 빈번히 왕래했다. 문헌 기록에 따르면, 개보(開寶) 원년(968)부터 천성(天聖) 원년(1023)까지의 55년 동안 대식의 사절이 해로를 통해 30번이나 중국에 왔고, 평균 2년에 한 번씩 (송나라에) 진헌하였다. 따라서 대식은 송나라의 해외 교류에 있어 가장 중요한 나라 중의 하나임을 알 수 있다. 그러나 송 인종(宋 仁宗)이 즉위한 이래 30년이 넘는 동안 대식 상인의 진헌 기록은 하나도 없었다. 그 이유는 아직도 불분명하다. 『송사』에 따르면, 천희(天禧) 3년(1019)에 대식국 공사(貢使)가 "먼저 진헌하러 가는 길은 사주(沙州)에서 출발하여 하국(夏國)을 거쳐 진주(秦州)에 도착하는 것을 청하였다"고 한다.[16] 천성 원년(1023)에 인종이 왕위를 이어받은 후 대식은 다시 육로를 통해 진봉하였다. 11월에

---

15 鄭麟趾 저, 孫曉 외 교정, 『高麗史』 권6 「靖宗」, p.165.
16 『宋史』 권490 「大食傳」, 中華書局, 1977, p.14121.

입내내시성(入內內侍省) 부도지(副都知) 주문질(周文質)이 말하기를 '사주, 대식국은 진헌하기 위해 사절을 보내 대궐에 이르렀다. 원래 대식국이 북쪽에서 왔을 때 모두 바닷길로 광주를 통해 들어왔다. 현재는 사주를 통해 북경으로 오는데 하주(夏州) 지역을 거쳐 위주(渭州)에 이르렀다. 엎드려 생각하옵건대 지금 대식이 이 길을 통해 출입하는 것을 금지하고, 옛 제도를 따라서 서역에서 출입할 수 없게 해 주십시오'라고 하니, 상이 따랐다.[17] 이에 인종은 대식이 육로를 통해 송나라에 들어오는 것을 금지할 뿐, 해로로 진헌하는 것은 막지 않았다. 그러나 그 후 32년 동안 문헌에는 대식의 진헌 기록은 보이지 않는다. 또한 마침 이 시기에 대식은 세 차례나 고려에 방물을 바쳤는데, 이는 의심스러운 점이다. 송, 요, 고려에 관한 문헌을 살펴보면, 당시 삼국의 관계에서 몇 가지 단서를 찾아낼 수 있다.

고려는 요나라뿐 아니라 북송과도 조공 관계를 맺고 있었다. 송태조(宋太祖)가 나라를 세우자, 고려는 표문을 받들어 신하로 일컬었다. 태종 때 거란의 고려에 대한 정벌과 송요 전쟁 중 송나라의 패전으로 인해 고려는 요나라의 신하로 칭하였다. 그럼에도 불구하고 고려는 여전히 송나라와 무역과 교류를 유지했다. 『송사·고려전』에 따르면, "대중상부(大中祥符) 7년(1014)에 고려에서 고주사(告奏使)로 어사공부시랑(御事工部侍郎) 윤증고(尹證古)를 보내 금실로 짜서 만든 용봉안(龍鳳鞍)과 수놓은 용봉안복(龍鳳鞍㡇) 각 두 벌과 세마(細馬) 2필, 산마(散馬) 20필을 조공으로 바쳤다. 윤증고가 돌아갈 때 왕순(王恂)이 조서(詔書) 7통 및 의대(衣帶), 은채(銀綵), 안륵마(鞍勒馬) 등을 하사하였다"고 한다. "8년(1015), 등주(登州) 해안에 관사를 설치하여 대접하라고 하였다. 그해에 또한 어사민관시랑(禦事民官侍郎) 곽원(郭元)을 파견하여 공물을 바치도록 했다." "천희(天禧) 원년(1017)에 어사형관시랑(禦事刑官侍郎) 서눌(徐訥)을 파견하여 숭정전

17 徐松輯, 『宋會要輯稿』 藩夷4 「大食」, 上海古籍出版社, 2014, p.9827.

(崇政殿)에서 표문을 받들어 방물을 바치도록 했다. 또한 왕건(王建)을 수춘군왕(壽春郡王)으로 책봉한 것을 축하해 줬다." "3년(1019) 9월, 등주에 고려 진봉사(進奉使) 예빈경(禮賓卿) 최원신(崔元信)이 진왕수(秦王水) 입구에 이르러 풍랑을 만나 배가 뒤집혀서 조공 바칠 물품을 잃어버렸다고 말하니, 조서를 내려 내신(內臣)을 파견하여 위로하게 하였다." "5년(1021)에 왕순은 고주사(告奏使) 어사예부시랑(御事禮部侍郎) 한조(韓祚) 등 179명을 파견하여 사은하였으며, 또 거란과 수호하였다고 말하였다. 그리고 또 표문을 올려 음양지리서(陰陽地理書)와 『성혜방(聖惠方)』을 하사해 주기를 요청하여 모두 하사하였다."[18] 분명히 송 인종 이전에 송나라와 고려는 정상적으로 외교적 왕래를 했었다.

그러나 요나라와 고려는 땅이 인접하여 고려가 신하로 복종한 후에도 긴밀하게 왕래하였으며, 종번(宗藩)의 속성이 매우 분명하였다. 『요사·고려전』에 따르면, 요 성종(遼 聖宗) 통화(統和) 13년(995) "11월에 사신을 보내 (왕)치(王治)를 왕으로 책봉하였다. 소년 10명을 보내 본국어를 배우도록 했다. 14년에 왕치는 표를 올려 혼인하기를 청하였는데, 동경유수(東京留守) 부마(駙馬) 소항덕(蕭恒德)의 딸을 시집보내도록 하였다. 6월에 사신을 보내 일상생활에 관해 묻도록 했다. 그 이후에 수시로 온다." "16년에 사신을 보내 (왕)송(王誦)을 왕으로 책봉하였다. 20년에 왕송이 사신을 보내 송나라에 대한 성공적인 정벌을 축하해 주었다. … 23년에 고려가 송나라와 화해했다고 들어 사신을 보내 축하해 주었다." 그러나 개태(開泰) 원년(1012)에 야율융서(耶律隆緖)는 조서를 내려 고려왕 왕순에게 "직접 조현하라"고 명하였는데 왕순은 "병 때문에 조현할 수 없다"고 하였으니, 양국 사이가 악화되었다. 따라서 요나라는 몇 차례 고려를 공격하였다. 9년(1020)에 고려의 "왕순이 항복한다는 표를 올렸기 때문에 그의

---

18 『宋史』 권487 「高麗傳」, pp.14043~14044.

죄가 풀리게 되었다." 요나라 태평(太平) 원년(1021)에 고려왕 왕순이 죽자, 요나라는 "사신을 보내 왕흠(王欽)을 왕으로 책봉하였다."[19] 당시 왕흠은 고려의 새로운 왕이 되었고, 요나라의 압력으로 북송과의 교류를 일시 포기했다. 또한 당시 마침 송 인종이 새로 즉위하여 양측은 한동안 교류를 중단하였다.

잘 알려져 있듯이 송나라 때 중국에 들어온 대식국 진공 사신은 막대한 조공 규모, 번상을 끌어들이는 공, 그리고 빈번한 물품 진헌으로 인해 종종 좋은 대우를 받았다. 그들은 다양한 관직으로 책봉되었고 은총을 받았다. 개보(恩寵) 4년(971)에 대식이 사신을 보내 공물을 바치자, 송나라는 "사신 이가말(李訶末)을 회화장군(懷化將軍)으로 봉하였고, 특별히 금화오색능지(金花五色綾紙)로 공문을 작성하여 하사하였다."[20] 지화(至和) 및 가우(嘉祐) 연간(1054~1063)에 대식은 잇따라 "네 차례 진헌"하였고, 송나라 조정은 "그의 수령 포사을(蒲沙乙)을 무녕사계(武寧司階)로 봉하였다."[21] 그리고 "대식물순국(大食勿巡國) 진봉사(進奉使)"로서 중국에 진입해 무역하는 신압타라(辛押陁羅)는 '광주 번방(蕃坊) 번장(蕃長)'의 직위를 받았을 뿐만 아니라, 송나라 조정에 의해 '귀덕장군(歸德將軍)'까지 봉해졌다.[22] 이러한 관직을 받은 대식 상인은 적지 않았다.[23] 이는 송나라가 대외무역에서 대식에 크게 의존했음을 보여준다. 또한 송나라 때의 대식 상인은 본국이나 종속국 사신의 신분으로 조공을 바쳤을 뿐만 아니라, 많은 대식

---

19 『遼史』 권115 「高麗傳」, 中華書局, 1974, p.1520.

20 『宋史』 권490 「大食傳」, p.14118.

21 徐松輯, 『宋會要輯稿』 蕃夷4 「大食」, p.9827.

22 蘇軾 저, 孔凡禮 교정, 『蘇軾文集』 권39 「辛押陁羅歸德將軍制」, 中華書局, 1986, p.1110.

23 문헌 기록 중 송나라 조정에 의해 봉하게 된 대식 진헌 사신은 陁婆離(歸德將軍), 亞蒲羅(奉化郎將), 蒲陁婆離慈(保順郎將), 層伽尼(保順郎將), 加立(保順郎將), 蒲麻勿(郎將), 蒲羅辛(承信郎) 등 있다.

선박 주인이나 상인이 종종 다른 나라의 사신을 충당해 중국에 진입하고 진헌하며, 직위까지 얻었다. 예를 들어 점성국(占城国)의 사절로 공물을 바친 포마물(蒲麻勿)은 송나라 조정에 의해 '낭장(郎將)'으로 봉해졌다.[24] 『송사』에는 주련국(注輦國) 조공 사신인 대식인 포압타리(蒲押陀離)가 "금자광록대부(金紫光祿大夫), 회화장군(懷化將軍)"[25]으로 봉해졌다는 기록도 나와 있다. 송나라 때 대식 조공 사신, 번상의 특별한 위상은 일반적인 중국인 상인들과 비교할 수 없었다는 것이 분명한 사실이다. 따라서 이 특별한 시기에 송나라는 그들에게 사명을 내려 송과 고려의 무역 대리인이 되도록 했다.

III. 『고려사』 중 대식 진헌 기록에 대한 해석

고려에 대한 대식의 첫 번째와 두 번째 진헌은 요성종(遼聖宗) 태평(太平) 연간(1021~1031)과 북송 인종 천성 연간(1023~1032)에 이루어졌다. 당시 대식인이 고려에 진입했는데, 송나라와 고려가 요나라의 침략을 피하기 위해 대식의 진헌으로 양측의 공식 무역 교류를 감추는 것이 아닌가? 『송사·고려전』에 따르면, 고려 "도성에는 중국 사람이 수백 명 있었는데, 장사 때문에 배타고 간 민(閩) 지방 사람이 많았다. (고려에서는) 비밀리에 그들의 재능을 시험해 보고 벼슬을 주어 유혹하거나 강제로 체류시켜 일생을 마치도록 하기도 하였다. 조정에서 사신이 갔을 적에 (그들 중에) 첩을 올려 하소연하는 사람이 있으면 데리고 귀국하였다." 또한 그 나라 "상하의 백성들은 모두 장사하여 이익을 보는 것을 일삼았다"라고

24 李燾, 『續資治通鑑長編』 권246 '神宗熙寧六年七月丙午'조, 中華書局, 1985, p.5977.
25 『宋史』 권489 「注輦國傳」, p.14098.

여겨진다.[26] 이는 외국 상인이 그 나라에 간 후 계속 거기에 머물고 돌아오지 않았다는 아랍 문헌의 기록과 일치하기도 한다. 또한『송사』중 당시 고려에 사는 중국인은 "대부분 복건 사람이고 상선을 통해 도착했다"라는 내용에 관련하여,『고려사』의 많은 기록도 이를 충분히 증명할 수 있다. 일찍이 오대(五代) 시기, 즉 고려 태조 무자(戊子) 11년(928) "8월에 신라 승인 홍경(洪慶)이 당나라 민부(閩府)에서『대장경(大藏經)』한 질을 배에 싣고 예성강(禮成江)에 이르니 왕이 친히 이를 맞이하여 제석원(帝釋院)에 두었다."[27] 이는 복건의 선박이 당시 이미 한반도에 진입했음을 알 수 있다. 그 이후로 복주, 천주의 해상 상인은 자주 배를 통해 고려에 도착해 무역했다. 대식의 고려에 대한 진헌이 세 번 발생하는 현종(顯宗)과 정종(靖宗) 시기만 예로 들어도, 당시 배를 통해 고려에 도착한 송나라 상인은 거의 다 복건성 출신이었다. 현종 정사(丁巳) 8년(1017) 가을 7월 "신축(辛丑), 송나라 천주의 임인복(林仁福) 등 40명이 와서 방물을 바쳤다", 기미(己未) 10년(1019) "가을 7월 기사(己巳), 진문궤 등 100명이 와서 토산물을 바쳤다", 같은 달 "임신(壬申), 송나라 복주의 우선 등 100여 명이 와서 향약을 바쳤다", 경신(庚申) 11년 (1020) 2월 "기유(己酉), 송나라 천주의 회지(懷贄) 등 와서 방물을 바쳤다", 임술(壬戌) 13년(1022) 8월 "갑인(甲寅), 송나라 복주의 진상중(陳象中) 등이 와서 토산물을 바쳤다", 무진(戊辰) 19년(1028) "9월 병신(丙申), 송나라 천주의 이선(李顗) 등 30여 명이 와서 방물을 바쳤다", 경오(庚午) 21년(1030) 가을 7월 "기사(己巳), 송나라 천주의 노준(盧遵) 등이 와서 방물을 바쳤다",[28] 정종 정축(丁丑) 3년(1037) 8월 "정해(丁亥), 송나라 상인 임윤(林贇) 등이 와서 방물

---

26 『宋史』 권487 「高麗傳」, pp.14053~14054.

27 鄭麟趾 저, 孫曉 외 교정, 『高麗史』 권1 「太祖一」, p.30.

28 鄭麟趾 저, 孫曉 외 교정, 『高麗史』 권5 「顯宗二」, p.105, p.111, p.112, p.113, p.130, p.134.

을 바쳤다." 문헌에는 임윤의 출신이 기록되어 있지 않지만, 그는 천주 임씨라는 해상 상인 가문 출신일 것이다. 예를 들어, 을유(乙酉) 11년 (1045) "5월 병인(丙寅), 송나라 천주 상인 임희(林禧) 등이 와서 토산물을 바쳤다."[29] 이 시기에 고려에 도착한 후 귀국하지 않은 복건인도 많았다. 예를 들어, 현종 계축(癸丑) 4년(1013) 봄 1월 "경술(庚戌), 송나라 민(閩) 사람 대익(戴翼)이 와서 의탁하니 유림랑수궁령(儒林郎守宮令)에 임명하고 의물과 전장을 내려주었다", 을묘(乙卯) 6년(1015) 여름 4월 "윤월 갑진(甲辰), 송나라 천주 사람 구양정(歐陽征)이 와서 의탁했다", 계해(癸亥) 14년 (1023) 11월 병신(丙申) "송나라 천주 사람 진억(陳億)이 와서 의탁했다."[30] 이외의 시기에도 상선을 따라 고려에 도착한 후 다시 돌아가지 않은 복건인이 있었다. 『조선사·유재전(高麗史·劉載傳)』에는 이를 "선종 시기에 송나라 천주 사람이 상선을 따라왔다"라고 한다.[31] 또한 "호종단(胡宗旦)은 역시 송나라 복주 사람이다. 태학(太學)에 들어가서 상사생(上舍生)으로 있다가 후에 양절(兩浙, 절동(浙東)과 절서(浙西)) 지역을 다니다가 상선을 따라왔다."[32]

당나라 중기부터 복주와 천주의 해상 운송이 급속히 발전하여 상선들이 많이 모여들었다. 당나라 한시 중 "雲山百越路, 市井十洲人"이라는 구절은 곧 대외무역의 번영 양상을 묘사하고 있다. 당나라 말기에 천주는 해외 교통에서 점점 더 중요한 역할을 했으며 교주(交州), 광주, 양주와 함께 동남해안의 4대 무역항구로 일컬었다. 송나라 초기에는 등주를 거쳐 서해를 건너 고려에 진입한 상선은 58차례 정도였으며, "이러한 상인들은 주로 천주, 태주(台州), 복주, 광남(廣南) 등 지역 출신이었다." 김강식은 『고려

29 鄭麟趾 저, 孫曉 외 교정, 『高麗史』 권6 「靖宗」, p.158, p.175.
30 鄭麟趾 저, 孫曉 외 교정, 『高麗史』 권5 「顯宗二」, p.97, p.101, p.122.
31 鄭麟趾 저, 孫曉 외 교정, 『高麗史』 권97 「劉載傳」, 제8책, p.3004.
32 鄭麟趾 저, 孫曉 외 교정, 『高麗史』 권97 「胡宗旦傳」, 제8책, p.3004.

사』에 기록된 출신이 밝혀진 26명의 송나라 상인을 정리했으며, 그중 "천주 출신이 12명으로 가장 많으며, 이어서 광남 4명, 태주 3명, 복주 2명, 명주 등 지역 출신 각각 1명으로 되어 있다"고 지적했다.[33] 당시 광주, 복주, 천주 등 지역에서 대식 번상이 많이 거주했는데 송나라 때에 이르러 그 실력과 영향력이 꽤 컸다. 그들은 현지 상인의 인도 아래 자주 고려에 가서 무역했다. 또한 요나라의 압력으로 송나라와 고려의 교류가 중단될 수밖에 없었던 특별한 시기에는 그들이 두 나라의 대표로 임명되어 무역이라는 명목으로 양국 간 교류의 임무를 수행했다.

『고려사』에는 송나라 상인이나 외국 상인이 그들과 거래하는 구체적인 상품에 관련된 기록이 거의 없고, 일반적으로 '토물(土物)', '방물'이라고 총칭한다. 비교적 명확한 기록은 대부분 복건, 대식, 광남[34] 상인의 경우인데, 그들의 상품도 주로 향약이었다. 예를 들어, 현종 기미(己未) 10년 (1019) 가을 7월 "임신(壬申), 송나라 복주 우선 등 100여 명이 와서 향약을 바쳤다", 임술(壬戌) 13년(1022) 8월 "신유(辛酉), 광남 사람 진문수(陳文遂) 등이 와서 향약을 바쳤다",[35] 정종 6년(1040) "11월 병인(丙寅), 대식국 상인 보나합(保那盍)이 와서 수은, 용치, 점성향, 몰약, 대소목 등 물건을 바쳤다." 이 책에는 또한 문종 기해(己亥) 13년(1059) "가을 8월 무진 (戊辰), 송나라 천주 상인 황문경(黃文景), 소종명(蕭宗明)과 의인(醫人) 강조동(江朝東) 등이 곧 돌아가려고 하니, 제하여 '종명, 조동 등 3명이 머물러 있도록 허락했다.'"[36] 또한 고려에서 거주하는 "신안지(慎安之)는 자가

---

33 金康植 저, 吳婉惠·江偉濤·楊芹 역,『高麗和宋朝海上航線的形成和利用』참조: 李慶新 편,『學海揚帆一甲子——廣東省社會科學院曆史與孫中山研究所成立六十周年紀念文集』, p.752.

34 송나라 개보 시기에 영남전운사(嶺南轉運使)를 설치하여, 광남로(廣南路)라고 칭하기도 한다. 지도(至道) 3년(997)에 광남동로(廣南東路)와 광남서로(廣南西路)로 나뉘어서 현재의 양광(兩廣)과 해남(海南) 지역에 해당된다.

35 鄭麟趾 저, 孫曉 외 교정,『高麗史』권5「顯宗二」, p.119, p.122.

원로(元老)고 송나라 개봉부(開封府)의 사람이다. 아버지 신수(愼脩)는 문종 때에 배를 따라왔다. 지식이 있고 의술이 뛰어나다"[37]라는 기록이 있다. 고려에 천주 상인과 의인을 만류하는 기록에 따르면 전에 황문경, 소종명이 고려에 가져온 물품은 향약일 것이고, 의인을 데리러 온 것은 고려에 향약의 약성을 알려주도록 하는 것이겠다. 이 의인은 향약을 쓰는 법을 잘 알고 있기 때문에 고려에서 그를 많이 중요시하고, 심지어 문서를 내려 그를 체류하도록 하고 고려 조정에서 쓸 수 있도록 했다. 신안지도 향약을 잘 알고 '의술이 뛰어나다'는 것으로 신라에 머무르게 되었다. 이후 송나라와 고려는 수교를 재개했고, 송신종(宋神宗)은 고려 왕의 요청으로 직접 조서를 내려 고려로 사람을 보냈다. 사료 중 문종 기미(己未) 33년(1079) "가을 7월 신미(辛未), 송나라는 왕순봉(王舜封), 형조(邢慥), 주도능(朱道能), 심신(沈紳), 소화(邵化) 등 88명을 파견하였다." 『고려사』에서는 이번 사신이 가져온 물품들이 자세히 열거되어 있다. 물품 이름을 살펴보면 주로 의약품이었으며 그중에 목향(木香), 정향(丁香), 서융천축황(西戎天竺黃), 서융안식향(西戎安息香), 육두구(肉荳蔲), 몰약 등 대식 상인에 의해 수입된 향약도 있었다.[38]

향약 수요로 인해 고려는 광주와 천주의 대식 상인과 다양한 차원의 무역 교류를 했음을 쉽게 알 수 있다. 원우(元祐) 2년(1087)에 송나라는 천주에 시박사(市舶司)를 설치했다. 원우 4년(1089)에 소식(蘇軾)은 주문을 올려 천주 상인 서전(徐戩)이 배를 통해 송나라로 데려온 고려 승인을 천주에서 상선을 통해 귀국하라고 말했다.[39] 또한 『선화봉사고려도경(宣和奉使高麗圖經)』에 따르면 "고려에서 다른 물화는 모두 물건으로써 교역했으

36 鄭麟趾 지, 孫曉 외 교정, 『高麗史』 권5 「文宗二」, p.220.
37 鄭麟趾 저, 孫曉 외 교정, 『高麗史』 권97 「愼安之傳」, p.3004.
38 鄭麟趾 저, 孫曉 외 교정, 『高麗史』 권9 「文宗三」, pp.258~259.
39 蘇軾 저, 孔凡禮 교정, 『蘇軾文集』 권31 「乞禁商旅過外國狀」, p.888.

나, 오직 약을 사는 것은 간혹 전보(錢寶)로써 교역하였다."[40] 이 약은 곧 수입된 향약일 것이고, 약을 사는 것은 전보로써 거래하는데, 이는『고려 사』에 기록된 대식이 향약을 바치고 고려는 금백(金帛)을 주는 것과 일맥 상통한다. 고대 아랍 학자 카즈비니(Qazwīnī)는 그의 저서에서 고려는 "땅 밑에서 황금을 많이 생산한다"라고 말했다.[41] 황금을 찾는 것이 대식 상인 이 한반도에 자주 진입하는 이유일 수도 있다.

천희 말기에 고려와 북송이 교류를 끊은 지 9년 후,『송사』에 천성 8년 (1030)에 대식은 사신을 보내 표문을 올리는 기록이 보인다. "왕순이 다시 어사민관시랑(禦事民官侍郎) 원영(元穎) 등 293명을 파견하니, 표문을 받 들고서 장춘전(長春殿)에서 황제를 알현하였으며, 금기(金器), 은계도검(銀 罽刀劍), 안륵마(鞍勒馬), 향유(香油), 인삼(人蔘), 세포(細布), 동기(銅器), 유 황(硫黃), 청서피(靑鼠皮) 등 물품을 바쳤다. 이듬해 2월에 원영 등이 하직 인사를 하고 본국으로 돌아갔는데, 물품을 차등 있게 하사하고, 사신을 파 견하여 등주까지 원영 등을 호송하였다. 그 뒤로는 사신의 왕래가 끊어져 중국과 통하지 못한 지가 43년이나 되었다."[42] 이것은『송사』 중 고려가 293명이나 되는 거대한 사절단을 보냈다는 유일한 기록이다. 어쩌면 이러 한 이유로 요나라의 관심을 받게 되었고, 심지어 의심과 불만을 일으켰다. 따라서 요나라는 다시 고려를 압박했을 것이다. 그 후 고려와 송나라는 43년 동안 다시 왕래를 끊었다. 그러나 곧 이 기간에 대식이 다시 두 나라 사이의 중개자 역할을 하여 송나라와 고려의 무역 및 정치적인 교류를 위

40 徐兢,『宣和奉使高麗圖經』 권16「藥局」,『朝鮮史料彙編』(一), 全國圖書館文獻縮微複 制中心, 2004년 판, p.155.

41 費瑯 편, 耿昇·穆根來 역,『阿拉伯波斯突厥人東方文獻輯注』(상), p.341.

42『宋史』 권487「高麗傳」, 제14045. 여기서 말하는 고려왕 '왕순'은 착오가 있을 것이다.『遼史』의 기록에 의하면, 당시 왕순이 이미 죽었고 아들 왕흠이 즉위하 였다.

한 다리를 구축해 주었다. 『고려서』의 기록에 의하면, 정종 6년(1040), "11월 병인(丙寅), 대식국 상인 보나합 등이"[43] 다시 와서 진헌했다. 분명한 것은 고려에 대식 상인이 등장한 시기는 기본적으로 송나라와 고려의 왕래가 끊어지거나 서로가 멀어진 때였다는 점이다. 따라서 양국 교류에 있어 대식국 상인은 사명을 짊어지고 있었음을 추론할 수 있다. 즉 송나라는 종종 상인을 송나라와 고려를 오가는 중개자로 이용했다. 소흥(紹興) 32년(1162) 3월, "송나라 도강(都綱) 후림(侯林) 등 43명이 왔는데 명주에서 첩보로 통보하기를, '송나라가 금나라와 병사를 일으켜 서로 싸우던 중, 금년 봄에 이르러 대승을 거두어 금나라 황제 완안량(完顔亮)을 포로로 잡아 형상을 그림으로 그리고 죄목을 적어 천하에 알렸다'라고 하였다."[44] 『고려사』에도 "송나라 상인 오적 등 63명이 송나라 명주의 첩보를 가지고 와서 휘종과 영덕황후 정씨가 금나라에서 승하하였다"라고 기록되어 있다. 이것으로 고려와 송나라의 왕래에 상인이 중요한 역할을 했음을 알 수 있다. 그러나 당시 양측은 중국 상인을 사신으로 쓰지 않았다. 그 이유 중의 하나는 요나라의 의혹을 피하기 위한 것이고, 다른 하나는 대식의 원양선박이 커서 송나라와 고려의 공식 무역의 대규모 요구 사항에 적합하다는 것이다.

송나라와 고려의 관계는 때때로 가까워지다가 또 멀어지고, 끊어지다가 또 재개되었다. 이는 곧 동아시아 각국이 계속 변화하는 상황과 필요에 따른 것이다. 공식 외교는 송려 관계의 주축이 되어 양국의 무역 관계를 지배하고 영향을 미쳤다. 송나라 치평(治平) 4년(1067)에 신종 조욱(趙頊)이 즉위하여 고려와 연합하여 요나라를 억압하는 것을 국책으로 삼고 고려와의 해상 교류를 재개하고자 하였다. 이에 따라 천주 상인 황신(黃愼)

---

43 鄭麟趾 저, 孫曉 외 교정, 『高麗史』 권6 「靖宗」, p.165.
44 鄭麟趾 저, 孫曉 외 교정, 『高麗史』 권18 「毅宗二」, pp.559~560.

이 칙령과 첩문을 가지고 고려 개성으로 파견되었다. 고려왕 왕휘(王徽)는 즉각 회첩(回牒)하여 수교 재개를 간절히 요청했다. 그러므로 양측이 수교를 재개했다. 그전 지화 2년(1055)에 대식이 또한 바다를 통해 송나라에 공물을 바쳤다. 사료에 의하면 그해 "10월, 수령 포사을공(蒲沙乙貢)이 방물을 바쳤다"라고 한다.[45] 대식과 송나라의 무역 관계는 다시 정상화되었다. 그러나 송나라 말기까지 대식 상인이 고려에 대해 진헌한다는 기록이 계속 나오지 않았다. 그리고 그해(1055)는 곧 요나라의 새로운 황제인 도종(道宗) 야율홍기(耶律洪基)가 즉위한 해였다. 요나라, 고려와 송나라의 원래 긴장되던 정치적 관계는 점차 완화되었다.

앞의 내용을 정리하자면, 송과 고려 양국은 요나라의 압력으로 인해 겉으로 교류를 중단했지만 사실 대식 해상 상인을 통해 여전히 어느 정도의 외교적 왕래를 유지했다. 그러므로 당시 고려에 진헌하는 대식 상인은 '송나라 사신'으로서의 신분을 지니고 있었을 것이다. 이는 송나라가 요나라의 의심을 일으키지 않도록 남의 눈을 속이면서 그들을 고려로 파견한 것이다. 다시 말해, 문헌에 기록된 대식 상인이 고려에 행한 세 번의 진헌은 모두 송나라의 사명으로 한 것이고, 그들이 당시 특수한 상황에서 두 나라를 잇는 다리 역할을 하였다.

IV. 북송 명주에서 대식과 고려의 교류

희녕(熙寧) 4년(1071)에 고려는 요나라의 통제를 피하기 위해 산동성 등주 해안을 따라 상륙하지 않고 명주(지금의 영파(寧波))를 경유하여 상륙할 수 있게 해달라고 요청했는데, 송나라 조정이 허락했다. 희녕 6년

---

45 徐松輯, 『宋會要輯稿』藩夷4「大食」, p.9827.

(1073)에 명주는 고려가 공물을 바치겠다고 상주하였으니 신종은 조서를
내려 "인반(引伴), 예빈부사(禮賓副使) 공근초(工謹初) 등과 지명주(知明州)
이탄(李誕)에게 삼절(三節) 사람 중에 연(燕)나라 사람이 있는지 없는지를
알아보라고 했다", "7년에 신하 김양감(金良鑒)을 보내 거란과 멀리하려고
해서 명주를 거쳐 궁궐로 가는 것으로 바꿔 달라고 요청했는데 상이 허락
했다."[46] 원풍(元豊) 원년(1078)에 송나라는 명주 진해(鎭海)에서 항제정
(航濟亭)을 건설하여 고려 사절단을 영접했다. 정화(政和) 7년(1117)에 또
한 명주에서 고려관(高麗館)을 세웠다. 그 이후로 두 나라는 명주에서 자
주 교류했다. 북송 초기에 항주(杭州)에 양절(兩浙) 시박사를 설치했는데
순화(淳化) 3년(992)에 이를 명주로 옮겼으며, 이 기간에 명주는 점차 동
북아 해상무역의 중요한 항구가 되었다. 명주항의 주요 교역 대상은 고려
와 일본이었다. 『송사』「고려전」에 따르면, "(천희) 3년(1019), … 명주,
등주에서, '고려의 해선이 풍랑에 표류하여 국경 연안에 다다른 선박이 있
다'고 자주 아뢰었는데, 그때마다 조칙을 내려 위문하는 동시에 바다를 건
너갈 식량을 주어 귀국하도록 하고 이에 대한 준례를 만들었다."[47] 분명히
11세기 이전에 이미 많은 고려 해선이 명주를 통해 송나라에 진입했다.
또한 북송 시대 동아시아 해상무역에서 명주의 위상도 점점 더 높아졌다.
『선화봉사고려도경』, 보경(寶慶)『사명지(四明志)』와 『송사』「고려전」, 광
서(光緒)『정해청지(定海廳志)』 등 기록에 의하면, 당시 고려를 향한 배는
대부분 명주 정해에서 출발해 매잠산(梅岑山)을 지나 바다로 항해하여 소
흑산도(小黑山島), 진도(眞島), 흑산도(黑山島) 등을 두루 거쳐 서해안을 따
라 북쪽으로 간다고 한다.[48] 송나라 원풍 3년(1080) 8월 23일에 중서차자

---

46 『宋史』 권487 「高麗傳」, p.14046.

47 『宋史』 권487 「高麗傳」, p.14044.

48 徐兢, 『宣和奉使高麗圖經』 권34 「海道一」, 『朝鮮史料彙編』(一), pp.305~329; 寶慶,
『四明志』 권6 「敍賦下」, 『宋元方志叢刊』 제5책, 中華書局, 1990年影印本, p.5055;

절문(中書劄子節文)에도 "광주 선박사가 아니면서 남번(南蕃)으로 떠난 강박선(綱舶船)이나 명주 시박사가 아니면서 일본이나 고려로 떠난 자는 제(制)를 어긴 죄로 논죄할 것이다"라고 한다.[49]

실제로 대식이나 페르시아 번상은 오대 시기에 명주와 항주에서 활발한 무역 활동을 했었다. 『송사』에는 북송 건국 때 오월국(吳越國)이 진헌한 물품에 관련된 기록이 있는데, 그중 건덕(乾德) 원년(963)에 '향약 15만 근, 금은진주대모기(金銀真珠玳瑁器) 수백 개'를 진봉했다. 개보 9년(976) 2월에 '향약 300근', '유향(乳香) 5만 근'을 진봉했다. 태평흥국(太平興國) 원년(976)에 '서각, 상아 30개, 향약 만근'을 진헌했다. 태평흥국 3년(978) '유향 만근, 서각, 상아 각 100개, 향약 만근, 소목(蘇木) 만근'을 진헌했다.[50] 이러한 향약, 진주, 서각, 상아는 오월국이 대식이나 페르시아 상인에게서 구했을 것이다.

『영외대답(嶺外代答)』, 『제번지(諸蕃志)』의 기록에 따르면 송나라 때 대식에 의해 수입된 향약 종류에는 유향, 용연향(龍涎香), 소합향(蘇合香), 장미수(薔薇水), 번치자(蕃梔子), 목향, 몰약, 정향(丁香), 금안향(金顏香), 안식향(安息香), 육두구(肉豆蔲), 단향(檀香) 등 있었다. 그리고 오대(五代)와 송나라 때 향약 수입에 있어 특히 유향이 가장 많았다. 『제번지』에는 "유향은 훈륙향(薰陸香)이라고도 하여, 대식의 마라발(麻羅拔), 시갈(施曷), 노발(奴發) 3국의 깊은 산속이나 골짜기에서 나온다"라고 한다.[51] 일부 향약은 대식과 그의 속지에서 나온 것이 아닐 수도 있지만, 대식 번상이 중국으로 수출하는 주요 상품이어야 할 것이다. 전씨(錢氏)가 걸핏하면 만근

『宋史』 권487 「高麗傳」, p.14047; 光緒, 『定海廳志』 권14 「疆域山川」·「新羅礁」, 『中國地方志集成』(浙江府縣志輯) 제38책, 上海書店出版社, 2011년 판, p.158.

49 蘇軾 저, 孔凡禮 교정, 『蘇軾文集』 권31 「乞禁商旅過外國狀」, p.890.

50 『宋史』 권480 「吳越錢氏世家」, p.13898, p.13900, p.13901, p.13902.

51 趙汝適 저, 楊博文 교정, 『諸蕃志校釋』 권하 「乳香」, 中華書局, 1996년 판, p.163.

이나 넘은 유향, 향약을 북송에 진헌한다는 기록을 통해, 당시 오월국과 대식, 페르시아 상인 사이의 향약 거래가 매우 활발했음을 알 수 있다. 송나라가 오월국을 병탄할 때까지 대식 상인이 계속 명주에서 무역했었다. 『송회요집고(宋會要輯稿)』에는 천희 원년(1017) 6월 "대식국 번객 마사리(麻思利) 등이 돌아가는데, 여러 종류의 물건을 사서 연로의 실물세 면제를 요청했다. 마사리 등이 박매(博買)를 통해 진주 등을 구입하고 명주 시박사에 의해 실물세 징수 후 대궐에 들어와 진헌한 것이다."[52] 송나라 조정은 또한 종종 이익을 위해 명주의 대식 상인들로부터 대량으로 유향을 구입했다. 북송 필중연(畢仲衍)의 『중서비대(中書備對)』에는 희녕 9년(1076), 10년(1077), 그리고 원풍 원년(1078)에 "명주, 항주, 광주의 사박사는 유향 354,449근을 박매를 통해 구입했다. … 3년에 (유향을) 팔았는데 총 894,719관(貫) 305문(文)이었다."[53] 이렇게 판매된 유향 중의 일부는 명주에 있는 고려 상인이나 일본 상인이 구입했을 수도 있다.

또한 남송 『개경사명속지(開慶四明續志)』 중 '누점무지(樓店務地)' 부분에 따르면 송나라 때 명주에는 '페르시아단(波斯團)'이 있었다.[54] 이 '페르시아단'은 사실 곧 대식 사람들이다. 명주에 있는 페르시아 번상의 관역(館驛)은 동도문(東渡門) 안의 시박무(市舶務) 근처에 있었다. 건륭 『은현지(鄞縣志)』에는 청나라 초기 영파에 "페르시아항(波斯巷)이 있고 『개경지(開慶志)』의 기록에 의하면, 그 지역에 페르시아단이 있었다"라고 한다.[55] 즉, 청나라 때의 '페르시아항'은 사실상 송나라 때 그 지역에 설치된 '페

---

52 徐松輯, 『宋會要輯稿』 職官44 「市舶司」, p.4204.

53 畢仲衍, 『中書備對』. 梁廷枏 저, 袁忠仁 교정, 『粤海關志』 권3 「前代事實二·宋」, 廣東人民出版社, 2002년 판, pp.36~37. (인용)

54 『開慶四明續志』 권7 「樓店務地」, 『中國方志叢書』 세576책, 台灣成文出版社, 1983년 판, p.5435.

55 乾隆, 『鄞縣志』 권2 「街巷」, 『續修四庫全書』 제706책, 上海古籍出版社, 2002년 판, p.40.

르시아단'에서 발전한 것이다. 『영파도시사(寧波城市史)』에는 이는 "현재 차교가(車轎街) 남항(南巷) 근처에 있다"라고 한다.[56] 따라서 송나라 때 명주에는 고려와 해상 연결 통로가 마련되어 있었고 고려관도 설치되어 있었다. 여기서 무역 활동도 하고 관역도 설치한 대식 상인, 페르시아 상인은 그들과 많이 접촉했을 것이다.

이 시기 대식, 북송, 고려의 무역 관계로 볼 때, 그전에 대식의 선주는 이미 한반도에 진입했을 것이다. 그러나 그 당시에는 그들은 대부분 호시(互市)라는 명목으로 중국이나 고려 상인을 따라서 무역 활동을 했기 때문에 공식 기록에 보이지 않았다. 그러나 그들이 상업 공간을 확장하기 위해 반드시 고려와 송나라 사이의 빈번한 해상 무역 교류를 이용했을 것이다. 그 이유 중의 하나는 송나라의 광주, 천주, 명주 등 항구는 이미 동아시아 지역 동서양 해상무역 상품의 중요한 유통 중심지가 되었으며, 각 나라의 상인이 이곳에서 광범위한 무역 활동을 할 수 있도록 유치하고 있었다. 동서양의 상인들이 이곳에서 만나 소통하고 직접 상품 거래를 하는 것은 모두 정상적인 상업 활동이다. 원풍 8년(1085) 9월 17일 칙절문(敕節文)에는 "항주, 명주, 광주에서 출발한 해상 상선이 아니면 모두 제를 어긴 죄로 논죄할 것이다"라고 한다.[57] 이는 당시 항주, 명주, 광주 등 항구가 동서양 상인들이 모이는 곳이었고, 그들의 서로 교류가 불가피하다는 것을 알 수 있다. 그리고 공식 문서에도 그들의 무역 활동을 모두 포함하지 않았다. 대식 상인은 고려에 세 차례 진헌했으며, 모두 『고려사』에 기록되어 있다. 이는 송나라와 고려 사이의 공식 무역과 관련이 있을 수도 있다. 즉 위에서 언급한 대로 대식 상인은 비상 시기에 송나라의 대표로서 고려와의 무역 교류를 통해 양측의 정보를 전달했다는 것이다. (또한 당시 대식

---

56 王瑞成·孔偉 저, 『寧波城市史』, 寧波出版社, 2010년 판, p.84.

57 蘇軾 저, 孔凡禮 교정, 『蘇軾文集』 권31 「乞禁商旅過外國狀」, p.890.

상인이 고려에 행한 세 차례 진헌을 대식이 송나라와의 조공 관계에 있어 문제가 생긴 후 무역 대상을 전환한 것으로 볼 수도 있다. 즉, 송나라와 대식의 무역이 중단된 후, 대식 상인이 고려와의 깊은 무역 관계를 모색하였던 것이다.)

이때 대식 상인과 고려의 긴밀한 교류로 인해 무슬림 세계는 고려에 대한 이해가 점점 더 명확해졌다. 이 시기에 나온 이슬람 지도에는 기존 문헌을 기반으로 하여 고려의 위치가 더 정확하게 표시되어 있었다. 이드리시(Al-Idrisi, 1100~1166)는 12세기의 유명한 무슬림 지리학자였다. 1138~1154년경에 그는 은으로 된 지구본을 만들었고 유명한 원반 모양의 세계지도를 그렸다. 이 지도의 왼쪽은 대서양이고, '다크 오션'으로 표시되어 있다. 오른쪽은 동쪽이고, 가장 동쪽에 표시되어 있는 'Sila'는 곧 '신라'인데, 당시 세계지도에서 한반도가 보이는 것은 이 지도가 처음이다. 이드리시는 세계 여행을 해봤지만 동방 세계에 이른 적이 없었다. 지도에서 'Sila' 위치의 표시는 틀림없이 고려에 갔던 대식 상인이 전달한 지리 정보를 바탕으로 한 것이었겠다.

V. 결론

아랍 문헌 중의 한반도 기록과 송나라 때의 동아시아 한문 역사 자료에 따르면, 이 시기에 대식 상인은 광주, 양주, 명주, 천주 등 무역 항구를 통해 고려 상인과 많은 접촉과 교류를 하였다. 그들은 이를 계기로 상업 공간을 지속적으로 확장해나가기 때문에 한반도로 진입하는 사람이 없지 않았을 것이다. 11세기 고려 문헌 중 대식이 한반도에 진입해 진헌하는 기록이 있는데, 이는 이 시기에 고려는 이미 동양 지역에 있는 대식 상인의 중요한 무역 대상이 되었음을 보여준다. 또한 관련 문헌에 대한 비교와 추론, 유적지에 대한 조사는 역시 중국에서의 대식 상인과 고려의 무역 활동에 관련돼 점점 더 명확한 단서를 제공하고 있다. 요컨대, 아랍, 중국, 고려 등의 관련 문서를 정리, 분석하고 동아시아 해역의 다자관계에 대식 상인을 배치하여 종합적으로 고려한다면, 북송 시기에 그들이 고려와 활발하게 무역 교류를 했고, 당시 이 해역의 다자간 무역에서 중요한 역할을 했다는 것을 쉽게 알 수 있다.

참고문헌

1. 사료 및 자료

「高麗紀」[國史編纂委員會 편, 『韓國史料叢書』 33, 國史編纂委員會, 1990].

『高麗史』[鄭麟趾 저·孫曉 외 교정, 西南師範大學出版社, 2014].

『宋會要輯稿』[徐松輯, 上海古籍出版社, 2014].

『宋史』[中華書局, 1977].

『遼史』[中華書局, 1974].

『蘇軾文集』[蘇軾 저·孔凡禮 교정, 中華書局, 1986].

『續資治通鑑長編』[李燾, 中華書局, 1985].

『宣和奉使高麗圖經』[全國圖書館文獻縮微複制中心, 2004].

『諸蕃志校釋』 卷下[趙汝適 저·楊博文 교정, 中華書局, 1996].

『阿拉伯波斯突厥人東方文獻輯注』 上[費瑯 편·耿昇·穆根來 역, 中華書局, 1989].

『四明志』[『宋元方志叢刊』 제5책, 中華書局, 1990].

『光緒 定海廳志』[『中國地方志集成』(浙江府縣志輯) 제38책, 上海書店出版社, 2011].

『乾隆 鄞縣志』 卷2[『續修四庫全書』 제706책, 上海古籍出版社, 2002].

『開慶四明續志』 권7[『中國方志叢書』 제576책, 台灣成文出版社, 1983].

『粤海關志』 권3[梁廷枏 저·袁忠仁 교정, 廣東人民出版社, 2002].

2. 연구 논저

김원룡, 「고대한국과 서역」, 『미술자료』 34, 1984.

이희수, 『이슬람과 한국문화』, 청아출판사, 2013.

정수일, 『신라·서역 교류사』, 단국대학교 출판부, 1992.

孫泓, 「從考古資料看西域文化在新羅的傳播」, 『朝鮮·韓國歷史研究』 10, 延邊大學出版社, 2009.

梁二平, 「新羅, 海上絲綢之路的天盡頭」, 『絲綢之路』 2015-7.

王岩·之遠, 「中古阿拉伯東方文獻中的新羅國」, 『東北史地』 2011-1.

王瑞成·孔偉 지, 『寧波城市史』, 寧波出版社, 2010.

劉欽花, 「唐代的朝鮮與西域」, 『中韓曆歷史文化交流論文集』 3, 延邊人民出版社, 2007.

G. R. Tibbetts, "Early Muslim Traders in South-East Asia", *Journal of the Malayan Branch of the Royal Asiatic Society*, vol.30, no.1(177), 1957.

George F. Hourani, *Arab Seafaring in the Indian Ocean(In Ancient and Early Medieval Times)*, Princeton: Princeton University Press, 1995.

Lee Hee-Soo, "Early Korea-Arabic maritime relations based on Muslim sources", *Korea Journal* 31(2), 1991.

_____, 「The Maritime Spread of Islam In Korea and its Growth」, 『海上絲綢之路研究』 1[海上絲綢之路與伊斯蘭文化], 福建教育出版社, 1997.

02

무역·밀무역으로 보는 근세 한일 관계

사카이 마사요(酒井雅代, 오쓰마여자대학[大妻女子大學] 비교문화학부 전임강사)

I. 시작하며

16세기 말 도요토미 히데요시[豊臣秀吉]가 명나라를 정복하기 위해 두 차례에 걸쳐 한반도를 침략한 이른바 임진전쟁으로 인해 한일 관계는 큰 단절을 겪었다. 도요토미 히데요시를 대신해 도쿠가와 이에야스[德川家康]가 천하를 통일하고 막부를 열자 쓰시마[對馬]의 소씨[宗氏]에 의해 한일 관계 복원이 도모되었다. 소씨는 조선 국왕과 막부 사이의 국서를 개찬(改撰)하면서 한일 국교 회복을 실현하였고, 조선왕조로부터 일본[막부]에 회답겸쇄환사(回答兼刷還使)로 불리는 외교사절이 파견되었다[4번째 파견부터 통신사로 불렸다]. 단절되어 있던 한일 무역도 기유약조(己酉約條) 체결을 계기로 재개되어 조선왕조와 쓰시마의 소씨 사이에 교역이 이뤄졌다.

그 이전의 한일 관계, 즉 조선왕조가 성립된 14세기 말부터 16세기까지는 다원적 통교 관계를 맺고 있었다. 일본에서는 조선왕조에 무로마치[室町] 막부의 사선(使船)뿐만 아니라 여러 다이묘[大名]와 상인들의 무역선도 보내고 있었다. 이 통교 관계는 조선 측의 통교 통제에 의해 점차 축소되어가다가 16세기 중반에 쓰시마의 소씨와 그 관계자들이 독점하게 되었다.

16세기 중반 이후의 동아시아와 동남아시아를 넓게 바라보면, 기존의 정치체제나 국제 관계의 틀에 들어가지 않는, 사적이고 자유로운 동아시아 여러 민족의 움직임이 있었다고 한다.[1] 이 시기에는 명나라의 해금 정책에 반하여 형성된 중국계 상단 등에 의한 통교망[해역 네트워크] 내부에서 밀무역이 이루어졌으며, 일본을 포함한 동중국해 각지에는 다양한 외국인이 도래·정착하여 '제민족잡거상태(諸民族雜居狀態)'가 형성되었다.

지금까지 일본에서 통일 정권이 성립된 것은 이들을 분단하는 것이었다고 여겨져 왔다.[2] 정권이 통교망에 참여·개입하면서 대외 관계가 국가에 의해 관리되었기 때문이다. 그 결과, 한일 관계를 살펴보면, 외교권을 에도 막부가 장악하고 일상적인 외교 실무는 쓰시마번이 담당하게 되었다. 쓰시마번은 조선의 부산에 설치된 왜관을 거점으로 외교 업무를 담당하면서 조선과 무역을 하였고, 이 체제가 근세 동안 계속되었다.

근세의 한일 관계는 어떠한 양상이었을까? 국가는 사람들의 자유로운 활동을 통제하고 있었을까? 본 보고에서는 17세기부터 19세기의 왜관과 조선과 일본 사이의 해역이라는 '한일 경계'에서 나타난 물건[モノ]의 교환, 특히 밀무역을 중심으로 이를 살펴보고자 한다.

II. 근세의 한일 무역

근세 한일 무역은 부산 왜관에서 주로 이루어졌으며, 봉진(封進), 공무

1　荒野泰典,「日本型華夷秩序の形成」,『日本の社會史』1, 岩波書店, 1987.
2　荒野泰典,「18世紀の東アジアと日本」,『講座日本歷史』6, 東京大學出版會, 1985;「近世の東アジアと日本」,『近世日本と東アジア』, 東京大學出版會, 1988 재수록.

역(公貿易), 사무역(私貿易)으로 이루어졌다.[3]

봉진은 쓰시마 번주와 조선 국왕 사이에 이루어진 것으로 이른바 조공무역에 해당하였고, 공무역은 조선 정부와의 정품(定品), 정액(定額) 무역이었다. 결제는 연 1회로 쓰시마번에서는 구리·주석·물소 뿔·소목(蘇牧) 등이 수출되었고, 조선에서는 무명과 쌀을 수출했다.

사무역은 조선인 상인과의 사이에 이루어진 상대매매로, 금수품을 제외하면 규정된 품목이나 액수도 없이 한 달에 6차례 거래가 이뤄졌다. 근세 전기에서 중기까지는 쓰시마번에서 조선에 은·동·물소 뿔·후추·명반·소방(蘇芳) 등이 수출되었다. 물소 뿔이나 명반과 같이 동남아시아에서 생산된 물품은 나가사키에서 입수하여 쓰시마에서 조선으로 보낸 것이다. 쓰시마에서 조선으로 수출된 은은 조선을 거쳐 외교사절인 연행사(燕行使)를 통해 중국으로 흘러들어갔다.

조선에서는 백사(白絲)·견직물·인삼 등을 수출했다. 백사는 중국에서 조선으로 수출한 것이다. 이들 수입품은 쓰시마번의 전매품이 되어 인삼은 에도에서, 백사는 교토에서 판매되어 막대한 이익을 가져다주었다.

그러나 쓰시마번의 대조선(對朝鮮) 무역은 17세기 말 겐로쿠 시기[元祿, 1688~1704]를 정점으로 쇠퇴하였고, 1750년을 전후하여 인삼 등 주요 무역품이 끊기면서 쓰시마번은 재정난에 빠졌다.[4] 이 때문에 쓰시마번에서는 사무역이 '단절'되었다고 주장하면서 막부로부터 종종 재정 지원을 받아냈다.[5] 수입 품목은 봉진과 공무역에서는 변화가 없었으나, 사무역은

---

3 한일 무역에 관해서는 田代和生, 『近世日朝通交貿易史の研究』, 創文社, 1981년 ; 金義煥, 「釜山倭館貿易の研究 -15世紀から17世紀にかけての貿易形態を中心に-」, 『帝塚山短期大學紀要』 25, 1988; 鶴田啓, 「近世日朝貿易と日朝接触の特質」, 『歷史評論』 481, 1990; 정성일, 『근세후기 대일무역』, 신서원, 2000 등 많은 축적이 이루어졌다.

4 田代和生, 『近世日朝通交貿易史の研究』.

5 鶴田啓, 「「朝鮮押えの役」はあったか」, 『前近代の日本列島と朝鮮半島』, 山川出版社,

메이와 시기[明和, 1764~1772] 즈음부터 기존의 인삼을 대신하여 한약재와 말린 해삼 중심으로 변화했다고 한다.[6]

쓰시마번에서는 막부에는 사무역이 단절되었다고 주장하면서도, 그 이후에도 구리를 주요 수출품으로 하면서 무역을 계속하였고, 19세기 전반에 들어서 사무역은 봉진과 공무역과 같은 규모로 이루어졌다. 봉진과 공무역에서는 무명·쌀·콩·팥·인삼 등이 수입되었고, 사무역에서는 우피(牛皮)·황금(黃芩)·우각조(牛角爪)·말린 해삼이 주로 수입되었다.[7] 19세기 중반의 사례를 보면 사무역 항목 중 우피에 의한 이윤이 70% 이상으로 가장 많았으며, 이 우피는 오사카로 보내져 무구(武具)의 재료로 사용되었다. 반면 말린 해삼은 전혀 이윤을 올리지 못했지만, 관영 무역으로 조선에 수출하는 동남아산 물품[후추·명반·소목]을 나가사키에서 입수하는 데에 필요한 물품이었으며, 조선에서 수입된 말린 해삼은 나가사키를 거쳐 청나라로 수출됐다.[8]

즉 물건을 중심으로 살펴보면, 단순한 조일 간의 거래에 그치지 않는 동아시아와 동남아시아의 각국과 지역의 경계를 넘어선 확장이 보이게 되는 것이다. 예를 들어 17세기에는 은과 생사(生絲)를 통해 일본 - 조선 - 중국이 이어져 있었으며, 17세기에서 19세기 중엽에 걸쳐서는 물소 뿔과 명반 등 동남아시아의 물산을 통해 동남아시아 - 일본[나가사키 및 쓰시마] - 조선이 이어져 있었다. 또한 18세기 이후 일본의 청에 대한 주요 수출품이었던 말린 해삼은, 조선 - 일본[나가사키 및 쓰시마] - 청의 루트로 수출

2007.

6 森晋一郎, 「近世後期對馬藩日朝貿易の展開-安永年間の私貿易を中心として-」, 『史學』 56-3, 1987.

7 田代和生, 「日朝私貿易と倭館貿易商人」, 『德川時代からの展望』, 同文館出版, 1989; 鶴田啓, 「天保期の對馬藩財政と日朝貿易」, 『論集きんせい』 8, 1983.

8 田代和生, 『近世日朝通交貿易史の研究』.

되었다. 동아시아 각국에 통일 정권이 성립되고 통교 관계가 제한되는 속에서도 물건을 통해 동아시아와 동남아시아는 계속 연결되어 있던 것이다.

Ⅲ. 밀무역으로 보는 17세기 한일 관계
: 배로 이루어진 밀무역 사례

앞 장에서 본 조일 무역은 부산 왜관에서 이루어졌다. 조선이나 일본에서도 대외 관계가 한정되면서, 왜관에는 외교와 무역을 위해 일본인이 체류했다. 일상적으로 조선인과 일본인이 접촉하는 환경에서 정규 거래에서 벗어난 밀무역 행위가 발생한다는 것은 어떤 의미에서 필연적인 결과였다.[9]

---

9 쓰시마번의 밀무역 사례를 분석한 것으로는, 오래된 것에 金田平一郎, 「對馬藩刑事判決例五十題」, 『法政研究』 10-1, 1939; 「對馬藩の奴刑」, 『法政研究』 13-2, 1943; 森克己, 「近世における對鮮密貿易と對馬藩」, 『史淵』 45, 1950; 服藤弘司, 「『拔荷』罪雜考」, 『法制史研究』 6, 1955 등이 있다. 또한 밀무역에 대한 대처를 포함한 왜관의 규정과 그 운용 실태에 대해서는 尹裕淑, 「癸亥約條(約條制札碑)の運用實態」, 『近世日朝通交と倭館』, 岩田書院, 2011을 들 수 있다. 그 후 밑에서 언급하는 것과 같이 사건별로 분석이 이루어지기도 했는데, 쓰시마번에 의한 처벌을 전체적으로 분석한 것으로는 쓰시마번의 판결 기록인 『罰責類集』을 이용한 守屋浩光, 「對馬藩における密貿易に對する處罰について -『罰責』掲載の判決の紹介を中心に-」, 『名城法學』 67-2, 2017 외에 밀무역에 대한 18세기 전반의 쓰시마번의 치벌 방침과 그 운용 실태를 밝힌 李炯周, 「一八世紀前半期における對馬藩の密貿易處罰について -處罰傾向の趨勢と「朝鮮差渡留」の實態-」, 『譯官使·通信使とその周邊』 6, 2022를 들 수 있다.

1. 17세기 후반의 발선(拔船) 사건[선상 밀무역][10]

1667년 일본 측의 처벌자가 87명 이상에 달하는 대규모 무기류 밀무역 사건이 발각되었다. 일본에서 조선으로 무기류를 수출하는 것은 막부에서 금지하고 있었지만, 1622년부터 1666년에 걸쳐 일본에서는 조선으로 발선(拔船, 누케부네, 밀무역선 또는 밀무역선을 통한 밀무역을 가리킨다)을 보내, 총 7차례의 시도 중 4차례의 거래에 성공하고 최소 8만 근의 유황과 무기류[조총, 장검 등]가 조선에 전해졌다. 무기 수출은 막부의 금령에 위반하는 것으로, 밀무역을 실행한 범인들 사이에는 쓰시마번 외 지역의 사람들도 포함되어 있었기 때문에 사건은 막부로 보고되어 최종적으로는 조일 간 외교 문제로 처리되었다.

사건은 쓰시마번 거주민을 포함하는 수 명에서 10명 정도로 구성된 주모자들이 하카타[博多]에 근거지를 둔 '호상(豪商)' 등의 출자를 얻어 유황과 무기류를 조달하고, 이를 배로 조선에 가져가는 것으로 실현되었다. 거래는 조선의 왜학역관(倭學譯官, 조선의 일본어 통역관)과의 사이에서 사전에 약속되어 있었으며, 부산 왜관이 아닌 가덕도와 용초도[현 통영시] 기슭에 배를 댄 상태에서 거래가 이루어졌다

일본 측에서 밀무역을 실행한 범인들이나 막부에서도 알고 있던 바는 아니었지만, 사실 이 사건은 조선 조정의 지시로 실행에 옮겨진 것이었다. 좌의정 원두표(元斗杓)의 지시로 왜학역관 김근행(金謹行)이 일본 측과의 거래를 주선했다. 군사를 관할하는 훈련도감 대장 이완(李浣)은 서울의

---

10 이 사건을 거론한 연구로는 荒野泰典, 「小左衛門と金右衛門」, 『海から見た日本文化』, 小學館, 1992; 尹裕淑, 「17世紀朝日間日本製武器類の交易と密買」, 『史叢』 67, 2008 [이 논고의 일부는 수정되어 北島萬次 외 編, 『日朝交流と相克の歷史』, 校倉書房, 2009에 수록되었음]; 酒井雅代, 「寬文拔船一件からみる日朝關係」, 『近世日朝關係と對馬藩』, 吉川弘文館, 2021이 있다.

'부상(富商)' 이응상(李應祥)에게 유황 입수를 지시했으며, 이응상이 자금을 조달한 것으로 생각된다. 원두표와 이완은 선대 국왕인 효종 치세에 '북벌'이라는 중대한 임무를 맡은 고관이었다.[11] 조선은 이 시기 후금(後金)에 대한 강경한 배척 노선[북벌 정책]을 취하고 있었으므로, 화약의 원료가 되는 유황과 무기류의 수요가 높아지고 있었다. 그러나 이 시기에는 이미 일본으로부터의 수입 경로가 막혀 있었기 때문에,[12] 비합법적인 방법을 통해서라도 유황 확보에 힘써야 했다.[13] 그렇기 때문에 정부 고관이 직접 밀무역에 손댄 것이었다.

최종적으로 위의 밀무역은 조선 조정의 의도대로 끝났다.[14] 수 차례의 밀무역으로 인해 당분간은 유황 수요가 충족되었으며, 더욱이 조선 내에서 유황 생산이 진척되면서 굳이 밀무역을 할 필요가 없어졌기 때문이다.

2. 조일 간을 왕래하는 밀무역선

1725년 쓰시마번 거주민을 포함하는 규슈(九州) 북부의 여러 번의 거주민들에 의해 조선으로 발선(拔船)이 보내진 것이 발각되었다.[15] 조사 결

---

11 김양수, 「朝鮮後期 譯官들의 軍備講究」, 『역사와 실학』 19·20, 2001.

12 근세 초기 쓰시마번[소씨, 야나가와씨]에 의한 무기 밀매에 대해서는 米谷均, 「一七世紀前期日朝關係における武器輸出」, 『十七世紀の日本と東アジア』, 山川出版社, 2000이 있다.

13 이왕무, 「17~18세기 초 鳥銃製造에 관한 研究」, 경기대학교 석사학위논문, 1997 등을 들 수 있다. 또한 유승주, 「17世紀 私貿易에 관한 一考察 -朝·淸·日間의 焰硝·硫黃貿易을 中心으로-」, 『홍대논총』 10, 1979에서는 특히 화약의 원료인 염초·유황·유회(柳灰) 중에서 유회는 조선 국내 생산으로 충당할 수 있었지만, 염초와 유황은 수입에 의존해야 하는 상황이었다고 지적한다. 질과 양의 면에서 염초는 청으로부터, 유황은 일본으로부터 수입하는 것이 우세했다고 한다.

14 『備邊司謄錄』 顯宗 6년(1665) 10월 초5일.

15 이 사건에 대해서는 尹裕淑, 「石橋七郎右衛門の拔船事件と申禁使」, 『對馬宗家文書第

과, 이들은 1723년부터 1725년에 걸쳐 미수에 그친 것을 포함해서 7차례에 걸쳐 조선으로 건너갔으며, 왜학역관의 집무소가 있는 지역, 쓰시마번에서는 '사카노시타[坂の下]'라고 부르는 곳에서 인삼을 밀무역했던 것이 밝혀졌다. 앞서 언급한 17세기 후반의 발선 사건 시에는 가덕도 등에서 거래가 이루어지고 있던 것에 반해, 이번 사례에서는 조선 선박처럼 돛을 위장하여 직접 '사카노시타' 부근까지 배를 타고 갈 수 있었다. 한 번의 거래에서 일본 측이 구입한 인삼은 수 근 정도로 많지 않았지만, 쓰시마번을 포함한 여러 번의 거주민들이 연루되어 일본의 '경계'를 넘은 사건이었으므로, 막부까지 끌어들이며 조일 간 외교 문제로 처리되었다.

다만 여러 번의 거주민들이 연루된 사건만 막부에 보고되어 지시를 받게 되었을 뿐으로, 선상 밀무역은 17세기 후반에서 18세기 초의 동중국해 지역에서 종종 이루어졌다.[16] 18세기에 발생한 한일 간의 밀무역 사례를 정리한 〈표〉를 보면, 18세기 초에 쓰시마인이 배를 조달한 뒤 조선으로 가서 인삼 밀무역을 하는 일[拔船]이 종종 있었음을 알 수 있다. 인삼은 쓰시마번의 전매품으로, 무역에서 입수한 인삼을 에도 등에서 매각함으로써 쓰시마번은 막대한 이익을 거두었기 때문에, 그 이익을 목적으로 한 밀무역이 발생하는 것은 매우 자연스러운 일이었다.

三期 -倭館館守日記·裁判記錄-』別冊上, ゆまに書房, 2004 ;「日朝通交における拔船事件」,『近世日朝通交と倭館』, 岩田書院, 2011 재수록; 酒井雅代,「一八世紀前半の沿岸警備体制と對馬藩」,『近世日朝關係と對馬藩』, 吉川弘文館, 2021과 같은 연구를 들 수 있다.

16 예를 들어 나가사키항에서 배로 바다에 나가 중국 선박 등과 밀무역을 행하는 것이 있다. 淸水紘一,「拔荷考 -享保期の拔荷對策を中心として-」,『中央大學文學部紀要』 92, 1979에서는 나가사키 주변에서 이루어진 밀무역의 무대가 나가사키항 내에서 항구 밖, 바다 위, 규슈 북부로 변화했음을 밝혀냈다.

〈표〉 18세기에 발생한 한일 간의 밀무역 사례

서력	밀무역품(건)				
	합계	인삼	은 등	기타	발선 등
1701	0				
1702	0				
1703	1	1			
1704	1	1 ①			
1705	1			不明1	訳官使1
1706	0				
1707	0				
1708	0				
1709	0				
1710	2		1	飴1 ②	
1711	2		1	不明1*	
1712	1			不明1*	朝鮮渡海1*
1713	8	4	3	嫌疑1	訳官使1
1714	3	1		不明1*、彫穴1	押船1*
1715	0				
1716	1			1	押船1*
1717	2	2			訳官使1
1718	0				
1719	1	1			訳官使1
1720	6	5*	1		押船1*、信使1
1721	12	7*		不明3、彫穴2	押船3*、訳官使2
1722	0				
1723	2	2*			抜船2*
1724	2	2*			抜船2*
1725	0				
1726	0				
1727	0				
1728	0				
1729	1	1			
1730	0				
1731	2	1	1*		
1732	0				
1733	0				
1734	13	11*	2*		
1735	23	16	6	不明1	
1736	6		6		
1737	9	4*	2*	嫌疑1、不明2	
1738	5	3*	2		

서력	밀무역품(건)				
	합계	인삼	은 등	기타	발선 등
1739	1	1			
1740	0				
1741	0				
1742	17	16*		嫌疑1	
1743	3	3			
1744	0				
1745	0				
1746	0				
1747	0				
1748	0				
1749	4	4*			
1750	4	1	3		
1751	1			不明1	
1752	0				
1753	1		1		
1754	0				
1755	1	1			
1756	0				
1757	0				
1758	1	1			
1759	1	1			
1760	1	1			
1761	0				
1762	0				
1763	0				
1764	0				
1765	1	1			
1766	0				
1767	2		1	彫穴1	
1768	1			潰銅1	
1769	0				
1770	0				
1771	0				
1772	0				
1773	0				
1774	0				
1775	0				
1776	0				

서력	밀무역품(건)					서력	밀무역품(건)				
	합계	인삼	은 등	기타	발선 등		합계	인삼	은 등	기타	발선 등
1777	0					1789	0				
1778	0					1790	0				
1779	0					1791	0				
1780	0					1792	0				
1781	1			刀等1		1793	0				
1782	0					1794	0				
1783	0					1795	0				
1784	0					1796	0				
1785	1					1797	0				
1786	0					1798	0				
1787	0					1799	0				
1788	1			米1		1800	0				

注: (1) 『邊例集要』14, 『朝鮮王朝實錄』, 『備邊司謄錄』(이상 조선 측 사료), 『科人帳』, 『罰責類集』(쓰시마 역사연구센터 소장), 『分類記事大綱』30(일본 국립 국회도서관 소장), 『通航一覽』(國書刊行會、1913 年)를 참고하여 조일 간 밀무역 사건을 연도별로 집계했다. 『科人帳』은 잔존하는 1653~1751년의 『科 人』 및 서력으로 음영 처리한 연도 분을, 『罰責類集』은 성립된 1707~1800년까지를 사용했다.

(2) 품목을 알 수 있는 경우에는 인삼, 은 등, 기타로 구분했고, 알 수 없는 경우에는 기타 항목에 불명으 로 기재했다. 밀무역으로 이어지는 선박의 구명(彫穴) 등이 발각되어 처벌을 받은 경우에도 기타 란에 기재했다.

(3) 拔船, 押船과 문위행 도해에 의한 밀무역에 관해서는 拔船 등 란에 특기했다. 인삼, 은 등과 중복되므 로, 拔船 등의 건수를 포함하면 총계와는 일치하지 않는다. '押船'은 '拔船'과 같은 의미로 사용되었지 만, 사료에 의거하여 기재했다.

(4) 사건은 발각 연도가 아닌, 실행 연도로 집계했다. 후에 발각된 것이 포함된 경우 건수에 *를 표기했다.

(5) 동일 사건으로 생각되는 것에는 처벌 일자가 달라도 합쳐서 1건으로 해두었다. 동일 인물이 여러 차례 실행한 경우에는 각각 집계했다.

(6) 1721년에 拔船으로 처벌을 받은 스케주로(助十郎)는 최근 6회 및 그 이전의 拔船으로 처벌을 받았는데, 실행 연도, 가담자, 기수(旣遂) 및 미수(未遂) 여부를 알 수 없기 때문에, 5회 분은 건수에 포함하지 않 았다. 마찬가지로 교호(享保) 연간에 있던 拔船 사건의 미수분에 대해서도 건수에 포함하지 않았다.

(7) 1721년의 문위행으로 도해한 역관 전원에 의한 밀무역은 합쳐서 1건으로 집계했다. 단 문위행 일행으 로부터 인사차 소량의 인삼을 수령한 사건은 따로 1건으로 계산했다.

備考: ① 인삼 밀무역을 제안한 조선인 소통사(小通事, 조선인 하급 일본어 통역관)를 살해했다고 하여 처벌 을 받았지만, 밀무역의 증거는 나오지 않았다.
② 밀무역은 아니었지만 의심스러운 행동으로 처벌을 받았다.

1722년에 처벌된 조닌[町人] 무라타 기치베[村田吉兵衛]는 발선(拔船)을 준비하여 조선으로 건너가서 인삼을 구입했다.[17] 이때 수부(水夫)를 맡은 와니우라[鰐浦村]의 백성 스케주로[助十郎]는 6회 이상이나 발선 행위를 하고 있었다고 한다. 왜관에 출입하는 조닌에게 왜관에서의 인삼 조달과 출자를 의뢰하고, 인삼을 입수하면 왜관으로 통하는 해로에 밝은 세키쇼[關所, 통행인과 물건을 검사하는 관문] 주변의 수부를 고용하여 운반시켰다.

발선이 빈번히 발생하고 있다는 것은 쓰시마번에서도 이미 알고 있던 바였다. 1721년 쓰시마번의 유학자 아메노모리 호슈[雨森芳洲]는 최근 '14~15년 이래'로 훈도와 별차[왜학역관]까지 밀무역을 하고 있으며, 발선이 '사카노시타'까지 보내지고 있는 사태를 우려하고 있었다.[18]

또한 거꾸로 일본 측의 수요에 부응하는 형태로 조선인이 바다를 건너 물품을 싣고 오는 경우도 있었다. 그 일례가 쓰시마를 방문하는 조선 사절단인 문위행(問慰行, 일본에서는 譯官使라고 함)에 의한 밀무역이다. 많을 때는 수행 인원이 100여 명까지 이르렀던 문위행의 파견 시에는 이들이 외교사절이기 때문에 소지품 검사가 느슨한 것을 이용하여 그때마다 인삼을 들여오곤 하였다. 〈표〉에서도 1713년과 1717년의 사례를 들 수 있으며, 1721년에는 문위행 일행 전원이 밀무역 사건에 연루되었음이 밝혀졌다.[19]

---

17 나가사키현 쓰시마 역사연구센터 소장 『罰責類集』, 享保 7년(1722) 7월 23일. 이 외에 나가사키현 쓰시마 역사 연구센터소장 『科人帳』을 보면 여러 번 밀무역을 행했음을 알 수 있다.

18 아메노모리 호슈가 1721년에 쓰시마번에 제출한 「朝鮮佐役被差免候節差出候書付」[關西大學東西學研究所 編, 『雨森芳洲外交關係資料集』, 關西大學東西學研究所, 1982]에 의함. 같은 해 문위행 일행에 의한 밀무역이 발각된 후에 작성된 것으로 보이는 『潛商之儀ニ付譯官方より差出候眞文之和ケ』[對馬歷史民俗資料館 소장]에서는 "일본인이 밤중에 拔船을 보내고 또는 왜관 안에서 밀무역을 한다는 이야기가 매번 들린다(日本人夜中ニ拔船をいたし又者館內ニ而従潛商段段每度風聞有之)"고 하므로 앞으로 이를 조사하겠다는 내용을 왜학역관들이 쓰시마번에 서약했다.

이 사건으로 문위행 일행에 대한 소지품 검사가 강화되자 이러한 문위행 파견 시의 밀무역은 수그러드는 모습을 보였다. 이 무렵에는 선상 밀무역도 점점 이루어지지 않게 되었다.

IV. 18~19세기 한일 간의 밀무역 사건

배를 이용한 밀무역이 수그러들자 밀무역은 주로 왜관에 머무는 쓰시마인과 조선인 사이에서 이루어졌다.[20] 여기서는 18세기부터 19세기의 조일간 밀무역 사례를 분석하고, 시대에 따른 변화를 살펴보고자 한다.

1. 밀무역 거래 품목의 변화

〈표〉에서 알 수 있듯이 18세기 전반까지 밀무역에서 주로 취급된 것은 역시 인삼이었다. 인삼의 가격은 해마다 상승했는데,[21] 인삼은 쓰시마번의

---

19 1721년에 쓰시마를 방문한 문위행에 의한 밀무역 사건은, 田代和生, 「渡海譯官使の密貿易 -對馬藩『潛商議論』の背景-」, 『朝鮮學報』 150, 1994가 자세하다. 문위행 일행 65명 전원이 연루되었으며, 사절의 숙소인 대청(大廳)에서 거래가 이루어졌다.

20 『備邊司謄錄』 景宗 4년(1724, 享保 9년) 6월 15일 기사에 의하면, 밀무역은 '일일이 적발할 수 없을 정도'로 많은 상황이었다고 한다.

21 인삼 구입 가격은 田代和生, 「渡海譯筆使の密貿易 -對馬藩『潛商議論』の背景-」에 따르면, 1698년에 상상(上上)에서 보통[並] 품질 인삼이 1근당 은 370~489匁로 해마다 가격이 상승했다고 한다. 『科人帳』을 보면 1714년에 처벌을 받은 다로베[太郎兵衛]는 298匁의 인삼을 은 1貫 800匁로 구입했으며, 1근으로 환산하면 은 982匁였다. 1723~1724년의 거래에서는 1근당 은 1貫 550匁~1貫 700匁로 결제됐다. 『科人帳』과 『罰責類集』에서 그 후를 살펴보면 1734~1735년에는 1근 당 은 1貫 376匁~1貫 600匁, 1742년에는 은 1貫 630匁~2貫 100匁로 밀무역이 이루어졌고, 급격한 상승은 안정된 것으로 보인다.

전매품이었으므로 그 이익을 노린 일본 측의 수요는 높았다. 밀무역 사례를 보면, 구입한 인삼이 발각된 경우뿐만 아니라, 인삼을 구입하기 위한 은을 왜관으로 운반하려다가 적발되는 경우도 많았다는 점에서 인삼 구입대금은 은으로 결제되었다고 보아도 좋다. 조선에서 인삼 생산량이 줄어든 데다 이전과 같은 이윤을 얻을 수 없게 되었기 때문인 것으로 보인다. 19세기가 되면 '미인삼(尾人參)'이나 '산위인삼(山違人參)'이라고 불리는 질이 떨어지는 인삼과 황금(黃芩) 등 한약재와 우각조(牛角爪) 등을 대상으로 밀무역이 이루어지게 된다. 이들은 왜관에서의 사무역 거래 품목의 변화와 부합하고 있으며, 인삼 정도의 이윤은 내지 않았다고 보인다.

2. 밀무역 방법의 변화

밀무역은 왜관과 그 주변에서 끊임없이 이루어졌다. 이러한 밀무역의 횡행에 대해 조선 측과 쓰시마 측에서 아무런 대책을 세우지 않았던 것은 아니었다.

조선에서는 1734년 동래부사 최명상(崔命相)이 인삼 밀무역이 다양한 형태로 이루어지고 있으며, 적발하기 어려운 '거폐(巨弊)'가 되었다고 조정에 보고를 올렸다.[22] 십수 년 전부터 호조에서 인삼세를 거두고 있었기 때문에, 동래부에 의한 단속이 느슨해졌다는 것이 이유라고 한다. 다음 해 공조참판 조현명(趙顯命) 또한 동래부에서 인삼세를 거두게 함으로써 이익을 얻도록 하고, 밀무역을 단속시킬 것을 진언했다.[23] 그리고 조선 조정에서는 국내의 인삼 가격 상승을 우려하여, 그 원인을 부상(富商)들이 왜인에게 인삼을 '잠매(潛賣)'하고 있기 때문이라고 보았다. 이에 제언이 있

---

22 『備邊司謄錄』 英祖 10년(1734) 8월 6일.
23 『英祖實錄』 英祖 11년(1735) 1월 4일.

었던 단속의 철저와 함께 비변사에 대해서는 부상의 거점에 밀무역 금지를 엄달하도록 하라는 지시도 내렸다.[24]

하지만 대대적인 대책은 세워지지 않았기 때문에, 1752년에는 '최근에는 밀무역을 하지 않는 자가 없고, 마음대로 매매를 하며 거리낌이 없는' 상황이 되었다. 호조판서 조영국(趙榮國)은 동래부에 명하여, 장교 5~6명으로 하여금 왕래하는 주요 길목을 주야로 경계하게 하고, 적발한 경우에는 포상하도록 제언했다.[25] 그 결과, 1757년[26]과 다음 해인 1758년에 일본 측과의 접촉 이전 단계에서 인삼 밀무역이 적발되었다.[27]

한편 쓰시마번에서는 쓰시마 연안을 도미반쇼[遠見番所, 해안 감시 초소] 등에서 감시하여 조일 경계 해역을 경계하면서, 해역을 왕래하는 배에 대해서는 쓰시마 이즈하라[嚴原]·쓰시마 북부의 세키쇼[關所, 통행인과 물건을 검사하는 관문]·왜관 세 곳에서 화물의 선적을 살피는 선박 검사를 실시하는 등 밀무역 적발에 힘을 쏟았다.[28] 검사는 세세하게 실시되었으며, 쓰시마번은 밀무역품을 숨겨두는 장소에 대해 정보를 제공받기도 했다.[29] 출선과 착선 시의 '초벌 검사[前改]'와 '검사[改]' 외에도 수상한 점

---

24 『英祖實錄』 英祖 11년(1735) 1월 4일, 『備邊司謄錄』 英祖 11년(1735) 1월 7일.

25 『備邊司謄錄』 英祖 28년(1752) 7월 22일.

26 『邊例集要』 卷14, 潛商路浮稅幷錄, 英祖 33년(1757) 9월, 『備邊司謄錄』 영조 33년 (1757) 10월 24일. 처벌은 英祖 33년(1757) 9월이었지만, 사건 발생 자체는 英祖 32년(1756)이었을 가능성도 있다.

27 『邊例集要』 卷14, 潛商路浮稅幷錄, 英祖 34년(1758) 6월, 『備邊司謄錄』 英祖 34년 (1758) 6월 28일. 모두 밀무역을 하려던 자를 적발한 장교에게 포상이 주어졌다.

28 조일간을 왕래하는 배의 관리에 대해서는 岡本健一郎, 「對馬藩の往來船管理と各浦の役割」, 『九州史學』 130, 2002에 자세하다.

29 『科人帳』 享保 6년(1721) 1월 18일에 의하면, 享保 5년(1720)에 인삼 밀무역의 재범으로 붙잡힌 수부 세이고로[淸五郎]는 밀무역품을 선내에 숨기는 장소를 여러 군데 가르쳐 주고, 쓰시마번에서 "이전에 몰랐던 곳도 발견하여(以前不相知所も見出)" 도움이 됐다 하여 처벌이 경감되었다.

이 있는 경우에는 '추가 검사[後改]'를 실시하고, 임의로 '불시 검사[不時改]'를 실시하는 등 밀무역 적발에 힘썼다.

그렇다면 이러한 상황 속에서 밀무역은 어떻게 이루어졌을까? 쓰시마 번의 판결 기록『벌책유집(罰責類集)』에서 밀무역품의 운반 방법을 보도록 하자.

사료 1

① 조선에서 귀국할 때, 인삼을 술이나 간장을 넣는 통[樽]에 넣어 운반하려 함(1717년)

② 조선 요코메[朝鮮御横目, 왜관의 치안 유지와 감시를 담당]에 임명되어, 귀국할 때 인삼 3근여를 피부에 붙여 다른 관리들의 눈을 피해 통과했다가, 추가 검사[追改] 시에 발각됨(1720년)

③ 이중 바닥 술병에 인삼 80문(匁)여를 숨겼다가 세키쇼에서 발각됨(1729년)

④ 항문에 은자와 인삼을 숨겨서 가지고 건너감. 항문에 숨기는 것은 위반 시 사형에 처한다고 일찍이 말해두었음(1735년)

⑤ 공물을 두는 선반[神棚]과 갑판 사이에 이중 바닥을 만듦(1767년)

⑥ 배의 노 옆에 수상한 곳이 있어, 틀림없이 구멍을 낸 형태(1785년)

앞서 말했듯이 조선에서 귀국할 때에는 왜관·세키쇼·후나이[府內, 이즈하라] 세 곳에서 검사를 받아야 했다. 그렇기 때문에 밀무역품을 가지고 돌아오기 위해서는 위의 검사를 어떻게든 통과해야만 했다.

그래서 위의 ①과 ③처럼 적하물을 세공해서 가져오려 하거나, ②와 ④처럼 직접 몸에 지니거나, ⑤와 ⑥처럼 배에 구멍을 내서 숨기는 등의 방법을 통해 검사를 무사히 통과하려고 한 것이다.

하지만 시간이 지나고 19세기경 즈음해서 밀무역 방법이 변화했다.

사료 2

⑦ 위의 사람은 조선으로 건너가 장사를 하여, 황금(黃芩) 36상자를 사
   들일 것을 약속하고, 미역이라고 해서 섬[島] 주변에 정박한 춘일호
   (春日號)에 조선인을 데려가서, 선원에게 말해두고 [황금을 배에] 실
   어서 도해함(1811년)

⑧ 대형 선박으로 출도(出島) 주변에 정박한 뒤, 밤에 몰래 조선인을 데
   려오도록 말해두고, [밀무역품을] 수령하여 귀국 시에는 니시도마리
   [西泊浦]에 표착하여, 표시를 해서 바다에 가라앉혀 두고, 검사가 끝
   난 뒤에 건져 올려서 후나이로 옴(1830년)

⑨ 한밤중에 배를 출발시켰을 때, 말해둔 대로 조선인을 데려와 포구에
   서 [밀무역품을] 배로 끌어 올려서, 각각 숨은 뒤 그날 해질녘에 사
   스나[佐須奈浦]에서 3~4리 떨어진 곳에 [밀무역품을] 가라앉혀 두고,
   검사가 끝난 뒤 건져 올림(1842년)

⑩ 왜관에서 배를 출발하여, 하쓰치도[はつち島]에 배를 멈추고 출발을
   기다리던 중, 한밤중에 조선인 3명이 배를 타고 … [밀무역품을] 가
   져왔고 [출발하여] … 진키치, 야헤이라는 자가 목판 운반선을 타고
   와서 밀무역품의 선적을 부탁하여 후나이까지 운반시켰음(1862년)

위의 사료 ⑦섬[島]과 ⑩하쓰치도[はつち島]가 같은 섬인지는 확실하지
않지만, 왜관에서의 검사를 받은 후에 밤을 틈타 조선인과 바다 위에서
만나서 밀무역품을 받아 귀국했다. 세키쇼 부근에서는 ⑧과 ⑨처럼 일단
바다 속에 가라앉히거나, 혹은 ⑩처럼 다른 사람에게 부탁하여 세키쇼에
서의 검사를 문자 그대로 회피했다.

3. 밀무역의 목적과 이유

18세기, 특히 전반까지는 주로 인삼 등의 밀무역품을 얻으면 커다란
이익을 안겨주었다. 그렇기 때문에 밀무역이 끊이지 않았으며, 위의 ①~

④에서 볼 수 있듯이 몸에 직접 지니거나 혹은 몸 주변에 숨겨서 밀무역품을 가지고 돌아왔다. 조일 간에 정기적으로 배가 왕래하던 것을 이용하여 ⑤와 ⑥처럼 배에 세공을 해서 밀무역품을 운반하려 하기도 했다.

하지만 19세기경부터 다음과 같은 이유로 밀무역에 손을 대는 사례가 많아졌다. 앞서 언급한 ⑨의 보덕호(寶德號) 선원 우마키치[馬吉]의 예를 들어보겠다.

사료 3[30]

위의 사람은 작년 9~10월경에 조선산 우각조(牛角爪)를 조닌[町人] 고미야야 가쓰키치에 팔았다는 이야기가 있어서 조사를 해보았더니, 소면 5상자를 [왜관에] 가지고 건너가 두류하고 있던 중, 조선인 '만도카'라는 자에게 1상자에 대전(大錢) 1관(貫) 500문(文)씩 판매하고 [만도카에게] 대금을 계속 재촉해도 가져오지 않았으며, [자신이 왜관을] 떠날 시기에 이르렀으므로, 엄중히 이야기했는데, 그 사람이 왜관에 들어와서 말하길, 우각조 600근 정도를 갖고 있는데, 곤란하겠지만 이것으로 받아달라고 하기에, 물건도 물건이고 법을 위반한다는 것은 아주 잘 알고 있었지만, 외상값을 회수할 수 없어 손실을 보게 되어, 너무 곤란하여 어쩔 수 없이 받았습니다. …

조선인에게 물품을 판매하고, 대금이 좀처럼 회수되지 않아 재촉했더니, 우각조를 갖고 있으니 대금으로 받아달라는 부탁을 받아, '금제품[御禁制品]'을 받게 되어버렸다고 한다.

덴포기(1830~1844)의 조일 무역을 분석한 다시로 가즈이[田代和生]는 '조일 사무역의 경우, 쓰시마번에서 외상으로 판매하는 경향이 있었다'고 지적한다.[31] 『벌책유집(罰責類集)』이라는 사료를 보면 품질이 떨어지는 미

---

30 『罰責類集』 天保 13년(1842) 11월 14일.

31 田代和生, 「日朝私貿易と倭館貿易商人」, 『德川時代からの展望』, 同文舘出版, 1989.

인삼(尾人參, 尾蔘)을 사무역이 열리는 개시일에 조선인으로부터 강매당하거나, 대금 체납이 수년에 이른 결과로 밀무역에 손대게 되는 사례가 있던 것을 알 수 있다. 조사 과정에서 자신에게 유리하게 진술했을 가능성도 있지만, 그만큼 조선 측 상인들이 대금 마련에 고심했던 것으로도 생각할 수 있다. 또한 이처럼 대금으로 금제품을 수령하여 결과적으로 밀무역에 손대게 되는 사례는 1820년대부터 보인다는 점에서, 적어도 이 시기부터 조선의 경제 상황이 악화되고 있었다고 생각할 수 있을 것이다.

4. 밀무역에 대한 처벌의 변화

1720년 조선 요코메[朝鮮御橫目, 왜관의 치안 유지와 감시를 담당] 임무를 마치고 귀국할 때 인삼 3근을 가지고 돌아간 모리토 야고시치[森戶彌五七]는 "무사 신분에 적절치 않은 행위가 괘씸하다[侍不似合之仕業不屆]"고 하여 사형을 당했다. 또한 1722년에 처벌된 조닌[町人] 무라타 기치베[村田吉兵衛]는 수차례에 걸쳐 조선으로 도항을 기도하고 인삼을 밀무역했다고 하여, 쓰시마의 오하시[大橋]에서 하루 동안 공개한 뒤 효수했다. 마찬가지로 기치베에게 고용되어 6번에 걸쳐 조선으로 도항한 와니우라[鰐浦村]의 스케주로[助十郎] 등도 그들이 거주하던 마을에서 공개한 뒤 효수했다.

1742년에 인삼 밀무역으로 처벌된 마치다이칸[町代官, 무역 담당자] 오시마 가사쿠[渡島嘉作]의 경우는 다음과 같다.

사료 4[32]
위는 마치다이칸으로 임명된 후 이전에 귀국했을 때, 인삼 5포 외에 작

---

32 『罰責類集』 寬保 2년(1742) 12월 22일.

은 포 1개를 납(蠟)으로 굳혀서 가지고 있다가 조선에서 추가 조사 때에 발각되었다. 다이칸은 조선 조정에서도 알고 있는 역직(役柄)이므로 행동 규범을 무사 신분과 똑같이 하라고 지시해둔 뜻을 망각하여, 역직의 이름[御役名]을 더럽히고, 인삼을 회수한 수법은 무거운 죄를 저지를 자이므로 사형에 처한다.

마치다이칸은 신분으로는 조닌이지만, 조선 측에도 잘 알려진 역직이며, "무사와 똑같음[侍同前]" 취급을 받고 있음에도 밀무역에 손댄 것으로 사형당한 것이다.

마찬가지로 1781년 조선 요코메로 임명된 소다 사자에몬[早田佐左衛門]이 와키자시[脇差, 허리에 차는 작은 칼] 7자루를 비롯해, 가타나[刀, 허리에 차는 큰 칼] 1자루, 작은 칼[差小刀] 1자루, 큰 칼·작은 칼[大小刀] 10자루, 원경(圓鏡) 등을 조선으로 가져가려 하다가 세키쇼에서 발각된 사건에서는 번은 해당 인물이 이미 병사했음에도 불구하고, "신분을 망각하여 대단히 괘씸하기 그지없다[身分を忘却し、重々不屈至極]"고 하여 참형에 처했다.

즉 막부에서 금지한 무기류의 수출이나, 쓰시마의 전매품인 인삼 밀무역에 대해서는 사형이나 참형과 같은 무거운 처벌이 내려졌다. 특히 왜관 근무에 관련된 사람들에게는 규율 준수를 기대하고 있었다.

한편 1717년에 인삼 밀무역이 발각된 수부 기치사부로[吉三郎]에 대해서는 "있는 그대로 자백하면 사형은 면할 것(有体致白狀候ハ死刑之儀ハ被差免)"이라고 하고, 솔직하게 자백했다고 하여 이나카 영대노형[田舍永代奴刑, 쓰시마 내의 후나이를 제외한 농어촌 지역을 말하는 '이나카'에서 평생 노예로 삼는 형벌]에 처했다. 또한 1741년 밀무역의 연좌로 인해 도요[豊村]의 백성 32호 중 17호가 처벌되었을 때에는 공물[年貢]과 역(役) 대신에 납부하는 은[公役銀]을 납부하게 하고, 조선 관련 업무에 지장이 생긴다고 하여 처벌을 면제해 주었다.[33] 즉 밀무역에 대해 획일적으로 처벌한 것이 아닌, 규모와 신분에 따라서는 형을 경감해주거나, 마을을 존속 및 유지시키는 것을 우선으로 삼았다.

19세기에 들어서면서 밀무역 품목이 미인삼(尾人參)·산위인삼(山違人參)이나 한약재·우조각 등으로 변화한 것은 앞서 말했다. 이들 품목을 밀무역한 경우, 예를 들어 한약재가 이나카 연절노형[田舍年切奴刑, '이나카' 지역에서 일정 기간 노예로 삼는 형벌]에 처했던 것에 반해, 우각조의 경우에는 후나이 연절노형[府內年切奴刑, 이즈하라에서 일정 기간 노예로 삼는 형벌]에 처하는 등 밀무역은 노예형에 처해지게 되었다.

V. 마치며: 근세 한일 경계의 양상

외교와 무역 등 대외 관계가 국가에 관리·독점되고, 민중의 자유로운 해외 도항이나 무역은 금지되었다. 그러나 앞에서 보았듯이 동아시아·동남아시아는 물건을 통해 변함 없이 이어져 있었다. 또한 지금까지의 연구에서 밀무역은 '권력에 의한 통제'와 '그 안에서 항상 존재한 자유로운 무역에 대한 욕구'라는 대립 구조로 이해되어 왔으나, 동아시아 정세와 한일 무역의 상황에 의해 국가가 주도하여 이른바 '반(半) 합법적'인 밀무역을 하는 경우가 있었다는 것이 밝혀졌다.

이 글에서 거론한 17세기 후반 무기 밀수출을 위해 보내진 발선(拔船)은 조선 조정의 수요에 부응하여 실현된 것이었으나, 거꾸로 쓰시마번 측의 수요로 인해 밀무역이 이루어지는 일도 있었다. 겐로쿠 시기[元祿, 1688~1704] 조선 조정이 쓰시마에 대한 인삼 수출을 일단 중지함에 따라

---

33 『罰責類集』寬保 1년(1741) 4월 13일.

쓰시마번에서는 인삼을 입수하는 것이 곤란해졌다. 그러나 무역 장부를 살펴보면 수출이 중단된 동안에도 그 이전 시기와 마찬가지로 쓰시마번에서는 인삼을 구입하고 있었음을 알 수 있다고 한다.[34] 쓰시마번은 왜학역관들과 결탁하여 인삼 밀무역을 했던 것이다.

이처럼 공적으로는 인정되지 않는 무역을 국가 주도로 행한다는 것은 밀무역을 금지하는 국가와 그 제한에도 불구하고 무역을 행하는 민중이라는 이항 대립적인 구도로는 담을 수 없는 근세 한일 경계의 모습이라고도 할 수 있다.

또한 시기적 변화를 살펴보면, 17세기의 대규모 유황 및 무기류 밀무역과 17~18세기의 인삼 밀무역에 관련된 사람들은 거래를 통해 얻는 막대한 이익을 노리고 목숨을 걸고 이에 임하고 있었다. 특히 인삼의 경우, 가격이 상승세에 있었던 18세기 전반에는 발선도 포함하여 활발히 밀무역이 이루어졌으나, 18세기 후반이 되면 인삼 가격이 하락하여 수지가 맞지 않게 되자 밀무역은 감소하였다.[35] 밀무역 품목은 무역 품목의 변화와 함께 변화했다. 즉 정규 거래에서 취급되는 물건이 그대로 밀무역에서 취급되어 일본 측의 수요를 만족시키고 있었다.

19세기가 되면, 품목뿐만 아니라 밀무역의 목적과 이유도 변화했다. 왜관에서 조선인 상인과 정규 거래 과정에서 물건을 건네고 대금을 독촉한 결과, 대금 대신 '곤란하겠지만 이것으로 받아 달라'는 요청에 어쩔 수 없이 쓰시마번의 금제품[우각조, 저질 인삼 등]을 수령해서 범죄가 되는 사례가 있었다. 1820년대부터 많이 볼 수 있는 이들 사례를 통해 단순히 이익 목적의 밀무역뿐만 아니라 한일 경계에서의 '친한 조선인'과의 인적

---

34 田代和生,「渡海譯官使の密貿易 -對馬藩『潛商議論』の背景-」,『朝鮮學報』150, 1994.
35 쓰시마번의 가로 후루카와 즈쇼[古川圖書]의 진언『存寄書』[나가사키현 쓰시마 역사 연구 센터 소장]에 의함.

유대관계를 전제로 밀무역이 발생했음을 알 수 있다. 이와 같은 인적 네트워크는 17~18세기 밀무역의 경우에도 사전 협의나 사후 결제 등을 가능하게 했다.

중세 말기의 '왜구적 상황'은 국가의 규제에 반하여 사람들이 자유로운 활동을 하는 것이었는데, 근세에는 이것이 분단되었다고 여겨지고 있다. 그러나 근세에는 국가의 테두리 안에 포섭되면서도 외교 및 무역의 장으로서 부산에 왜관이 설정됨으로써 일상적으로 일본인과 조선인 사이에 다양한 교류가 존재했다. 밀무역도 포함해서 이러한 교류가 지탱하고 있던 외교와 무역에 다시 주목해 보아야 할 것이다.

참고문헌

김양수, 「朝鮮後期 譯官들의 軍備講究」, 『역사와 실학』 19·20, 2001.

유승주, 「17世紀 私貿易에 관한 一考察 -朝·淸·日間의 焰硝·硫黃무역을 中心으로-」, 『홍대논총』 10, 1979.

이왕무, 「17~18세기 초 鳥銃製造에 관한 硏究」, 경기대학교 석사논문, 1997.

정성일, 『근세후기 대일무역』, 신서원, 2000.

關西大學東西學硏究所 編, 『雨森芳洲外交關係資料集』, 關西大學東西學硏究所, 1982.

金義煥, 「釜山倭館貿易の硏究 -15世紀から17世紀にかけての貿易形態を中心に-」, 『帝塚山短期大學紀要』 25, 1988.

金田平一郎, 「對馬藩刑事判決例五十題」, 『法政硏究』 10-1, 1939.

_____, 「對馬藩の奴刑」, 『法政硏究』 13-2, 1943.

米谷均, 「一七世紀前期日朝關係における武器輸出」, 『十七世紀の日本と東アジア』, 山川出版社, 2000.

服藤弘司, 「『拔荷』罪雜考」, 『法制史硏究』 6, 1955.

北島萬次 外 編, 『日朝交流と相克の歷史』, 校倉書房, 2009.

森克己, 「近世における對鮮密貿易と對馬藩」, 『史淵』 45, 1950.

森晋一郎, 「近世後期對馬藩日朝貿易の展開-安永年間の私貿易を中心として-」, 『史學』 56-3, 1987.

守屋浩光, 「對馬藩における密貿易に對する處罰について -『罰責』揭載の判決の紹介を中心に-」, 『名城法學』 67-2, 2017.

尹裕淑, 「石橋七郎右衛門の拔船事件と申禁使」, 『對馬宗家文書第三期 -倭館館守日記·裁判記錄-』 別冊上, ゆまに書房, 2004.

_____, 「17世紀朝日間日本製武器類の交易と密買」, 『史叢』 67, 2008.

_____, 「日朝通交における拔船事件」, 『近世日朝通交と倭館』, 岩田書院, 2011.

_____, 「癸亥約條(約條制札碑)の運用實態」, 『近世日朝通交と倭館』, 岩田書院, 2011.

李炯周, 「一八世紀前半期における對馬藩の密貿易處罰について -處罰傾向の趨勢と「朝鮮差渡留」の實態-」, 『譯官使·通信使とその周邊』6, 2022.

田代和生, 『近世日朝通交貿易史の研究』, 創文社, 1981.

_____, 「日朝私貿易と倭館貿易商人」, 『德川時代からの展望』, 同文館出版, 1989.

_____, 「渡海譯官使の密貿易 -對馬藩『潛商議論』の背景-」, 『朝鮮學報』150, 1994.

酒井雅代, 「寬文拔船一件からみる日朝關係」, 『近世日朝關係と對馬藩』, 吉川弘文館, 2021.

_____, 「一八世紀前半の沿岸警備体制と對馬藩」, 『近世日朝關係と對馬藩』, 吉川弘文館, 2021.

清水紘一, 「拔荷考 -享保期の拔荷對策を中心として-」, 『中央大學文學部紀要』92, 1979.

鶴田啓, 「天保期の對馬藩財政と日朝貿易」, 『論集きんせい』8, 1983.

_____, 「近世日朝貿易と日朝接觸の特質」, 『歷史評論』481, 1990.

_____, 「「朝鮮押えの役」はあったか」, 『前近代の日本列島と朝鮮半島』, 山川出版社, 2007.

荒野泰典, 「18世紀の東アジアと日本」, 『講座日本歷史』6, 東京大學出版會, 1985.

_____, 「日本型華夷秩序の形成」, 『日本の社會史』1, 岩波書店, 1987.

_____, 「近世の東アジアと日本」, 『近世日本と東アジア』, 東京大學出版會, 1988.

_____, 「小左衛門と金右衛門」, 『海から見た日本文化』, 小學館, 1992.

03

조선산 황모필(黃毛筆)의 생산과 일본과의 교역

이승민(李承敏, 동국대학교 문화학술원 HK연구교수)

Ⅰ. 머리말

전통사회에서 붓이라는 것이 어떤 의미를 지니는지에 대해서는 조선시대 문신 이정형(李廷馨)이 고려 후기부터 조선 선조(宣祖) 때까지 정치와 명신(名臣)들의 행적을 기록한 역사서인 『동각잡기(東閣雜記)』의 다음과 같은 기록을 통해서도 짐작할 수 있다.

무진년에 중종이 직접 글을 써서 정원에 내리기를, "예로부터 임금이 그 허물을 듣기 좋아하는 이는 적고 듣기 싫어하는 이는 많았다. 신하로서 그 임금의 허물을 알고 과감히 간하여 옳은 길로 인도하는 자는 곧 곧은 신하요, 그 임금의 잘못을 알면서도 아첨하느라 잘한다고 하는 자는 곧 아첨하는 신하이다. 옛날에 당 태종이 밖으로는 바른말을 받아들이는 아량이 있었으나 안으로는 부끄러울 만한 일이 있었으니, 나는 감히 하지 못한다. 만약 과실이 있다면 외정(外政)의 신하들도 모두 다 말해야 하는데, 더구나 명을 출납하는 승정원에 있어서랴. 바야흐로 지금 나의 잘잘못에 대해 너희는 각각 숨김 없이 말하라. 비록 지나친 말이 있더라도 죄주지 않겠다" 했다. **이어 황모필(黃毛筆) 40자루와 먹[墨] 20홀(笏)을 정원과 보문관(寶文館)에 내려주며 이르기를, "지금 하사한**

붓과 먹은 무릇 나의 과실을 숨김없이 말하여 바로 잡으라는 것이다"
했다.[1]

또한 서진(西晉) 초기 동군(東郡) 백마(白馬) 사람으로 문사가 화려했다
고 알려진 성공수(成公綏)는 "붓은 필(畢)이다. 치세(治世)의 공은 붓보다
더함이 없는데, 붓은 능히 만물의 형상과 자연의 정(情)을 펴고 기록할 수
있으며, 또한 성인의 뜻도 붓이 아니면 선양할 수 없으니 참으로 인천(人
天)의 위기(偉器)로다"라고 표현한 바 있다.[2] 다시 말해서 역사적으로 전통
사회에서 붓은 문자가 발명된 이후 사실을 기록하고 표현하는 중요한 도
구였으며, 서적을 만들어내는 데 필수 불가결한 필기구의 하나로서 당대
의 역사와 문화의 소산들은 붓과 직간접적으로 관련을 맺어 왔다고 할 수
있다.

전근대 동아시아 사회에서 붓은 필수품이라고 해도 과언이 아닐 것이
다. 전통 붓의 종류는 매우 다양한데, 그중에서도 조선산 족제비 털로 만
든 황모필(黃毛筆)은 중국과 조선에서 '천하제일의 붓'으로 평가받기도 하
였다. 또한 일찍이 고려부터 조선시대에 이르기까지 중국에 인삼이나 종
이 외에도 황모필을 보내고 그 대가로 서적이나 비단, 약재 등을 얻어내기
도 했으며, 조선에서 일본으로도 한 해에 수천 자루 이상이 수출되는 주요
품목이기도 했다.

최근 들어서는 조일 관계 분야에서 매·말·서적·약재·도자기 등 특정
물품을 통해서 국가 간 교역의 양상을 살피는 연구들이 등장하고 있고,[3]

---

1 李廷馨, 『東閣雜記』 ; 李肯翊, 『燃藜室記述』 卷7, 「中宗朝故事本末」.

2 임종욱 외, 『중국역대인명사전』, 이회문화사, 2010 ; 이겸노, 『문방사우』, 대원
    사, 1989, 49쪽.

3 김경미, 「17~8세기 대일외교·교역과 매」, 『역사와 세계』, 2008 ; 김경미, 「17~
    18세기 日本의 朝鮮 藥材 求請」, 『대구사학』, 119, 2015 ; 이유리, 「『倭人求請謄錄』
    에 나타난 조선 서적의 일본 전래」, 『서지학보』 37, 2011 ; 이승민, 「조선후기

조명·조청 관계 분야에서는 최근 주요 진상품의 하나였던 호피(虎皮)와 표피(豹皮)의 명조·청조 진헌 문제를 다룬 연구와 초피(貂皮)와 관련해서 대여진 및 근세 한·중·일 교역 관련 연구도 등장하면서,[4] 대외관계에서 물품이 지니는 의미에 대하여 많은 시사점을 제공해주고 있다. 그러나 현재까지 황모필에 관한 연구는 전통 공예 혹은 미술사 분야에서 한국 전통 붓의 종류와 제작 기법과 관련해서 해당 연구 안에서 다루는 붓의 종류의 하나로서만 언급되었을 뿐이다.[5] 역사학 분야에서는 황모필이라는 단일 물품을 대상으로 그 생산이나 유통에 대해서 다룬 것은 없고, 조선시대 대중국·일본 사행에서 상대국가에 제공되는 예단품의 일부로서 수량 정도가 간단하게 언급된 것에 불과하다. 그나마 황모필이 조선 내에서 어떻게 생산되었는지에 대해서는 제대로 연구가 이루어진 바가 없다고 할 수 있다.

이 글에서는 조선산 황모필의 생산과 유통을 황모필의 생산 과정과 그것이 예단 혹은 교역품으로서 일본으로 건너가는 과정 등에 대해서 살펴보고자 한다.

對馬島와의 말[馬] 교역과 그 의미」, 『사학연구』 107, 2012 ; 「조선후기 일본과의 매[鷹] 교역과 그 의미」, 『한일관계사연구』 45, 2013 ; 「조선후기 대일 도자 교역 실태와 그 의미」, 『조선시대사학보』 81, 2017 ; 하여주, 「조선후기 대일관계 속의 皮物」, 『한일관계사연구』 49, 2014.

4 서인범, 「朝鮮 虎皮와 豹皮의 생산·유통」, 『명청사연구』 50, 2018 ; 「조선 호피·표피의 淸朝 진헌」, 『역사학보』 244, 2019 ; 한성주, 「조선과 여진의 貂皮 교역 성행과 그 영향」, 『만주연구』 25, 2018 ; 「근세 한·중·일의 貂皮 무역에 대한 시론적 검토」, 『인문과학연구』 56, 2018.

5 강요상·김종경, 「전통회화에서 사용되는 붓에 관한 고찰」, 『조형미술논문집』 13-2, 2013 ; 박문일, 「毛筆에 관한 연구」, 『인문과학논집』 20, 2000 ; 박창선, 「한국 전통 붓의 제작기법과 전승양상」, 고려대학교 석사학위논문, 2016 ; 「한국 전통 붓의 종류와 제작 기법」, 『무형유산』 8, 2020 ; 조성실, 「붓 장인을 통해 본 전통공예의 전승과 변화」, 『실천민속학연구』 21, 2013.

II. 조선산 황모필의 생산과 제작

붓은 누가 어떻게 만들었을까. 예용해의 『인간문화재』라는 책에서는 붓을 만드는 사람에 관해서 다음과 같이 기록하고 있다.

> 허다한 과객 가운데 지금도 잊혀지지 않는 것은 퉁소를 부는 노인이다 … 반면, 붓장이는 어느 모로나 인기가 없었다. 예외 없이 집도 절도 없는 환과고독(鰥寡孤獨)에 무기력한 꽁생원이며 서당에서는 붓을 맨다는 핑계로 두서너 달을 치근대어 미움을 사기도 하였다. 어린 소견에도 '붓장이 같다'라는 놀림이나 꾸중이 가장 마음에 언짢았던 생각이 난다. … 필장 안익근(安益根) 씨를 제기동 그의 댁으로 찾아가 뵙고는 생각이 달라지지 않을 수 없었다. 양주군 문한(文翰) 집에서 태어나 서당에서 글을 읽다가 손재주가 있고 눈썰미가 뛰어나, 서당에 온 붓장이가 붓 매는 것을 보며 매어 본 것이 17살, 이럭저럭 60년 동안이나 이 일을 해 온다는 안씨의 모습이 어렸을 때 붓장이의 인상과는 너무나 동떨어진 것이었다.[6]

조선시대부터 계속되어 온 장인(匠人)에 대한 인식을 알려주고 있는데, 붓을 만드는 일에 문인들도 참가하였다는 점이 주목된다. 이런 붓을 만드는 사람을 가리켜 필장(筆匠)이라고 한다. 사료에서 필장에 관한 기록을 찾아보기는 쉽지 않으며, 이름이 전하는 필장 또한 거의 없다. 중국의 경우에는 "옛날에 몽염(蒙恬)이 붓을 발명한 이래 남조(南朝)에 붓을 잘 만드는 노파가 있었고, 개원(開院) 연간에는 철두(鐵頭)라는 필장이 형관(鎣管)을 옥과 같이 잘 만들었다. 선주(宣州, 安徽)에는 제갈고(諸葛高)가 있었고, 상주(常州, 江蘇)에는 허영(許穎)이 있었다. 국조(國朝, 明)에는 육계옹(陸繼翁)과 왕고용(王古用)이 있으니 둘 다 호주(湖州, 浙江) 사람으로 금릉(金陵,

---

6 이겸노, 『문방사우』, 54쪽에서 재인용.

南京)에 살았다. 길수(吉水, 江西)에는 정백청(鄭伯淸)이 있고, 오흥(吳興)에는 장천석(張天錫)이 있었으나, 아깝게도 근래에는 아무도 그 묘한 기술을 전하는 사람이 없다. 화필(畫筆)로는 항주(杭州, 浙江)의 장문귀(張文貴)를 제일로 친다. 그러나 장씨도 다른 사람에게 기술을 전수하지 않았기 때문에, 지금은 좋고 나쁜 기준도 없어지고 대대로 이어오던 가업도 닦지 않게 되었다. 양주(楊州)에서 만드는 서심(鼠心)에 중간치의 관으로 된 화필은 백묘(白描)에 매우 좋으며 수필(水筆)도 또한 묘한 바가 있다"고 해서 유명한 필장의 이름이 몇몇 전해지기도 한다.[7] 붓은 중국에서 처음 만들어졌는데, 진대 몽염이 만들었다고 하지만 실제로는 그 이전부터 붓을 사용했던 기록들이 전해지고 있다.

조선시대에는 중국의 경우처럼 이름을 알 수 있는 필장이 거의 없는데, 다만 『연려실기술(燃藜室記述)』에는 『용재총화(慵齋叢話)』를 인용해서 김호생(金好生)이라는 필장에 관한 기록이 전한다.

김호생(金好生)이라는 선비는 붓을 잘 만들었다. 양녕이 잡것들을 많이 몰아들여 장난을 하고 체면을 차리지 못하므로, 양녕과 같이 놀던 자를 혹 죽이기도 하고 혹 귀양도 보냈다. 어느 날 호생이 붓을 가지고 세자궁 문 앞에 이르렀다가 내사(內使)에게 잡혀 어전(御前)에서 신문을 당해 호생이 사실대로 대답했더니, 임금이 이르기를, "네가 외인(外人)으로서 세자궁(世子宮)에 드나들었구나. 네가 세자의 붓만 만들었으니 나의 붓도 만들어야 한다" 하고, 공조로 내보내어 필장(筆匠)을 삼았다.[8]

또한 선조대에는 백성들에게 붓과 먹 등을 만들게 해서 강매한 내관(內官) 이봉정(李奉貞)을 추고했다는 기록[9]과 영조대에 왕이 필장 이광흡(李光

---

7 김삼대자, 「文房諸具」, 『朝鮮時代 文房諸具』, 국립중앙박물관, 1992, 180~181쪽.
8 李肯翊, 『燃藜室記述』 권2, 「太宗朝故事本末」.
9 『宣祖實錄』 권80, 宣祖 29년 9월 11일 甲辰.

翁)을 친국했다는 기록[10] 등이 전하기도 하는데, 이를 통해서 조선시대 필장의 흔적을 일부 찾아볼 수는 있다. 그러나 실제로 이들이 어떻게 붓을 제작하였는지에 대해서는 기록을 찾아보기는 어렵다.

이러한 필장은 경공장(京工匠) 중의 하나이다. 경공장은 왕실과 관부에 필요한 각종 물품의 제작에 종사하던 전업 수공업자인데, 조선시대 왕실과 각 관서에서 필요로 하는 수공업품은 한성부의 장적(匠籍)에 등록된 경공장이 맡아서 제작했다. 필장은 공조(工曹)에 소속되어 붓을 매는 일을 업으로 하는 장인으로, 조선시대 한양에 있는 경공장에 속한 필장은 8인에 불과했다.[11] 129종의 경공장과 달리 외공장(外工匠)의 종류는 27종에 불과했고 지역에 따라 그 종류가 다른데, 외공장에 속한 필장의 경우에는 황해도에 소속된 3명뿐이었다.[12]

원래 필장을 비롯한 경공장은 고려시대부터 각 관서에 소속되었던 공장과 관사노비로 구성되어 있었는데, 차츰 양인(良人)으로 교체되어 조선시대 경공장은 양인이 주류를 이루게 되었다. 조선 개국 후 공조에 소속된 필장의 인원수가 몇 명이었는지는 정확하지 않지만, 1425년(세종 7) 각색 공장은 임무의 중요도에 따라 필요한 인원수를 참작해서 정했다. 점차 인원이 부족해지자 각 관청에 속한 노비 중에서 견습생을 삼아 기술을 습득시켰다가 공장이 부족해질 경우 이를 보완하게 했고, 이것이 일정한 법식으로 만들어지게 되었다. 특히 금박장(金箔匠)·연금장(鍊金匠)·나전장(螺鈿匠)·필장(筆匠) 등과 같이 세공품을 제작하는 장인의 경우 이러한 규례가 만들어졌다.[13] 그리고 이것이 후에 『경국대전(經國大典)』에 기록된 8명

---

10 『英祖實錄』 권62, 英祖 21년 12월 13일 庚戌.

11 『經國大典』 권6, 「工典」, 京工匠 ; 『新增東國輿地勝覽』 권3, 비고편, 「東國輿地備考」 제2편, 漢城府.

12 『經國大典』 권6, 「工典」, 外工匠 ; 박성룡, 「朝鮮前期의 工匠에 관한 小考」, 조선대학교 석사학위논문, 1989, 9쪽.

의 필장이 된 것으로 보인다.

필장에 대한 처우는 그리 좋지 않았던 것으로 보인다. 필장은 원래 공조에 소속되어 있었는데, 공조 이외의 곳에서도 필요한 경우 필장을 비롯한 장인 등을 부역하게 하는 경우가 허다했다. 천사(天使)가 왔을 때 필요한 황모필을 만들어야 하는데 필장이 다른 관아에서 강제로 부역하고 있으니 천사가 와 있을 동안 필장을 부역하지 말도록 해달라는 호조(戶曹)의 계문이나,[14] 다른 관아에서 강제로 부역하는 행위를 견디다 못해 필장 등이 도망쳐서 국가의 진상이나 제향 진배(進拜)의 일에 영향을 미치게 된다는 등의 기사를 보면,[15] 필장의 강제 부역 등으로 인한 폐단을 충분히 짐작할 수 있다.

붓을 어떻게 만드느냐에 관한 기록은 위탄(韋誕)의 『필경(筆經)』, 유공권(柳公權)의 「사인혜필첩(謝人惠筆帖)」 등에서 찾아볼 수 있다. 조선시대 전통 붓의 제작기법을 가장 자세하게 살펴볼 수 있는 기록은 이익(李瀷)의 『성호사설(星湖僿說)』에 실려 있는 「만물문(萬物門)」에서 찾아볼 수 있다.

> 붓을 만드는 방법은, 걸(桀)한 것은 앞에 세우고 취(毳)한 것은 뒤에 세우고, 강(强)한 것은 심을 넣고 정한[要] 것은 겉을 입힌다. 어저귀[檾]로 묶어서 붓대에 끼운 다음, 칠액(漆液)으로 단단하게 하고 해조(海藻)로 윤이 나게 만든다. 먹을 찍어 글씨를 쓰면, 바른 획은 먹줄처럼 곧고, 굽은 획은 갈고리처럼 구부려지며, 모난 획과 둥근 획은 규구(規矩)에 맞는다. 종일 쥐고 써도 깨어지지 않는 까닭에 필묘(筆妙)라고 한다는 것이다. 추측컨대 걸(桀)이란 곧 털이 긴 것이다. 털을 가지런하게 하는 방법은 긴 것을 앞으로 하고 부드러운 것을 뒤로 해서 서로 섞어서 만드는데, 조금씩 층이 있도록 하는 것인 듯하다. 내가 일찍이 딴 서적에

---

13 『世宗實錄』 권28, 世宗 7년 4월 28일 丁卯.

14 『承政院日記』 仁祖 3년 4월 24일 辛丑.

15 『備邊司謄錄』 孝宗 1년 5월 19일.

상고해 보니, "사람의 머리털 수십 개를 그중에 섞어 넣으면 아주 좋다"고 하였으니, 이도 역시 한 방법인 듯하다. 정하다[要]란 것은 털을 정하게 가린다는 뜻이다. 털을 묶는 방법은, 강한 것은 안으로 넣어 심을 만들고, 정한 것은 겉으로 두루 입힌다. 일정하게 만든 다음, 또 그중에 더 강한 털을 가려서 심을 박고 부드러운 털로 겉을 둘러 마는 것이다.[16]

과거에 붓이 어떤 방식과 단계로 만들어졌는지는 정확히 알 수 없다. 다만 현재 전승되고 있는 황모필의 제작기법은 원모 채집, 원모 선별 및 솜털 제거, 기름기 제거, 1차 혼합 및 앞정모, 길이별 재단, 2차 혼합, 뒷정모, 분모(分毛), 의체 씌우기, 물끝 보기, 초가리 묶기, 대나무 채집 및 건조, 필관 재단 및 치죽 상사치기, 대나무 속 파내기 및 결합, 우뭇가사리 풀 먹이기 등 총 15단계의 과정을 거쳐 1~2주 이상의 시간 동안 100여 번 이상의 손질을 거쳐야 하고,[17] 오랜 시간과 노력이 들어야 완성되는 매우 정교한 작업이라고 할 수 있다.

〈도 1〉 붓을 제작하는 필공이
(설명 및 출처: 국립민속박물관)
붓을 제작하는 필공이의 모습을 그린 그림이다. 한 명은 털 고르기를, 다른 한 명은 마무리 작업을 하고 있고, 바닥에는 붓들이 놓여 있다(프랑스 국립 기메 동양박물관(Musée national des Arts asiatiques-Guimet) 소장, 기산(箕山) 김준근(金俊根)의 풍속화 모사 복원품).

---

16 李瀷, 『星湖僿說』 권4, 「萬物門」, 筆妙.
17 박창선, 「한국 전통 붓의 종류와 제작 기법」, 282쪽.

〈도 2〉 족제비 & 족제비 꼬리털

(출처: 정동찬 외, 『겨레과학기술 조사연구(Ⅸ) -붓과 벼루-』, 국립중앙과학관, 2001, 58쪽)

붓은 크게 황모(黃毛)와 양모(羊毛) 등 동물류의 털을 소재로 한 모필(毛筆)과 칡이나 볏짚 등을 이용한 초필(草筆)로 나누어진다. 붓을 만드는 동물성 재료에는 많은 종류가 있는데, 족제비를 비롯해서 노루·청설모·말·사슴·돼지·토끼·호랑이·쥐·이리·소·개·담비·염소 등 동물의 털을 이용해서 다양한 종류의 모필이 만들어졌다. 그중에서도 특히 황모필은 족제비 꼬리털로 만든 붓으로 힘이 강하며 예리한 표현을 할 수 있는데, 털이 길지 않아서 주로 세필(細筆)을 만드는 데 사용한다. 족제비의 꼬리털만을 이용하기 때문에 예전부터 생산량은 많지 않았지만 전통적으로 가장 널리 사용되어온 붓이기도 하다.[18]

조선 후기의 문신 장유(張維)가 쓴 시문집인 『계곡집(谿谷集)』에는 「필설(筆說)」이라 해서 황모필의 우수성에 대해 다음과 같이 전하고 있다.

쥐과(科)에 속하는 동물로서 색깔이 노란 것을 족제비라고 하는데, 평안도와 함경도 지방의 산속에 많이 서식하고 있다. 그 꼬리털이 빼어나 붓의 재료로 쓰이는데 황모필(黃毛筆)이라고 불리는 그 붓보다 더 좋은 것은 이 세상에서 찾아볼 수가 없을 정도이다. 내 친구 이생(李生)이 글쓰기를 좋아해 일찍이 어떤 사람에게 부탁해서 그 붓을 얻었는데, 터럭

---

18 박창선, 「한국 전통 붓의 종류와 제작 기법」, 270~271쪽.

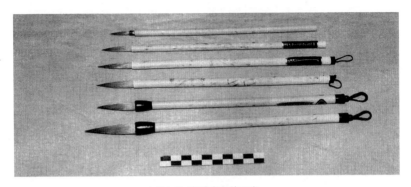

〈도 3〉 족제비붓(황모필)

(출처: 정동찬 외, 『겨레과학기술 조사연구(Ⅸ) -붓과 벼루-』, 국립중앙과학관, 2001, 99쪽)

이 빼어나게 가늘고 번질번질 윤기가 흘러 기가 막히게 좋은 붓이라고 생각했다.[19]

이외에도 고려시대에 중국의 『산곡문집(山谷文集)』, 『송사(宋史)』, 『고반여사(考槃餘事)』 등에서 고려의 황모필을 낭미필(狼尾筆)·서낭모필(鼠狼毛筆)·성성모필(猩猩毛筆) 등이라 이름 붙이면서 우수함을 기록하고 있고, 조선시대에 들어서도 유득공(柳得恭)은 족제비 털로 만든 붓[黃鼠狼尾筆]이 제일 좋다고 했으며,[20] 이익(李瀷) 역시 "고려시대의 낭미필은 천하에서 보배처럼 여겼다는 것인데, 중국에서까지 칭찬하게 된 것을 보면 그 기술 역시 서투르지 않았다"[21]고 했다. 또한 중국에서 사신이 왔을 때 황모필이 다량으로 제작되었다는 기록도 찾아볼 수 있다.

황모필의 원료가 되는 족제비 털은 충청도·경상도·전라도·황해도·평안도·함길도 지역에서 생산되는 토의(土宜)로서 공납을 받아서[22] 필장들

19 張維, 『谿谷集』, 「筆說」.

20 柳得恭, 『京都雜誌』.

21 李瀷, 『星湖僿說』, 「萬物門」, 筆妙.

22 『世宗實錄地理志』, 충청도·경상도·전라도·황해도·평안도·함길도.

이 붓을 만들어 국가의 수요에 충당했고, 필장은 개인적인 부탁 또는 붓을 파는 필방(筆房)과 필상전(筆床廛)에 붓을 만들어 공급하기도 했다.[23] 한양에는 여러 곳에 붓·벼루·종이를 파는 필방과 붓을 상 위에 늘어놓고 파는 필상전이 있어서 문방의 수요에 충당했다. 그리고 족제비 털을 한편으로는 중국의 연경(燕京)에서 구입해오기도 했다고 한다. 관직에 종사하는 벼슬아치들은 임금이 경축일이나 격려를 위해서 수시로 하사하는 지필묵을 받고 무한한 영광으로 여겼으며, 늘 아끼고 애용하던 붓이 닳아 못쓰게 되면 필장에게 부탁해서 붓털만을 갈고 붓대는 그대로 사용하기도 했다고 한다.[24]

그런데 이익(李瀷)은 중국인들이 황모필을 만드는 좋은 재료인 족제비 털을 조선에 팔면서도 정작 중국에서는 붓은 잘 만들어내지 못하고 조선의 황모필을 칭찬하는 이유를 알 수 없다고 했을 정도로,[25] 족제비 털로 만든 황모필은 중국에까지 그 품질이 알려진 우수한 조선의 특산품이었음을 짐작할 수 있다. 이수광(李睟光) 또한 『지봉유설(芝峰類說)』에서 중국에는 없고 우리나라에서만 나는 네 가지 특산품으로 경면지(鏡面紙)·황모필·화문석(花紋席)·양각삼(羊角蔘)을 들기도 했다.[26]

황모필은 다른 사료에는 황모(黃毛)라고 적혀 있는 경우도 있는데, 이

---

23 한양의 경공장은 공조와 각 관청에 등록된 뒤에 규정에 따라서 1년 중의 일정 기간만 의무적으로 관청의 수공업장에 동원되어 제품을 생산했다. 관청에 소속된 경공장들은 관청 수공업장에서 부역하지 않을 때는 자신의 수공업장에서 자율적으로 제품을 제조했다. 그러므로 한양에는 관청 수공업장 외에도 개별 수공업자들이 운영하는 수공업장이 종루를 중심으로 한 시전 주변에 자리 잡았을 것으로 추정된다(고동환, 「조선시대 한양의 경제활동과 공간 확장」, 『2천년 역사도시 서울의 공간이동과 경관변화 -2020 역사도시 서울-평양 학술대회 자료집-』, 2020, 195쪽).

24 김삼대자, 「文房諸具」, 184쪽.

25 李瀷, 『星湖僿說』, 「萬物門」, 狼尾栗尾.

26 李睟光, 『芝峯類說』.

역시 족제비 털로 만든 황모필이다. 진묵(眞墨)과 함께 공조에서 생산되었지만,[27] 각 지방에서 올라오는 공물 중에 포함되어 있기도 했다.[28] 따라서 황모필 중에는 나쁜 털을 섞어 만든 불량품도 종종 있었는데, 실제로 선조 대에 명(明)에 진헌하는 물품 중 황모필의 일부가 불량이어서 해당 필장과 담당 관원이 추고(推考)를 당하기도 했다.[29]

황모필의 평소 가격은 공상(供上)의 경우 1자루당 1전 3푼, 중국에 바치는 방물(方物)의 경우 2전 정도였다.[30] 1622년(광해군 14)에는 황모필에 대한 수요가 급증했는데, 공조(工曹)에서 아뢴 것을 보면 평소 월 3·400자루이던 황모필은 번호(藩胡)들이 철거해 가고 요동 길이 막히게 되면서 황모필 1자루의 값이 무명 한 필의 값에 이를 정도였다. 그래서 필묵이 부족하게 되자 진상품을 제외하고는 다른 부서에서는 황모필 대신 염소 털로 겉을 싸서 만든 붓을 바치게 하기도 했다.[31] 같은 해 4월 기록에 이미 황모를 시장에서 구하기 어렵다고 되어 있어서[32] 황모필의 가격은 그 이전에 비해서 크게 상승했던 것으로 보인다.

Ⅲ. 일본과의 황모필 교역

위와 같이 만들어진 황모필은 조선 후기의 경우 여러 가지 방법으로 일본 측에 꾸준히 수출되고 있었다. 황모필이 일본으로 건너간 방법은 크

---

27 『光海君日記』 권166, 光海君 13년 6월 甲午.
28 『世宗實錄地理志』, 충청도·경상도·전라도·황해도·평안도·함길도.
29 『宣祖實錄』 권62, 宣祖 28년 4월 23일 乙丑 ; 4월 24일 丙寅.
30 『萬機要覽』 財用編 1, 供上 ; 財用編 5, 方物.
31 『光海君日記』(中草本) 권63, 光海君 14년 11월 9일 辛丑.
32 『光海君日記』 권176, 光海君 14년 4월 22일 丁亥.

게 4가지였다. 첫째 통신사와 문위행이 가져가는 예단품의 하나로서 지급되는 방법, 둘째 쓰시마[對馬] 연례송사(年例送使)에게 지급되는 회사 및 구청품의 일부로서 지급되는 방법, 셋째 각종 명목의 차왜(差倭)에게 회사별폭으로 지급되는 방법, 그리고 넷째 쓰시마에서 구무(求貿)의 명목으로 어느 특정 물품을 요청해오면 조선에서 심의한 후 교역이 이루어지는 방법이 있었다.

첫째, 통신사와 문위행이 가져가는 예단품의 하나로서 지급되는 것이었다.

〈표 1〉 통신사·문위행이 가져가는 예단 황모필의 수량

지급 대상	通信使 公禮單	通信使 私禮單	問慰行 禮單
關白			
舊關白			
京尹	20	10	
加番長老	20		
對馬島主		30	30
舊對馬島主		20	
對馬島主(子)		20	
萬松院		20	
以酊菴		20	
副官		10	
都船主		10	
執政		100(5)	
護行長老		40(2)	
世臣		40(2)	
執事奉行		60(3)	
執事		120(6)	
宗室		120(6)	
寺社奉行		20	
江戶館伴		40(2)	
岡崎使者		20	
太學頭		20	
圖書頭		10	
藤堂和泉守		20	
醍醐		40(2)	

지급 대상	通信使 公禮單	通信使 私禮單	問慰行 禮單
細川越中守		200(10)	
江戶宿坊		10	
通事		48(16)	
通事下知禁徒		30(10)	
醍醐前右部		10	
합계	40	1,088	30

※ 전거:『증정교린지(增正交隣志)』권5, 공례단제수(公禮單諸數), 삼사신사례단(三使臣私禮單) ;『증정교린지』권6, 문위각연례(問慰各年例).
※ 통신사 사예단 지급량 중 ( )의 수는 각 지급 대상의 수이다.

조선 후기 통신사 예단으로 일본에 꾸준히 제공된 물품 중에는 조선 전기에는 없었던 비단류와 문방구류가 있었다. 특히 황모필은 호피와 백면주, 진묵 다음으로 빈번하게 제공된 물품이었는데, 황모필과 진묵은 관백·구관백·약군·집사·도주·수도서를 제외한 집정·봉행·근시·서경윤·장로·수직왜에게 빠짐없이 지급되고 있었다. 또한 예단 27종의 물품 가운데 황모필을 포함한 22종은 제5차 통신사부터 마지막 12차까지 빠짐없이 계속 지급되었다. 조선 후기 통신사 예단으로 비단류 외에 황모필 등의 문방구류가 새롭게 신설된 것은 일본의 문화 증진과 경제 발달에 기여한 것이어서, 통신사가 제공한 예단은 외교적 기능과 함께 문화적 혹은 경제적 기능도 꾸준히 겸비하였음을 알 수 있다.[33]

둘째, 쓰시마 연례송사(年例送使)에게 지급되는 회사(回賜)와 구청(求請)을 통하여 황모필이 일본으로 건너가는 방법이다.

---

33 김덕진·변광석·이훈·정성일·池內敏,「외교와 경제: 조선후기 통신사외교와 경제 시스템 -通信使 禮單을 통해서 본 朝日外交의 특징과 그 변화-」,『한일관계사연구』26, 2007, 212~213쪽.

〈표 2〉 연례송사에게 회사·구청으로 지급되는 황모필의 수량

	歲遣 제1선	歲遣 제2~9선	歲遣 제10~17선	以酊菴送使	萬松院送使	1特送使	2~3特送使	副特送使	平彦三送使	平義眞送使	합계
回賜	30			20	20	30	60		20	20	200

	歲遣 제1선	歲遣 제2~4선	歲遣 제5~17선	以酊菴送使	萬松院送使	1特送使	2~3特送使	副特送使	平彦三送使	平義眞送使	합계
求請	20	15	65	5	20	35	70	55	10	10	305

※ 전거: 『증정교린지』 권1, 연례송사

※ 구청의 세견(歲遣) 제2~4선, 세견 제5~17선. 2~3 특송사는 세견선별로 같은 물량을 지급 받았으며, 여기에서는 각 세견선의 구청량을 합산한 양으로 표시한 것이다.

※ 언삼(彦三)은 2대 쓰시마 도주 소 요시나리[宗義成]의 아명(兒名)으로 평언삼송사는 요시나리가 조선으로부터 도서(圖書)를 받아 보내던 것인데, 1657년(효종 8) 그가 죽은 후 도서가 회수되면서 혁파되었다. 평의진송사는 언만(彦滿)이라는 아명을 쓰던 3대 쓰시마 도주 소 요시자네[宗義眞]의 송사로, 그가 죽은 후 혁파되었다. 이 두 송사를 합쳐 아명송사(兒名送使)라고 한다.

　　회사는 외교와 무역상의 임무를 띠고 쓰시마에서 부산 왜관(倭館)으로 정기적으로 건너오고 있던 연례송사가 조선 국왕에게 진상품을 바치게 되면 그에 대한 답례의 의미로 내려주던 것으로, 인삼·호피·표피백면주·흑마포·백저포·백목면·황모필·진묵·매·화석·사장부유둔 등 총 12종의 물품이 지급되었다.

　　한편, 조선에서 고려 말부터 창궐했던 왜구를 금압하기 위한 정책의 일환으로 일본에서 요구한 대장경(大藏經) 및 다양한 물품을 사급해주던 것이 점차 왜구의 피해가 줄어들면서 세견선 및 도서(圖書)의 대소다과(大小多寡)에 따라 구청의 정식이 만들어졌다.[34] 그러던 것이 왜란 이후 구청은 조선 후기에 일본에 대한 하나의 물품 지급 방식으로 자리 잡으면서 경제적인 교역의 측면보다는 외교적 차원에서 이루어진 물품사급의 성격이 강해지게 된 것으로 보인다.[35] 구청물품으로는 인삼·매 등의 주요 외교

34　釜山甲寅會, 『日鮮通交史』, 「求請」, 釜山甲寅會, 1915.

35　이승민, 「조선후기 對馬島 求貿의 개념과 실태」, 『한일관계사연구』 36, 2010, 73~74쪽.

의례물품, 황모필·진묵·백지·벼루·연적 등의 문방구류, 화석·다리미·칼체·부채·참빗·사장부유둔·우산지 등의 일상생활품, 청밀·녹말·율무·들기름·개암나무열매·호두·대추·밤·잣 등의 식생활품, 호육·호담 등의 약재류, 그리고 기타 마성·개 등으로, 총 28종의 물품이 지급되었다. 회사품과 구청품 중 공통되는 물품은 인삼·황모필·진묵·매·화석·사장부유둔이다.

셋째, 조선 후기 각종 외교 사안을 처리하기 위해 부산 왜관에 파견되었던 쓰시마의 임시 외교사절인 차왜(差倭)에게도 예조참판·예조참의·동래부사·부산첨사의 회사별폭 및 삼도연(三度宴 혹은 兩度宴)[36]의 증급, 접위관의 사예단 등의 명목으로 많은 수의 황모필이 지급되었다.

〈표 3〉 차왜(差倭)에게 지급되는 황모필의 수량

지급대상	禮曹參判 回賜別幅	禮曹參議 回賜別幅	東萊府使 回賜別幅	釜山僉使 回賜別幅	三度宴 贈給	接慰官 私禮單	합계
關白告訃差倭	30	30	20	20	20	40	160
關白承襲告慶差倭	30	30	20	20	20	40	160
島主承襲告慶差倭	30	30	20	20	20	40	160
圖書請改差倭	30	30	20	20	20	40	160
通信使請來差倭	30	30	20	20	20	40	160
通信使護行差倭	30	30	20	20	20	40	160
通信使護還差倭	30	30	20	20	20	80	200
來歲當送信使差倭	?	?	?	?	20	40	60(+@)
關白退休告知差倭	30	30	20	20	20	40	160
退休關白告訃差倭	30	30	20	20	20	40	160
島主退休告知差倭	30	30	20	20	20	40	160
關白生子告慶差倭	30	30	20	20	20	40	160
關白立儲告慶差倭	30	30	20	20	20	40	160
關白生孫告慶差倭	30	30	20	20	20	40	160
通信使請退差倭	30	30	20	20	20	40	160
通信使議定差倭	30	30	20	20	-	-	100

36 三度宴은 下船宴·別宴·上船宴 등 세 차례의 宴享을 말하고, 兩度宴은 여기에서 別宴이 빠진 것이다. 島主告訃差倭·退休島主告訃差倭·關白儲嗣告訃差倭·島主告還差倭에게는 三度宴이 아닌 兩度宴으로 황모필이 지급되었다.

지급대상	禮曹參判 回賜別幅	禮曹參議 回賜別幅	東萊府使 回賜別幅	釜山僉使 回賜別幅	三度宴 贈給	接慰官 私禮單	합계
陳賀差倭	-	100	-	-	20	80	200
弔慰差倭	-	40	-	-	20	40	100
漂人領來差倭	-	30	20	20	20	-	90
漂民順付	-	30	20	20	-	-	70
島主告訃差倭	-	200	-	-	20	-	220
退休島主告訃差倭	-	200	-	-	20	-	220
舊舊島主告訃差倭	-	70	-	-	-	-	70
關白儲嗣告訃差倭	-	30	20	20	20	-	90
島主告還差倭	-	20	10	10	20	-	60
送還差倭	-	-	-	-	-	-	-
裁判差倭	-	30	20	20	-	-	70
館守差倭	-	30	20	20	-	-	70
馬島漂倭	-	-	-	-	-	-	-
他島漂倭	-	20	-	-	-	-	20
합계	450	1,250	410	410	440	760	3,720(+@)

※ 전거: 『증정교린지』 권2, 차왜(差倭).

1635년 쓰시마의 국서개작 폭로 사건 마무리 단계에서 막부는 쓰시마 도주 소 요시나리[宗義成]의 대(對)조선 외교교섭 능력을 시험하기 위해 조선 측에 마상재(馬上才)를 초빙해줄 것을 명령했다. 겸대제는 바로 그때 에도에 파견되었던 역관 홍희남(洪喜男)이 귀국하던 도중 쓰시마에 들러 쓰시마 도주와 새롭게 약정한 교역 방식으로, 과거 기유약조에 의해 규정된 연례송사 20척에 매 사선마다 정관의 직함을 가진 사자(使者)가 승선하던 것을 개정한 것이다. 기본적으로 일본에서 오는 사송선에 대한 접대 형식의 개선책을 제시한 것으로, 조선으로 오는 쓰시마 세견선의 도항횟수를 줄여서 이들에 대한 접대비용의 절감을 도모하고자 한 것이었다.

이러한 겸대제의 실시로 연례팔송사제가 정착되어 갔고, 그에 따라 쓰시마에서 해마다 조선으로 건너오는 사절의 수도 점차 줄어들었다. 그 결과 조선과 일본 양국의 각종 외교 사안과 일본 막부 쇼군가와 쓰시마 도주가의 경조사 등 여러 안건은 수시로 파견하는 임시 외교사절인 차왜를 통해서 이루어지게 되었다. 조선은 처음에는 세견선에 붙여 보내지 않는 것은 약조에 어긋난다고 해서 물리치고 접대를 허락하지 않았지만, 쓰시마에서는 각종 명목으로 계속하여 차왜를 파견해왔고 결국 조선으로부터 차왜에 대한 접대를 규례(規例)로 인정받게 되었던 것이다.[37] 이러한 차왜는 파견 목적이나 중요도에 따라서 예조참판과 예조참의, 그리고 동래부사와 부산첨사에게 보내는 쓰시마 도주의 서계를 가져왔고, 조선에서는 차왜에 따라 차등을 두어 접대했다.[38]

이들 차왜는 조선 측에 서계와 별폭을 바치고 그에 대한 답서와 회사별폭을 지급받았는데, 그 안에는 황모필이 거의 빠짐없이 포함되어 있었다.『증정교린지』에 기록되어 있는 차왜 중 다른 차왜에 비해서 한 번에 비교적 많은 수량의 황모필을 지급받은 것은 진하차왜(陳賀差倭)·도주고부차왜(島主告訃差倭)·퇴휴도주고부차왜(退休島主告訃差倭)였다. 예조참의 회사별폭의 경우 진하차왜는 한 번에 100자루, 도주고부차왜·퇴휴도주고부차왜는 한 번에 200자루에 이르는 황모필을 지급받았다. 황모필뿐 아니라 진묵(眞墨)을 비롯한 다른 물품의 경우에도 비교적 넉넉한 수량을 지급받았다.

한편, 황모필이 예단으로 지급되지 않은 경우는 송환차왜(送還差倭)와 마도표왜(馬島漂倭) 뿐이었다. 송환차왜는 1859년(철종 10)에 쓰시마 도주소 요시요리[宗義和]의 아들 승천대(勝千代)가 도서(圖書)를 청해 받기 위해 재판차왜 편에 서계를 붙여 보내왔던 차왜로, 1864년(고종 1) 이후 한

---

37 별차왜에 대한 접대는 조선 정부에게 "차왜 접대비용이 送使보다 배가 넘어 드디어 무궁한 폐단이 되었다"고 할 정도로 세견선에 대한 접대보다 더 큰 경제적 부담과 폐해를 초래하게 되었다(『增正交隣志』 권2, 差倭).

38 차왜의 구분과 각 차왜별 접대 시기 및 횟수에 관한 자세한 내용은 홍성덕, 「조선후기 한일외교체제와 대마도의 역할」, 『동북아역사논총』 41, 2013, 171~174쪽이 참고 된다.

번도 파견되지 않았다.[39] 마도표왜는 쓰시마인이 조선 연안에 표류한 경우
인데, 왜관으로 데려가 식량·옷재료·무명만을 지급해 주었다. 그리고 내
세당송신사차왜(内蔵當送信使差倭)는 다음해에 통신사를 파견해달라고 요
청하기 위해 파견된 차왜인데, 1653년(효종 4) 10월 등성방(藤成方)의 도
래가 유일한 사례이다. 다른 차왜 기록과 달리, 예조참판·예조참의·동래
부사·부산첨사 회사별폭의 경우 '상고할 수 없으나 다른 예를 따른 것 같
다'고 되어 있어,[40] 정확한 회사별폭의 종류와 수량은 알 수 없다.

넷째, 위와 같은 두 가지 방법 외에 쓰시마에서는 구무(求貿)라는 명목
으로 조선에 수시로 황모필의 교역을 요청해왔다. 지급량이 정해져 있던
예단·회사·구청과 달리 불시에 이루어진 구무의 경우에는 그때그때 쓰시
마에서 필요가 발생할 경우 요청이 들어와 교역이 이루어지는 것이었다.

〈표 4〉 17세기(1640~1699) 연례송사(年例送使) 지급량과 구무(求貿)에 의한 거래량

물품	人蔘	虎皮	豹皮	白苧布	白綿紬	白木棉	黑麻布	鷹子	花席	四張付油芚	黃毛筆	眞墨
年例送使	774	560	721	2153	1388	2782	1355	993	2466	689	7820	7813
구무요청량(실제지급량)	1455(717)	155(80)	240(120)	1673(1238)	230(23)	3(3)	45(45)	88~89(83~84)	80(50)	61(61)	7775(5525)	4015(2452)

※ 전거: 연례송사 지급량은 정성일, 「朝·日間 公貿易」, 『사학연구』 58·59, 1999)에서 재인용. 구무요청
량은 『왜인구청등록(倭人求請謄錄)』 1~6책(冊).
※ 구무요청량은 대마도 측에서 조선에 요청한 수량이고, ( ) 안은 조선에서 교역을 허가하여 실제로 지
급한 수량이다.

---

39 『增正交隣志』 권2, 差倭.
40 『增正交隣志』 권2, 差倭.

위의 〈표 4〉는 17세기 연례송사에게 지급된 지급량과 구무에 의한 거래량의 공통된 물품을 비교한 것인데, 대부분의 품목에서 연례송사 지급량이 쓰시마 구무요청에 의해서 실제로 지급된 양보다 많음을 알 수 있다. 백목면·흑마포·화석·사장부유둔의 경우는 연례송사 지급량에 비하여 구무량이 극히 미미하다. 반면 인삼·백저포·황모필·진묵과 같은 몇 가지 물품의 경우에는 구무요청량이 연례송사 지급량에 육박하거나 혹은 절반 이상을 차지하고 있어서 상대적으로 높은 비중을 차지하는 점도 주목된다.

그중에서 황모필의 경우를 보면 대마도(對馬島)에서 구무를 통하여 요청한 수량이 7,775필로 연례송사에게 지급된 수량인 7,821필에 육박하며 실제로 지급된 양도 5,525필로 연례송사 지급량의 절반 이상을 차지하고 있다. 1637년(인조 15)부터 1724년(경종 4)까지 쓰시마에서 요청한 각종 구무 사례에 대하여 동래부사와 경상감사 등이 올린 장계, 이에 대한 예조와 호조 및 비변사의 회답(回答) 등을 예조 전객사에서 등록해서 작성한 『왜인구청등록(倭人求請謄錄)』에는 다양한 종류의 황모필이 등장한다. 붓자루를 어떻게 만드는가에 따라 대모필(玳瑁筆)·용편필(龍鞭筆)·화용필(畫龍筆) 등으로 나누어 기록되어 있고, 황모필만으로 나와 있는가 하면 대모황모필·홍당죽·황모필·반죽황모필 등 붓자루의 이름이 상세하게 명기되어 있기도 하다. 위의 〈표 4〉에서 계산한 황모필의 수량은 황모필·○○황모필·○○황필 등으로 기록된 경우만을 합산한 것이며, 각색필(各色筆)로 기록되어 있거나 혹은 붓자루의 명칭만 나와 있어서 정확히 황모필을 가리키는 것인지를 확인할 수 없는 경우는 제외한 것이다. 같은 시기에 붓자루의 이름만 나와 있는 경우, 즉 대모필·홍당필·오죽필·반죽필·용편필·화룡필은 총 4,350필을 쓰시마에서 요청해왔고 조선에서는 실제로 3,650필을 지급하였는데, 이 수량까지 합산한다면 쓰시마의 요청량은 1만 2,125필, 조선의 실제지급량은 9,175필이 되어 연례송사 지급량보다 오히려 더 많아진다. 쓰시마 측에서 구무를 통해 황모필을 이렇게 대량으로 요청해 왔던 것은 주로 쓰기마 도주가 에도에서 사용하기 위한 용도였던 것으로 보인다.[41]

<표 5> 황모필의 시기별 구무거래량

연대	1637	1641 ~1650	1651 ~1660	1661 ~1670	1671 ~1680	1681 ~1690	1691 ~1700	합계
구무요청량 (실제지급량)	■	550 (500)	400 (350)	1,725 (1,425)	3,200 (1,550)	650 (550)	1,250 (1,150)	7,775 (5,525)
요청횟수	1	4	3	8	9	5	4	33

※ 『왜인구청등록』 1~8책.
※ ■ 표시는 수량이 기재되어 있는 않은 경우임.

그리고 17세기 구무거래량을 10년 단위로 나누어 각 물품의 거래량이 어떻게 변하는지, 그리고 쓰시마에서 몇 건의 구무요청을 하고 이에 대해 조선에서 실제로 몇 건의 요청을 받아들여 지급했는지를 살펴보면, 구무품 중 연례송사 지급량과 거의 비등한 수량의 교역이 이루어진 황모필 같은 경우에는 총 33건의 요청 중 2건을 제외하고는 쓰시마의 구무 요청을 받아들였고 또한 매 10년마다 빠짐없이 구무요청이 이루어지고 있는 것을 알 수 있다.[42]

한편 쓰시마에서는 특히 문방구류를 막부에 진상할 때 물품의 상태를

---

41 이승민, 「조선후기 對馬島 求貿의 개념과 실태」, 93~95쪽. 참고로 황모필이 지급될 때마다 거의 함께 지급되었던 진묵 같은 경우 구무요청량은 4,015홀, 실제지급량은 2,452홀로 각각 연례송사 지급량인 7,813홀의 절반과 1/3 정도의 비중을 차지한다. 쓰시마에서는 진묵 외에도 황해도 해주에서 생산되던 질 좋은 먹의 하나인 翰林風月 및 首陽玄精·琴墨·翠雲 등을 요청하기도 하였다. <표 4>에서는 황모필과 마찬가지로 진묵으로 기록되어 있는 것 외에 翰林風月 등의 수치는 제외한 것인데, 같은 시기 翰林風月 등이 요청·지급된 수량까지 합치면 진묵 역시 연례송사에게 지급된 양에 준한다고 할 수 있다.
42 이승민, 「조선후기 對馬島 求貿의 개념과 실태」, 96쪽.

쓰시마에서 직접 지정하여 요청하기도 했다. 황모필의 경우도 그러해서, 오죽(烏竹)·홍당죽(紅糖竹)·반죽(斑竹) 등 각색의 대나무로 자루를 만들고,[43] 붓자루에 용과 같은 특별한 무늬를 조각해 달라고 하는 등의 것이었다.[44] 이것은 일반 공·사무역으로는 구하기 힘든 상품(上品)의 것이었기 때문에 국가에 소속된 장인의 손을 통해 자신들이 원하는 형태의 물품을 만들어서 교역하기 위한 쓰시마 측의 의도가 내포된 것이라고 볼 수 있을 것이다.

IV. 맺음말

붓은 글을 쓸 때 사실을 기록해야 하는 중요한 도구이다. 우리는 흔히 종이·붓·먹·벼루를 가리켜 이 네 가지는 서로 떨어져 사용될 수 없다는 의미에서 문방사우(文房四友)라는 말을 사용하는데, 중국에서는 이를 가리킬 때 '지필묵연(紙筆墨硯)'이 아니라 순서를 바꾸어 '필묵지연(筆墨紙硯)'이라고 해서 붓을 가장 앞에 두기도 했다고 한다. 이것은 전통사회에서 붓의 용도가 그만큼 중요했다는 것을 이르는 말이기도 할 것이다. 고려시대의 문방사우는 품질이 매우 우수해서 중국과의 주요 교역품이 되었으며, 우수한 품질의 문방사우는 조선시대에도 계속 생산되면서 국가 대 국가의 관계에서 예단품과 교역품으로서 중요한 역할을 했다.

전통시대에 제작된 붓의 종류는 매우 다양하지만, 그중에서도 특히 황모필은 일찍부터 품질이 우수하다고 알려져 있었다. 황모필은 공조에 소속된 필장이 전국 각지에서 공납된 족제비 털을 원료로 해서 여러 단계의 공정과

---

43 『倭人求請謄錄』 3冊, 顯宗 10년 6월 10일 ; 顯宗 14년 5월 5일.
44 『倭人求請謄錄』 2冊, 顯宗 4년 1월 20일.

긴 시간을 들여 매우 정교하게 만들어져 국가 내외의 수요에 충당되었다. 일본과의 관계에서는 통신사·문위행이 가져가는 공·사예단품 1,158필 외에, 쓰시마 연례송사에게 정기적으로 지급되는 회사와 구청으로 505필, 조선과 일본 사이의 다양한 외교 사안을 해결하기 위해 파견된 각종 명목의 차왜에게 3,720필, 그리고 쓰시마 내에서 불시의 필요가 발생할 때마다 조선 측에 교역을 요청하는 구무의 방법으로 7,775필(실제지급량 5,525필)의 황모필이 정기·비정기적으로 교역이 이루어졌음을 확인할 수 있었다.

이 글에서는 일본으로 황모필이 건너가는 방법에 대해 그 교역의 경로를 네 가지로 제시했다. 그러나 사실 이것은 구무(求貿)에 의한 방법을 제외하고는 『증정교린지(增正交隣志)』 등에 기록된 규정량을 정리한 것일 뿐, 『통신사등록(通信使謄錄)』이나 『관수일기(館守日記)』·『대관기록(代官記錄)』 등을 통해 황모필의 지급 수량이 실제로 어떻게 달라졌는지, 그리고 사무역을 통해서는 어느 정도의 규모로 황모필 교역이 이루어졌는지에 관해서는 자세히 밝히지 못한 아쉬움이 있다. 또한 황모필은 앞서도 언급했듯이 조선에서 일본으로 뿐만 아니라 류큐, 그리고 중국으로도 건너가고 있었다. 본 논문의 대상은 조선산 황모필의 대일본 교역에 관한 부분으로 한정했지만, 사실상 근세 동아시아 세계에서 황모필 교역의 다양한 양상과 의미를 보다 구체적으로 살펴보기 위해서는 대일본·중국 황모필 교역의 양상을 비교·분석하는 작업이 보다 필요할 것이라고 생각된다. 이와 같은 부분에 대해서는 추후의 과제로 삼고자 한다.

참고문헌

1. 사료

『世宗實錄』,『宣祖實錄』,『光海君日記』,『英祖實錄』,『承政院日記』,『備邊司謄錄』,『經國大典』,『萬機要覽』,『增正交隣志』,『倭人求請謄錄』,『新增東國輿地勝覽』,『東閣雜記』,『燃藜室記述』,『星湖僿說』,『芝峯類說』,『谿谷集』,『京都雜誌』

2. 저서

국립민속박물관,『文房四友 조사보고서 : 紙, 筆, 墨, 硯 제작과정을 중심으로』, 국립민속박물관, 1992.

국립중앙박물관,『朝鮮時代 文房諸具』, 통천문화사, 1992.

권도홍,『文房淸玩』, 대원사, 2006.

釜山甲寅會,『日鮮通交史』, 釜山甲寅會, 1915.

이겸노,『문방사우』, 대원사, 1989.

임종욱 외,『중국역대인명사전』, 이회문화사, 2010.

정동찬 외,『겨레과학기술 조사연구(Ⅸ) : 붓과 벼루』, 국립중앙과학관, 2001.

정성일,『조선후기 대일무역』, 신서원, 2000.

3. 논문

강요상·김종경,「전통회화에서 사용되는 붓에 관한 고찰」,『조형미술논문집』 13-2, 2013.

고동환,「조선시대 한양의 경제활동과 공간 확장」,『2천년 역사도시 서울의 공간이동과 경관변화 -2020 역사도시 서울 - 평양 학술대회 자료집-』, 2020.

김경미, 「17~8세기 대일외교·교역과 매」, 『역사와 세계』, 2008.

_____, 「17~18세기 日本의 朝鮮 藥材 求請」, 『대구사학』, 119, 2015.

김덕진·변광석·이훈·정성일·池內敏, 「외교와 경제: 조선후기 통신사외교와
　　　경제시스템 -通信使 禮單을 통해서 본 朝日外交의 특징과 그 변화-」,
　　　『한일관계사연구』 26, 2007.

박문열, 「毛筆에 관한 연구」, 『인문과학논집』 20, 2000.

박성룡, 「朝鮮前期의 工匠에 관한 小考」, 조선대학교 석사학위논문, 1989.

박창선, 「한국 전통 붓의 제작기법과 전승양상」, 고려대학교 석사학위논문, 2016.

_____, 「한국 전통 붓의 종류와 제작 기법」, 『무형유산』 8, 2020.

서인범, 「朝鮮 虎皮와 豹皮의 생산·유통」, 『명청사연구』 50, 2018.

_____, 「조선 호피·표피의 淸朝 진헌」, 『역사학보』 244, 2019.

이승민, 「조선후기 對馬島 求貿의 개념과 실태」, 『한일관계사연구』 36, 2010.

_____, 「조선후기 對馬島와의 말[馬] 교역과 그 의미」, 『사학연구』 107, 2012.

_____, 「조선후기 일본과의 매[鷹] 교역과 그 의미」, 『한일관계사연구』 45,
　　　2013.

_____, 「조선후기 대일 도자교역 실태와 그 의미」, 『조선시대사학보』 81, 2017.

이유리, 「『倭人求請謄錄』에 나타난 조선 서적의 일본 전래」, 『서지학보』 37,
　　　2011.

조성실, 「붓 장인을 통해 본 전통공예의 전승과 변화」, 『실천민속학연구』 21,
　　　2013.

정성일, 「朝·日間 公貿易」, 『사학연구』 58·59, 1999.

하여주, 「조선후기 대일관계 속의 皮物」, 『한일관계사연구』 49, 2014.

한성주, 「조선과 여진의 貂皮 교역 성행과 그 영향」, 『만주연구』 25, 2018.

_____, 「근세 한·중·일의 貂皮 무역에 대한 시론적 검토」, 『인문과학연구』
　　　56, 018.

홍성덕, 「조선후기 한일외교체제와 대마도의 역할」, 『동북아역사논총』 41, 2013.

04

임진전쟁(壬辰戰爭)과 청포(青布)·남포(藍布)

: 명군(明軍)이 조선에 가져 온 중국산 면포

임경준(林慶俊, 동국대학교 문화학술원 HK교수)

Ⅰ. 머리말

1587년 일본의 도요토미 히데요시[豊臣秀吉]가 정명향도(征明嚮導), 즉 '명조(明朝)를 정벌하는데 길을 안내하라'는 구실로 조선을 침입한 데서 촉발된 '임진전쟁(壬辰戰爭)'[1]에 대해서는 그간 다양한 각도에서 중후한

---

1 1592년에서 1598년까지 7년여간 두 차례에 걸쳐 벌어진 日本의 朝鮮 침공에 대하여 그간 한국학계에서는 '壬辰倭亂'이나 '丁酉再亂'이란 용어로 통칭해왔고, 중국과 일본학계에서도 각자 저마다의 입장에 따라 '萬曆朝鮮之役'이나 '文禄·慶長의 役'으로 다르게 호칭하고 있다. 이에 대해 본고에서는 학술적으로 보다 중립적인 표현이면서 근래 연구자들 사이에서 활발하게 사용되고 있는 "壬辰戰爭"이란 용어를 채택하여 7년간의 전쟁을 범칭하려 한다. 한명기, 「'난동', '정벌', '원조'를 넘어: '임진왜란'을 부르는 동아시아 공통의 용어를 위하여」, 『역사비평』 83, 2008. 임진전쟁을 둘러싼 호칭의 변천에 관해서는 최근 川西裕也, 「「文禄慶長の役」呼稱の再檢討」, 『韓國朝鮮文化研究』 21, 2022가 20세기 이후의 학설사를 망라하여 소개하고 있어 참조할 만하다. 한편 한국 학계에서 임진전쟁이란 용어를 선구적으로 사용한 연구자로는 김경태와 차혜원을 들 수 있다. 김경태, 「임진전쟁 전반기, 가토 기요마사(加藤清正)의 동향 -戰功의 위기와 講和交涉으로의 가능성-」, 『대동문화연구』 77, 2012; 차혜원, 「중국인의 '南倭' 체험과 壬辰전쟁(1592-1598) -『籌海圖編-重編』을 중심으로-」, 『역사학보』 221, 2014.

연구 성과가 제출되어 왔다. 주요한 문제 관심에 따라 분류한다면, ①전쟁사의 관점에서 임진전쟁의 발발과 전개·강화에 이르는 일련의 과정을 추적한 연구, ②국제정치의 시야에서 임진전쟁을 조선·명조·일본이 참전한 동아시아 국제 전쟁으로 파악하는 연구, ③사회·경제적 관점에서 임진전쟁이란 사건이 동아시아와 그 주변 국가에 미친 파급 효과에 주목한 연구로 정리할 수 있다.[2] 한·중·일만이 아니라 구미 학계에서도 독자적 연구 성과가 견실하게 축적되어 왔을 뿐더러 개별 연구자 간의 국제적 교류와 집회도 활성화되면서 전쟁 자체를 둘러싼 사실관계의 확정은 물론 국가별로 상이했던 역사적 평가도 점차 간극을 좁혀가고 있다.[3] 이와 궤를 같이하여 역사 연구의 토대를 이루는 근본 사료의 영인·역주 또한 한·중·일 삼국에서 꾸준하게 진행되고 있다.[4] 현시점에서 '임진전쟁'은 특정 국가와

---

2 지면의 제한상 모든 연구를 일일이 열거할 수는 없으므로 여기에서는 한·중·일 그리고 구미학계에서 발표된 대표적인 임진전쟁 연구사 논문들을 소개하는 데 그친다. 六反田豊 외, 「文禄·慶長의 役(壬辰倭亂)」, 『한일역사공동연구보고서』 제1기, 한일역사공동연구위원회, 2005; 中野等, 「文禄·慶長의 役 연구의 학설사적 검토」, 『한일역사공동연구보고서』 제2기, 한일역사공동연구위원회, 2010; Nakano Hitoshi, "Research Trends in Japan on the Japanese Invasion of Korea in 1592(Imjin War)", *International Journal of Korean History* 18-2, 2013; 김경록, 「임진왜란 연구의 회고와 제안」, 『군사』 100, 2016. 아울러 앞서 언급한 川西裕也, 「「文禄慶長の役」呼稱の再檢討」, 『韓國朝鮮文化研究』 21, 2022도 임진전쟁의 호칭을 검토하면서 관련 연구를 포괄적으로 제시하고 있다.

3 구미권의 연구성과에 관해서는 Namlin, Hur, "Works in English on the Imjin War and the Challenge of Research", *International Journal of Korean History* 18-2, 2013을 참조.

4 한국 학계에 한정하여 근래의 특기할만한 성과로는 국립진주박물관에서 주도하여 출간된 『瑣尾錄』과 『經略復國要編』의 역주본 그리고 동북아역사재단에서 간행하기 시작한 『事大文軌』의 편역본을 들 수 있다. 각각 오희문 지음·전주대학교 한국고전학연구소 옮김, 『쇄미록』 1-6, 사회평론아카데미, 2019; 송응창 지음·구범진 외 옮김, 『명나라의 임진전쟁』 1-5, 사회평론아카데미, 2020~2021; 이정일 외 옮김, 『편역 事大文軌』 1-3, 동북아역사재단, 2020~2021로 출간되었다.

학계를 넘어서 가장 활발하게 연구가 진척되고 있는 주제라 해도 과언이 아니다.

임진전쟁을 둘러싸고 양적으로나 질적으로나 견실한 연구 성과 위에 축조된 기왕의 역사상에 대하여 구태여 벽돌을 하나 더 보탤 필요가 있을까 하는 느낌도 든다. 그런데 임진전쟁에 관한 기왕의 연구에서는 전쟁 자체의 추이와 여파 혹은 전략이나 전술을 거시적 관점에서 조망하려는 경향이 두드러진 나머지 정작 전쟁의 실제적 측면 ─ 전쟁에서 군인들은 무엇을 어떻게 먹고 입었는지, 나아가 전시생활의 토대를 이루는 군수물품들을 어떻게 획득하고 소비했는지 ─ 에 관해서는 상대적으로 관심이 저조했던 것이 사실이다.[5] 물론 이와 관련하여 임진전쟁 시기 명군(明軍)이 본국에서 양향(糧餉)을 어떻게 수송하였는지에 관해 초점을 맞춘 선행연구가 일부 제출되기도 하였다.[6] 그러나 수송체계의 한계로 말미암아 대규모의 파병군을 지탱할 수 있을 정도의 군량을 지속해서 명에서 조선으로 직접 운반하기에는 한계가 있었다. 임진전쟁에 참전했던 국가들은 저마다 판이한 재정제도에 기반을 두고 전쟁을 운용하였기 때문에 명조와 조선의 군대는 같은 연합군이라 하더라도 군수물자를 조달하는 방식에 차이가 있을 수밖에 없었고, 이는 7년간에 걸친 전쟁의 추이에도 적지 않은 영향을 미쳤으리라 판단된다.[7] 군수체계의 충돌이란 관점에서 임진전쟁을

---

5 김경록은 종래의 임진전쟁 연구가 분야별로 편차가 두드러진다고 지적하면서 동원체계, 군수체계, 군량체계를 비롯한 전쟁사의 제반 분야를 아우르는 통합적 접근의 필요성을 지적한 바 있다. 김경록, 「임진왜란 연구의 회고와 제안」, 110쪽.

6 李章熙, 「壬亂中 糧餉 考」, 『金學燁教授 華甲紀念論叢』, 1971; 張學根, 「壬亂初期 明軍 來援과 軍糧論議」, 『임난수군활동논총』, 1993; 洪性鳩, 「丁酉再亂時期明朝的糧餉海運」, 『新亞學報』, 2017; 陳尙勝, 「壬辰禦倭戰爭初期糧草問題初探」, 『社會科學輯刊』 4, 2012; 張洋洋, 「丁酉戰爭時期邢玠關於明軍糧餉問題的措施研究: 以『經略御倭奏議』為中心」, 『渤海大學學報』 6, 2019; Hong, Sung Ku, "Ming dynasty maritime provisions transport during the second stage of the East Asian War (1597-98)", *Chinese Studies in History* 52, 2019.

재조명할 필요성이 여기에 있다.[8]

명조는 15세기 중반부터 이미 전국 규모로 은을 세수로 징수하는 재정 체제가 확립되어 있었고, 군사비의 지출과 운용 역시 은을 매개로 하여 이루어졌다.[9] 반면 조선에서는 물품화폐인 포화(布貨), 즉 면포(綿布)와 마포(麻布)가 국가 재정과 민간의 교환경제 영역에서 화폐로서 기능하는 현물경제가 정착해 있었다.[10] 그런데 임진전쟁이 발발하여 명군이 조선에 파병되어 장기간에 걸쳐 주둔함에 따라 은과 현물을 기반으로 하는 명과 조선의 군수체계는 서로 충돌하지 않을 수 없었을 것이다. 명은 군인들에게 은을 봉급으로 지급하였으나, 은이 화폐로 통용되지 않는 조선에서 명군이 은을 갖고 양식을 구매할 수는 없었으리라 짐작된다.[11] 그렇다면 명과

---

7 임진전쟁 당시 조선·명조·일본 간 재정 시스템의 차이에 대해서는 일본학자 須川英德가 요령 있게 개관하고 있다. 스가와 히데노리[須川英德], 「동아시아 해역 국제경제 질서와 임진왜란」, 『류성룡의 학술과 경륜』, 태학사, 2008.

8 임진전쟁기 조선과 명 사이의 군수 시스템의 차이와 이로부터 야기된 여러 문제에 관해서는 오호성, 『壬辰倭亂과 朝·明·日의 軍需시스템』, 경인문화사, 2013과 윤여석, 「壬辰倭亂 직후 軍需物資 확보와 軍需交易의 영향」, 『군사』 101, 2016이 선구적으로 검토한 바 있다. 군수물품 중에서도 특히 무기와 그 재료의 교류에 초점을 맞춘 연구로는 吉岡新一, 「文禄·慶長の役における火器についての研究」, 『朝鮮學報』 108, 1983; 米谷均, 「十七世紀前期日朝關係における武器輸出」, 『十七世紀の日本と東アジア』, 山川出版社, 2000; 허태구, 「17세기 조선의 염초무역과 화약 제조법 발달」, 『한국사론』 47, 2002 등을 참조.

9 Ray Huang, *Taxation and governmental finance in sixteenth-century Ming China*, Cambridge University Press, 1974, pp.112~121. 한국어문헌으로는 김홍길, 「세역 제도」, 『명청시대 사회경제사』, 이산, 2007, 74~79쪽이 간결한 개관을 제공한다.

10 송재선, 「16世紀 綿布의 貨幣機能」, 『변태섭 박사 화갑기념 사학논총』, 삼영사 1985.

11 한명기, 「17세기초 銀의 유통과 그 영향」, 『규장각』 15, 1992, 5쪽. 물론 이후 은이 본격적으로 유통되면서 조선에서도 은을 매개로 하는 교환경제가 활성화 되었다. 따라서 명군의 군수 조달 문제는 은 경제가 자리를 잡기 이전인 참전 초기에 집중적으로 나타났다.

조선은 이러한 상황을 어떻게 타개하였던 것일까.

이에 대해 일본학자 야마모토 스스무[山本進]는 명이 본국에서 생산된 면포인 청포(靑布)와 남포(藍布)를 은으로 구입하여 조선에 가져와 군량으로 교환하는 절충안을 내놓았고, 그 결과 많은 양의 청포와 남포가 조선에 유입되었다고 지적한다.[12] 그간 명군에게 봉급으로 지급된 은이 조선에 유입되는 과정과 그 파급효과에 대해서는 상당한 연구가 이루어져 왔다.[13] 이와 대조적으로 은과 함께 조선에 유입된 중국산 면포인 청포와 남포에 대해서는, 관견이기는 하나 야마모토 스스무의 연구가 거의 유일한 전론(專論)일 정도로 관심이 저조한 실정이다.[14] 야마모토 스스무의 연구는 임진전쟁 이후 청포가 조선 사회에서 어떻게 통용되었는지를 통시적으로 규명한 선구적 업적이긴 하지만, 청포·남포의 개념 규정이 불철저할뿐더러 그 용도를 군용 면포에 한정하여 논의한다는 한계가 있어 근본적인 재검토가 필요한 상황이다.

이에 이 글에서는 야마모토 스스무의 연구 성과를 비판적으로 음미하

---

12 山本進, 「近世中朝貿易と靑布」, 『朝鮮學報』 234, 2015. 앞서 언급한 오호성과 윤여석의 경우 명의 군수 조달체계에서 은이 수행한 역할에 중점을 두고 서술하고 있어 중국산 면포의 조선 유입에 대해서는 소략하게 지적하는 정도에 머무르고 있다. 오호성, 『壬辰倭亂과 朝·明·日의 軍需시스템』, 경인문화사, 2013; 윤여석, 「壬辰倭亂 직후 軍需物資 확보와 軍需交易의 영향」, 『군사』 101, 2016, 246~247쪽.

13 岡野昌子, 「秀吉の朝鮮侵略と中國」, 『中山八郞教授頌壽記念明淸史論叢』, 燎原, 1977; 한명기, 『임진왜란과 한중관계』, 역사비평사, 1999; 오호성, 『壬辰倭亂과 朝·明·日의 軍需시스템』; 윤여석, 「壬辰倭亂 직후 軍需物資 확보와 軍需交易의 영향」; 萬明, 「萬曆援朝之戰時期明廷財政問題: 以白銀爲中心的初步考察」, 『古代文明』 12-3, 2018 등 참조.

14 임진전쟁기 靑布의 조선 유입에 관해서는 한명기가 선구적으로 언급하긴 하였으나, 구체적인 분석까지는 이르지 않았다. 한명기, 『임진왜란과 한중관계』, 역사비평사, 1999, 102~104쪽. 한편 김순영은 조선 후기의 靑布廛을 고찰한 연구에서 靑布에 대해서 주목한 바 있다. 김순영, 「조선후기 청포와 삼승의 개념 및 용도: 청포전의 판매 물종을 중심으로」, 『한국의류학회지』 40-5, 2016.

면서 청포와 남포가 사료상에서 어떠한 용어로 등장하는지를 고찰한 뒤이 물품이 임진전쟁을 계기로 조선에 유입된 과정과 결과를 추적함으로써임진전쟁의 군수체계 실태를 재조명하고자 한다. 전장의 무력 충돌만이아니라 후방의 군수 체계가 전쟁의 승패를 판가름한다는 군사학적 상식에비추어 보더라도 청포와 남포라는 물품의 관점에서 임진전쟁을 재조명하는 작업은 종래의 연구사적 공백을 보완할 뿐만 아니라 그 외연을 확장하는 데에도 기여할 것이다.[15]

II. 청포(靑布)·남포(藍布)의 명칭들과 용례별 분류

면포(綿布)란 베틀로 짠 면직물을 가리키며 중국에서는 포(布)라 칭하지만 조선에서는 목(木)으로 표기된다.[16] 전근대 시기에는 면직물과 더불어 견직물·모직물·마직물과 같은 여러 종류의 의류용 직물이 있었으나, 생산 단가가 높은 견직물과 모직물은 일부 계층에 한정되어 소비되었고, 마직물은 여름용 옷감으로서 상례를 비롯한 특정 의례가 아니라면 널리쓰이지 않았다. 이와 대조적으로 면직물은 재단하기 수월한 옷감이어서 다양한 용도로 활용할 뿐만 아니라 재배하기도 비교적 용이하였다. 이처럼면직물은 생산성과 경제성 모든 측면에서 다른 직물류보다 우월하였기 때문에 전근대 동아시아 사회에서 계층과 계절을 가리지 않고 폭넓게 사용되던, 일상생활에서 떼려야 뗄 수 없는 필수품으로 자리 잡았다.[17]

---

15 紀年에 대해서는 기본적으로 西曆을 사용하되 初出에 한정하여 조선의 왕호와
   명의 연호를 병기 —예컨대 1592년[宣祖 25·萬曆 20] — 했지만, 번잡해지는 것
   을 피하기 위해 정확한 양력으로 환산하지는 않았다.
16 조선에서 '布'는 麻布를 의미했다. 박평식, 「朝鮮初期의 貨幣政策과 布貨流通」,『동
   방학지』 158, 2012, 87~89쪽.

면포를 제작하기 위해서는 원료인 면화의 재배가 필요하다. 중국 본토, 한지(漢地)에서는 송대(宋代)에 이르러서 본격적으로 면화 재배가 이루어졌는데, 특히 명 중기 이후 강남(江南) 델타 지역을 중심으로 상업용 고급 면포를 생산하는 면업(綿業)이 활황을 맞이하여 전국 규모로 유통되었다. 면포의 대중적 보급이라는 추세에 발맞추어 경제 중심지에서 벗어난 지역에서도 상업적 용도가 아닌 가내 소비를 주목적으로 면화를 직접 재배하여 면포를 제작하였다.[18] 한편 한반도에서는 고려 말기에 면화의 재배가 널리 보급되었다고 전해진다. 이후 조선 전기에는 쌀과 함께 국가 수취의 근간을 이루는 핵심 물품으로서 공납제(貢納制)에 편입되었다. 그뿐만 아니라 국가 공인의 현물 화폐로 기능하였고 대외관계에서는 진헌품이자 교역품으로 활용되던 물품이었다.[19]

청포나 남포라 하면 직관적으로 청색이나 남색으로 염색된 면포를 가리킬 것이라 생각된다. 일견 자명해 보이는 자의(字義)와는 달리 이러한 용어들이 실제 사료상에 등장하는 경우 다양한 변주가 일어나곤 한다.[20] 청남포(靑藍布)와 같이 청포나 남포를 병칭한 것인지 아니면 청남색으로

---

17 면포에 대한 개설적인 설명으로는 天野元之助, 『中國農業史研究(增補版)』, 御茶の水書房, 1989, 제2편 제2장을 참조.

18 明代의 수공업 체계에서 綿業이 차지하는 위상에 관해서는 박기수, 「수공업」, 『명청시대 사회경제제사』, 이산, 2007이 대략적인 개관을 제공한다.

19 朝鮮의 면화 농업과 면포 제작에 관해서는 周藤吉之, 「高麗末期より朝鮮初期に至る織物業の發達」, 『淸代東アジア史硏究』, 日本學術振興會, 1972; 남미혜, 「조선전기 면업정책과 면포의 생산」, 『국사관논총』 80, 1998; 박평식, 「朝鮮初期의 貨幣政策과 布貨流通」 등을 참조.

20 물품을 연구하기 위해서는 역사적으로 분화된 物名을 확정하고 그 자체의 분류 체계를 정리하는 작업이 필수적이다. 이러한 연구수법의 취지에 관해서는 조선시대 膠를 고찰한 김병모의 연구 성과를 참조할 수 있다. 김병모, 「조선시대 교(膠)의 명칭 분화와 제조·생산된 교의 종류」, 『동방학』 45, 2021; 「국가 수취 대상으로서 조선시대 膠의 분류」, 『동아시아고대학』 64, 2021.

염색한 다른 면포인지 불분명하거나 청목면(靑木綿)이나 남목면(藍木綿), 더러는 염청목면(染靑木綿)·청염면포(靑染縣布)·청염삼승(靑染三升)과 같이 의미상 동일한 품목을 가리키는 듯한 명칭도 다수 존재한다. 심지어 삼승포(三升布)나 청삼승포(靑三升布)처럼 자의 차원에서는 유추조차 어렵지만 문맥상으로 청포나 남포를 지칭하는 것이 분명한 사례도 있다.

이처럼 동일한 품목에 대한 명칭이 사료에서 매우 다양하게 나타나므로 본격적인 분석을 위해서는 무엇보다도 청포와 남포를 둘러싼 명칭들을 변별하고 의미를 확정하는 기초 작업이 불가결하다.[21] 아래에서는 조선 측 사료에 등장하는 면포, 청남포, 청목면·남목면, 삼승포를 비롯한 용어들이 청포·남포와 어떠한 대응 관계에 있는지를 순서에 따라 검증하겠다.

1. 청포(靑布)·남포(藍布)와 면포(綿布)

청포와 남포라는 명칭 분화는 염색의 유무에서 비롯되는 것으로 여겨진다. 즉 면포라는 동일한 물품을 어느 색으로 염색했느냐가 양자를 변별하는 기준이 된다. 면포라는 대범주 아래에 청포와 남포가 하위 범주로 배치되는 구도다. 실제로 사료에서 청포와 남포가 면포와 대칭을 이루는 방식으로 등장하는 점이 주목된다. 가령 조선 정부는 북변에 대한 회유책의 일환으로 "북도번호(北道藩胡)"와 "온성번호(穩城藩胡)"에게 각기 면포와 남포를 지급한 사례가 있는데, 이를 통해 조선 측이 양자를 명확하게 분류하고 있었던 것이 확인된다.[22]

---

21 이와 관련하여 山本進은 '靑布'의 별칭으로 '藍布'와 '三升布'를 들면서 "靑布·'藍布'·三升布는 미묘한 차이는 있을지언정 대체로 동일한 종류의 물품이다"라고 지적하고 있다. 山本進, 「近世中朝貿易と靑布」, 40쪽. 큰 틀에서는 수긍할만한 지적이지만, 세부 항목에서는 이견이 존재한다. 이에 대해서는 본문 중에 언급하도록 하겠다.

이러한 경향은 다른 사료에서도 볼 수 있다. 특히 임진전쟁이 진행되는 동안 조선 정부는 군사훈련에 참여한 군인을 대상으로 점수를 매겨 등급에 따라 청포와 남포 그리고 면포를 시상하였다.[23] 재질상으로는 청포와 남포가 동일하게 면포의 범주에 들어가기는 하지만, 사료용어로는 이처럼 뚜렷하게 대칭을 이루면서 등장하고 있으므로 품목들 사이에 용도상의 구분이 존재했으리라 판단된다. 청색이나 남색으로 염색한 면포를 각기 청포와 남포라 부르기는 하였으나, 일괄하여 면포라 칭하지는 않기 때문이다.

그렇다면 면포는 구체적으로 무엇을 의미할까. 야마모토 스스무는 청포가 면포의 범주에 들어가지 않는, 전혀 다른 직물이라 지적하기도 한다.[24] 하지만 청포 역시 면포와 마찬가지로 면사(綿絲)를 이용하여 제작하는 직물이다. 면포와 완전히 다른 범주 ─물론 범주를 무엇으로 정의하느냐에 따라 다르겠지만─ 에 속한다는 의견은 좀처럼 수긍하기 어렵다. 대개 원래의 품명이 그대로 등장한다면, 가공을 거치기 전의 원품을 가리키는 것이 일반적이다. 1641년(인조 19) 조선이 청의 내부 사정을 탐문하면서 "저들에게 면포는 가장 긴요한 물품인데, 이것을 칠하여 청포(靑布)처럼 만들어 옷감으로 쓴다"[25]는 기록이 있는데, 이로부터 면포가 가공 전의 물품을 가리키는 것을 알 수 있다.[26] 즉 사료에 등장하는 '면포'란 아직 아무런 염색작업을 거치지 않은 '백포(白布)'를 의미할 가능성이 높다.

---

22 『선조실록』권43, 선조 26년(1593·萬曆 21) 10월 30일 경술 조.

23 『선조실록』권46, 선조 26년(1593·萬曆 21) 12월 13일 임술 조;『선조실록』권53, 선조 27년(1594·萬曆 22) 7월 5일 신사 조.

24 山本進,「近世中朝貿易と靑布」, 40쪽.

25 『비변사등록』인조 19년(1641) 1월 22일 조, "竊聞彼間綿布, 最是緊用之物, 漆作靑布, 以爲穿着之資云."

26 아울러 후대의 기록이기는 하나,『비변사등록』134책, 영조 34년(1758) 1월 15일 조에서 "一切以我國土産之綿布, 染靑以用之, 則豈不大有勝於燕貿之靑布乎"라 하여 염색하기 전의 면포를 '綿布'라 기재하고 있다.

2. 청포(靑布)·남포(藍布)와 청남포(靑藍布)

청포·남포와 관련하여 사료상에서 '청남포'라는 용어가 빈번하게 등장한다. 선행연구에서는 양자를 구별하지 않은 채 혼용하고 있어 마치 '청남색으로 염색한 면포'처럼 해석될 여지도 없지 않다.[27] 이는 선행연구가 인용하는 사료의 국역본들이 '청남포'를 청포와 남포로 나누기도 하고 청남포라 있는 그대로 표기하기도 하여 해석상의 혼란을 노정한 데에서 기인하는 듯하다. 그러나 한문 어법에 비추어 생각할 때 청남포는 청포와 남포를 합쳐 표기했을 가능성도 충분히 상정할 수 있으므로 보다 신중한 태도가 필요하다.

청남포를 어떻게 이해할 수 있을지에 관해서는 일단 사료의 전후 문맥에 따라 의미를 확정할 필요가 있다. 이때 한 가지 지표가 되는 것이 청남포 뒤에 따라 나오는 '각(各)'과 같은 관형사이다. 가령 "청남포(靑藍布), 각일백구십(各一百九十匹)"[28]이라거나 "청남포(靑藍布), 각오십필(各五十疋)"[29]이라는 기사의 경우 '각'이 명기되어 있으므로 "청포와 남포를 각 190필씩"과 "청포와 남포를 각 50필씩"으로 청남포를 청포와 남포 둘로 나누어서 해석해야 마땅하다.[30]

이와 함께 또 하나 고려할 수 있는 것이 청남포 이외에 각색 면포를

---

27 가령 한명기는 본론에서 '靑藍布'로 표기하다가 결론에서는 '靑布'로 표기하고 있다. 한명기, 『임진왜란과 한중관계』, 103쪽 및 408쪽. 이러한 경향은 山本進의 경우도 마찬가지다. 山本進, 「近世中朝貿易と靑布」, 41~46쪽.

28 『선조실록』 권70, 선조 28년(1595·萬曆 23) 12월 5일 계묘 조, "**靑藍布, 各一百九十匹**, 亦當拉買, 頒給馬臣一時出來胡人."

29 『白沙集』 別集 권2, 「論北路事宜啓」, "本司以**靑藍布各五十疋**, 大布五十疋, 木綿二同, 卽爲輸送, 以資行計之需."

30 후대의 사료이기는 하나 1706년[肅宗 32] 山東省 登州府의 崔凌雲 등 13인이 제주도에 표류해왔을 때 저간의 사정을 묻는 공술에 "往蘇州貿來靑藍各布"라 한 기록이 있다. 『비변사등록』 57책, 숙종 32년(1706) 4월 13일 조

가리킬 때의 표기 방식이다. 가령 동일한 사료에서도 앞에서는 "청남백포 (靑藍白布)"라 하고 뒤에서는 "남청백포(藍靑白布)"라 기재된 사례도 있는데, 양쪽 다 동일한 물품을 가리키는 것은 분명하다.[31] 실제 임진전쟁 시기 명과 조선이 청포의 거래를 둘러싸고 벌이는 교섭에서 각색(各色) 면포의 값을 등급에 따라 정했을 때의 품목은 '청포'·'표남포(漂藍布)'·'남평기포(藍平機布)'·'백평기포(白平機布)'였다.[32] '표남(漂藍)'이란 옅은 남색을 의미하므로 넓게 남색으로 이해한다면, 사실상 청색·남색·백색 세 가지 색상이란 점에서 위 사료의 내용과 일치한다.[33]

이상의 주변 정황으로 미루어 본다면, 사료에 나타나는 '청남포'란 특정한 단일 품목이 존재했던 것이 아니라 '청포'와 '남포' 두 품목을 한 데 묶어 표현하는 한문식 어법에 지나지 않았음을 알 수 있다.

3. 청포(靑布)·남포(藍布)와 청목면(靑木綿)·남목면(藍木綿)

한편 청포·남포와 유사해 보이는 단어로 '청목면(靑木綿)'과 '남목면 (藍木綿)'이 있다. 명칭을 있는 그대로 받아들이면 청색과 남색으로 염색된 면포로 이해할 수 있으므로 일견 청포와 남포의 다른 명칭인 것처럼 보이기도 한다. 그런데 명대(明代)의 '포(布)'는 면포를 의미하지만, 조선의 경우 대체로 마포(麻布)를 가리키고 면포는 '목(木)' 혹은 '목면(木綿)'으로 표기되곤 하였다.[34] 따라서 포와 목으로 다르게 기재되어 있다면, 조

---

31 『승정원일기』 인조 5년(1627·天啓 7) 9월 18일 신사 조.

32 『선조실록』 권98, 선조 31년(1598·萬曆 26) 3월 27일 임자 조.

33 아울러 중국산 면포를 이렇게 청색·남색·백색으로 분별하는 것은, 사료에서 '靑 布'·'藍布'와 함께 등장하는 '綿布'가 '白布'를 가리킬 가능성이 높다는 앞서의 추정을 방증하는 사례라 할 수 있다. 실제 참전 초기 명군이 중국산 면포를 수 송할 때의 품목 역시 靑布·藍布·紅布·白布였다. 『事大文軌』 권3, 「戶部查問買辦軍 餉支放見在數目」[萬曆 21년 2월 28일].

선산인지 중국산인지를 염두에 두고 구별할 필요가 있다. 실제 조선은 후금(後金)~청조(淸朝)와의 무역에서 "청포와 채단(彩緞)은 본래 중국에서 나오는 것으로 우리나라도 겨우 무역하고 있을 뿐"[35]이라 답하던가, 후금이 조선에 "목면과 청포"의 무역을 요구할 때에 조선 측이 "청포는 중국산 물품[唐物]"이라며 수량이 부족하여 거절한 사례[36]에서 볼 때 청포라는 용어가 중국에서 수입한 면포에 한정하여 쓰였던 것이 확인된다.

이처럼 청포·남포란 용어가 중국에서 수입한 면포에 한정되어 나타난다는 점에서 '목면'이 붙는 용례는 국산 면포를 염색한 것일 가능성이 높다. 이와 관련하여 1758년(영조 34) 조선이 "청포를 연경(燕京)에서 사 오는 것을 금하고, 청색으로 물들인 목면[염청목면(染靑木綿)]을 대용하라고 명하였다. …… [이에 따라] 청포를 쓰던 것을 모두 물들인 무명[染木]으로 대신하게 하였다"[37]는 기록을 참고할 수 있다. 즉 동일한 푸른색 계통의 면포라 하더라도 중국산 면포는 '포', 국내산 면포는 '목면'이나 '목'으로 면밀하게 변별하고 있는 것이 특징이다. 따라서 '청목면'이나 '남목면'은 국내산 면포를 청색이나 남색으로 염색한 것을 의미하며, 재질과 품질 면에서 중국산 면포인 청포·남포와는 확연하게 구별되었다고 할 수 있다.

4. 청포(靑布)·남포(藍布)와 삼승포(三升布)

각종 포화(布貨)의 규격을 나타내는 '승(升)'은 '종(綜)'으로도 표기되며

---

34 박평식, 「朝鮮初期의 貨幣政策과 布貨流通」, 87~89쪽.

35 『太宗實錄』 권16, 天聰 7년(1633) 10월 26일 을유 조, "靑布·彩緞, 本出中國, 我國亦僅貿用."

36 『비변사등록』, 인조 12년(1634) 4월 7일 조.

37 『영조실록』 권91, 영조 34년(1758·乾隆 23) 1월 13일 경자 조. 아울러 『비변사등록』 134책, 영조 34년(1758) 1월 15일 조도 동일한 내용을 전하는데, "燕貿之靑布"나 "土産之木綿"이 서로 대구를 이루며 기재되어 있다.

1승은 80올의 씨줄로 구성된다. 따라서 삼승포(三升布)는 240올의 씨줄로 짜인 포물(布物)을 의미하며, 이 승이 높을수록 세포(細布)가 된다.[38]

그런데 사료에서는 청포나 남포를 '삼승(三升)'이나 '삼승포'로 수식하는 경우가 종종 있다. 이를테면 임진전쟁 개전 초기인 1594년 1월 조선 정부는 남쪽 변방에서 일본과의 전투에서 분전한 장사(將士)들을 대상으로 "청남삼승포(靑藍三升布)"를 2필씩 포상했다는 식이다.[39] 1649년(인조 27·順治 6)에 훈련도감에서 갑옷과 투구를 만드는 데 필요한 '삼승청포(三升靑布)'를 어떻게 조달할 것인지를 논의한 기록[40]이나 양향청(粮餉廳)에서 훈련도감에 지급하는 물목에 '청삼승(靑三升)'이나 '남삼승(藍三升)'·'백삼승(白三升)'과 같은 표현[41]이 나타나는데, 모두 마찬가지 맥락에서 해석할 수 있다. 19세기 초의 문헌인 『북관기사(北關紀事)』에서 조선과 청간에 이루어진 개시(開市)의 주요 교역품으로 청포를 거론하면서 "청포는 이른바 삼승으로 색은 청색과 흑색 두 종류가 있다"[42]고 언급한 것은 저간의 사정을 단적으로 보여주는 사례이다.

이로부터 '삼승' 혹은 '삼승포'가 청포나 남포를 가리키는 용어 중 하나로 통칭되었던 것은 분명해 보인다. 청포와 남포를 제작할 때의 올 수가 삼승이었기 때문에 삼승 자체가 청포와 남포의 별칭으로 자리 잡았던 것

---

38 송재선, 「16世紀 綿布의 貨幣機能」, 391~409쪽; 박평식, 「朝鮮初期의 貨幣政策과 布貨流通」, 84~99쪽. 조선 초기에 국가에서 공인된 면포 규격인 正布는 五升布였으나, 이후 升尺 감축 현상이 두드러지면서 五升布 대신에 四升布와 三升布가 유통되기도 하였는데, 이렇게 정해진 규격에 미치지 못하는 저품질의 布貨를 가리켜 麤布라 불렀다. 麤布에 대해서는 박평식, 「朝鮮前期의 麤布流通과 貨幣經濟」, 『역사학보』 234, 2017 참조.

39 『선조실록』 권47, 선조 27년(1594·萬曆 22) 1월 21일 경자 조, "南邊將士 …… 付送靑藍三升布各二匹, 一以褒獎苦戰之功, 以警動軍心何如."

40 『인조실록』 권50, 인조 27년(1649·順治 6) 3월 20일 기묘 조.

41 『만기요람』 재용편 4, 粮餉廳 조.

42 『北關紀事』, 「開市事宜」, "靑布卽所謂三升, 色有靑·黑兩種."

은 아닐까 생각된다.[43] 문제는 삼승포나 삼승이란 표현이 단독으로 나타나는 경우다. 삼승이란 용어 자체가 올의 단위를 나타내므로 중국산 면포와 국내산 면포 모두에 통용되었을 가능성도 존재하기 때문이다. 물론 사료에서 '삼승포'가 단독으로 나타나더라도 "중국에서 내린 삼승포"[44]나, "삼승을 대신하여 무명[木]을 쓰라"[45]고 기재되어 있다면, 이는 틀림없이 중국산 면포인 청포나 남포를 의미한다. 동일한 안건에 대하여 앞서는 "청포"라 하였다가 뒤에 이를 재론하면서 "삼승"이라 한다면, 역시 청포를 삼승포로 부른 사례로 판단할 수 있다.[46]

그러나 삼승이란 용어가 재질 자체를 의미하지 않는 이상 예외가 존재할 수밖에 없다. 가령 15세기 중반에 국폐(國幣)를 세 등급으로 나누면서 "오승포(五升布)를 상등(上等)으로 하고 삼승포를 중등(中等)으로 하고 저화(楮貨)를 하등(下等)으로 하며 폐포(幣布)의 양 끝에는 반드시 관인(官印)을 찍는다"[47]고 한 기사가 있다. 이는 포화를 국폐로 공인할 때의 기록으로 여기에 등장하는 "삼승포"란 시기상으로나 내용적으로나 중국산 면포인 청포나 남포가 아님은 분명하다. 당시 여러 포화 중에서 국가 재정과 민간시장에서 유통되던 직물은 면포가 아니라 마포였다.[48] 따라서 이때의 삼승포란 국가에서 정포(正布)로 인정하는 오승포보다 올 수가 떨어지는

---

43 김순영은 靑布의 별칭인 三升은 직물의 올 수를 의미하는 三升과 다른 개념이라 추정하지만, 구체적인 논거를 제시하고 있지는 않다. 김순영, 「조선후기 청포와 삼승의 개념 및 용도: 청포전의 판매 물종을 중심으로」, 85쪽.

44 『선조실록』 권36, 선조 26년(1593·萬曆 21) 3월 18일 계유 조.

45 『비변사등록』 134책, 영조 34년(1758) 1월 13일 조, "三升代用木." 앞서 중국산 면포와 조선산 면포가 각기 布와 木으로 대칭되던 것과 마찬가지로 본 사료에서도 三升과 木이 서로 대구를 이루고 있다.

46 『영조실록』 권91, 영조 34년(1758·乾隆 23) 1월 13일 경자 조; 『영조실록』 권93, 영조 35년(1759·乾隆 24) 2월 4일 을묘 조.

47 『세조실록』 권21, 세조 6년(1460·天順 4) 8월 12일 을묘 조.

48 박평식, 「朝鮮初期의 貨幣政策과 布貨流通」, 87~88쪽.

삼승으로 짜인 마포로 보는 것이 타당하다.[49] 이처럼 사료에 '삼승포'나 '삼승'이 등장하는 경우는 시기와 내용에 따라 예외가 존재할 수 있기 때문에 문맥을 확인하면서 신중하게 확정할 필요가 있다.[50]

본 장에서는 조선왕조실록을 비롯한 일군의 사료에서 청포·남포와 관련된 용어를 추출하고 저마다의 의미 내용과 유형에 따라 개념적 구별을 시도하였다. 이를 요약하면 다음과 같다. ①사료상에서 '청포'와 '남포'는 '면포'와 엄격하게 구별된다. '면포'라고 표기될 경우 아직 염색하지 않은 상태의 면포, 즉 백포를 가리키는 것으로 추정된다, ②사료에서 빈출하는 '청남포'란 용어는 그 자체가 단일 품목이 아니라 '청포'와 '남포'를 한데 묶어 표기한 한문식 어법에 지나지 않는다, ③'청포'와 '남포'는 중국산 면포로 조선에 수입된 경우에 한정되는 반면, 조선산 면포의 경우 '청목면'이나 '남목면'과 같이 표기된다, ④청포와 남포는 포를 짜는 단위인 '승'이란 용어를 따서 '삼승'이나 '삼승포'로 별칭되기도 하였다. 확실히 임진전쟁기에 등장하는 '삼승포'는 청포나 남포를 지칭하는 것으로 판단할 수 있으나, 시기에 따라서는 가리키는 대상이 달라지기도 한다.

즉 조선 측 사료에서 '청포'나 '남포'가 등장한다면, 일단 중국산 수입 면포를 가리키는 것으로 판단할 수 있다. '삼승'이나 '삼승포'로 기재되는 경우도 있지만 시기와 대상에 따라 예외가 존재하는 까닭에 보다 신중한 태도로 연관된 사료인지 아닌지를 판별해야 한다.

---

49 박평식은 조선 전기의 布貨를 지칭하는 용어가 매우 다양할 뿐만 아니라 시기에 따라 의미가 달라지는 경우도 있기 때문에 사료에 등장하는 용어를 용례에 따라 구별할 필요가 있다고 강조하는데, 三升布의 경우도 마찬가지 맥락에서 이해할 수 있으리라 생각된다. 박평식, 「朝鮮初期의 貨幣政策과 布貨流通」, 88~89쪽.

50 한편 조선에서 올 수를 나타내는 '升'은 명에서는 '梭'로 표기된다. 藍布를 의미하는 만주어 samsu는 三梭布를 음차한 것으로 추정되는데, 이에 대해서는 후속 연구를 통하여 면밀하게 검증할 예정이다.

III. 명군(明軍)의 임진전쟁 참전과 청포(靑布)·남포(藍布)

이처럼 다양한 명칭으로 조선 측 사료에 등장하는 중국산 면포가 본격적으로 조선에 유입된 계기는 무엇일까. 청포 자체는 이미 세종(世宗) 때부터 각종 전례에 사용하는 물품으로 등장하고,[51] 또 성종(成宗) 때에 명(明)에서 온 사신이 원각사(圓覺寺)에 예불하고서 "삼승면포"를 시주했다는 기록[52]도 있어 외국에서 제조되는 희귀한 물품이기는 하지만 그렇다고 조선 국내에 전혀 알려지지 않은 것은 아니었던 듯하다. 이러한 상황에서 청포나 남포의 등장 빈도가 조선 측 사료에서 급격하게 증가하는 분기점이 바로 명군(明軍)의 임진전쟁 참전이다. 본장에서는 명군의 참전에 초점을 맞추어 청포와 남포를 비롯한 중국산 면포가 조선에 유입된 경위와 배경에 대하여 살펴보도록 하겠다.

1592년(만력(萬曆) 20) 4월 부산진에 상륙한 일본군이 개전한 지 불과한 달도 되지 않은 상황에서 수도 한성(漢城)까지 함락시키자 명과 접경한 의주(義州)까지 파천한 선조(宣祖)는 긴급히 명에 원군을 요청하였고, 이에 명 조정은 송응창(宋應昌)을 경략방해비왜군무(經略防海備倭軍務)로 하는 지원군을 조선에 파견하였다. 명군은 조선군과 연합하여 이듬해인 1593년(만력 21) 1월에는 평양을 수복하는 데 성공하였으나, 벽제관 전투에서 일본군의 분전으로 패배함으로써 명군의 남하는 저지되어 전선은 교착상태로 치닫게 된다.

전쟁이 장기전으로 전환되면서 군수 보급 문제가 본격적으로 대두되었다. 당시 조선은 포화에 의한 현물경제 시스템을 채택하고 있었다. 은을

---

51 『세종실록』 권9, 세종 2년 9월 신사 조(1420·永樂 18); 『세종실록』 권17, 세종 4년(1422) 9월 경신 조.
52 『성종실록』 권157, 성종 14년(1483·成化 19) 8월 갑자 조.

사용하여 군량과 마초를 비롯한 군수물자를 현지에서 조달·보급하려던 명군은 난관에 봉착할 수밖에 없었다. 송응창을 비롯한 명군 지휘부는 이의 해결을 위한 방안을 강구하였는데, 우선 전방에 주둔한 군대에 직접 군수물자를 보급하려 하였다. 명이 본국에서 은(銀)으로 군량과 마초를 구입하여 조선과의 국경까지 운송하면, 조선 측이 이를 수령하여 각지의 명군에게 공급하는 방식이었다.[53] 그러나 명군의 규모와 배치가 발목을 잡았다. 참전 초기 명군은 시기에 따른 차이는 있으나 최대 4만 명에 이르는 대군이었고, 주둔하는 지역도 전선에 따라 널리 분산되어 있었기 때문이다.[54] 명이 지속해서 본국에서 군량과 마초를 조달·운송하여 조선 각지에 주둔한 명군에 보급하기란 쉬운 일이 아니었다.

군수물자의 수송을 둘러싼 문제는 명군이 참전한 당초부터 이미 제기된 상태였다. 1592년(선조 25) 12월 도강을 앞둔 명군이 처한 물자 수송의 어려움에 관해서는 아래의 사료에서 확인할 수 있다.

> 비변사가 아뢰었다. "명군(明軍)의 양향(糧餉)에 대한 일은 오늘날 매우 급하고 절박합니다. 일로(一路)는 겨우 지용(支用)할 수가 있으나 만약 안정(安定) 등지에 군사가 여러 날 주둔하면 식량이 반드시 모자랄 것입니다. …… 강 건너에서 수송해 오는 쌀과 콩이 끊임없이 잇따라 거의 8만 석에 이른다고 하니 황은(皇恩)이 망극합니다. 의주(義州)로 들여오고자 하나 민력이 이미 고갈되었습니다. 화기(火器) 등의 물건을 연 2일 동안 수송하는데, 혹은 관에서 은냥을 지급하여 소를 사서 보내기도 하였지만 중로에서 막혀 하룻길을 이틀이 걸려도 아직 도착하지 못하니 명의 장관이 볼 때 어떻게 생각하겠습니까. 이곳에 비록 백만 석

---

53 陳尙勝, 「壬辰禦倭戰爭初期糧草問題初探」; 윤여석, 「壬辰倭亂 직후 軍需物資 확보와 軍需交易의 영향」 참조.

54 岡野昌子, 「秀吉の朝鮮侵略と中國」, 『中山八郞教授頌壽記念明淸史論叢』, 燎原, 1977, 143~144쪽.

이 있다 해도 그 형세가 쉽게 들여올 수 없습니다. 지난번에 용천(龍川)·정주(定州)의 사정을 잘 아는 뱃사람을 불러서 물어보니, 역시 얼어 붙어 조운(漕運)하기에 합당하지 않다고 하였으니 더욱 어떻게 할 수가 없습니다. 들으니 중국에서는 쌀을 수송하는 절차가 모두 은을 주어 한다고 하는데, 이곳에는 비록 은냥이 있더라도 가져다 쓸 사람이 없으니 이루어질 수 없는 게 틀림없습니다. 은으로 삼승포(三升布)와 신발[兀刺] 등의 물건을 탕참(湯站) 등지에서 시가(市價)에 따라 무역하도록 허락하여 때에 맞춰 조치하고 부족한 것을 보충해야 합니다."[55]

명군은 이미 약 8만 석에 이르는 군량을 수송하려는 계획을 수립한 상태였다. 문제는 이를 조선으로 들여오는 과정에서 발생하였다. 전란으로 말미암아 의주의 민력이 고갈된 데다가 추위로 용천(龍川)·정주(定州) 일대도 얼어붙어 조운(漕運)이 불가능하였다. 그러나 보다 근본적인 원인은 조선이 은을 사용하지 않는다는 데 있었다. 명에서는 군량을 구매하는 것뿐 아니라 국경까지 운송하는 인력에게도 은을 지불하였던 반면, 조선에서는 은이 통용되지 않았기 때문에 수송 인력에게 은을 지불할 수 없었기 때문이다.

이에 명군의 군수를 책임지고 있던 요동도사(遼東都司) 장삼외(張三畏)는 "내 생각에는 청포(靑布)·신발[兀刺] 등의 물건을 많이 준비하여 와서 시가(市價)에 따라 안정(安定) 근처에서 곡식을 무역하고자 한다"고 하여 명 측에서 직접 청포를 준비해 와서 조선 내에서 곡식을 구매하겠다는 제

---

55 『선조실록』 권33, 선조 25년(1592) 12월 22일 술신 조, "備邊司啓曰. 天兵糧餉之事, 在今日極爲急切. 一路則庶可支用, 而若屯兵安定等地, 曠日持久, 必有匱乏之患. …… 自越邊輸送米豆, 絡繹不絶, 幾至八萬石云, 皇恩罔極. 而欲爲輸入義州, 民力已竭. 如火器等物, 連二日輪轉, 或官給銀兩, 買牛以送, 中路留滯, 一日之程, 二日尙未得達, 天朝將官見之, 謂之何哉. 此處, 雖有百萬, 其勢未易輸入. 頃者招問龍川·定州事知行船人, 則亦以氷凍, 不合漕運云, 尤無奈何. 聞中原輸米節次, 皆給銀而爲之, 此處雖有銀兩, 更無取用之人, 其不可成必矣. 莫若以銀, 貿三升及兀刺等物於湯站等地, 從市直許貿, 及時措置, 以補不足."

안을 하였다.[56] 위의 사료는 이러한 장삼외의 제안에 대해 조선 측에서 논의한 정황을 전하고 있다.[57] 즉 면포가 현물 화폐로 통용되던 조선의 사정을 고려하여 명군이 중국산 면포인 청포=삼승포를 가져다가 직접 교역하여 군량을 확보하겠다는 방안이었다.

이러한 논의를 거친 끝에 송응창을 비롯한 명군 지휘부는 은으로 청포를 비롯한 물자를 사와서 조선에서 다시 쌀, 콩, 말먹이와 맞바꾸도록 지시하였다.[58] 명군의 매입은 총 3차례에 걸쳐 이루어졌는데, 그 결과 청포 2,681필, 남포 9,022필, 융모(絨帽) 1,500정, 양모모(羊毛帽) 1,500정 등이 조선에 수송되었다.[59] 당시 명군의 구매 보고에 따르면, 1필당 가격은 청포가 은 3전 5푼, 남포가 은 2전 2푼이었고, 융모는 1정당 은 8푼, 양모모는 1정당 은 4푼 5리였다.[60] 따라서 명군은 구매비용으로 각각 청포에 938냥 3전 5푼, 남포에 1,984냥 8전 4푼, 융모에 120냥, 양모모에 67냥 5푼, 합하여 총 은 3,110냥 6전 9푼을 지불하였다.

그렇다면 명군이 가져 온 청포는 어디에서 생산된 면포였을까. 명말(明末)의 송응성(宋應星)이 저술한 『천공개물(天工開物)』에는 청포에 대해 아래와 같이 서술되어 있어 실마리를 제공해준다.

청포(靑布)는 애초 무호(蕪湖)에서 만들어져 긴 세월 유행하였다. 청색 즙으로 문질러서 청색 빛깔을 내는 방법으로 만든 것인데, 변방과 외국

---

56 『선조실록』 권33, 선조 25년(1592) 12월 22일 술신 조, "我意欲多備青布·兀刺等物, 從市價貿穀於安定近處"

57 동일한 안건임에도 불구하고 명 측 張三畏의 발언 중에는 교역품이 "青布"로 나오고 조선 측 비변사의 장계에는 "三升布"로 표기되어 있어 양자가 동일한 물품을 가리키는 것을 알 수 있다.

58 『事大文軌』 권3, 「張都司解送布帽貿換粮草」[萬曆 21년 정월 16일].

59 『事大文軌』 권3, 「戶部査問買辦軍餉支放見在數目」[萬曆 21년 2월 28일].

60 『事大文軌』 권3, 「張都司發送布帽換貿粮料」[萬曆 21년 정월 27일].

에서 모두 귀하게 여겼다. 그러나 인정이란 것이 오래되면 싫증이 나기 마련이라 모청(毛靑)이 근래에 출현하였다. 송강부(松江府)에서 나는 좋은 면포를 짙은 청색으로 염색하여 만들어 청색즙으로 문지르지 않고 바람으로 말려 두장수(豆漿水)를 섞은 교수(膠水)에 한 차례 걸러낸다. 미리 표강(標礵)이라는 좋은 청대(靑黛)를 비축해 두고 거기에 넣어 엷게 염색한 뒤에 바로 꺼내면 붉게 타오르는 색이 은은히 나타나는데, 이렇게 만들어진 면포가 별안간에 유행하게 된 것이다.[61]

이에 따르면, 청포란 안휘성(安徽省) 무호(蕪湖) 일대에서 주로 제작되던 청색 면포를 가리키는데, 중국 본토에서만이 아니라 변방이나 외국에도 널리 알려진 물품이었다. 당시 면포의 제조와 염색기술은 각각 송강(松江)과 무호가 가장 뛰어난 것으로 알려져 있었다.[62] 특히 만력(萬曆) 연간에 무호의 청포를 징수하기도 하였는데,[63] 임진전쟁 당시에 명군이 운송해 온 청포 역시 무호에서 생산되었을 가능성이 높다.[64]

주의할 점은 청포가 각광을 받은 것은 단순히 색상 때문만이 아니었다는 데 있다. 중국산 청포는 무명에 양모를 함께 섞어 실을 뽑아다가 포로 짠 제품이었다.[65] 무명보다 두꺼운 양모가 교직되어 있으니 촘촘하게 엮을

---

61 『天工開物』卷上, 「附染毛靑布色法」, "靑布初尙蕪湖千百年矣, 以其漿礵成靑光, 邊方外國皆貴重之. 人情久則生厭, 毛靑乃出近代, 其法取淞江美布染成深靑, 不復漿礵, 吹乾, 用膠水參豆漿水一過. 先著好靛, 名曰標礵, 入內薄染卽起, 紅焰之色隱然, 此布一時重用." 덧붙여 毛靑으로 염색한 면포는 이후 毛靑布로 불리며 明末淸初에는 靑布를 대신할 정도로 유행하게 된다. 靑布를 의미하는 만주어 mocin이 바로 이 毛靑에서 유래한 것이다. 淸代의 毛靑布에 관해서는 후속 연구를 기약한다.

62 『天工開物』卷上, 「布衣」, "凡棉布寸土皆有, 而織造尙松江, 漿染尙蕪湖."

63 『神宗實錄』卷138, 萬曆 11년(1583) 6월 癸丑 조.

64 명 중기 이후 장강 델타 제역에서 생산된 면포는 江南 지방을 집하 거점으로 하여 전국 규모의 시장에서 거래되던 고급 상품이었다. 山本進, 『淸代の市場構造と經濟政策』, 名古屋大學出版會, 2002, 제1장 참조. 따라서 安徽 일대에서 제조된 靑布는 이러한 전국 시장망을 경유하여 수도권 일대로 유통되었으리라 생각된다.

65 이와 관련하여 山本進은 靑布가 三升으로 되어 있어 올 수는 상대적으로 헐겁지

수 없어 올의 밀도는 삼승이었지만, 그렇다고 해서 추포(麤布)와 같이 품질이 떨어지는 면포는 아니었다. 밀도는 다소 성기더라도 올 하나하나가 두꺼워 내구성과 방한성은 뛰어났기 때문이다.[66] 조선에서 청포를 가리켜 융포의 속명[67]이라 하거나 모포(毛布)라고 통칭[68]한 것도 면직물과 모직물을 합성한 이러한 재질의 특징에 기인했으리라 생각된다.

명 조정에서는 방한성과 내구성이 뛰어난 청포의 특징을 살려 갑주를 제작하는 데에 사용하였다. 사료에 '청포철갑(靑布鐵甲)'이나 '청포향갑(靑布響甲)'으로 등장하는데, 면포와 가죽으로 틀을 만들고 그 속에 철갑을 누빈 뒤에 못으로 고정시킨 형태의 갑주로 포면갑(布綿甲)으로도 통칭된다.[69] 명 중기 이후 전쟁에서 화기의 사용이 늘어나면서 포면갑은 화기의 피해를 경감하는 데 뛰어난 효능을 발휘하였다고 한다.[70] 청포로 제작된 갑주는 병부(兵部)에서 수량을 관리하는 품목이었다.[71] 그뿐만 아니라 각지의 위소(衛所)에서도 제작하여 보관하는 수량이 정해져 있었다.[72] 요컨대 임진전쟁을 전후한 시기에 명에서는 청포가 포면갑와 같은 갑주를 제

만, 두꺼운 綿絲를 이용하여 치밀하게 제작했기 때문에 상품 가치는 상당했을 것이라 추정한 바 있다. 山本進, 「近世中朝貿易と靑布」, 36~37쪽.

66 『燕巖集』 권40, 別集 熱河日記 「深衣」, "中國三升布, 雜羊毛於綿, 而同纖爲布者也." 한편 김순영은 재질상의 유사성에서 靑布=三升布와 松江에서 제조된 면직물 간의 관계를 지적하고 있다. 김순영, 「조선후기 청포와 삼승의 개념 및 용도: 청포전의 판매 물종을 중심으로」, 85~86쪽.

67 『肅宗實錄』 권40, 肅宗 30년(1704) 12월 갑오 조.

68 『靑莊館全書』 권57, 「盎葉記」 4.

69 『正德大明會典』 권156, 工部10, 「軍器軍裝」; 『續文獻通考』 卷166, 兵考, 「軍機」 등 참조.

70 劉永華, 『中國古代軍戎服飾』, 上海古籍出版社, 2003, 173~176쪽 참조.

71 『正德大明會典』 권123, 兵部18, 「武庫淸吏司」 참조.

72 가령 山西省의 국경지대인 鴈門關·寧武關·偏頭關 산하 7개 衛所의 "歲造軍器"에는 '靑布鐵甲'이 항목으로 설정되어 매년 220개를 제조하도록 규정되어 있었다. 廖希顔, 『三關志』, 「武備考」 참조.

작하는 군수물자로서 활용되던 물품이었다.

명군이 조선에서 군량을 수급하기 위한 방편으로 청포와 남포를 활용한 배경에는 아마도 위와 같은 물품으로서의 매력이 중요하게 작용하지 않았을까 생각된다. 무호에서 주로 생산되던 청포는 국내외를 막론하고 높은 평가를 얻고 있었다. 명조는 융경 화의 이후 몽골과의 호시(互市)에서 청포를 지급하고 몽골의 말을 구입해 오고 있었는데, 이로부터 청포가 유목민에게도 높은 상품 가치를 지닌 물품이었음을 알 수 있다.[73] 면포가 현물화폐로서 기능하고 있던 조선에서는 훨씬 더 높은 가치를 기대할 수 있으리라 생각된다. 나아가 청포 그 자체는 갑주를 제작하는 재료로 정부 차원에서 관리하던 품목이었으므로 다른 물품보다 조달이나 운송에 용이하다는 이점도 갖고 있었다.

이런 까닭에 명군은 본국에서 가져온 청포와 남포를 군량 수급 이외에도 다양한 용도로 활용할 수 있었다. 현지에서 필요한 일용품을 조달하는 데에도 청포와 남포는 화폐와 같은 기능을 하였다. 장삼외는 은 200냥과 청포·남포를 가지고 해변으로 가서 소금을 구매하도록 요청하기도 하였다.[74] 명군이 말 값으로 청포를 지불하였다는 기록도 빈출한다.[75] 청포와 남포는 명군이 현지에서 군량을 비롯한 각종 군수물자를 조달하는 용도로 쓰였을 뿐만 아니라 명군의 군량을 운송하기 위해 인부를 고용하는 데에도 사용되었다. 송응창은 만력(萬曆) 21년(1593) 3월에 병부상서 석성(石星)에게 보낸 서신에서, 명군은 경사(京師)에서 청포·홍포(紅布)·남포 10

---

73 『三雲籌俎考』卷2, "每年互市額馬一萬四千五百匹, 其欵有八 …… 曰梭布, 馬每匹梭布四十疋, 有靑布者, 有無靑布者, 共二等."; 『全邊略記』卷2, "[萬曆]二年, …… 時俺答旣封吉能, 亦修貢受約束, 因貢爲市. 中國以梭布皮物易虜馬, 虜亦利漢財物, 交易不絶, 胡越一家."

74 『선조실록』 권36, 선조 26년(1593·萬曆 21) 3월 23일 술인 조.

75 『선조실록』 권60, 선조 28년(1595·萬曆 23) 2월 22일 을축 조; 『선조실록』 권75, 선조 29년(1596·萬曆 24) 5월 15일 신사 조.

여만 필을 구매해다가 수레를 끄는 인부를 고용하기 위해 전용했는데, 이는 당시 인부들이 가장 선호하는 물품이라고 보고하고 있다.[76] 즉 청포와 남포는 인부를 고용한 삯으로 지불되어 군량의 수송 자체를 보조하기도 하였다.

이처럼 임진전쟁 당시 청포와 남포는 명과 조선의 이해관계가 합치하는 물품으로서 서로 다른 군수 시스템에 기반을 둔 양국의 군사 운용을 원활하게 묶어주는 윤활유와 같은 역할을 수행하였다.

Ⅳ. 조선으로 유입된 청포(靑布)·남포(藍布)의 용도

명군이 청포와 남포를 대량으로 들여와서 군수물자를 구매한 대가로 지불함에 따라 조선 측의 유통량과 사용량도 빠르게 늘어났으리라 짐작된다.[77] 명군의 장삼외(張三畏)는 상관인 송응창(宋應昌)에게 "조선국(朝鮮國)의 풍속(風俗)은 은냥(銀兩)을 사용하지 않고 상거래에 힘쓰지도 않아 상가도 별로 없다. 포필(布匹)을 범용하여 쌀, 콩, 풀단과 거래할 뿐"이라며 조선인이 "좋아하는 물품은 청·남포필(靑·藍布匹), 견백(絹帛), 면화(綿花)

---

76 『經略復國要編』, 「報石司馬書」 萬曆 21년(1593) 3월 2일 조, "朝鮮民間止用粟帛, 不用銀兩, **京中買靑紅藍布十餘萬匹, 轉催車脚解賞, 以便使用,** 此實將士之所深樂者." 다만 홍색의 경우 조선에서는 황제의 색이라 하여 사용을 꺼렸기 때문에 실제 거래 수단으로 사용된 것은 靑布와 藍布였으리라 생각된다.

77 임진전쟁 시기 조선에 유입된 靑布·藍布의 수량이 정확하게 얼마인지는 사료의 미비로 말미암아 추정하기 어렵다. 다만 전쟁의 거의 마지막 국면에 해당되는 1598년에 명이 "靑布 30,759필과 藍布 51,767필"을 가져왔다는 기록이 있다. 『선조실록』 권105, 선조 31년(1598·萬曆 26) 10월 을해 조. 정황상 7년간에 걸쳐 明軍이 靑布와 藍布를 꾸준하게 조선에 가져온 것은 분명한 사실이므로 전체 유입량은 결코 적지 않은 수량일 것으로 짐작된다.

로 만든 신발[兀喇]과 같은 것들"이라고 보고하고 있다.[78] 이로부터 명군 지휘부가 은을 사용하지 않는 조선에서도 중국산 면포가 특히 높은 수요를 지닌 물품인 것을 정확하게 인지하고 있었고 이 때문에 은을 대체할 수단으로 청포·남포를 구비해 왔던 것으로 유추할 수 있다.

그렇다면 청포와 남포는 조선에서 어떠한 방식으로 쓰였을까. 아래에서는 이를 용도에 따라 나누어 살펴보고자 한다.

1. 포상 수단

전시 재정 아래의 조선 정부에서 청포·남포가 차지하는 비중이 얼마나 늘어났는지를 엿볼 수 있는 것이 포상과 관련된 부분이다. 1594년(선조 27) 비변사는 화약의 원료인 염초 굽기를 원하는 투항 일본군을 대상으로 "마땅히 은혜와 의리로 그들의 마음을 결속시켜야 하니, 순서에 따라 청포와 남포를 지급하고 만일 만든 염초가 품질이 좋으면 사맹(司猛)의 고신(告身)을 주어 친부하는 마음을 권장하자"[79]고 진언하였고, 동년에 류성룡 역시 "투항한 왜인(倭人)에게 이미 공명고신(空名告身)과 청포를 내렸습니다"[80]고 보고하는데, 이로부터 청포와 남포가 투항한 일본군에 대한 포상 수단으로서 활용되었음을 확인할 수 있다.

물론 청포와 남포의 포상은 조선군에 대해서도 이루어졌다. 1593년(선조 26) 12월 훈련도감은 화포군(火炮軍) 가운데 세 번 맞춘 자에게 면포와

---

78 『經略復國要編』,「檄艾主事」萬曆 21년(1593) 정월 5일 조, "據原委收糧都司張三畏稟稱. 朝鮮國風俗, 不行使銀兩, 不務貿易, 並無街市, 凡用布匹, 以米荳草束相易, **所喜者青藍布匹, 絹帛, 綿花兀喇之類.**"

79 『선조실록』 권49, 선조 27년(1594·萬曆 22) 3월 21일 기해 조, "如此投順之倭, 當以恩義結其心, 題給衣次青藍布. 若所煮焰硝品好, 則授司猛告身, 以勸親附之心."

80 『선조실록』 권50, 선조 27년(1594·萬曆 22) 4월 17일 을축 조, "成龍曰. 降倭處, 空名告身及青布, 已下送矣."

청포를 상주거나, 이듬해인 1594년(선조 27) 7월에는 편전(片箭)·철전(鐵箭)·기사(騎射)·조총(鳥銃)과 같은 과목에 자원한 이를 시험하여 우수한 성적을 차지한 5인에게 청포와 면포·궁전(弓箭)을 시상한 사례[81]에서 전시 하 군사훈련을 독려하는 차원에서 청포의 포상이 시행되었음을 알 수 있다.

청포의 포상은 새로 도입된 무기인 화기의 숙련도만이 아니라 군대의 사기를 높이는 데에도 기여했다. 1594년(선조 27) 1월 비변사는 선거이(宣居怡)·홍계남(洪季男)·정희현(鄭希玄)을 비롯하여 남부 지역에서 활약한 장사(將士)들에게 청포와 남포를 2필씩 사여하자고 주청하였는데, 그 효과로 "공로를 포상하고 군심(軍心)을 격려하자"고 지적하고 있다.[82] 동일한 논리로 북방에 대해서도 청포의 사여가 이루어졌다. 1596년(선조 29) 3월 노직(盧稷)은 북방의 번호(藩胡)로 구성된 토병(土兵)에게 평시에는 봉록과 군복을 지급하였었는데, 전쟁의 여파로 인하여 모두 주지 못하게 되었으니 무재(武才)를 시험하여 청포를 포상하면 국은에 감격할 것이라며 주청하고 있다.[83]

2. 화폐 용도

조선 정부가 군인에 대한 포상품으로 청포나 남포를 지급한 이유는 무엇일까. 혹은 군인들은 지급받은 청포나 남포를 어떻게 활용했던 것일까. 야마모토 스스무는 이에 대해 전쟁으로 말미암아 삼남 지방이 황폐해졌기

---

81 『선조실록』 권46, 선조 26년(1593·萬曆 21) 12월 13일 임술 조; 『선조실록』 권53, 선조 27년(1594·萬曆 22) 7월 5일 신사 조.

82 『선조실록』 권47, 선조 27년(1594·萬曆 22) 1월 21일 경자 조, "付送靑藍三升布各二匹, 一以褒奬苦戰之功, 以警動軍心何如."

83 『선조실록』 권73, 선조 29년(1596·萬曆 24) 3월 25일 임진 조.

때문에 청포와 남포가 식량을 교환하는 용도로 사용되었으리라 추정하는데 구체적인 논거를 제시하지는 않았다.[84] 이와 관련하여 1593년[선조 26] 비변사가 남방으로 출정한 장사들에게 포상할 품목을 논의하는 기사가 주목된다. 애초 선조는 포상품으로 이들에게 은을 하사했었는데, 비변사는 이에 대해 은이 아니라 청포나 남포를 하사할 것을 요청하면서 그 이유를 아래와 같이 진술하고 있다.

> 은냥은 국용(國用)에 관계될 뿐 군사가 입거나 먹을 수 없는 것이며, 영남에는 흉년이 들어 아무리 은냥이 있다 해도 곡식을 살 수가 없으니, 은 대신 청포와 남포 1,500필을 보내는 것이 어떻겠습니까.[85]

즉 흉년이 들어 은으로 양식을 교환할 수가 없는 상황이니 은 대신에 청포와 남포를 내리자는 요지이다. 임진전쟁 시기 조선에서는 명군이 주둔한 곳마다 민중이 몰려들어 청포를 화폐처럼 사용하는 일종의 시장이 형성되곤 하였다.[86] 즉 본 사료의 진술을 통하여 청포를 통화로 하는 시장에 명군만이 아니라 조선군 역시 편입되어 가고 있었음을 짐작할 수 있다. 거의 비슷한 시기에 조선 정부가 관료의 급료로 청포를 지급한 사실도 동일한 맥락에서 이해할 수 있다. 1594년(선조 27) 호조는 그동안 관료의 급료로 지급하던 말먹이 콩이 부족해서 피곡(皮穀)으로 대신하였는데, 이제 그마저도 바닥을 드러냈으니 청포와 남포로 액수를 계산하여 지급할 것을 주청하였다.[87] 청포의 화폐화 현상이 군대만이 아니라 관료층에도 확산되고 있었음을 방증하는 일례라 할만하다.[88]

---

84 山本進, 「近世中朝貿易と靑布」, 42쪽.
85 『선조실록』 권40, 선조 26년(1593·萬曆 21) 7월 1일 계축 조, "但銀兩有關於國用, 而軍士不可衣食. 且嶺南饑荒, 雖有銀兩, 亦不得售. 靑·藍布一千五百匹, 給送何如."
86 『선조실록』 권97, 선조 31년(1598·萬曆 26) 2월 8일 계해 조.
87 『선조실록』 권53, 선조 27년(1594·萬曆 22) 7월 8일 갑신 조.

3. 방한용 의복

임진전쟁기 조선에서 청포와 남포가 교환가치를 지닌 화폐처럼 통용되었던 것은 분명하다. 그런데 청포와 남포 모두 본래의 용도는 의복을 제작하는 옷감이라는 점을 염두에 둔다면, 이 두 물품이 옷감으로 사용되었을 가능성도 배제할 수는 없다. 이에 대해 야마모토 스스무는 청포와 남포는 어디까지나 군용물자여서 서민의 의복으로는 적합하지 않았다고 단언한다.[89] 확실히 청포와 남포가 서민이 사용할 수 있을 정도로 대중적인 옷감은 아니라는 점에서 일견 수긍할 수 있는 의견이기는 하다. 그러나 청포와 남포 자체가 일반 서민이 아닌 관료층이나 군인층을 주대상으로 사여되고 있었으므로 관료층과 군인층의 경우 사용 방식이 달랐을 가능성은 충분하다.

이와 관련하여 윤국형(尹國馨, 1543~1611)의 저술인 『갑진만록(甲辰漫錄)』에는 "임진년 난리 이후로 …… 중원(中原)의 물화(物貨)도 점차 나오게 되어 청삼승(靑三升)을 사다가 만든 철릭을 상품복(上品服)이라 하였다"[90]는 구절을 주목할 만하다. 이는 임진전쟁 이후 중국제 옷감인 청삼승(靑三升)으로 철릭을 만들어 입었던 사회 풍조를 언급하고 있어 즉 관원층에서는 청포와 남포가 의복용 옷감으로도 활용되었음을 시사한다.[91] 그렇다면 이들 중국산 면포가 옷감으로서 가진 특징은 무엇이었을까.

---

88 동일한 시기 公州에 머무르고 있던 왕세자 光海君은 牧使와 判官에게 靑布를 하사하여 위로한 바 있다. 『조선선조실록』 54권, 선조 27년(1594·萬曆 22) 8월 18일 계해 조. 다만 여기에서는 이를 어떠한 용도로 사용했는지는 명시되어 있지 않은데, 당시의 사정을 감안한다면 이들 역시 하사받은 靑布를 화폐 용도로 사용했을 가능성이 높을 것이다.

89 山本進, 「近世中朝貿易と靑布」, 42~43쪽.

90 『甲辰漫錄』, 「尹判書國馨撰」, "壬辰亂後 …… 而中原物貨亦漸出來, 貿靑三升作帖裡者, 謂之上品服."

91 한명기는 靑布·藍布의 유입을 임진전쟁 이후 사치 풍조가 유행하는 징조로 파악하고 있다. 한명기, 『임진왜란과 한중관계』, 103~104쪽.

류성룡(柳成龍)이 아뢰기를, …… "신이 정희현(鄭希賢)을 보니 몸에 겹옷만을 입었습니다. 이제 출사(出使)하면 얼어 죽을까 염려되니, 위에서 하교하여 청포와 물건을 내어 주어 옷을 만들어 내리게 하시면 추위를 막는 물자를 장만할 수 있고 임금의 두터운 은혜를 느낄 것입니다. 그의 공이 많은 만큼 충분히 권려하여 뒷날의 공효를 당부하는 것이 어떠하겠습니까"[92]

류성룡(柳成龍)은 여기에서 청포로 옷을 만들면 추위를 막을 수 있다고 지적하였다. 이렇게 방한용 옷감으로서 청포가 쓰였던 사례는 이외에도 찾아보기 어렵지 않다. 특히 야마모토 스스무는 청포와 남포가 서민의 의복용 옷감이 아니라고 단언했지만, 실제 사료에서는 선조가 "화융(花絨)과 청포는 판매할 수 없겠는가. 계절이 추울 때가 되어 백성들이 추위를 막기에 절실하므로 쉽게 무역이 될 것 같다"[93]고 한 데 대하여 호조는 "청포나 화융은 바로 추위를 막는 물건이니 시가에 따라 대등하게 무역하면 백성들이 반드시 싫어하지 않을 것이며 어느 곳에서도 바꿀 수 있겠다"[94]고 답하고 있어 청포·남포가 국왕과 호조 양측 모두에서 백성들도 사용할 수 있는 방한용 옷감으로 인식되었음을 확인할 수 있다.

---

92 『선조실록』 권82, 선조 29년(1596·萬曆 24) 11월 7일 기해 조, "成龍曰. …… 且臣見鄭希賢, 身上只着二裌衣. 今若出使, 則凍殺可慮. 自上下教, 出給靑布與某物, 作衣以賜, 則可辦禦寒之資, 仍懷挾纊之感, 渠功則多矣. 十分勸勵, 以責後效, 何如."

93 『선조실록』 권93, 선조 30년(1597·萬曆 25) 10월 11일 술진 조, "上仍謂都承旨尹覃茂曰. 花絨·靑布, 猶不可販賣耶? 節迫凍沍, 民必切於禦寒, 似易貿遷. 極力販賣, 以備糧餉事, 速問于該曹."

94 『선조실록』 권93, 선조 30년(1597·萬曆 25) 10월 13일 경오 조, "靑布·花絨, 乃是禦寒之資, 若從市直, 平反交易, 民必不厭, 隨處可換."

4. 갑주

청포와 남포가 방한용 의복의 옷감으로 각광을 받았다면, 명조에서처럼 갑주를 제작하는 재료로도 활용되었을까. 선행연구에서는 임진전쟁기에 이미 청포와 남포가 군수품으로 사용되었다고 간주하고 있다.[95] 그러나 임진전쟁을 계기로 본격적으로 수입된 청포와 남포가 즉각적으로 갑주를 제작하는 군수품으로 전용되었을지는 의문이다. 특히 야마모토 스스무의 경우 근거로 제시하는 사료는 한결같이 앞서 살펴봤던 포상과 관련된 것들인데, 군인에게 지급되는 물품이라 해서 군수품으로 단정하기는 어렵다.[96] 보다 신중한 태도로 관련 사료를 검토할 필요가 있다.

조선에서 청포와 남포를 갑주에 활용하게 된 계기는 임진전쟁이 막바지로 치달던 1598년(선조 31) 1월 선조와 유격(遊擊) 진인(陳寅)의 접견에서 찾을 수 있다.

> 유격(遊擊) 진인(陳寅)이 말하기를, "종이를 얻어 납의(衲衣)를 만들어 우리 군사들에게 주어 전장에서 쓰고자 합니다. 휴지를 막론하고 팔도(八道)에 널리 구하여 쓰기에 넉넉하게 했으면 합니다"라고 하니, 상이 이르기를, "종이로 옷을 만들면 총탄을 막을 수 있습니까" 하자, 유격이 말하기를, "매우 좋습니다" 하고 이어서 종이로 만든 갑옷을 내보이면서 말하기를, "이렇게 만들어 입으면 크건 작건 탄환이 모두 뚫고 들어가지 못합니다. 물에 적셔서 입으면 탄환을 막는 데 더욱 신묘한 효과

---

95 山本進, 「近世中朝貿易と靑布」, 40쪽; 김순영, 「조선후기 청포와 삼승의 개념 및 용도: 청포전의 판매 물종을 중심으로」, 87쪽.

96 가령 山本進이 근거로 제시하는 『선조실록』 권36, 선조 26년(1593) 3월 계유 조는 조선 측이 명군의 군복을 제작하는 데 靑布와 藍布를 사용했다는 기록이므로 조선군의 군복과는 관련이 없다. 아울러 김순영의 경우 靑布가 임진전쟁 시기에 군복을 만드는 재료로 쓰였다고 하면서도 정작 근거 사료는 전쟁이 끝난 이후인 『선조실록』 권133, 선조 34년(1601) 1월 경술 조를 제시하고 있을 뿐이다.

가 있습니다. 옷을 만드는 방법은 먼저 종이를 두텁게 깔고 삼승포(三升布)를 안팎에 붙이고 종이로 만든 노끈을 둥글게 맺어서 개암 열매 정도의 크기나 밤 크기로 만들어 빽빽하게 서로 붙게 하여 노끈으로 꿰어서 옷 안에 매달면 되는 것입니다. 설면자(雪綿子)를 종이 사이에 깔면 더욱 신묘합니다" 하였다.[97]

본 사료의 핵심 내용은 삼승포, 즉 청포와 종이를 엮어서 제작한 갑옷이 총탄을 막는 데 효과가 있다는 것이다. 화기의 피해를 줄이는 데에 탁월했던 포면갑이 명조에서 각광을 받았던 이유와 동일하다.[98] 다만 이와 같은 진인(陳寅)의 언급에도 불구하고 임진전쟁 시기에 靑布를 사용한 갑주 제작을 실행했다는 사료는 찾아보기 어렵다. 청포로 된 갑주 제작이 실제 언제부터 제작되었는지는 불명이나, 1661년(현종 2) 류혁연(柳赫然)의 "일찍이 선대에는 삼승포로써 군복을 만들었다"[99]는 언급을 통하여 대략 17세기 초반이 아닐까 추정된다. 1682년(숙종 8)에 "금군(禁軍)의 철갑옷은 효종(孝宗) 때에 만든 것으로 지금 30년이 넘어 몹시 해졌다"는 기록도 이를 뒷받침한다. 이처럼 청포로 된 갑주 제작과 관련된 사료 대부분은 17세기 중반 이후에 집중되어 있다.[100] 이를 감안한다면, 조선에서 청포로 군복을 제작한 것은 최소한 임진전쟁 이후라고 생각된다. 실제 청포와 남

---

97 『선조실록』 권96, 선조 31년(1598·萬曆 26) 1월 20일 병오 조, "遊擊曰. 欲得紙卷以爲衲衣, 以給吾軍, 用於戰場. 勿論休紙, 廣求八道, 以足於用. 上曰. 以紙作衣, 可以禦丸乎? 遊擊曰. 甚好矣. 因出示曾造紙甲曰. 依此樣造着, 則大小丸皆不得入矣. 濡水而衣, 則禦丸尤妙矣. 作衣之法, 先以紙厚鋪, 以三升布, 着內外, 以紙繩盤結, 如榛子大, 或如栗子大, 簇簇相襯而穿之以繩末, 結之於衣內. 若以雪綿子, 間紙鋪之, 則尤妙矣."

98 劉永華, 『中國古代軍戎服飾』, 174쪽 참조.

99 『승정원일기』 166책, 현종 2년(1661·順治 18) 1월 11일 신유 조, "柳赫然曰, 曾在先朝, 軍服以三升布爲之事, 旣有傳敎, 而今則皆着錦衣, 此亦不當矣."

100 『인조실록』 권50, 인조 27년(1649·順治 6) 3월 20일 기묘 조; 『비변사등록』 숙종 8년(1682) 1월 28일 조; 『비변사등록』 영조 35년(1759) 2월 10일 조; 『승정원일기』 1418책, 정조 2년(1778) 4월 25일 을묘 조 참조

포로 군복을 제작했다는 사료는 임진전쟁이 끝난 뒤인 1601년(선조 34) 동래(東萊) 군사 300명의 군복을 마련하기 위해 남포 200필과 청포 200필을 내려 보낸 것이 최초이다.[101]

야마모토 스스무는 일관되게 청포와 남포가 군용 면포로서 수요를 갖고 있었다 주장하지만, 적어도 임진전쟁기에 조선 측에서 청포나 남포로 군복을 만들었다는 기사는 찾아볼 수 없다. 앞서 살펴봤듯이 오히려 방한용 옷감으로서 활용한 사례가 훨씬 더 빈번하게 검출되고 있어 야마모토 스스무의 입장과는 정면으로 배치된다. 요컨대 조선은 청포와 남포가 임진전쟁을 계기로 유입된 당초부터 군용 면포로서 사용했다기보다는, 처음에는 은의 대용이나 방한용 옷감으로 사용하다가 군용 면포로서의 가치를 점차 인지하게 되었다고 볼 수 있다.

V. 맺음말

임진전쟁 시기 명군에 의해 조선으로 유입된 청포와 남포는 사료상에서 다양한 명칭으로 표기되었다. 본문에서는 각각의 명칭이 가진 특징을 유형별로 고찰하였는데, 그 주요 내용은 ①청포·남포는 면포와 구별되는데, 후자는 염색하지 않은 면포인 백포로 추정된다, ②사료에 등장하는 '청남포'는 단일 품목이 아니라 '청포'와 '남포'를 한데 묶어 표기한 한문식 어법에 지나지 않는다, ③청포와 남포는 중국산 고급 면포를 가리키는 반면, 청목면과 남목면은 국내산 면포를 가리킨다, ④청포와 남포는 포를 짜는 단위인 승(升)을 따서 삼승포로도 통칭되었으나 예외가 존재하므로 주의할 필요가 있다고 요약할 수 있다.

---

101 『선조실록』 권133, 선조 34년(1601·萬曆 29) 1월 경술 조.

청포와 남포가 조선에 유입된 직접적 계기는 명군의 식량 수송 문제와 직결된다. 은을 사용하지 않는 조선의 경제 체계로 인해 명군은 은을 사용해서 군량이나 말먹이를 비롯한 군수물자를 조달하는 데 곤란을 겪었다. 이에 따라 명군의 군수를 책임지고 있던 요동도사(遼東都司) 장삼외(張三畏)는 청포를 준비해 와서 조선 내에서 곡식을 구매하겠다는 제안을 하였고, 조선에서 이를 수락하면서 대량의 청포·남포가 조선에 운송되었다. 안휘성(安徽省) 무호(蕪湖) 일대에서 생산되던 청포는 포면갑을 제작하는 데에 주로 활용되었는데, 명 국내만이 아니라 해외에서도 높은 상품가치를 지니고 있었다. 무엇보다도 면포가 높은 교환가치를 지녔던 조선 사회에서 청포와 남포는 군수물자를 확보하는 데 매우 적합한 물품이었다.

청포와 남포가 대량으로 유통되면서 조선에서도 이를 사용하는 집단이 늘어나기 시작했다. 본고에서는 조선에서 청포와 남포가 어떠한 용도로 쓰이고 있었는지를 ①포상 수단, ②화폐 용도, ③방한용 의복으로 나누어 실증적으로 규명하였다. 무엇보다도 명군이 주둔하는 동안 은과 더불어 청포의 화폐화가 급속하게 진전되었고 이러한 추세에 명만이 아니라 조선 역시 편입되고 있었던 점은 특기할 만하다. 반면 청포와 남포가 당초부터 군용 면포의 용도로 중시되었다는 선행 연구의 지적과는 달리 임진전쟁 시기에 청포·남포를 갑주를 제작하는 용도로는 쓰이지 않았다. 청포·남포로 제작한 갑주의 기능과 효과는 임진전쟁 말기에 명을 통하여 전해졌지만, 그 상용화는 종전 이후에야 이루어졌다.

한편 임진전쟁이 막바지로 접어들자 명군은 저간의 전략을 수정하여 이번에는 청포와 남포를 조선에 강매함으로써 은을 징수하려는 쪽으로 움직이기 시작했다.[102] 명은 임진전쟁을 치르는 과정에서 파병군의 봉급을

---

102 『선조실록』 권69, 선조 28년 11월 병신 조; 『선조실록』 권97, 선조 31년 2월 기미 조; 『선조실록』 권105, 선조 31년 10월 을해 조 참조.

비롯한 다양한 명목으로 막대한 양의 은을 투입하였는데, 전쟁이 수습 국면에 들어가자 철군에 앞서 그간 지출했던 은을 회수하려 했던 것이다.[103] 이렇게 하여 임진전쟁이 종지부를 찍고 명군이 철수한 뒤에도 청포와 남포는 조선 사회에서 지속적으로 사용되었다.

이후 후금(後金)이 대두하여 명과 대립 관계에 들어서자 조선은 후금이 필요한 물자를 공급받을 수 있는 유일한 창구로 부상하였다. 1628년(인조 6) 후금은 정묘호란(丁卯胡亂)의 피로인 속환(贖還)을 구실로 중강개시(中江開市)를 설치하고 이로부터 종이와 후추 그리고 청포를 비롯한 중국산 물자를 수급하였다.[104] 당시 후금으로 인해 명과 육상 교통이 단절되어 있던 조선이 중국산 물자를 입수하는 방법은 가도(椵島=皮島)에 주둔하고 있던 모문룡(毛文龍)이나 후금의 공세를 피하여 요동(遼東)을 떠나 조선에 들어온 요민(遼民)과의 사이에서 이루어진 거래에 전적으로 달려 있었는데, 청포 역시 이러한 경로를 통하여 조선에 지속해서 공급되었다.

후금과 조선 간의 중강개시와 모문룡과 요민이 매개하던 명·조선 무역은 이와 같이 청포와 남포라는 물품에 의해서 서로 연동되어 있었다.[105]

---

103 명이 임진전쟁 기간 동안에 지출한 은의 총량에 대해서는 아직까지 제설이 분분하다. 1600년[萬曆 28] 工科給事中 王德完의 회계 보고에 의거한 780만 냥 설이 통설적으로 받아들여지고 있는데 대하여 최근 중국 학자 萬明은 관련 자료를 종합하여 최대 2,000만 냥에 이르는 추정액을 새롭게 제기한 바 있다. 萬明, 「萬曆援朝之戰時期明廷財政問題: 以白銀爲中心的初步考察」, 107쪽. 다만 서인범이 지적하듯이 만력 초기 戶部 太倉庫의 세입액이 연평균 400만 냥 전후였고 세출액과 대비하여 줄곧 연간 100만 냥 정도의 적자가 지속되던 '재정 위기' 상태였음을 감안한다면, 萬明의 2,000만 냥 설은 재검토의 여지가 있을 것으로 판단된다. 서인범, 「明 萬曆年間의 재정 위기와 捐納 시행」, 『역사학보』 230, 2016, 167~168쪽.

104 寺内威太郎, 「義州中江開市について」, 『駿台史學』 66, 1986.

105 한편 후금과 명 사이의 무역 역시 椵島 세력을 매개로 하여 일부 이루어지기도 하였다. 가령 毛文龍 사후 椵島를 점거한 劉興治가 1631년에 後金과 거래한 품목에 毛靑布와 藍布가 있었는데, 1필당 0.6냥의 거래가가 형성되어 있었다. 임경준, 「담배 태우는 만주인들: 淸初 만주인의 담배문화와 烟禁令」, 『明淸史硏究』 55,

임진전쟁을 계기로 조선에 유입된 청포와 남포가 이제는 조선·명조·후금 간 삼각무역의 핵심을 이루는 국제상품으로 변화한 것이다. 청포·남포는 임진전쟁과 그 후의 역사 과정에서 결코 무시할 수 없는 위치를 차지하고 있었다. 향후 청포·남포에 초점을 맞춰 유입된 규모와 가격, 수송 체계와 경로, 은과의 비교를 비롯한 주제들이 규명됨으로써 임진전쟁을 보다 다각적이고 심층적으로 이해할 수 있을 것이다.

2021, 94~95쪽.

참고문헌

『조선왕조실록』[국사편찬위원회DB]

『비변사등록』[국사편찬위원회DB]

『승정원일기』[국사편찬위원회DB]

『만기요람』[고전종합DB]

『白沙集』[고전종합DB]

『甲辰漫錄』[고전종합DB]

『北關紀事』[고전종합DB]

『燕巖集』[고전종합DB]

『神宗實錄』[국사편찬위원회DB]

『太宗實錄』[국사편찬위원회DB]

『經略復國要編』[중국기본고적고DB]

『天工開物』[중국기본고적고DB]

『正德大明會典』[중국기본고적고DB]

『續文獻通考』[중국기본고적고DB]

『三雲籌俎考』[중국기본고적고DB]

『全邊略記』[중국기본고적고DB]

김경록, 「임진왜란 연구의 회고와 제안」, 『군사』 100, 2016.

_____, 「명대 監軍제도와 임진왜란시 파병 明軍의 監軍」, 『동양사학연구』
     137, 2016.

김경태, 「임진전쟁 전반기, 가토 기요마사(加藤淸正)의 동향 -戰功의 위기와
     講和交涉으로의 가능성-」, 『대동문화연구』 77, 2012.

김병모, 「조선시대 교(膠)의 명칭 분화와 제조·생산된 교의 종류」, 『동방학』

45, 2021.

_____, 「국가 수취 대상으로서 조선시대 膠의 분류」, 『동아시아고대학』 64, 2021.

김순영, 「조선후기 청포와 삼승의 개념 및 용도: 청포전의 판매 물종을 중심으로」, 『한국의류학회지』 40-5, 2016.

김홍길, 「세역제도」, 『명청시대 사회경제사』, 이산, 2007.

나카노 히토시[中野等], 「文禄·慶長의 役 연구의 학설사적 검토」, 『한일역사공동연구보고서』 제2기, 한일역사공동연구위원회, 2010.

남미혜, 「조선전기 면업정책과 면포의 생산」, 『국사관논총』 80, 1998.

박기수, 「수공업」, 『명청시대 사회경제사』, 이산, 2007.

박평식, 「朝鮮初期의 貨幣政策과 布貨流通」, 『동방학지』 158, 2012.

_____, 「朝鮮前期의 麤布流通과 貨幣經濟」, 『역사학보』 234, 2017.

로쿠탄다 유타카[六反田豊] 외, 「文禄·慶長의 役(壬辰倭亂)」, 『한일역사공동연구보고서』 제1기, 한일역사공동연구위원회, 2005.

서인범, 「明 萬曆年間의 재정 위기와 捐納 시행」, 『역사학보』 230, 2016.

송재선, 「16世紀 綿布의 貨幣機能」, 『변태섭 박사 화갑기념 사학논총』, 삼영사, 1985.

스가와 히데노리[須川英徳], 「동아시아 해역 국제경제 질서와 임진왜란」, 『류성룡의 학술과 경륜』, 태학사, 2008.

오호성, 『壬辰倭亂과 朝·明·日의 軍需시스템』, 경인문화사, 2013.

윤여석, 「壬辰倭亂 직후 軍需物資 확보와 軍需交易의 영향」, 『군사』 101, 2016.

이장희, 「壬亂中 糧餉 考」, 『金學燁教授 華甲紀念論叢』, 1971.

임경준, 「담배 태우는 만주인들: 淸初 만주인의 담배문화와 烟禁令」, 『명청사연구』 55, 2021

장학근, 「壬亂初期 明軍 來援과 軍糧論議」, 『임난수군활동논총』, 1993.

차혜원, 「중국인의 '南倭' 체험과 壬辰전쟁(1592-1598) -『籌海圖編-重編』을 중심으로-」, 『역사학보』 221, 2014.

한명기, 「17세기초 銀의 유통과 그 영향」, 『규장각』 15, 1992.

_____, 『임진왜란과 한중관계』, 역사비평사, 1999.

한명기, 「'난동', '정벌', '원조'를 넘어: '임진왜란'을 부르는 동아시아 공통의
　　　용어를 위하여」, 『역사비평』 83, 2008.
허태구, 「17세기 조선의 염초무역과 화약제조법 발달」, 『한국사론』 47, 2002.

萬明, 「萬曆援朝之戰時期明廷財政問題: 以白銀爲中心的初步考察」, 『古代文明』
　　　12-3, 2018.
劉永華, 『中國古代軍戎服飾』, 上海古籍出版社, 2003.
張洋洋, 「丁酉戰爭時期邢玠關於明軍糧餉問題的措施研究: 以『經略御倭奏議』爲
　　　中心」, 『渤海大學學報』 6, 2019.
陳尙勝, 「壬辰禦倭戰爭初期糧草問題初探」, 『社會科學輯刊』 4, 2012.
洪性鳩, 「丁酉再亂時期明朝的糧餉海運」, 『新亞學報』, 2017.

岡野昌子, 「秀吉の朝鮮侵略と中國」, 『中山八郎教授頌壽記念明淸史論叢』, 燎原,
　　　1977.
吉岡新一, 「文禄・慶長の役における火器についての研究」, 『朝鮮學報』 108, 1983.
米谷均, 「十七世紀前期日朝關係における武器輸出」, 『十七世紀の日本と東アジア』,
　　　山川出版社, 2000.
寺内威太郎, 「義州中江開市について」, 『駿台史學』 66, 1986.
山本進, 『淸代の市場構造と經濟政策』, 名古屋大學出版會, 2002.
＿＿＿, 「近世中朝貿易と靑布」, 『朝鮮學報』 234, 2015.
川西裕也, 「「文禄慶長の役」呼稱の再檢討」, 『韓國朝鮮文化研究』 21, 2022.
天野元之助, 『中國農業史研究(增補版)』, 御茶の水書房, 1989.
周藤吉之, 「高麗末期より朝鮮初期に至る織物業の発達」, 『淸代東アジア史研究』,
　　　日本學術振興會, 1972.

Hitoshi, Nakano, "Research Trends in Japan on the Japanese Invasion of
　　　Korea in 1592(Imjin War)", *International Journal of Korean History*
　　　18-2, 2013.
Namlin, Hur, "Works in English on the Imjin War and the Challenge of

Research", *International Journal of Korean History* 18-2, 2013.

Ray Huang, *Taxation and governmental finance in sixteenth-century Ming China*, Cambridge University Press, 1974.

Hong, Sung Ku, "Ming dynasty maritime provisions transport during the second stage of the East Asian War (1597-98)", *Chinese Studies in History* 52, 2019.

05

조선시대 어교의 생산지와 산출 어교의 종류

: 경상도 지역을 중심으로

김병모(金炳模, 동국대학교 문화학술원 HK연구교수)

I. 서론

교(膠)는 콜라겐(Collagen, $C_{102}H_{149}O_{38}N_{31}$)을 주성분으로 하는 전근대 접착제 및 약재 가운데 하나로서 우리나라의 경우 조선시대에 이르러 생산 및 소비 기반을 크게 확대했다. 고려시대에 3~4종 확인되던 교의 종류가 조선시대에 15종 정도로 증가했으며,[1] 특히 교가 국가 공물 가운데 하나로 정기적 수취 대상에 포함됨으로써 교 발전에 있어서 민간 영역뿐만 아니라 국가 영역이 지대한 역할을 했다.

이와 같이 생산 및 소비 기반이 크게 확대된 조선시대 교에 관해 명칭과 종류,[2] 공납체계 하에서 교의 분류,[3] 문헌 속 교의 약리적 기능,[4] 직금

---

1 김병모, 「조선시대 교(膠)의 명칭 분화와 제조·생산된 교의 종류」, 『동방학』 45, 2021.

2 김병모, 「조선시대 교(膠)의 명칭 분화와 제조·생산된 교의 종류」.

3 김병모, 「국가 수취 대상으로서 조선시대 膠의 분류」, 『동아시아고대학』 64, 2021.

4 김재현·정종길, 「동의보감 중 아교가 配伍된 처방의 활용에 대한 고찰」, 『대한

단과 고문서 등의 시료 분석을 통한 아교 분석[5] 등 여러 연구가 진행되었지만 유통 및 소비와 밀접하게 연관된 생산지에 관한 연구는 단편적 사료에 한정했다. 즉 『세종실록』 지리지 도 단위와 군현 단위의 궐공, 토공, 약재 항목 등에 어교, 아교, 녹각교 등이 포함된 지역을 중심으로 생산지를 상정했다.[6]

하지만 『세종실록』 지리지 궐공, 토공, 약재 항목 등에 교가 포함된 지역은 생산지 전부를 반영한 것이 아니고, 공납 대상 지역, 즉 분정 지역을 중심으로 한정, 기록한 경우에 해당했다.[7] 게다가 도 총론에서 기록한 교를 군현 단위에서 중복 기록하지 않은 경우도 있다. 모든 군현에서 생산이 이루어지는 소위 매읍소산(每邑所産)에 해당하는 경우인데, 이럴 경우 군현 단위에서 기록되지 않았어도 개념상 모든 군현을 생산지로 포괄해야 하는 경우도 있다.[8] 한마디로 『세종실록』 지리지는 군현 단위 토공 항목에 한정하여 공납 지역을 제시하는 데 그친 것은 아니며, 도 총론과 연계하여 보다 다양한 방식으로 공납 지역 혹은 생산지에 관한 정보를 체계적, 유기적으로 반영했다.[9]

그러므로 생산지에 관한 기존 연구가 다소 단편적으로 진행된 이유는 관련 사료가 단편적이고 소략한데 주요인이 있겠지만 공납체계, 즉 분류

한의학방제학회지』 15-2, 2007; 이경섭·송병기, 「阿膠 및 艾葉의 효능에 관한 문헌적 연구 -崩漏証에 대하여-」, 『대한한의학회지』 1, 1980.

5 김지은·유지아·한예빈·정용재 등, 「전통 편금사에 사용된 붉은 접착제 특성 연구」, 『보존과학회지』 34-3, 2016; 조형진, 「金屬活字本 印出用 墨汁의 實驗 研究」, 『서지학연구』 74, 2018.

6 신학, 『동양회화에서의 아교 연구』, 동덕여자대학교 박사학위논문, 2012, 26쪽 표3.

7 김병모, 「국가 수취 대상으로서 조선시대 膠의 분류」.

8 소순규, 「『世宗實錄』 地理志를 통해 본 朝鮮初 貢物 分定의 실제와 특성 -厥貢, 土貢, 土産 항목의 검토를 중심으로-」, 『한국사연구』 161, 2013, 46쪽, 50~51쪽.

9 김병모, 「국가 수취 대상으로서 조선시대 膠의 분류」.

체계에 대한 이해를 다소 소홀히 한 부분도 한 요인으로 작용했다. 이외에
『경상도지리지』와 같은 기타 공납 관련 기록을 간과한 점,『세종실록』지
리지에 언급된 생산지 인근 군현의 교 생산 가능성 및 필요성에 관한 검
토 미흡, 공적 영역을 포함하여 민간 영역에서의 교 생산 및 소비에 관한
인식 부족 등도 생산지 검토를 확장성 있게 전개시켜갈 수 없게 한 몇몇
요인에 해당했다.

이에 본 연구는 『세종실록』 지리지를 포함하여 『경상도지리지』, 『경
상도속찬지리지』, 『동국여지승람』, 『신증동국여지승람』 등 각종 지리지
에 반영된 어교 공납지역과 각 군현의 산출 어종을 토대로 어교 생산지
및 산출 어교의 종류에 관한 담론 경계를 확장하고자 한다. 다만 지면의
한계로 이 글에서는 경상도 지역의 어교 생산지와 산출 어교를 중심으로
검토를 진행하고자 하며, 기타 지역의 어교 생산지와 산출 어교에 관하여
는 후속 연구를 통해 수행하고자 한다.

II. 『세종실록(世宗實錄)』 지리지(地理志)의 어교 분류체계

국가 수취 대상으로서 어교를 어떻게 분류, 기록했는지는 공안(貢案)이
최적의 자료를 제공한다. 공안은 전국 각지에서 산출되는 물산에 대한 수
취 등급, 즉 공부 등급을 제시한 것으로서[10] 1392년 태조임신공안(太祖壬
申貢案)이 제정된 이래 태조을유공안(世祖乙酉貢案, 1465), 성종공안(成宗
貢案, 1470~1473), 연산군신유공안(燕山君辛酉貢案, 1501~1503) 등 여러
차례 개정이 이루어졌다.[11]

---

10 박도식, 「朝鮮前期 貢納制의 내용과 그 성격」,『인문학연구』1, 1998, 187쪽.
11 세종 이후 공안 개정은 1465년 진행된 세조을유공안[상정청 설치], 1470~1473

교가 국가 수취 대상의 하나로서 공안에 포함, 기록된 것은 태조임신 공안에서 시작된 것으로 보인다. 이러한 것은 태조임신공안 이후 공안에 대한 첫 개정이 추진된 세종 즉위 초기, 즉 1418~1422년[추정]에 공부상 정색(貢賦詳定色)을 설치하여[12] 공안 개정을 추진하기 이전에 아래 기사와 같이 아교 생산을 위한 아교피 봉납을 황해도에서 이미 요청한 바 있기 때문이다.

> "군기감(軍器監)에 납부하는 아교피(阿膠皮)는 후박(厚薄)·대소(大小)를 가리지 말고 그 근량(斤兩)을 숫자로 정하여 봉납(捧納) 하게 하소서."[13]

다만 공납제의 전국적 시행은 태조임신공안 이후 20여 년이 지난 1410 년 즈음에 이루어진 것이기 때문에[14] 교의 전국적 공납 추진도 이때 비로 소 가능해진 것으로 판단된다. 따라서 17세기 대동법 실시와 함께 공납제 가 약화, 폐지[15]될 때까지 국가 수취 대상으로서 교의 분류에 관한 기록은

년에 진행된 성종공안[상정청 설치], 1501~1503년에 진행된 연산군신유공안[공 안상정청 설치] 등 적어도 세 차례의 개정이 이루어졌다(소순규, 「세조대 공안 수록 내용의 확대와 재정적 위상 강화」, 『역사와 현실』 110, 2018, 179쪽; 소순 규, 「초선초기 공납제 운영과 공안개정」, 고려대학교 박사학위논문, 2017, 268 쪽 표17; 소순규, 「朝鮮 成宗代 貢案改定의 배경과 특징」, 『조선시대학보』 87, 2018; 소순규, 「燕山君代 貢案改定의 방향과 辛酉貢案의 특징」, 『사학연구』 134, 2019; 박도식, 「조선초기(朝鮮初期) 토산물(土産物) 변동(變動)과 공안개정(貢案改 正)이 추이(推移)」, 『조선시대사학보』 50, 2009).

12 소순규, 「세조대 공안수록 내용의 확대와 재정적 위상 강화」, 179쪽; 소순규, 「초선초기 공납제 운영과 공안개정」, 268쪽 표17.

13 『太宗實錄』 33卷, 太宗 17年 閏5月 9日 甲子, "豊海道陳言內一款, 軍器監納阿膠皮, 不擇厚薄大小, 以其斤兩, 定數捧納."

14 예를 들어 제주도의 경우 1408년에 공납제가 시행되었고, 평안, 함경 양도의 경 우 고려 말 병란으로 인한 田地 황폐화로 인해 1413년에 이르러 비로소 시행되 었다(박도식, 「朝鮮前期 貢納制의 내용과 그 성격, 188쪽).

15 대동법 실시 즈음까지 교가 공납된 사례는 1657년 효종이 각 도에 어교 300근

공안이 가장 중요한 자료에 해당했다.

공납에 관해 다양한 정보를 담은 공안은 지방에서는 군현(郡縣)과 도(道)에, 중앙에서는 중앙각사(中央各司)와 호조(戶曹) 등에 나누어 보관했다. 군현에 보관된 공안을 각관공안(各官貢案)이라 하는데 여기에는 각 군현에 분정된 공납물의 종류, 수량, 상납해야 할 정부 관아 등을 주로 기록했다.[16] 그리고 도 감영에 보관된 각도공안(各道貢案)은 관할 군현의 공안인 각관공안을 통합하는 방식으로 진행했다.[17]

하지만 태조임신공안을 포함하여 이후 개정된 공안은 현재 전하지 않는다. 따라서 공안을 통한 교의 분류체계 검토는 사실상 불가하다. 다만 각 군현의 역사적 변천, 산천지세, 사방 경계, 성곽 축조, 군사 배치, 목장·어량·염소 등의 설치, 토공 및 토산품 등 경제, 사회, 군사, 행정, 문화 등 다방면에 걸쳐 광범위한 내용을 수록한 지리지에 공납 대상 물품과 이들의 분류에 관한 내용이 비교적 상세하게 기록되어[18] 국가 수취 대상으로서 교의 분류에 관한 내용을 살피고자 간과할 수 없는 자료를 제공한다. 특히 『세종실록』지리지(1454)는 국가가 수취할 수 있는 모든 물자를 포

을 분정토록 한 전교를 통해 살펴볼 수 있다(『承政院日記』 143冊[탈초본 7책], 孝宗 7年 11月 20日 甲子, "備邊司啓曰, 以本司啓辭, 魚膠三百斤, 依甲午年例, 分定各邑, 入送北道事. 傳曰, 魚膠, 似爲不多事, 命下矣. 三百斤則爲先入送, 而又三百斤, 明春新膠興産卽時, 加分定以送之意, 敢啓.")

16 박도식, 「조선초기 국가재정의 정비와 공납제 운용」, 『관동사학』 7집, 1996, 10쪽.

17 중앙 각사에 보관된 공안을 各司貢案이라 하는데 여기에는 지방에서 수취해야 할 공납물의 종류와 수량 등을 기록했고, 호조에 보관된 戶曹貢案은 각관공안, 각도공안, 각사공안을 모두 통합 보관하는 형태로 진행했다. 다만 호조가 국가의 출납과 회계 등 재정 업무를 총괄한 것은 1405년부터이고, 1401~1405년까지는 사평부가, 그 이전에는 三司가 담당했다(박도식, 「조선초기 국가재정의 정비와 공납제 운용」, 10쪽).

18 김동수, 「『世宗實錄』 地理志의 기초적 고찰」, 『성곡논총』 24, 1993, 2127쪽; 박도식, 「朝鮮前期 貢納制의 내용과 그 성격」, 189쪽.

괄 제시한 것으로서 전세(田稅)를 위한 토지와 역(役)에 동원되는 호구(戶口) 및 군정(軍丁)뿐만 아니라 각 지역 산출 물산에 관해 궐부(厥賦), 궐공(厥貢), 토의(土宜), 토공(土貢), 토산(土産), 약재(藥材) 등 다양한 항목을 두고 구분, 제시함으로써 교의 분류체계를 살피고자 할 경우 유의미한 근거를 제공한다.[19]

그렇다면 『세종실록』 지리지는 어교를 어떤 입장 및 체계로 분류하고 기록했을까? 이와 관련하여 먼저 주목할 점은 어교의 명칭에 관한 기록 태도이다. 조선시대 관찬서와 개인 저술에서 확인되는 어교의 종류는 석수어교, 연어교 등이다.[20] 하지만 『세종실록』 지리지는 어교의 종류를 구분하여 수취 대상으로 제시하지 않았다. 오직 '어교'라는 명칭으로 공납 대상을 명시함으로써 어교 종류를 구체화하기 어렵게 했다. 이러한 용례는 '어피'의 경우에도 마찬가지이며, 이 역시 어떤 종류의 어피를 공납품으로 제시한 것인지 파악하기 어렵게 했다. 함께 제시된 기타 어종 및 피종에 대해 대구, 전어, 숭어, 조기, 청어, 방어, 홍어, 연어, 표피(豹皮), 호피(虎皮), 초피(貂皮), 장피(獐皮), 웅피(熊皮), 우피(牛皮) 등 특정 개별 물품명을 사용한 점과 비교하면 통칭 형태로 기록한 태도는 특이하다. 다만 『세종실록』 지리지 궐공 및 토공 항목에 제시된 '어교'라는 명칭이 당시 사람들에게 특정 종류의 어교를 지시하는 것으로 인지되었을 가능성은 충분히 있다. 아래 기사는 그 일면을 살피는 데 간과할 수 없는 자료를 제공한다.

---

19 정두희, 「朝鮮初期 地理志의 編纂(Ⅰ)」, 『역사학보』 69, 1976, 74쪽; 이기봉, 「朝鮮時代 全國地理志의 生産物 項目에 대한 검토」, 『문화역사지리』 15-3, 2003, 2쪽; 김동수, 「『世宗實錄』 地理志의 기초적 고찰」, 2127쪽.

20 가장 일반적으로 생산되었다고 언급되는 민어교는 사실 구체적 내용이 확인되지 않는다(김병모, 「조선시대 교(膠)의 명칭 분화와 제조·생산된 교의 종류」).

"이제 수교(受敎)에 의하여 연어피(年魚皮)로써 교를 만들어 활을 만드는데, 비록 어교에는 미치지 못하나 아교보다는 나으니, 청컨대 이제부터 활을 만드는 데는 또한 연어피교를 쓰게 하소서."[21]

위 기사는 함길도 감련관 김왕겸의 정문(呈文)에 의거한 병조 계문(啓文)의 일부인데 연어피의 품질을 논하면서 '비록 어교에는 미치지 못하나'라는 표현을 하고 있어 여기서 언급된 '어교'는 특정 종류의 어교를 지시한 것으로 읽혀진다. 연어교와 접착력을 비교하면서 특정하지 않은 어교를 비교 대상으로 제시할 수는 없기 때문이다.

『세종실록』 지리지 어교 분류에서 또 하나 주목할 점은 도 총론과 군현 단위에 기록된 어교를 어떠한 관계로 읽어낼 것인가 하는 점이다. 『세종실록』 지리지는 각 지방에 분정한 물품을 도 총론과 군현 단위로 나누어 기록하되, 각각 다시 세부 항목을 두고 물품을 분류했다. 즉 도 총론에서는 궐부(厥賦), 궐공(厥貢), 약재(藥材), 종양약재(種養藥材) 등으로, 군현 단위에서는 토의(土宜), 토공(土貢), 약재(藥材), 토산(土産) 등으로 구분하여 각 물품을 분류했다.

이 글에서 관심을 두고 있는 어교는 도 총론에서는 궐공 항목에, 군현 단위에서는 토공 항목에 분류했다. 다만 모든 도의 궐공 항목과 모든 군현의 토공 항목에 어교를 포함한 것이 아니고, 도 총론에서는 충청, 황해, 경상, 전라 4개 도의 궐공 항목에, 군현 단위에서는 충청, 황해, 경상, 전라, 평안 5개 도의 일부 군현 토공 항목에 한정했다.

그렇다면 도 총론과 군현 단위에 기록된 어교는 생산지와 관련하여 어떤 관계를 갖는 것일까? 당시 군현에서 공납한 물품은 도 총론에 모두 기록하는 것이 기본에 해당했다.[22] 다만 도내 모든 군현에서 생산, 공납하는

---

21 『단종실록』 2권, 단종 즉위년 8월 27일 정해, "今依受敎, 以年魚皮作膠造弓, 雖不及魚膠, 勝於阿膠, 請自今造弓, 亦用年魚皮膠."

소위 매입소산의 경우 도 총론에만 기록하고 군현 단위에서는 중복 기록하지 않았다.[23] 이에 비해 일부 군현에 한정 생산된 공납 물품, 소위 토산 희귀자(土産稀貴者)의 경우 도 총론에서도 기록하고, 군현 단위에서도 중복 기록하여 해당 군현의 산출품이라는 점을 분명히 했다.[24] 어교에 관해 황해, 충청, 전라, 경상도 도 총론의 궐공 항목에 기록하고, 해당 도의 일부 군현 토공 항목에 중복 기록한 경우가 이에 해당한다. 이 경우 토공 항목에 어교가 포함된 군현을 당연히 생산지로 간주할 수 있다.

다만 평안도와 같이 도 총론 궐공 항목에는 어교를 포함시키지 않고 군현 단위 토공 항목에서만 어교를 포함시킨 경우 도내 공납품을 도 총론에서 모두 기록한다는 기본적 분류 관점 및 체계에 부합하지 않기 때문에 분류 맥락을 파악하기 어렵다. 군현 단위에 분정 기록된 물품을 왜 도 총론에서 기록하지 않았는지 궁금하다. 다만『세종실록』지리지 이후의 기록에서 평안도의 어교 공납 사례가 다수 확인되기 때문에 도에서 관장한 공납품 가운데 하나였음은 분명히 할 수 있다. 아래 기사는 흙비에 손상된 군기(軍旗)의 보수를 위해 어교 1백 근을 북병영에 보내는 일에 대한 비변사의 계(啓)로서 그러한 실례의 하나에 해당한다.

"아뢰기를, '(중략) 군기시의 항시적 공물인 어교는 원 숫자가 많지 않아 충분하게 지급키 어려운 형편입니다. 그러므로 다만 30근만 보내도록 낭청하였는데 지금 성교를 받드니 매우 합당합니다. 평안도에 40근을 분정하고, 황해도에 30근을 분정했으니 군기시에서 보낼 30근과 합

---

22 김동수,「『세종실록』지리지의 연구 -특히 物産·戶口·軍丁·墾田·姓氏項을 중심으로-」, 서강대학교 박사학위논문, 1991, 65~68쪽; 이기봉,「朝鮮時代 全國地理志의 生産物 項目에 대한 검토」, 3~5쪽.

23 소순규,「『世宗實錄』地理志를 통해 본 朝鮮初 貢物 分定의 실제와 특성 -厥貢, 土貢, 土産 항목의 검토를 중심으로-」,『한국사연구』161, 2013, 46쪽.

24 김병모,「국가 수취 대상으로서 조선시대 膠의 분류」.

하면 100근이 됩니다. 평안도는 함경 감영에 수송하고, 황해도는 본사에 상납하여 북병영에 보내게 하는 것이 어떻겠습니까?'하니, 아뢴대로 하라고 답하였다."[25]

그렇다면『세종실록』지리지 편찬 당시 어교가 비록 도 총론에 기록되지 않았을지라도 도에서 관장한 공물로서의 인식은 충분히 가능하다. 즉 평안도 군현 토공 항목에 기록된 어교에 대해 도 총론과 군현 단위에서 중복 기록된 경우로 이해가 가능하게 되며, 이럴 경우 해당 군현을 토산희귀지역, 즉 생산지의 하나로 간주할 수 있게 된다.

이상의 분류체계는 어교 생산지에 관해 도 총론보다는 군현 단위 기록에 기초하여 검토를 진행할 수 있게 한다. 즉 도 총론에 기록하고 군현 단위에 기록하지 않은 경우가 없기 때문에 결국 토산희귀자의 하나로 간주하여 검토를 진행할 수 있게 한다.

여기서 주목하는 경상도 지역의 경우 교가 분정된 곳은 주로 바다를 넓게 접하고 있는 경주부와 진주목 관할 군현에 한정했다. 내륙 군현을 보다 많이 갖고 있는 안동대도호부와 상주목 관할 군현의 경우 공납 물품으로 어교를 분정하지 않았다. 이는 어교가 기본적으로 임토작공(任土作貢), 즉 생산지 중심으로 분정되었음을 살피게 한다. 이에 여기서는 어교가 분정된 경주부와 진주목 관할 군현의 어교 생산지와 산출 어교를 먼저 살펴보고, 이어 안동대도호부와 상주목 관할 군현의 어교 생산지와 산출 어교에 관해 살펴보고자 한다.

---

25 『備邊司謄錄』15책, 효종 3년 10월 13일(음), "啓曰, '(中略), 軍器寺恒貢魚膠, 元數無多, 勢難優送, 故只請下送三十斤矣, 今承聖敎, 極爲允當, 分定四十斤於平安道, 三十斤於黃海道, 通計軍器寺所送三十斤, 爲一百斤, 平安道則輸送於咸鏡監營, 黃海道則上納于本司, 以爲付送北兵營之地何如.' 答曰, 依啓."

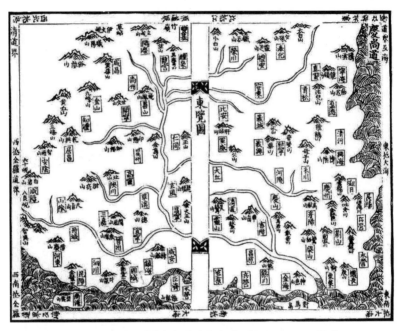

〈도 1〉『신증동국여지승람』에 수록된 팔도총도(八道總圖) 가운데
경상도 지역 도별도(道別圖)

III. 경주부(慶州府) 관할 군현의 어교 생산지와 산출 어교

『세종실록』 지리지에 기록된 경주부 관할 지역은 밀양도호부와 15개
군현이다.[26] 밀양도호부와 15개 관할 군현 가운데 어교가 분정된 곳은 동
래현이다. 극히 일부 군현에 한정하여 어교 분정이 이루어졌음을 살필 수
있다.

사실 동래현은 호수가 290호로 크지 않으며, 어량도 설치되지 않은 지

---

26 『세종실록』 지리지의 경우 경주부 속현에 관한 정보는 생략했다.

역이다. 따라서 양호한 어업 기반을 기대하기가 쉽지 않은 지역에 해당했다. 하지만『세종실록』지리지 토공 항목에 어피(魚皮)를 비롯하여 사어(沙魚),[27] 대구어, 청어, 방어 등을 포함할 정도로 동래현 지역의 어업 기반은 비교적 양호했다.[28]『신증동국여지승람』에서도 각종 어패류와 해조류를 포함하여 해삼, 은구어,[29] 점찰어, 대구어, 청어, 홍어, 전어, 농어[鱸魚], 광어 등 다양한 어종을 토산품으로 포함했다.[30]

다만 조선시대 어교 생산에서 주요 어종으로 사용된 바 있는 민어, 조기 등의 산출이 확인되지 않고 있어 이들을 활용한 어교 산출을 기대하기 어렵게 한다. 그리고『세종실록』지리지를 포함하여『경상도지리지』(1425),『동국여지승람』(1486),『신증동국여지승람』(1530) 등 기타 지리지, 그리고 교 관련 내용을 비교적 광범위하게 수록한『조선왕조실록』,『승정원일기』, 각종 의궤 등에서도 석수어교(石首魚膠), 연어교 등을 제외한 기타 어교의 생산 사례를 찾아보기 어렵기 때문에 현재로서는 동래현에서 공납한 어교 종류를 구체화하기가 쉽지 않다.

『세종실록』지리지의 경우 경주부 관할 군현 가운데 유일하게 동래현을 어교 분정 지역에 포함했지만 경주부 관할 군현 가운데는 이외에도 바다와 인접한 군현들을 다수 포함했다. 경주부 자신을 포함하여 울산군, 흥해군, 기장현, 장기현, 영일현, 청하현 등이 이에 해당한다. 그런데 이들 군현 역시 동래현 못지않게 다수의 어종을 산출했다.

---

27 사어(沙魚)에 관하여는 상어로 보는 관점, 모래무지로 보는 관점 등이 있다.

28 『세종실록』지리지 150권, 경상도 경주부 동래현, "土貢, ……吾海曹, 藿, 牛毛, 細毛, 海衣, 早藿, 靑角, 海蔘, 乾蛤, 生鮑, 沙魚, 大口魚, 靑魚, 魴魚, 魚膠…"

29 사료에 등장하는 銀口魚에 대해 일반적으로 은어(銀魚)로 해석하고 있으나 양자를 구분 기록한 사례가『동국어지승람』에서 확인되므로 여기서는 이들을 구분 표기한다.

30 『신증동국여지승람』23권, 경상도 경주부 동래현, "占察魚, 大口魚, 靑魚, 洪魚, 錢魚, 鰒, 石花, 紅蛤, 黃蛤, 烏海藻, 海衣, 藿, 海蔘……銀口魚, 鱸魚, 廣魚."

경주부의 경우『세종실록』지리지 토공 항목에 대구어, 사어 등을 포함했고, 어량의 산출 어종으로 연어(年魚)도 포함했다.[31] 연어는 조선시대 어교 생산에 활용된 어종 가운데 하나로서,[32]『세종실록』지리지는 속현의 하나인 안강현(安康縣)에서 산출된 사실을 특별히 언급해두고 있다. 연어 산출지에 대한 별도의 언급은 경주부에서 연어가 주목받는 어종의 하나였음을 간과할 수 없게 한다.『경상도속찬지리지』에서도 광어, 사어, 황어(黃魚), 은구어 등과 함께 산출 어종으로 연어를 포함했으며,『신증동국여지승람』에서도 홍합, 김, 미역, 전복 등을 비롯하여 광어, 은구어, 대구어, 청어, 방어, 황어, 홍어, 농어, 문어(文魚), 송어(松魚) 등과 함께 토산품의 하나로 연어를 포함했다. 아울러『경상도속찬지리지』에서도 안강현 동쪽 형산포 어량을 통해 연어가 산출된다는 점을 별도로 언급했다. 이러한 사실은 연어교의 생산을 보다 적극 고려케 한다.

경주부와 마찬가지로 울산군과 영일현의 경우도 연어를 포함하여 다양한 어종을 산출했다. 울산군의 경우『세종실록』지리지 토공 항목에 전복, 홍어 등을 포함했고,『신증동국여지승람』토산 항목에도 해삼, 전복, 석화, 오해조(烏海藻), 김, 미역, 우무[牛毛] 등을 비롯해 연어, 황어, 광어, 대구어, 청어, 홍어, 사어, 은구어, 고등어[古刀魚], 방어, 전어, 문어 등을 포함했다. 영일현 역시『세종실록』지리지 토공 항목에 전복, 마른 조개[乾蛤] 등을 비롯하여 광어, 청어, 사어, 미역, 김, 어피 등을, 토산 항목에 모어(牟魚)를,『신증동국여지승람』토산 항목에 전복, 김, 미역, 홍합 등을 비롯하여 연어, 방어, 광어, 대구어, 은구어, 청어, 사어, 광어, 전어, 송어, 홍어, 고등어 등을 포함했다.

기타 흥해군, 기장현, 장기현, 청하현의 경우도 비록 연어 산출은 확인

---

31 『세종실록』지리지(150권), 경상도 경주부, "魚梁一所[在安康縣東輪方洞, 大川産年魚.]"
32 김병모, 「조선시대 교(膠)의 명칭 분화와 제조·생산된 교의 종류」.

시키지 않지만 풍부한 어업 기반은 유사하게 확인시킨다. 흥해군의 경우 『세종실록』지리지 토공 항목에 사어, 전복 등을, 『신증동국여지승람』토산 항목에 해삼, 전복, 홍합, 김, 미역, 세모(細毛), 우무 등을 비롯하여 은구어, 대구어, 청어, 광어, 방어, 사어, 고등어, 송어, 홍어 등을 포함했다. 기장현의 경우도 『세종실록』지리지 토공 항목에 사어, 전복, 어피 등을, 『신증동국여지승람』토산 항목에 전복, 미역, 김, 세모, 가사리(加士里), 홍합 등을 비롯하여 해삼, 광어, 점찰어, 사어, 대구어, 홍어, 전어, 고등어 등을 포함했다. 장기현의 경우도 『세종실록』지리지 토공 항목에 전복, 사어, 광어, 홍합 등을, 토산 항목에 방어를, 『신증동국여지승람』토산 항목에 전복, 미역, 김, 홍합 등을 비롯하여 해삼, 광어, 사어, 대구어, 방어, 청어, 송어 등을 포함했으며, 청하현의 경우도 『세종실록』지리지 토공 항목에 미역, 대구어, 광어, 사어, 전복, 마른 조개 등을, 『신증동국여지승람』토산 항목에 전복, 방어, 대구어, 청어, 백조어(白條魚), 광어 등을 포함했다.

　조선시대 어교 생산지와 관련하여 기존 연구는 『세종실록』지리지 군현 단위 토공 항목에 어교를 포함시킨 지역을 중심으로 생산지를 검토했다. 도 총론에 포함된 물품을 군현 단위에서 다시 중복 포함시킬 경우 토산희귀자로 간주되었기 때문에 이러한 연구 관점은 나름의 설득력을 갖는다. 하지만 『세종실록』지리지에서 언급된 토산희귀자의 의미가 토공 항목에 포함한 지역만을 생산지로 한정, 지시한 개념인지 분명치 않고, 특히 민간에서의 어교의 광범위한 수요를 고려하면 토산희귀자로 언급된 군현이 도내 생산지의 전체를 지시한 것으로 받아들이기도 쉽지 않다. 예를 들어 경주부 관할 군현의 경우 어교의 토산 희귀 지역으로 유일하게 동래현을 언급하고 있는데, 동래현이 경주부 관할 군현 가운데 유일한 어교 생산지였다면 15개 군현 가운데 14개 군현은 동래현에서 어교를 가져다 사용해야만 하는 상황이 된다. 14개 군현의 어교 생산 여건이 충분치 않다면 당연히 이러한 방법을 통해 수요에 충당했을 것이다. 하지만 어교의 경우 최상품을 목표로 하지 않는 한 생산 공정이 반드시 복잡한 것도 아니고, 특히 앞서 살핀 바와 같이 바다에 인접한 군현의 경우 어교 생산을 위한 어업 기반이 충분한 상황이므로 이들 지역의 경우 얼마든지 자체 생산을 통해 수요에 충당할 수 있는 여건이 마련된 상태였다. 게다가 조선시대 어교 제조에 사용된 바 있는 연어가 몇몇 군현에서 산출되고, 이에 대해 산출 지역을 별도로 기록, 제시할 정도로 관심을 보인 어종에 해당했음을 본다면 연어가 비록 어교 생산에 한정, 소비된 것은 아니겠지만 연어교의 산출 가능성 역시 고려하지 않을 수 없게 된다.

그렇다면 바다에 인접한 동래현 주변의 기타 군현에서 실제로 어교 생산이 이루어졌을까? 이와 관련하여 『세종실록』 지리지의 저본에 해당한 『경상도지리지』(1425)는 간과할 수 없는 내용을 제공한다. 『경상도지리지』의 경우 해산물을 토산공물 항목에 분류하고 있는데 경주부의 토산공물 항목에 아래와 같이 어교를 포함시키고 있기 때문이다.

"토산공물은 청밀, 촉밀, 진유, 법유, 백자 …… 어교, 마른 조개, 대구어, 전복, 사어, 마른 돼지고기이다."[33]

『경상도지리지』 토산공물 항목의 경우 『세종실록』 지리지의 토공 항목과 같이 공납 물품을 분류한 것으로 이해되고 있는데, 이러한 분류체계에 기초할 경우 경주부 역시 어교 생산지 가운데 하나에 해당했음을 분명히 할 수 있다. 그런데 『경상도지리지』의 경우 경주부뿐만 아니라 울산군과 기장현의 토산공물 항목에도 어교를 포함했다. 울산군의 토산공물 항목에는 어피, 전복, 마른 조개, 홍어 등의 해산물과 함께,[34] 기장현의 토산

---

33 『경상도지리지』, 慶州府, "土産貢物, …… 魚膠, 乾蛤, 大口魚, 全鮑, 沙魚, 乾猪."

공물 항목에는 전복, 어피, 마른 조개, 사어, 김 등의 해산물과 함께 어교를 포함했다.[35] 이러한 사실은 동래현 이외의 기타 군현에서도 어교 생산이 구체화되었음을 지시한다. 아울러 『세종실록』 지리지에서 토공품으로 어교를 분정한 소위 토산 희귀 지역이 어교의 생산 지역 전부를 말해주는 것이 아님을 분명히 한다. 나아가 기타 군현의 어업 기반을 고려할 때 인근에 위치한 흥해군, 장기현, 영일현, 청하현 등도 얼마든지 어교 생산 지역에 포함될 수 있는 여지를 갖게 한다.

조선시대의 경우 활과 같은 무기를 비롯하여 부채, 가구, 편금사, 채색 장식 등에서 접착제 수요가 다양하게 출현했고, 소비량 역시 상당 규모에 이르렀다.[36] 일례로 조선시대 대외 사절단과 군신 등에게 선사하기 위해 대량 수요가 발생했던 부채의 경우 대나무, 종이, 칠과 함께 상당량의 접착제가 소요되었는데, 1721년 영조 세제 책봉, 1725년 진종 세자 책봉, 1736년 장조 세자 책봉 당시 도감에서 원선장을 만드는데 소요된 교가루[膠末]는 각각 1말에 이를 정도였다.[37]

그런데 부채의 경우 경공장을 통해 중앙에서도 제작했지만 지방 외공장에서 제작하여 중앙으로 보내는 경우도 상당량에 해당했다. 즉 국가에서 필요로 하는 상당수의 부채를 진상에 의해 마련했기 때문에 경상도와 전라도 등 대나무가 풍부한 지역의 경우 부채 진상은 지방관의 중요한 책

---

34 『경상도지리지』, 蔚山郡, "土産貢物, …… 魚膠, 占察皮, 魚皮, 全鮑, 乾蛤, 洪魚 …… 海衣, 靑魚, 雀舌茶"

35 『경상도지리지』, 機張縣, "土産貢物, …… 魚膠, 紙地, 全鮑, 魚皮, 乾蛤, 沙魚, 海衣, 薰菁, 細毛."

36 김지은·유지아·한예빈·정용재 등, 「전통 편금사에 사용된 붉은 접착제 특성 연구」, 『보존과학회지』 34-3, 2016 ; 박지선, 「한국 불화의 재료와 제작기법」, 『동악미술사학』 15, 2013.

37 장경희, 「조선시대 왕실용 부채와 선장(扇匠)의 직역 변화 및 제작실태」, 『동방학』 47, 2022, 239쪽.

무 가운데 하나였다.[38] 아래 내용은 전자, 경상도에서 부채를 봉진한 사례의 하나로서 그와 같은 지방관의 책무를 구체적으로 읽게 한다.

> "전교하기를, 왜부채[倭扇] 4백 자루를, 전라, 경상 두 도에 명하여 봉진하게 하라."[39]

현재 조선 초기 각 도에서 진상한 부채의 수량을 분명하게 파악하기 어렵지만 진상 자체는 조선 건국 당시부터 책무로 부여했다.[40] 특히 수량이 점차 확대되어 정조 시기 지방 감영에서 매년 중앙에 봉진한 부채가 3만 자루에 이를 정도였다.[41] 당시 대나무의 과도한 수요로 인해 대밭이 황폐화하자 첩선(貼扇)의 진상을 폐지하거나 부채 크기와 살수를 줄이는 조치까지 취해졌다.[42] 때문에 각 지방에서 공적으로 소비된 접착제 규모 역시 상당량에 해당했다.

게다가 부채를 사사로이 사유한 경우도 빈번하게 발행했기 때문에 별

---

38 김혁, 「조선시대 지방관의 선물정치와 부채(扇)」, 『영남학』 15, 2009.

39 『연산군일기』 권53, 연산군 10년 윤4월 19일 기묘, "傳曰: 倭扇四百柄, 令全羅、慶尙兩道封進."

40 『태종실록』 19권, 태종 10년 4월 26일 임술, "사헌부(司憲府)에서 상언(上言)하기를, "전칠(全漆)은 이어대기 어려운 물건인데, 각전(各殿)에 해마다 바치는 접선(摺扇)에 모두 칠(漆)을 써서 국가의 용도를 허비하니, 금후로는 진상(進上) 이외에는 모두 백질(白質)을 사용하여 국가의 용도를 절약하소서." 하니 그대로 따랐다(司憲府上言: "全漆, 難繼之物. 各殿歲進摺扇, 皆用漆, 虛費國用. 今後除進上外, 皆用白質, 以節國用." 從之)"; 『태종실록』 19권, 태종 15년 5월 16일 임자, "충청도 도관찰사 우희열(禹希烈)이 둥근 살부채[輪扇]를 올렸으나, 이를 물리치며, "나는 단선(團扇)만을 사용한다." 하고, 승정원(承政院)으로 내려보냈다(忠淸道都觀察使禹希烈進輪扇, 上却之曰: "予止用團扇耳." 乃下承政院)"

41 장경희, 「조선시대 왕실용 부채와 선장(扇匠)의 직역 변화 및 제작실태」, 239쪽.

42 『일성록』, 정조 19년 9월 19일 정묘; 『정조실록』 권41, 정조 18년 11월 신해, "外角奇巧, 合竹、漆紙之屬, 一切嚴禁."

도의 접착제 생산 및 소비가 당연히 수반될 수밖에 없었다. 일례로 1706년 금성현령 장완(張梡)은 임부(林溥)의 귀양길에 부채 수백 자루를 선사했다가 탄핵 대상이 되었다.[43] 진주 병영의 이의풍(李義馮)과 김해 군수 박진신(朴泰新) 역시 각각 7천 자루와 3천 자루의 부채를 사사로이 사유화한 혐의로 정언 허채에 의해 삭직 요청을 받게 되었다.[44] 1735년에는 이석표(李錫杓)가 만언소(萬言疏)를 통해 부채를 선물로 구하는 수량이 많아져 이것을 횡령하는 문제를 논박한 바 있고,[45] 1738년에는 개인이 소장하고 있는 선물용 부채가 많게는 수천 자루에 달했음을 지적했다. 윤행임(尹行恁, 1762~1801)이 800개의 부채를 은밀히 봉하여 몰래 수송하다 정필조에 의해 논죄 대상이 된 사례 역시 그러한 상황을 살피게 하는 대목이다.[46]

게다가 여름철 생활용품의 하나로서 긴요한 역할을 했음은 어렵지 않게 예상할 수 있으므로 일반인의 광범위한 공유도 고려할 필요가 있다. 조선시대에 부채가 일반인에게 보편화된 것은 조선 후기의 일이지만[47]

---

43 『숙종실록』 권44, 숙종 32년 8월 경자, "장완(張梡)은 시배(時輩)로서 귀양 가는 임부(林溥)를 전별하며 매우 후하게 물품을 주었는데, 부채가 수백 자루나 되고, 다른 물건도 이와 같았으므로, 남에게 전한 말을 시배가 듣고서 노하여 드디어 크게 탄핵하였다(梡以時輩, 贐林溥謫行甚厚, 至於扇子累百柄, 他物稱是, 傳說於人, 時輩聞而怒之, 遂加重劾.)"

44 『영조실록』 권47, 영조 14년 6월 갑진, "이의풍(李義豐)은 진주영(晉州營)에 재직 시 부채 7천 자루를 만들고, 박태신(朴泰新)도 김해(金海)에 있었을 때 3천 자루를 만들어 놓았다가 체직되어 올 때에 사사롭게 행장(行裝) 속에 몰래 가지고 왔습니다. 하니 마땅히 삭직(削職)하여 탐관(貪官)들을 경계해야 할 것입니다(李義豐之在晉營, 造扇七千柄, 朴泰新之在金海, 亦造三千柄, 乃其遞來, 反爲私橐之潛貨, 宜削職警貪.)"

45 『영조실록』 권40, 영조 11년 11월 무오.

46 『순조실록』 권3, 순조 1년 5월 정유, "바야흐로 윤행임이 조정의 권세를 제멋대로 농락하였을 때에는 분주하게 노력하여 등창을 빠는 기교를 다 부렸고 …… 8백 개의 부채를 은밀히 봉하여 몰래 수송하였는데, 이는 모두 길거리의 사람들이 듣고 본 것이니 덮어 숨길 수 없습니다(方其行恁之恣弄朝權也, 奔走效勞, 備盡吮癰之技 …… 八百扇子, 密封而暗輸, 此皆塗人耳目, 不可掩諱.)"

"단오 선물은 부채요, 동지 선물은 책력"이라는 말에서 살필 수 있듯이 많은 사람들의 여름철 애호품에 해당했다.[48] 이렇듯 지방에서 공적, 사적으로 상당량의 접착제를 필요로 했기 때문에 각 군현은 인근 군현에서 가져다 사용하는 경우도 강구했겠지만 생산 여건이 마련될 경우 가능한 직접 생산을 통해 수요에 충당하는 방안을 적극 모색했을 것이다.

이상의 내용은 공적으로 수행된 접착제 소비 양상을 주로 언급한 것이지만 일반인이나 종교 기관 등에서 사적으로 물품 제작 및 수선 등을 위해 소요된 접착제 규모 역시 적지 않았을 것으로 예상할 수 있다. 자료의 한계로 민간에서 생산, 소비한 교의 규모를 상정하기 어렵지만 일상에서의 다양한 소용처를 생각하면 각 군현에서 공납과 별도로 생산하고 소비한 어교량 역시 적지 않았을 것으로 생각된다. 이러한 점에 주목할 경우 바다에 인접한 흥해군, 장기현, 영일현, 청하현 등은 물론이고 적지 않은 어종을 산출하는 내륙 군현 역시 어교 생산지와 관련하여 간과할 수 없게 된다.

경주부 관할 군현 가운데 바다에 인접하지 않은 내륙 군현은 9개에 이른다. 그 가운데 밀양도호부, 대구군, 청도군, 언양현, 양산군 등의 경우 은구어, 황어, 잉어, 붕어, 위어(葦魚),[49] 농어, 숭어 등 적지 않은 어종을 산출했다. 구체적으로 살펴보면, 밀양도호부는 은구어, 황어, 붕어, 위어, 농어 등을, 대구군은 은구어, 황어, 붕어, 잉어 등을, 청도군은 은구어를,

---

47 김혁, 「조선시대 지방관의 선물정치와 부채(扇)」, 114쪽.

48 崔常壽, 『韓國 부채의 硏究』, 成文閣, 1988, 32쪽.

49 몸길이 22~30cm에 이르는 가늘고 긴 청어목 멸치과의 회유성 바닷물고기에 해당한다. 낮은 물의 갈대 속에서 주로 서식하기 때문에 갈대 '위(葦)'자를 써서 위어(葦魚)라고 한다. 강경에서는 '우여', 의주에서는 '웅에', 해주에서는 '차나리', 충청도 등지에서는 '우어'라고 불린다. 맛이 좋아 조선시대부터 수라상에 올랐으며, 조선 말기에는 행주에 사옹원(司饔院) 소속의 '위어소(葦漁所)'를 두어 상례적으로 왕실에 진상했다[두산백과 두피디아].

언양현은 은구어와 황어를, 양산군은 은구어, 황어, 위어, 숭어 등을 산출했다. 따라서 이들 지역의 경우 바다 인접 군현에 비해 어교 생산 가능성이 크다고 할 수 없지만 생산 가능성 자체를 완전히 배제하기도 어렵다. 특히 아래 기사는 이들 지역에서의 어교 생산 가능성을 고려하는 데 간과할 수 없는 내용을 제공한다.

> "전라도 임실 현감 임중경이 백성들에게서 어교·칠·녹각 등의 물건을 거두어 군기(軍器)를 만들었으니, 백성을 사랑하는 직임에 합당치 않습니다. 청컨대 파면하여 내치소서."[50]

위 내용은 임실 현감 임중경이 백성들로부터 어교를 수취, 사용한 사례를 기록한 것으로 해당 지역에서 백성들이 사사로이 어교를 제조, 사용해왔음을 시사한다. 이 지역의 경우 내륙에 해당하기 때문에 어교의 생산을 고려하기 어렵지만, 그럼에도 불구하고 어교를 직접 생산, 사용하였음을 짐작케 한다. 조선시대의 경우 해당 군현에서 생산하지 않는 물품에 대하여도 공납 의무를 부과하는 소위 불산공물(不産貢物)의 분정 원칙을 반영한 바 있기 때문에 임중경이 수취한 어교가 백성들이 다른 지역에서 구매해 온 어교일 수 있으나 임실현의 경우 어교 공납 의무가 부과된 지역이 아니기 때문에 타 지역에서 사들인 어교까지 불법 수취하기는 쉽지 않았을 것이다.

게다가 임실현의 경우 산출 어종으로 토산 항목에 유일하게 민물 어종인 은구어가 포함되고[51] 『신증동국여지승람』 토산 항목에서도 은구어가

---

50 『난종실록』 13권, 난종 3년 1월 29일 을해, "全羅道任實縣監任仲卿斂民魚膠·漆·鹿角等物, 以造軍器, 不合字民之任. 請罷黜."
51 『세종실록』 지리지 151권, 전라도 남원도호부 임실현, "土産, 銀口魚, 麋, 鹿(토산은 은구어, 고라니, 사슴이다)"

유일한 어종으로 기록되기 때문에 은구어교의 생산을 우선적으로 고려하지 않을 수 없게 한다.[52] 특히 어교와 함께 수취된 칠, 녹각 등의 경우도 임실현의 산출품에 해당한다는 점에 주목하면 은구어교 역시 해당지역 생산품일 가능성이 매우 크다.[53] 따라서 농어, 황어, 숭어 등을 포함하여 은구어를 산출한 밀양도호부, 대구군, 청도군, 언양현, 양산군 등도 은구어교 생산을 가능성을 비교적 적극 고려하지 않을 수 없게 된다. 뿐만 아니라 『세종실록』 지리지에서 어종 산출이 확인되지 않지만 『경상도속찬지리지』를 통해 잉어와 붕어, 은구어와 붕어의 산출이 각각 확인되는 창녕현과 영산현, 『신증동국여지승람』을 통해 잉어와 붕어, 은구어와 붕어의 산출이 각각 확인되는 현풍현과 경산현의 경우도 어교 생산 가능성 자체를 배제하기는 어렵게 된다.

그렇다면 경주부 관할 군현에서는 어떤 종류의 어교를 생산했을까? 조선시대 어교 생산에 가장 적극 활용된 어종은 민어와 조기[석수어]이다. 그런데 경주부 관할 군현 가운데 이들 어종을 산출한 경우는 확인되지 않는다. 그러므로 민어교와 석수어교의 생산 가능성을 적극 상정하기가 매우 어렵다. 물론 타 지역에서 이들 어종을 들여와 생산했을 가능성도 배제할 수 없다. 특히 조선시대 공납체계의 경우 현지에서 생산되지 않는 물품을 분정하는 소위 '불산공물(不産貢物)'의 입장도 일부 반영했기 때문에 그 가능성을 배제할 수 없다. 하지만 현재로서는 그러한 정황을 뒷받침할 만한 구체적 기록을 찾기 어렵고, 『세종실록』 지리지에서 분정 대상에 포

---

52 『신증동국여지승람』 329권, 전라도 남원도호부 임실현, "土産, 銀口魚, 蜂蜜…"
53 『세종실록』 지리지 151권, 전라도 남원도호부 임실현, "토공은 여우가죽, 족제비털, 칠, 배, 석이, 꿀, 밀, 지초, 자리이고, 약재는 말린 생강, 겨우살이풀뿌리, 녹용, 등에[盲蟲], 가뢰[斑猫], 인삼이며, 토산은 은구어, 고라니, 사슴이다(土貢, 狐皮, 黃毛, 漆, 梨, 石茸, 蜂蜜, 黃蠟, 芝草, 席. 藥材, 乾薑, 麥門冬, 鹿茸, 盲蟲, 班猫, 人蔘.土産, 銀口魚, 麋, 鹿.)"

함시킨 동래현 이외에는 불산공물의 입장을 적극 고려하기도 어렵다.

앞서 살펴본 각 지역의 산출 어종을 근거로 할 경우 경주부 관할 군현에서 생산 가능성이 비교적 큰 어교는 연어교이다. 연어교는 함경도 등에서 주로 생산되었지만 앞서 소개한 함길도 감련관 김왕겸의 정문에서 살필 수 있듯이 중앙 정부에서 이미 인지가 이루어진 어교에 해당했다. 따라서 연어가 산출된 경주부, 울산군, 영일현 등의 경우 연어교 생산을 시사하는 직접적인 자료를 찾을 수 없지만 가능성을 적극 상정해보지 않을 수 없다.

다음으로 해삼교의 생산 가능성도 고려하지 않을 수 없다. 해삼 역시 어교의 주요 어종 가운데 하나로서 연해주 지역에서 광범위하게 활용된 바 있다. 아울러 이러한 정보가 조선 조정에 보고되어 이미 숙지가 이루어진 상황이었다. 아래 기사는 1806년 함경감사 홍의영의 『북관일기』에 기록된 것으로 해삼으로 만든 어교가 비단 신발을 붙이는 데 이용한 사례를 구체적으로 확인시킨다.

"신이 북쪽으로 행차할 때 회령과 경원 두 곳에서 개시(開市)하는 것을 보면 해삼 1종은 금지 물품(禁物)이 되어 매매하지 못하였습니다. 저들이 매양 다른 금지 물품에 대해서는 애초에 항의할 엄두도 안 내는데 해삼의 경우는 욕심이 대단합니다. 듣자니 5, 6매를 손에 쥐고 몰래 호인 객관에 들어가면 저들이 청포 1필로 앞다투어 사 가는데 시가의 10배나 된다고 합니다. 따라서 우리나라가 청나라 사신에게 음식을 대접할 때 해삼과 홍합을 주는데, 모두 해삼으로 대신 받아서 1매라도 아까니 귀한 보물과 다름 없습니다. 북해의 해삼은 모두 슬해(瑟海)에서 생산되는데 일절 바다에서 엄금하니, 우리나라 사람들은 감히 몰래 슬해의 해삼을 채취하지 못합니다. 그러므로 해삼이 거의 멸종되어 갑니다. 슬해는 이미 그들 영역 안에 있어 해삼의 이익을 독점하고 있습니다."[54]

---

54 『北關紀事』 關防事宜, "而臣於北行時, 見會寧、 慶源兩處開市, 則海蔘一種爲禁物, 不以

슬해는 아무르 일대에 해당하며 해삼의 주요 산지였다. 인근에 있는 블라디보스토크 역시 해삼의 주요 산지로서 해삼위(海蔘威)로도 불렸다. 이들 연해주에서 해삼으로 비단신발 접착용 어교를 만들어 사용했기 때문에 북관개시의 금지 품목임에도 불구하고 암암리에 높은 가격에 거래했던 것이다.

기타 숭어, 송어, 황어, 농어 등을 포함하여 은구어를 산출한 밀양도호부, 대구군, 청도군, 언양현, 양산군 등 내륙 군현의 경우는 앞서 언급한 바 있는 임실현 등의 사례에 근거하여 은구어교 생산을 우선 고려하지 않을 수 없다.

이상의 내용을 기초로 경주부 관할 군현의 어교 생산지와 산출 어종 및 어교 등에 관해 표로 정리, 제시하면 다음과 같다.

〈표 1〉 경주부 관할 군현의 어교 생산지와 산출 어종 및 어교

구분	군현	산출 어종	산출 어교 (예상)
어교 생산이 확인되는 지역 (바다 인접)	동래현, 경주부, 울산군, 기장현	연어, 해삼, 은구어, 송어, 사어(沙魚), 대구어, 청어, 방어, 홍어, 전어, 광어, 황어(黃魚), 농어, 문어, 고등어, 점찰어(占察魚) 등 * 전복, 굴, 홍합, 황합(黃蛤), 오해조(烏海藻), 김, 미역, 세모, 우무, 가사리(加士里) 등	연어교, 해삼교, 은구어교 등
어교 생산 가능성이 큰 지역 (바다 인접)	흥해군, 장기현, 영일현, 청하현	연어, 해삼, 은구어, 사어, 대구어, 청어, 방어, 홍어, 전어, 광어, 황어, 농어, 문어, 송어, 고등어, 점찰어, 백조어(白條魚), 모어(牟魚) 등 * 전복, 굴, 홍합, 황합, 오해조, 김, 미역, 세모, 우무 등	연어교, 해삼교, 은구어교 등

買賣. 彼人每於他禁物, 則初不敢生意, 至於海蔘, 則大欲在是. 聞以五六枚竊置握中, 潛入胡館者, 彼人以靑布一疋爭頭和買, 比之時價, 將爲十倍. 彼之如是生欲者, 聞其錦緞膠糊, 必以海蔘爲之故也. 是以我國淸差供饋, 亦有海蔘, 紅蛤, 而皆以海蔘代捧. 愛惜一枚, 無異絶寶, 而北海蔘則皆産於瑟海, 一自海禁切嚴, 我國人不敢潛採瑟海之海蔘. 故我國北海蔘幾乎絶種. 瑟海旣在渠幅內, 海蔘之利, 今已獨擅."

구분	군현	산출 어종	산출 어교 (예상)
어교 생산 가능성이 비교적 적극 고려되는 지역 (바다 비인접)	밀양도호부, 대구군, 청도군, 언양현, 양산군	은구어, 송어, 숭어, 황어, 향어, 농어, 잉어, 붕어 등	은구어교
어교 생산 가능성을 완전히 배제할 수 없는 지역 (바다 비인접)	경산현, 창녕현, 영산현, 현풍현	은구어, 잉어, 붕어 등	은구어교

IV. 진주목(晉州牧) 관할 군현의 어교 생산지와 산출 어교

경상도에서 경주부와 함께 어교가 분정된 진주목 관할 군현 역시 바다에 넓게 인접해 있다. 관할 군현은 2개 도호부와 15개 군현이다. 이 가운데 어교가 토공 항목에 분정된 지역은 바다에 인접한 10여 개 군현 가운데 절반 정도인 김해도호부, 창원도호부, 고성현, 사천현, 진해현 등이다. 경주부에 비해 다수 군현에 어교를 분정했지만 진주목 관할 군현 전체에서 차지하는 비율은 1/3 정도에 한정된다.

어교가 분정된 이들 5개 지역은 바다에 인접해 있다는 점에서 경주부 관한 군현의 어교 분정 지역과 마찬가지로 '임토작공'의 분정 원칙이 강하게 반영된 경우임을 살피게 한다. 아울러 양호한 어업 기반 형성을 기대케 한다.

구체적으로 살펴보면, 낙동강 하구 유역을 끼고 있는 김해도호부의 경우 호수가 1290호에 이르는 대형 군현으로 『세종실록』 지리지에는 토공품으로 어교와 함께 사어, 마른 조개[乾蛤], 우무, 미역 등을 분정하는 데 한정했기 때문에 다양한 어종 산출을 확인하기 어렵다. 하지만 『경상도속찬지리지』의 경우 붕어[鮒魚], 뱅어[白魚],[55] 밴댕이[蘇魚], 잉어, 위어, 숭어[水魚] 등 다양한 어종을 어량 항목을 통해 확인시킨다.[56] 『신증동국여지승람』에서도 앞의 2책에 포함된 밴댕이, 뱅어 붕어[鯽魚], 위어, 숭어[秀魚], 잉어 등을 포함하여 농어, 문어, 청어, 대구어, 홍어, 미역, 굴, 전복, 미내굴[土花],[57] 조개[蛤], 자하(紫霞) 등 보다 다양한 어종을 토산 항목을 통해 확인시킨다.

김해도부호 서쪽에 위치한 창원도호부의 경우도 호수가 1,094호에 이르는 대형 군현으로 어량은 설치되어 있지 않지만 다양한 어종을 산출했다. 먼저 『세종실록』 지리지의 경우 토공 항목을 통해 사어를, 토산 항목을 통해 미역, 우무, 세모, 굴, 해삼, 대구어 등을 확인시킨다. 『신증동국여지승람』에서는 석화, 가사리(加士里) 등을 포함하여 조기[石首魚], 해삼, 오징어[烏賊魚], 대구어, 청어, 황어, 홍어, 숭어, 위어, 붕어[鯽魚] 등 보다 다양한 어종이 확인된다.

진해 서쪽에 위치한 고성현의 경우도 『세종실록』 지리지 토공 항목을 통해 마른 조개, 문어, 전복[生鮑], 미역, 우무, 세모 등을 비롯하여 사어, 대구어, 돔[都音魚] 등 비교적 다양한 어종이 확인되며, 『신증동국여지승람』을 통해서도 전복, 자하, 홍합, 미역, 굴 등을 비롯하여 조기, 해삼, 대구어, 청어, 문어, 전어, 황어, 숭어, 농어, 오징어 등 보다 다양한 어종이 확인된다.

고성현 서쪽에 위치한 사천현 역시 『세종실록』 지리지 토공 항목을 통

---

55 꼬리 부분은 옆으로 편평하지만, 머리는 위로 편평한 어종으로 몸길이는 10cm 정도이다. 봄에 강으로 올라와 알을 낳는다. 『세종실록』 지리지 경기도 양천현(陽川縣) 토산 항목에도 한겨울에 서쪽 굴포(堀浦)에 백어가 나는데 맛이 좋아 상공(上供)한다고 기록되어 있다.

56 『慶尙道續撰地理志』, 金海都護府, "魚梁, 府南浦産, 鮒魚, 白魚, 蘇魚, 鯉魚, 葦魚, 水魚"

57 대개 갯벌에 사는 굴을 지칭하는 것으로 이해된다.

해 사어가,[58] 토산 항목을 통해 미역, 청각(靑角), 우무, 세모, 전복 등을 포함하여 해삼, 홍어, 문어, 황어, 은구어, 대구어 등이 확인되며,[59] 『신증 동국여지승람』 토산 항목을 통해서도 조개, 굴 등을 비롯하여 조기, 해삼, 은구어, 사어(鯊魚), 문어, 황어, 홍어, 숭어 등이 확인된다.

고성현 동쪽에 위치한 진해현의 경우도 『세종실록』 지리지에서는 홍합, 미역[粉藿], 세모, 전복 등을 포함하여 사어, 대구어, 문어 등이 확인되는 정도이지만[60] 『신증동국여지승람』에서는 조개, 굴, 전복 등을 비롯하여 조기, 은구어, 문어, 대구어, 사어, 홍어, 청어, 황어, 오징어 등 다양한 어종이 확인된다. 따라서 경주부 관한 군현의 어교 생산지와 마찬가지로 진주목 관할 군현 역시 비교적 풍부한 어업 기반을 형성한 남해 동부 지역을 중심으로 어교 분정이 진행되었다고 할 수 있다.

다만 진주목 관할 군현 가운데 바다에 인접한 또 다른 군현으로 진주목, 거제현, 곤남군, 하동현, 칠원현 등을 들 수 있으며, 경주부 관할 군현에서와 마찬가지로 이들 역시 어교 생산지와 관련하여 주목하지 않을 수 없다. 먼저 호수가 1628호에 이르는 진주목의 경우, 어량이 2개소에 걸쳐 설치되었지만,[61] 『세종실록』 지리지는 그다지 다양한 어종을 확인시키지 않는다. 토공 항목에서 문어, 은구어 등을, 토산 항목에서 해삼, 우무, 세모, 청각(靑角), 미역 등을 확인시킬 뿐이다. 『신증동국여지승람』에서도 상황은 비슷하다. 토산 항목에서 해삼, 미역, 청각, 전복 등을 비롯하여 조기, 은구어, 문어, 대구어, 황어 등을 확인시키는 정도이다. 다만 조기가

---

58 『세종실록』 지리지 150권, 경상도 진주목 사천현, "土貢, 蜂蜜、黃蠟、藁膏、石榴、沙魚、魚膠…"

59 『세종실록』 지리지 150권, 경상도 진주목 사천현, "土産, 藿、靑角、牛毛、細毛、海蔘、生鮑、洪魚、文魚、銀口魚、大口魚."

60 『세종실록』 지리지 150권, 경상도 진주목 진해현, "土貢, …… 魚膠、文魚、沙魚、生鮑、紅蛤、大口魚、粉藿、細毛."

61 『세종실록』 지리지 150권, 경상도 진주목, "魚梁二所, 一在金陽村, 一在江州浦"

산출된다는 점은 어교 생산은 물론이고 산출 어교의 종류와 관련해서도 간과할 수 없다.

진해현 동쪽에 위치한 거제현의 경우도『세종실록』지리지에서 그다지 다양한 어종이 확인되지 않는다. 토공 항목을 통해 미역, 우무, 세모, 문어 등을 포함하여 대구어, 전복 등이 확인되는 정도이다. 하지만『신증동국여지승람』토산 항목을 통해 전복, 조개 등을 포함하여 조기, 해삼, 문어, 홍어, 청어, 대구어, 사어, 전어, 준치[眞魚], 숭어, 농어 등 다양한 어종이 확인된다. 특히 산출 어교와 관련하여 조기와 해삼을 주목하지 않을 수 없다.

사천 서쪽에 위치한 곤남군의 경우도 어량 미설치 지역으로『세종실록』지리지에서 그다지 다양한 어종이 확인되지 않는다. 토공 항목을 통해 문어, 홍합 등을, 토산 항목을 통해 미역, 전복 등을 비롯하여 해삼, 은구어 등을 확인할 수 있는 정도이다. 하지만『신증동국여지승람』토산 항목을 통해 김, 석화, 전복 등을 비롯하여 조기, 해삼, 은구어, 문어, 대구어, 오징어, 전어, 홍어, 농어, 숭어 등을 확인할 수 있으며, 역시 조기와 해삼 등의 산출을 주목하지 않을 수 없다.[62]

곤남 서쪽에 위치한 하동현 역시 3곳에 걸쳐 어량이 설치된 지역이지만『세종실록』지리지에는 그다지 다양한 어종이 확인되지 않는다. 토공 항목에서 전복, 우무, 세모, 미역 등을 포함하여 은구어, 사어, 홍어, 대구어, 문어 등이 확인되는 정도이다. 다만『신증동국여지승람』토산 항목을 통해 조개, 석화, 실미역[絲藿], 미역, 가사리(加士里), 우무 등을 비롯하여 조기, 해삼, 은구어, 숭어, 농어 대구어, 전복, 문어, 사어, 홍어, 준치 등을 확인할 수 있다. 아울러 곤남군과 마찬가지로 조기와 해삼의 산출이 주목된다.

62『신증동국여지승람』에서는 진주목 관할 군현으로 昆南郡을 昆陽郡으로 표기했다.

창원과 함안 사이에 위치한 칠원현은 1곳에 어량이 설치되었지만 산출 어종은 다양하지 않다. 『세종실록』 지리지 토산 항목에서 대구어가 확인 되는 정도이고, 『신증동국여지승람』 토산 항목에서도 조기, 해삼, 청어, 대구어, 붕어[鯽魚], 홍어 등이 확인되는 정도이다. 다만 여기서도 조기와 해삼의 산출은 주목해서 볼 점이다.

그렇다면 진주목, 거제현, 곤남군, 하동현 등의 경우 어교 생산 가능성 을 적극 상정해도 무방한 경우에 해당한다고 하겠다. 특히 어교 생산의 사례로 확인된 바 있는 조기, 해삼, 은구어 등이 적지 않은 군현에서 산출 된다는 사실은 어교 생산 가능성과 관련해서도 간과할 수 없다.

경주부와 마찬가지로 진주목 관할 군현 가운데도 바다에 인접하지 않 은 내륙 군현을 포함했다. 함양군, 거창현, 진성현, 산음현, 안음현, 삼가 현, 의령현 등이 그러한 실례에 해당했다. 다만 경주부 관할 내륙 군현에 서 보여준 것과 같은 다양한 어종의 산출은 확인되지 않는다. 이들 지역의 경우 대부분 은구어 1종의 산출에 한정했다. 일례로 함양군과 거창현의 경우 『세종실록』 지리지, 『경상도지리지』, 『신증동국여지승람』 등에서 어종으로 은구어 1종이 유일하게 확인된다. 따라서 진주목 관할 내륙 군 현의 경우 어교 생산 가능성을 배제할 수 없지만 생산 가능성을 적극 고 려하기에는 산출 어종에서 일정한 한계를 드러낸다.

그렇다면 진주목 관할 군현에서는 어떠한 종류의 어교를 생산했을까? 먼저 바다에 인접하며 어교가 분정된 5개 군현[김해도호부, 창원도호부, 고성현, 사천현, 진해현]의 경우 김해도호부를 제외한 모든 군현에서 조기 산출이 확인되므로 무엇보다도 석수어교의 생산을 우선 상정할 수 있다. 다음으로 해삼 역시 대부분의 군현에서 산출되므로 생산 가능성을 적극 고려할 필요가 있다. 은구어교의 경우 가능성이 없지 않으나 조기, 해삼 등이 풍부하게 산출된 지역이기 때문에 이들에 비해 생산 가능성은 적지 않을까 판단된다.

바다에 인접했지만 어교가 분정되지 않은 진주목, 거제현, 곤남군, 하동현, 칠원현 등의 경우 어교가 분정된 5개 군현과 산출 어종에 큰 차이가 없고, 마찬가지로 조기, 해삼, 은구어 등을 산출했으므로 석수어교의 생산을 가장 먼저 고려하지 않을 수 없다. 다음으로 해삼교의 생산 가능성, 그 다음으로 은구어교의 생산 가능성을 상정하게 된다. 내륙에 위치하면서 은구어 1종의 산출에 한정된 함양군, 거창현, 진성현, 산음현, 안음현, 삼가현, 의령현 등의 경우 은구어교 이외의 산출을 고려하기 어렵다.

이상의 내용을 기초로 진주목 관할 군현의 어교 생산지와 산출 어종 및 어교 등에 관해 표로 정리, 제시하면 다음과 같다.

〈표 2〉 진주목 관할 군현의 어교 생산지와 산출 어종 및 어교

구분	군현	산출 어종	산출 어교 (예상)
어교 생산이 확인되는 지역 (바다 인접)	김해도호부, 창원도호부, 고성현, 사천현, 진해현	조기(석수어), 해삼, 은구어, 사어, 대구어, 홍어, 청어, 문어, 농어, 숭어, 뱅어[白魚], 밴댕이[蘇魚], 붕어, 잉어, 위어[葦魚] 등 * 마른 조개, 우무, 세모, 미역, 굴, 전복, 미내굴[土花], 조개, 자하(紫霞), 가사리(加土里) 등	석수어교, 해삼교, 은구어교 등
어교 생산 가능성이 큰 지역 (바다 인접)	진주목, 거제현, 곤남군, 하동현, 칠원현	조기(석수어), 해삼, 은구어, 숭어, 농어 대구어, 문어, 사어, 홍어, 준치, 오징어, 전어, 홍어, 황어, 붕어 등 * 우무, 세모, 미역, 실미역[絲藿], 청각, 전복, 조개, 석화, 가사리(加土里) 등	석수어교, 해삼교, 은구어교 등
어교 생산 가능성을 배제하기 어려운 지역 (바다 비인접)	함양군, 거창현, 진성현, 산음현, 안음현, 삼가현, 의령현	은구어	은구어교

V. 안동대도호부(安東大都護府) 및 상주목(尙州牧) 관할 군현의 어교 생산지와 산출 어교

1. 안동대도호부

경주부 및 진주목과 달리 안동대도호부(安東大都護府) 및 상주목(尙州牧) 관할 군현에는 어교가 전혀 분정되지 않았다. 하지만 이들 지역에도 바다에 인접한 군현을 포함했다. 안동대도호부의 경우 영해도호부, 영덕현 등이 그러한 실례에 해당했다. 따라서 이들 지역의 어업 기반 역시 살펴보지 않을 수 없다.

먼저 영해도호부의 경우 어량 미설치 지역으로 『세종실록』 지리지에서는 다양한 어종 산출이 확인되지 않는다. 토공 항목을 통해 우무, 세모, 김, 미역, 전복, 마른 조개 등을 포함하여 대구어, 사어 등이, 토산 항목을 통해 청각을 포함하여 연어, 은구어, 문어 등이 확인되는 정도이다. 하지만 『신증동국여지승람』에서는 청각, 홍합, 전복, 김, 미역, 세모 등을 포함하여 연어(鰱魚), 방어, 대구어, 홍어, 문어, 송어, 고등어, 광어 등 좀 더 다양한 어종이 확인된다.

영덕현의 경우도 어량 미설치 군현으로 『세종실록』 지리지에서 다양한 어종 확인이 어렵다. 토공 항목을 통해 미역, 전복, 홍합 등을 포함하여 대구어, 사어 등이, 토산 항목을 통해 김, 미역[早藿] 등을 포함하여 연어가 확인되는 정도이다. 하지만 『신증동국여지승람』에서는 전복, 홍합, 미역, 김, 세모 등을 포함하여 해삼, 연어, 은구어, 광어, 황어, 대구어, 문어, 사어, 청어, 백조어(白條魚), 송어, 방어 등 보다 다양한 어종이 확인된다.

따라서 바다에 인접한 영해도호부와 영덕현의 경우 어교 생산을 위한 어업 기반을 충분히 갖춘 경우라고 할 수 있으며, 어교 생산 가능성 역시 매우 큰 지역에 해당한다고 할 수 있다. 특히 연어, 해삼, 은구어 등의 산출은 어교 생산과 관련하여 간과할 수 없는 내용을 제공한다.

경주부 및 진주목과 마찬가지로 안동대도호부 관할 군현 가운데도 바다에 인접하지 않은 내륙의 군현으로 어종을 산출한 경우가 있다. 안동대도호부, 순흥도호부, 영천군(榮川郡), 영천군(永川郡), 봉화현, 인동현, 예천군, 예안현 등이 그러한 실례에 해당한다. 이들 군현에서 확인되는 산출 어종은 대개 은구어이다. 여기에 황어, 잉어, 붕어 등이 일부 군현의 산출 어종으로 더해졌다. 구체적으로 살펴보면, 예안현, 순흥도호부, 영천군(榮川郡), 봉화현 등의 경우 은구어가, 영천군(永川郡)의 경우 은구어와 황어가, 인동현의 경우 잉어, 은구어, 붕어 등이, 예천군의 경우 은구어와 붕어 등이 확인된다.[63]

이러한 어종 산출 현황은 이들 군현에서의 어교 생산 가능성을 적극 고려하기 어렵게 한다. 다만 앞서 살펴본 임실군의 사례를 고려하면 은구어교를 중심으로 한 어교 생산 가능성 자체는 배제할 수 없다. 게다가 안동대도호부의 경우 내륙 군현으로서 어종을 산출하지 않은 군현도 8개에 이르기 때문에 전체 18개 군현 가운데 내륙에 속한 군현이 16개에 이르며, 이러한 양상은 바다에 인접한 군현 대비 내륙 군현의 비율이 경주부 및 진주목의 경우에 비해 월등히 높다는 사실을 말해준다. 즉 주변 지역으로

---

63 안동대도호부와 예안현의 경우『세종실록』지리지 토공 항목과『신증동국여지승람』토산 항목 등을 통해 은어가 확인되며, 순흥도호부의 경우『세종실록』지리지 토산 항목을 통해 은어가, 영천군(榮川郡)과 봉화현의 경우『세종실록』지리지 및『신증동국여지승람』의 토산 항목을 통해 은어가 확인된다. 영천군(永川郡)의 경우『세종실록』지리지 및『신증동국여지승람』토산 항목을 통해 은어와 황어가 확인되며, 인동현의 경우『세종실록』지리지 토산 항목을 통해 은어와 잉어가,『신증동국여지승람』토산 항목을 통해 은어와 붕어가 확인된다. 예천군의 경우『세종실록』지리지 토공 항목을 통해 은어가,『신증동국여지승람』토산 항목을 통해 은어와 붕어가 확인된다.

부터 어교 수급 여건이 그만큼 쉽지 않은 상황이었음을 말해준다. 따라서 안동대도호부 내륙 군현의 경우 경주부 및 진주목 내륙 군현에 비해 어교 생산 필요성이 더 강하게 대두된 상황임을 주목해서 보지 않을 수 없다.

안동대도호부 관할 군현 가운데 내륙에 위치하면서 산출 어종을 확인하기 어려운 8개 군현은 청송군, 의성현, 하양현, 기천현, 의흥현, 신녕현, 진보현, 비안현 등이며, 이들의 경우 실제 산출 어종이 전혀 없었다고 할 수는 없겠지만 어교 생산과 관련된 어종을 구체적으로 확인시키지 않기 때문에 현재로서는 어교 생산 가능성을 적극 고려하기가 어렵다.

그렇다면 안동대도호부 관할 군현의 경우 어떤 종류의 어교 생산을 상정할 수 있을까? 우선 바다에 인접한 영해도호부와 영덕현의 경우 조선시대 어교 생산에 활용된 바 있는 연어, 해삼, 은구어 등을 포함하고 있으므로 우선 이들 3종의 어교 생산 가능성을 상정하지 않을 수 없다. 그리고 바다에 인접하지 않으면서 은구어, 황어 등을 산출한 8개 군현의 경우 임실현 사례를 근거로 은구어교 생산을 고려해볼 수 있게 된다.

이상의 내용을 기초로 안동대도호부 관할 군현의 어교 생산지, 산출 어종 및 어교 등에 관해 표로 정리, 제시하면 다음과 같다.

〈표 3〉 안동대도호부 관할 군현의 어교 생산지와 산출 어종 및 어교

구분	군현	산출 어종	산출 어교 (예상)
어교 생산 가능성이 큰 지역 (바다 인접)	영해도호부, 영덕현	연어, 해삼, 은구어, 대구어, 사어, 문어, 방어, 홍어, 송어, 고등어, 광어, 황어, 청어, 백조어(白條魚), 송어, 방어 등 * 우뭇, 세모, 김, 미역, 전복, 마른 조개, 청각, 홍합 등	연어교, 해삼교, 은구어교 등
어교 생산 가능성이 비교적 적극 고려되는 지역 (바다 비인접)	안동대도호부, 순흥도호부, 영천군(榮川郡), 영천군(永川郡), 봉화현, 인동현, 예천군, 예안현	은구어, 황어, 잉어, 붕어 등	은구어교

구분	군현	산출 어종	산출 어교 (예상)
어교 생산 가능성을 고려하기가 어려운 지역 (바다 비인접)	청송군, 의성현, 하양현, 기천현, 의흥현, 신녕현, 진보현, 비안현	확인 안됨	

2. 상주목

상주목의 경우 바다에 인접한 군현을 포함하고 있지 않다. 하지만 고령현, 상주목, 성주목, 합천군, 금산군, 함창현, 용궁현, 문경현, 지례현 등의 경우 산출 어종으로 은구어가 확인된다. 따라서 산출 어종은 단순하지만 어교 생산 가능성 자체를 배제할 수는 없게 된다. 내륙 군현으로 선산도호부, 초계군, 개령현, 군위현 등은 산출 어종이 확인되지 않으므로 현재로서는 어교 생산 자체를 구체화하기 어렵다.

이상의 내용을 기초로 상주목 관할 군현의 어교 생산지, 산출 어종 및 어교 등에 관해 표로 정리, 제시하면 다음과 같다.

〈표 4〉 상주목 관할 군현의 어교 생산지와 산출 어종 및 어교

구분	군현	산출 어종	산출 어교 (예상)
어교 생산 가능성을 배제할 수 없는 지역 (바다 비인접)	고령현, 상주목, 성주목, 합천군, 금산군, 함창현, 용궁현, 문경현, 지례현 등	은구어	은구어교
어교 생산 가능성을 고려하기 어려운 지역 (바다 비인접)	선산도호부, 초계군, 개령현, 군위현 , 진보현, 비안현 등	확인 안됨	

VI. 결론

본 연구는『세종실록』지리지를 포함하여『경상도지리지』,『경상도속
찬지리지』,『신증동국여지승람』등의 각종 지리지에 기록된 어교 공납과
각 군현별 산출 어종에 관한 내용을 토대로 어교 생산지와 산출 어교에
관해 검토를 진행한 것이다. 검토 결과를 적요하여 결론으로 하면 다음과
같다.

『세종실록』지리지는 도 총론과 군현 단위에 어교를 분정하면서 석수
어교, 연어교 등과 같은 개별 어교 명칭은 사용하지 않고 오직 '어교'라는
명칭으로 공납 대상을 명시했다. 따라서『세종실록』지리지기록을 통해
공납 어교의 종류를 구체화하기 어렵다. 다만 궐공 및 토공 항목에 제시된
'어교'라는 명칭이 당시 사람들에게 특정 종류의 어교를 지시하는 것으로
인지되었을 가능성은 충분히 있는 것으로 파악되었다.

『세종실록』지리지는 어교를 도 총론의 궐공 항목과 군현 단위 토공
항목에 분류하면서 도 총론과 군현 단위 모두에 중복 포함시킨 경우와 도
총론에는 포함시키지 않고 군현 단위에만 포함시킨 2가지 경우로 분류,
기록했다. 후자의 경우『세종실록』지리지 분류 관점 및 체계에서 이해하
기 어렵지만 양자 모두 해당 군현을 토산희귀지역, 즉 생산지의 하나로
간주하는 데 크게 문제가 없는 것으로 파악되었다. 즉 군현 단위 기록을
중심으로 하는 어교 생산지 검토가 가능한 것으로 파악되었다.

경상도 지역의 어교 생산지는『세종실록』지리지에서 언급한 어교 분
정 지역 이외에 다양한 지역이 생산지로 상정되었다. 경주부의 경우『세
종실록』지리지에서 언급한 동래현을 포함하여 경주부, 울산군, 기장현
등이 생산지로 추가 파악되었다. 이외에 바다에 인접한 흥해군, 장기현,
영일현, 청하현 등도 생산 가능성이 매우 큰 지역으로 고려되었다. 그리고

내륙에 위치한 군현 가운데 밀양도호부, 대구군, 청도군, 언양현, 양산군 등도 예상과 달리 어교 생산 가능성을 적극 고려해야만 하는 경우로 상정되었다. 다만 같은 내륙 군현일지라도 경산현, 창녕현, 영산현, 현풍현 등은 생산 가능성을 완전히 배제할 수 없지만 앞의 군현에 비해 생산 가능성이 낮은 경우로 상정되었다.

진주목의 경우 김해도호부, 창원도호부, 고성현, 사천현, 진해현 등이 생산지로 파악되었다. 그리고 분정 대상에 해당되지 않았지만 바다에 인접한 진주목, 거제현, 곤남군, 하동현, 칠원현 등의 경우도 생산을 적극 고려해야만 하는 경우로 파악되었다. 내륙에 위치한 함양군, 거창현, 진성현, 산음현, 안음현, 삼가현, 의령현 등의 경우 어교 생산 가능성을 배제할 수 없지만 생산 가능성을 적극 고려하기에는 산출 어종에서 일정한 한계를 노정했다.

안동대도호부와 상주목의 경우 생산지를 분명하게 할 수 있는 군현은 파악하지 못했다. 다만 바다에 인접한 안동도호부 관할의 영해도호부, 영덕현 등은 생산 가능성이 매우 큰 군현으로 상정되었다. 그리고 안동대도호부와 상주목에 속한 내륙 군현의 경우 바다에 인접한 군현 대비 이들 군현이 차지하는 비율이 경주부 및 진주목의 경우에 비해 월등히 높기 때문에 같은 내륙 군현일지라도 어교 생산 가능성을 좀 더 적극 고려할 필요가 있는 경우로 파악되었다.

각 군현에서 산출된 어교의 종류에 관하여는 기록의 소략 및 부재로 인해 구체화가 어려웠다. 먼저 경주부 관할 군현의 경우 일반적으로 기대하는 민어교와 석수어교 등의 산출을 상정하기 어려웠다. 대신 산출 어종 및 기타 지역에서 전개된 제조 사례 등을 토대로 연어교, 해삼교, 은구어교 등의 산출 가능성을 적극 고려했다.

진주부 관할 군현의 경우 석수어교 산출을 우선 상정했으며, 기타 해삼교, 은구어교 등의 산출 가능성도 고려되었다. 안동대도호부 관할 군현의 경우 경주부와 마찬가지로 연어교, 해삼교, 은구어교 등의 산출 가능성을 상정했으며, 내륙 군현에 한정된 상주목 관할 군현의 경우 은구어교 상정에 한정했다.

본 연구자는 경상도 지역에서 석수어교, 연어교, 해삼교, 은구어교 이외의 어교 산출 가능성 역시 상존한 것으로 판단했지만 본 연구에서는 기존 제조 사례에 기초한 검토에 한정했기 때문에 기타 어교의 산출 가능성에 관하여는 향후 연구로 남겨 두었다.

기존 연구에서 경상도 지역 어교 생산지와 산출 어교에 관해 집약적 연구를 진행하지 않았기 때문에 본 연구 결과와 구체적 비교가 어려웠다. 다만 본 연구의 검토 내용은 예상했던 것과 상당히 다른 결과를 내보인 것으로서 향후 기타 지역의 어교 생산지와 산출 어교에 관한 연구를 진행할 경우 간과할 수 없는 연구 시각을 제공할 것으로 기대된다. 아울러 조선시대 어교 생산지와 산출 어교에 관한 담론 구조 및 경계를 새롭게 하는 데도 일정한 기여를 할 것으로 기대된다.

참고문헌

『경상도지리지(慶尙道地理志)』
『경상도속찬지리지(慶尙道續撰地理志)』
『세종실록(世宗實錄)』 지리지(地理志)
『동국여지승람(東國輿地勝覽)』
『신증동국여지승람(新增東國輿地勝覽)』
『태종실록』, 『세조실록』, 『숙종실록』, 『단종실록』, 『영조실록』, 『정조실록』,
  『순조실록』
『북관기사(北關紀事)』
『일성록(日省錄)』

김동수, 「『세종실록』 지리지의 연구 -특히 物産·戶口·軍丁·墾田·姓氏項을 중
  심으로-」, 서강대학교 박사학위논문, 1991.
_____, 「『世宗實錄』 地理志의 기초적 고찰」, 『성곡논총』 24, 1993.
김병모, 「조선시대 교(膠)의 명칭 분화와 제조·생산된 교의 종류」, 『동방학』
  45, 2021.
_____, 「국가 수취 대상으로서 조선시대 膠의 분류」, 『동아시아고대학』 64,
  2021.
김재현·정종길, 「동의보감 중 아교가 配伍된 처방의 활용에 대한 고찰」, 『대
  한한의학방제학회지』 15-2, 2007.
김지은·유지아·한예빈·정용재 등, 「전통 편금사에 사용된 붉은 접착제 특성
  연구」, 『보존과학회지』 34-3, 2016.
김혁, 「조선시대 지방관의 선물정치와 부채(扇)」, 『영남학』 15, 2009.
박도식, 「朝鮮前期 貢納制의 내용과 그 성격」, 『인문학연구』 1, 1998.
_____, 「조선초기 국가재정의 정비와 공납제 운용」, 『관동사학』 7, 1996.

_____, 「조선초기(朝鮮初期) 토산물(土産物) 변동(變動)과 공안개정(貢案改正)이 추이(推移)」, 『조선시대사학보』 50, 2009.

소순규, 「『世宗實錄』 地理志를 통해 본 朝鮮初 貢物 分定의 실제와 특성 -厥貢, 土貢, 土産 항목의 검토를 중심으로-」, 『한국사연구』 161, 2013.

_____, 「세조대 공안수록 내용의 확대와 재정적 위상 강화」, 『역사와 현실』 110, 2018.

_____, 「초선초기 공납제 운영과 공안개정」, 고려대학교 박사학위논문, 2017.

_____, 「朝鮮 成宗代 貢案改定의 배경과 특징」, 『조선시대학보』 87, 2018.

_____, 「燕山君代 貢案改定의 방향과 辛酉貢案의 특징」, 『사학연구』 134, 2019.

신학, 「동양회화에서의 아교 연구」, 동덕여자대학교 박사학위논문, 2012.

이경섭·송병기, 「阿膠 및 艾葉의 효능에 관한 문헌적 연구 -崩漏証에 대하여-」, 『대한한의학회지』 1, 1980.

이기봉, 「朝鮮時代 全國地理志의 生産物 項目에 대한 검토」, 『문화역사지리』 15-3, 2003.

장경희, 「조선시대 왕실용 부채와 선장(扇匠)의 직역 변화 및 제작실태」, 『동방학』 47, 2022.

정두희, 「朝鮮初期 地理志의 編纂(Ⅰ)」, 『역사학보』 69, 1976.

조형진, 「金屬活字本 印出用 墨汁의 實驗 研究」, 『서지학연구』 74, 2018.

崔常壽, 『韓國 부채의 研究』, 成文閣, 1988.

06

조선 후기 족보에서 목활자 사용의 확대
: 규장각(奎章閣) 소장 족보를 중심으로

권기석(權奇爽, 동국대학교 문화학술원 HK교수)

I. 머리말

17세기 이후 조선의 양반사족을 중심으로 족보 간행 문화가 널리 확산
되었고, 19세기에 이르면 서얼(庶孼)과 향리(鄕吏), 전문직 중인 등 중서층
(中庶層)에 이르는 다양한 계층이 수록되면서 족보 문화에 포섭되기에 이
르렀다.[1] 이러한 족보 참여 계층의 확대 추세에 따라 족보의 분량은 간행

---

[1] 非兩班層의 족보 참여에 대해서는 다음과 같은 연구가 축적되어 있다. 서얼과 향
리층에 대해서는 權奇奭, 「조선시대 族譜의 入錄階層 확대와 한계 -凡例의 관련
규정을 중심으로-」, 『朝鮮時代史學報』 55, 2010 참조. 기술직 중인에 대해서는
송만오, 「계보자료를 통해서 본 조선시대 中人의 사회적 지위」, 『한국학논집』
44, 2011; 박훈평, 「족보를 통한 조선 중기(1506~1637) 三醫司 의관 가계배경
연구」, 『한국의사학회지』 26, 2013; 장인진, 「조선후기 譯官族譜의 考察 -金山李
氏世譜』를 중심으로-」, 『大東文化研究』 94, 2016; 이남희, 『조선후기 의역주팔세
보 연구 -중인의 족보 편찬과 신분 변동-』, 아카넷, 2021; 권기석, 「조선후기 의
관(醫官) 가문의 인원 구성과 계보적 연계 -『의역주팔세보(醫譯籌八世譜)-』 수록
인원 분석을 중심으로-」, 『의사학』 30-2, 2021 참조. 內侍(宦官) 족보에 대해서
는 장희흥, 「『養世譜』를 통해 본 朝鮮時代 內侍家의 家系 繼承」, 『역사민속학』
22, 2006 참조. 족보에서의 서얼 차별에 대해서는 李鍾日, 「18·19세기 韓中 族譜

회차(回次)가 거듭될 때마다 인구의 자연증가 추세를 뛰어넘는 수준으로 분량이 급격하게 늘어났고, 족인(族人)에게 인쇄본을 만들어 보급해야 할 수요도 커져갔다. 그러나 간행 작업에는 막대한 공력과 비용이 소요되었는데, 많은 족보의 서문(序文)과 발문(跋文)의 필자들은 족보 편집과 간행에 쏟은 노력과 경위에 대해서 상세히 설명하고 있다. 특히 족보라고 하는 인쇄물 책자를 생산하는 '인역(印役)' 또는 '간역(刊役)'은 목재와 종이 등 물자를 갖추는 동시에 인쇄 기술을 보유한 공장(工匠)도 동원해야 하므로 편찬자들의 의지나 열의만으로는 해결할 수 없는 영역이었다. 조선시대에 인쇄본을 내놓기 위해서는 국가나 관청이 동원할 수 있는 행정력이 있거나, 또는 물자를 구매하고 인력을 고용할 수 있는 경제력이 필요했기 때문이다.

기존의 연구 중에 족보의 편찬 및 간행, 즉 수보(修譜) 활동에 대해서 적지 않은 연구가 축적되어 있으며, 대체로 문중 활동의 일환으로 수보 작업을 전반적으로 다룬 경우가 많다.[2] 그런데 조선시대 인쇄문화사의 관

上의 嫡庶表示와 그 身分史的 意義」,『東國史學』 37, 2002; 김두헌, 「조선후기 중인의 庶類 및 첩에 대한 차별 -牛峯金, 漢陽劉, 井邑李 중인 가계를 중심으로-」, 『朝鮮時代史學報』 13, 2000; 최양규, 「족보 기록을 통해 본 朝·淸의 嫡庶 의식 비교」, 『백산학보』 87, 2010.

2 金時晃, 「義城金氏 族譜研究」, 『동방한문학』 7, 1991; 車長燮, 「朝鮮時代 族譜의 編纂과 意義 -江陵金氏 族譜를 중심으로-」, 『朝鮮時代史學報』 2, 1997; 차장섭, 「朝鮮時代 族譜의 한 類型 -三陟金氏 族譜를 중심으로-」, 『大丘史學』 67, 2002; 김문택, 「1600년 간행 진성이씨족보 편찬과정과 그 성격」, 『연구논문집』 1, 2003; 李東厚, 「眞城李氏 族譜의 槪略」, 『동양예학』 12, 2004; 차장섭, 「綾城具氏 族譜의 刊行과 그 特徵」, 『韓國史學報』 22, 2006; 고혜령, 「『星州李氏萬曆譜』의 제작과 의의」, 『韓國系譜研究』 1, 2010; 朴洪甲, 「고성이씨 족보 간행과 그 특징」, 『고성이씨 가문의 인물과 활동』, 일지사, 2010; 권기석, 『족보와 조선 사회 -15~17세기 계보의식의 변화와 사회관계망-』, 태학사, 2011; 김난옥, 「안동김씨 김방경가문의 족보 간행과 변천」, 『한국중세사연구』 37, 2013; 이연숙, 「18~19세기 풍양조씨의 대종중 형성과 족보간행」, 『민족문화』 43, 2014; 孫淑景, 「조선후기 梁山과

점에서 족보의 간행 과정이나 인쇄 방식에 초점을 맞춘 연구[3]에 따르면 주목할 만한 현상이 포착된다. 조선 후기 족보의 인쇄 방식은 근대인쇄술이 도입되기 이전까지 목판본과 활자본으로 대별되는데, 사족층이 생산한 족보와 문집 등의 간행물에 대해 그 판종(版種)을 분석해 보면, 시기에 따라 목판본의 비중이 줄어들고 활자 중에서도 특히 나무로 만든 목활자 인쇄가 활성화되는 추세가 나타난다고 한다. 임진왜란으로 소실된 관판(官板) 서적과 인쇄 기반을 복구하는 데 목활자가 유용하게 사용되는 한편, 금속활자를 갖추기 어려운 민간에서 저렴하게 서적을 간행하는 데에도 목활자가 널리 쓰였다. 족보 또한 민간에서 생산한 대표적 간행물이었기에 18~19세기에 이르면 많은 족보가 목활자로 인쇄되었다고 한다.[4]

　본고는 기존 연구에서 확인된 민간의 인쇄문화 활성화와 목활자 사용의 확대라는 추세가 족보에서 어떻게 나타나는지를 재확인하고, 그 사회경제적 배경이나 요인이 무엇인지, 그리고 어떤 효과나 결과를 낳았는지에 대하여 족보의 서발문(序跋文)이나 범례(凡例), 기타 간행 관련 부록(附

東萊 지역의 東萊 鄭氏 족보 출간 작업과 그 방향」, 『大東文化研究』 94, 2016; 權奇爽, 「潘南朴氏의 修譜 이력과 편집 방식」, 『韓國系譜研究』 7, 2017; 이상규, 「『진주류씨족보』의 간행과 그 성격」, 『韓國系譜研究』 8, 2018; 정호훈, 「17세기 潘南朴氏 족보의 편찬과 그 動學 -錦溪君 朴東亮 후손의 활동을 중심으로-」, 『韓國系譜研究』 8, 2018.

3　족보 자료의 간행 방식에 초점을 둔 연구는 주로 고문헌의 일종으로서 족보 자료의 書誌的 현황을 검토하면서 진행되었으며 다음과 같은 논고가 있다. 이창수, 「계보자료의 관리에 관한 연구」, 『한국도서관정보학회지』 33-3, 2002; 장인진, 「한국 족보의 문헌적 고찰」, 『古典籍』 3, 2007; 장인진, 「계명대 동산도서관 소장 족보의 현황과 善本」, 『한국학논집』 44, 2011. 족보의 印出 방식인 木板이나 活字에 대해 본격적으로 조명한 시도로는 옥영정의 다음 연구 성과가 있다. 옥영정, 「한국국학진흥원 소장 族譜, 童蒙書, 地誌, 日記類 등 책판의 성격과 가치」, 『대동문화연구』 70, 2010; 「조선후기 족보의 인쇄문화사적 접근」, 『한국학논집』 44, 2011.

4　옥영정, 「조선후기 족보의 인쇄문화사적 접근」.

錄)을 통해 남겨진 족보편찬자들의 진술을 바탕으로 탐구하고자 한다. 조선 후기 목판과 활자라는 두 가지 인쇄 방식 중에서 점차 활자를 선택하게 된 기점은 언제이고 계기는 무엇인지를 파악하고, 조선 후기 문중 조직의 성장이나 인쇄 기술의 발달과는 어떤 연관 하에 전개되었는지도 면밀히 분석할 필요가 있다.

족보 인쇄의 장기적 추세를 확인하기 위해서는 일정한 표본이 될 다수의 자료군(資料群)이 필요하다. 필자는 서울대학교 규장각한국학연구원(이하 '규장각'으로 약칭) 소장 족보 자료를 전수조사하여 이를 통해 조선시대 족보 전반의 상황을 파악하고자 한다. 규장각 소장 족보는 대부분 사부(史部)의 보계류(譜系類) 또는 전기류(傳記類)로 분류되어 있는데, 조선 후기 국가적으로 수집·관리되어온 자료[주로 청구기호에 '奎'로 시작]에 1910년 일제 강점 이후 경성제국대학(京城帝國大學)이나 해방 후 서울대학교에서 수집한 자료[주로 청구기호 '古' 등으로 시작]가 추가된 것으로 생각된다. 왕실 족보가 상당한 비중을 차지하고 일부 팔세보(八世譜)나 만성보류(萬姓譜類)의 종합 족보나 『남보(南譜)』나 『수혐록(讎嫌錄)』 같은 당파보도 포함되어 있으나, 본고에서는 1910년 이전에 간행된 성씨별 족보에 한정하여 검토하고자 한다.

규장각 소장 족보가 조선시대 족보 전체를 대표할 수 있을지는 논란의 여지가 있다. 실제로 청구기호 '규(奎)'가 부여된 조선시대 수집본들은 중앙의 명문 관료 가문을 다수 포함하고 있어서 사족 전체의 수보 상황을 충분히 반영하는 자료라고 보기 어려울 수도 있다.[5] 그러나 명문가가 포함된 성관이더라도 상대적으로 한미(寒微)한 지방사족을 포함하고 있게 마

---

5 후술할 바와 같이 史庫에 보관되었던 족보들도 있고, 『豊山洪氏族譜』[奎21, 1768년]처럼 正祖의 藏書印인 '弘齋'가 찍혀 있어서 왕실에서 입수하여 보관했음이 확인되는 경우도 있다.

련이고, 청구기호 '고(古)'가 부여된 1910년 이후 수집본들은 관료적 진출이 상대적으로 부진한 다양한 성관들을 포함하고 있기 때문에[6] 왕실도서관인 규장각이 수집한 특별한 족보에만 한정되어 있다는 우려는 어느 정도 완화될 수 있을 것으로 보인다. 일단은 본고의 조사 대상 족보들을 대략적인 추세를 파악하기 위한 목적으로 활용하며, 추후 다양한 족보 자료군의 발굴과 조사를 통해서 자료적 한계를 보완하고자 한다.

본고에서 검토한 규장각 소장 족보의 전체 목록과 현재 소장 사항, 그리고 서발문 등 수록 내용을 통해서 파악할 수 있는 연대별 구보(舊譜) 사례들을 〈부표〉와 같이 정리해 놓았다. 규장각 소장 족보를 인용할 때는 청구기호 이외에 별도의 소장처를 밝히지 않았고, 본문에서 특정 족보를 지칭할 때는 서지 정보 상의 서명(書名)을 쓰기보다는 '[본관][성]씨 ○년본' 형식으로 부르기로 한다. 또한 〈부표〉를 통해서 해당 족보의 출전을 알 수 있기 때문에 굳이 각주로 전거를 밝히지 않은 경우도 있음을 밝혀둔다.

조선 후기 대표적 족보들이 어느 정도 집성(集成)되었다고 볼 수 있는 규장각 소장 자료에 포함된 활자본 족보를 통해서, 활자 인쇄를 통해 얻을 수 있는 효과가 무엇이었는지, 그리고 활자 인쇄를 선택하게 된 상황이나 이유를 분석해 보고자 한다. 먼저 규장각 소장 족보의 시기별 판본 형태를 표로 정리한 다음, 목판본과 활자본의 비중 변화를 분석한다. 활자본도 금속활자본과 목활자본으로 나누어, 상대적으로 민간에서 쓰기 어려웠던 금

---

6 청구기호로 '奎'와 '古'가 부여된 족보 자료 사이에는 눈에 띄는 성격 차이가 있는데, 청구기호가 '奎'인 경우는 18~19세기 대표적인 京華閥閱 성관의 족보가 다수 포함된 반면, '古'인 경우는 여러 성씨의 계보를 모은 종합족보인 '萬姓譜類'가 많고 상대적으로 家勢가 前者의 성관에 못 미치는 것이 특징이다. 이에 대해서는 권기석, 『족보와 조선 사회 -15~17세기 계보의식의 변화와 사회관계망-』, 343쪽 〈부표 1〉 참조

속활자는 어떤 조건에서 사용이 가능했는지 알아본다. 이러한 작업은 단순히 문중 활동의 발달 과정을 규명하는 것을 넘어서, 조선 후기 인쇄출판의 발달 과정에서 족보 간행과 목활자 인쇄가 갖는 사회사적 맥락과 의미를 규명하는 데 기여할 수 있을 것이다.

II. 조선 후기 활자본 족보 간행의 시기별 추이

규장각 소장 족보의 판종과 간행 시기의 분포 결과를 검토하고, 여기에서 활자본이 차지하는 비중의 시기적 변화를 검토해 보기로 한다. 판종은 필사본·목판본·목활자본·금속활자본으로 나누었다. 금속활자본은 목활자와 혼용된 경우가 있더라도 목활자가 아닌 금속활자의 사례로 집계하였다. 일부 족보는 권수(卷首)와 권말(卷末)의 서문·발문이나 범례 등 단순히 문장만으로 된 부분은 금속활자를 쓰고, 도식화가 필요한 계보 부분은 목활자를 쓰기도 했다. 족보의 계보도 부분은 여러 층으로 판면을 나누고 직계 조상과 자손을 수직으로 배열해야 하는 등 일반적인 서책과 이질적인 판식(版式)을 갖추고 있기 때문에 기성의 금속활자를 그대로 쓰기 어려운 점이 있지 않았을까 한다. 금속활자와 목활자를 혼용한 비율과 이유를 파악하려면, 해당 판본에 사용된 여러 종류의 활자를 식별하고 비교해야 하는 작업이 필요하므로 추후의 과제로 미루고, 일단 본고에서는 '금속활자'가 일부라도 사용되었다는 의미에서 '금속활자본'으로 분류해 두기로 한다.

연대는 17세기 이후로 50년 단위로 구분하였다. 다만 16세기 이전은 사례 수가 극히 적고 본고에서 주로 다루는 시기도 아니어서 하나로 묶었고, 1901~1910년의 10년간은 별도 시기로 분류하기에는 기간도 짧고 구별되는 특징도 적은 편이어서 19세기 후반으로 통합하여 집계하였다. 집계한 결과는 아래 표와 같다.

〈표 1〉 규장각 소장 족보의 시기별 판종(版種) 분포 현황

	16세기 이전 (~1600)	17세기 전반 (1601 ~1650)	17세기 후반 (1651 ~1700)	18세기 전반 (1701 ~1750)	18세기 후반 (1751 ~1800)	19세기 전반 (1801 ~1850)	19세기 후반 ~20세기초 (1851 ~1910)	합계
필사본	0	0	0	1	0	1	0	2
목판본	1	1	2	5	6	2	1	18
목활자본	0	0	0	1	3	8	23	35
금속활자본	0	0	0	0	1	3	5	9
합계	1	1	2	7	10	14	29	64

출처: 규장각한국학연구원 소장 족보 집계

그런데 이상에서 집계한 64건의 족보에는 해당 성관에서 예전에 편찬한 족보인 '구보'의 서발문이 다수 수록되어 있다. 그 내용을 바탕으로 현재의 규장각 소장본 이전의 수보 사례들을 파악할 수 있다. 구보로서 언급된 수보 사례 중에는 규장각 외의 다른 기관에서 실물 족보를 소장한 경우도 있는데, 이런 경우는 국립중앙도서관 한국고문헌종합목록 사이트[7]에서 검색하여 판종이나 간기 등 간행 관련 정보를 확인할 수 있다. 이들 구보 사례까지 포함하여 표로 정리하면 다음과 같다.

---

7 https://www.nl.go.kr/korcis/, 2022년 7월 15일.

〈표 2〉 규장각 소장 족보의 구보(舊譜)까지 포함한 시기별 판종 분포 현황

	16세기 이전 (~1600)	17세기 전반 (1601~ 1650)	17세기 후반 (1651 ~1700)	18세기 전반 (1701 ~1750)	18세기 후반 (1751 ~1800)	19세기 전반 (1801 ~1850)	19세기 후반~ 20세기초 (1851 ~1910)	합계
필사본	1	2	0	1	0	2	0	6
목판본	2	4	7	12	10	2	1	38
목활자본	0	0	1	3	7	12	24	47
금속활자본	0	0	1	0	2	4	5	12
미확인	10	5	5	10	12	9	1	52
합계	13	11	14	26	31	29	31	155

전체 사례 수가 155건으로 두 배 이상 늘었으나, 52건이 판종 정보를 파악하지 못한 경우이다. 실물을 확인하지 못한 채로 서발문의 언급만으로 집계한 수보 사례가 많았기 때문이다. 본고에서는 판종 확인이 가능한 103건을 대상으로 비율을 집계하기로 한다. 19세기 이후로는 미확인 사례가 적은 편인데, 후대로 갈수록 구보의 빈도가 적어지기 때문에 나타나는 자연스러운 현상이다. 규장각 현 소장본만을 대상으로 집계했을 경우 목판본 비율이 28.1%[64건 중 18건]인데, 구보 사례까지 포함하면 36.9% [103건 중 38건]로 증가되어, 주로 18세기 이전의 목판본의 사례가 추가되었음을 알 수 있다. 미간행 초보(草譜)의 사례가 일부 추가됨으로써 필사본도 근소하게 늘어났다.

이상의 통계에서 나타나는 가장 두드러진 현상은 19세기 이후로 활자본이 족보 인쇄의 주류를 차지하게 되는 현상이다. 18세기 전반까지는 확실히 목판본이 우세하다가, 18세기 후반부터 활자본이 급증하기 시작하여 19세기 이후로는 목판본의 사례가 단 3건인데 비하여 활자본은 45건에 달한다. 비율로 따지면 18세기 이전까지 목판본의 비율이 68.6%(51건 중 35건)이었던 데 비해서, 19세기 이후로는 목판본이 6%(50건 중 3건)에 그치고, 활자본이 90%(50건 중 45건)로 대부분을 차지하게 되었다. 그리고 창

원공, 청풍김, 여흥민, 반남박, 성주배, 창녕성, 은진송, 순흥안, 기계유, 용인이, 전의이, 동래정, 풍양조, 남양홍씨 등 많은 성관에서 목판본과 활자본을 모두 펴낸 이력이 있는데, 모두 초기에 목판본을 펴내다가 후대에 활자본으로 전환한 경우이고, 반대로 활자본에서 목판본으로 전환한 경우는 단 한 건도 찾을 수 없었다.

활자본을 다시 분류해 보면 금속활자가 사용된 경우와, 목활자로만 인쇄한 경우로 분류해 볼 수 있다. 전체 58건에 달하는 활자본 중에서 5분의 1 정도에 해당하는 12건에서 금속활자가 사용된 것으로 확인할 수 있다. 해당 사례들을 표로 정리하면 다음과 같다.

〈표 3〉 규장각 소장 족보의 금속활자 사용 사례

성관	간행년	사용 금속활자	비고 (소장처를 따로 밝히지 않은 것은 규장각본)
경주김	1784	丁酉字	서문에서만 정유자를 쓰고, 계보 본문은 목활자 * 국립중앙도서관 소장본
여흥민	1889	全史字	
밀양박	1804	全史字	
밀양박	1873	全史字	
반남박	1825	全史字	
창녕성	1844	筆書體鐵活字	* 계명대 동산도서관 소장본
해평윤	1800	丁酉字	권수·권말의 序跋, 凡例 등은 丁酉字를 쓰고, 본문은 목활자
해평윤	1851	全史字	
용인이	1869	全史字	목활자도 사용
동래정	1859	筆書體鐵活字, 校書館筆書體字	
배천조	1759	校書館印書體字	* 국립중앙도서관 소장본
신안주	1903	全史字	

족보에 사용된 서체의 대조나 족보의 각 편차 부분에 따른 활자의 차이에 대한 면밀한 조사가 필요하겠지만, 족보 전체를 금속활자로 인쇄하기보다는 서발문과 범례 등 일반서적과 같은 평범한 광곽과 계선으로 짜

여진 판형에 문장만 조합해 넣으면 되는 부분은 금속활자를 쓰고, 세대별로 구획이 이루어진 도보(圖譜) 부분은 목활자를 쓰는 경향이 있었음을 알수 있다. 족보의 현 소장기관에서 정리한 서지 사항에 따르면 전사자가가장 많이 사용되었고[6건], 그 밖에 정유자나 필서체철활자, 운각인서체자 등이 사용된 것을 확인할 수 있다. 정유자나 교서관[운각]에서 사용된여러 활자의 예에서 보이듯, 국가기관의 활자 또한 사적인 간행물인 족보에 동원되는 경우가 있었음을 확인할 수 있다.[8] 다만 필서체철활자는 민간출판에 널리 활용된 활자로 알려져 있다.[9]

금속활자는 이미 17세기 후반부터 외척이자 공신으로서 수어사(守禦使)로 임명되며 병권까지 손에 넣은 김석주(金錫胄)가 만든 한구자(韓構字)의 사례처럼 권력자나 명문가 인사들에 의해서 사적으로 주조된 예를 찾을 수 있다. 19세기 순조대(純祖代)에 전사자(全史字)가 널리 사용된 것도그러한 맥락에서 이해할 수 있는데, 이 활자는 순조의 외숙부인 박종경(朴宗慶)이 주조한 활자로서 그의 출신 성관인 반남박씨 족보에서도 사용되었다.[10] 이렇듯 금속활자는 주로 중앙 정계의 명문거족들이 누렸던 호사로보인다.

해평윤씨 1715년본 족보는 북한(北漢)의 중흥사(重興寺)에서 '주자(鑄字)'를 써서 인출하였는데,[11] 이 또한 금속활자가 특권적으로 사용된 정황

---

8 조선 후기 교서관 등 중앙인쇄기관의 물력이 私的인 간행물에 활용된 정황도 확인 가능하다. 교서관에서 주조한 철활자인 校書館印書體字는 국가관청에서 주조한 활자임에도 불구하고 당시 文士들의 문집을 인쇄하는 데 널리 활용되었다. 이에 대해 천혜봉은 교서관에서 철활자를 주조하여 사적인 서적을 실비로 찍어주었을 것으로 추정했다(千惠鳳, 『한국금속활자인쇄사』, 범우, 2012, 235~236쪽 참조).

9 이 활자는 19세기 왕실 족보부터 민간 족보, 문집, 일용잡서까지 많은 서적 인출에 사용되었다고 한다(옥영정, 「조선후기 족보의 인쇄문화사적 접근」, 192~193쪽 참조).

10 이상 조선 후기 금속활자에 대한 기본 사항은 천혜봉, 『한국금속활자인쇄사』 참조

을 보여주는 것으로 해석해 볼 여지가 있다. 북한산성은 도성의 외곽을 지키는 산성으로서 중앙 군영의 군사시설이 산재한 곳이었고, 중흥사는 산성을 지키는 승군(僧軍)이 머물기 위한 사찰이었다. 중흥사의 주자는 정황으로 볼 때 금속활자일 가능성이 높은데, 이런 곳의 인쇄시설을 사적인 목적으로 사용한 것은 특권적 지위에 있는 인사들이 아니면 어려운 일이었을 것이다.[12] 이렇듯 족보에서 금속활자의 사용이 현저히 활성화되었다고 보기 어렵고, 그나마도 목활자와 혼용하는 경우가 상당수였던 것으로 볼 때, 조선 후기 활자본 족보의 주류는 목활자본이라고 보아야 할 것이다.

III. 목활자본 족보의 확산과 민간 인쇄 역량의 활성화

1. 족보 분량 증가에 대한 대응: 파보(派譜)와 목활자의 도입

조선 후기 족보에서 활자 사용이 확대된 이유는 족보 서문과 발문, 범례 등에서 단편적으로 언급된 것을 바탕으로 분석하기로 한다. 주로 언급된 중요한 사유 중 하나는 세대가 거듭될수록 입록해야 할 자손이 너무 많아졌다는 것이다. 당시 족보의 서문 또는 발문에는 족보 전체의 분량이 이전의 2배에서 4배 이상으로 늘어났다는 언급을 흔히 찾을 수 있다. 순흥안씨 1796년본에서는 연대가 지나가고 운잉(雲仍: 먼 후손)이 늘어나면

---

11 『海平尹氏世譜』[규장각, 奎1848] 尹聖瑀 서문(1715년), "於是諸宗深懼 世故遷就 事功未成 遂用鑄字印出 於北漢之重興寺 閱三月功告訖"

12 중흥사와 함께 북한신성의 주요 사찰로서 약 40여 종, 5,700여 편의 冊板을 수장하고 있었던 것으로 알려진 太古寺에 대한 연구를 통해서 북한산성이 도성 인근의 중요한 출판문화의 중심지였음을 알 수 있다(남권희·권오덕, 「북한산 태고사 수장 책판과 관련기록 연구」, 『書誌學研究』 58, 2014 참조).

서 보서(譜書)가 점차 증가하는 형세라고 하였다. 안동김씨 1833년본의 발문에 따르면, 구보 가운데 기해보(己亥譜: 1719년본)는 겨우 4권이었는데 경술보(庚戌譜: 1790년본)에 이르러 이미 배가 되었고, 이번에 새로 만드는 족보는 다시 경술보의 두 배가 되었다고 하였다.

이러한 분량의 급증은 족보의 간행을 점점 더 어렵게 만드는 요인이 되었다. 전의이씨 1754년본의 경우를 보면, 전보(前譜)를 증수하다가 1711년에 완성한 초보를 간행하지 못한 전력이 있었는데, 수보를 주도한 인물인 현감 이정기(李鼎基), 이징국(李徵國) 등이 연이어 사망하고, 재력이 부족한 상황에서 족인 중 지방관이 나오기만을 기다리다가 늦어진 것이었다. 이때의 족보는 전보인 '숭정보(崇禎譜: 1634년본)'의 5배인데, 이 숭정보도 그 전에 나온 '만력보(萬曆譜: 1575년본)'와 비교하면 두 배였다고 한다.

계보의 분량이 늘어난 요인으로는 인구의 자연 증가도 있었지만, 그보다는 족보 참여에 대한 '사회적 접근성'이 높아진 것이 더 큰 이유였다. 첫째로 지역적 범위의 확대를 지적할 수 있다. 청풍김씨 1857년본 등 많은 족보에서 족보의 준비단계에 의례히 나오는 절차가 '경외제종(京外諸宗)에게 발문(發文: 또는 發通)'하여 널리 연락하는 것이었다.[13] 그 결과 성주배씨 1868년본의 사례처럼 여러 세거지의 자손이 참여하게 되는 경우가 많았다. 이 족보에서는 화산(花山: 安東)의 배상정(裵相鼎)과 대구의 배경동(裵慶東)이 발문하여 연락한 결과, 18개 지역에 달하는 세거지의 족인들이 참가하였다.[14] 후술할 바와 같이 수보 조직에 있어서도 여러 지역별

---

13 『淸風金氏世譜』[규장각, 奎171], 「淸風金氏世譜重刊序」[金學性 서문, 1857년], "與學性伯父判書府君 及後廖公後孫牧使公 倡義發文 告京外諸宗 講約纔始"

14 『慶州裵氏族譜』[규장각, 奎12244], 「居地目錄」(1827년)에는 다음 지역이 열거되어 있다. 大丘, 金山, 星州, 高靈, 漆谷, 梁山, 居昌, 仁同, 聞慶, 泗川, 慶山, 河陽, 慈仁, 定山, 安東, 公州, 密陽, 淸安.

유사(有司)가 선임된 것도 많은 지역의 인원 참여가 증가하게 된 이유가 되었을 것이다.

다음으로 족보 참여층의 신분적 범위도 함께 확대된 것도 분량 증가의 중요한 요인이었다. 안동김씨 1833년본에 수록된 범례에는 신분이 떨어지는 동족의 수용에 대한 언급이 있다.

> 구보(舊譜)는 비미(卑微)한 곳은 방주(傍註)를 완전히 비워 놓았는데, 지나치게 간몰(簡沒)함에 빠진 까닭에 지금은 생몰년과 모관모녀(某貫某女)를 취(娶)했는지 쓰고 또 묘소 지명과 좌향(坐向)을 써서 수족(收族)에는 귀천(貴賤)에 간격을 두지 않은 뜻을 보존한다.[15]

이전의 족보에는 신분이 낮은 동족에 대해서 개인별 방주(傍註)에 들어가는 생애 기록을 의도적으로 수록하지 않았음을 알 수 있다. 조선시대 족보는 사족에게 어울리지 않는 생애 정보를 전혀 기록하지 않는 특성이 있는데,[16] 기록 자체가 없기 때문에 정확한 신분이나 계층적 위상은 알 수 없지만 사족의 범주에서 벗어나는 부류가 수록되었음을 짐작할 수 있다. 실제로 해당 족보에서는 '호장(戶長) 처상파(處商派)'를 계보 본편이 아닌 별보(別譜)에 넣어서, 향리층을 차별하는 뜻을 드러내었다. 족보에 실리면서도 비사족층으로 간주되어 차별받는 중요한 부류로 서얼이 있는데, 하동정씨 1897년본은 서파(庶派)의 '탈종(奪宗)'에 대한 분쟁[17]을 언급하고

---

15 『安東金氏世譜』[규장각, 奎12082], 「癸巳重刊凡例」(1833년), "舊譜 凡於卑微處 全闕傍註 太涉簡沒 故今則特書生沒年 及娶某貫某女 又書墓所地名及某坐 以存收族 無間貴賤之意"

16 權奇奭, 「조선후기 족보 入錄의 정치·사회적 의미 -족보가 갖는 '화이트리스트' 또는 '블랙리스트'의 兩面性을 중심으로-」, 『朝鮮時代史學報』 92, 2020, 186~187쪽.

17 『河東鄭氏派譜』[규장각, 古929.1-J462h] 鄭在箕 서문(1872년), 鄭東老 발문(1830년) 등에는 직장공 鄭希稷에게 적자가 없고 서자만 있었으나 '4世의 大宗'을 서자에게 전해줄 수 없어서 아우 希禼에게 宗嗣를 부탁한 전말이 기록되어 있다.

있어서 이들이 족보의 구성원으로서 무시할 수 없는 비중을 차지했음을 알 수 있다.

그렇다면 이러한 족보의 분량 증가에 대해서 여러 문중은 어떻게 대응했을까? 파보를 만들어 수록 계파와 인원을 제한하는 것은 분량과 비용 부담을 경감하는 효과적인 방법의 하나가 될 수 있었다. 17세기 이후로 많은 성관에서 첫 번째 간행본, 즉 초간보(初刊譜)를 출간하기 시작하는데, 본관과 시조를 같이하는 자손 전체를 수록하는 것을 목표로 삼고 있었다. 이렇게 성관 전체를 아우르는 족보를 나중에 특정 계파만을 수용하는 '파보(派譜)'와 구별하기 위해서 '대보(大譜)' 혹은 '대동보(大同譜)'라 불렀는데, 아직까지 족보의 사회적 확산이 부족한 시기에 펴낸 초기 간행본에서는 그럭저럭 입록(入錄) 대상에 제한을 두지 않아도 큰 무리가 없었다. 그러나 후대로 갈수록 수용할 인원이 배가(倍加)되면서 점점 어려움에 직면하게 되었다.

예를 들면, 경주김씨 1875년본은 서울의 남촌(南村)과 북촌(北村)에서 각기 대동보를 만들고자 하였으나, 일이 커지는 데다가 난보(亂譜)·탁보(濁譜) 등으로 불리는 계보상의 논란까지 겹치면서 수년이 지나도 완성하지 못하였는데, 결국 장단공(長湍公) 이하의 파보를 간행하기로 논의를 모았다. 창녕성씨 1836년본도 당초 1709년에 간행된 대동보인 숙종기축보(肅宗己丑譜: 1709년)의 후속 족보를 속수(續修)하고자 하였으나, 공역이 심히 크고 중론이 일치하지 않아서 130여 년간 성사시키지 못하고 있다가, 결국 서문 필자 성도묵(成道默)의 10세조 사숙공(思肅公) 이하를 일파로 하는 파보를 만드는 것으로 계획을 수정했다. 이 성관은 재력의 부족과 편찬자의 사망 등의 이유로 1844년본과 1898년본도 파보로 편찬되었다. 홍성장씨 1859년본에서 언급한 역대 수보 사례들을 보면 대보와 분파보(分派譜)가 교차하여 나타나는 것을 알 수 있는데,[18] 파보가 일반화됨에 따라서 대동보는 여력이 될 경우에만 시도하는 추세가 생겨났음을 알 수 있다. 계보상의 논란이나 중론의 불일치 같은 문제들이 불거져 나오는 가운데, 공역이 커져 재력이 부족해지는 문제가 공통적으로 제기되고 있었다.

이렇듯 19세기에 들어서면서 대동보 계획이 무산되고 파보라는 차선책을 택하는 경우가 많아졌다. 파보의 간행은 한정된 계파 소속 종인에게 보다 집중할 수 있는 계기가 되기도 했다. 하동정씨 1830년본은 일두(一蠹) 정여창(鄭汝昌, 1450~1504)의 후손만을 별도로 뽑은 파보였는데, 그 이유로서 원보(原譜)는 이름 아래 주석을 상세히 할 수 없기 때문이라는 점을 제시했다. 수록 인원은 제한하는 대신에 상세한 정보를 담는 방식을 선택한 셈인데, 이 또한 계보의 분량 증가는 편집 작업을 그만큼 힘들게 하였음을 시사한다.

이상에서 살펴본 '파보의 활성화'라는 계보 편집상의 추세와 목활자가 족보 인쇄의 주류가 되는 간행 공정상의 변화가 동일한 시기인 19세기에 함께 나타나는 점은 주목할 필요가 있다. 두 가지 추세 모두 인쇄 분량의 과다로 인한 비용 부담을 해결하려는 대응 전략으로 이해할 수 있기 때문이다. 다음 인용문은 분량 증가에 대한 대응으로 파보 편찬과 활자 인쇄를 함께 내세운 사례이다.

전보(前譜) 가운데 몇 파가 이미 을유보(乙酉譜: 1585년본)에 들어가지 않았는데 오래 전에 잃어버렸다. 을미보(乙未譜: 1655년본)에서 병신보(丙申譜: 1716년본)에 이르기까지 62년간 권질(卷帙)이 이미 수 배로 늘어났다. 병신보에서 지금까지 140여 년에 호번(浩繁)한 데다 어렵고 조

---

18 『興城張氏世譜』[규장각, 古929.1-J257h], 張聖塾 서문(1859년)에 따르면, 합쳐서 만든 大譜로 庚午譜(1750년)가, 나누어서 만든 파보로 甲申譜(1824년)가 있고, 나눈 것을 다시 합한 것으로 庚寅譜(1830년 추정)가 있으며, 1859년에 새로 만드는 족보는 분파보라고 하였다.

심스러워서, 파보(派譜)로 의정(議定)하고 활자(活字)로 인행(印行)한다.[19]

위 글은 동래정씨 1859년본의 범례인데, 최초의 을유보는 파보, 을미보·병신보는 전보(全譜) 곧 대동보였다고 한다. 초간보를 '파보'라고 칭하는 데서 드러나듯, 일부 계파는 후속보에서 계파 단위로 대거 신규 입록되었고, 수보 차수(次數)가 거듭될 때마다 몇 배씩 늘어는 문제 때문에 활자 간행을 선택했음을 알 수 있다. 반남박씨 1825년본도 범례에서 보판(譜板)은 과거에 '각판(刻板)' 즉 목판에 새기는 방식으로 만들었으나, 이제는 권질이 '배사(倍蓰)'이고 물력이 넉넉하지 않은 까닭에 활자를 써서 인포(印布)한다고 밝혔다.

이렇듯 활자 인쇄의 도입은 급증하는 족보의 분량에 대응하고자 비용 절감의 차원에서 이루어졌음을 알 수 있다. 하동정씨 1830년본 족보에서는 선조인 정여창(鄭汝昌)의 파보를 만들면서 그의 실기(實記)도 활자로 인출했다고 밝힌 것이 눈에 띈다. 목활자 족보의 확대는 사족층의 인쇄 문화가 목활자 중심으로 전개되는 추세 속에서 나타난 것으로 이해할 수 있다.[20]

활자인쇄는 당시 인쇄 기술의 한계로 대량의 인쇄보다는 소량을 신속히 찍어내는 데 유리했던 것으로 알려져 있다. 한 가문 내에서만 한정적으로 통용되는 족보의 수요도 활자 인쇄와 잘 맞았을 수 있다. 배천조씨 1759년본의 간기(刊記)에는 134질(帙),[21] 같은 성관의 1880년본은 100질,[22]

---

19 『東萊鄭氏派譜』[규장각, 奎860] 「東萊鄭氏派譜凡例」(1859년), "前譜中數派 已不入乙酉譜 舊佚乙未丙申六十二年 卷帙已數倍 丙申至今一百四十餘年 浩繁難愼 議定派譜 活字印行"

20 옥영정, 「16세기 후반~17세기 조선의 목활자인쇄와 출판문화적 의미」, 『한국문화』 72, 2015.

21 『白川趙氏族譜』[국립중앙도서관, 古2518-72-86] 刊記, "崇禎再周甲後十二年己卯(1759) 十一月日始役于長興洞都有司家 訖功於庚辰(1760)三月日 一秩爲八編而以活字印出一百

반남박씨 1825년본은 205질,[23] 전의이씨 1754년본은 126질,[24] 동래정씨 1859년본은 140질[25]을 인출했다는 기록을 찾을 수 있다. 반남박씨의 특수한 사례를 논외로 한다면 100여 질 정도의 책자만을 생산해도 무방한 족보의 특성으로 미루어 볼 때, 조선시대 소량 인쇄에 주로 쓰인 활자를 인쇄 수단으로 채택한 것은 비용 절감을 위한 적절한 대응이었을 수 있다.

또한 족보는 세대가 바뀔 때마다 그 사이 출생하거나 입록된 사람들을 증보하여 중간보(重刊譜)를 내놓아야 하는데, 이렇게 되면 계보를 새로 조판해야 하므로 예전의 목판을 다시 사용해야 할 여지는 축소된다.[26] 목판본의 큰 장점 중 하나가 간행이 끝난 뒤에도 목판을 오래도록 보존하며 언제든 다시 인출이 가능하다는 것인데, 세대가 바뀌면 업데이트된 계보를 인출해야 하는 족보에서는 이런 장점을 살릴 여지가 제한적이었다. 그래서 목판본 족보는 전보의 목판을 재활용하더라도, 계보도를 포함하지 않아 재편집의 여지가 적은 서문·발문·부록 정도에 그쳤다.[27]

三十四秩"

22 『白川趙氏族譜』[규장각, 奎292]의 권말에 첨부된 기록에 따르면, 본 족보는 1帙이 23編 13冊으로 구성되어 있었고, 전부 100질을 인출했다고 한다.

23 『潘南朴氏世譜』[규장각, 奎1929]의 범례에 따르면, 원보 13권에 附編과 別編을 합하면 도합 20권으로 되어 있었고, 종중에서 印頒한 것이 101질, 그리고 각처에서 값을 보내어서 인출한 것이 104질로서 이를 합하면 205질이 된다. 이 경우는 간행비를 수요자들이 추가로 보내서 비교적 많이 인출한 것이며, 문중에서 기본적으로 찍는 수량은 다른 사례와 같이 100여 질임을 알 수 있다.

24 『全義李氏族譜』[규장각, 奎83], 「新譜跋」[李徵復 발문, 1754년]에 추가된 附記 참조. 譜冊 10권은 모두 912장으로 구성되어 있었다고 한다.

25 『東萊鄭氏派譜』[규장각, 奎860], 「印譜後錄」(1859년).

26 柳鐸一은 조선 후기 목활자가 지방에서도 많이 조성되어 족보 인쇄에 큰 역할을 담당했다면서, 30~50년마다 개수해야 하고 많은 부수를 필요로 하지 않는 족보의 특성상 비용이 많이 드는 목판보다는 간편하고 경제적인 목활자 인쇄가 적합했다고 지적한 바 있다(柳鐸一, 「嶺南地方 現存木活字와 그 印刷用具」, 『奎章閣』 3, 1979 참조).

27 그러한 예로 반남박씨 1683년본, 풍양조씨 1826년본이 있다.

심지어 구보의 목판을 낱글자 단위로 잘라내어 목활자로 변형시켜 사용한 사례도 있었다. 목판본으로 알려져 있는 대구서씨 1852년본의 범례를 보면,[28] 이 족보는 편질이 많고 목판을 그대로 쓸 경우 재력이 배로 들어가므로 구판 중 허물 수 있는 것은 '자자할할(字字割割)'하여 '취진(聚珍)'을 만들었다고 한다. 여기서 '취진'이란 당시 청나라에서 활자를 지칭하던 명칭인데, 기존 목판이 목활자의 재료로 쓰인 셈이다. 그리하여 계보도 중에서 상계(上系)에 해당하는 '1편' 부분은 구보의 목판을 그대로 쓰면서, 각파 2편 이하는 기존 목판을 잘라서 만든 목활자로 인쇄하였고, 그 결과 기존 목판과 목판 파생 목활자가 함께 사용된 혼종(混種)의 족보가 제작된 것이다.

활자 인쇄의 작업 기간은 대체로 1년 이내였고, 6개월 전후로 완성된 경우가 많았는데, 아래 표와 같이 정리할 수 있다. 필자가 조사한 목판본 족보들도 거의 1년 이내의 작업 기간이었던 것[29]을 감안하면 유사한 결과로 볼 수 있다.

〈표 4〉 규장각 소장 활자본 족보의 인쇄 작업 기간

성관	간행년	작업 기간
경주배	1827	3년 7개월[30]
거창류	1902	1년여
하동정	1897	8개월
배천조	1759	5개월
남양홍	1834	6개월 정도
전의이	1754	6~7개월

---

28 『大丘徐氏世譜』[규장각, 奎2102], 「壬子重鐫大丘徐氏世譜凡例」(1852년).

29 규장각 소장 목판본 족보에 대해서는 필자가 별도의 논고를 준비 중이다.

30 『慶州裵氏大族譜』[규장각, 奎12635], 「修譜執事錄」에 말미에 "忠淸道 永同 九湖齋 刊 始於甲申(1824)正月 終于丁亥(1827)八月"이라고 附記되어 있는 刊記에는 3년 7개월이라는, 다른 사례에 비해 유난히 긴 작업 기간이 나온다. 집사록에는 都有司, 都監, 公事員, 校正 등 인쇄 작업 이외의 임무도 맡은 유사들이 있으므로, 수

작업 기간이라는 면에서는 활자본 족보가 현저한 우위에 있다고 보기는 어려웠다. 정말 주목할 만한 현상은 바로 간행의 주체와 간행 장소에서 나타나는데, 이는 민간의 인쇄 역량 강화라는 조선 후기 출판문화의 전개 과정과도 깊은 연관이 있었다.

2. 문중의 조직적 협력과 간행지의 변화
: '관아(官衙)'에서 '보소(譜所)'로

족보 간행에서 활자 인쇄를 선택한 또 다른 이유는 목판인쇄를 위한 각수와 자재 등을 용이하게 동원할 수 있는 지방 수령을 배출하기 어려워진 가문들이 늘어난 점을 꼽을 수 있다. 동래정씨 등과 같이 18~19세기에도 지방관을 다수 포함한 동성 관원 협력 연계망을 구축할 수 있었던 이른바 경화사족(京華士族) 가문을 포함한 성관도 있었지만, 다수의 성관들은 드물게 외직을 얻은 자손이 나타나길 기다리다가 수보의 시기를 놓치는 경우가 비일비재했다. 연안김씨 1719년본 서문에는 '간행하는 역사(役事)가 너무 커서 무릇 족보를 도모하는 일은 웅부대읍(雄府大邑)의 관원이 되지 않으면 할 수 없다'는 언급이 보이는데, 결국 서문의 필자 김상훈(金相勛)이 기읍(箕邑: 평양)에 서윤(庶尹)으로 부임하게 되자 병에 걸렸음에도 불구하고 '이 읍이 아니면 보사를 끝마칠 수 없다.'고 하며 부임하여 간행을 완수했다.[31] 19세기 초로 추정되는 경주이씨 족보의 구보서(舊譜序)[32]에서도 종중에 이미 '웅번거읍(雄藩鉅邑)'의 '늠여(廩餘: 봉급의 나머

단 정리나 계보 편집 등의 작업 기간까지 포함한 기간일 가능성이 높다.

31 이 사례는 판종이 정확하게 확인되지 않았는데, 本邑에서 재목을 구하고 먼 사찰에서 工匠을 불렀다는 언급으로 볼 때 지방 관아에서 흔히 채택하던 방식인 목판본일 가능성이 높다.

32 『慶州李氏派譜』[규장각, 奎1615, 1868년], 李敬一(1734~1820) 跋文.

지)'로 재물을 내놓을 자가 없다는 언급이 보인다. 이 사례에서는 결국 족보에 수록된 개개인에게 비용을 받는 명하전(名下錢)을 도입하여 수천 꿰미[緡]의 돈을 거둘 수 있었다. 지방관의 물력 조달을 대신할 수 있는 새로운 재원을 찾으려는 노력으로 평가할 수 있다.

이렇듯 족인 중 누군가가 큰 고을에 부임하여 임기 중 작업을 완수하지 않으면, 달리 재력을 조달하기 어려울 정도로 족보 간행은 쉽지 않은 일이었다. 지방관에게 간행을 맡기는 것이 미수에 그치자 활자본 인출을 대안으로 추진한 사례도 있다. 해평윤씨 1715년본은 본래 족인 윤세수(尹世綏)가 해서감사(海西監司)로 나가서 간행하려 했으나 일을 완수하기 전에 체직되고 얼마 되지 않아 사망하고 말았다. 이에 여러 종인(宗人)이 일이 완성되지 못할 것을 심히 걱정하여 북한산성의 중흥사에서 주자로 인출하였다.

지방관 주도로 감영이나 군현 관아에서 간행된 것은 주로 목판본 족보였다.[33] 이는 조선시대 사족층이 사적 간행물을 외직 재임을 기회로 간행하던 관행에 따른 것이었다.[34] 활자본 족보는 후술할 바와 같이 지방보다는 서울에서 간행된 사례가 많아 대조를 이룬다. 그렇지만 활자본 중에서도 지방관의 역할이 두드러진 경우들이 있다. 기계유씨 1867년본은 목활자본이지만 유치선(兪致善)이 경기도를 안찰(按察)하면서 '구재(鳩財: 제작 경비를 거두어 모음)'를 보좌하고 '기궐(剞劂: 간행)'을 맡겼다고 하였다. 용인이씨 1869년본은 '영번(嶺藩: 경상감영)'으로부터 돌아온 '판서공(判書公: 이참현(李參鉉)으로 추정)'이 물재(物財)를 모아서 편찬한 뒤 간행을 맡겨 완성하였다고 한다. 그런데 기계유씨 사례에 나오는 경기감영은 도

---

33 규장각 소장 족보를 바탕으로 필자가 검출한 목판본 족보의 사례 38건 중 절반 이상인 23건이 지방관 주도로 간행되었고, 19건은 지방 관아가 간행 장소인 것으로 확인되었다. 이에 대해서는 별도의 논고로 정리하고자 한다.

34 손계영, 「地方官과 先祖 文集 刊行」, 『嶺南學』 15, 2009.

성(都城)의 돈의문(敦義門) 밖에 있었으므로 외방(外方)이라 말하기 어렵고, 용인이씨의 경우는 전직(前職)이므로 지방관이 주도한 사례라고 해석하기는 어려움이 있다.

규장각 소장 활자본 족보에서 나타나는 지방관의 역할은 해당 군현의 인력이나 물자를 직접 동원하기보다는, 대체로 간행 비용을 내놓아 전체 경비에 보태도록 하는 방식이었다. 안동김씨 1833년본은 종족으로서 방백(方伯)·읍수(邑守)가 된 자들이 합동으로 구재하였고, 해평윤씨 1800년본은 영읍(營邑)의 제종(諸宗)이 늠여(廩餘)를 모아 활자로 인출했다고 했는데, 완영(完營: 호남감영)에서 나온 것이 그중 절반을 차지했다고 한다. 복수의 지방관이 간행 비용을 모았고, 감영과 같이 규모가 큰 관청에 재직한 지방관의 기여도가 높기는 했지만, 특정한 지방관이 간행 작업을 전담하는 방식은 아니다. 지방관이 배출되더라도 예전의 목판본처럼 부임지에서 간행 작업을 전반적으로 주도하기보다는 비용 출연자의 한 사람으로서 제한적 역할을 담당하는 면모를 보인다. 지방관 배출이 수보 완수에 예전만큼 결정적인 존재가 아니게 된 것이다.

목활자본 족보에서 지방관의 역할이 상대적으로 제한적인 것은 문중 차원의 조직적인 수보 방식이 발달한 결과였다. 예컨대 하동정씨 1897년본에서 언급된 것처럼 다수의 족인이 교감(校監), 필사, 물자 조달 등으로 수보 작업에서 역할을 나누어 협력한 것과 같은 방식이다.[35] 이러한 역할 분담을 제도화한 것이 족보 편집 및 간행 작업의 책임을 맡은 유사의 분정(分定)이다. 수보 조직의 역할 분담에 대해서는 안동김씨 1719년본, 연안김씨 1901년본, 밀양박씨 1873년본, 경주배씨 1764년본, 전의이씨 1754

---

35 『河東鄭氏派譜』[규장각, 古929.1-J462h], 鄭煥植 발문(1897년)에 따르면, 族兄 煥周, 族姪 在薰이 교감을, 族叔 東泰, 族孫 民鉉·夏鉉이 베끼는 작업을 맡았고, [물자] 수요를 관장한 이는 煥植이었다.

년본, 초계정씨 1765년본 등 대개 18~19세기에 걸쳐 많은 족보에서 언급하고 있다. 또한 유사를 선임하면서 지역별·계파별·역할별로 나누어 놓는 경우도 있었다.

먼저 지역별로 유사를 선임한 사례로는 성주배씨 1827년본, 거창유씨 1833년본 등이 있다. 순흥안씨 1796년본과 홍성장씨 1902년본처럼 '도(道)' 단위로 유사를 둔 경우도 있는데, 이는 전국적인 수보 조직의 형성을 의미하는 현상으로 해석할 수 있다. 순흥안씨 1796년본이나 용궁전씨 1765년본은 지역 및 파별 유사가 함께 선임되기도 했다. 이들은 지역 또는 계파 단위로 연락이나 수단(收單), 비용 모금 등의 책임을 맡았을 것으로 보인다.

역할별 유사의 선임은 족보의 권말에 수록된 동사록(同事錄)·집사록(執事錄)·임장원(任掌員) 등으로 불리는 유사 명단에 명시된 경우가 많다. 유사의 명칭에 따른 역할 분담을 보면, 경주정씨 1792년본의 경우 도유사(都有司)·교정(校正)·사화(司貨)·감동(監董)으로, 봉화정씨 1900년본은 도유사·교정·장화(掌貨)·정서(正書)로, 배천조씨 1880년본은 발문(發文)·교정·서역(書役)·수단으로, 영양천씨 1903년본은 도유사·장재(掌財)·교정·수단·필사(筆寫)·수금(收金)·감인(監印)으로 구분하였다. 총괄책임자인 도유사 이하로 자료 수집 및 연락[收單·發文], 계보 편집 및 원고 정리[校正·筆寫·正書], 비용 모금 및 관리[司貨·掌貨·收金], 인쇄 및 제책[監董·監印·書役] 등의 작업 공정별로 분담했음을 알 수 있다.

이처럼 수보 작업의 조직화는 족보를 간행하는 데 있어서 지방관과 같이 관아의 인력과 물력을 동원할 수 있는 특권적 지위에 있는 사람의 존재가 필요하지는 않게 되었다고 할 수 있다. 그렇기는 하지만 지방관은 여전히 다른 참여자들에 비해서 큰 기여를 할 수 있는 존재였다. 동래정씨 1859년본의 「인보후록(印譜後錄)」에는 관직에 따라 간행 비용을 어떻게 분담했는지에 대한 규정과 액수가 명시되어 있는데, 대체로 지방관이 같은 품계의 중앙관보다 많은 액수를 부담했다. 그 내역은 다음 표와 같이 정리할 수 있는데, 총액수는 1,380냥이다.[36]

〈표 5〉『東萊鄭氏派譜』(1859년본)의 관원별 간행 비용 분담액 [단위: 兩]

액수	인원
500	領議政 鄭元容
200	江原監司 鄭始容, 成川府使 鄭健朝
100	光州牧使 鄭基三, 延安府使 鄭永朝, 永柔縣令 鄭憲朝
50	判書 鄭基世, 判書 鄭宬朝
20	三登縣令 鄭世華, 龍宮縣監 鄭基永, 陽智縣監 鄭順朝, 金化縣監 鄭慶朝

출처: 『東萊鄭氏派譜』[규장각한국학연구원, 奎 860]

대체로 관직의 고하와 부임지의 읍격(邑格)에 따라서 액수가 정해진 것으로 짐작할 수 있지만, 정2품인 판서가 종2품인 관찰사, 정3품인 목사(牧使)나 부사(府使)보다, 심지어 하급 지방관인 현령(縣令)보다도 적은 금액을 낸 것은 의외라고 할 수 있다. 전반적으로 내직보다는 외직의 비중이 크고, 경제적 부담에 대한 요구도 컸음을 알 수 있다. 외직 종사자의 사재(私財)가 더 넉넉했다기보다는 부임한 지역에서 물력을 동원할 수 있는 여지가 내직보다 컸고, 조선 전기부터 전통적으로 간행사업에서 지방관의 역할이 컸던 점도 반영된 것이 아닌가 한다. 풍양조씨 1900년본에도 외임은 직위의 고하와 읍격에 따라 엽전(葉錢)으로 간행비를 납부했는데,[37] 군현의 규모가 해당 지방관이 융통할 수 있는 경제력과 비례했음을 짐작할 수 있다.

---

36 『東萊鄭氏派譜』[규장각, 奎860, 1859년], 「印譜後錄」, 財物分定.

37 『豐壤趙氏世譜』[규장각, 奎168, 1900년], 「四重刊通文」에는 '禮木'이라는 명목으로 外任에게 부과한 금액 기준이 적혀 있는데, 관찰사는 100냥, 군수 1·2등은 50냥, 3·4등은 30냥으로 정하여 고을의 규모에 따라 차등화된 기준이 있었음을 알 수 있다.

지방관의 적지 않은 비중과 역할에도 불구하고, 이들이 간행 전반을 장악하기보다는 간행비만을 직접 출연하는 방식으로 협력하게 된 것은 족보 간행 양상의 변화와 깊은 관련이 있는 현상이었다. 이전까지 지방관 주도의 족보 간행에서 지방 관아에서 갖추고 있던 관영(官營) 인쇄 역량을 두루뭉술하게 사유화(私有化)하던 양상이 약화되어 갔던 것이다. 그리고 관영 인쇄 역량의 활용이 감당하던 부분은 문중의 조직화된 역량이 대신하게 되었다. 문중이 수보에 필요한 비용을 직접 모은 다음, 관아가 아닌 문중에서 설정한 작업장에서 각수(刻手) 등 인쇄공에게 공임을 주고 직접 고용하는 방식으로 전환하게 된 것이다. 이와 관련하여 배천조씨 1716년 본의 서문에는 다음과 같은 언급을 확인할 수 있다.[38]

> 세상에 보첩을 간행하는 자를 보니 반드시 모두 관봉(官俸)을 재물로 삼아 관공(官工)을 부리니 세월이 쌓여야 비로소 성취한다. 오직 우리 종인(宗人)은 사재(私財)를 다하고 사력(私力)을 써서 이 일을 반년 사이에 힘써 해냈다.

아직 목활자 족보가 널리 간행되지 않던 18세기 전반의 상황인데, 당시까지는 관청의 물자와 인력으로 족보를 간행하는 것이 일반적이었음을 알 수 있다. 해당 족보가 목활자본이었는지는 분명하지 않지만, 민간의 역량을 최대한 활용하여 빠른 시간 내에 간행 작업을 완수한 사례이다.

이러한 변화는 민간의 상업적인 출판 역량이 강화되는 추세와도 일정한 관련이 있을 것으로 보인다. 그리고 이러한 전환이 인쇄 도구가 목판에서 목활자로 바뀌는 것과 동시적으로 진행된 것도 주목되는 현상이다. 규

---

38 『白川趙氏族譜』[규장각, 奎2929], 「丙申譜序」[趙錫周 서문, 1716년]. "觀世之刊譜牒者 必皆資官俸 役官工 積以歲月 始乃成就 而獨吾宗人 竭私財 殫私力 辦得此事 於半年之間"

장각 소장 족보를 대상으로 한 필자의 조사에서는 후술할 바와 같이 목활자본 족보의 상당수가 문중에서 설치한 작업장인 보소(譜所)에서 작업이 이루어지는 한편, 지방관이 임지에서 주도한 목활자본 족보의 사례를 거의 찾지 못했다. 반대로 지방 관아가 아닌 민간의 보소에서 간행한 목판본의 사례는 일부 있긴 하지만 드문 편이었다.[39]

인쇄공을 고용하여 작업을 의뢰하는 방식은 여러 족보에서 확인되는데, 족보 편찬자들이 간행에 소요된 총비용이나 조달 방법을 구체적으로 명시한 것은 이러한 변화를 잘 보여주는 현상이라 할 수 있다. 전의이씨 1754년본의 말미에는 족보 인쇄 시의 물재(物財)에 대해 기술되어 있는데, 이전부터 종중(宗中)에서 보유한 것이 320냥, 공역이 시작되고 외임처(外任處)에서 보낸 것이 180냥, 경외종인(京外宗人) 54곳에서 책값을 보낸 것이 452냥, 빚을 낸 것이 80냥으로 수입의 총합계가 1,032냥이었다. 여기에 현물로서 책지(冊紙)가 4괴(塊) 20속(束)이 있었다. 지출에 대해서도 기술했는데, 인보역(印譜役)에 용하(用下)한 것과 세보분류시(洗補分類時)에 용하한 것이 도합 1,098냥이었다고 한다. 이러한 구체적인 소요 금액 내역은 지방관 중심의 목판본 족보 간행에서는 찾아보기 어려운 것이었다.

풍양조씨 1900년본도 수입금액을 출처별로 명기해 놓았다. 관원들에게서 거둔 예목전(禮木錢)이 200냥, 보단(譜單)을 제출한 입록 대상 족인들이 인원수대로 납부한 명하전이 7,155냥이었다. 지방관들보다 일반 족인들이 십시일반으로 모은 금액이 훨씬 많다는 점에서 문중 조직의 결속력 강화에 따라 비용 확보도 소수의 관원보다는 다수의 족인 간의 협력에 의해 이루어지는 양상을 잘 보여준다.

동래정씨 1859년본은 더욱 구체적으로 활자판 및 장황(粧䌙) 작업의 공임과 함께, 밀(蜜)·묵(墨)·지(紙) 등 재료비와 작업자들의 식비까지 적어

---

39 이에 대해서는 필자가 별도의 논고로 집중 검토하고자 한다.

놓았다.[40] 이를 표로 정리하면 아래와 같다.

〈표 6〉『東萊鄭氏派譜』(1859년본) 간행 및 제책 비용 내역

항목	세부항목	금액	산출내역 (수량×단가)
活字板工錢	長行	39냥	39板×每板 1냥씩
	橫層	207냥 7전 6푼	392板×매판 5전 3푼씩
蜜墨價		60냥 3전 4푼	431판(39+392판)×매판 1전 4푼씩
濃錯紙代錢		49냥 8전 3푼	白紙 1束 3전 3푼씩 ※백지 총 151束
工匠點心次		23냥 1전	6명 매일 각5푼씩 ※작업기간 총 77일
分類工錢		21냥	매권 3푼씩 ※총 700권
册白紙		640냥	1600束價 ※1束당 2냥5錢
粧潢工錢		105냥	매권 1전 5푼씩 ※총 700권
册匠食價		12냥 5전	5명 매일 각1전씩 ※작업기간 총 25일
합계		1,158냥 5전3 푼	

※ 표시는 필자의 추정치
출처: 『東萊鄭氏派譜』[규장각한국학연구원, 奎 860]

인쇄 및 제책에 들어간 공임과 재료비, 식비 등 제비용을 합하면 1,158
냥 5전 3푼이 되는데, 앞서 지방관들이 모은 금액의 총합이 1,380냥이었
던 것과 비교하면 모금액의 대부분이 간행 비용으로 소진되었음을 알 수
있다. 이어서 작업자들의 명단도 첨부해 놓았는데, 활판 인쇄의 공정 별로
각수·택자인(擇字人)·인출장(印出匠)·균자장(均字匠)·장황공장(粧繡工匠)
등으로 구분해서 적어놓았다. 활자주인(活字主人)이라는 직책도 확인되는
데 백기환(白琦煥)이라는 인물로서 택자인의 역할도 겸하고 있다. 아마도
그는 현장작업 책임자인 동시에 활자를 보유하면서 문중의 족보 사업을
수주받는 인쇄업자였을 것으로 짐작한다.[41]

---

40 『東萊鄭氏派譜』[규장각, 奎860], 「印譜後錄」(1859년).
41 옥영정은 1859년본 『東萊鄭氏派譜』의 사례를 소개하며, 활자주인이 곧 활자 소
　유주로서 이곳저곳으로 활자를 가지고 다니며 비용을 받고 책을 찍어주었음을
　의미한다고 하였다(옥영정, 「조선후기 족보의 인쇄문화사적 접근」, 193쪽 각주
　33번 참조).

여기서 구체적인 간행 비용이 명시된 목활자본 족보들이 목판으로 새길 때보다 얼마나 비용 절감 효과를 보았는지를 가늠해볼 필요가 있다. 전의이씨 1754년본은 총 10권 10책을 간행하는 데 1,098냥이 들었고, 동래정씨 1859년본은 총 17권 5책을 간행하는 데 1,158냥이 들었다. 문집 등을 간행한 전말과 내역을 기록한 '개간시일기(開刊時日記)' 또는 '간역시일기(刊役時日記)' 부류와 거칠게나마 비교해볼 수 있다. 1817년에 퇴계(退溪) 이황(李滉)의 『퇴계선생문집(退溪先生文集)』의 책판 중 훼손된 부분을 개각(改刻)한 사실을 기록한 『선생문집개간일기(先生文集改刊日記)』에 따르면, 200여 장을 새로 새기는 데 쌀 22석 10말과 돈 512냥이 들었다고 한다.[42] 필자가 제시한 족보들과 퇴계 문집의 정확한 장수(張數)를 파악하고 소요된 쌀의 가격을 돈의 액수로 환산해야 정확한 비교가 가능하겠지만, 문집 책판 중 훼손이 심한 부분 일부를 보각(補刻)하는 비용이 족보 전체를 목활자로 인쇄하는 비용의 절반을 훌쩍 넘을 정도로 목판 조성에 소요되는 비용이 만만치 않았음을 알 수 있다.

이렇게 인쇄업자를 문중의 사비(私費)로 고용하여 작업을 의뢰하는 방식으로 목활자본 족보가 제작됨에 따라, 족인들이 연락하며 공동으로 편집 작업을 하고 인쇄공들을 불러 작업장을 차리고 작업 상황을 감독할 수도 있는 공간을 둘 필요성이 생기게 되었다. 그 결과로 목활자본 족보에서는 목판본 족보 간행의 주 무대였던 지방 관아가 아니라, '보청(譜廳)', '보국(譜局)' 등으로도 지칭되는 '보소'가 본격적으로 작업 거점으로서 등장하게 되었다.

본고의 검토를 통해서 규장각 소장 족보 중 보소의 존재가 확인되거나 추정되는 사례는 30건 정도 된다. 그중에서 목판본의 사례는 단 한 건도

---

42 김순석, 「유교사회와 책판 제작의 사회문화사적 의의 -『선생문집개간일기』를 중심으로-」, 『한국학연구』 32, 2014.

확인하지 못했으며, 정보의 미비로 판종을 확인하지 못한 5건을 제외한 모든 사례가 목활자본이다. 보소 설치 사례 중 설치 위치를 정확하게 파악하기 어려운 사례들을 모아 표로 정리하면 다음과 같다.

〈표 7〉 보소(譜所)의 설치와 위치 [정확한 지역을 비정하기 어려운 경우]

성관명	간행년	판종	간행장소	비고
용궁전	1765	목활자	미확인	수보를 담당한 有司 목록의 제목이 「龍宮全氏世譜所同事錄」이어서 譜所의 존재를 알 수 있음
흥성장	1750	목활자	修淨墳菴	족인들과 함께 修淨墳菴에서 작업을 시작함. 분묘를 관리하기 위한 작은 암자로 생각됨
동래정	1859	목활자	有司 金基曾의 집	有司 金基曾의 집에서 開印함
장기정	1858	목활자	竹谷	刊記에 '竹谷에서 重刊했다'고 기록
하동정	1897	목활자	藍院	刊記에 '藍院活印'이라 기록
배천조	1759	목활자	長興洞 都有司家	刊記에 '長興洞都有司家'에서 활자로 인출했다고 기록. 서울 長興庫洞일 가능성도 있음
풍양조	1900	목활자	校洞	校洞 趙輔國의 집에 보소를 둠. 서울의 校洞일 가능성도 있음

족인의 사가(私家)에 보소를 둔 경우가 많았고, 그중에는 유사를 맡아 수보 작업에 깊이 관여한 인물도 있는 것으로 확인된다. 보소에서는 계보 편집에서부터 인출 및 장황 작업 등의 작업을 진행했을 것으로 추정된다. 배천조씨와 풍양조씨의 보소인 장흥동과 교동은 서울의 지명일 가능성이 높아 보인다.

다음으로 서울 및 근교에 보소를 둔 경우를 살펴보면 전체 사례 30건 중 16건, 서울인지 지방인지 여부가 확인되는 사례 23건[전체 사례 30건 중 지역 불명 7건을 제외] 중에서는 절반 이상으로 상당한 비중을 차지하고 있다. 이를 표로 정리하면 다음과 같다.

성관명	간행년	판종	간행장소	비고
경주김	1784	목활자	서울 추정	左尹 金頤柱의 집에서 設役함. 洛下 종인과 함께 작업한 것으로 볼 때 서울로 추정
경주김	1873	목활자	서울 陵洞舍	京師의 陵洞舍에 모여 계보 정리 작업을 하고 나서 간행에 맡김
경주김	1875	목활자	漢城(서울) 北村·南村·武橋	漢城 南村에 譜所를 설치할 것을 결의했는데, 異論이 있어서 北村에서 다른 족보를 設함. 마침내 서울의 諸族이 武橋에서 大譜를 設함
안동김	1790	목활자	漢陽(서울) 淸風池閣	계명대학교 동산도서관 소장본(929.1-안동김씨시) 『安東金氏世譜』의 간기에 '漢陽 淸風池閣'에서 간행한 것으로 기록. 청풍지각은 壯洞金氏의 세거지인 淸風溪에 있었음
경주김	1784	목활자	漢城(서울) 北村·南村·武橋	漢城 南村에 譜所를 설치할 것을 결의했는데, 異論이 있어서 北村에서 다른 족보를 設함. 마침내 서울의 諸族이 武橋에서 大譜를 設함
연안김	1870	목활자	金昌秀의 집 (서울 추정)	金昌秀의 집에 開局함. 족보 편찬자들이 '漢師'에 旅食했다는 기록으로 볼 때 서울로 추정
반남박	1825	금속활자	京城(서울)	刊記에 京城에서 活印했다고 기록
순흥안	1824	목활자	京中(서울)	京中에 設廳하였음
해평윤	1800	금속활자	終南第 (서울 남산 추정)	刊記에 '終南第印'이라 기록
해평윤	1851	금속활자	終南第 (서울 남산 추정)	刊記에 '終南第印'이라 기록
경주이	1868	목활자	楊州 嘉梧退墅	嘉梧退墅에서 파보를 편찬. 가오퇴서는 楊州에 소재한 李裕元(족보 서문 필자)의 別墅
경주정	1792	목활자	서울 雙里門洞	雙里門洞(지금의 서울 중구 雙林洞)에 있는 족인 鄭潤弼의 廳舍에 모여 각도에 발문하고, 刊役까지 그의 廊舍에서 設함
경주정	1834	목활자	水原 鄭龜相의 집	洪州에서 譜役과 設廳을 시작하다가 水原 宗人 龜相의 집으로 옮김
배천조	1850	불명	京中(서울)	京中 榮根의 집에서 印出之役을 設함
배천조	1880	목활자	서울 司畜洞	刊記에 司畜洞(지금의 서울 중구 北倉洞)에서 刊印의 役을 했다고 기록
영양천	1903	목활자	서울 藍井洞	刊記에 '京藍井洞'에서 간행했다고 기록

앞서 어느 지역인지 분명하지 않은 사례들과 마찬가지로 족인의 집에

보소를 두는 경우가 많았다. 그런 가운데 '청풍지각(淸風池閣)'이나 '가오퇴서(嘉梧退墅)'처럼 족인의 휴식처나 별업(別業)을 작업 장소로 삼는 경우도 확인된다.

다음으로 지방에 보소를 둔 경우를 집계해본다. 초기 족보에서 지방에서의 간행은 대개 각도 감영이나 군현 관아에서의 작업을 의미했지만, 지방에 민간의 작업 거점인 보소가 설치된 것은 그 맥락이 좀 다르다. 향촌 사회에서의 조직적 수보와 간행의 활성화를 의미할 수 있기 때문이다. 하지만 그 사례는 6건 정도로 많지 않은데 표로 정리하면 다음과 같다.

〈표 9〉 보소의 설치와 위치[지방에 둔 사례]

성관명	간행년	판종	간행장소	비고
경주배	1764	목활자	漆谷 松林寺	譜所를 松林寺에 둠. 송림사는 漆谷 소재 사찰
경주배	1827	목활자	永同 九湖齋	충청도 永同 九湖齋에서 간행함
창녕성	1898	목활자	公州	국립중앙도서관 소장본[古2518-36-11] 『昌寧成氏僉樞公派譜』(1898년)는 公州의 昌寧成氏譜所에서 간행되었다고 기재됨
경주이	19세기 전반 추정	불명	慶山 邑廨	洛下의 諸宗과 의논하여 設廳하였다가, 宗人 集老가 慶山의 수령, 一榮이 靈山의 수령이 된 것을 계기로 양인이 힘을 합쳐 慶山邑廨에 設局하여 인출함. ※서문 필자 李敬一의 생몰년이 1734~1820
경주정	1732	불명	務安 都會所	여러 道에 發文하고 各邑에 有司를 분정한 뒤, 財力을 모아 務安 都會所에 運致하고 鄭斗一이 도유사가 되어 공역을 주관함
하동정	1830	목활자	昇安	국립중앙도서관 소장본[古2518-70-36] 『河東鄭氏族譜』의 刊記에는 '昇安活印'이라 기록

지방에 보소를 설치한 경우도 문중 구성원의 조직적 협력에 의해서 수보가 이루어진 정황이 여러 사례에서 확인된다. 장소는 지방의 사찰이나 서재(書齋) 등이 선정된 것이 확인되는데, 대체로 족보 원고의 편집이나 간행 작업이 전통적으로 이루어져왔던 장소들이다. 경주이씨 사례는 좀 특이한 경우인데, 조직적 협력과 지방관 주도의 두 가지 양상이 같이 나타

나는 것이 과도적 양상이라고 할 수 있다. 그래서인지 최종적으로는 지방 관이 관아에서 작업을 했음에도 서울(洛下)에서 보청을 설치하려는 시도 가 있었고, 경산 관아의 작업장에 대해서도 '보국'이라는 민간 주도의 간 행 사업에서 쓰일 법한 용어로 표현했다.

3. 목활자본 족보 유행과 위보(僞譜) 문제

이상에서 살펴보았듯이 목판본보다 저렴한 비용으로 주로 민간의 역량 을 모아 간행된 활자본 족보였지만, 활자가 족보의 인쇄 도구로 일반화되 던 18세기 말~19세기는 위조 족보의 문제도 심해지던 시기였다. 무후한 가계에 후손으로 모록(冒錄)하거나 기존에 간행된 족보에 변조된 지면을 첨간(添刊)하는 등 여러 가지 수법이 동원되고 있었다. 예를 들면 경주이 씨 1868년본 서문의 필자 이유원(李裕元)은 '영남(嶺南)과 관동(關東)에서 우리 이씨의 족보를 몰래 만들었는데, 무후(無後)한 파에 모록했다'고 한 사례가 있다. 순흥안씨 1824년본 범례에는 기존의 인쇄본 족보를 빙자한 전형적 계보 조작 방식인 '첨간'의 수법에 대하여 다음과 같이 매우 구체 적으로 설명하였다.

> 수보(修譜)한 뒤에 습속에 따라 개장(改張)하는 염려가 많이 있는데, '우 (又)' 자(字)로써 첨장(添張)하는 것은 진실을 어지럽히고 분변하기 어렵 게 하는 실상이 된다. 이번 수보에서는 절대로 '우' 자가 들어간 장(張) 이 없다. 정민공(貞愍公) 자손은 간행 작업이 거의 끝날 즈음에 늦게 도 달한 까닭에 부득이 홀로 이 파에만 '우' 자 2장이 있다. 열람하는 자는 자세히 알아야 한다.[43]

---

43 『順興安氏族譜』[규장각, 奎12636], "修譜後 多有冒俗改張之患 以又字添張 此爲亂眞 難卞之實 今此修譜 絶無又字張矣 貞愍公子孫 晚到於刊役幾畢之際 故不得已獨於此派

그러니까 간행 과정에서 늦게 들어온 계파를 수용하기 위해서 천자문 등으로 순번을 매긴 책장(冊張)에 '우(又)' 자(字)를 넣어서 추가해주는 관행이 있었는데, 이런 조치가 흔히 행해지면 그 틈을 타서 거짓 책장을 추가 책장인 것처럼 끼워 넣는 문제가 있으니 특별히 허용한 정민공 일파 외에는 절대로 추가 책장이 없다고 명시한 것이다.

이 문제는 당시 족보 편찬자들의 딜레마였다. 몰락한 족인들은 상대적으로 족보 참여나 계보 고증이 어려웠고, 이를 배려하기 위해서 선대 계보를 온전히 전승하지 못하거나 혹은 뒤늦게 단자를 제출하더라도 별보에 수록하거나 기존의 판에 추가하여 첨입(添入)하는 것이 관행화되어 있었다.[44] 위 인용문에서 '정민공 자손'이 그러한 '선처(善處)'의 혜택을 받은 셈인데, 이러한 조치가 도리어 모록의 경로가 될 수 있다는 점을 경계한 것이라고 할 수 있다.

그런데 목판본은 간행 작업이 완료된 뒤에도 추후 다시 인출할 수 있는 목판이 부산물로 남아 있게 되고, 이 목판은 추후 재인출의 수단이 되었을 뿐만 아니라 세간에 통용되는 인출본 족보와 대조하여 진위나 조작 여부를 판단할 수 있는 중요한 준거가 될 수 있었다. 예컨대 풍양조씨 1760년본에는 「보각절목(譜閣節目)」이라는 규정을 두고, 보각(譜閣)에 족보의 목판과 인쇄본을 엄중히 보관해 두도록 하였다.[45] 여기에 보관된 목판을 개각하려면 서울의 종중에서 연명발통(聯名發通)한 뒤에 보각유사(譜閣有司)가 승인하도록 하는 절차를 두었고, 먼 지역의 족인이 인출을 청하면 보각유사가 직접 입회하여 조검(照檢)하도록 하였다. 즉 목판본 족보의 인출 후 목판은 사후에도 계보 조작을 방지할 수 있는 준거이자 '정본(正

有又字二張 覽者詳悉焉"

44 권기석, 「조선후기 족보 入錄의 정치·사회적 의미 -족보가 갖는 '화이트리스트' 또는 '블랙리스트'의 兩面性을 중심으로-」, 206쪽.

45 『豐壤趙氏世譜』[규장각, 奎1830], 「譜閣節目」(1760년).

本)'으로 기능하였던 것이다. 그런데 활자본은 목판본과 달리 인출 이후에는 다시 낱글자로 해체하기 때문에 조판한 내용이 보존되지 않는 특징이 있어서, 이렇게 기존 족보에 약간의 변조를 가하는 방식의 위보(僞譜) 행위에 더 취약한 편이었다.

목활자본 중에서 계보 조작이나 위조 족보에 대한 우려를 언급한 사례들은 적지 않다. 경주김씨 1875년본에서는 '패려한 무리가 모록하여 위보를 만들고 서문을 붙여 중외(中外)에 인포하는 일이 있다'고 하였는데, 위조 족보를 만드는 자들도 번듯한 인쇄본을 내놓을 정도로 역량이 있었음을 알 수 있다. 경주배씨 1827년본에서는 간행 작업 중간에 위보가 '주출(鑄出)'되었다고 했는데, 표현으로 볼 때 활자본이었을 가능성이 높다. 참고로 18세기에 위조 족보를 간행하여 조정에까지 문제가 되었던 사례들도 활자본 족보였으며,[46] 이 때문에 민간에서 활자를 함부로 사용하는 것을 제한하자는 논의까지도 나오고 있었다.[47]

심지어 가짜 족보를 만드는 이들도 당시의 일반 족보들과 마찬가지로 '보청'을 설치하고 보단을 받는 등 어엿한 수보 활동을 하고 있었다. 순흥안씨 1796년본 서문에 따르면 족보를 위조하는 무리들이 '머리를 숨기고 이름을 감추어 손을 빌려 갑자기 동서에 설청(設廳)하고 중외에 수단하여 장차 진짜와 가짜[眞贗]를 분변할 수 없는 우려가 생기게 되었다'고 하였다. 같은 성관의 1824년본에서도 '중외의 궁람(窮濫)한 무리가 가짜 족보를 절간(竊刊)하여 세상에 통용하니 진짜와 가짜를 분변할 수 없다'고 하였는데, 가짜 족보가 정교할 뿐만 아니라 세상에 널리 통용되었음을 알수 있다. 이렇듯 위조 족보의 유행도 활자본 족보의 보급과 민간의 인쇄 역량 강화에 힘입어 더욱 심화되는 양상이었다고 이해할 수 있다. 어찌

---

46 『英祖實錄』 104권, 40年(1764) 10月 19日 丁酉.
47 『承政院日記』, 1806책, 23年(1799) 3月 30日 戊子.

보면 활자 인쇄의 도입으로 인한 족보 간행의 효율화와 대중화로 나타난 부작용이라고도 평가할 수도 있겠다.

이러한 족보 변조 행위에 대한 한 가지 대응으로 생각되는 조치는 사가 족보의 사고(史庫) 봉안을 들 수 있을 것 같다. 김해김씨 1881년본,[48] 삼척심씨 고종 연간 간행본,[49] 기계유씨 1867년본,[50] 봉화정씨 1900년본,[51] 풍양조씨 1826년본[52] 등 주로 19세기 후반에 사관(史官)으로 부임한 족인이 포쇄(曝曬) 등의 작업에 참여한 것을 기회로 자기 집안 족보를 사고에 봉안해 놓은 사례를 찾을 수 있다. 당당하게 담당관의 이름과 함께 장서기(藏書記)까지 기재해 가면서 봉안한 것으로 볼 때, 사실상 용인되는 행위였음을 알 수 있다. 이러한 족보의 사고 봉안은 산간벽지의 보장처(保障處)에 족보를 보관하여 민몰(泯沒)되는 것을 방지하려는 의도도 있었겠지만, 조작의 손길이 닿지 않은 족보의 표준 원본을 남길 수 있는 효과도 있지 않았을까 추측해 본다.

---

48 『金海金氏世譜』[규장각, 奎5923], "庚戌(1910)三月日曝曬時 不肖孫元得奉安"

49 『三陟沈氏世譜』[규장각, 奎6309], "歲戊子(1888년 추정)四月晒時加入"

50 『杞溪俞氏世譜』[규장각, 奎2362], "崇禎紀元後五辛未(1871)八月日 致善爲慮後日藏之史庫." 목판본 중에서도 기계유씨 1704년본[『杞溪俞氏族譜』, 奎1813]도 각 책 첫면에 "史閣藏", 권말에 "丙申十一月曝曬時藏"이라는 筆寫藏書記를 남겨 놓았다.

51 『奉化鄭氏世譜』[규장각, 奎6902], "大韓光武九年(1905)十一月日 藏于太白山城史庫 雖日不可暇 及規謀弘遠之意也 後世必有開見有傳之人矣 三峯先生文憲公十九世孫赫淳 使其子柄春識之"

52 『豊壤趙氏世譜』[규장각, 奎1824], "大淸光緒十九年癸巳(1893)三月十九日禮安郡八代孫衡夏 以別兼春秋 差曝曬官 以家譜十六卷 謹藏于史閣." 이 족보는 목판본이고 19세기 전반에 간행되었지만, 봉안 시점은 19세기 말이다.

IV. 맺음말

조선 후기 족보는 목판과 활자라는 두 가지 인쇄 수단으로 간행되었는데, 어떤 방식을 선택할지는 당시 인쇄문화의 조건이나 족보 편찬자들의 역량에 따라 달라졌다. 기본적으로 목판은 활자보다 많은 비용이 들지만 내구성이 좋고 한번 새겨놓은 것을 오래도록 다시 찍을 수 있다는 점에서 기록의 보존매체라는 성격도 지닌다. 반면에 활자는 인쇄를 마치면 다시 낱글자로 해체하기 때문에 재판(再版)이나 중간(重刊)을 하려면 처음부터 다시 조판해야 하고 당시 인쇄 기술상 많은 인쇄 수량을 감당하기 어렵다는 단점이 있지만, 적은 비용으로 신속하게 서적을 발간할 수 있다는 장점이 있다.

족보 편찬자들은 족보 간행을 위한 인력과 물력을 확보하기 위해서 크게 두 가지 방법을 추구했는데, 첫째는 지방관으로서의 관권을 동원하는 것이고, 둘째는 문중 구성원의 조직적 협력을 통해서 비용을 마련하는 것이었다. 목판과 활자가 갖는 인쇄 수단으로서의 장단점과 문중에서 현실적으로 동원할 수 있는 행정력과 경제력을 종합적으로 검토하여 가장 효과적인 방안을 찾는 것이 필요했다. 그런데 장기적으로 볼 때 18세기 후반을 전환기로 하여 민간의 활자인쇄 역량이 성장하면서 목판본 족보가 줄어들고 활자본 족보, 그중에서도 특히 목활자본 족보가 우세해지는 추세가 확인된다. 급증하는 족보 분량과 간행비를 감당하기 위해 상대적으로 저렴한 인쇄 방식인 목활자본을 채택하게 된 것으로 보인다.

조선시대 대표적 족보들이 다수 포함된 규장각 소장 성관별 족보 64종과 그 내용을 바탕으로 검출된 수보 사례 155건에 대한 통계적 분석을 통해서 18세기 전반까지는 목판본 족보가 주류였다가, 18세기 후반을 과도기로 하여 19세기에 접어들면 활자본 족보가 대세로 굳어지게 되었음을 알 수 있었다. 여러 차례의 중간에서 목판본에서 활자본으로 전환한 성관은 흔히 찾을 수 있으나, 활자본에서 목판본으로 전환한 성관은 단 하나도 찾을 수 없었다. 금속활자를 전체 또는 부분적으로 사용한 족보도 상당수 확인되지만, 중앙정부의 활자인쇄 기반을 쉽게 활용할 수 있었던 특권적 성관에 한정되었고 당시 활자본 족보의 주류는 목활자본이었던 것으로 보인다.

조선 후기 족보에서 활자 사용이 확대된 배경으로 족보의 분량이 수보 회차가 거듭될 때마다 2배 이상 급증했다는 점을 우선 제시할 수 있다. 분량의 증가는 인구의 자연증가뿐만 아니라 족보 참여에 있어서 지역적으로나 신분적으로 사회적 접근성이 확대된 결과였다. 이 때문에 19세기에는 성관 전체를 포괄하는 대동보보다는 파보를 만드는 차선책을 선택하는 경우가 많아졌다. 그리고 이와 시기를 같이하여 비용 절감을 위해서 목활자 인쇄를 선택했음을 밝히는 족보들도 나타났다.

단순한 비용 문제뿐 아니라 간행물로서 족보의 특성도 활자본이 유리한 이유가 되었다. 족보는 주로 가문 내에서 통용되므로 100여 질 정도를 인쇄하면 충분했고, 또 세대가 바뀔 때마다 새로운 입록자들을 수용하기 위해 새로 조판해야 하므로 이전의 목판을 보존했다가 재활용할 여지도 적은 편이었다. 이 때문에 19세기 대구서씨 족보처럼 구보의 목판을 글자별로 잘라내어 제작한 목활자로 새로운 족보를 인쇄한 사례도 있었다.

활자본 족보의 간행 작업 기간은 대개 1년 이내라서 목판본 족보와 큰 차이는 없었으나, 목판본과 달리 지방관의 관권에 힘입은 사례가 현저히 적다는 특징이 있었다. 간행사업을 전담할 만한 대읍(大邑) 수령의 배출이 원활하지 않은 상황에서 입록 대상자에게 비용을 받는 명하전이 도입되기도 했고, 지방관이 관여하더라도 봉급에서 간행 비용을 내놓아 물력을 뒷받침하는 방식이 일반화되었다. 이렇게 지방관의 역할이 축소되는 한편으로 문중 조직에서 유사를 선임하여 집단적으로 간행 사업을 추진하는 방식이 널리 도입되었다. 그리고 관권으로 인력과 물력을 사유화하기보다는 문중이 모은 비용으로 문중에서 설정한 작업장에서 각수와 활자(活字) 등을 보유한 인쇄업자를 고용하여 간행 작업을 진행했다.

이러한 간행 방식의 변화로 인해 나타난 두드러진 변화는 대다수의 활자본 족보에서 목판본 족보 간행의 주무대였던 지방 관아와는 구분되는 보소의 설치가 확인된다는 점이다. 보소는 대부분 서울과 인근 지역에 있는 족인이나 유사의 집에 임시 작업장처럼 자리 잡는 경우가 많았다. 그런데 주목할 만한 점은 민간의 간행 역량의 성장이 효율적으로 저렴하게 거질의 족보를 간행할 수 있는 길을 열어준 동시에, 위조 족보가 난립할 여지도 커지게 만들었다는 것이다. 족보 위조를 하는 자들도 일반 족보와 마찬가지로 보청을 설치하고 보단을 받는 등 어엿한 수보 활동을 하고 있었다. 19세기 활자 인쇄의 민간 보급으로 인한 출판문화의 활성화가 낳은 부작용이라고 볼 수 있다.

〈부표〉 규장각 소장 성관별(姓貫別) 족보 목록 및 수보(修譜) 사례

성관	修譜回次別 族譜	修譜回次別 年代	판종	간행 장소 및 刊記
濟州高氏	高氏族譜(古4657-36)	1725년 (을사)	목판본	서울 추정 (城南 道說의 집에 목판 소장
昌原孔氏	昌原孔氏族譜(계명대 동산도서관, 929.1-창원공)	1660년 (경자)	목판본	水原 廣德德睦村 * 刊記: 庚子(1660) 水原 廣德 德睦村 開刊
	昌原孔氏族譜(奎3165)	1771년 (신묘)	목활자본	
安東權氏	安東權氏族譜 (古貴929.1-Se61a)	1476년 (병신)	목판본	安東府舍
慶州金氏	-	1685년 (을축)	미확인	-
	慶州金氏世譜 (국중, 古2518-10-955)	1784년 (갑진)	목활자본 (서문은 丁酉字)	서울 추정
	慶州金氏世譜(奎2991)	1873년 (계유)	목활자본	서울 陵洞舍

성관	修譜回次別 族譜	修譜回次別 年代	판종	간행 장소 및 刊記
	慶州金氏世譜(古4657-7)	1875년 (을해)	목활자본	漢城(서울) 北村, 南村, 武橋
金海金氏	金海金氏世譜(奎5923)	1881년 (신사)	목활자본	
安東金氏	安東金氏世譜(奎12083)	1719년 (기해)	목활자본	
	安東金氏世譜 (계명대학교 동산도서관, 929.1-안동김씨人)	1790년 (경술)	목활자본	漢陽(서울), 淸風池閣
	安東金氏世譜 (奎12082의 1&2)	1833년 (계사)	목활자본	
延安金氏	-	1719년 (기해)	-	
	-	1765년 (을유)	-	
	-	1870년 (경오)	-	金昌秀의 집 (서울 추정)
	延安金氏懿愍公派譜 (奎11443)	1901년 (신축)	목활자본	
全州金氏	全州金氏族譜(奎12485)	1865년 (을축)	목활자본	
淸風金氏	淸風金氏族譜 (국중,古貴2518-10-768)	1638년 (무인)	목판본	一善府 추정
	-	1715년 (을미)		
	淸風金氏世譜(奎1819)	1750년 (경오)	목판본	
	淸風金氏世譜(奎171)	1857년 (정사)	목활자본	
綾城具氏	綾城具氏世譜(奎12307)	憲宗年間	목활자본	
驪興閔氏		1478년 (무술)		
		1622년 (임술)		
		1671년 (신해)		
	驪興閔氏族譜(계명대 동산도서관 929.1-여흥민ㅈ)	1713년 (계사)	목판본	서울 校書館 * 刊記: 癸巳(1713)重刊 板在 京都校書館

성관	修譜回次別 族譜	修譜回次別 年代	판종	간행 장소 및 刊記
	驪興閔氏族譜(한중연 도서관 B10B-219A)	1802년 (임술)	목활자본	* 刊記: 壬戌(1802)重刊
	驪興閔氏族譜(奎2293)	1889년 (기축)	금속활자본 (전사자)	
密陽 (密城) 朴氏	-	1701년 (신사)	-	
	密城朴氏族譜(奎3258)	1804년 (갑자)	금속활자본 (전사자)	
	密陽朴氏世譜(奎823)	1873년 (계유)	금속활자본 (전사자)	
潘南朴氏		1642년 (임오)		榮川
	潘南朴氏世譜(국립중앙도서 관 古2518-25-189)	1683년 (계해)	목판본	伊川縣 * 간기: 癸亥(1683)伊川縣刻
	潘南朴氏世譜(국립중앙도서 관 古2518-25-221)	1766년 (병술)	목판본	京城(서울) * 간기: 丙戌(1766)夏 京城刻
	潘南朴氏世譜(奎1929)	1825년(을유, 1831년 신묘에 인쇄)	금속활자 (전사자), 목활자	京城(서울) * 간기: 辛卯京城活印
慶州裵氏	-	1606년 (병오)		
	-	1759년 (기묘)		
	慶州裵氏大族譜(국립중앙도 서관 古2518-28-23)	1764년 (갑신)	목활자본	漆谷 松林寺 * 刊記: 乾隆三十年乙酉(1765) 三月初一日慶尙道漆谷松林 寺刊
	-	1800년 (경신)		
	慶州裵氏大族譜(奎12635)	1827년 (정해)	목활자본	永同 九湖齋
星州 (星山) 裵氏		1764년 (갑신)		
	星山裵氏族譜(국립중앙도서 관 古2518-28-39)	1800년 (경신)	목판본	松林寺에 譜所를 둠
	星州裵氏族譜(奎12244)	1868년 (무진)	목활자본	
	星山裵氏族譜(奎12245)	1897년 (정유)	목활자본	

성관	修譜回次別 族譜	修譜回次別 年代	판종	간행 장소 및 刊記
大丘徐氏	大丘徐氏族譜(한국학중앙연구원 도서관 K2-1734)	1702년 (임오)	목판본	
		1736년 (병진)	목판본	湖南監營
	大丘徐氏世譜(奎5387)	1775년 (을미)	목판본	湖南監營
	大丘徐氏世譜(奎2021)	1818년 (무인)	목판본	
	大丘徐氏世譜(奎2102)	1852년 (임자)	목판본	
昌寧成氏		1493년 (계축)		
	昌寧成氏族譜(국립중앙도서관 古貴2518-36-27)	1616년 (병진)	목판본	昌寧 觀龍寺 * 刊記: 萬曆丙辰(1616)五月 日 昌寧觀龍寺刊
	昌寧成氏族譜(奎9798)	1709년 (기축)	목판본	興海郡
	昌寧成氏思肅公派譜(奎484)	1836년 (병신)	목활자본 (교서관필서체자)	
	昌寧成氏桑谷派族譜(계명대동산도서관 929.1-창녕성ㅅ)	1844년 (갑진)	금속활자본 (필서체 철활자_ 국립중앙도서관본)	* 印出記: 甲辰(1844)冬活字印 (국립중앙도서관 古 2518-36 -19)
	昌寧成氏僉樞公派譜 (고929.1-Se65c)	1898년 (무술)	목활자본	公州 昌寧成氏譜所 * 刊記: 戊戌春活字印 (국립중앙도서관 古2518-36-11)
恩津宋氏		1599년 (기해)		
	恩津宋氏族譜(계명대동산도서관 929.1-은진송족)	1666년 (병오)	목판본	
	恩津宋氏族譜(古929.1-So58e)	1829년 (기축)	목활자본	
三陟沈氏	三陟沈氏世譜(奎6309)	高宗 年間 (1863~1907)	필사본	
順興安氏		1546년 (병오)	목판본	安東
		1659년 (기해)		
	順興安氏族譜(국립중앙도서관 古2518-45-72)	1765년 (을유)	목판본	

성관	修譜回次別 族譜	修譜回次別 年代	판종	간행 장소 및 刊記
	順興安氏族譜(계명대학교 동산도서관 929.1-순흥안ㅆ)	1796년 (병진)	목활자본	
	順興安氏族譜(奎12636)	1824년 (갑신)	목활자본	京中(서울)
杞溪俞氏		1645년 (을유)		慶尙監營
	杞溪俞氏族譜(奎1813)	1704년 (갑신)	목판본	連山縣 * 刊記: 甲申春 連山縣開刊 (1704년)
	杞溪俞氏族譜(계명대 동산도서관 929.1-기계유)	1738년 (무오)	목판본	慶尙監營
		1786년 (병오)		
	杞溪俞氏世譜(奎2362)	1867년 (정묘)	목활자본	
居昌劉氏		1769년 (기축)		
	居昌劉氏世譜(국립중앙도서 관 古2518-60-22)	1833년 (계사)	목활자본	
	居昌劉氏世譜(奎12058)	1902년 (임인)	목활자본	
南原尹氏		1706년 (병술)		
		1794년 (갑인)		
	南原尹氏族譜(奎8604)	1860년 (경신)	목활자본	
坡平尹氏	坡平尹氏世譜(古929.1-Y97j)	1708년 (무자)	필사본	
海平尹氏		1676년 (병진)		
		1715년 (을미)		北漢 重興寺
	海平尹氏世譜(奎1848)	1800년 (경신)	목활자본, 일부 금속활자 (丁酉字)	終南第 (서울 남산 부근 추정) * 간기: 庚申孟夏 終南第印
	海平尹氏世譜 (奎170, 奎1827)	1851년 (신해)	금속활자본 (전사자)	終南第 (서울 남산 부근 추정) * 刊記: 辛亥孟春(1851년) 終 南第印

성관	修譜回次別 族譜	修譜回次別 年代	판종	간행 장소 및 刊記
慶州李氏	慶州李氏族譜(국립중앙도서관 古2518-62-556)	1684년 (갑자)	목활자본	
	慶州李氏世譜(국립중앙도서관 古2518-62-703)	1748년 (무진)	목활자본	
	慶州李氏菊堂公派譜 (한국학중앙연구원 도서관 B10B-204)	1814년 (갑술)	목활자본	
		19세기 전반 추정	불명	慶山 邑廨
	慶州李氏派譜(奎1615)	1868년 (무진)	목활자본	楊州 嘉梧退墅 * 刊記: 令上五年戊辰(1868)別成白沙先生派譜於嘉梧退墅簡基編次正基詑誤(卷後)
龍仁李氏	-	1732년 (임자)	목판본	關東(江原)監營 추정
	-	1773년 (계자)	목판본	海西(黃海)監營 추정
	龍仁李氏族譜(奎4628)	1869년 (기사)	전사자·목활자	
全義李氏		1476년 (병신)		
		1574년 (갑술)		
	全義李氏姓譜(계명대학교 동산도서관 929.1-전의이)	1634년 (갑술)	목판본	榮川郡
		1694년 (갑술)	※미간행	
		1711년 (신묘)	※초보	
	全義李氏族譜(奎53)	1754년 (갑술)	목활자 (필서체목활자)	
全州李氏	全州李氏世譜(奎1028)	1859년 (기미)	목활자본	
眞城李氏	眞城李氏族譜 (일사고929.1-J563)	1747년 (정묘)	목판본	可倉齋舍 * 刊記: 可倉齋舍 開刊
陜川李氏		1529년 (기축)		
	-	1756년 (병자)		

성관	修譜回次別 族譜	修譜回次別 年代	판종	간행 장소 및 刊記
	陜川李氏世譜(奎8601)	1864년 (갑자)	목활자본 (교서관필서체자)	
興城張氏	-	1566년 (병인)		
	-	1641년 (신사)		
	-	1728년 (무신)		
	興城張氏世譜(원광대 도서관 999.11 ㅈ164흥ㄱ)	1750년 (경오)	목활자본	修淨墳菴
	-	1824년 (갑신)		
	-	1830년 (경인)		
	興城張氏世譜 (국도 古2518-66-54)	1859년 (기미)	목활자본	
	興城張氏世譜(古929.1-J257h)	1902년 (무술)	목활자본	
龍宮全氏	龍宮全氏族譜(古4657-37)	1765년 (을유)	목활자본	
慶州鄭氏		1732년 (임자)		務安 都會所
		1792년 (임자)		서울 雙里門洞
	慶州鄭氏世譜 (계명대 동산도서관 929.1-경주어씨ㅅ)	1834년 (갑오)	목활자본	水原 鄭龜相의 집
	慶州鄭氏世譜(奎701)	1857년 (정사)	목활자본	
東萊鄭氏		1585년 (을유)		
	東萊鄭氏世譜(국립중앙도서 관 古2518-70-235)	1655년 (을미)	목판본	慶州府 추정
	東萊鄭氏族譜(계명대학교 동산도서관 929.1-동래정ㅈ)	1716년 (병신)	목판본	慶州府 * 刊記: 丙申(1716)五月 慶州 府 開刊
	東萊鄭氏派譜(奎860)	1859년 (기미)	금속활자본(교서 관필서체자, 필서체철활자)	有司 金基曾의 집

성관	修譜回次別 族譜	修譜回次別 年代	판종	간행 장소 및 刊記
奉化鄭氏	-	1767년 (정해)		
	奉化鄭氏世譜(奎6902)	1900년 (경자)	후기목활자본	목활자본(후기목활자)
長鬐鄭氏	長鬐鄭氏世譜(국민대학교 성곡도서관 999.11-장01)	1809년 (기사)	필사본	
		1830년 (경인)		
	長鬐鄭氏族譜(古4657-38)	1858년 (무오)	목활자본	竹谷 * 刊記: 崇禎紀元後四周戊午 (1858)仲春 重刊于竹谷
草溪鄭氏	草溪鄭氏族譜(奎12035)	1765년 (을유)	목활자본	
河東鄭氏	河東鄭氏族譜(국립중앙도서 관 古2518-70-36)	1830년 (경인)	목활자본	昇安 * 간기: 上之三十年庚寅(1830) 仲夏昇安活印
		1872년 (임신)		
	河東鄭氏派譜(古929.1-J462h)	1897년 (정유)	목활자본 (후기목활자)	藍院 * 간기: 崇禎270년 上元丁酉 (1897년)仲夏 藍院活印
白川趙氏		1716년 (병신)		
	白川趙氏族譜(국립중앙도서 관 古2518-72-86)	1759년 (기묘)	금속활자본 (芸閣印書體字)	長興洞 都有司家 * 刊記: 崇禎再周甲後十二年 己卯(1759)十一月日始役于 長興洞都有司家訖功於庚辰 (1760)三月日一秩爲八編而 以活字印出一百三十四秩
		1780년 (경자)		
		1804년 (갑자)		
		1850년 (경술)		京中 趙榮根의 집
	白川趙氏族譜(奎2929)	1880년 (경진)	목활자본	서울 司畜洞
楊州趙氏		1721년 (신축)		慶尙監營 추정

성관	修譜回次別 族譜	修譜回次別 年代	판종	간행 장소 및 刊記
	楊州趙氏族譜(奎3758)	1743년 (계해)	목판본	全州府 추정
豐壤趙氏		1678년 (무오)		
	豐壤趙氏世譜(계명대학교 동산도서관 929.1-풍양조ㅅ)	1731년 (신해)	목판본	慶尙監營 추정
	豐壤趙氏世譜(奎1830)	1760년 (경진)	목판본	慶尙監營
	豐壤趙氏世譜(奎1824)	1826년 (병술)	목판본	慶尙監營
	豐壤趙氏世譜(奎168)	1900년 (경자)	목활자 (일부 목판)	校洞 趙輔國의 집
昌寧曺氏	昌寧曺氏族譜(奎12637)	19세기 후반 추정	목활자본	
新安朱氏	新安朱氏世譜(奎478)	1903년 (광무 7)	금속활자본 (전사자)	
穎陽千氏		1764년 (갑신)		
		1841년 (신축)		
		1847년 (정미)		
		1871년 (신미)		
	穎陽千氏世譜(奎2930)	1903년 (계묘)	목활자본	서울 藍井洞 * 刊記: 萬曆壬辰後312年(1903) 癸卯閏夏 刊于京藍井洞
海州崔氏	海州崔氏世譜(奎847)	1744년 (갑자)	목판본	
淸州韓氏	淸州韓氏世譜 (古4650-74, 古4657-20)	1617년 (정사)	목판본	西原(淸州) 菩薩寺
	淸州韓氏族譜(古4650-75)	1704년 (갑신)	목판본	
	淸州韓氏世譜(奎1016)	1852년 (임자)	필사본	
南陽洪氏		1454년 (갑술)		
	南陽洪氏族譜(계명대 동산도서관 929.1-남양홍ㅆ)	1716년 (병신)	목판본	山陰

성관	修譜回次別 族譜	修譜回次別 年代	판종	간행 장소 및 刊記
		1775년 (을미)		
	南陽洪氏世譜(奎4197)	1834년 (갑오)	목활자본	
豊山洪氏		1709년 (기축)		慶尙監營
	豊山洪氏族譜(奎21)	1768년 (무자)	목판본	黃海監營
昌原黃氏	昌原黃氏族譜(奎993)	1771년 (신묘)	목활자본	

※ 소장처를 밝히지 않은 경우는 서울대학교 규장각한국학연구원 소장 족보이며, 타 기관 소장본은 규장각본
의 序·跋文에서 검출된 舊譜의 동일 판본을 추가 조사한 것임

참고문헌

1. 사료

『朝鮮王朝實錄』 (국사편찬위원회 웹서비스: https://sillok.history.go.kr/).
『承政院日記』 (국사편찬위원회 웹서비스: https://sjw.history.go.kr/).
※ 참고한 족보 목록은 [부표]의 '수보회차별 족보'에 제시된 것을 참고할 것임.

2. 단행본

권기석, 『족보와 조선 사회 -15~17세기 계보의식의 변화와 사회관계망-』, 태
　　학사, 2011.
이남희, 『조선후기 의역주팔세보 연구 -중인의 족보 편찬과 신분 변동-』, 아
　　카넷, 2021.
千惠鳳, 『한국금속활자인쇄사』, 범우, 2012.

3. 연구논문

고혜령, 「『星州李氏萬曆譜』의 제작과 의의」, 『韓國系譜研究』 1, 2010.
權奇奭, 「조선시대 族譜의 入錄階層 확대와 한계 -凡例의 관련 규정을 중심으
　　로-」, 『朝鮮時代史學報』 55, 2010.
_____, 「潘南朴氏의 修譜 이력과 편집 방식」, 『韓國系譜研究』 7, 2017.
_____, 「조선후기 족보 入錄의 정치·사회적 의미 -족보가 갖는 '화이트리스
　　트' 또는 '블랙리스트'의 兩面性을 중심으로-」, 『朝鮮時代史學報』 92,
　　2020.
권기석, 「조선후기 의관(醫官) 가문의 인원 구성과 계보적 연계 -『의역주팔세
　　보(醫譯籌八世譜)』 수록 인원 분석을 중심으로-」, 『의사학』 30-2, 2021.
김난옥, 「안동김씨 김방경가문의 족보 간행과 변천」, 『한국중세사연구』 37,

2013.

김두헌, 「조선후기 중인의 庶類 및 첩에 대한 차별 -牛峯金, 漢陽劉, 井邑李 중인 가계를 중심으로-」, 『朝鮮時代史學報』 13, 2000.

김문택, 「1600년 간행 진성이씨족보 편찬과정과 그 성격」, 『연구논문집』 1, 2003.

김순석, 「유교사회와 책판 제작의 사회문화사적 의의 -『선생문집개간일기』를 중심으로-」, 『한국학연구』 32, 2014.

金時晃, 「義城金氏 族譜研究」, 『동방한문학』 7, 1991.

남권희·권오덕, 「북한산 태고사 수장 책판과 관련기록 연구」, 『書誌學研究』 58, 2014.

柳鐸一, 「嶺南地方 現存木活字와 그 印刷用具」, 『奎章閣』 3, 1979.

李鍾日, 「18·19세기 韓中 族譜上의 嫡庶表示와 그 身分史的 意義」, 『東國史學』 37, 2002.

朴洪甲, 「고성이씨 족보 간행과 그 특징」, 『고성이씨 가문의 인물과 활동』, 일지사, 2010.

박훈평, 「족보를 통한 조선 중기(1506~1637) 三醫司 의관 가계배경 연구」, 『한 국의사학회지』 26, 2013.

손계영, 「地方官과 先祖 文集 刊行」, 『嶺南學』 15, 2009.

孫淑景, 「조선후기 梁山과 東萊 지역의 東萊 鄭氏 족보 출간 작업과 그 방향」, 『大東文化研究』 94, 2016.

송만오, 「계보자료를 통해서 본 조선시대 中人의 사회적 지위」, 『한국학논집』 44, 2011.

옥영정, 「한국국학진흥원 소장 族譜, 童蒙書, 地誌, 日記類 등 책판의 성격과 가치」, 『대동문화연구』 70, 2010.

_____, 「조선후기 족보의 인쇄문화사적 접근」, 『한국학논집』 44, 2011.

_____, 「16세기 후반~17세기 조선의 목활자인쇄와 출판문화적 의미」, 『한국 문화』 72, 2015.

李東厚, 「眞城李氏 族譜의 槪略」, 『동양예학』 12, 2004.

이상규, 「『진주류씨족보』의 간행과 그 성격」, 『韓國系譜研究』 8, 2018.

이연숙, 「18~19세기 풍양조씨의 대종중 형성과 족보간행」, 『민족문화』 43, 2014.

이창수, 「계보자료의 관리에 관한 연구」, 『한국도서관정보학회지』 33-3, 2002.

장인진, 「한국 족보의 문헌적 고찰」, 『古典籍』 3, 2007.

_____, 「계명대 동산도서관 소장 족보의 현황과 善本」, 『한국학논집』 44, 2011.

_____, 「조선후기 譯官族譜의 考察 -『金山李氏世譜』를 중심으로-」, 『大東文化研究』 94, 2016.

장희흥, 「『養世系譜』를 통해 본 朝鮮時代 內侍家의 家系 繼承」, 『역사민속학』 22, 2006.

정호훈, 「17세기 潘南 朴氏 족보의 편찬과 그 動學 -錦溪君 朴東亮 후손의 활동을 중심으로-」, 『韓國系譜研究』 8, 2018.

차장섭, 「朝鮮時代 族譜의 編纂과 意義 -江陵金氏 族譜를 중심으로-」, 『朝鮮時代史學報』 2, 1997.

_____, 「朝鮮時代 族譜의 한 類型 -三陟金氏 族譜를 중심으로-」, 『大丘史學』 67, 2002.

_____, 「綾城具氏 族譜의 刊行과 그 特徵」, 『韓國史學報』 22, 2006.

최양규, 「족보 기록을 통해 본 朝·淸의 嫡庶 의식 비교」, 『백산학보』 87, 2010.

| 초 출 일 람 |

스기야마 기요히코

이 글은 2021년 12월 3일 동국대학교 문화학술원 HK+사업단이 주최한 국제학술대회 '물품으로 읽는 동유라시아 세계의 역동성'에서 발표되었다.

모모키 시로

이 글은 2021년 12월 3일 동국대학교 문화학술원 HK+사업단이 주최한 국제학술대회 '물품으로 읽는 동유라시아 세계의 역동성'에서 발표되었다.

안젤로 카타네오

이 글은 2021년 12월 3일 동국대학교 문화학술원 HK+사업단이 주최한 국제학술대회 '물품으로 읽는 동유라시아 세계의 역동성'에서 발표되었다.

이승호

이 글은 2019년 동국역사문화연구소 주최 추계학술대회 '東유라시아 물품 교역의 현황과 전망'에서 발표하였고, 『동국사학』 67, 동국역사문화연구소, 2019에 처음 수록되었다.

김장구

이 글은 2021년 동국대 HK+사업단과 (사)중앙아시아학회가 공동 주최한 학술발표회 '몽골시대 동유라시아 세계의 물품 유통과 지역사회의 변화'에서 발표하였고, 『중앙아시아연구』 제26호 제2권, 중앙아시아학회, 2021에 처음 수록되었다.

최소영

이 글은 2021년 7월 체코 프라하에서 개최된 국제 티베트 학회(International Association for Tibetan Studies)에서 발표하였고, 『동양사학연구』 160, 동양사학회, 2022에 처음 수록되었다. 좀 더 자세한 내용은 『동양사학연구』의 논문을 참고 바람.

김현선

이 글은 2022년 동국대 HK+사업단과 명청사학회가 공동주최한 학술대회 '명청시대 동유라시아의 인적·물적 네트워크'에서 발표하였고, 『동국사학』74, 동국역사문화연구소, 2022에 처음 수록되었다.

김선민

이 글은 2021년 12월 3일 동국대학교 문화학술원 HK+사업단이 주최한 국제학술대회 '물품으로 읽는 동유라시아 세계의 역동성'에서 발표되었고, 『동국사학』73집, 2022에 처음 수록되었다.

마젠춘

이 글은 2021년 12월 3일 동국대학교 문화학술원 HK+사업단이 주최한 국제학술대회 '물품으로 읽는 동유라시아 세계의 역동성'에서 발표되었다.

사카이 마사요

이 글은 2021년 12월 3일 동국대학교 문화학술원 HK+사업단이 주최한 국제학술대회 '물품으로 읽는 동유라시아 세계의 역동성'에서 발표되었다.

이승민

이 글은 2020년도 '21세기 신규장각 자료구축사업-한국학 학술대회 지원'을 통해 명청사학회와 규장각한국학연구원이 공동 개최한 학술대회에서 발표하였고, 『한일관계사연구』70, 한일관계사학회, 2020에 처음 수록되었다.

임경준

이 글은 2022년 동국대 HK+사업단과 동아시아고대학회가 공동 주최한 학술대회 '동아시아 갈등과 화해, 문명의 교류와 교역'에서 발표하였고, 『중국학보』101, 한국중국학회, 2022에 처음 수록되었다.

김병모

이 글은 『동방학』47집, 한서대학교 동양고전연구소, 2022에 처음 수록되었다.

권기석

이 글은 『한국사연구』198, 한국사연구회, 2022에 처음 수록되었다.

동국대학교 문화학술원 연구총서 02

물품으로 읽는 동유라시아 세계의 역동성

초판 인쇄 | 2022년 12월 20일
초판 발행 | 2022년 12월 30일

엮 은 이   동국대학교 문화학술원
발 행 인   한정희
발 행 처   경인문화사
감   수   서인범 노대환 임경준 권기석 이승호
편   집   유지혜 김지선 한주연 이다빈 김윤진
마 케 팅   전병관 하재일 유인순
출판번호   406-1973-000003호
주   소   파주시 회동길 445-1 경인빌딩 B동 4층
전   화   031-955-9300 팩 스   031-955-9310
홈페이지   www.kyunginp.co.kr
이 메 일   kyungin@kyunginp.co.kr

ISBN 978-89-499-6680-9 93910
값 36,000원